De Gruyter

Berlin-Brandenburgische Akademie der Wissenschaften

⌄Texte und Untersuchungen
zur Geschichte der altchristlichen Literatur

Archiv für die Ausgabe der Griechischen Christlichen Schriftsteller
der ersten Jahrhunderte

(TU)

Begründet von
O. von Gebhardt und A. von Harnack
herausgegeben von
Christoph Markschies

⌄ Band 164

berlin-brandenburgische
AKADEMIE DER WISSENSCHAFTEN

Von Arius zum Athanasianum

Studien zur Edition der »Athanasius Werke«

Herausgegeben von
Annette von Stockhausen und Hanns Christof Brennecke

De Gruyter

Herausgegeben durch die
Berlin-Brandenburgische Akademie der Wissenschaften
von Christoph Markschies

ISBN 978-3-11-021860-2
e-ISBN 978-3-11-021861-9
ISSN 0082-3589

Library of Congress Cataloging-in-Publication Data

A CIP catalogue record for this book is available from the Library of Congress.

Bibliographic information published by the Deutsche Nationalbibliothek

The Deutsche Nationalbibliothek lists this publication in the Deutsche Nationalbibliografie;
detailed bibliographic data are available in the Internet at http://dnb.d-nb.de.

© 2010 Walter de Gruyter GmbH & Co. KG, Berlin/New York

Einbandentwurf: Christopher Schneider, Laufen
Druck und buchbinderische Verarbeitung: Hubert & Co. GmbH & Co. KG, Göttingen
∞ Printed on acid-free paper

Printed in Germany

www.degruyter.com

Vorwort

Der vorliegende Band vereint Untersuchungen, die an der Erlanger Athanasius-Forschungsstelle im Kontext der Arbeit an der Fortsetzung der von Hans-Georg Opitz 1934/35 unter dem Titel »Urkunden zur Geschichte des arianischen Streits« begonnenen Sammlung und kritischen Edition der aus dieser Auseinandersetzung um die Formulierung einer christlichen Trinitätslehre überlieferten Dokumente. Nachdem die Mitglieder der Erlanger Athanasius-Forschungsstelle schon im August 2003 auf der »Fourteenth International Conference on Patristic Studies« im Rahmen eines Workshop erste Ergebnisse ihrer Edition des abschließenden 8. Faszikels von Athanasius Werke II (die sog. Apologien)[1] vorstellen konnten,[2] erschien 2007 das erste Faszikel der Fortsetzung der von Opitz als III. Band der Athanasius Werke begonnenen Edition der »Urkunden zur Geschichte des arianischen Streits«.[3]

Auf der »Fifteenth International Conference on Patristic Studies« im August 2007 konnte die Arbeitsgruppe dann, wieder im Rahmen eines Workshop sowie einiger Einzelvorträge, philologisch-historische Ergebnisse der Arbeit vorstellen, die in den vorliegenden Band eingegangen sind.

Christian Müller stellt ab S. 3 erste Ergebnisse seines Dissertationsvorhabens über die lateinische Athanasius-Überlieferung vor, die bisher nur in Ansätzen wahrgenommen wurde. In mancher Hinsicht parallel zur armenischen Tradition wird deutlich, daß es sich dabei nicht nur um Übersetzungen echter Athanasiana sowie ursprünglich griechischer Pseudathanasiana handelt, sondern daß der lateinische Westen in den ursprünglich lateinisch verfaßten Ps.-Athanasiana (bis zum »Athanasianum«) eine völlig eigene Athanasius-Rezeption herausgebildet hat.

Anahit Avagyan (jetzt Jerewan) hat im Rahmen ihrer inzwischen abgeschlossenen Dissertation erstmals die gesamte armenische Athanasiusüberlieferung einschließlich der nur armenischen Ps.-Athanasiana analysiert und auf ihre Bedeutung für die Herausbildung der Tradition der armenischen Kirche untersucht.

---

1   Hanns Christof Brennecke/Uta Heil/Annette von Stockhausen, Athanasius Werke II 8. Die »Apologien«, Berlin/New York 2006.

2   Veröffentlicht in ZAC 10 (2006), Heft 1 (vgl. die Einleitung S. 3).

3   Hanns Christof Brennecke/Uta Heil/Annette von Stockhausen/Angelika Wintjes, Athanasius Werke. Band III/Teil 1: Dokumente zur Geschichte des arianischen Streites. Lfg 3: Bis zur Ekthesis Makrostichos, Berlin/New York 2007. Zur Änderung des Titels in »Dokumente zur Geschichte des arianischen Streits« vgl. das Vorwort.

Sie zeigt ab S. 43, daß und wie in diesen Prozess die Ps.-Athanasiana einbezogen werden müssen.

Unmittelbar aus der Arbeit an der kritischen Edition der »Dokumente zur Geschichte des arianischen Streits« hervorgegangen sind die Beiträge von Hanns Christof Brennecke, Uta Heil und Angelika Wintjes.

Hanns Christof Brennecke präzisiert ab S. 63 die in der Edition von Athanasius Werke III 3 vorgelegte neue Chronologie zur Geschichte des arianischen Streites[4] und zeigt, daß aller Wahrscheinlichkeit nach Arius schon bald nach seiner wohl für 327 anzunehmenden Rehabilitierung durch Constantin gestorben ist und eine zweite Verurteilung durch Constantin nicht angenommen werden kann.

In Auseinandersetzung mit der älteren Forschung und Weiterführung und Präzisierung neuerer Ansätze von Martin Tetz, Christoph Markschies, Markus Vinzent und Wolfram Kinzig zeigt Uta Heil ab S. 85, daß Markell sich in seinem vorgelegten Bekenntnis wohl nicht auf eine alte stadrömischen Bekenntnistradition beruft, sondern auf eine aktuell auf der römischen Synode von 341 formulierte theologische Deklaration.

Angelika Wintjes legt ab S. 105 eine philologische Untersuchung der von der Synode von Serdika überlieferten Dokumente vor und kann zeigen, daß auch die bei Hilarius von Poitiers überlieferten lateinischen Texte nicht das zu postulierende lateinische Original sind, wie bisher meist angenommen wurde, sondern es sich hier um Übersetzungen aus dem Griechischen handelt und diese griechischen Fassungen sich wiederum als Übersetzungen erweisen, so daß vor allem bei den Dokumenten der westlichen Synode von Serdika von einem doppelten Übersetzungsvorgang Latein – Griechisch – Latein ausgegangen werden muß.

Neue Forschungsperspektiven hinsichtlich der in ihrer Mehrheit weder bis heute in einer kritischen Edition vorliegenden noch geographisch oder zeitlich einzuordnenden großen Zahl von griechischen Ps.-Athanasiana zeigen die beiden Beiträge von Annette von Stockhausen ab S. 133 auf. Für die hier erstmalig untersuchte *Disputatio contra Arium* (CPG 2250) erwägt sie Kyrill von Alexandrien als Autor, was den Text neu zu verstehen und einzuordnen ermöglicht. Außerdem legt sie die überhaupt erste kritische Edition der ps.-athanasianischen *Homilia de semente* (CPG 2245) vor.

Durch die überlieferungsgeschichtlichen Untersuchungen von Anahit Avagyan und Christian Müller sowie die Untersuchungen zu einigen griechischen Pseudathanasiana durch Annette von Stockhausen wird die Notwendigkeit, die bisher von der Forschung noch weithin vernachlässigten Ps.-Athanasiana einzubeziehen, deutlich. Kritische Editionen und Kommentierungen der großen Menge der Ps.-Athanasiana können und werden das Bild der griechischen,

---

4   Brennecke/Heil/Stockhausen/Wintjes, Athanasius Werke III/3, xix–xxviii.

lateinischen, sowie orientalischen (vor allem armenischen) Theologie- und Frömmigkeitsgeschichte vom 5. Jahrhundert bis in das frühe Mittelalter an vielen Stellen verändern. Deutlich ist auch, daß diese Form der Athanasiusrezeption im griechischen und lateinischen Sprachraum, sowie dem der verschiedenen orientalischen christlichen Sprachen je ganz eigene Wege geht.

Die ersten Überlegungen zu einer kritischen Edition der Werke des Athanasius, die bis heute nicht abgeschlossen ist, gehen auf den Beginn des vergangenen Jahrhunderts zurück; durch Krieg und Wirtschaftskrise konnte mit der konkreten Arbeit erst ab 1930 begonnen werden. Der Zweite Weltkrieg brachte die Anfänge dann für Jahrzehnte zum Erliegen.[5]

Seit 1904 hatte Eduard Schwartz in mehreren Arbeiten die Forderung erhoben, neben einer unbedingt nötigen kritischen Ausgabe der Schriften des alexandrinischen Patriarchen auch die in seinem Werk und an anderen Stellen überlieferten Dokumente (er spricht von »Urkunden«) zur Geschichte des arianischen Streites losgelöst von ihrem sekundären Überlieferungskontext kritisch zu edieren und zu kommentieren.[6] Diese Forderung von Eduard Schwartz ist dann in engster Absprache mit ihm von Hans-Georg Opitz in Athanasius Werke III begonnen worden. Aus diesem Grund haben wir uns entschlossen, die in der Münchener Staatsbibliothek im Nachlaß von Eduard Schwartz aufbewahrten Briefe von Hans-Geog Opitz aus den Jahren 1932–1940 zu veröffentlichen, die in vieler Hinsicht ein bezeichnendes Licht gerade auch auf Opitz als ganz von seiner Zeit geprägten Wissenschaftler werfen. Leider müssen die Briefe von Schwartz an Opitz als in den Wirren des Kriegsendes und der Nachkriegszeit verloren angesehen werden. Dennoch zeigt dieser nur auf einer Seite erhaltene Briefwechsel sehr deutlich, welche grundlegende Rolle Eduard Schwartz und vor allem seine in der Ausgabe der Akten der Ökumenischen Konzilien entwickelten Editionsprinzipien für die Ausgabe der Dokumente zum arianischen Streit gespielt haben. Annette von Stockhausen hat ab S. 207 die Briefe nicht nur transkribiert, sondern auch kommentiert und damit eigentlich erst zugänglich gemacht.

---

5   Vgl. Brennecke/Heil/Stockhausen, Athanasius Werke II 8, v f. und Hanns Christof Brennecke/ Annette von Stockhausen, Die Edition der »Athanasius Werke«, in: Helmut Neuhaus (Hrsg.), Erlanger Editionen. Grundlagenforschung durch Quelleneditionen: Berichte und Studien (Erlanger Studien zur Geschichte 8), Erlangen/Jena 2009, 151–171, hier 154–165.

6   Vgl. Eduard Schwartz, Die Aktenbeilagen in den Athanasiushandschriften, NGWG.PH 1904, 391–401, wiederabgedruckt in Eduard Schwartz, Gesammelte Schriften. Dritter Band: Zur Geschichte des Athanasius, Berlin 1959, 73–85; Eduard Schwartz, Die Dokumente des arianischen Streites bis 325, NGWG.PH 1905, 257–299, wiederabgedruckt in Schwartz, Gesammelte Schriften III, 117-168; Eduard Schwartz, Von Nicaea bis zu Konstantins Tod, NGWG.PH 1911, 367–426, wiederabgedruckt in Schwartz, Gesammelte Schriften III, 188-264; Eduard Schwartz, Von Konstantins Tod bis Sardika 342, NGWG.PH 1911, 469–522, wiederabgedruckt in Schwartz, Gesammelte Schriften III, 265-334; Eduard Schwartz, Zur Kirchengeschichte des 4. Jahrhunderts, ZNW 34 (1935), 129–213, wiederabgedruckt in Eduard Schwartz, Gesammelte Schriften. Vierter Band: Zur Geschichte der Alten Kirchen und ihres Rechts, Berlin 1960, 1-110.

Die Herstellung eines solchen Bandes ist mit mancherlei nicht sofort sichtbaren Arbeiten verbunden. Annette von Stockhausen hat mit der gewohnten
Souveränität und Sorgfalt die Druckvorlage samt aller Register hergestellt. Hanna Bischoff und Michaela Durst danken wir für intensive Unterstützung bei den
Korrekturen.

Christoph Markschies sei für die Aufnahme dieser Aufsätze in die traditi-
onsreiche Reihe »Texte und Untersuchungen«, sowie dem Verlag de Gruyter
und besonders Dr. Albrecht Döhnert für die nun schon viele Jahre andauernde
vertrauensvolle und reibungslose Zusammenarbeit gedankt.

Erlangen, im März 2010
Hanns Christof Brennecke und Annette von Stockhausen

Inhaltsverzeichnis

Vorwort   V

Athanasius in Übersetzungen

Das Phänomen des »lateinischen Athanasius«   3
Christian Müller

Die armenische Athanasius-Überlieferung 43
Anahit Avagyan

Studien zu den Dokumenten zum arianischen Streit

Die letzten Jahre des Arius 63
Hanns Christof Brennecke

Markell von Ancyra und das Romanum 85
Uta Heil

Die ursprachliche Fassung der Dokumente von Serdica 105
Angelika Wintjes

Studien zu Pseud-Athanasiana

Die pseud-athanasianische *Disputatio contra Arium*. Eine Auseinandersetzung mit »arianischer« Theologie in Dialogform 133
Annette von Stockhausen

Die pseud-athanasianische *Homilia de semente*. Einleitung, Text und Übersetzung 157
Annette von Stockhausen

Geschichte der »Athanasius Werke«

Einblicke in die Geschichte der »Athanasius Werke«. Die Briefe Hans-Georg
Opitz' an Eduard Schwartz 207
Annette von Stockhausen

Register 305

Athanasius in Übersetzungen

Das Phänomen des »lateinischen Athanasius«

Christian Müller

Grundsätzliches

Die erste Formulierung des Themas durch Berthold Altaner

Im Jahr 1941 hat Berthold Altaner in seinem Aufsatz »Altlateinische Übersetzungen von Schriften des Athanasios von Alexandreia«[1] auf eine Gruppe von Texten in lateinischer Sprache hingewiesen, die unter dem Namen des berühmten Bischofs von Alexandria überliefert sind. Der Titel des Aufsatzes ist insofern irreführend, als er suggeriert, dass es sich bei allen angeführten Texten um Übersetzungen handelt. Tatsächlich stehen neben lateinischen Übersetzungen griechischer Texte auch Texte, die original lateinisch sind, also keine griechische Vorlage haben. Der Grund für Altaners Titelwahl lag in der Ausrichtung seines Aufsatzes begründet. Altaner wies auf das Desiderat einer Geschichte des antiken christlichen Übersetzungswesens hin und wollte mit einer Bestandsaufnahme zu Übersetzungen von Athanasiustexten einen ersten Beitrag leisten. Die Existenz von original lateinischen Texten unter dem Namen des Kirchenvaters war für ihn eher ein Nebengleis.

Dafür schied Altaner durch die Abfolge der aufgelisteten Texte klar zwischen Übersetzungen echter Athanasiusschriften und lateinischen Übersetzungen griechischer Pseudathanasiana. Für die Erfassung und Einschätzung des Textbestandes insgesamt führte Altaner zunächst »literarische Zeugnisse« an, also Textstellen in antiken Werken, die auf die Existenz von lateinischen Athanasiusübersetzungen hinweisen können. In einem zweiten Teil gab er eine Übersicht über »die erhaltenen Übersetzungen«, die er jeweils zu datieren suchte. Schließlich wies er in einem dritten Teil auf »die indirekte Überlieferung« hin, also auf Texte, die fragmentiert in ein anderes Werk aufgenommen worden waren. Es ist Altaners Verdienst, durch eine erste Zusammenstellung den Impuls zur weiteren Erforschung dieser Texte gegeben zu haben. Seine Systematik kann zugleich als methodischer Vorschlag für die Auffindung, Klassifizierung und Untersuchung von lateinischen Übersetzungen verstanden werden.

---

[1]   Berthold Altaner, Altlateinische Übersetzungen von Schriften des Athanasios von Alexandreia, ByZ 41 (1941), 45–59.

Eine Übersicht zu Altaners Systematik könnte wie folgt aussehen:

I. Literarische Zeugnisse	II. Erhaltene Texte	III. Indirekt überlieferte Texte
Belege für die Existenz von lateinischen Athanasius-Über-setzungen	Athanasiusübersetzungen	Athanasiusübersetzungen
	Pseudath.-Übersetzungen	(Pseudath.-Übersetzungen) (nach *heutigem* Stand ist *de virginitate* unecht)
	original lateinische Texte	(keine original lateinischen Texte)

Altaners Hoffnung, daß diese Forschung bald und umfassend erfolgen würde, blieb indes unerfüllt. Auch heute, über 60 Jahre später, gibt es keine vollständige und systematische Beschreibung des Phänomens des »lateinischen Athanasius«.

Methodische Überlegungen und Problemanzeigen

Angesichts der beschriebenen Forschungssituation ist die Hauptfrage natürlich, was es mit dem »lateinischen Athanasius« überhaupt auf sich hat.

Altaner hatte sein Hauptaugenmerk auf den Aspekt der Übersetzung gelegt. So sind etwa seine »literarischen Zeugnisse« durchweg Textstellen, die die Existenz von *Übersetzungen* belegen sollen.[2] Diese Engführung erweist sich

---

2   Altaner, Altlateinische Übersetzungen, 46–49; für die bisher untersuchten Texte ist vor allem die These Altaners (Altlateinische Übersetzungen, 46 f.) von Bedeutung, daß wenn Hieronymus in ep. 107,12 für die Tochter einer vornehmen Römerin die Lektüre von *epistulae Athanasii* empfiehlt, diese bereits ins Lateinische übersetzt worden sein müssten. Danach wäre vor 400 eine Sammlung von übersetzten Athanasiusbriefen in Rom vorhanden gewesen. Die fragliche Stelle lautet im Original (= CSEL LV, 303): »... [vorher preist Hieronymus den Wert der einzelnen biblischen Bücher] ... Cypriani opuscula semper in manu teneat, Athanasii epistulas et Hilarii libros inoffenso decurrat pede.« Wirklich zwingend ist Altaners These nun nicht. Letztlich basiert sie auf der allgemeinen Beobachtung, daß im 4. Jahrhundert im westlichen Teil des Imperium Romanum eine starke Abnahme der Griechischkenntnisse festzustellen ist. Natürlich lässt sich aber diese allgemeine Beobachtung nicht zwingend für jeden Einzelfall voraussetzen. Im Falle des genannten Hieronymusbriefs ist noch zu bedenken, daß Hieronymus vor seinen Lektüreempfehlungen (107,12) zur »Basisausbildung« der Tochter das Erlernen der griechischen Sprache rechnet. Jedenfalls scheint die Forderung (107,9): *ediscat Graecorum versuum numerum* eine Einführung in die griechische Grammatik vorauszusetzen (dies wird auch von Altaner, Altlateinische Übersetzungen, 47 so verstanden) – wodurch Altaners These deutlich geschwächt wäre. Letztlich geht es also um die Frage, wie realistisch der Anspruch von Hieronymus' Bildungsprogramm in diesem Brief eingeschätzt wird. Sicher lässt sich zunächst nur sagen, daß in Rom vor 400 eine Sammlung von Athanasiusbriefen vorhanden und für interessierte Leser zugänglich war. Altaner wertete die Tatsache, daß die *epistulae Athanasii* an der besagten Stelle zwischen zwei lateinischen Autoren genannt werden, als Argument für seine These.

   Klar ist zumindest, daß es Athanasius als einziger »Grieche« in den »Lektürekanon« des Hieronymus geschafft hat. Während also darüber diskutiert werden kann, ob es bereits vor 400 *lateinische Übersetzungen* von Athanasiusbriefen in Rom gab, ist die zitierte Briefstelle auf jeden Fall ein klares »literarisches Zeugnis« für das Ansehen des Athanasius im Westen.

angesichts original lateinischer Texte als ebenso problematisch wie die Vorgehensweise insgesamt, bei der von sekundären – und durchaus der Interpretation bedürftigen[3] – Textstellen her ein historischer Rahmen für die Betrachtung der tatsächlich überlieferten Texte abgesteckt wird.

Ebenso handelt es sich bei der starken Betonung von »echten« und »unechten« Athanasiustexten um eine sekundäre, weil anachronistische Betrachtungsweise. Natürlich ist es für die neuzeitliche Forschung sinnvoll, die Echtheitsfrage zu stellen. Doch für die spätantiken Rezipienten scheint dies keine relevante Frage gewesen zu sein. Zumindest deuten die Belege bisher darauf hin, daß *alle* lateinischen Texte unter dem Namen des Athanasius von den Lesern unmittelbar oder mittelbar (qua Übersetzung) auf ihn zurückgeführt wurden. Besonders deutlich ist dies in Fällen wie der Sammelhandschrift des Codex Laurentianus San Marco 584[4], die (offenbar aus der Feder eines einzigen Compilators) nebeneinander Übersetzungen von Athanasiana und Pseudathanasiana enthält.

Will man das Phänomen »lateinischer Athanasius« angemessen beschreiben, so muss m.E. zunächst bei der Entstehungssituation der Texte angesetzt werden. Historisch-kritische Fragen und Systematisierungen können hier erst in einem zweiten Schritt Ordnung in die Wirren des Materials bringen, da sie eine erkennbar andere Sicht auf die Texte erfordern als die der intendierten Leser, für die sie geschrieben wurden.

Nach diesen Negativbestimmungen muss natürlich noch geklärt werden, welche Gesichtspunkte die Texte, die den »lateinischen Athanasius« bilden, überhaupt einen.

Direkt erkennbar ist zunächst nur zweierlei:

1. Alle hier verhandelten Texte wurden in der Überlieferung mit dem Namen des Athanasius verbunden.

2. Alle Texte sind in lateinischer Sprache verfasst.

Betrachtet man diese beiden Charakteristika näher, so fällt schnell deren Unschärfe auf:

Ad 1. Der Name des Athanasius kann zu einem Text ursprünglich gehören oder im Laufe der Überlieferung hinzugefügt worden sein. Letzteres kann sich auf einzelne Handschriften beschränken. Wenn Athanasius nicht von Anfang an als Verfasser galt, kann der Text seinen ursprünglichen Verfassernamen verloren haben oder schon immer anonym gewesen sein.

Ad 2. Die lateinischen Texte können Übersetzungen aus dem Griechischen oder lateinische Originale sein.

Aus den obigen Überlegungen lassen sich allerdings noch zwei weitere Wesensmerkmale gewinnen:

---

3   Dies zeigen nicht zuletzt die Überlegungen der vorigen Anmerkung
4   Vgl. unten ab S. 15.

3. Alle Texte setzen ein Lesepublikum voraus, dessen Literatursprache Latein ist. Ein solches Lesepublikum ist in der westlichen Hälfte des sich allmählich auseinander entwickelnden Imperium Romanum anzusiedeln. Die Voraussetzung für die Entstehung von Übersetzungen der hier vorliegenden Art ist der weitgehende Verlust der Zweisprachigkeit auch in den gebildeten Schichten des westlichen Reichsteils. Natürlich gab es auch im östlichen Reichsteil lateinisch sprechende Bevölkerungsgruppen und Latein hatte als Amtssprache Bedeutung. Aber ein spätantiker Autor, der gemäß den Erwartungen seines Publikums schreibt, hätte im griechischen Osten kaum zur Literatursprache Latein gegriffen.[5] Dieses »westliche«[6] Lesepublikum rezipierte die Texte als geistliche Kulturgüter aus dem Osten, um von ihnen zu profitieren, ohne sie im Original lesen zu können (soweit sie Übersetzungen waren). Zwischen die historische Bezugsperson Athanasius und den Leser tritt die lateinische Sprache, die einerseits Medium und andererseits Barriere ist.

Außerdem ist zu bedenken, daß im Vergleich zum Gesamtwerk nur wenige Athanasiusschriften übersetzt wurden. Die Erwartungen des Lesepublikums führten also zu einer bestimmten *Auswahl* von Texten. Es wird noch zu fragen sein, ob und wie sich diese Auswahl zuzüglich der original lateinischen Schriften charakterisieren lässt. Doch erweist sich die Textgruppe so in jedem Fall als ein sekundäres Phänomen – in der Wahl der Sprache wie des Textbestandes.

4. Mit den Überlegungen zum Lesepublikum geht eine geographische Eingrenzung auf die westliche Hälfte des Imperium bzw. später auf die entsprechenden Nachfolgestaaten einher. Diese geographische Eingrenzung verbindet die Texte in historischer Hinsicht mit den Transformationsprozessen, die vom Untergang des weströmischen Reiches zur Entstehung des christlichen Abendlandes führen. Der »lateinische Athanasius« muss also in die Umwälzungen im Westen eingezeichnet werden, die ihn deutlich vom historischen Athanasius, der im Osten des Imperium lebte, zu trennen scheinen.

Hier wird ein weiteres Defizit von Altaners Ansatz deutlich: Er fragte nicht explizit nach dem möglichen Verhältnis der lateinischen Texte zum historischen Athanasius und nahm den historischen Kontext nur bezüglich des Übersetzungswesens wahr.

---

5   So schreibt etwa Ammianus Marcellinus, ein Mann aus dem Osten, sein in stark gräzisiertem
      Latein verfasstes Geschichtswerk »erst« in Rom für das dortige Publikum; vgl. Michael von Albrecht, Geschichte der römischen Literatur: Von Andronicus bis Boethius; mit Berücksichtigung
      ihrer Bedeutung für die Neuzeit, Bd. 2, München u.a. ²1994, 1127 f.
6   Der Einfachheit halber wird im Folgenden vom »Westen« bzw. »westlichen« Lesern die Rede
      sein. Dies spiegelt das terminologische Problem, das sich bei der Übersicht über die Texte ergibt,
      die über einen Zeitraum von Jahrhunderten entstanden sind, in denen sich Herrschaftsgebiete
      verschoben und sich die politische Gesamtsituation nachhaltig veränderte.

Der historische Athanasius als Ausgangspunkt

Gleichwohl ist die Frage nach dem Verhältnis des »lateinischen« zum historischen Athanasius unabweisbar, da letztlich erst die Verbindung mit dem Namen des Athanasius der Textgruppe ihr spezielles Profil gibt.

Dafür ist zunächst noch ein Punkt zu klären, der bisher nur implizit beachtet worden ist: Wie steht es um die Lateinkenntnisse des historischen Athanasius?

Über diese Frage ist immer wieder spekuliert worden. Dies ist insofern nicht verwunderlich, als sich Athanasius während seines ersten Exils (335-337) in Trier und während seines zweiten Exils (339-346) in Rom und an anderen westlichen Orten aufgehalten hat[7] und somit mit Latein sprechenden Zeitgenossen konfrontiert war. Die Interpretation dieser Umstände ist allerdings schwierig. Timothy Barnes etwa zeigt sich in seiner Monographie »Athanasius and Constantius«[8] durchaus offen für die Annahme, Athanasius habe über *gewisse* Lateinkenntnisse verfügt.[9] Dies ist aber für den Fokus dieser Arbeit nicht entscheidend. Es ist natürlich plausibel, daß ein Exilant, der sich jahrelang in einem fremden Land aufhält, gewisse Grundkenntnisse in der Sprache des Landes erwirbt. Doch ist es m.E. fraglich, ob jemand, der auf diese Weise Latein lernt, es bis zu der Reife bringt, die benötigt wird, um einen literarischen Text zu verfassen. Diese Überlegung ist insofern zentral, als die allgemeine Frage nach den Lateinkenntnissen des Athanasius hier thematisch zugespitzt werden muss: Ist es wahrscheinlich, daß Athanasius einen lateinischen *Text* verfasst hat?

Die Beantwortung der Frage entscheidet immerhin mit über die Beurteilung der Überlieferung, die auch original lateinische Texte unter dem Namen des Athanasius bietet. Außerdem geht es um die Beurteilung der Möglichkeit, daß Athanasius selbst eine Übersetzung seiner Texte angefertigt hat.

Nun hat Gustave Bardy schon 1948 die Frage gestellt, ob sich anhand von Athanasiustexten Lateinkenntnisse des alexandrinischen Bischofs nachweisen lassen.[10] Bardy wies darauf hin, daß in zwei Schriften des Athanasius ein lateinisches Edikt in griechischer Übersetzung dargeboten wurde, wobei die Übersetzung in beiden Fällen nicht identisch war.[11] Dies führte zu Bardys Frage,

---

7   Vgl. für die Exile des Athanasius allgemein Uta Heil, Athanasius von Alexandrien, LACL
     ³2002, 69–70; im zweiten Exil war Athanasius zunächst längere Zeit in Rom, bereiste aber
     zur Sammlung verbündeter Bischöfe auch andere Städte und besuchte zur Vorbereitung der
     geplanten Synode von Serdika 343 Maximinus in Trier, der ihn dort während seines ersten Exils
     freundlich aufgenommen hatte. Vgl. Andrea Binsfeld, Geschichte des Bistums Trier von den
     Anfängen bis zum Ende des 4. Jahrhunderts, in: Heinz Heinen/Hans Hubert Anton/Winfried
     Weber (Hrsg.), Geschichte des Bistums Trier I. Im Umbruch der Kulturen. Spätantike und
     Mittelalter (Veröffentlichungen des Bistumsarchivs Trier 38), Trier 2003, 19–89, hier 55 f.
8   Timothy D. Barnes, Athanasius and Constantius. Theology and Politics in the Constantine
     Empire, Cambridge, Mass./London 1993.
9   Vgl. Barnes, Athanasius and Constantius, 13.
10   Gustave Bardy, La question des langues dans l'église ancienne (Études de théologie historique
     1), Paris 1948, 131.
11   Die beiden Übersetzungen finden sich in apol.Const. 23 und h.Ar. 24.; zum Text s.u.

ob sich der Befund am einfachsten dadurch erklären lasse, daß Athanasius das Edikt auf Latein vorlag und er es in beiden Fällen *ad hoc* ins Griechische übersetzte.[12] Um Bardys Überlegung zu prüfen, ist ein kurzer Blick auf die beiden Übersetzungen hilfreich:[13]

Übersetzung 1 (h.Ar. 24 [196,3–13 Opitz]):	Übersetzung 2 (apol.Const. 23 [296,15–297,9 Brennecke/Heil/Stockhausen]):
Νικητὴς Κωνστάντιος Αὔγουστος Ἀθανασίῳ.	Κωνστάντιος Νικητὴς Αὔγουστος Ἀθανασίῳ.
Εὐχὴν ἀεί μοι ταύτην γεγενῆσθαι, ὥστε πάντα καταθυμίως ἀποβαίνειν τῷ ποτέ μου ἀδελφῷ Κώνσταντι, οὐδὲ τὴν σὴν σύνεσιν ἔλαθεν· ἐν ὅσῃ τε λύπῃ διετέθην μαθὼν τοῦτον ἀνῃρῆσθαι παρά τινων ἀνοσιωτάτων, στοχάζεσθαι πάλιν δύναται ἡ σὴ φρόνησις. ἐπεὶ οὖν τινές εἰσιν οἱ ἐν τῷ παρόντι καιρῷ, τῷ οὕτω πενθικῷ, πειρώμενοί σε ἐκφοβεῖν, διὰ τοῦτο ταῦτα πρὸς τὴν σὴν στερρότητα δοθῆναι τὰ γράμματα ἐδικαίωσα προτρεπόμενός σε, ἵνα, ὡς πρέπει ἐπίσκοπον, τοὺς λαοὺς τὰ ὀφειλόμενα τῇ θείᾳ θρησκείᾳ διδάσκῃς καὶ μετ᾽ αὐτῶν συνήθως εὐχαῖς σχολάζῃς καὶ μὴ ματαίοις θρύλοις, εἴτινες ἂν γένοιντο, πιστεύσῃς. ἡμῖν γὰρ τοῦτο ἐν τῇ ψυχῇ πέπηγεν, ὥστε σε ἀκολούθως τῇ ἡμετέρᾳ προαιρέσει διαπαντὸς ἐν τῷ τόπῳ σου θέλειν ἐπίσκοπον εἶναι.	εὔχεσθαί με ἀεὶ ὥστε πάντα αἴσια ἀποβαίνειν τῷ ποτὲ ἀδελφῷ ἐμῷ Κώνσταντι οὐδὲ τὴν σὴν ὑπερέβη σύνεσιν. ὅντινα ἐπειδὴ ἐξ ἀπάτης ἀνοσιωτάτων ἀνῃρῆσθαι ἔγνων, πόσῃ εἰμὶ περιβληθεὶς στυγνότητι, εὐχερῶς ἡ ὑμετέρα φρόνησις δυνήσεται κρίνειν. καὶ ἐπειδή τινές εἰσιν, οἵτινες ἐν τῷ παρόντι καιρῷ τῷ οὕτω δακρυτικῷ δράματι καταπτοεῖν σε πειράζουσι, διὰ τοῦτο τὰ παρόντα ταῦτα γράμματα πρὸς τὴν σὴν τιμιότητα στεῖλαι ἔκρινα, προτρέπων σε, ἵνα, ὥσπερ πρέπει ἐπισκόπῳ, εἰς τὴν κεχρεωστημένην θρησκείαν συντρέχειν διδάξειας τὸν δῆμον καὶ μετ᾽ αὐτοῦ κατὰ τὸ ἔθος ταῖς εὐχαῖς σχολάσειας καὶ ἵνα μὴ θρύλοις, εἴ τινες κατὰ τύχην συνδράμοιεν, πιστεύσειας. ἡμῖν γὰρ τοῦτο ἀρέσκει· τὸ σὲ κατὰ τὴν ἡμετέραν βούλησιν ἐν παντὶ καιρῷ ἐν τῷ σῷ τόπῳ ἐπίσκοπον εἶναι βουλόμεθα.
ἡ θεία πρόνοια πολλοῖς ἔτεσί σε διατηροίη, γονεῦ προσφιλέστατε.	καὶ ἄλλῃ χειρί· ἡ θεότης φυλάξειέ σε πολλοῖς ἐνιαυτοῖς, πάτερ προσφιλέστατε.

Ein erster Blick genügt, um Unterschiede in der Übersetzung zu erkennen. Doch bestehen diese Unterschiede nicht etwa nur in der Verwendung verschiedener griechischer Vokabeln für ein lateinisches Wort. Dies wäre ja bei einer spontanen zweiten Übersetzung durchaus denkbar. Daneben unterscheiden sich die Übersetzungen allerdings auch in der Wortstellung deutlich – so deutlich, daß die Wortstellung in Übersetzung 2 die typische Wortstellung der lateini-

---

12 Vgl. Anm. 10.
13 Hervorhebungen jeweils von mir.

schen Vorlage nachahmt, während Übersetzung 1 einen »echt griechischen« Text bietet.[14]

Vor dem Hintergrund dieser Beobachtungen erscheint Bardys Vermutung, die Übersetzungen als Produkte von Athanasius' Lateinkenntnissen erklären zu können, nicht plausibel. Es ist insgesamt kaum vorstellbar, daß beide Übersetzungen von einer Person stammen, da ein Übersetzer vielleicht mal die eine, mal die andere Vokabel verwendet, aber kaum einmal eine zielsprachenorientierte, ein andermal eine Wort-für-Wort-Übersetzung anfertigt, wenn dies keinen ersichtlichen Grund hat. Dies trifft dann natürlich auch auf Athanasius zu. Er kann aber auch schwerlich der Verfasser einer der beiden Übersetzungen gewesen sein: Beide Übersetzungen unterscheiden sich qualitativ deutlich. Wäre Athanasius der Verfasser der eleganteren Übersetzung, ließe sich nicht erklären, warum er auf eine ungelenkere fremde zurückgegriffen haben sollte.

Doch auch die Annahme, Athanasius habe die hölzerne Wort-für-Wort-Übersetzung verfasst, wäre rein spekulativ. Man müsste vermuten, Athanasius habe zunächst selbst eine Übersetzung angefertigt, später eine bessere gefunden und dann diese verwendet. Plausibler ist die Vorstellung, daß beide Übersetzungen nicht von Athanasius stammen. Dafür spricht insbesondere die ununterschiedene Verwendung beider qualitativ unterschiedlicher Übersetzungen. Sie lässt sich, gegen Bardy[15], letztlich dann am einfachsten erklären, wenn Athanasius keine weitreichenden Lateinkenntnisse besaß. Er hätte die Übersetzungen einfach verwendet, wie sie ihm gerade zur Hand waren, ohne sich um die Unterschiede zu kümmern.

Diese These hat auch den allgemeinen Befund auf ihrer Seite, daß sich in Athanasius' Schriften keine Aussage findet, die auf literarische Texte des Bischofs in lateinischer Sprache hinweist.

Ist diese Analyse zutreffend, so lässt sich auf ihrer Grundlage das 3. Charakteristikum des »lateinischen Athanasius« (s.o.) noch etwas schärfer fassen: Weil nach dem bisherigen Stand der Untersuchungen[16] davon ausgegangen

---

14 Zur Verdeutlichung sind in den oben stehenden Texten Auffälligkeiten im ersten (Übersetzung 1) bzw. in den ersten beiden Sätzen (Übersetzung 2) hervorgehoben, die sich entsprechend vermehren ließen.

Auf den Qualitätsunterschied weisen auch Brennecke/Heil/Stockhausen, Athanasius Werke II 8, 296 im historischen Apparat hin.

15 Die vorgenommene kritische Sichtung der Texte, auf die Bardy hingewiesen hat, soll nicht als Kritik an Bardy selbst verstanden werden. Dieser hat seine Vermutung sehr vorsichtig formuliert. Etwas unglücklich ist m.E. die Rezeption Bardys durch Barnes, Athanasius and Constantius, 244 Anm. 40, der die von Bardy, La question des langues dans l'église ancienne, 132 klar geäußerte Unsicherheit nicht anführt, wodurch Bardy bezüglich der Lateinkenntnisse des Athanasius ähnlich zuversichtlich erscheint wie Barnes selbst.

16 Die beiden oben betrachteten Übersetzungen bilden allerdings nur das anschaulichste Beispiel aufgrund der direkten Vergleichbarkeit. Für eine sicherere Beantwortung der Sprachenfrage wäre es nötig, alle ursprünglich lateinischen Dokumente, die Athanasius im Rahmen seiner Werke in griechischer Übersetzung bietet, vergleichend zu untersuchen. Geht man von dem hier vorgestellten Beispielfall aus, so lässt sich zumindest schon der Befund beschreiben,

werden muss, daß der historische Athanasius dazu nicht in der Lage war, literarische Texte auf Latein zu verfassen, steht notwendigerweise bei *allen* Texten
des »lateinischen Athanasius« jeweils nicht nur eine Sprache, sondern auch eine
Person (der Übersetzer) zwischen dem berühmten Namensgeber und »seinem«
Publikum.

Dieses Publikum verband mit dem Namen »Athanasius« dennoch gewisse
Erwartungen. Athanasius war eben wirklich selbst im Westen des Imperium
aufgetreten, er hatte stärker als andere östliche Bischöfe enge Kontakte zum
wichtigen Bischof von Rom geknüpft und hatte, wie unten bezüglich der *Vita
Antonii* zu vermerken sein wird, auch jenseits der Kirchenpolitik bleibende Eindrücke hinterlassen. Sein erfolgreicher Kampf für ein nizänisches Christentum
machte ihn zu einer orthodoxen Autorität – und zwar einer, die man im Westen
»kannte«.

Zusammenfassend lässt sich festhalten, daß der »lateinische Athanasius«
eine Gruppe von Texten in lateinischer Sprache für ein westliches Lesepublikum
ist, die beim Leser die Erwartung gegenüber einer berühmten Autorität wecken,
die mit der konkreten Gestalt der Texte nichts zu tun hat.

Die Spätantike als historischer Kontext

Diese etwas verwirrende Kurzbeschreibung ist nur im Rahmen einer Epoche
verständlich, die besondere Rezeptionsbedingungen bot: der Spätantike.

Die Wertung der Spätantike als Epoche eigener Dignität ist forschungsgeschichtlich eine relativ neue Tendenz. Die Charakterisierung dieser Epoche ist
nach wie vor umstritten; sie schwankt zwischen der Betonung der Verfallserscheinungen[17], die die ältere Forschung beherrschte, und dem Hinweis auf
starke Kontinuitäten[18], die die Epoche als Zeit der Transformation, nicht des
Niedergangs charakterisieren.

---

der sich ergeben müsste, um Athanasius größere Lateinkenntnisse attestieren zu können:
Die überwiegende Mehrheit der übersetzten Texte müsste einen (einigermaßen) einheitlichen
Übersetzungs*stil* aufweisen, Abweichungen ließen sich dann u. U. situativ erklären. Sollte sich
aber auf der breiteren Textbasis eine ähnliche Divergenz der einzelnen Übersetzungen zeigen,
wie sie im Beispielfall erkennbar ist, so dürfte sich auch die obige Argumentation bestätigen.
Denn dass Athanasius je und je den Übersetzungsstil gewechselt hat, ist nicht anzunehmen
(auch, weil gerade dies von vornherein eine besonders hohe Souveränität im Umgang mit dem
Lateinischen voraussetzen würde). Letztlich greifen hier *mutatis mutandis* ähnliche Kriterien wie
bei der Echtheitsprüfung der griechischen Athanasiuswerke selbst.

17   Vgl. z.B. die Analyse von Bryan Ward-Perkins, Der Untergang des Römischen Reiches und das
Ende der Zivilisation, hrsg. v. Nina Valenzuela Montenegro, Darmstadt 2007 (Original Oxford
2005).

18   Vgl. als besonders »optimistisches« Beispiel Walter Goffart, Barbarians and Romans. A.D. 418–
584. The techniques of accommodation, Princeton, NJ 1980. Aufsätze pro und contra Goffart
finden sich in Walter Pohl (Hrsg.), Kingdoms of the empire. The integration of Barbarians in
late antiquity (The transformation of the Roman World 1), Leiden u.a. 1997.

Da im Prinzip alle Forscher dasselbe Quellenmaterial zur Verfügung haben, ist die sehr unterschiedliche Bewertung hauptsächlich der Fokussierung auf bestimmte Aussagen in den Quellen geschuldet.

Betrachtet man vor allem die Aussagen über Gräueltaten im Zuge germanischer Invasionen und die Belege für den Rückgang technischer Errungenschaften, so wird man das Ende des weströmischen Reiches primär als Niedergang begreifen.[19]

Betont man hingegen die Bewunderung der germanischen Ankömmlinge für überkommene römische Herrschaftsstrukturen und die langfristige Übernahme römischer Kulturelemente durch die neuen Herrscher, so wird man etwa in Theoderich eher einen Fortsetzer als einen Neuerer sehen.

Ganz im aristotelischen Sinne scheint in historischer Hinsicht eine sinnvolle Beurteilung der Spätantike zwischen diesen Extremen zu liegen.[20] Die Epoche der Spätantike sieht sich nach einem Neubeginn unter Diokletian und einer ersten kraftvollen Umdeutung unter Konstantin mit einem komplexen Prozess konfrontiert, in dessen Folge zu Beginn des 5. Jahrhunderts eine Destabilisierung des westlichen Reichsteils immer weiter Raum greift. In dieser Krisensituation gelangen germanische Stämme, die teils friedlich, teils mit blanker Gewalt in das Territorium des Reiches einwandern, in entscheidende Machtpositionen. Als spektakuläres Krisenjahr wird von den Zeitgenossen 410 mit der Plünderung Roms angesehen, nicht etwa 476 mit der Absetzung des letzten weströmischen Kaisers. Die Folgezeit ist von dem Versuch der Germanen (»Homöer« im Gegensatz zu den römischen Katholiken) geprägt, auf der Grundlage des römischen Erbes neue Staaten zu schaffen. So kommt es zur Fortdauer römischer Strukturen unter veränderten Bedingungen. Erst mit dem Aufstieg des karolingischen Frankenreiches wird eine dauerhafte Verschiebung des Machtzentrums nach Norden erreicht, die den konstitutiven Bezug auf Rom nachhaltig relativiert. Zwar wird gerade unter Karl dem Großen das westliche Kaisertum wieder eingesetzt, doch sind nun die Rahmenbedingungen derart verändert, daß eine neue Epoche angebrochen ist.

---

19 Ward-Perkins, Untergang des Römischen Reiches, 145–176 et passim weist vor allem auf die Folgen für die breite Masse der Bevölkerung hin, die nun kaum mehr Zugang zu hochwertigen Massenprodukten hatte und auch selbst weniger effektiv handwerkliche und landwirtschaftliche Güter herstellen konnte.

20 Eine allzu optimistische Beurteilung der Spätantike muss letztlich den sozial- und wirtschaftsgeschichtlichen Aspekt ausklammern, für den die Archäologie wichtige Belege bietet (Darin liegt m.E. die Stärke von Ward-Perkins' Ansatz.). So sehr die neuen Herren römische Kulturelemente aufnahmen, war doch letztlich klar, daß sie eben keine Römer waren. Der allmähliche Verschmelzungsprozess mündete in eine romanisierte, keine römische Gesellschaft ehemaliger Germanen. Außerdem muss eine solche Beurteilung einen sehr weiten Römerbegriff verwenden. Dagegen unterscheidet die nachfolgend eingenommene literaturgeschichtliche Perspektive zwischen der römischen Literatur, die im 3. Jahrhundert endete, und der nachrömischen, lateinischen Literatur der Spätantike.

Der »lateinische Athanasius« entsteht also in einer Zeit großer Veränderungen. Dabei ist, unabhängig von der Bewertung der Ereignisgeschichte, die Betrachtung der lateinischen *Literatur*geschichte maßgebend. Diese ist zwar auch von Veränderungen geprägt, doch steht über diesen die Kontinuität der Rezeption eines großen Themas – Rom und sein Erbe. Letztlich lässt sich ein Großteil der lateinischen Literatur der Spätantike als »Rezeptionsliteratur« charakterisieren, die sich einem großen Erbe verpflichtet weiß. Die neu entstehenden Texte entbehren dabei keineswegs der Originalität, doch sind sie stärker als in früheren Zeiten auf eine Vielzahl von Vorlagen bezogen.[21]

Der Fall des »lateinischen Athanasius« fügt sich nur scheinbar nicht in diesen Rahmen. Zwar ist das römische Erbe hier nicht von Belang, doch dafür steht Athanasius für das Erbe von Nicaea, mithin für das Erbe des orthodoxen Christentums, das das Romthema durch die Spätantike begleitet. Die Produktion von Texten, die sich auf eine Zentralfigur wie Athanasius beziehen, ist besonders charakteristisch für die spätantike lateinische Literatur. Daß die Texte nur mittelbar mit dem historischen Athanasius verbunden sind, ist dabei weniger entscheidend. Kennzeichnend ist ja gerade ein produktiver Rückbezug auf einen Ausgangspunkt, der Neugestaltungen genügend Raum lässt. Anders gesagt: Die zunächst befremdliche Beschreibung des »lateinischen Athanasius« als Textgruppe mit nur mittelbarem Bezug auf den historischen Athanasius fügt sich bestens in eine Literaturepoche, die unter prinzipiellem Rückgriff auf vorhandene Werte diese neu arrangiert und interpretiert und gerade in dieser Spannung zwischen Rezeption und Produktion aus Altem Neues macht.

Insofern der »lateinische Athanasius« zunächst ein literarisches Phänomen ist, lässt er sich als ein Produktions- und Rezeptionsphänomen der spätantiken lateinischen Literatur beschreiben, das durch den Rückgriff auf Gestalt, Wirken und Werk des historischen Athanasius sein spezielles Profil gewinnt und eine spezifische Auswahl von Texten unter dem Namen des Athanasius einem Lesepublikum im Westen des Imperium Romanum präsentiert.

Ergänzend zu dieser Beschreibung sind noch zwei Gesichtspunkte zu bedenken:

5. Die Produktion von lateinischen Texten unter dem Namen des Athanasius nimmt mit dem Beginn des Mittelalters ab, doch kommt sie zu keinem abrupten Ende. Der »lateinische Athanasius« hat also seine Wurzeln und sein Wesen in

---

21   Als Überblick und Ausgangspunkt für eine weiterführende Diskussion der *Literatur*epoche Spätantike vgl. Reinhart Herzog/Johannes Divjak (Hrsg.), Handbuch der lateinischen Literatur der Antike. V. Restauration und Erneuerung. Die lateinische Literatur von 284 bis 374 n. Chr. (HAW VIII), München 1989, 1–44, v.a. 21–33. Das dortige Fazit: »So ist die lateinische Spätantike eine Literatur der produktiven Rezeption par excellence, ihr erstes europäisches Beispiel. Es handelt sich um einen Grundzug der Epoche.« (HLL V, 33)
     Speziell für die literaturgeschichtliche Situation zur Zeit der Entstehung des »lateinischen Athanasius« vgl. Siegmar Döpp, Die Blütezeit lateinischer Literatur in der Spätantike (350–430 n. Chr.). Charakteristika einer Epoche, Ph. 132 (1988), 19–52.

der Spätantike gewonnen, doch war die Dynamik der Entwicklung offenbar groß genug, um die zeitliche Grenze zum Mittelalter zu überwinden. Zugleich ist das Mittelalter natürlich eine wichtige Phase der Rezeption der in der Spätantike entstandenen Texte. Nebenbei zeigt sich auch daran, daß die Grenzen zwischen Spätantike und Mittelalter eben sehr fließend waren.

6. Da der »lateinische Athanasius« als *Auswahl* von Texten mit Bezug zu Athanasius für ein westlich-christliches Publikum charakterisiert werden kann, muss dieser Charakter in dem Moment verloren gehen, in dem *alle* griechischen Texte unter dem Namen des Athanasius übersetzt werden und dies auch nicht mehr notwendigerweise für christliche (theologische, erbauliche, etc.) Belange geschieht, sondern auch rein humanistische oder philologische Interessen im Spiel sind. Mit dieser Überlegung ist auch ein grober zeitlicher Grenzwert für das Phänomen und seine Untersuchung gewonnen: Der Beginn der Neuzeit beendet einerseits die Voraussetzungen für die Entstehung solcher Texte und führt zur Abfassung anders intendierter Übersetzungen; daneben wird durch die philologische Echtheitsdiskussion ein Keil zwischen »echte« und »unechte« Athanasiusschriften getrieben.

Natürlich ist dieser Grenzwert relativ vage. So entstanden im 15. Jahrhundert einerseits schon »typisch neuzeitliche« Athanasiusübersetzungen[22], andererseits wird das »unechte« Athanasianum in der *filioque*-Debatte des 15. Jahrhunderts noch einmal als autoritativer Text verwendet.[23] Doch verliert der »lateinische Athanasius« als literarisches Phänomen hier allmählich seine Konturen, auch wenn einzelne Texte dieser Gruppe noch lange von ungebrochener Bedeutung waren.

Die bisherige Charakterisierung der Textgruppe des »lateinischen Athanasius« musste für methodische Klärungen der Textbetrachtung selbst vorgreifen. Diese soll nun folgen, im Horizont der und zugleich als Prüfstein für die angeführten Charakteristika.

Überblick über die Textgruppe

Das Problem der Überlieferungszusammenhänge

Die angestellten Überlegungen haben ein vorläufiges Profil der Textgruppe erbracht, das eine idealtypische Vereinfachung darstellt. Denn die erhaltenen Texte

---

22 So zum Beispiel die Übersetzungen von *contra gentes* und *de incarnatione* des Ambrosius Traversari im Codex Laurentianus Faesulanus 44; vgl. Benoît Gain, Traductions latines de Pères grecs. La collection du manuscrit Laurentianus San Marco 584. Édition des lettres de Basile de Césarée (EHS XV 64), Bern u.a. 1994, 193 f.

23 Vgl. John Norman Davidson Kelly, The Athanasian Creed. The Paddock Lectures for 1962-3, London 1964, 47–49.

sind keineswegs alle in einer Handschrift bzw. alle als eine Sammlung in verschiedenen Handschriften überliefert. Vielmehr wurden die Texte ursprünglich allein oder in kleinen Gruppen tradiert. Eine Bildung von frühen »Athanasiussammlungen« ist nur in einzelnen Fällen erkennbar. Erst mit dem Einsetzen der Neuzeit, also just mit dem Ende des definierten Untersuchungszeitraums, werden die vorhandenen Texte und Textgruppen in großen Sammelhandschriften vereint – gewissermaßen als Vorstufe zur systematischen Übersetzung aller griechischen Texte unter dem Namen des Athanasius, wie man sie in der Ausgabe der Mauriner J. Lopin und B. de Montfaucon[24] findet.

Aus diesem Befund folgt, daß von *dem* »lateinischen Athanasius« nur als von einer virtuellen Größe im definierten Sinn gesprochen werden kann; es handelt sich um einen Sammelbegriff.

Die zugehörigen Texte sind über einen Zeitraum von mehreren Jahrhunderten, offenbar in ganz verschiedenen Zusammenhängen entstanden. Daß überhaupt von einer Textgruppe gesprochen werden kann, bekommt erst durch den Bezug auf eine konkrete Person, Athanasius, seine Berechtigung. Zugleich wird hier noch einmal deutlich, daß eine vorausgehende Systematisierung der Texte nach »echten« und »unechten« Athanasiusübersetzungen, etc. das historische Wachstum dieser Gruppe von Texten ignoriert.[25]

Stattdessen legt sich methodisch ein Ansetzen bei den Überlieferungszusammenhängen nahe, will heißen: Gerade wenn man historisch-kritisch arbeiten will, ist dies am besten möglich, wenn man jeweils die Texte zusammen betrachtet, die in der Überlieferung ausschließlich oder teilweise verbunden sind, wobei die historisch-kritische Einschätzung der Texte erst *nach* diesem Schritt erfolgt. In einigen Fällen besteht auch nur so die Aussicht auf eine ungefähre Datierung der Texte.

Angesichts des sehr vorläufigen Charakters dieser Arbeit ist darauf hinzuweisen, daß noch nicht alle Überlieferungszusammenhänge vollständig aufgeklärt sind. Eine vorläufige Übersicht über die bisher erkannten Überlieferungszusammenhänge findet sich im Anhang.[26]

Die Methodendiskussion hat für den Durchgang durch die Texte folgendes Ergebnis erbracht:

---

24 Τοῦ ἐν ἁγίοις Πατρὸς ἡμῶν Ἀθανασίου Ἀρχιεπ. Ἀλεξανδρείας τὰ εὑρισκόμενα πάντα. Sancti Patris nostri Athanasii Archiep. Alexandrini Opera omnia quae exstant vel quae ejus nomine circumferuntur, Ad mss. codices Gallicanos, Vaticanos, &c. necnon ad Commelinianas lectiones castigata, multis aucta: nova Interpretatione, Praefationibus, Notis, variis lectionibus illustrata: novà Sancti Doctoris vitâ, Onomastico, & copiosissimis Indicibus locupletata. Opera & studio monachorum ordinis S. Benedicti è congregatione Sancti Mauri (Bernardi Montfaucon et Jacobi Lopin). Tribus Tomis in folio Graece et Latine, Parisiis 1698.

25 Über den Befund im Codex Laurentianus San Marco 584 wurde schon berichtet.

26 Vgl. unten S. 38; die dortige Übersicht soll primär einem ersten Eindruck dienen und ist keinesfalls als *ultima ratio* anzusehen.

* Der »lateinische Athanasius« ist ein Konstrukt zur Beschreibung einer Gruppe von lateinischen Texten, die durch den Namen des Athanasius von Alexandria und damit durch die Erwartungshaltung eines Lesepublikums im Westen des Imperium Romanum und seiner Nachfolgestaaten zusammengehalten wird.

* Eine methodisch sinnvolle Untersuchung kann nur von den Texten her erfolgen, d.h. sie muss bei den Überlieferungszusammenhängen ansetzen. Texte, die schon früh miteinander überliefert wurden, müssen zuerst als zusammengehörig wahrgenommen werden, unabhängig von Echtheitsdiskussionen.

* Erst nach einer Betrachtung der Texte in ihrer überlieferten Form kann dann historisch-kritisch nach ihrer Datierung, ihrem historischen Ort, ihrem Verfasser/Übersetzer und ihrem Verhältnis zum historischen Athanasius gefragt werden.

   Aus den gewonnenen Einzelergebnissen lässt sich eine – wenn auch lückenhafte – Entwicklungsgeschichte des Phänomens »Athanasius latinus« gewinnen. Erst in dieses Gerüst lassen sich interpretationsbedürftige Zusatzinformationen aus anderen Texten (etwa Altaners »literarische Zeugnisse«) einfügen.

* Die primär formale methodische Bestimmung des Phänomens »Athanasius latinus« muss nach der Untersuchung der Texte um eine inhaltliche Charakterisierung erweitert werden. Letztlich kann erst nach einer eingehenden Untersuchung geklärt werden, was der »lateinische Athanasius« wirklich ist.

Kurzvorstellung der Texte

Die folgende Übersicht ist im Wesentlichen eine Übersicht über die vorliegenden Probleme, die sich mit der Untersuchung der einzelnen Texte verbinden. Leider sind im Moment mehr Fragen zu stellen als zu beantworten. Zudem müssen hierbei einige bisherige Forschungsergebnisse in Frage gestellt werden.

Die Geschichte des »lateinischen Athanasius« nimmt ihren Ausgang beim historischen Athanasius, genauer gesagt bei der *Vita Antonii*[27].

Die genaue Abfassungszeit des Werkes ist umstritten – die Datierungen bewegen sich meist zwischen 357 und 365. Hier ist jedoch nur wichtig, daß innerhalb weniger Jahre gleich zwei lateinische Übersetzungen entstanden sind,

---

27 Vgl. CPG 2101; die bislang beste, sich allerdings auf eine Auswahl von Handschriften beschränkende Edition bietet G. J. M. Bartelink, Athanase d'Alexandrie, Vie d'Antoine (Sources chrétiennes 400), Paris 1994 (zur Beschränkung vgl. S. 7), der auch wichtige Beobachtungen zur lateinischen Übersetzung des Evagrius gemacht hat.

eine anonyme[28] und eine von Evagrius von Antiochia[29]. Man geht allgemein davon aus, daß die anonyme Übersetzung die ältere der beiden ist.[30] Wichtigstes Indiz ist der deutliche Qualitätsunterschied der beiden Übersetzungen. Während der Verfasser der anonymen Übersetzung in einem *Epilog* selbst sein sprachliches Ungenügen zugibt, das sich in einer engagierten, aber doch recht hölzernen Übersetzung niederschlägt, kündigt Evagrius in einem *Prolog* eine dezidiert literarische, zielsprachenorientierte Übersetzung an, die gerade nicht am Wortlaut kleben, sondern den Sinn treffen will. Und tatsächlich lässt sich das Werk des Evagrius als elegante Übertragung charakterisieren. In der Frage nach der zeitlichen Priorität spricht die Wahrscheinlichkeit nun für die anonyme Übersetzung, da es angesichts des (spät)antiken Stilempfindens unwahrscheinlich ist, daß man nach der gelungenen – und bekanntermaßen schnell verbreiteten – Übersetzung des Evagrius noch eine derart rohe »Behelfsübersetzung« (nach eigener Aussage ihres Verfassers) anfertigt. Zudem fügen sich, ohne daß dies zwingend zu erweisen wäre, der Epilog des Anonymus und der Prolog des Evagrius wie Aktion und Reaktion zusammen:

1. *Epilog des Anonymus*: Tamen *prudentes* qui legere voluerint hanc scripturam {oramus} ut *dent veniam, si gr{a}ecis sermonibus vim exprimere non potuimus transferentes eam in latinam linguam*, licet contra nostrum propositum hoc fecerimus, non quasi invidentes facere, sed scientes quantas infirmitates sustinuit graecus sermo translatus in latinitatem. Maluimus tamen hoc sustinere quam fraudem pati eos lucri deifici qui quomodocumque interpretatum sermonem legere possunt. Deus autem omnipotens, qui tanto viro cooperatus ad faciendum talia, et nobis cooperatur ad imitandum ipsum vel ex parte, ut in omnibus clarificetur nomen ipsius per magistrum et hortatorem nostrum Iesum Christum et Salvatorem Dominum, cum Spiritu Sancto cui est claritas et perpetua potestas in saecula saeculorum. Amen.[31]

2. *Prolog des Evagrius*: Preßbyter Evagrius Innocentio charissimo filio in Domino salutem. Ex alia in aliam linguam ad verbum expressa translatio, sensus operit et veluti laeto gramine sata strangulat. Dum enim casibus et figuris servit oratio, quod brevi poterat indicare sermone, longo ambitu circumacta vix explicat. Hoc igitur ego vitans, ita beatum Antonium te

---

28 Vgl. CPG 2101; Edition: Henricus Hoppenbrouwers, La plus ancienne version latine de la vie de S. Antoines par S. Athanase. Étude de critique textuelle, Diss., Univ. Nimwegen, 1960.

29 Vgl. CPG 2101; dankenswerterweise liegt für die Übersetzung des Evagrius seit wenigen Jahren eine kritische Edition vor: Pascal Bertrand, Die Evagriusübersetzung der *Vita Antonii*. Rezeption – Überlieferung – Edition. Unter besonderer Berücksichtigung der *Vitas Patrum*-Tradition, Diss., Utrecht, 2005.

30 So, wie bereits am Titel erkennbar, Hoppenbrouwers, La plus ancienne version, und ohne Diskussion der Prioritätsfrage Herzog/Divjak (Hrsg.), HLL V, 536 f. weitere Literatur siehe dort.

31 Text bei Hoppenbrouwers, La plus ancienne version, 194 f.

petente transposui, ut nihil desit ex sensu, cum aliquid desit ex verbis. *Alii syllabas aucupentur et litteras, tu quaere sententiam.*[32]

Immerhin wendet sich Evagrius genau gegen den Typus von Übersetzung, den der Anonymus verfasst hat.

Für die Datierung beider Übersetzungen kann man bei Evagrius ansetzen. Er weilte bis 371 bei Eusebius von Vercelli in Italien und ging 372/3 nach Antiochia.[33] Angesichts der obigen Überlegungen ist anzunehmen, daß Evagrius für ein italisches Publikum schrieb – und zwar spätestens im Jahr 372.[34] Da die anonyme Übersetzung höchstwahrscheinlich vorher entstand, bleibt angesichts der zeitlichen Nähe zur Entstehung des Originals nur ein Zeitfenster von etwa 365 bis 370.

Nun ist die Adressierung der *griechischen Vita Antonii* πρὸς τοὺς ἐν τῇ ξένῃ μοναχους (»an die Mönche in der Fremde«)[35] interessant. Sind damit Mönche im Westen des Reiches gemeint,[36] die Athanasius in seiner Exilszeit kennen gelernt hatte,[37] so hat der historische Athanasius selbst den Grundstein für den »lateinischen Athanasius« gelegt. Die anonyme Übersetzung ist dann der erste Versuch, ein Werk des Athanasius auch einem interessierten westlichen Publikum zu erschließen, das keine Griechischkenntnisse besaß. Leider ist nur zu vermuten, in welchem Kontext diese erste Übersetzung entstand. Aufgrund des feststellbaren Ringens um eine adäquate Übersetzung gerade der monastischen

---

32   Text bei Bertrand, Evagriusübersetzung, 160.

33   371 war das Todesjahr der Eusebius; zur Biographie des Evagrius vgl. Klaudia Balke, Evagrius von Antiochien, Lexikon der antiken christlichen Literatur ³2002, 255; Herzog/Divjak (Hrsg.), HLL V, 537.

34   Sollte die bei Herzog/Divjak (Hrsg.), HLL V, 538 geäußerte These richtig sein, daß Evagrius seine Übersetzung auf eine Anregung des Eusebius hin verfasste, so ließe sich 371 als terminus ante/ad quem annehmen. Allerdings widmet Evagrius seine Übersetzung in seiner Praefatio dem Presbyter Innocentius unter anderem mit den Worten »... *vitam beati Antonii, te petente, ... transposui* ...« (Hervorhebung von mir). Innocentius starb erst 374; vgl. Herzog/Divjak (Hrsg.), HLL V, 537.

35   V. Ant. 1 = PG 26,833. Bisweilen ist die Adresse der *Vita Antonii* als reine Fiktion abgetan worden; vgl. Richard Reitzenstein, Des Athanasius Werk über das Leben des Antonius. Ein philologischer Beitrag zur Geschichte des Mönchtums. Eingegangen am 13. Mai 1914 (SHAW.PH 8), Heidelberg 1914 und Ludwig Hertling, Antonius der Einsiedler (FGIL 1), Innsbruck 1929, 6 f. Es wäre in diesem Fall allerdings zu fragen, wie innerhalb weniger Jahre nach der Abfassung des Originals, das »nur für den Hausgebrauch« in Alexandria bestimmt war, zwei lateinische Übersetzungen entstehen konnten, deren zweite innerhalb kurzer Zeit weite Verbreitung findet und die Gattung der Heiligenvita im Westen mit begründet. M.E. stellen die frühen Übersetzungen der *Vita Antonii* vielmehr ein Indiz für die Echtheit der Adresse dar.

36   Bertrand, Evagriusübersetzung, 11 geht im Anschluss an Bartelink von Mönchen in Italien oder Gallien als Adressaten aus.

37   Eine vorausgehende persönliche Begegnung des Athanasius mit seinen Adressaten ist eine naheliegende, aber keine notwendige Voraussetzung. Auch ein rein brieflicher Kontakt würde an der nachfolgenden Einschätzung wenig ändern. In der Frage nach dem Verhältnis von Athanasius zu den »Mönchen in der Fremde« kann vielleicht eine nähere Untersuchung der einzelnen Kontakte des Athanasius während seiner Aufenthalte im Westen zu klareren Vorstellungen, zumindest in Form von Wahrscheinlichkeitsaussagen, verhelfen.

Termini[38] möchte ich die These vorschlagen, daß der Übersetzer entweder zum ursprünglichen Adressatenkreis der »Mönche in der Fremde« gehörte oder doch mit diesen in engem Kontakt stand. Der Ort ist indes schwer zu bestimmen. Die einzige erhaltene Handschrift der anonymen Übersetzung stammt aus einem Kloster in Mittelitalien.[39] Da die Übersetzung auch sonst keine sichtbaren Spuren hinterlassen hat, würde sich eine Verortung in Italien anbieten. Dann könnte sie auch Evagrius gekannt haben.

Mit Evagrius ändert sich das Publikum der *Vita Antonii*. Während die anonyme Übersetzung nur Leser finden konnte, die sich von vornherein für das Thema Mönchtum interessierten, wollte und konnte Evagrius auch bisher unerfahrene Gebildete ansprechen.[40] Hatte also Athanasius selbst den Grundstein für seine lateinische Rezeption gelegt, so arbeiteten die ersten Übersetzer tatkräftig an der ersten »Säule«[41] des »lateinischen Athanasius«: Athanasius als Lehrer der Askese und Hagiographie.

Es ist bezeichnend, daß nach diesen Anfängen keine gleichsam »organische« Entwicklung des Corpus, etwa über die Vermehrung der Übersetzungen, erfolgte. Stattdessen entstanden als nächstes die pseudathanasianischen *Epistulae Athanasii ad Luciferum*[42], die nie eine Vorlage in griechischer Sprache hatten. Ihnen wurde die Übersetzung eines echten Athanasiusbriefs, der *Epistula ad monachos*[43], beigegeben.[44] Da die *Epistulae Athanasii* auf Ereignisse aus den 359–361 anspielen und im *libellus precum* des Marcellinus und Faustinus erwähnt werden,

---

38 Vgl. dazu die Arbeit von Ludovicus Theordorus Antonius Lorié, Spiritual terminology in the Latin translations of the Vita Antonii. With reference to fourth and fifth century monastic literature (Latinitas Christianorum primaeva 11), Nijmegen 1955, v.a. 43–47.

39 Es handelt sich um den Codex Capituli S. Petri A2; vgl. Hoppenbrouwers, La plus ancienne version, 1 mit Anm. 1 und 2.

40 Hieronymus zitiert in ep. 57,6 Evagrius' Prolog als Modell des guten Übersetzens; er nennt dabei auch nicht ausdrücklich Evagrius, sondern spricht nur von *der* Übersetzung der *Vita Antonii*.

41 Mit »Säule« sei hier ein grundlegender Aspekt bezeichnet, der sich in mehreren Texten des »lateinischen Athanasius« findet und auf dem, wie bei einem antiken Gebäude, die westliche Gesamtvorstellung von Athanasius (wie sie sich in den Texten spiegelt) maßgeblich ruht.

42 Vgl. CPG 2232/CPL 117; Edition: Gerardus F. Diercks (Hrsg.), Luciferi Calaritani opera quae supersunt (CChr.SL 8), Turnholti 1978.

43 Vgl. CPG 2108/CPL 117; Edition: G. de Jerphanion, La vrai teneur d' un texte de saint Athanase retablie par l'epigraphie, RSR 20 (1930), 529–544.

44 Die Zweifel an der inhaltlichen Ursprünglichkeit der in lateinischer Übersetzung erhaltenen Textfassung (sie ist länger als die in den *Handschriften* überlieferte griechische Fassung) ist aufgrund der inschriftlich erhaltenen griechischen Textfragmente, die Jerphanion publizierte (siehe vorige Anm.), m.E. unbegründet. Zusätzlich zu diesem Überlieferungsbefund kann auch eine »strategische« Überlegung die Annahme eines echten Athanasiustextes in einer luciferianischen Sammlung stützen: Wenn der Text in seinem originalen Duktus in das Konzept der Luciferianer passte (deutliche Warnung vor den »Arianern«), dann mag es gerade in ihrem Sinne gewesen sein, die gefälschten Athanasiusbriefe durch die Übersetzung eines echten zu flankieren.

ist ihre Entstehungszeit relativ gut einzugrenzen: Sie müssen auf jeden Fall vor 383/84 entstanden sein.[45]

Allerdings verloren diese Texte schnell an Bedeutung: Sie wurden in ein Corpus Luciferianum integriert und sollten offensichtlich die Interessen der Luciferianer durch die hinter den Briefen stehende Autorität des Athanasius unterstützen. So erscheint in beiden *Epistulae Athanasii ad Luciferum* Lucifer von Calaris als höchst lobenswerter, von Athanasius bewunderter Mann. Mit dem Ende der Luciferianer gegen Ende des 4. Jahrhunderts ging natürlich auch der Verwendungszweck dieser »Gruppenliteratur« verloren. Das einseitige Interesse dieser Briefe verhinderte somit ihre weitere Rezeption. Dies betraf bezeichnenderweise auch die echte *Epistula ad monachos*, nachdem sie einmal mit den luciferianischen Schriften zusammengespannt worden war.

Dagegen ist eine (sekundäre) Sammlung von zwölf Büchern *De trinitate*[46] – ebenfalls original lateinische (und teilweise mit den vorgenannten Briefen über-lieferte) Texte – stark rezipiert worden.[47] Schließlich wurden die Texte dem Vorkämpfer der Orthodoxie gegen den »Arianismus« zugeschrieben, der auf-grund seiner unbeugsamen Haltung in Fragen der reinen Lehre verbannt und manchen westlichen Christen bekannt geworden war.

Historisch gesehen ist es eine heiß umstrittene Frage, wer als Verfasser der ersten sieben Bücher *De trinitate* anzusetzen ist. Diese sieben Bücher wurden nachträglich um kommentierende Hinzufügungen und ein achtes (ebenfalls mit Interpolationen versehenes) Buch erweitert und später mit den Texten, die in den

---

45   Dies ist das Abfassungsdatum des *libellus precum*; vgl. Louis Saltet, Fraudes littéraires des schismatiques lucifériens aux XVe et Ve siècles, Bulletin de littéraires ecclésiastique 1906, 300–326, hier 314. Die entscheidende Textstelle lautet (Saltet, Fraudes littéraires, 315): »Quos quidem libros, cum per omnia ex integro ageret, suspexit et Athanasius ut veri vindicis atque in graecum stilum transtulit, ne tantum boni Graeca lingua non haberet. Parum est: quin etiam proriis litteris idem Athanasius eosdem libros praedicat ut prophetarum et evangeliorum atque apostolorum doctrinis e pia confessione contextos. Et quamvis plurimis in eum laudibus erigatur, tamen non aequat ad meriti eius supereminentia quaevis laudans lingua superatur«. Für die Rezeption des »lateinischen Athanasius« im allgemeinen ist interessant, daß hier ganz selbstverständlich davon ausgegangen wird, daß Athanasius die lateinische Sprache beherrschte und nach Belieben aus ihr ins Griechische übersetzen konnte.

46   Vgl. CPL 105; Edition: Vinzenz Bulhart (Hrsg.), Eusebii Vercellensis episcopi quae supersunt (CChr.SL 9), Turnholti 1957, V–XXXVI.1–99.113–118.127–205; daneben für die Bücher X–XII: Manlius Simonetti (Hrsg.), Pseudoathanasii de trinitate ll. X–XII. Expositio fidei catholicae, Professio arriana et confessio catholica, De Trinitate et de Spiritu Sancto, Bononiae 1956.

47   So für die Bücher X–XII Simonetti (Hrsg.), Pseudoathanasii de trinitate, 8. Für eine rege Rezeption insgesamt spricht die relativ breite und komplizierte handschriftliche Überlieferung. Zu den m.E. noch nicht gänzlich geklärten Überlieferungsproblemen vgl. die Praefatio der Ausgabe von Bulhart: Bulhart (Hrsg.), Eusebii Vercellensis episcopi quae supersunt, v.a. V–VII. Einen quasi zeitgenössischen Beleg für Erweiterungen der Texte im Laufe der Überlieferung, die ja auch ein Indiz für Rezeption sind, liefert eine Schreibernotiz aus dem 9. Jahrhundert am Ende von Buch VIII: »Explicit liber VIII. dei patris et filii et spiritus sancti Athanasii episcopi: hos libellos octo transscripsi, *qui multa addita et inmutata continent*.« (Hervorhebung von mir) Vgl. zu dieser Notiz Gerhard Ficker, Studien zu Vigilius von Thapsus, Leipzig 1897, 63 f.

neueren Editionen als Bücher IX, X, XI und XII gezählt werden, zu verschiedenen Corpora vereinigt. [48]

Zwei vehement vertretene Thesen sind die Verortung in den Kreis der Luciferianer[49] und die Zuschreibung an Eusebius von Vercelli[50], die durch Williams eine Renaissance erlebt hat, der die Brüchigkeit der Luciferianerthese aufzeigen konnte.[51] Williams hat seinerseits Widerspruch erfahren, dem ich mich hier anschließen möchte. Neben anderen Bedenken kann Williams' These vor allem nicht erklären, warum das Werk eines so unbestritten verdienten Mannes wie Eusebius von Vercelli unter dem Namen des Athanasius überliefert worden sein soll.[52]

Angesichts der bestehenden Aporie beim Verfasserproblem möchte ich fragen, ob dieses nicht methodisch bedingt ist. Stellt man sich auf den Standpunkt der zeitgenössischen Leser, so war es eben Athanasius, der die Texte geschrieben hatte, weder Eusebius noch ein Luciferianer. Will man die Texte angemessen verstehen, so sollte man die Verfasserfrage *zunächst* beiseite lassen. Will man dann dennoch Überlegungen zum historischen Verfasser anstellen, sollte man von vornherein die Hoffnung auf bekannte Namen fallen lassen.[53] Bei einem

---

48   Soweit ich bisher sehe, bieten die älteren Handschriften nie alle zwölf Bücher. Eine wichtige Frage für die weitere Untersuchung dieser Texte ist, ob sich charakteristische Teilsammlungen erkennen lassen, die dann entweder Rückschlüsse auf den Entstehungskontext oder auf einen bestimmten Rezeptionskontext ermöglichen. Für dem Augenblick kann nur an die Beobachtung von Ficker, Studien zu Vigilius von Thapsus, 73, erinnert werden, daß im Fall von Teilsammlungen in den alten Handschriften offenbar immer die Version *De trinitate* I–VII (kurze Version) mit den Büchern XI und X (sic) und die Version *De trinitate* I–VIII (lange Version) mit den Büchern IX und XII zusammengestellt wurde.

49   So Lorenzo Dattrino, Il de trinitate pseudoatanasiano (Aug.S 12), Roma 1976, 119 f.

50   So neben Bulhart (Hrsg.), Eusebii Vercellensis episcopi quae supersunt, auch Daniel H. Williams, Ambrose of Milan and the end of the Nicene-Arian conflicts (OECS), Oxford 1995, 239-242.

51   Vgl. Williams, Ambrose of Milan, 240–242.

52   M.E. bestünde der einzige direkte Erklärungsversuch darin, daß hier ein ähnlicher Fall wie bei einigen Predigten des Caesarius von Arles vorliegt. Dieser hatte Texte aus seiner Feder unter dem Namen des Augustinus veröffentlicht, um ihnen (noch) höhere Geltung zu verschaffen; vgl. Kelly, Athanasian Creed, 120. Da sich Caesarius theologisch bewusst in die Tradition Augustins stellte, war dies auch inhaltlich einleuchtend.

Nun könnte man mutmaßen, daß Eusebius selbst oder spätere Tradenten ähnlich verfahren sind. Doch erstens spielt diese Überlegung in der Argumentation von Williams keine Rolle und zweitens wäre sie eben nur eine Mutmaßung, die erst dann plausibel ist, wenn man eine eusebianische Autorschaft durch *andere* Argumente gesichert hat.

Zudem wäre ein solches Verfahren auch bei einem anderen Autor möglich, der sich theologisch in die antiarianische Tradition des Athanasius stellen wollte.

Alternativ bleibt nur die Annahme einer Laune der Überlieferung. Deren gibt es zwar viele; aber dann bleibt es bei dem obigen Satz, daß der Name des Athanasius in der Überlieferung nicht konkret erklärt, sondern nur zur Kenntnis genommen werden kann. An diesem Punkt ist dann m.E. zu fragen, ob die Annahme eines sonst unbekannten Autors nicht eine einfachere Erklärung des Überlieferungsbefundes ermöglicht (siehe die weiteren Überlegungen im Obertext).

53   Im Rahmen der Oxforder Conference on Patristic Studies (6.–11.8.2007) konnte ich Herrn Williams meine Bedenken im Gespräch mitteilen. Er konzedierte, daß auch eine andere Person, die über Kenntnisse zur östlichen Theologie verfügte, gut in Frage käme, so etwa Niceta von

talentierten aber unbekannten Autor erklärt sich das Phänomen Pseudepigraphie allgemein. Für die spezielle Wahl des Athanasius ist auf den oben genannten Eindruck zu verweisen, den der historische Athanasius im Westen machte. Und an *dieser* Stelle *kann* m.E. Eusebius von Vercelli eine Rolle gespielt haben. Infolge seiner Verbannung hatte er den Osten des Reiches und die dortige kirchenpolitische und theologische Situation kennen gelernt. Er hatte mit Athanasius in Alexandria konferiert, er brachte bei seiner Rückkehr Evagrius mit nach Italien und bekämpfte mit Hilarius von Poitiers den »Arianismus« im Westen.[54]

M.E. ist die Rolle des Eusebius für mein Thema eher die eines »Ideengebers« – vielleicht für die zweite Übersetzung der *Vita Antonii*, vielleicht auch für *De trinitate* I–VII.[55] Er mag auf diese Weise an der zweiten Säule des »lateinischen Athanasius« mitgearbeitet haben: Athanasius als Lehrer der Orthodoxie.

Beide Säulen wuchsen in den kommenden Jahrhunderten weiter. Denn sie boten in einem für die Spätantike charakteristischen, *produktiven* Rezeptionsvorgang den Ansatz für eine immer neue Übersetzung griechischer oder die Abfassung original lateinischer Texte unter dem Namen des Athanasius, sobald eine neue Situation neuer Texte bedurfte. Angesichts des momentanen Untersuchungsstandes muss ich mich auf ein paar wenige Angaben beschränken.

Noch weitgehend unklar ist die Einschätzung einer *Enarratio s. Athanasii de symbolo*.[56] Die wenigen bisherigen Überlegungen in der Forschung haben weder einen Konsens zur Datierung noch zur Verortung des Textes gebracht.[57]

Remesiana. Damit ist aber klar, daß sich für die Texte kein autorenspezifisches Profil erheben lässt, da sich dieses ja dann nicht einfach auf einen anderen Verfasser übertragen ließe. Durch diese Reduktion ist aber schon der Weg zu einer Textuntersuchung ohne bekannten Autor geebnet. Denn wenn der Befund so unspezifisch ist, geht der Untersuchung nichts verloren, wenn sie ohne einen Autorennamen arbeitet. Namen wie die des Eusebius stecken dann nur mehr das *Milieu* ab, in dem solche Texte entstehen konnten.

54   Die Rolle des Eusebius analysiert Williams, Ambrose of Milan, 49–68; dort finden sich auch Hinweise auf weitere Literatur zum Thema und eine Diskussion mancher strittiger Details in der Biographie des Bischofs von Vercelli.

55   Vgl. Anm. 53: In diesem Sinne ist eine weitere Beschäftigung mit Eusebius und anderen bekannten Kirchenmännern und Theologen natürlich sinnvoll, da Informationen über sie auch die *Kontexte* der anonym arbeitenden Verfasser von Texten wie *De trinitate* spiegeln können. Dies erfordert jedoch methodisch eine andere Arbeitsweise als sie bisher bei den (m.E. zum Scheitern verurteilten) Zuschreibungsdiskussionen der Fall war.

56   Vgl. CPL 1744a; eine kritische Edition liegt nun gut erreichbar bei Liuwe H. Westra, The Apostles' Creed. Origin, History, and some Early Commentaries (Instrumenta Patristica et Mediaevalia 43), Turnhout 2002, 459–465 vor, die die alte, schwer zugängliche von Bianchini ersetzen dürfte.

57   Immerhin ist die teilweise hundert Jahre alte Literatur durch die umfangreiche Monographie von Westra, Apostles' Creed auf einen neuen Stand gebracht worden. Allerdings konzentriert sich auch Westra, dem Schwerpunkt seiner Arbeit entsprechend, hauptsächlich auf das im Text enthaltene Bekenntnis (auch zur Verortung und Datierung), während der Text als *enarratio* weniger Berücksichtigung findet. Insbesondere als Teil der Textgruppe »Athanasius latinus« harrt der Text noch seiner Erforschung, auch was sein zeitweise angenommenes Verhältis zu den Büchern *De trinitate* betrifft (vgl. Westra, Apostles' Creed, 355–357). Aufgrund eines Vergleichs mit anderen Symboltexten verortet Westra die Entstehung des Textes in Norditalien (gegen Kattenbusch, der an Gallien dachte). Bei der Datierung zieht sich Westra auf folgende Linie

Im Moment ist nur klar, daß es sich um eine original lateinische Kommentierung des Apostolicum[58] handelt, in die trinitätstheologische Reflexionen einbezogen sind.[59] Ansonsten sind hier noch besonders viele Fragen offen. Der Name des Athanasius als Autorität in Glaubens- und Bekenntnisfragen scheint auf jeden Fall passend gewählt worden zu sein.

In dieser Hinsicht waren auch authentische Athanasiusschriften von Interesse. So wurden – vielleicht schon vor 400[60] – die *Epistula ad Afros*[61] und die *Epistula ad Epictetum*[62] ins Lateinische übersetzt. Beide Übersetzungen sind nicht besonders elegant, aber zielsprachenorientiert abgefasst. Um das Jahr 450 entstand eine weitere Übersetzung der *Epistula ad Epictetum*[63], die aufgrund ihrer starken Wörtlichkeit wohl für den möglichst unmittelbaren Nachvollzug des theologischen Gedankengangs bestimmt war.[64] Zumindest fällt bei einem Vergleich

---

zurück: »It seems impossible to say much about the date. The form of the Creed fits a forth-century North Italian origin, but a fifth or even sixth-century date cannot be excluded either. If Kattenbusch's observation of certain dogmatic traits is correct, a fifth-century origin seems to be the most likely« (Westra, Apostles' Creed, 361 m. Anm. 298). Angesichts dieser relativ großen Ergebnisoffenheit setze ich den Text für den Moment an seine frühestmögliche Stelle. Ein genauerer Datierungsvorschlag ist offenbar erst sinnvoll, wenn der Auslegungsteil der *Enarratio* genauer untersucht ist (die Überlegungen von Ferdinand Kattenbusch, Das apostolische Symbol. Seine Entstehung, sein geschichtlicher Sinn, seine ursprüngliche Stellung im Kultus und in der Theologie der Kirche. Ein Beitrag zur Symbolik und Dogmengeschichte. II. Verbreitung und Bedeutung des Taufsymbols, Leipzig 1900 (ND 1962), 451–452 m. Anm. 34 sind m.E. anregend, aber einerseits sehr vorsichtig und andererseits doch zu thetisch formuliert, um sie schon als Basis voraussetzen zu können.

58 Genau genommen ist die Gestalt des Textes, der kommentiert werden soll, nicht völlig klar, da die *Enarratio* sicher in der Mitte, vielleicht auch am Ende des Textes verstümmelt ist. Hier bin ich noch zu keinem Ergebnis gekommen und kann im Moment nur auf die Überlegungen von Ferdinand Kattenbusch, Das apostolische Symbol. Seine Entstehung, sein geschichtlicher Sinn, seine ursprüngliche Stellung im Kultus und in der Theologie der Kirche. Ein Beitrag zur Symbolik und Dogmengeschichte. I. Die Grundgestalt des Taufsymbols, Leipzig 1894 (ND 1962), 148–149 und 202, Anm. 1, und Westra, Apostles' Creed, 351–354 verweisen.

59 Für die spärliche Forschung und eine Kurzbeschreibung vgl. die Angaben bei Herzog/Divjak (Hrsg.), HLL V, 497; zur bisherigen Unklarheit in der Datierungsfrage sei nur noch ergänzend darauf hingewiesen, daß der genannte Band der Herzog/Schmidtschen Literaturgeschichte die Zeit bis 374 behandelt, während der Text in PLS 1, 1959, 786–790 den »auctores saeculi quinti ineuntis« zugerechnet wird. Zur aktuellen Symboldiskussion vgl. den Beitrag von Uta Heil zum Bekenntnis des Markell in diesem Band ab S. 85.

60 Dies wurde von Altaner, Altlateinische Übersetzungen, 46 f. erwogen, vgl. Anm. 2.

61 Vgl. CPG 2133; bisher liegt keine kritische Edition vor; der Text selbst ist auch in der Patrologia Latina nicht enthalten; immerhin ist inzwischen die handschriftliche Überlieferung dieser lateinischen Übersetzung aufgearbeitet in: Brennecke/Heil/Stockhausen, Athanasius Werke II 8, LXX–LXXV.

62 Vgl. CPG 2095; Edition: Eduard Schwartz (Hrsg.), Acta conciliorum oecumenicorum I 1,5, Berlin/Leipzig 1927, 320–334.

63 Vgl. CPG 2095; Edition: Schwartz (Hrsg.), Acta conciliorum oecumenicorum I 1,5, 320–334 (sic! Schwartz druckte beide Übersetzungen untereinander, so daß ein direkter Vergleich der Übersetzungen möglich ist.)

64 Dafür spricht auch der Kontext ihrer Verwendung: Leo der Große schickte die Übersetzung am 25.11.452 an Julian von Kos, »ne ad confirmandos piorum animos vel ad haereticos confutandos nesessaria aut deesset aut lateret instructio.« Das Zitat findet sich mit Datierung und weiteren Angaben bei Schwartz (Hrsg.), Acta conciliorum oecumenicorum I 1,5, XVI.

der beiden Übersetzungen des Epiktetbriefes auf, daß die zweite Übersetzung die Zielsprachenorientierung aufgibt und stattdessen den Wortlaut des griechischen Originals bis in die Wortstellung hinein nachzuahmen versucht. Dies kann (wenn es bewusst geschah) nur in der Absicht geschehen sein, einem Leser, der des Griechischen nicht mächtig war, dennoch einen möglichst authentischen Eindruck vom Original zu vermitteln. Da dies aber den formal-ästhetischen Gewohnheiten des lateinischen Publikums zuwider gelaufen sein muss, legt es sich nahe, einen inhaltlichen Grund anzusetzen: Wenn der Athanasiusbrief als autoritativer Text gelesen wurde, kam dem exakten Wortlaut bzw. dem genauen theologischen Gedankengang eine hohe Bedeutung zu. Daher ist der Text m.E. in die theologischen Debatten des 5. Jahrhunderts einzuzeichnen, wobei die Details bisher unklar bleiben.[65]

Es ist nun bezeichnend für die Überlieferungszusammenhänge des »lateinischen Athanasius«, daß nicht etwa die beiden früheren Briefübersetzungen zusammen tradiert wurden, sondern daß die Übersetzung der *Epistula ad Afros* mit der *zweiten* Übersetzung der *Epistula ad Epictetum* und des weiteren mit den Büchern *De trinitate I-VII und X-XII* zusammengestellt wurde.[66] Der Kontext dieser Zusammenstellung ist noch unklar.[67] Hier ist jedoch das Entstehen kleiner »Athanasius«sammlungen greifbar.

Einen ursprünglichen Überlieferungszusammenhang bilden die Übersetzungen zweier Briefe des Athanasius an die Kirchen von Alexandria und der Mareotis (*Epistula ad clerum Alexandriae et paremboles; Epistula ad easdem apud Mareotam ecclesias*[68]) und die Übersetzung der *Historia Athanasii*,[69] auch bekannt als *Historia acephala*.[70] Der Überlieferungszustand dieser Texte, deren griechische

---

65   Der einzige konkrete Hinweis ist das Schreiben Leos (siehe Anm. 64).

66   Der bisher wichtigste Zeuge hierfür ist der Codex Berolinensis 78, vgl. Altaner, Altlateinische Übersetzungen, 52, der allerdings zu der irrigen Annahme kam, die Überlieferung der Übersetzung der *Epistula ad Epictetum* im Codex Berolinensis 78 stelle eine »Sonderüberlieferung« dar. Dagegen spricht die Praefatio von Schwartz (Hrsg.), Acta conciliorum oecumenicorum I 1,5, XIII.

67   In jedem Fall aber ist darauf hinzuweisen, daß Altaner die beiden Briefübersetzungen im Codex Berolinensis 78 weder hinsichtlich der Datierung noch hinsichtlich der Eigenart der Texte differenzierte, sondern für beide die Datierung »vor 400« erwog.

68   Vgl. CPG 2111 und 2112; der griechische Originaltext ist nicht erhalten; Edition: Hanns Christof Brennecke/Uta Heil/Annette von Stockhausen/Angelika Wintjes, Athanasius Werke. Band III/Teil 1: Dokumente zur Geschichte des arianischen Streites. Lfg 3: Bis zur Ekthesis Makrostichos, Berlin/New York 2007, Dok. 43.8 und 43.10.

69   Vgl. CPG 2119; Edition: Annick Martin (Hrsg.), Histoire «Acéphale» et index syriaque des lettres festales d'Athanase d'Alexandrie (SC 317), Paris 1985; zum Vergleich ist hilfreich die alte Edition in der Arbeit von Heinz Fromen, Athanasii historia acephala, Diss., Univ. Münster, 1914, 86 S. Hier 69–85.

70   Diese Sammlung ist nur im Codex Veronensis LX erhalten. Zur Einschätzung dieser Sammlung grundlegend sind m.E. die Überlegungen von Schwartz. Vgl. Eduard Schwartz, Die Sammlung des Theodosius Diaconus, NGWG.PH 1904, 333–356, wiederabgedruckt in Eduard Schwartz, Gesammelte Schriften. Dritter Band: Zur Geschichte des Athanasius, Berlin 1959, 30-72; Eduard Schwartz, Über die Sammlung des Codex Veronensis LX, ZNW 35 (1936), 1–23.

Originale nicht erhalten sind, ist an manchen Stellen schwierig. Dies ist vor allem für die *Historia Athanasii* von Belang, da hier mit späteren Erweiterungen des Textes gerechnet worden ist. Der Kern der *Historia Athanasii* könnte zu Lebzeiten des Athanasius selbst entstanden sein.[71]

Die Übersetzung der Texte, die von Alexandria nach Karthago geschickt wurden, ist nach Schwartz zur Zeit des Vandalensturmes erfolgt.[72] Es ist m.E. jedoch noch offen, ob sie wirklich erst in Karthago oder bereits in Alexandria ins Lateinische übersetzt wurden. Bemerkenswert ist, daß – neben der *Epistula ad Afros* – nur im Falle der *Historia Athanasii* ein »Athanasiustext«[73] mit apologetischem Charakter ins Lateinische übersetzt wurde. Doch dieser apologetische Charakter wurde bald durch die Zusammenstellung mit anderen dogmatischen und kirchenrechtlichen Texten, wie sie im Codex Veronensis LX enthalten sind,[74] abgeschliffen.[75] So wurden diese Übersetzungen genauso wie die vorher genannten Briefübersetzungen Teil der Säule II (»Vorkämpfer der Orthodoxie«).

Vielleicht schon im Laufe des 5. Jahrhunderts wurde ein Text, der dem Pelagius zugeschrieben wird,[76] unter dem Namen des Athanasius überliefert: die *Exhortatio ad sponsam Christi* (ursprünglich wohl *De virginitate*[77]). Dieser Brief, der asketische Themen behandelt, ließ sich leicht mit einer bereits etablierten Vorstellung von Athanasius als Lehrer der Askese verbinden. Pseudepigraphie hatte hier zusätzlich die Funktion, einen häretisch gewordenen Autor unter einem populären Etikett weiterzutradieren.

Nach 500 entstand die schon mehrfach erwähnte Übersetzungssammlung des Codex Laurentianus San Marco 584, die Übersetzungen griechischer Athanasiana und Pseudathanasiana enthält.[78] Wie schon erwähnt, ist diese Sammlung

---

71 So die These von Schwartz, Die Sammlung des Theodosius Diaconus, 66.

72 Vgl. Schwartz, Sammlung, 16 f. Annik Martin datiert die Übersetzung der Historia Athanasii vor 430; vgl. ihre Edition Martin (Hrsg.), Histoire «Acéphale», 136.

73 Die *Historia Athanasii* stellt insofern einen Grenzfall des Phänomens »Athanasius latinus« dar, als sie nicht die Urheberschaft des Athanasius beansprucht. Allerdings ist der ursprüngliche Text m.E. zu Lebzeiten des Athanasius in Alexandria entstanden. Dies geschah sicher nicht ohne das Wissen und dem Text zufolge durchaus im Sinne des Athanasius. In diesem Sinne und wegen der urspünglichen Überlieferung mit den Athanasiusbriefen erscheint es sinnvoll, den Text zum »lateinischen Athanasius« zu rechnen.

74 Zum disparaten Charakter der Sammlung des Codex Veronensis LX in ihrer erhaltenen Form vgl. die Ausführungen von Schwartz, Die Sammlung des Theodosius Diaconus, 30–72.

75 Eine ähnliche Verwischung des apologetischen Charakters durch die Zusammenstellung mit anderen (stärker dogmatischen) Texten kann wohl auch für die oben erwähnte Übersetzung der *Epistula ad Afros* und ihre Überlieferungsgeschichte angenommen werden.

76 So die These von Robert F. Evans, Four letters of Pelagius (Studies in Pelagius), London 1968, passim, v.a. 41–51.

77 Vgl. CPL 741; Edition: Karl Halm (Hrsg.), Sulpicii Severi libri qui supersunt (CSEL 1), Wien 1866, 225–250.

78 In der Reihenfolge der Handschrift sind dies: *contra Apollinarium II et I* (CPG 2231); *De incarnatione et contra Arianos* (CPG 2806); *Epistula ad Adelphium* (CPG 2098); *Epistula ad Maximum* (CPG 2100); *De incarnatione ad Iovianum* (CPG 3665); *Epistula ad episcopum Persarum* (CPG 2294); *Epistula Dionysii Alexandriae ad Paulum Samosatensem* (CPG 1708; dieser Text ist genau genommen

insofern bemerkenswert, als sie die ununterschiedene Rezeption echter und un-
echter griechischer Texte unter dem Namen des Athanasius dokumentiert.[79] Es
kann vor diesem Hintergrund nicht verwundern, daß auch original lateinische
Texte nicht kritisch hinterfragt wurden.

Die Zusammenstellung der »Athanasius«texte und der übrigen Texte der
Handschrift weisen der Sammlung einen Platz in den christologischen Streitigkeiten des 6. Jahrhunderts zu. Wo dieser Platz jedoch genau zu suchen ist,
ist m.E. (noch) nicht sicher. Die von Gain vorgelegte Monographie zum Codex
Laurentianus San Marco 584 verknüpft die Entstehung der Sammlung mit der
Reise des Mailänder Bischofs Datius als Begleiter des römischen Bischofs Vigilius
nach Konstantinopel im Jahr 537 und mit den dort erfolgten theologischen Diskussionen.[80] Allerdings muss Gain für seine These viele unsichere Annahmen
kombinieren, so daß eine genauere Verortung im 6. Jahrhundert vorerst offen
bleiben muss. Klar ist aber, daß sich inzwischen der Väterbeweis als argumenta-
tives Mittel etabliert hatte und daß Athanasius, der Vorkämpfer der Orthodoxie,
dabei eine entscheidende Autorität war.

Vielleicht an der Wende vom 6. zum 7. Jahrhundert entstand der original
lateinische Text *De ratione paschae*.[81] Über diesen kann hier im Moment kaum
Verlässliches gesagt werden, auch weil die bisherige Forschung zu *De ratione
paschae* m.E. nicht nur hilfreiche Ansätze erbracht hat.[82] So ist *De ratione paschae*
mal Niceta von Remesiana, später Martin von Braga zugeschrieben worden.[83]
Letztlich wiederholt sich hier das bei den Büchern *De trinitate* angesprochene

---

kein Pseudathanasianum, sondern stellt hier offenbar den Teil einer thematisch ausgerichteten
»Athanasiussammlung« dar); *De Trinitate dialogi liber IV* (CPG 2284). Diese Übersetzungen (bis
auf die *Epistula ad Episcopum Persarum* und die *Epistula Dionysii Alexandriae ad Paulum Samo-
satensem*, da diese sich in PG 28,1559A–1566A finden) sind publiziert in zwei Aufsätzen von
Ivano Costa, Opere di Atanasio in una traduzione latina inedita, Atti della Accademia Pontiana
Nuova Serie 39 (1990), 459–506 und Ivano Costa, Opere di Atanasio in una traduzione latina
inedita, Atti della Accademia Pontiana Nuova Serie 42 (1993), 221–265, wobei der Wortlaut der
Handschrift zum Teil durch den Apparat des Herausgebers rückerschlossen werden muß.

79 Ebenso verhält es sich auch in der entsprechenden handschriftlichen Überlieferung des griechischen Athanasius, wie sie sich im Codex Vaticanus graecus 1431 findet.

80 Vgl. Gain, Traductions latines, 380–390. Die Untersuchung von Gain ist m.E. von bleibendem
Wert, da Zweifel an seiner Datierungsthese die vorangehenden sprachlichen Untersuchungen,
etc. nicht betreffen.

81 Vgl. CPG 2297/CPL 2302 (Hauptreferenz); Edition: Andrew Ewbank Burn (Hrsg.), Niceta of
Remesiana. His Life and Works, Cambridge 1905, 92–111.

82 Wichtig für die ältere Forschung und generell für die Einschätzung der erhaltenen Textvarianten
sind die Arbeiten von Burn (Hrsg.), Niceta of Remesiana. His Life and Works, CXXV–CXXXI.92–
111 – davon teilweise abhängig ist die Arbeit von Calogero Riggi (Hrsg.), Niceta di Remesiana,
Catechesi preparatorie al battesimo (Collana di testi patristici 53), Roma 1985 – und Brun
Krusch, Studien zur christlich-mittelalterlichen Chronologie. Der 84jährige Ostercyclus und
seine Quellen, Leipzig 1880, 329 f. Beide Arbeiten wurden m.E. en passant im Rahmen des
Aufsatzes von Alfred Cordoliani, Textes de comput espagnol du VIIe siècle. Encore le probleme
des traits de comput de Martin de Braga, Revista de archivos, bibliothecas y museos 62 (1956),
685–697, hier 687 erledigt.

83 Für die wechselhafte Zuschreibungsgeschichte vgl. die Angaben in CPL 2302.

methodische Problem. Das Besondere an diesem Text ist die Überlieferungslage. Nach den Darstellungen von Burn und Krusch[84] gibt es in den Handschriften eine kürzere (dort genannt *De pascha*) und eine längere Fassung des Textes (dort genannt *De ratione paschae*), wobei mal die eine, mal die andere die ursprüngliche sein soll. Dagegen vertritt Cordoliani die m.E. zutreffende Auffassung, daß man besser von zwei *Texten* sprechen sollte, wobei ein Text aus dem anderen entstanden ist.[85] Hier ist jedoch noch eine genaue Analyse der Texte vonnöten.

Ebenfalls schwer zu verorten ist die Übersetzung der pseudathanasianischen *Doctrina ad Antiochum ducem*[86], die bald nach der Entstehung des Originals in Zypern Anfang des 7. Jahrhunderts verfasst worden sein könnte.[87] In diesem Falle wäre der Text, der monastische Fragen behandelt (Athanasius als Experte für Askese, etc. = Säule I), sozusagen »auf dem Weg nach Westen« entstanden, auf dem Zypern eine gängige Durchgangsstation bildete.[88] Allerdings sieht sich auch der Vertreter dieser These, Michele Bandini, genötigt, eine Reihe anderer Orte für die Entstehung der Übersetzung in Erwägung zu ziehen.[89] Ebenso unscharf bleibt vorerst die Datierung.[90] Hier zeigt sich erneut, daß viele Texte des »lateinischen Athanasius« als autoritative Texte ein Stück weit »unfassbar« sind, insofern als sie an ganz verschiedenen Orten im Westen auf Interesse stoßen (und übersetzt werden) konnten.

Ein besonders eindrucksvolles Beispiel für den wirkmächtigen Rückgriff auf die Vorstellung von Athanasius, dem Vorkämpfer der Orthodoxie, ist die sogenannte *Fides Athanasii*[91], das spätere *Symbolum Athanasianum*. Der Text ist trinitätstheologisch der augustinischen Theologie zuzuordnen. Augustin wiederum hatte sich für seine Trinitätstheologie u.a. auch von *De trinitate* X und

---

84 Vgl. die Diskussion bei Burn (Hrsg.), Niceta of Remesiana. His Life and Works, CXXV–CXXIX.

85 Vgl. Cordoliani, Textes de comput espagnol du VIIe siècle. Encore le probleme des traits de comput de Martin de Braga, 687.

86 Der Text ist bisher nur zugänglich im Aufsatz von Michele Bandini, Un inedita traduzione latina della *Doctrina ad Antiochum ducem* pseudo-athanasiana, Studi classici e orientali 46 (1997), 439–484.

87 So die These von Bandini, Un inedita traduzione, 441; dahinter steht ein weiterer Aufsatz von Michele Bandini, La *Doctrina ad Antiochum ducem* pseudo-athanasiana. Tradizione diretta, struttura, datazione, Prom. 23 (1997), 171–187, der das griechische Original bzw. (angesichts von zwei Fassungen) die griechischen Originale behandelt.

88 In diesem Sinne Bandini, Un inedita traduzione, 441 unter Berufung auf Mango.

89 Vgl. Bandini, Un inedita traduzione, 442.

90 Bandini, Un inedita traduzione, 442 weist darauf hin, daß in einer Handschrift aus Toulouse vor dem Text eine Schrift des Bischofs von Toulouse Ildefonsus (657–667), *De virginitate sanctae Mariae*, überliefert ist. Allerdings wird dieser Hinweis nicht als Datierungskriterium genommen, sondern als Beleg für die Möglichkeit, daß die Übersetzung eben doch nicht auf Zypern angefertigt wurde. Überhaupt ist mein bisheriger Eindruck, daß Bandinis Datierung ins 7. Jahrhundert insgesamt gut passen kann, eine genauere Einordnung aber auch hier schwierig ist. Insofern ist Bandinis Wortwahl »credo« bei der Datierungsthese (S. 441) durchaus sinnvoll.

91 Vgl. CPL 167; im Fall der Fides Athanasii liegen sogar mehrere kritische Editionen vor. Die beste ist die von Cuthbert Hamilton Turner, A Critical Text Of The Quicumque Vult, JThS 11 (1910), 401–411.

XI inspirieren lassen.[92] Hier ist also die produktive Fortwirkung des »lateinischen Athanasius« besonders deutlich. Umstritten ist nun wieder die Datierung und Verortung des Textes, nachdem Volker Henning Drecoll einen Vorschlag gemacht hat, der die relativ etablierten Ergebnisse von Kellys Untersuchungen teilweise erschüttert.[93] Danach wäre die *Fides Athanasii* ein spätes Produkt eines fortgeschrittenen Augustinismus, das Autoren wie Caesarius von Arles nicht als Zeugen hat (so Kelly), sondern voraussetzt. Der Text wäre nicht an der Wende vom 5. zum 6. bzw. während Caesarius' Wirkenszeit entstanden, sondern zwischen ca. 540 und 670,[94] also u. U. erst im 7. Jahrhundert – und zwar als Destillat verschiedener Texte in augustinischer Tradition. Drecolls anregende Untersuchung hat den Blick auf den Text, der später Karriere als eines der großen altkirchlichen Bekenntnisse machen sollte, geschärft. So ist angesichts seiner Handschriftenbetrachtungen klarer geworden, daß der Text nur in einem Teil der Überlieferung mit dem Namen des Athanasius verknüpft ist.[95] Auch die Anführung von Parallelstellen, die zeigen, daß die *Fides Athanasii* zum größten Teil aus Augustin und Augustinrezipienten zusammengesetzt werden kann, regen zu Überlegungen hinsichtlich des ursprünglichen Charakters des Werkes an: Es war laut Drecoll eine Art theologische Summenformel für die Klerikerausbildung, die, zumindest in einem Teil der Überlieferung, Athanasius als Garanten für die Richtigkeit der Glaubensaussagen einsetzte. Die Leistung ihres Verfassers läge demnach in der komprimierten, konzisen Gestaltung und der geschickten Platzierung des Textes, der daraufhin eine reiche Rezeption erfuhr.[96]

Schließlich weist Drecoll darauf hin, daß der von Kelly zum Kronzeugen für die Datierung erhobene Zwiefaltenkodex[97] wohl nicht eine in allen Teilen authentische Textsammlung aus der Zeit des Caesarius enthält (wodurch Caesarius zum sicheren Zeugen der *Fides Athanasii* würde). Stattdessen liegt hier offenbar ein Stück Caesariusrezeption vor, die vor die Caesariuspredigten ein Vorwort (angeblich von Augustin) stellt und die *Fides Athanasii* enthält.[98]

---

92 Vgl. Simonettis Hinweise in seiner Edition Simonetti (Hrsg.), Pseudoathanasii de trinitate, 8.

93 Kelly, Athanasian Creed und Volker Henning Drecoll, Das Symbolum Quicumque als Kompilation augustinischer Tradition, ZAC 11 (2007), 30–56; Kelly, Athanasian Creed, 1–14 bietet eine kritische Sichtung der Forschungsgeschichte bis zu seiner Zeit. Drecoll weist im Rahmen seiner Untersuchung auf die wenigen neueren Arbeiten hin.

94 Die Synode von Autun 670 spricht von einer *fides sancti Athanasii praesulis*, die Drecoll wie vorher Kelly sicher zu Recht mit dem Athanasianum identifiziert, vgl. Drecoll, Symbolum Quicumque, 37 f. Die Anklänge des Bekenntnisses von Toledo IV an die *fides Athanasii* scheinen ihm dagegen begrenzt, was Drecoll, Symbolum Quicumque, 38, von einer Herabsetzung des *terminus ante quem* auf 633 abhält.

95 Es lässt sich aber keine Trennung ausmachen, nach der etwa alle Handschriften mit dem Namen des Alexandriners jünger wären, o. ä.

96 Für die Impulse dieser Rezeptionsgeschichte für das Verständnis von »Dogmengeschichte« sind die weiterführenden Überlegungen von Drecoll, Symbolum Quicumque, 49–52 interessant.

97 Vgl. v. a. die abschließenden Überlegungen bei Kelly, Athanasian Creed, 119–123.

98 Drecoll, Symbolum Quicumque, 48.

Doch an dieser Stelle bleiben verschiedene Fragen offen: Drecoll macht keine Angabe zur Datierung der Textfassung im Zwiefaltenkodex. So verständlich dies ist, ist so nicht recht klar, zu welcher Phase in der Geschichte der *Fides Athanasii* der Kodex herangezogen werden soll.[99]

Ähnlich verhält es sich beim Nebeneinander von Stellen aus Augustin und seinen Rezipienten in Drecolls Auflistung möglicher Vorlagen des »Kompilators«: Wieviele dieser Rezipienten mussten dem Verfasser vorliegen, damit er seinen Text in der überlieferten Form verfassen konnte? Für den Moment erscheint Drecolls Vorschlag plausibel, da viele Passagen der *Fides Athanasii* sich enger mit dem Wortlaut des jeweiligen Augustinrezipienten als mit den jeweiligen Formulierungen bei Augustin berühren (die *Fides Athanasii* »verlängert« also primär diese Rezeptionslinie). Er bleibt jedoch in gewissem Umfang anfechtbar, da Augustin die einzig *notwendige* Voraussetzung zur Entstehung der *Fides Athanasii* zu sein scheint (dies betrifft v.a. auch die von Drecoll angenommenen griechischen Vorlagen).

Insbesondere ist für eine Befestigung von Drecolls These (*Fides Athanasii* = Kompilation zur Klerikerausbildung) über die Erklärung der Gestalt des Textes und seiner möglichen Verwendung (»Sitz im Leben«) hinaus die Suche nach einem konkreten *historischen Ort* wichtig, da ein solcher Text kaum im luftleeren Raum entstanden sein kann. Erst von dem Vorschlag eines historischen Ortes her wird auch Drecolls Idee für den »Sitz im Leben« des Textes sicherer bewertbar sein.[100]

Sollte Drecolls Überlegung zur Datierung (2. Hälfte 6. oder 7. Jahrhundert) richtig sein, so ist es immerhin gut möglich, daß der Text von Anfang an unter dem Namen des Athanasius publiziert wurde. Denn der erste relativ sichere Beleg im 7. Jahrhundert (Synode von Autun 670) spricht von einer *fides Athanasii*: »*Si quis presbyter aut diaconus aut clericus symbolum quod sancto inspirante Spiritu apostoli tradiderunt et* fidem sancti Athanasii presulis *inprehensibiliter non recensuerit, ab episcopo condempnetur.*«[101]

In der neuen Situation der Germanenreiche[102] waren die »katholischen« Einheimischen mit dem Problem des »Arianismus« der neuen Herrscher (bzw. je

---

99 Drecoll, Symbolum Quicumque, 45–49 verwendet den Kodex zur Illustration des ursprünglichen Sitzes im Leben. Das leuchtet ein, würde aber eine Datierung dieser Textfassung ins 7. oder 8. Jahrhundert nahelegen, was unterbleibt.

100 In diesem Zusammenhang geht es m.E. um die Frage, worin der *ursprüngliche* Sitz im Leben des Textes bestand. Wie weiter unten noch zu sehen ist, hat die *Fides Athanasii* in jedem Fall einen Wandel ihrer Verwendung erlebt. Doch muß vielleicht noch etwas genauer geprüft werden, ob der Text von Anfang an als Mittel der Klerikerausbildung diente - und dabei eben: in welcher Situation?

101 Concilium Leudegarii episcopi Augustodunensis, Canones Augustudunenses 1 (CChr.SL 148A, 319,1–4 de Clerq); Hervorhebung von mir.

102 Auf diesen möglichen Kontext weist Hanns Christof Brennecke, Athanasian Creed, in: Karla Pollmann (Hrsg.), Oxford Guide to the Historical Reception of Augustine, Oxford (im Druck), hin. Die von ihm hervorgehobenen Bezüge zum Bekenntnis des Reccared 589 und damit zum toledanischen Westgotenreich sind m.E. für die Suche nach einem historischen Ort beachtenswert. Doch bedarf dies einer breiter angelegten Untersuchung, um der Versuchung der

nachdem, in welcher Situation der Text entstanden ist, Herrscher und Kirchen-
leitung mit der Bekämpfung des »Arianismus« im Zuge von Vereinheitlichung-
bestrebungen) konfrontiert worden. Dabei war es für die Zeitgenossen offenbar
irrelevant, daß sich diese Häresie von der Lehre des historischen Arius unterschied. Dies kann angesichts der pauschalisierten Verwendung von »Arianer« als
Kampfbegriff schon im 4. Jahrhundert – *durch Athanasius und seine Mitstreiter* –
nicht verwundern. Vielmehr legte es sich m.E. so auch für die Theologen späterer
Jahrhunderte nahe, auf Athanasius als Autorität in der Auseinandersetzung mit
dem »Arianismus« zurück zu greifen, sobald sie sich in einer vergleichbaren
Situation wie ihr großes Vorbild sahen. Der »lateinische Athanasius« zeigt gerade
an diesem Fall sein produktives Potential bei der Aktualisierung von zentralen
(trinitäts-)theologischen Streitfragen.

Die Dynamik dieses produktiven Rezeptionsprozesses hatte noch in der
Karolingerzeit vielfältige Effekte. Die *Fides Athanasii* wurde von einer Richtschnur
der Orthodoxie zu einem liturgisch gebrauchten Symbol. Die Reformsynode von
Aachen griff nicht nur auf den Athanasius zugeschriebenen Pelagiustext, die
Exhortatio ad sponsam Christi, zurück, sondern es wurde offenbar – vielleicht erst
kurz zuvor – ein Pendant für das asketische Leben der Männer, die *Exhortatio
ad monachos*[103], verfasst. Auch hier sind noch genauere Untersuchungen zur
Überprüfung dieser These nötig.

Wohl im 9. Jahrhundert wurde die wunderhafte *Narratio de cruce seu imagine
Berytensi*[104] ins Lateinische übersetzt.[105] Hier lassen sich im Augenblick noch
keine gesicherten Aussagen treffen, da die Überlieferungslage bisher nicht aufgeklärt ist. Da es sich um eine Wundergeschichte handelt, die in verschiedenen
Fassungen tradiert wurde, ist der Befund besonders unübersichtlich.[106] Inhaltlich
sind hier theologische (Bilderverehrung) und asketische Aspekte kombiniert,
denen Athanasius seine Autorität leihen soll.

Vor 838 entstanden im Kloster von Corbie im Rahmen der pseudoisidorischen Dekretalen mehrere Athanasius betreffende Briefe.[107] Dabei handelt es

---

älteren *Athanasianum*-Forschung zu entgehen, einzelnen Parallelen (ohne Einbettung in einen
beschreibbaren historischen Kontext) eine zu große Beweislast zuzumuten.

103 Vgl. CPG 2308/CPL 1155; auch hier ist keine kritische Edition vorhanden; der Text findet sich in
PG 18,71–90. Im dem Text wie üblich vorgeschalteten *monitum* ist die oben genannte Vermutung
zur Abfassung der *Exhortatio ad monachos* geäußert (»Ergänzung« der *Exhortatio ad sponsam
Christi* für Männer).

104 Vgl. CPG 2262; BHG 780–788b; es gibt für keine der verschiedenen erhaltenen Fassungen eine
kritische Edition, weshalb man auf den lateinischen Text in PG 28,797–824 zurückgreifen muss;
zu den lateinischen Übersetzungen vgl. auch BHL 4227–4230.

105 So Ernst von Dobschütz, Christusbilder. Untersuchungen zur christlichen Legende. 2. Belege
(TU), Leipzig 1899, 282**.

106 Vgl. zur Illustration die recht launige Beschreibung der Überlieferungslage in PG 28,797.

107 Vgl. CPG 2292; dort fehlt leider ein Hinweis auf die falschen Dekretalen als Rahmen der hier
interessierenden Briefe. Die in CPG zuvor genannte *Epistula Athanasii ad Liberium* ist ein griechischer Text und gehört in einen anderen Kontext, weshalb der Eintrag in CPG 2292 insgesamt
unglücklich gestaltet ist. Die oben genannte Datierung der Athanasius betreffenden Briefe
hängt natürlich an der Datierung des Gesamtwerkes. Hier zeichnet sich seit einigen Jahren

sich, dem Kontext der falschen Dekretalen gemäß, einerseits um angebliche
Briefe des Athanasius an die römischen Bischöfe Marcus, Liberius und Felix,[108]
andererseits um Antwortbriefe dieser Bischöfe an Athanasius, sowie um die Kor-
respondenz des Bischofs Julius mit orientalischen Bischöfen *über* das ungerechte
Schicksal des Athanasius (zwei Briefe von Julius, dazwischen ein Brief der Orientalen). Insgesamt ergibt sich so ein längerer zusammenhängender Abschnitt
von 9 Briefen[109] in den falschen Dekretalen, in dem sehr einheitlich ein Bild von
Athanasius als dem verfolgten Gerechten gezeichnet wird: Er ist mit Kaisern und
Bischöfen in Konflikt geraten und bis hin zur Flucht ins Exil bedrängt worden.
Dabei wurde er mehrfach in Abwesenheit verurteilt, seine Richter waren Bischöfe
aus anderen Kirchenprovinzen und generell war der jeweilige römische Bischof,
je und je Athanasius' zuverlässiger Beschützer, nicht als Appellations- und Ent-
scheidungsinstanz berücksichtigt worden. Durch den Verweis auf den (zweiten)
Juliusbrief in der Praefatio[110] der Dekretalensammlung wird der Grund für die
relativ umfängliche Ausarbeitung dieses Themas über mehrere Briefe hinweg
klar: In der Gegenwart der Fälscher[111] war eine Situation eingetreten, in der Lud-

---

eine Tendenz zur Abkehr von der traditionellen Datierung zwischen 347 und 352 zugunsten
einer früheren Datierung, sowie zu einer klaren Verortung in Corbie, ab. Dies verdankt sich
maßgeblich den Arbeiten von Klaus Zechiel-Eckes, von denen hier besonders von Interesse sind:
Klaus Zechiel-Eckes, Ein Blick in Pseudoisidors Werkstatt. Studien zum Entstehungsprozess
der falschen Dekretalen. Mit einem exemplarischen editorischen Anhang (Pseudo-Julius an die
orientalischen Bischöfe, JK +196), Francia 28/1 (2001), 37–90 und Klaus Zechiel-Eckes, Auf
Pseudoisidors Spur. Oder: Der Versuch, einen dichten Schleier zu lüften, in: Wilfried Hartmann
(Hrsg.), Fortschritt durch Fälschungen? Ursprung, Gestalt und Wirkungen der pseudoisidorischen Fälschungen. Beiträge zum gleichnamigen Symposium an der Universität Tübingen vom
27. und 28. Juli 2001 (Monumenta Germaniae Historica. Studien und Texte 31), Hannover 2002,
1–28 (dort auch jeweils ein Überblick über die seit Fuhrmann erschienene Literatur; die Datierung auf »kurz vor 838« findet sich bei Zechiel-Eckes, Auf Pseudoisidors Spur, 10–11). Neben
der Datierung macht auch die Überlieferungslage der Forschung bisher viel Kopfzerbrechen,
da es neben den Dekretalen noch andere pseudoisidorische Fälschungen gibt, deren zeitliches
Verhältnis zu den Dekretalen teilweise noch der genaueren Klärung bedarf. Dies betrifft auch
den gemeinhin als Teil der Dekretalensammlung angesehenen Synodalteil, nach dem (jetzt) die
Athanasius betreffenden Briefe stehen. Zu diesem Problem vgl. Zechiel-Eckes, Auf Pseudoisidors Spur, 25 m. Anm. 79. Generell macht sich das Fehlen einer befriedigenden kritischen
Ausgabe bemerkbar. Immerhin ist inzwischen unter http://www.pseudoisidor.mgh.de/ ein
vorläufiger Text auf der Grundlage der besten Handschriften verfügbar (sowie Hinweise auf
neueste Literatur bzw. Vorträge zum Thema). Zu den pseudoisidorischen Dekretalen insgesamt
vgl. auch die umfassende Darstellung von Horst Fuhrmann, Einfluß und Verbreitung der
pseudoisidorischen Fälschungen I–III (SMGH 24.I–III), Stuttgart 1972-74.

108 Gemeint ist der »Gegenpapst« Felix II., der während des Exils des Liberius entgegen der
     vorhergehenden Abmachung zum Bischof gewählt worden war. Seine (auf einer Verwechslung
     basierende) Verehrung als Märtyrer ab dem 6. Jahrhundert scheint Bedenken gegen seine
     Einreihung in die römischen Bischöfe das 4. Jahrhunderts verhindert zu haben.

109 Eingeschlossen ist dabei ein erster »Brief« des Julius über eine den nizänischen Glauben
     bestätigende Synode in Rom.

110 Auf diese Verknüpfung weist Zechiel-Eckes, Auf Pseudoisidors Spur, 22–24 hin, der im Rahmen
     von Zechiel-Eckes, Blick in Pseudoisidors Werkstatt, 62–90 eine kritische Edition des Juliusbriefe
     als »Probebohrung« vorgelegt hat.

111 Es wird allgemein angenommen, dass für ein derart umfangreiches Fälschungsunternehmen
     verschiedene Personen eingespannt waren. Als einen möglichen »Kopf« dieses Unternehmens

wig der Fromme massiv gegen widerständige Bischöfe wie Agobard von Lyon vorgegangen war, die teils ins Exil gingen und teils in ähnlichen Verfahren wie Athanasius verurteilt worden waren. Die Athanasius betreffenden Briefe hatten somit in den falschen Dekretalen eine zentrale, doppelte Funktion: Sie sollten einerseits als Deutungsangebot die Missstände in der aktuellen Situation des späten Karolingerreichs klar machen und andererseits als Lösungsangebot auf eine Veränderung der Kirchenordnung hinwirken. Dazu dienten unter anderem angeblich auf der Synode von Nizäa beschlossene Kanones, deren Authentizität Athanasius dann auch im Brief an Marcus bestätigt.[112] Insofern bedienten sich auch die pseudoisidorischen Dekretalen des Bildes von »Athanasius, dem Vorkämpfer der Orthodoxie«, auch wenn dieses Bild durch seinen exemplarischen Charakter schon transzendiert wurde.

Wohl im Hochmittelalter entstand eine Übersetzung einer überarbeiteten Heiligenvita, die sich noch einmal des festen Bildes von »Athanasius, dem Lehrer der Askese und Hagiographie« bediente: die *Vita Philippi preßbyteri Argyriensis*.[113] Die ursprüngliche Version der Vita datierte Philippus' Geburt in die Regierungszeit von Kaiser Arcadius. Zu einem späteren Zeitpunkt gab es offenbar das Interesse, aus Philippus einen Zeitgenossen des Petrus und damit einen »Heiligen der ersten Stunde« zu machen. Für die zweite Version der Vita, die die biographischen Daten des Philippus entsprechend veränderte, bedurfte es dann anscheinend einer besonderen Autorität, die der »Erfinder« dieser Gattung natürlich wie kein zweiter besaß. Während die anderen vorhandenen Texte weiter rezipiert wurden, knüpfte der letzte Text des »lateinischen Athanasius« (*Vita Philippi*) direkt an die Tradition an, die der erste Text (*Vita Antonii*) etabliert hatte.

Bis in die Neuzeit wurden die lateinischen Texte als Eigentum des Athanasius betrachtet. Erst die philologische Echtheitskritik und die lateinische Übersetzung *aller* griechischen Athanasiustexte durch die Humanisten (und deren anders geartete Interessen) nahmen dem Phänomen seinen Glanz und verwischten seine Konturen.

---

sieht Zechiel-Eckes Paschasius Radbertus, den späteren Abt von Corbie, an. Vgl. Zechiel-Eckes, Auf Pseudoisidors Spur, 12–14, mit Rückgriff auf andernorts schon früher vorgebrachte Argumente.

112　Laut »Athanasius« waren in Nizäa nicht, wie allgemein bekannt, 20, sondern 70 Kanones beschlossen worden, wobei sich gerade unter den überschießenden 50 diverse Regelungen im Sinne der bedrängten Bischöfe des 9. Jahrhunderts fanden.

113　Vgl. CPG 2307; BHL 6819; auch für diesen Text gibt es bisher keine kritische Edition. Er findet sich in ASS, Mai III, 33–36. Eine Untersuchung des ursprünglichen griechischen Textes bietet die Monographie von Cesare Pasini, Vita di S. Filippo d'Agira attribuita al Monaco Eusebio. Introduzione, edizione critica, traduzione e note (OCA 214), Roma 1981; zur Einschätzung der beiden Versionen (Zuschreibung an einen Mönch Eusebius bzw. an Athanasius) vgl. Pasini, Vita di S. Filippo d'Agira attribuita al Monaco Eusebio. Introduzione, edizione critica, traduzione e note, 23–33.

Der hier vorgenommene rasche Durchgang muss sich auf die direkt überlieferten Texte beschränken. Eine weitergehende Untersuchung des Themas muss daneben auch »indirekt«, d.h. bruchstückhaft in anderen Werken, überlieferte Texte mit einbeziehen. Methodisch kommt in diesen Fällen eine weitere Frage dazu, sofern es sich um eine Übersetzung handelt: Ist der komplette Text, von dem hier ein Ausschnitt verwendet wurde, ins Lateinische übersetzt worden? Und wenn nicht: War der Ausschnitt Teil eines übersetzten Florilegs? etc. Generell ist hier mit der Möglichkeit einer sekundären Verwendung zu rechnen. Es kann also eine weitere Person im Entstehungsprozess des lateinischen Text(stück)s eine Rolle spielen.

Solche sekundären Überlieferungsstücke sind, neben der allgemeinen Erweiterung der Textgruppe, insofern besonders interessant, als sie direkt bezeugen, daß der »lateinische Athanasius« auch wirklich rezipiert wurde – während Aussagen über die Rezeption der Texte sonst oft schwer fallen.

Der Überblick über die direkt überlieferten Texte lässt sich in einer Tabelle zusammenfassen, die im Anhang (unten S. 37) angefügt ist.

Vorläufige Bilanz und Ausblick

Fazit aus dem vorläufigen Überblick

Ein (vorläufiger) Überblick über den Textbestand des »lateinischen Athanasius« hat die Vielfalt der Einzeltexte und ihrer jeweiligen Einordnungsprobleme deutlich werden lassen, so daß sich nunmehr verstärkt die Frage aufdrängt, welche gemeinsamen Erkenntnisse sich gewinnen lassen.

Bei beinahe allen Texten ist der historische Verfasser nicht namentlich bekannt. Dies lässt sich hauptsächlich auf zwei Umstände zurückführen:

1. Für die Übersetzungen aus Spätantike und Mittelalter ist es insgesamt bezeichnend, daß die Person des Übersetzers und damit auch sein Name keine wesentliche Rolle spielt. Der »lateinische Athanasius« hat hier Anteil an den allgemeinen Konventionen des von Altaner in den Blick genommenen Übersetzungswesens.

2. Die original lateinischen Texte wollen sich offenbar bewusst durch den Namen des Athanasius Geltung verschaffen. Hier hat der »lateinische Athanasius« also Anteil am Phänomen der Pseudepigraphie.

Beide Umstände spiegeln je auf ihre Art die Hochschätzung des Athanasius im Westen. Dies ist bei aller Heterogenität der Textgruppe der gemeinsame Nenner aller Texte. Die Unbekanntheit der meisten historischen Verfasser, die den Forschenden immer wieder anfechten mag, ist im Fall des »lateinischen

Athanasius« wohl weniger auf die (tatsächlich oft spärliche) Quellenlage zurückzuführen, sondern vielmehr »systembedingt«. Gerade weil die Texte primär als
die Texte des Athanasius erscheinen sollen, »darf« die Person des historischen
Verfassers[114] keine herausragende Rolle spielen.

Die Übersetzung der *Vita Antonii* durch Evagrius von Antiochia stellt hier gerade die Ausnahme dar, die die Regel bestätigt. Evagrius war mit seiner Vorlage
recht frei umgegangen, so daß zum Teil eher von einer Übertragung gesprochen
werden kann. Hier liegt also der Fall vor, daß der Verfasser eines »Athanasiustextes« ein eigenes Profil einbringt, das mit seinem Namen verbunden werden
kann. Daneben ist Evagrius natürlich auch eine relativ bekannte Persönlichkeit
gewesen, ein Umstand, der in den meisten Fällen nicht *vorausgesetzt* werden
darf.[115]

Die geringe Greifbarkeit der Verfasser korrespondiert mit der Schwierigkeit,
einen Entstehungsort der Texte auszumachen. Schon für die anonyme Übersetzung der *Vita Antonii* sind nur Vermutungen möglich. Das einzig klare Ergebnis
ist bisher, daß sich kaum alle Texte auf *ein* bestimmtes Gebiet zurückführen
lassen, daß also der »lateinische Athanasius« ein regionales Phänomen sei. Vielmehr erweist er sich als typisch westliche Erscheinung, die in nahezu allen Teilen
des (ehemaligen) weströmischen Reiches auftreten kann.

Da die Hochschätzung des Athanasius die wichtigste Gemeinsamkeit aller
Texte ist, muss nach der Verbindung zum historischen Athanasius gefragt werden. Hier scheinen die engen persönlichen wie schriftlichen Kontakte, die der
alexandrinische Bischof zum Westen hatte, von besonderer Bedeutung zu sein.
Athanasius hatte stärker als andere östliche Bischöfe direkte Erfahrungen mit
dem Westen gemacht, was seine besondere Autorität erklärt. Diese Hochschätzung schlägt sich in der Tatsache nieder, daß gegen die Glaubwürdigkeit des

---

114 Es wurde hier der Begriff »Autor« vermieden, da dieser im Hinblick auf die Übersetzungen
schwierig erscheint. Als Autor im Sinne von »Urheber« fungiert hier eben doch vornehmlich
Athanasius. Mit »Verfasser« ist hier hingegen primär eine Person gemeint, die den jeweiligen
lateinischen Text in die überlieferte Gestalt gebracht hat, unabhängig davon, wie hoch die
Eigenleistung dieser Person zu bewerten ist.

115 Die methodischen Probleme, die sich aus der Nichtbeachtung dieses Satzes ergeben, wurden
besonders bei den *libri De Trinitate* deutlich.

Natürlich leuchtet es ein, daß man auf der Suche nach dem jeweiligen historischen Verfasser
besonders Personen in Betracht zieht, bei denen man sich (relativ) sicher ist, daß sie überhaupt
die theologischen und literarischen Fähigkeiten gehabt hätten, um einen solchen Text zu
verfassen. Doch sind unsere Kenntnisse der Spätantike letztlich zu gering als daß man nur alle
bekannten Namen durchgehen müsste und schon den Verfasser gefunden hätte. Wie bereits
in Anm. 53 angedeutet, ist in der Umgebung bekannter Personen, besonders bei Amtsträgern
wie Bischöfen, mit einer schwer bestimmbaren Zahl von Unbekannten zu rechnen, die schon
aufgrund ihrer Tätigkeiten über gewisse fachliche Qualifikationen verfügt haben müssen.
Methodisch erscheint es daher sinnvoll, zunächst den Text von seinen Intentionen her als
Produkt eines bestimmten Milieus einzuordnen (soweit dies jeweils möglich ist) und erst dann
Zuschreibungsversuche zu unternehmen – mit strengen Kriterien und offen für die Möglichkeit,
daß eine Zuschreibung nach diesen Kriterien scheitert.

»lateinischen Athanasius« offenbar nirgendwo Einspruch erhoben worden ist. Vielmehr sind die Texte zum Teil gerade als autoritative Texte im Zusammenhang von Synoden belegt bzw. überliefert.[116]

Der Zusammenhang zwischen historischem und »lateinischem Athanasius« ist aber offenbar nicht auf die bloße Erinnerung an ein Auftreten des Alexandriners im Westen beschränkt.[117] Immerhin sind die ältesten Texte des »lateinischen Athanasius« noch zu Lebzeiten des historischen Athanasius entstanden. Wenn die oben vorgenommene Deutung der Adresse der griechischen *Vita Antonii* richtig ist, dann verdankt sich die lateinische Athanasiusrezeption in den Anfängen dem Impuls ihres Namensgebers. Die *Vita Antonii* ist dabei insofern richtungsweisend, als sie Athanasius in doppelter Hinsicht als Lehrautorität ausweist: Athanasius ist ein kundiger Lehrer der Askese und stilbildender Hagiograph, der durch das Zeugnis des Antonius auch als Verfechter der Orthodoxie erscheint.

Praktisch alle weiteren Texte des »lateinischen Athanasius« lassen sich erstaunlich gut einer der beiden angeführten »Säulen« zuordnen. Dies ist insofern bemerkenswert als die Schriften des historischen Athanasius wesentlich breiter gefächert sind. Es handelt sich also um eine bewusste Auswahl, die der Textgruppe ein besonderes westliches Profil gibt. Dieses unterscheidet sich deutlich von der Gewichtung, die der historische Athanasius wohl für seine Schriften vorgenommen hätte. Zumindest ist es auffällig, daß (vielleicht abgesehen von der *Epistula ad Afros*) keine apologetische Schrift des Athanasius, der doch so oft um die Anerkennung seiner Rechtgläubigkeit rang, übersetzt worden ist. An der historischen Person des Athanasius mit ihren spezifischen Nöten hat es im Westen auf der Ebene der Textproduktion unter seinem Namen[118] offenbar kein nachhaltiges Interesse gegeben.

Aber das Profil des »lateinischen Athanasius« unterscheidet sich auch von der Auswahl, die für die Athanasiusrezeption in anderen Sprachen getroffen wurde. So hatte Athanasius etwa in der armenischen Rezeption auch im liturgischen Bereich umfassende Autorität.[119]

---

116 So das *Athanasianum* wohl auf der Synode von Autun 670, die *Exhortatio ad sponsam Christi* und die *Exhortatio ad monachos* sicher in den Akten der Reformsynode von Aachen 813. Ebenso wurde die griechische Vorlage der *Narratio de cruce seu imagine Berytensi* auf dem Konzil von Nicea 787 verlesen.

117 Wiewohl etwa die Frage nach dem Zusammenhang von Reisen des Athanasius durch westliche Gebiete und die Verbreitung des frühen Mönchtums im Westen für die weitere Untersuchung des »lateinischen Athanasius« beachtet werden muss. Natürlich geht das westliche Mönchtum historisch gesehen nicht einfach und allein auf die Werbung des Athanasius zurück, doch ist diese Vorstellung bei Hieronymus in ep. 127,5 greifbar und kann zur Erklärung der Entstehung des Phänomens »Athanasius latinus« beitragen.

118 Allerdings sind für diese Beobachtung die lateinischen Kirchengeschichten, v. a. die Kirchengeschichte des Rufin (dort v. a. Buch X) zu vergleichen. Auch dies muss einer späteren Untersuchung vorbehalten bleiben.

119 Man vergleiche den Beitrag von Anahit Avagyan zur armenischen Athanasiusrezeption in diesem Band (S. 43).

Fragt man im Rückblick noch einmal nach der Einheit der Textgruppe, so besteht diese nicht nur im Lateinischen als gemeinsamer Sprache, »westlichen« Christen als gemeinsamem Zielpublikum und Athanasius als gemeinsamem *angenommenem* Verfasser, sondern vor allem im produktiven Rückbezug auf ein bestimmtes Athanasius*bild*. Athanasius selbst sah sich genötigt, sich in Lehrtexten und Apologien immer wieder als Vertreter der reinen Lehre darzustellen. Dies tat er persönlich wohl auch im Exil im Westen und der letztendliche Erfolg machte ihn zu einer Leuchte der Orthodoxie. Durch die *Vita Antonii* zeichnete er sich – neben anderen Intentionen – auch als Lehrer der Askese. Auch hier machte ihn der Erfolg der monastischen Bewegung im 4. Jahrhundert zu einem großen Vorbild. Athanasius hat also durch *seine* Selbstinszenierung die *Voraussetzung* für ein scheinbar griffiges Bild von sich geschaffen, das im »Westen« selektiv nach dortigen Bedürfnissen rezipiert, dabei zum Teil stark modifiziert und manchmal überhaupt erst produziert wurde. Gerade dieses eigentlich relativ vage Bild erlaubte in späterer Zeit die Übersetzung oder Produktion neuer Texte mit dem Etikett »Athanasius«. Dabei gewann das Phänomen »Athanasius latinus« genug Eigendynamik, um mit dem Ende der Spätantike nicht zum Stillstand zu kommen, sondern – bei gleichzeitiger Rezeption der bestehenden Texte – weiterhin neue Texte hervorzubringen.

Offene Fragen und zukünftige Forschungsaufgaben

Eine Rückschau auf die angestellten Untersuchungen zeigt, daß diese Arbeit nur Stückwerk leisten konnte. An vielen Punkten musste ein kurzer Hinweis genügen, von dem aus weitere Forschungen angestellt werden müssten. Dabei ginge es vor allem um:

1. Die Aufarbeitung des Handschriftenmaterials. Hier konnte nur nachgezeichnet werden, was schon entdeckt worden war. Es ist aber, gerade auch in Bezug auf Exzerpte, nicht ausgemacht, daß der Umfang des »lateinischen Athanasius« nicht noch etwas größer ist. Zugleich wäre damit eine Vorarbeit für den zweiten Punkt geleistet.
2. Die textkritische Aufarbeitung der bisher unedierten bzw. nicht kritisch edierten Texte. Es war bisher an vielen Stellen schier unmöglich, letztgültige Aussagen zu treffen, da keine verlässliche Textgrundlage vorhanden war. Nur so sind dann auch sprachliche Untersuchungen wirklich sicher.
3. Eine umfassende Sprachanalyse der noch nicht klar fixierten Stücke. So lässt sich zumindest eine sicherere Grundlage für weitere Überlegungen finden, da hierdurch gerade bei Übersetzungen eine Charakterisierung der Texte auch ohne einen konkreten Verfassernamen möglich wird.
4. Eine Retraktation der bisherigen Forschungsergebnisse. Im Laufe der Untersuchungen ist an einigen Stellen Misstrauen gegen die Ergebnisse der bisherigen Forschung erhoben worden. Natürlich bedürfen diese Zweifel

nun wiederum der Überprüfung. Sollte die Kritik aber zumindest in einem Teil der Fälle begründet sein, so ist an der einen oder anderen Stelle zunächst ein Schritt zurück angezeigt.

5. Die Einordnung der Texte in den Kontext der (kirchen)geschichtlichen Ereignisse. Bisher ist noch zu wenig deutlich, welche Zusammenhänge den jeweiligen Text hervorbrachten bzw. in welche Zusammenhänge hinein ein lateinischer Text unter dem Namen des Athanasius wirken sollte. Letztlich geht es hier um die Frage nach der Rezeptionsgeschichte des Athanasius als Lehrautorität im Westen.

Diese vorläufige Bilanz markiert einen kleinen Schritt bei der Untersuchung des vielgestaltigen Phänomens »Athanasius latinus«. Vor über 60 Jahren äußerte Berthold Altaner in seinem Aufsatz die Hoffnung, er könne mit seiner Bestandsaufnahme einen ersten Beitrag leisten, der weitere Forschungen nach sich zieht. Bisher ist dies nur begrenzt auf einzelne Texte geschehen, wobei die Gemeinsamkeiten mit anderen Texten in der Regel keine Bedeutung hatten. Die vorliegende Arbeit hatte im wesentlichen das Anliegen, die Betrachtung der Texte auf eine neue methodische Grundlage zu stellen und ein vorläufiges Profil des »lateinischen Athanasius« zu erheben. Eine umfassende Untersuchung und Würdigung des »lateinischen Athanasius« als übergreifendes Phänomen steht noch aus. Ich hoffe, ich konnte zeigen, daß er es durchaus verdient hat.

Anhang: Übersichten zu den Texten des »lateinischen Athanasius«

Versuch einer systematischen Übersicht zur Textgruppe »Athanasius latinus«[120]

Zeit	Titel	Textart	»Säule«	Sigle	CPG/L
360er Jahre	Vita Antonii (anonyme Übersetzung)	ÜA	I	A	2101G
um 370	Vita Antonii (Evagrius von Antiochia)	ÜA	I	B	2101G
vor 383/84	Epistulae Athanasii ad Luciferum	OL	II	C	2232G 117L
vor 383/84 ?	Epistula ad monachos	ÜA	II	D	2108G 117L
Ende 4. Jh. ?[121]	Enarratio s. Athanasii de symbolo	OL	II	E	1744aL
Ende 4. Jh.	De trinitate libri XII (I-VII; VIII; IX; X; XI; XII)	OL	II	F	105L
vor 400 ?	Epistula ad Afros	ÜA	II[122]	G	2133G
vor 400 ?	Epistula ad Epictetum (cod. Berol. 79)	ÜA	II	H	2095G
vor 430	Epistula ad clerum Alexandriae et paremboles; Epistula ad easdem apud Mareotam ecclesias	ÜA	II	I	2111G 2112G
vor 430	Historia Athanasii	»ÜA«	»II«	J	2119G
um 450	Epistula ad Epictetum (Quesneliana/cod. Berol. 78)	ÜA	II	K	2095G
5. Jh.?	De virginitate (Pelagius) = Exhortatio ad sponsam Christi	OL	I	L	741L
nach 500	contra Apollinarium II und I (sic!)	ÜP	II	M	2231G
nach 500	De incarnatione et contra Arianos	ÜP	II	N	2806G
nach 500	Epistula ad Adelphium	ÜA	II	O	2098G
nach 500	Epistula ad Maximum	ÜA	II	P	2100G
nach 500	De incarnatione ad Iovianum	ÜP	II	Q	3665G
nach 500	Epistula ad episcopum Persarum	ÜP	II	R	2294G
nach 500	Epistula Dionysii Alexandriae ad Paulum Samosatensem	»ÜP«	»II«	S	1708G
nach 500	De Trinitate dialogi liber IV	ÜP	II	T	2284G
Ende 6. Jh?	De ratione paschae	OL	II	U	2297G 2302L
Anf. 7. Jh.?	Doctrina ad Antiochum ducem	ÜP	I	V	_[123]
6./7.Jh. (Drecoll)	Fides Athanasii	OL	II	W	2295G167L

120 Erläuterung der Kürzel in den Spalten »Textart«, »Säule« und »Sigle«: *Textart*: ÜA = Übersetzung eines Athanasianum; ÜP = Übersetzung eines (griechischen) Pseudathanasianum; OL = original lateinischer Text (pseudathanasianisch). *Säule*: Mit »I« und »II« soll eine schematische Klassifizierung der untersuchten Texte angezeigt werden: I = Texte, die an »Athanasius, den Lehrer der Askese und Hagiographie« anknüpfen; II = Texte, die an »Athanasius, den Vorkämpfer der Orthodoxie« anknüpfen. *Sigle*: Die Kürzel »A« bis »Za« dienen der Identifikation der einzelnen Texte in der Übersicht über die Überlieferungszusammenhänge.

121 Vgl. Anm. 53; da die Datierung bisher unklar ist, wurde die *Enarratio* hier vor die *libri de trinitate* gestellt, um die Übersicht über die Überlieferungszusammenhänge (= Anhang 2) ein wenig zu erleichtern.

122 Stellt man den apologetischen Charakter der *Epistula ad Afros* heraus, so steht sie zunächst außerhalb der beiden »Säulen«. Aber zumindest durch die (spätere) Zusammenstellung mit der *Epistula ad Epictetum* und den *libri de trinitate* ist eine Zuordnung zu Säule II im Rahmen der Rezeptionsgeschichte m. E. sinnvoll.

123 Unter CPG 2256 ist noch keine Versio latina verzeichnet; vgl. Bandini, inedita traduzione (Anm. 79).

Zeit	Titel	Textart	»Säule«	Sigle	CPG/L
8. Jh. !?	Exhortatio ad monachos (zur Exh. ad spons. Chr.)	OL	I	X	2308G 1155L
8./9. Jh.	Fides Athanasii = Symbolum Athanasianum				
9. Jh.	Narratio de cruce seu imagine Berytensi	ÜP	I+II	Y	2262G
vor 838	Athanasius betreffende Briefe bei Pseudoisidor	OL	II	Z	2292G
12. Jh.?	Vita Philippi preßbyteri Argyriensis	ÜP	I	Za	2307G

Versuch einer Übersicht über die Überlieferungs*zusammenhänge* der Texte[124]

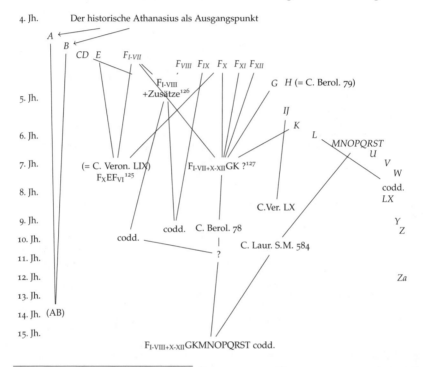

---

124 Die (sicher unvollständige!) Übersicht zeigt, welche Texte (Buchstaben wie oben S. 37) im Lauf der Überlieferung gesammelt und als Corpus rezipiert wurden. *Kursivierung* zeigt die ursprüngliche Stellung der Texte. »F« ist also zum Teil eine sekundäre Sammelbezeichnung. Die Überlieferung der Sammlung »F« ist im Detail sehr kompliziert und hier zur Darstellung von Grundzügen auf wenige Auffälligkeiten reduziert.
Generell sind einzelne Handschriften nur genannt, wenn sie der einzige Überlieferungsträger für einen Text oder eine Textkombination sind. Eine breitere Überlieferung wird schlicht mit »codd.« = codices bezeichnet.

107 F_{VI} liegt hier in einer kürzeren Version als in allen Handschriften vor.

108 Die *libri de trinitate* (F) I–VIII wurden bei der Zusammenstellung von I–VII mit VIII einer durchgehenden Überarbeitung unterzogen. Es handelt sich hier also nicht um eine reine Überlieferung, sondern um bewußte Redaktion. *Daneben sind I–VII und VIII auch jeweils in der »kürzeren Rezension« überliefert, was die Graphik nicht zeigt.*

127 Auch die Zeitpunkte, zu denen die einzelnen »F«-Texte zusammengestellt wurden, sind noch nicht klar, was durch die Fragezeichen an den Schnittpunkten angedeutet wird.

Literatur

Albrecht, Michael von, Geschichte der römischen Literatur: Von Andronicus bis Boethius; mit Berücksichtigung ihrer Bedeutung für die Neuzeit, Bd. 2, München u.a. ²1994.

Altaner, Berthold, Altlateinische Übersetzungen von Schriften des Athanasios von Alexandreia, ByZ 41 (1941), 45–59.

Balke, Klaudia, Evagrius von Antiochien, Lexikon der antiken christlichen Literatur ³2002, 255.

Bandini, Michele, La *Doctrina ad Antiochum ducem* pseudo-athanasiana. Tradizione diretta, struttura, datazione, Prom. 23 (1997), 171–187.

— Un inedita traduzione latina della *Doctrina ad Antiochum ducem* pseudo-athanasiana, Studi classici e orientali 46 (1997), 439–484.

Bardy, Gustave, La question des langues dans l'église ancienne (Études de théologie historique 1), Paris 1948.

Barnes, Timothy D., Athanasius and Constantius. Theology and Politics in the Constantine Empire, Cambridge, Mass./London 1993.

Bartelink, G. J. M., Athanase d'Alexandrie, Vie d'Antoine (Sources chrétiennes 400), Paris 1994.

Bertrand, Pascal, Die Evagriusübersetzung der *Vita Antonii*. Rezeption – Überlieferung – Edition. Unter besonderer Berücksichtigung der *Vitas Patrum*-Tradition, Diss., Utrecht, 2005.

Binsfeld, Andrea, Geschichte des Bistums Trier von den Anfängen bis zum Ende des 4. Jahrhunderts, in: Heinz Heinen, Hans Hubert Anton und Winfried Weber (Hrsg.), Geschichte des Bistums Trier I. Im Umbruch der Kulturen. Spätantike und Mittelalter (Veröffentlichungen des Bistumsarchivs Trier 38), Trier 2003, 19–89.

Brennecke, Hanns Christof, Athanasian Creed, in: Karla Pollmann (Hrsg.), Oxford Guide to the Historical Reception of Augustine, Oxford (im Druck).

Brennecke, Hanns Christof, Uta Heil und Annette von Stockhausen, Athanasius Werke II 8. Die »Apologien«, Berlin/New York 2006.

Brennecke, Hanns Christof, Uta Heil, Annette von Stockhausen und Angelika Wintjes, Athanasius Werke. Band III/Teil 1: Dokumente zur Geschichte des arianischen Streites. Lfg 3: Bis zur Ekthesis Makrostichos, Berlin/New York 2007.

Bulhart, Vinzenz (Hrsg.), Eusebii Vercellensis episcopi quae supersunt (CChr.SL 9), Turnholti 1957.

Burn, Andrew Ewbank (Hrsg.), Niceta of Remesiana. His Life and Works, Cambridge 1905.

Cordoliani, Alfred, Textes de comput espagnol du VIIe siècle. Encore le probleme des traits de comput de Martin de Braga, Revista de archivos, bibliothecas y museos 62 (1956), 685–697.

Costa, Ivano, Opere di Atanasio in una traduzione latina inedita, Atti della Accademia Pontiana Nuova Serie 39 (1990), 459–506.

— Opere di Atanasio in una traduzione latina inedita, Atti della Accademia Pontiana Nuova Serie 42 (1993), 221–265.

Dattrino, Lorenzo, Il de trinitate pseudoatanasiano (Aug.S 12), Roma 1976.

Diercks, Gerardus F. (Hrsg.), Luciferi Calaritani opera quae supersunt (CChr.SL 8), Turnholti 1978.

Dobschütz, Ernst von, Christusbilder. Untersuchungen zur christlichen Legende. 2. Belege (TU), Leipzig 1899.

Döpp, Siegmar, Die Blütezeit lateinischer Literatur in der Spätantike (350–430 n.Chr.). Charakteristika einer Epoche, Ph. 132 (1988), 19–52.

Drecoll, Volker Henning, Das Symbolum Quicumque als Kompilation augustinischer Tradition, ZAC 11 (2007), 30–56.

Evans, Robert F., Four letters of Pelagius (Studies in Pelagius), London 1968.

Ficker, Gerhard, Studien zu Vigilius von Thapsus, Leipzig 1897.

Fromen, Heinz, Athanasii historia acephala, Diss., Univ. Münster, 1914, 86 S.

Fuhrmann, Horst, Einfluß und Verbreitung der pseudoisidorischen Fälschungen I–III (SMGH 24.I–III), Stuttgart 1972-74.

Gain, Benoît, Traductions latines de Pères grecs. La collection du manuscrit Laurentianus San Marco 584. Édition des lettres de Basile de Césarée (EHS XV 64), Bern u.a. 1994.

Goffart, Walter, Barbarians and Romans. A.D. 418–584. The techniques of accommodation, Princeton, NJ 1980.

Halm, Karl (Hrsg.), Sulpicii Severi libri qui supersunt (CSEL 1), Wien 1866.

Heil, Uta, Athanasius von Alexandrien, LACL ³2002, 69–70.

Hertling, Ludwig, Antonius der Einsiedler (FGIL 1), Innsbruck 1929.

Herzog, Reinhart und Johannes Divjak (Hrsg.), Handbuch der lateinischen Literatur der Antike. V. Restauration und Erneuerung. Die lateinische Literatur von 284 bis 374 n. Chr. (HAW VIII), München 1989.

Hoppenbrouwers, Henricus, La plus ancienne version latine de la vie de S. Antoines par S. Athanase. Étude de critique textuelle, Diss., Univ. Nimwegen, 1960.

Jerphanion, G. de, La vrai teneur d' un texte de saint Athanase retablie par l'epigraphie, RSR 20 (1930), 529–544.

Kattenbusch, Ferdinand, Das apostolische Symbol. Seine Entstehung, sein geschichtlicher Sinn, seine ursprüngliche Stellung im Kultus und in der Theologie der Kirche. Ein Beitrag zur Symbolik und Dogmengeschichte. I. Die Grundgestalt des Taufsymbols, Leipzig 1894 (ND 1962).

Kattenbusch, Ferdinand, Das apostolische Symbol. Seine Entstehung, sein geschichtlicher Sinn, seine ursprüngliche Stellung im Kultus und in der Theologie der Kirche. Ein Beitrag zur Symbolik und Dogmengeschichte. II. Verbreitung und Bedeutung des Taufsymbols, Leipzig 1900 (ND 1962).

Kelly, John Norman Davidson, The Athanasian Creed. The Paddock Lectures for 1962-3, London 1964.

Krusch, Brun, Studien zur christlich-mittelalterlichen Chronologie. Der 84jährige Ostercyclus und seine Quellen, Leipzig 1880.

Lorié, Ludovicus Theordorus Antonius, Spiritual terminology in the Latin translations of the Vita Antonii. With reference to fourth and fifth century monastic literature (Latinitas Christianorum primaeva 11), Nijmegen 1955.

Martin, Annick (Hrsg.), Histoire «Acéphale» et index syriaque des lettres festales d'Athanase d'Alexandrie (SC 317), Paris 1985.

Opitz, Hans-Georg, Athanasius Werke. Band II: Die Apologien. Lfg. 1–7, Berlin/Leipzig 1935–1941.

Pasini, Cesare, Vita di S. Filippo d'Agira attribuita al Monaco Eusebio. Introduzione, edizione critica, traduzione e note (OCA 214), Roma 1981.

Pohl, Walter (Hrsg.), Kingdoms of the empire. The integration of Barbarians in late antiquity (The transformation of the Roman World 1), Leiden u.a. 1997.

Reitzenstein, Richard, Des Athanasius Werk über das Leben des Antonius. Ein philologischer Beitrag zur Geschichte des Mönchtums. Eingegangen am 13. Mai 1914 (SHAW.PH 8), Heidelberg 1914.

Riggi, Calogero (Hrsg.), Niceta di Remesiana, Catechesi preparatorie al battesimo (Collana di testi patristici 53), Roma 1985.

Saltet, Louis, Fraudes littéraires des schismatiques lucifériens aux XVe et Ve siècles, Bulletin de littéraires ecclésiastique 1906, 300–326.

Schwartz, Eduard (Hrsg.), Acta conciliorum oecumenicorum I 1,5, Berlin/Leipzig 1927.

— Die Sammlung des Theodosius Diaconus, NGWG.PH 1904, 333–356, wiederabgedruckt in Schwartz, Gesammelte Schriften III, 30-72.

— Gesammelte Schriften. Dritter Band: Zur Geschichte des Athanasius, Berlin 1959.

— Über die Sammlung des Codex Veronensis LX, ZNW 35 (1936), 1–23.

Simonetti, Manlius (Hrsg.), Pseudoathanasii de trinitate ll. X–XII. Expositio fidei catholicae, Professio arriana et confessio catholica, De Trinitate et de Spiritu Sancto, Bononiae 1956.

Turner, Cuthbert Hamilton, A Critical Text Of The Quicumque Vult, JThS 11 (1910), 401–411.

Ward-Perkins, Bryan, Der Untergang des Römischen Reiches und das Ende der Zivilisation, hrsg. v. Nina Valenzuela Montenegro, Darmstadt 2007 (Original Oxford 2005).

Westra, Liuwe H., The Apostles' Creed. Origin, History, and some Early Com-
    mentaries (Instrumenta Patristica et Mediaevalia 43), Turnhout 2002.
Williams, Daniel H., Ambrose of Milan and the end of the Nicene-Arian conflicts
    (OECS), Oxford 1995.
Zechiel-Eckes, Klaus, Auf Pseudoisidors Spur. Oder: Der Versuch, einen dichten
    Schleier zu lüften, in: Wilfried Hartmann (Hrsg.), Fortschritt durch Fälschun-
    gen? Ursprung, Gestalt und Wirkungen der pseudoisidorischen Fälschungen.
    Beiträge zum gleichnamigen Symposium an der Universität Tübingen vom
    27. und 28. Juli 2001 (Monumenta Germaniae Historica. Studien und Texte
    31), Hannover 2002, 1–28.
— Ein Blick in Pseudoisidors Werkstatt. Studien zum Entstehungsprozess der
    falschen Dekretalen. Mit einem exemplarischen editorischen Anhang (Pseudo-
    Julius an die orientalischen Bischöfe, JK +196), Francia 28/1 (2001), 37–90.

Die armenische Athanasius-Überlieferung[1]

Anahit Avagyan

Der Name des Athanasius von Alexandrien taucht von Anfang an in der armenischen Literatur auf, sowohl in den übersetzten Texten als auch zitiert in den Schriften der einheimischen Autoren.

Der Titel »Armenische Athanasius-Überlieferung« beinhaltet zwei Grundfragen: Welche Schriftstücke unter dem Namen des Athanasius wurden auf Armenisch überliefert und welche Kodizes überliefern sie?[2]

Eine kurze Antwort lautet: Ungefähr 400 armenische Handschriften überliefern über 40 Schriften, die sich auf Athanasius als Verfasser beziehen. Beschäftigt man sich mit diesen Texten, so eröffnet sich dem Leser eine Vielfalt an Übersetzungen, Sprachstufen des klassischen Armenisch, Bearbeitungen, kurzum: ein Quellenstudium.

In drei Bibliotheken (Kataloge[3] und/oder vor Ort) habe ich die athanasianischen armenischen Texte recherchiert. Mit 200 Handschriften bietet der Yerevaner

---

1   Dieser Artikel ist ein Abriß der umfangreicheren Abhandlung des Themas im Rahmen meiner Dissertation über die in der armenischen Sprache unter dem Namen des Athanasius von Alexandrien tradierten Schriften.

2   Bedauerlicherweise ist auch über 100 Jahre nach der Veröffentlichung der ersten Athanasius-Edition auf Armenisch (Esaya Tayecʻi, Ս. Աթանասի Աղեքսանդրիոյ հայրապետի ճառք, թուղթք եւ ընդդիմասացութիւնք. S. Athanasii patriarchae Alexandriae homiliae, epistulae et controuersiae, Venedig 1899) noch von der handschriftlichen Ebene der Forschung die Rede. Zwar hat Tayecʻi für seine Edition 39 Handschriften verwendet, eine kritische Edition aber stellt dieser Band nicht dar. Nur wenige Schriften, die im Laufe des 20. Jh. im Rahmen einzelner Artikel und Monographien veröffentlicht wurden, verfügen über Einleitung und textkritischen Apparat.

3   Onik Eganean/Andranik Zeytʻunean/Pʻaylak Antʻabean (Hrsg.), Ցուցակ ձեռագրաց Մաշտոցի անվան Մատենադարանի. Katalog der Handschriften von Maschtoz-Matenadaran, Bd. I, Yerevan 1965; Onik Eganean/Andranik Zeytʻunean/Pʻaylak Antʻabean (Hrsg.), Ցուցակ ձեռագրաց Մաշտոցի անվան Մատենադարանի. Katalog der Handschriften von Maschtoz-Matenadaran, Bd. II, Yerevan 1970; Armen Malxasean (Hrsg.), Ցուցակ ձեռագրաց Մաշտոցի անվան Մատենադարանի. Haupt-Katalog der Handschriften von Maschtoz-Matenadaran, Bd. III, Yerevan 2007; Onik Eganean/Andranik Zeytʻunean/Pʻaylak Antʻabean (Hrsg.), Մայր ցուցակ հայերէն ձեռագրաց Մաշտոցի անուան Մատենադարանի. Haupt-Katalog der armenischen Handschriften von Maschtoz-Matenadaran, Bd. I, Yerevan 1984; Onik Eganean/Andranik Zeytʻunean/Pʻaylak Antʻabean/Armine Kʻeoškerean (Hrsg.), Մայր ցուցակ հայերէն ձեռագրաց Մաշտոցի անուան Մատենադարանի. Haupt-Katalog der armenischen Handschriften von Maschtoz-Matenadaran, Bd. II, Yerevan 2004; Pʻaylak Antʻabean/Yakob Kʻēosēean/Arpʻenik Łazarosean/Šahē Hayrapetean (Hrsg.), Մայր ցուցակ հայերէն ձեռագրաց Մաշտոցի անուան Մատենադարանի. Haupt-Katalog der armenischen Handschriften von Maschtoz-Matenadaran, Bd. III, Yerevan 2007; Barseł Sargisean (Hrsg.), Մայր ցուցակ հայերէն ձեռագրաց Մատենադարանին Մխիթարեանց ի

Matenadaran natürlich die größte Anzahl der Handschriften, die unter dem Namen des Athanasius überlieferte Schriften beinhalten.

Bis auf wenige Korpora (Cod. Vind. 629 und 648, Cod. Ven. 818) stehen die armenischen Texte einzeln, meistens in den so genannten »Sammlungen« und »Ausgewählten Homilien« (Homiliaren), die aus dem Spätmittelalter und der Neuzeit stammen (14./15. bis 19. Jh.). Allerdings weist keine geringe Anzahl der Handschriften ein beachtliches Alter auf. Hierunter ist z.B. das Yerevaner Manuskript von Matenadaran (im Folgenden: MM) Nr. 2679 zu zählen, das aus dem Jahre 998 stammt.

Im Folgenden soll der Versuch unternommen werden, das im Armenischen unter dem Namen des Athanasius von Alexandrien erhaltene Schriftwerk möglichst vollständig darzustellen und diesen heterogenen Bestand in drei Gruppen (vera, pseudonyma, armeniaca) einzuordnen – dabei folgt die Reihenfolge in jeder Gruppe der Clavis Patrum Graecorum (CPG). In der Liste werden nach jedem Schriftstück die dazugehörigen Handschriften – im Matenadaran-Maschtoz-Institut der alten Handschriften in Yerevan, Bibliotheken der Mechitaristenkongregation zu Venedig und Wien – der Reihenfolge nach angegeben.

Wiederum ausgehend von dem Prinzip der vollständigen Darstellung der Überlieferung, werden hier außerdem die Schriften aufgezählt, die nicht in den bisher geführten Listen vorkommen. Bei diesen Schriften ist eine genaue Erforschung, bei manchen auch die Identifikation noch problematisch, jedoch erforderlich. Meistens handelt es sich bei diesen Texten um inedita, die uns in den Kodizes vorliegen.

Վենետիկ. Haupt-Katalog der armenischen Handschriften der Mechitaristen-Bibliothek zu Venedig, Bd. I, Venedig 1914; Barseł Sargisean (Hrsg.), Մայր ցուցակ հայերէն ձեռագրաց Մատենադարանին Մխիթարեանց ի Վենետիկ. Haupt-Katalog der armenischen Handschriften der Mechitaristen-Bibliothek zu Venedig, Bd. II, Venedig 1924; Barseł Sargisean/Grigor Sargsean (Hrsg.), Մայր ցուցակ հայերէն ձեռագրաց Մատենադարանին Մխիթարեանց ի Վենետիկ. Haupt-Katalog der armenischen Handschriften der Mechitaristen-Bibliothek zu Venedig, Bd. III, Venedig 1966; Sahak Čemčemean (Hrsg.), Մայր ցուցակ հայերէն ձեռագրաց Մատենադարանին Մխիթարեանց ի Վենետիկ. Haupt-Katalog der armenischen Handschriften der Mechitaristen-Bibliothek zu Venedig, Bd. IV, Venedig 1993; Sahak Čemčemean (Hrsg.), Մայր ցուցակ հայերէն ձեռագրաց Մատենադարանին Մխիթարեանց ի Վենետիկ. Haupt-Katalog der armenischen Handschriften der Mechitaristen-Bibliothek zu Venedig, Bd. V, Venedig 1995; Sahak Čemčemean (Hrsg.), Մայր ցուցակ հայերէն ձեռագրաց Մատենադարանին Մխիթարեանց ի Վենետիկ. Haupt-Katalog der armenischen Handschriften der Mechitaristen-Bibliothek zu Venedig, Bd. VI, Venedig 1996; Sahak Čemčemean (Hrsg.), Մայր ցուցակ հայերէն ձեռագրաց Մատենադարանին Մխիթարեանց ի Վենետիկ. Haupt-Katalog der armenischen Handschriften der Mechitaristen-Bibliothek zu Venedig, Bd. VII, Venedig 1996; Sahak Čemčemean (Hrsg.), Մայր ցուցակ հայերէն ձեռագրաց Մատենադարանին Մխիթարեանց ի Վենետիկ. Haupt-Katalog der armenischen Handschriften der Mechitaristen-Bibliothek zu Venedig, Bd. VIII, Venedig 1998; Jakowbos W. Dashian, Ցուցակ հայերէն ձեռագրաց Մատենադարանին Մխիթարեանց ի Վիեննա. Catalog der armenischen Handschriften in der Mechitharisten-Bibliothek zu Wien (Մայր ցուցակ հայերէն ձեռագրաց. Haupt-Catalog der armenischen Handschriften 1,2), Wien 1895; Hamazasp Oskian, Ցուցակ հայերէն ձեռագրաց Մատենադարանին Մխիթարեանց ի Վիեննա. Katalog der armenischen Handschriften in der Mechitharisten-Bibliothek zu Wien (Die armenischen Handschriften in Österreich 2), Wien 1963.

Liste der armenischen Athanasiana und der handschriftlichen Überlieferung der Texte

Authentische Athanasiana

Von den echten Athanasiana[4] sind in der armenischen Übersetzung erhalten:
* *Epistulae IV ad Serapionem (CPG 2094)*
    * Ad Serapionem I
    Cod. Ven. 818, fol. 38a ff.
    Cod. Vind. 629, fol. 4a–30b; 648, fol. 53b–76a.
    * Ad Serapionem II
    Cod. Vind. 629, fol. 31b(30b)–33b (letzte Paragraphen).
    * Ad Serapionem III
    MM 4188, fol. 178–185;
    Cod. Vind. 629, fol. 33b–38a; 648, fol. 76a–80a.
    * Ad Serapionem IV,8–14,23[5]
    Cod. Vind. 629, fol. 107b–111b.
* *Epistula ad Epictetum (CPG 2095)*
    Es liegen zwei Versionen in armenischer Übersetzung vor:
    1. Inc. Ես այսպէս ածէի զմտաւ
    MM 3900, fol. 157a–164b; 4407,fol. 193a–200a;
    Cod.Ven. 31, fol. 40a–48a; 44, fol. 158–183; 448, fol. 208b ff.;
    2. Inc. Ես այսպէս վարկանէի
    MM 115, fol. 176a (nur im Pinax, 46. Einheit); 1679, fol. 327b–339b;
    1798, fol. 321a–331b; 3495, fol. 327b–336a;
    Cod. Vind. 629, fol. 66a–73b; 648, fol. 102b–108b.
    Die erste Version ist auch ein Bestandteil von Sigillum fidei[6]. Die Handschriften, die die zweite Version bieten, beinhalten die Scholien (Գիրք պարապմանց) von Kyrill von Alexandrien.
* *Epistula ad Marcellinum de interpretatione Psalmorum (CPG 2097)*
    Im Armenischen trägt die Schrift den Titel Յառաջաբան Դաւթի մեկնութեան (Einführung in die Auslegung Davids), gemeint sind die Psalmen. In der handschriftlichen Überlieferung ist diese Schrift meistens in den Bibel-Kodizes überliefert.
    MM 179, fol. 256b–257b; 186, fol. 240b; 205, fol. 306b–307a; 518, fol. 105a–122b; 1398, fol. 314b–315a, 464a–473b; 1525, fol. 513a; 1770, fol. 305b–309b;

---

4 Man muss auch hier feststellen, daß einiges noch umstritten bleibt.
5 Unter dem 4. Serapionbrief versteht man bekanntermaßen Ad Serapionem IV,1-7 und 8-23 (Auslegung von Mt 12,32).
6 Karapet Ter-Mekerttschian (Hrsg.), Կնիք հաւատոյ ընդհանուր սուրբ եկեղեցւոյ յուղղափառ եւ ս. հոգեկիր հարցն մերոց դաւանութեանց յաւուրս Կոմիտաս կաթուղիկոսի համահաւաքեալ. Siegel des Glaubens. Der Allgemeinen Heiligen Kirche aus den Bekenntnissen unserer rechtgläubigen und mit dem Heiligen Geist erfüllten Väter; gesammelt in den Tagen von Katholikos Komitas, Etschmiadsin 1914.

2487, fol. 2a–17b; 4113, fol. 244b–245a; 5128, fol. 205b–213b; 5197, fol. 213a–215b; 5373, fol. 37a–42a; 7567, fol. 6a–7a; 8258, fol. 59b–80a; 9307, fol. 2a–39a; *Cod. Ven.* 245, fol. 51a–64b; 1150, fol. 128a–140a; 2393, fol. 2a–30a; *Cod. Vind.* 47 (alte Nr. 49A), fol. 42a–48b; 159 (alte Nr. 135), fol. 1a–14b; 305 (alte Nr. 75B), fol. 25a–29b; 357, fol. 3a–30b.

* *Epistula ad Adelphium (CPG 2098)*
Cod. Ven. 818, fol. 17a ff.; *Cod. Vind.* 629, fol. 73b–79a; 648, fol. 108b–112a.

* *Vita Antonii (CPG 2101)*
In der Mehrheit der Handschriften ist die Vita in die Vita (Վարք) und in Requiem/Mors (Հանգիստ/Մահ) Antonii zweigeteilt. In der handschriftlichen Überlieferung finden sich die folgenden Zusammenstellungen der Teile:

* Vita$_1$ + Requiem/Mors$_1$, z.B. *MM* 4670; 4709.
* Vita$_2$ + Requiem/Mors$_2$, z.B. *MM* 1525.
* Vita$_2$ + Requiem/Mors$_1$, z.B. *MM* 993; 1523.

Vita$_1$ Inc. Բարււք է նախածն դնել ընդ միայնակեացս եզիպտոսի

Vita$_2$ Inc. Նախածն բարոյ առաքինութեան հաստատեալ առ միանձունն եզիպտացող

Requiem/Mors$_1$ Inc. Զատրավարի ումեմն բազմաւք ապաչեալ զերանելին անտրոնիոս

Requiem/Mors$_2$ Inc. Զատրագլխի որումն բազումք ապաչեցեալ զերանելին անտրոնիոս

Es ist der Ansicht zu widersprechen[7], daß die Vita Antonii mehrfach ins Armenische übersetzt worden sei. Neben der sprachlichen Bearbeitung des Textes, die die Sprachstufen verdeutlicht, geht es hier vielmehr um die Bearbeitung ein und desselben Textes mit bestimmten bzw. unterschiedlichen Schwerpunktsetzungen, meistens aber zwecks der Aufnahme in die Synaxarien bzw. Erstellung einer hagiographischen Vita.

MM 992, fol. 226a–228a; 993, fol. 76b–80b; 996, fol. 136b–146b; 1522, fol. 413a–440b; 1523, fol. 84a–86b–88b; 1524, fol. 96b–105a; 1525, fol. 105ab, 104ab, 100a–101ab, 108a–110b; 2335, fol. 103a u.a.[8]; 3791, fol. 85a–91b; 4670, fol. 92a–99a; 4676, fol. 97a–105a (29a–37a); 4682, fol. 78a–83c; 4709, fol. 58a–67b; 4802, fol. 73b–80b; 5406, fol. 63a–71a; 7441, fol. 20a–24b–26b; 7729$_1$, fol. 215–229[9]; 9622, fol. 309–422;

Cod. Ven. 239, fol. 41a–45b; 463, fol. 115b–120b; 653, fol. 60a–65b; 657, fol. 92a–96a; 806, fol. 11 ff.; 996, fol. 9b–14b; 1638, fol. 58a–71b;

---

7   Vgl. Gérard Garitte, Le texte grec et les versions anciennes de la Vie de S. Antoine, StAns 38 (1956), 1–12, hier 10.
8   Erzählungen aus der Vita Antonii.
9   MM 7729 besteht aus zwei Bänden, deren Blätter jeweils eigens nummeriert sind. Im Folgenden wird der erste Band mit MM 7729$_1$, der zweite mit MM 7729$_2$ angegegeben.

Cod. Vind. 1 (alte Nr. 1), fol. 67a–74b; 7 (alte Nr. 4), fol. 337a–339b; 10 (alte Nr. 8A), fol. 270b–272b; 219 (alte Nr. 7), fol. 210a–212b; 224 (alte Nr. 8), fol. 137a–139a; 228 (alte Nr. 9), fol. 138b; 437, fol. 377a; 695, fol. 142b ff.; 696, fol. 32a ff.; 701, fol. 303a ff.; 705, fol. 264a–273a; 1035, fol. 254b ff.; 1036, fol. 287a ff.; 1037, fol. 295a ff.; 1048, fol. 193a ff.

Eine andere Übersetzung der Vita Antonii ins Armenische stammt aus dem 18. Jh. und wurde aus dem Lateinischen der Euagriusversion vorgenommen. Es scheint, daß der Übersetzung keine handschriftlichen Zeugen zugrunde liegen. Sie wurde kurz darauf herausgegeben[10], weshalb sie letztlich auch veranlasst worden war.

* *Epistulae festales (CPG 2102):* Fragmente in der »Widerlegung ...« von Timotheus Aelurus und im Sigillum fidei.[11]

Pseud-Athanasiana

Das pseud-athanasianische Schrifttum ist in der armenischen Überlieferung etwas reicher. Folgende Schriften sind erhalten:
* *Homilia in illud: Nunc anima mea turbata est (CPG 2161)*
  Cod. Ven. 818, fol. 9a ff.
* *Oratio in ascensionem domini (CPG 2171)*
  MM 3076, fol. 193b–200b;
  Cod. Ven. 791, fol. 373 ff.
* *De incarnatione contra Apollinarium libri II (CPG 2231)*[12]
  Cod. Ven. 818, fol. 10a ff.
* *Homilia de passione et cruce domini (CPG 2247)*
  Cod. Vind. 629, fol. 171a–193b, 198a–201b;[13] 648, fol. 124b–143b.
* *Disputatio contra Arium (CPG 2250)*
  Im Armenischen ist die Schrift zweigeteilt:[14]
    * Ընդդիմասացութիւն սրբոյն Աթանասի եպիսկոպոսի Աղեքսանդրացւոյ ուղղափառի և Արիոսի հերձուածողի յաղագս աստուածութեան Որդւոյ (Disputation des rechtgläubigen Hl. Athanasius, Bischof von Alexandrien, und des Häretikers Arius über die Göttlichkeit des Sohnes)

---

10 Barseł Laslovean Kerlac'i (Hrsg.), Վարք սրբոյ հօրն մերոյ Անտոնի աբբայի մեծի: Շարադրեալ 'ի սրբոյն Աթանասէ աղեքսանդրացւոյ. և վերածեալ 'ի յոյն բարբառոյ 'ի լատին 'ի ձեռն Եւագրի անտիոքացւոյ, և անտի 'ի հայ. Vita unseres heiligen Vaters großen Abbas Antonius, dargelegt vom Hl. Athanasius von Alexandrien und übertragen von der griechischen Sprache in Latein durch Euagrius von Antiochien und von da ins Armenische, Venedig 1794.

11 Vgl. Gérard Garitte, Les citations arméniennes des lettres festales de S. Athanase, Handes Amsorya 75 (1961), 425–440.

12 Armenisch ist nur das zweite Buch überliefert.

13 Fol. 192b beginnt mit dem neuen Titel Աղօթք (Precatio), der folgende Text ist aber nur die Fortsetzung der Homilie, vgl. Codex Vindobonensis 648, fol. 140$_A$b und PG 28,237C.

14 »The Greek piece is divided in the Armenian, and the transition, λοιπὸν περὶ τοῦ ἁγίου πνεύματος ζητήσωμεν replaced by a title«, Robert Pierce Casey, Armenian Manuscripts of St. Athanasius of Alexandria, HThR 25 (1932), 43–59, hier 46. Erster Teil: Kap. 1–37 (PG 28,440A–488C), zweiter Teil: Kap. 37–46 (PG 28,488C–501A)

* Նոցունց խնդիր դարձեալ վասն յաղագս սրբոյ հոգւոյն (Desgleichen wiederum eine Untersuchung über den Hl. Geist)

Im zweiten, deutlich kürzeren Teil werden die Fragestellungen über den Hl. Geist behandelt. Im Vergleich mit dem griechischen fehlen im armenischen Text die letzten Fragen und Antworten.[15]

MM 2679, fol. 102a–126a; 6031, fol. 219b–223a; 6228, fol. 114b–124a; 3506, fol. 1a–2b, 17a–18b;
Cod. Ven. 739, fol. 231b–250a; 818, fol. 19b ff.;
Cod. Vind. 629, fol. 112a–131b.

* *Sermo contra omnes haereses (CPG 2251)*
Cod. Vind. 629, fol. 82b–91b; 648, fol. 25b–33a.

* *Historia de Melchisedech (CPG 2252)*
Cod. Ven. 657, fol. 107a–108a;
Cod. Vind. 7 (alte Nr. 4), fol. 432b–433b; 10 (alte Nr. 8A), fol. 382b–384a; 219 (alte Nr. 7), fol. 302b–304a; 228 (alte Nr. 9), fol. 214a–216a; 437, fol. 536b; 695, fol. 240b ff.; 696, fol. 135a ff.; 701, fol. 442a ff.; 1035, fol. 371a ff.; 1036, fol. 437b ff.; 1037, fol. 411a ff.

* *Ad imperatorem Iouianum (CPG 2253)*
MM 502, fol. 295b–296a; 571, fol. 112a–113b; 1476, fol. 173ab; 3329, fol. 236b–237b; 4188, fol. 187; 8389, fol. 6b–7b;
Cod. Ven. 680, fol. 28b.

* *Quaestiones ad Antiochum ducem (CPG 2257)*
Die armenische Version beginnt mit der 16. Frage des griechischen Textes.[16] Im Armenischen ist die Schrift nie an den antiochenischen Dux adressiert. Sie trägt meistens den Titel »Fragen des Athanasius und Antworten Cyrills von Jerusalem« und stellt einen Dialog zwischen Athanasius und Cyrill dar. Sie ist die »beliebteste« Schrift in der armenischen Athanasiusüberlieferung: unter den oben erwähnten 200 Matenadaraner Handschriften findet man sie in 60 Handschriften.

MM 20, fol. 181b–185b; 108, fol. 184a–243b; 557, fol. 167b–205a; 601, fol. 78a–109b; 641, fol. 74a–83b; 706, fol. 68b–85b; 727, fol. 296a–299b; 941, fol. 35b–37a; 944, fol. 180a–212a; 1254, fol. 130a–156b; 1495, fol. 90a–100a; 1521, fol. 241a–245b; 1654, fol. 18b–27b, 122a–189b; 1720, fol. 217a–230b; 1731, fol. 273b–314b; 1784, fol. 236b–244b; 2108, fol. 397b–411a; 2141, fol. 61a–121a; 2197, fol. 130b–148a; 2236, fol. 389b–415b–416b; 2650, fol. 124a–127b; 2890, fol. 164a–166b–167ab–168ab; 2939, fol. 302b–306a; 3074, fol. 112b–119a; 3077, fol. 37a–83b; 3107, fol. 3a–76b; 3124, fol. 41a–52b; 3262, fol. 6a–89a; 3324, fol. 398a–401b; 3380, fol. 250b–291b; 3398, fol. 3a–113a; 3410, fol. 1a–43b; 3520, fol. 336a–376b; 4289, fol. 8a–165a; 4618, fol. 116b–120a; 4717, fol. 141b–143b,

---

15   PG 28,440 ff. (Kap. 46). Der armenische Text geht bis in die Mitte von Kap. 43 (PG 28,497).
16   PG 28,607 ff.

144a–145a; 4724, fol. 53b–54b; 4733, fol. 227–236; 4749, fol. 182a–184b, 185a–187b; 4756, fol. 233b–237b, 238a–239a; 4757, fol. 94a–97b, 98a–99b; 4879, fol. 74a–76b, 77a–78a; 4880, fol. 115b; 5809, fol. 33b–47b; 6036, fol. 107b–110b; 6078, fol. 32a (59)–110a (214); 6106, fol. 233a–234b; 6686, fol. 41b–92b; 6712, fol. 17a–22b; 6724, fol. 5a–59a; 6762, fol. 2a–70b; 7324, fol. 7a–52a; 7525, fol. 72a–91a; 8172, fol. 1a–39b; 8309, fol. 174a–253b; 8383, fol. 181a–202b; 8704, fol. 103a–104b; 8727, fol. 314a–399b; 8756, fol. 2a–28b; 9100, fol. 136a–150b; 9512, fol. 178a–224b, 246a–257b; 9598, fol. 81a–96a; 10062, fol. 248a–310a; 10236, fol. 211b–215ab–216ab–217ab;

Cod. Ven. 41, fol. 74ab; 295, fol. 1a–51a; 425, fol. 2a–111a; 526, fol. 231a–237a; 838, fol. 529a–550a; 848, fol. 148a–150a; 986, fol. 212a–215a; 1244, fol. 308b ff.; 1260, fol. 110b–147a; 1533, fol. 231–339; 1687, fol. 40b–48b; 1949, fol. 2a–57b; 2239, fol. 1–47; 2846, fol. 81 ff.;

Cod. Vind. 109 (alte Nr. 159A), fol. 32a–41a; 146 (alte Nr. 132), fol. 240b–304b; 260 (alte Nr. 45), fol. 51a–112a; 364 (alte Nr. 111), fol. 68b–133a; 791, fol. 197b–200b; 1289, fol. 20a ff.

* *Narratio de cruce seu imagine Berytensi (CPG 2262)*
  MM 40, fol. 233b–235b; 101, fol. 385a–386a; 941, fol. 70a–b; 1113, fol. 118a–119a; 1521, fol. 48b–49b; 1523, fol. 128a–b; 4670, fol. 121a–b; 4682, fol. 130b–131b; 4726, fol. 220b–221a; 4749, fol. 417b–418b; 4756, fol. 482b–483b; 4802, fol. 183ab; 4869, fol. 272b–273a; 4879, fol. 234b–235a; 5093, fol. 130b–131b; 8076, fol. 218ab; 8482, fol. 279b–281a;

  Cod. Ven. 346, fol. 287a–288b; 536, fol. 313 ff.; 657, fol. 89b; 985, fol. 210b–212b; 986, fol. 405a–406a; 1014, fol. 18b–19a; 1447, fol. 32b–33a;

  Cod. Vind. 7 (alte Nr. 4), fol. 87b; 219 (alte Nr. 7), fol. 501b–502a; 705, fol. 359a; 791, fol. 393a; 1048, fol. 214a.

* *De s. trinitate dialogi V (CPG 2284)*
  Im Armenischen ist nur der 4. Dialog unter dem Namen des Basilius von Caesarea überliefert.[17]

* *Symbolum »Quicumque« (CPG 2295)*
  MM 41, fol. 62a–64b; 462, fol. 173b–174a; 576, fol. 148a–149b; 682, fol. 47b–48a; 1653, fol. 240b–244a; 2368, fol. 42a–43b; 3206, fol. 106a–107a; 3527, fol. 30a–31b, 53b–56a; 3964, fol. 83b–84b; 4669, fol. 52a–53a; 6987, fol. 182a–184b; 7211, fol. 89b–94b; 9170, fol. 6a–7b; 9360, fol. 1a–4b;

  Cod. Ven. 57, fol. 24b–25b; 375, fol. 111 ff.; 605, fol. 46a ff.; 1297, fol. 10 ff.; 2859, fol. 113 ff.;

  Cod. Vind. 677, fol. 21a ff.; 817, fol. 31a; 988, fol. 93a–95b.

---

17 Vgl. Paul Jungmann, Die armenische Fassung des sogenannten pseudathanasianischen Dialogus de s. Trinitate IV (Armenisch: Betrachtung über die Körperlichkeit des Erlösers). OrChr 53 (1969), 159–201; Christoph Bizer, Die armenische Version und der griechisch-lateinische Text des pseudo-athanasianischen Dialogus de s. Trinitate IV, OrChr 53 (1969), 202–211.

* *Didascalia CCCXVIII patrum Nicaenorum (CPG 2298)*
  Im Armenischen ist der Text unter dem Namen des Euagrius Ponticus
  überliefert.
* *Dialogus Athanasii et Zacchaei (CPG 2301)*
  MM 2679, fol. 126b–145a; 3506, fol. 18b–23a, 3a–4b, 5a–16b, 57a ff., 94a ff.;
  6228, fol. 124a–135a;
  Cod. Ven. 739, fol. 250a–262b; 818, fol. 30a ff.
* *Canones Athanasii (CPG 2302)*[18]
  MM 84, fol. 173b–175a, 179a–180a; 1495, fol. 5b–7a; 5607, fol. 239a–255a;
  6577, fol. 69b;
  Cod. Ven. 57, fol. 284b–285b; 477, fol. 174b–176a;
  Cod. Vind. 58 (alte Nr. 15), fol. 91a ff.; 579, fol. 79a ff.; 581, fol. 46b ff.; 810,
  fol. 69a ff., 186a; 1062, fol. 58b ff.; 1118, fol. 57b ff.
* *Sermo maior de fide (Epistula ad Antiochenos) (CPG 2803)*[19]
* *Expositio fidei (CPG 2804)*
  Cod. Ven. 818, fol. 16a ff.
* *Contra theopaschitas (Epistula ad Liberium) (CPG 2805)*
  MM 1919, fol. 118a;
  Cod. Ven. 818, fol. 15b ff.;
  Cod. Vind. 629, fol. 79a–80a; 648, fol. 33ab.
* *De incarnatione et contra Arianos (CPG 2806)*
  Cod. Ven. 818, fol. 1a ff.
* *Ad Iouianum (CPG 3665)*
  MM 502, fol. 294a–295b; 571, fol. 109b–112a; 1244, fol. 297a–299a; 1476, fol.
  172a–173a; 1679, fol. 119a–120b; 3329, fol. 235b–236b; 4188, fol. 185–187;
  6009, fol. 52b–54b; 8389, fol. 4a–6b;
  Cod. Ven. 352, fol. 283a–b; 1166, fol. 114–116.
* *Quod unus sit Christus (CPG 3737)*
  Cod. Ven. 818, fol. 7a ff.

Armenische Athanasiana

Eine große Herausforderung für die Forschung stellen die sogenannten »ausschließlich auf Armenisch« unter dem Namen des Athanasius überlieferten
Schriften dar. Zu ihnen zählen:

* *Sermo de virginitate (CPG 2145)* Λόγος περὶ παρθενίας[20]
  Cod. Vind. 629, fol. 194a–197b, 206a–209a; 648, fol. 143b–148b.

---

18 Ausführlicher Vazgen Hakobyan (Hrsg.), Կանոնագիրք Հայոց. Armenisches Kanonesbuch, Bd. 1,
    Yerevan 1964, 282–328, 603–612.
19 Robert Pierce Casey, The Armenian Version of the Pseudo-Athanasian Letter to the Antiochenes
    and of the Expositio Fidei. With Some Fragments of the Apocryphal Ezekiel (StD 15), London
    u.a. 1947.
20 Hier ist noch eine syrische Version überliefert.

* Contra eos qui dicunt homines dei iussu facere bonum et malum (CPG 2201)
  MM 4618, fol. 110b–111b.
* Ad Arium (CPG 2202)
  Cod. Ven. 731, fol. 26b–27b.
* De trinitate (CPG 2203)
  MM 7489, fol. 218a–219b;
  Cod. Ven. 512, fol. 13b–14b.
* De nativitate Christi (CPG 2204)
  MM 941, fol. 153ab; 993, fol. 54a; 996, fol. 60b–61b; 1523, fol. 52b–53a; 1525,
  fol. 65b–66b; 2786, fol. 21b–22a; 3329, fol. 234b–235b; 7729₁, fol. 159–160;
  Cod. Ven. 247, fol. 30ab; 463, fol. 80b–81a; 512, fol. 22b–23b, 107ab; 653, fol.
  28b–29a; 1286, fol. 23a–24a;
  Cod. Vind. 808, fol. 50a–51a.
* In s. deiparam (CPG 2205)
  MM 993, fol. 51b–52a; 996, fol. 58b–60b; 1523, fol. 49b–50b; 1525, fol. 77b–
  79a; 2786, fol. 20b–21b; 7729₁, fol. 157–159;
  Cod. Ven. 463, fol. 78a–79a; 512, fol. 108b–109b; 653, fol. 27b–28b; 657, fol.
  62a–63a; 1592, fol. 2b–4a; 2523, fol. 33 ff.;
  Cod. Vind. 1 (alte Nr. 1), fol. 51a–54b; 808, fol. 48a–50a.
* In s. deiparam semper uirginem (CPG 2206)
  MM 993, fol. 44a–46b; 996, fol. 74a–80a; 1523, fol. 41a–44a; 4676, fol. 72a–73b
  (4a–5b); 4802, fol. 33b–38b; 4869, fol. 184b–189b; 7441, fol. 3a–6b; 7443, fol.
  25b–29a; 7729₁, fol. 123–129; 8808, fol. 14a–17a;
  Cod. Ven. 213, fol. 89; 467, fol. 99a–105b; 512, fol. 114a–117b; 653, fol. 19b–
  23a; 657, fol. 68a–69a; 2523, fol. 44 ff.;
  Cod. Vind. 1 (alte Nr. 1), fol. 39a–44a.
* Encomium in s. crucem (CPG 2207)
  MM 577, fol. 301a–305a; 866, fol. 224a–230b; 3062, fol. 142b–144a; 6302, fol.
  127b; 8689, fol. 132a–134b;
  Cod. Ven. 731, fol. 43a–45a; 1252, fol. 259 ff.; 1554, fol. 185a–192a;
  Cod. Vind. 219 (alte Nr. 7), fol. 361a–364b.
* Epistula ad Iustinum Africanum (Augustum) (CPG 2208)
  MM 948, fol. 94b–95a; 993, fol. 220b; 996, fol. 293ab; 1525, fol. 186b–187a;
  7729₁, fol. 389;
  Cod. Ven. 425, fol. 135a–136a; 463, fol. 185ab; 512, fol. 174a.
* Visio Athanasii (CPG 2209)
  MM 557, fol. 45b–50b; 941, fol. 9a–10a; 944, fol. 11b–14a; 948, fol. 161a–163a;
  991, fol. 54b–56b; 992, fol. 46b–48b; 1428, fol. 138a–145a; 2111, fol. 265b–
  266b; 2234, fol. 157b–159a; 2783, fol. 122b–124a; 2890, fol. 58a–59b; 2939, fol.
  253ab; 4717, fol. 53a–54b; 4726, fol. 26b–27b; 4749, fol. 57b–59b; 4756, fol.
  83b–85b; 4880, fol. 29a–31a; 4950, fol. 50b–52a; 5500, fol. 506a–507b; 6712,
  fol. 34b–36a; 9613, fol. 22b–23b; 10236, fol. 75b–77b;

Cod. Ven. 455, fol. 421–428;

Cod. Vind. 705, fol. 119b ff.; 791, fol. 67a–69a; 867, fol. 126a ff.

* *Encomium in s. Stephanum (CPG 2210)*

MM 993, fol. 691a–692b; 2273, fol. 234a–250a; 3771, fol. 544b–552a; 6196, fol. 492b–496b; 7729₂, fol. 492–499; 8420, fol. 96a–102a;

Cod. Ven. 17, fol. 423a–429a; 239, fol. 338a–345a; 299, fol. 94b–99a; 456, fol. 179b–187a; 1014, fol. 8a–10a (der Anfang fehlt); 2089, fol. 1 ff.;

Cod. Vind. 731, fol. 13a ff.; 1035, fol. 214a ff.; 1036, fol. 240a ff.; 1037, fol. 251b ff.

Unter Սուրբ հայրապետացն Աթանասի, Յովհաննու Ոսկեբերանի, Պրոկղի, Նեքտառի, Եփրեմի ասացեալ ի սուրբ նախասարկաւագացն (Die heiligen Patriarchen Athanasius, Johannes Chrysostomus, Proklos, Nectarius, Ephrem sagten über die heiligen Protodiakonen) bewahrt Cod. Ven. 5 (fol. 23b–40b) Auslegungen des Martyriums des Stephanus (Act 7,54–59); diesselbe Schrift ist MM 2273 (fol. 234a–250a) zu finden.

* *Passio ss. Minae, Hermoginis et Eugraphi (CPG 2212)*

MM 992, fol. 151b–155a; 6196, fol. 398a–404a;

Cod. Ven. 17, fol. 332b–338b; 1014, fol. 283a–288b;

Cod. Vind. 7 (alte Nr. 4), fol. 224b–226a; 10 (alte Nr. 8A), fol. 192b–194a; 219, fol. 159b–160b; 224 (alte Nr. 8), fol. 35b–36b; 437, fol. 267b ff.; 701, fol. 221a ff.; 1035, fol. 186a ff.; 1036, fol. 209b ff.; 1037, fol. 219b ff.; 1039, fol. 5a ff.; 1048, fol. 156a ff.

* *Epistula ad Ecclesiam Antiochenam (CPG 2211[1])*

MM 2196, fol. 332b–340b;

Cod. Vind. 629, fol. 38a–65b; 648, fol. 80a–102b.

* *Vita (et martyrium ss. Thaumatorgorum abbatis) Cyri et Johannis*

Cod. Ven. 1655, fol. 69ab;

Cod. Vind. 7 (alte Nr. 4), fol. 363b–365b; 10 (alte Nr. 8A), fol. 300b–302a; 228 (alte Nr. 9), fol. 158a–159b; 437, fol. 414b ff.; 695, fol. 168a ff.; 1035, fol. 279a ff.; 1036, fol. 320a ff.; 1037, fol. 324a ff.; 1048, fol. 212a ff.

* *Commentarii in Epistulas catholicas (CPG 2211[4])*[21]

   1. des Jakobusbriefes
      MM 1408, fol. 1a–25b.

   2. des 1. Petrusbriefes
      MM 1408, fol. 26a–96a; 4150, fol. 170a;
      Cod. Vind. 48 (alte Nr. 49B), fol. 63b.

---

21 Ediert unter dem Namen des Sargis Kund von Hakob Qyoseyan (Hrsg.), Մեկնութիւն կաթողիկեայ թղթոց (վերագրեալ Աթանասի Ալեքսանդրացւոյ). Auslegung der katholischen Briefe (Athanasius von Alexandrien zugeschrieben) (Նոր Կտակարանի մեկնություններ. Kommentare zum Neuen Testament 17), Ējmiacin 2003.

3. des 2. Petrusbriefes
    MM 1408, fol. 96b–131b; 4150, fol. 199a–200b;
    Cod. Vind. 48 (alte Nr. 49B), fol. 92b.
4. des 1. Johannesbriefes
    MM 1408, fol. 131b–201b.
5. des 2. Johannesbriefes
    MM 1408, fol. 202a–208a.
6. des 3. Johannesbriefes
    MM 1408, fol. 208b–213b.
7. des Judasbriefes
    MM 1408, fol. 214a–234b.

Die bisher einzige, mir bekannte Untersuchung mit dem Ziel, eine athanasianische Verfasserschaft solcher Schriften zu beweisen, ist über *Contra eos qui dicunt
homines dei iussu facere bonum et malum* von G. Egan[22] durchgeführt worden. Allerdings lautet Egans Schlussfolgerung: »This probably is a genuine Athanasian
document, but more evidence will be needed in order to be conclusive.«[23] Zu
ähnlicher Schlussfolgerung kommt David Brakke anhand der Schrift Λόγος περὶ
παρθενίας: »This work is therefore accepted as authentic with hesitation«[24].

Mit etwas Vorsicht darf man behaupten, daß sie, solange nicht das Gegenteil
nachgewiesen ist, zu den Pseudathanasiana zu zählen sind. Die Haltung der
armenologischen Forschung solchen Texten gegenüber ist, daß sie die einzig erhaltenen Zeugen der einst existierenden originalen Schriften darstellen, in diesem
Falle des Athanasius des Großen. Die Rückübersetzung der Texte würde vieles
aufklären. Bei genügenden Beweisen bzw. nach einer detaillierten Forschung ist
die Armenologie offen, diese Texte als Pseudepigraphen anzuerkennen.

Eine separate Untersuchungslinie stellt die *armenische Anaphora* dar, mit der
sich Hans-Jürgen Feulner in seiner Monographie »Die Armenische Athanasius-
Anaphora: kritische Edition, Übersetzung und liturgievergleichender Kommentar« beschäftigte: »Erst gegen Ende des 10. Jahrhunderts soll es ein erstes Zeugnis
dafür geben, daß diese Anaphora dem *Hl. Athanasius von Alexandrien* zugeschrieben wird. In den Handschriften taucht diese Benennung im 13. Jahrhundert
auf.«[25] Dieses Zeugnis findet sich bei Step'anos Asołik.[26] Darauf verweist Catergian[27], den wiederum H.-J. Feulner aufnimmt. »Die Athanasius-Anaphora scheint

---

22 George A. Egan, A Treatise Attributed to Athanasius, Muséon 80 (1967), 139–151.
23 Egan, A Treatise Attributed to Athanasius, 146.
24 David Brakke, The Authenticity of the Ascetic Athanasiana, Or. 63 (1994), 17–56, hier 30.
25 Hans-Jürgen Feulner, Die Armenische Athanasius-Anaphora. Kritische Edition, Übersetzung
    und liturgievergleichender Kommentar (Anaphorae Orientales 1), Roma 2001, 460.
26 St. Malxaseanc' (Hrsg.), Ստեփանոսի Տարօնեցւոյ Ասողկան Պատմութիւն Տիեզերական. Univer-
    selle Geschichte des Stephanos von Taron, Sankt Peterburg ²1885, 81.
27 Yovsep' Catergian, Սրբազան Պատարագամատոյցք Հայոց. Թարգմանութիւնք Պատարագաց
    Յունաց, Ասորոց եւ Լատինացոց հանդերձ քննութեամբք, նախագիրելop եւ ծանoթութեամբք. Die
    Liturgien bei den Armeniern. Fünfzehn Texte und Untersuchungen, hrsg. v. Jakowbos W. Dashi-
    an, Wien 1897, 275 Anm. 26.

sich spätestens vor dem Ende des 10. Jahrhunderts gegenüber den anderen Anaphoren durchgesetzt zu haben und wurde schließlich zur Normalanaphora der
armenischen Meßliturgie. [...] Es bestehen keinerlei Affinitäten zu den in der
syrischen und äthiopischen Tradition ebenfalls dem Athanasius von Alexandrien
zugeschriebenen Anaphoren.«[28]

Die beiden Wiener Korpora[29] schließen zwei Schriften ein, für die anscheinend keine griechischen Originale existieren:

* Յաղագս խորհրդածութեան մկրտեցելոց Աստուածավայելուչ վարդապե-
  տութեան(ն) (De divina doctrina mystagogiae catechumenorum) *Cod.
  Ven.* 629, fol. 155a–170b; Յաղագս խորհրդածութեան մկրտեցելոց. Յորում և
  աստուածավայելեչագոյն վարդապետութեան *Cod. Ven.* 648, fol. 112a–124b,
* das Ende eines *asketischen Diskurses*: *Cod. Ven.* 629, fol. 206a–209a.

Auch die Identifikation dieser letzten Texteinheit bleibt offen.[30]

Cod. Ven. 1661 beinhaltet *Epistula ad Amun* (fol. 188a ff.) und *Epistula ad Rufinianum*
(fol. 190b ff.), sowie ein Fragment aus dem *neununddreißigsten Osterfestbrief* (fol.
191a ff.) des Athanasius, mit denen die Liste der echten armenischen Athanasiana
zu ergänzen ist.

Außerdem befinden sich in den armenischen Handschriften die folgenden
Schriftstücke und Fragmente unter dem Namen des Athanasius:

* Աթանասի եւ Եփրեմի ասացեալ խոսpovwնութիւն (Confiteor Athanasii et
  Euphremi)
  MM 685, fol. 356b–358a; 789, fol. 516b–518a; 793, fol. 410a–411b; 5324, fol.
  386a–387b; 6909, fol. 45a–50b; 6957, fol. 144a–148b; 8419, fol. 15a–19b; 8482,
  fol. 219b–224b;
  Cod. Ven. 75, fol. 190a ff.; 594, fol. 371b ff.;
  Cod. Vind. 120, fol. 23a ff.; 781, Nr. 10 fol. 1–8.
* Վարք Պօղոսի Անապատականի (Vita anachoretae/eremitae Pauli)
  MM 687, fol. 366a–371a; 1522, fol. 358b–362a; 3791, fol. 224b–226b; 5093,
  fol. 1a–10b; 6196, fol. 484a–487b; 6708, fol. 63a–72b;
  Cod. Ven. 536, fol. 1 ff.;
  Cod. Vind. 10 (alte Nr. 8A), fol. 187a; 66, fol. 377b–382a; 1035, fol. 180b ff.,
  183b ff.; 1036, fol. 203b ff.; 1037, fol. 211a ff., 213a ff.; 1048, fol. 144a ff.
* Առ որս ի Պանունիոս եւ հակառակ արիանոսացն (Ad eos, qui apud Panonium
  et contra Arianos)
  MM 1679, fol. 130b; 3495, fol. 311b.
* Աթանասի ժամանակագրութիւն ծննդաբանութեամբ, ըստ Մատթէոսի Ալեպա-
  րանին կեցեալ մինչեւ ի ծնունդն Սէթայ (Ա – Կ) (Chronologia Athanasii cum
  genealogia secundum evagelium Matthei usque ad natum Sethi)
  Cod. Ven. 334, fol. 349a ff. und dessen Abschrift *Cod. Ven.* 1663.

28　Feulner, Armenische Athanasius-Anaphora, 79 f.
29　Casey, Armenian Manuscripts of St. Athanasius of Alexandria, 47 f.
30　Vgl. die Texteinheiten bei Brakke, The Authenticity of the Ascetic Athanasiana.

* Յերգս սաղմոսաց (De canticis psalmorum)
  Cod. Ven. 1380, fol. 36a–39a.
* *Symboli sub nomine Athanasii*[31]
  * Inc. Խոստովանիմ զքրիստոս յիսուս որդի աստուծոյ և աստուած ըստ հոգւոյ և որդի մարդոյ ըստ մարմնոյ. ոչ երկու բնութիւնս զմի
    MM 101, fol. 339a–340b; 1984, fol. 79a–b; 3495, fol. 232b–233b; 5486, fol. 1a; 6617, fol. 54a;
  * Inc. Եւ արդ խոստովանիմ եւ հաւատամ զհայր անսկիզբն, անեղ եւ անվախճան.
    Cod Ven. 1465, fol. 194a ff.;
  * Das Credo des Ps.-Athanasius[32]
    Cod. Vind. 324, fol. 159b.

Anhand der zuletzt genannten Titel kann angenommen werden, daß die Liste der armenischen Athanasiana dazu tendiert anzuwachsen. Um die Fortschritte der Forschung besser darstellen zu können, möchte ich zwei Zahlen nennen: Waren es noch 23 Schriften, die Somalean[33] aufzählt, so haben wir heute eine Liste von über 40 Schriften, die auf die eine oder andere Weise unter dem Namen des Athanasius überliefert sind.

Zusammenfassung

Athanasius wurde oft zitiert in den eigenen Werken und Florilegien der armenischen Bibliographie (Armat hawatoy, Girk' t'łt'oc', Knik' hawatoy, Voskep'orik, Yovhannēs Zmiwrnac'i, Anania Sanahnec'i, Połos Taronec'i usw.). Dabei ist es unklar bzw. noch festzustellen, ob die armenischen Autoren bereits über die armenischen Übersetzungen dieser Schriften verfügten oder selbst die Übersetzer dieser Abschnitte sind. Es ist auch nicht auszuschließen, daß die Zitate mündlich (und dann armenisch) tradiert worden sind, denn bei vielen von ihnen fehlt eine genaue Angabe der Schrift. Die Übersetzungen waren zum liturgischen und dogmatischen Gebrauch bestimmt. M.E. ist es heute wichtig, die Bedeutung des Athanasius von Alexandrien für die Armenische Kirche erneut zu artikulieren,

---

31 Das Identifikationsproblem bei diesen zwei Schriftstücken bleibt noch offen. Es ist nicht auszuschließen, daß sie unter den zahlreichen das nizänische Konzil oder den Arianismus betreffenden Dokumenten unter dem Namen des Athanasius zu finden sind. Bei dem ersteren handelt es sich sichtlich um ein Dokument, das eine spätere Entwicklung der christologischen Streitigkeiten widerspiegelt.

32 Der Titel ist entnommen: Gabriele Winkler (Hrsg.), Über die Entwicklungsgeschichte des armenischen Symbolums. Ein Vergleich mit dem syrischen und griechischen Formelgut unter Einbezug der relevanten georgischen und äthiopischen Quellen (OCA 262), Roma 2000, 188.

33 Suk'ias Somalean (Hrsg.), Quadro delle opere di vari autori. Anticamente tradotte in Armeno, 1825, 11–13. Die nächsten ausführlichen Listen der armenischen Athanasiana befinden sich bei Garegin Zarbhanalean, Մատենադարան հայկական թարգմանութեանց նախնեաց (Դար Դ–ԺԳ). Catalogue des anciennes traductions arméniennes (siècles IV-XIII), Venezia 1889, 278–288 und bei Hakob S. Anasyan, Հայկական մատենագիտություն V-VIII դդ. Bibliologie arménienne, Yerevan 1959, I 321–368.

denn die durch Jahrhunderte hindurch gebildete und einst so große und wirksame Tradition (sogar die armenische Liturgie gilt als athanasianisch, geschweige denn die Theologie), gerät langsam in Vergessenheit. Den armenischsprachigen Athanasius in seinem Ganzen (vera, dubia und pseudo-) zu untersuchen, scheint mir ein Weg zu sein, auf das Phänomen zu sprechen zu kommen, warum die »Pseudepigraphen« (der armenischen Bibliographie) den Namen des Athanasius angenommen haben. Daß Athanasius als στύλος τῆς ἐκκλησίας gilt, stellt eine unzureichende Antwort auf die Frage dar, warum Athanasius ins Armenische übertragen wurde, zumal es auch andere »Säulen« (Cyrill von Alexandrien, Kappadokische Väter usw.) gegeben hat.

Literatur

Anasyan, Hakob S., Հայկական մատենագիտություն V-VIII դդ. Bibliologie arménienne, Yerevan 1959.

Ant'abean, P'aylak, Yakob K'ēosēean, Arp'enik Łazarosean und Šahē Hayrapetean (Hrsg.), Մայր ցուցակ հայերէն ձեռագրաց Մաշտոցի անուան Մատենադարանի. Haupt-Katalog der armenischen Handschriften von Maschtoz-Matenadaran, Bd. III, Yerevan 2007.

Bizer, Christoph, Die armenische Version und der griechisch-lateinische Text des pseudo-athanasianischen Dialogus de s. Trinitate IV, OrChr 53 (1969), 202–211.

Brakke, David, The Authenticity of the Ascetic Athanasiana, Or. 63 (1994), 17–56.

Casey, Robert Pierce, Armenian Manuscripts of St. Athanasius of Alexandria, HThR 25 (1932), 43–59.

— The Armenian Version of the Pseudo-Athanasian Letter to the Antiochenes and of the Expositio Fidei. With Some Fragments of the Apocryphal Ezekiel (StD 15), London u.a. 1947.

Catergian, Yovsep', Սրբազան Պատարագամատոյցք Հայոց. Թարգմանութիւնք Պատարագաց Յունաց, Ասորոց եւ Լատինացող հանդերձ քննութեամբք, նախագիտելեօք եւ ծանօթութեամբք. Die Liturgien bei den Armeniern. Fünfzehn Texte und Untersuchungen, hrsg. v. Jakowbos W. Dashian, Wien 1897.

Dashian, Jakowbos W., Ցուցակ հայերէն ձեռագրաց Մատենադարանին Մխիթարեանց ի Վիեննա. Catalog der armenischen Handschriften in der Mechitharisten-Bibliothek zu Wien (Մայր ցուցակ հայերէն ձեռագրաց. Haupt-Catalog der armenischen Handschriften 1,2), Wien 1895.

Egan, George A., A Treatise Attributed to Athanasius, Muséon 80 (1967), 139–151.

Eganean, Onik, Andranik Zeyt'unean und P'aylak Ant'abean (Hrsg.), Ցուցակ ձեռագրաց Մաշտոցի անվան Մատենադարանի. Katalog der Handschriften von Maschtoz-Matenadaran, Bd. I, Yerevan 1965.

— (Hrsg.), Ցուցակ ձեռագրաց Մաշտոցի անվան Մատենադարանի. Katalog der Handschriften von Maschtoz-Matenadaran, Bd. II, Yerevan 1970.

— (Hrsg.), Մայր ցուցակ հայերէն ձեռագրաց Մաշտոցի անուան Մատենադարանի. Haupt-Katalog der armenischen Handschriften von Maschtoz-Matenadaran, Bd. I, Yerevan 1984.

Eganean, Onik, Andranik Zeyt'unean, P'aylak Ant'abean und Armine K'eoškerean (Hrsg.), Մայր ցուցակ հայերէն ձեռագրաց Մաշտոցի անուան Մատենադարանի. Haupt-Katalog der armenischen Handschriften von Maschtoz-Matenadaran, Bd. II, Yerevan 2004.

Feulner, Hans-Jürgen, Die Armenische Athanasius-Anaphora. Kritische Edition, Übersetzung und liturgievergleichender Kommentar (Anaphorae Orientales 1), Roma 2001.

Garitte, Gérard, Le texte grec et les versions anciennes de la Vie de S. Antoine, StAns 38 (1956), 1–12.

— Les citations armeniennes des lettres festales de S. Athanase, Handes Amsorya 75 (1961), 425–440.

Hakobyan, Vazgen (Hrsg.), Կանոնագիրք Հայոց. Armenisches Kanonesbuch, Bd. 1, Yerevan 1964.

Jungmann, Paul, Die armenische Fassung des sogenannten pseudathanasianischen Dialogus de s. Trinitate IV (Armenisch: Betrachtung über die Körperlichkeit des Erlösers). OrChr 53 (1969), 159–201.

Kerlac'i, Barseł Laslovean (Hrsg.), Վարք սրբոյ հօրն մերոյ Անտոնի աբբայի մեծի: Շարադրեալ 'ի սրբոյն Աթանասէ աղեքսանդրացւոյ. և վերածեալ 'ի յոյն բարբառոյ 'ի լատին 'ի ձեռն Եւագրի անտիոքացւոյ, և անտի 'ի հայ. Vita unseres heiligen Vaters großen Abbas Antonius, dargelegt vom Hl. Athanasius von Alexandrien und übertragen von der griechischen Sprache in Latein durch Euagrius von Antiochien und von da ins Armenische, Venedig 1794.

Malxasean, Armen (Hrsg.), Ցուցակ ձեռագրաց Մաշտոցի անուան Մատենադարանի. Haupt-Katalog der Handschriften von Maschtoz-Matenadaran, Bd. III, Yerevan 2007.

Malxaseanc', St. (Hrsg.), Ստեփանոսի Տարոնեցւոյ Ասողկան Պատմութիւն Տիեզերական. Universelle Geschichte des Stephanos von Taron, Sankt Peterburg ²1885.

Oskian, Hamazasp, Ցուցակ հայերէն ձեռագրաց Մատենադարանին Մխիթարեանց 'ի Վիեննա. Katalog der armenischen Handschriften in der Mechitharisten-Bibliothek zu Wien (Die armenischen Handschriften in Österreich 2), Wien 1963.

Qyoseyan, Hakob (Hrsg.), Մեկնութիւն կաթողիկեայ թղթոց (վերագրեալ Աթանասի Աղեքսանդրացոյ). Auslegung der katholischen Briefe (Athanasius von Alexandrien zugeschrieben) (Նոր Կտակարանի մեկնություններ. Kommentare zum Neuen Testament 17), Ējmiacin 2003.

Sargisean, Barseł (Hrsg.), Մայր ցուցակ հայերէն ձեռագրաց Մատենադարանին Միխիթարեանց ի Վենետիկ. Haupt-Katalog der armenischen Handschriften der Mechitaristen-Bibliothek zu Venedig, Bd. I, Venedig 1914.

— (Hrsg.), Մայր ցուցակ հայերէն ձեռագրաց Մատենադարանին Միխիթարեանց ի Վենետիկ. Haupt-Katalog der armenischen Handschriften der Mechitaristen-Bibliothek zu Venedig, Bd. II, Venedig 1924.

Sargisean, Barseł und Grigor Sargsean (Hrsg.), Մայր ցուցակ հայերէն ձեռագրաց Մատենադարանին Միխիթարեանց ի Վենետիկ. Haupt-Katalog der armenischen Handschriften der Mechitaristen-Bibliothek zu Venedig, Bd. III, Venedig 1966.

Somalean, Suk'ias (Hrsg.), Quadro delle opere di vari autori. Anticamente tradotte in Armeno, 1825.

Tayec'i, Esaya, Ս. Աթանասի Աղեքսանդրիոյ հայրապետի ճառք, թուղթք եւ ընդդիմասացութիւնք. S. Athanasii patriarchae Alexandriae homiliae, epistulae et controuersiae, Venedig 1899.

Ter-Mekerttschian, Karapet (Hrsg.), Կնիք հաւատոյ ընդհանուր սուրբ եկեղեցւոյ յուղղափառ եւ ս. հոգեկիր հարցն մերոց դաւանութեանց յայտորս Կոմիտաս կաթողիկոսի համահաւաքեալ. Siegel des Glaubens. Der Allgemeinen Heiligen Kirche aus den Bekenntnissen unserer rechtgläubigen und mit dem Heiligen Geist erfüllten Väter; gesammelt in den Tagen von Katholikos Komitas, Etschmiadsin 1914.

Čemčemean, Sahak (Hrsg.), Մայր ցուցակ հայերէն ձեռագրաց Մատենադարանին Միխիթարեանց ի Վենետիկ. Haupt-Katalog der armenischen Handschriften der Mechitaristen-Bibliothek zu Venedig, Bd. IV, Venedig 1993.

— (Hrsg.), Մայր ցուցակ հայերէն ձեռագրաց Մատենադարանին Միխիթարեանց ի Վենետիկ. Haupt-Katalog der armenischen Handschriften der Mechitaristen-Bibliothek zu Venedig, Bd. V, Venedig 1995.

— (Hrsg.), Մայր ցուցակ հայերէն ձեռագրաց Մատենադարանին Միխիթարեանց ի Վենետիկ. Haupt-Katalog der armenischen Handschriften der Mechitaristen-Bibliothek zu Venedig, Bd. VI, Venedig 1996.

— (Hrsg.), Մայր ցուցակ հայերէն ձեռագրաց Մատենադարանին Միխիթարեանց ի Վենետիկ. Haupt-Katalog der armenischen Handschriften der Mechitaristen-Bibliothek zu Venedig, Bd. VII, Venedig 1996.

— (Hrsg.), Մայր ցուցակ հայերէն ձեռագրաց Մատենադարանին Միխիթարեանց ի Վենետիկ. Haupt-Katalog der armenischen Handschriften der Mechitaristen-Bibliothek zu Venedig, Bd. VIII, Venedig 1998.

Winkler, Gabriele (Hrsg.), Über die Entwicklungsgeschichte des armenischen Symbolums. Ein Vergleich mit dem syrischen und griechischen Formelgut unter Einbezug der relevanten georgischen und äthiopischen Quellen (OCA 262), Roma 2000.

Zarbhanalean, Garegin, Մատենադարան հայկական թարգմանութեանց նախնեաց (Դար Դ–ԺԳ). Catalogue des anciennes traductions arméniennes (siècles IV-XIII), Venezia 1889.

Studien zu den Dokumenten zum arianischen Streit

Die letzten Jahre des Arius

Hanns Christof Brennecke

Die Rekonstruktion der Geschichte des »arianischen Streites« ist in erster Linie der Versuch, eine chronologische Reihenfolge der überlieferten Dokumente herzustellen. So sind in den letzten hundert Jahren auch immer wieder neue chronologische Rekonstruktionsversuche besonders für die Anfänge des arianischen Streites bis 325 und dann bis zum Tode Constantins im Jahre 337 unternommen worden.[1] Nur eine Klärung auch der verwickelten chronologischen Fragen und der Reihenfolge der überlieferten Dokumente führt hier zu einem inhaltlichen Verständnis; von der angenommenen Reihenfolge der überlieferten Texte ist das Verständnis dieser theologischen und kirchenpolitischen Auseinandersetzung, die über mehr als ein Jahrhundert den theologischen Diskurs weithin prägte, zu einem erheblichen Teil abhängig. Deshalb haben auch wir in der Erlanger Forschungsgruppe bei der Fortsetzung der von Hans-Georg Opitz begonnenen Sammlung der Dokumente dieser Auseinandersetzung eine Chronologie vorgelegt, die unsere Abweichungen von der bei Opitz zugrunde gelegten Chronologie sowie unsere sich daraus ergebende neue Zählung begründen soll.[2]

---

1 Eduard Schwartz, Die Dokumente des arianischen Streites bis 325, NGWG.PH 1905, 257–299, wiederabgedruckt in Eduard Schwartz, Gesammelte Schriften. Dritter Band: Zur Geschichte des Athanasius, Berlin 1959, 117-168; Eduard Schwartz, Von Nicaea bis zu Konstantins Tod, NGWG.PH 1911, 367–426, wiederabgedruckt in Schwartz, Gesammelte Schriften III, 188-264; Hans-Georg Opitz, Die Zeitfolge des arianischen Streites von den Anfängen bis zum Jahr 328, ZNW 33 (1934), 131–159 (es handelt sich bei diesem Aufsatz um die Veröffentlichung der Ergebnisse seiner Berliner theologischen Dissertation von 1932); Wilhelm Schneemelcher, Zur Chronologie des arianischen Streites, ThLZ 79 (1954), 393–400 (es handelt sich um eine Projektskizze für die Forsetzung von Opitz' Urkundensammlung); Richard P. C. Hanson, The Search for the Christian Doctrine of God. The Arian Controversy 318–381, Edinburgh 1988; Rowan Williams, Arius. Heresy and Tradition. Revised Edition, Grand Rapids (MI)/Cambridge 2002; Uta Loose, Zur Chronologie des arianischen Streits, ZKG 101 (1990), 88–92 (eine Auseinandersetzung mit Williams). Eine ausführliche und sehr eigenständige Behandlung besonders der chronologischen Fragen des Jahrzehnts nach der Synode von Nicaea bei Annick Martin, Le fil d'Arius, RHE 84 (1989), 297–333. Zu den älteren Chronologien vgl. Hanns Christof Brennecke/Uta Heil/Annette von Stockhausen/Angelika Wintjes, Athanasius Werke. Band III/Teil 1: Dokumente zur Geschichte des arianischen Streites. Lfg 3: Bis zur Ekthesis Makrostichos, Berlin/New York 2007, xix–xxxviii.

2 Brennecke/Heil/Stockhausen/Wintjes, Athanasius Werke III/3, xix–xxxviii. Die Chronologie wurde im Wesentlichen von U. Heil erarbeitet, aber von allen Herausgebern in allen Einzelheiten immer wieder diskutiert.

Das reichliche Jahrzehnt von der Synode von Nicaea im Frühsommer des Jahres 325[3] bis zum Tode Constantins Pfingsten 337[4] stellt dabei jeden Versuch einer chronologischen Rekonstruktion sowohl der überlieferten Dokumente als auch der Ereignisse vor besondere Probleme. Seit dem eindeutig in das Jahr 328 zu datierenden Beginn des Episkopats des Athanasius in Alexandrien[5] sind arianischer und melitianischer Streit nahezu unentwirrbar miteinander verknüpft, was die Dinge zusätzlich verkompliziert. Und Athanasius hat in seinen apologetischen Schriften zu dieser Verwirrung nicht unwesentlich beigesteuert, sie ganz gezielt herbeigeführt, um so alle seine Gegner eindeutig als arianische Häretiker auf die Anklagebank setzen zu können.[6] Auch die von uns vorgelegte Deutung, die hier ausführlicher begründet werden soll, kann also nur ein Versuch sein, das nahezu undurchdringliche Dickicht der Überlieferung an dieser Stelle etwas aufzuhellen und einige Sachverhalte vielleicht etwas plausibler zu erklären. Sie will und kann keinen Anspruch auf endgültige Lösungen erheben, die doch wohl angesichts der Überlieferungslage nicht möglich sind.[7]

Auffällig und nicht wirklich erklärbar ist das Schweigen des größten Teils der Überlieferung über Arius in den Jahren nach Nicaea.[8] Nur in den ersten Jahren nach Nicaea bis zu seiner Rehabilitierung und Wiederaufnahme in die Kirche durch eine vom Kaiser zusammengerufene Synode begegnet Arius als aktiv Handelnder[9]. Auch die deutliche theologische Akzentverschiebung der

---

3   Timothy D. Barnes, The New Empire of Diocletian and Constantine, Cambridge (Mass.)/London 1982, 76; vgl. Hanns Christof Brennecke, Nicäa I. Ökumenische Synode von 325, TRE 24 (1994), 429–441.

4   Barnes, New Empire, 80.

5   Vgl. den Index der Festbriefe für das Jahr 328 in: Annick Martin (Hrsg.), Histoire «Acéphale» et index syriaque des lettres festales d'Athanase d'Alexandrie (SC 317), Paris 1985, 226 f. 280 f. (Kommentar).

6   In der Fortsetzung der von Opitz vor dem Zweiten Weltkrieg begonnenen Dokumentensammlung zur Geschichte des arianischen Streites haben wir uns dagegen auf die Dokumente zum arianischen (trinitarischen) Streit konzentriert und ganz bewußt die überlieferten Dokumente zum melitianischen Schisma ausgelassen; vgl. Brennecke/Heil/Stockhausen/Wintjes, Athanasius Werke III/3, v–viii. Wilhelm Schneemelcher hatte in seiner unveröffentlichten Göttinger Habilitationsschrift von 1949 (Wilhelm Schneemelcher, Urkunden zur Geschichte des arianischen Streites von der Inthronisation des Athanasius bis zum Tode Constantins [328–337]. 2 Bde. 1949) noch den Plan vorgelegt, in der dann von ihm nicht mehr weitergeführten Fortsetzung von Opitz auch die Dokumente zum melitianischen Schisma aufzunehmen (Das Original von Schneemelchers Habilitationsschrift befindet sich in der Erlanger Athanasius-Arbeitsstelle).

7   Eine heftige Kritik an unseren in Athansius Werke III Lfg. 3 zugegebenermaßen z.T. sehr knappen, vielleicht zu knappen Begründungen jetzt bei Timothy D. Barnes, The Exile and Recalls of Arius, JThS 60 (2009), 109–129, die allerdings einen gewissen Anspruch auf Endgültigkeit erhebt und auf die im folgenden im einzelnen eingegangen werden soll.

8   Besonders deutlich wird dieser erklärungsbedürftige Sachverhalt an der »Apologia secunda« des Athanasius. Kap. 59–87 behandeln für die Zeit von 328 bis 337 vorrangig die innerägyptischen Auseinandersetzungen des Athanasius mit den Melitianern. In den ersten sieben Kapiteln der »Historia Arianorum« (bis zum Tode Constantins) vermischt Athanasius sehr bewußt die Auseinandersetzungen, in die er in den ersten Jahren seines Episkopats verwickelt war.

9   Vgl. den auf den 27. November 327 zu datierenden Brief Kaiser Constantins an Arius Socr., h.e. I 25,7 (Gel.Caes., fr. 24) = Urk. 29 (= Dok. 33) und den etwa gegen Ende des Jahres 327 zu

Diskussion nach Nicaea auf die Frage der Ein- oder Dreihypostasentheologie, was sicher nicht das genuine Anliegen des Arius, wohl aber das des Markell auf der einen und der beiden Eusebe auf der anderen Seite war, läßt vermuten, daß Arius an dieser neuen theologischen Diskussion nicht mehr aktiv beteiligt war; Zeugnisse darüber gibt es jedenfalls nicht. Der umstrittene alexandrinische Presbyter scheint fast spurlos aus der Geschichte der theologischen Auseinandersetzung, die bis heute mit seinem Namen verbunden ist, zu verschwinden.[10]

Aus dem Werk des Athanasius lassen sich keine chronologisch verwertbaren Angaben über den Tod des Arius gewinnen. Aus der »epistula ad Serapionem de morte Arii«[11] ist nur zu entnehmen, daß Arius noch während des Episkopats Alexanders von Constantinopel im Zusammenhang mit den Bemühungen um seine kirchliche Rehabilitierung und Wiedereinsetzung in sein Amt in der Hauptstadt verstorben war.

Der in hohem Maße in die Auseinandersetzung involvierte Euseb von Caesarea schweigt über den Tod des Arius; für ihn handelt es sich nach der Synode von Nicaea in erster Linie um eine theologische Auseinandersetzung mit Markell von Ankyra, für den neben Euseb Asterius und nicht etwa Arius der wichtigste Vertreter des »Arianismus« war.[12]

Nach Theodorets allerdings sehr knapper und summarischer Behandlung der Zeit nach 325 müßte Arius bald nach der Synode von Nicaea und seiner Rehabilitierung gestorben sein.[13] Aber Theodorets Ansehen als Historiker ist bekanntlich nicht besonders gut.[14]

---

datierenden, bei Socr., h.e. I 26 überlieferten Brief von Arius und Euzoios an Constantin = Urk. 30 (= Dok. 34). Eine abweichende Sicht bei Martin, Le fil d'Arius, 300–320.

10 Luise Abramowski hat überhaupt als erste auf die thematische Verschiebung der theologischen Diskussion nach Nicaea auf die Hypostasenfrage aufmerksam gemacht; vgl. dazu Luise Abramowski, Die dritte Arianerrede des Athanasius. Eusebianer und Arianer und das westliche Serdicense, ZKG 102 (1991), 389–413; Sara Parvis, Marcellus of Ancyra and the Lost Years of the Arian Controversy 325–345 (OECS), Oxford 2006.

11 Hans-Georg Opitz, Athanasius Werke. Band II: Die Apologien. Lfg. 1–7, Berlin/Leipzig 1935–1941, 178–180; vgl. auch den knappen Hinweis bei Ath., ep.Aeg.Lib. 18 f. Sonst wird in den Werken des Athanasius der Tod des Arius nicht erwähnt; vgl. Alice Leroy-Molinghen, La mort d'Arius, Byz. 38 (1968), 105–111; Martin, Le fil d'Arius, 320–333.

12 Klaus Seibt, Die Theologie des Markell von Ankyra (AKG 59), Berlin 1994; Markus Vinzent, Markell von Ankyra. Die Fragmente. Der Brief an Julius von Rom (SVigChr 39), Leiden/New York/Köln 1997; Markus Vinzent, Asterius von Kappadokien. Die theologischen Fragmente. Einleitung, kritischer Text, Übersetzung und Kommentar (SVigChr 20), Leiden/New York/Köln 1993.

13 Thdt., h.e. I 14. (unter Verwendung von Ath., ep.mort.Ar.); vgl. Théodoret de Cyr, Histoire Ecclésiastique. Tome I (Livres I-II), übers. v. Pierre Canivet, erläut. v. Jean Bouffartigue/Annick Martin/Luce Pietri/Françoise Thelamon, eingel. v. Annick Martin (Sources chrétiennes 501), Paris 2006, 252–257, hier vor allem die kommentierenden Anmerkungen von A. Martin.

14 Zu Theodoret als Historiker vgl. Timothy D. Barnes, Athanasius and Constantius. Theology and Politics in the Constantine Empire, Cambridge, Mass./London 1993, 209–211; Léon Parmentier/ Günther Christian Hansen, Theodoret Kirchengeschichte (GCS.NF 5), Berlin ³1998, XCVIII–CVI (L. Parmentier mit der Ergänzung von G.C. Hansen S. 436); A. Martin, in: Théodoret de Cyr, Histoire Ecclésiastique. Tome I (Livres I-II), 29–92.

Trotz mancher auch sonst in ihren Kirchengeschichtsdarstellungen zu beob-
achtenden chronologischen Konfusion und trotz mancher Fehlinterpretation im
einzelnen bieten Sokrates und der hier von ihm abhängige Sozomenos nicht nur
eine ganze Reihe von Dokumenten, sondern auch das bei mancher Modifikation
durch die Forschungen des letzten Jahrhunderts im Prinzip noch immer verbind-
liche chronologische Gerüst zur Rekonstruktion der letzten Jahre des Arius.[15]
Läßt sich dieses Gerüst mit den lückenhaft überlieferten wenigen Dokumenten
in Übereinstimmung bringen?

Nach den beiden Historikern des 5. Jahrhunderts ergibt sich etwa folgendes
Bild:

Arius war nach seiner Exkommunikation durch die Synode von Nicaea
und der Exilierung durch den Kaiser relativ bald nach seinem Widerruf[16] von
Constantin rehabilitiert worden. Von einer Aufnahme in die kirchliche Gemeinschaft durch eine Synode allerdings berichten Sokrates und Sozomenos nicht
direkt.[17] Daraufhin baten auch Euseb von Nikomedien und Theognis von Nicaea
den Kaiser um Überprüfung ihrer Verbannungsurteile[18] und wurden ebenfalls
rehabilitiert und auch in ihre Bischofsämter wieder eingesetzt.[19] Nun, wieder
als Bischof der Residenz Nikomedien, unternahm Euseb Vorstöße, erst bei
Alexander, nach dessen Tod dann bei dem neuen Bischof Athanasius, die Wiedereinsetzung des Arius in sein Presbyteramt in Alexandrien zu erreichen[20].
Constantins Schwester Constantia, die Witwe des Licinius, die aber nach der
Hinrichtung ihres Mannes und ihres Sohnes, der noch ein Kind war, am Hof
ihres Bruders ehrenvoll aufgenommen worden war, hatte sich bei ihm für Arius
eingesetzt.[21] Auf Bitten des Kaisers wird Arius dann auf der Enkainiensynode
von Jerusalem anläßlich der Weihe der Anastasis (335) wieder in die kirchliche
Gemeinschaft aufgenommen, stirbt dann aber bald danach in Constantinopel[22],
bevor er nach Ägypten zurückkehren konnte. Soweit die wichtigsten Tatsachen
bei Sokrates und Sozomenos, die auch wichtige Dokumente zur Geschichte
dieser Jahre mitteilen.

---

15   Socr., h.e. I 14–38; Soz., h.e. I 21–II 30.
16   Vgl. Anm. 9.
17   Socr., h.e. I 14.25–27; Soz., h.e. II 16.18; vgl. auch Martin, Le fil d'Arius, 297-300.
18   Der Brief von Euseb und Theognis mit der Bitte um Rückkehr aus dem Exil Socr., h.e. I 14,2;
     Soz., h.e. II 16,3; Anon.Cyz. (Gel.Cyz.), h.e. III 13,1 (Urk. 31 Op.= Dok. 36). Aus dem an eine
     Synode gerichteten Brief geht allerdings eindeutig hervor, daß eben diese Synode vorher Arius
     auch wieder in die kirchliche Gemeinschaft aufgenommen hatte. Anders Martin, Le fil d'Arius,
     300 f.
19   Socr., h.e. I 23; Soz., h.e. II 16; vgl. Schwartz, Von Nicaea bis zu Konstantins Tod, 385. Zur
     späteren Karriere Eusebs vgl. Markus Vinzent, Eusebius von Nikomedien, RGG⁴ 2 (1999), 1678.
20   Socr., h.e. I 27; Soz., h.e. II 18,1–2.22.
21   Socr., h.e. I 25,1–4; Soz., h.e. II 27.34,2 (vgl. auch Rufin., hist. X 12 und Gel.Caes., fr. 34, wo die
     Wiederaufnahme des Arius allerdings erst nach dem Tode Constantins erfolgt).
22   Socr., h.e. I 33.37 f.; Soz., h.e. II 27–29. Sokrates und Sozomenos haben die in Anm. 9 genannten
     Briefe des Kaisers an Arius und des Arius und Euzoios in unmittelbaren Zusammenhang mit
     der Enkainiensynode von Jerusalem gebracht.

Die wesentlich knappere Darstellung bei Rufin[23], der keine Dokumente in seinen Text eingefügt hat, entspricht in etwa der Darstellung von Sokrates und Sozomenos. Rufin ist, wie Friedhelm Winkelmann im einzelnen gezeigt hat, von Gelasius von Caesarea abhängig,[24] den wohl auch Sokrates und Sozomenos als Vorlage zur Verfügung hatten.[25]

Die Rekonstruktion der Historiker des 5. Jahrhunderts ist nicht spannungsfrei; vor allem der lange Zeitraum von etwa acht Jahren zwischen der zunächst berichteten Rehabilitierung des Arius durch den Kaiser bald nach Nicaea und der endgültigen Wiederaufnahme in die Kirche durch die Synode von Jerusalem erst im Jahre 335 ist problematisch. Hier ist manches unklar und bewußt etwas verschleiernd dargestellt. Das den Historikern vorliegende Material enthielt offenbar Widersprüche, die nur mit Mühe ausgeglichen werden konnten und nicht wirklich befriedigten; außerdem läßt diese Chronologie sich nicht mit den überlieferten Dokumenten ganz vereinbaren. Dennoch hat sie traditionell den Rahmen für alle modernen chronologischen Rekonstruktionen abgegeben.

Aufgrund seiner minutiösen Untersuchungen der überlieferten Dokumente dieses Zeitraumes hat Eduard Schwartz vor gut hundert Jahren eine neue, vor allem auf den überlieferten Dokumenten aufbauende Sicht des chronologischen Ablaufs der Ereignisse nach Nicaea zur Diskussion gestellt. Bei mancherlei Korrekturen und Verbesserungen im einzelnen gilt diese Rekonstruktion in ihren Grundzügen bis heute als Forschungskonsens, fast als Dogma.[26]

Zunächst hatte Eduard Schwartz die Rehabilitierung des Arius einer Synode des Jahres 327 (seiner Meinung nach wieder in Nicaea) zuweisen können.[27] In diesen Kontext gehören nach Schwartz der bei Sokrates überlieferte Brief Constantins an Arius und das von Arius und Euzoios vorgelegte Bekenntnis,[28] nicht dagegen in den bei Sokrates und Sozomenos überlieferten Zusammenhang mit der Jerusalemer Synode des Jahres 335. Nach der Rückkehr von Arius und Euzoios aus dem Exil und ihrer Wiederaufnahme in die kirchliche Gemeinschaft durch eine vom Kaiser einberufene Synode, wohl doch mehr oder weniger auf

---

23 Rufin., hist. X 12 f.

24 Friedhelm Winkelmann, Charakter und Bedeutung der Kirchengeschichte des Gelasios von Caesarea, ByzF 1 (1966), 346–385.

25 Wiederaufnahme im Zusammenhang der Weihe der Anastasis und anschließender Tod in Constantinopel scheint von Gel.Caes., fr. 32–34 zuerst bezeugt zu sein, wie überhaupt das chronologische Grundgerüst, wie es bei Sokrates, Sozomenos und Rufin vorliegt, u.U. auf Gelasius zurückzuführen ist.

26 Schwartz, Von Nicaea bis zu Konstantins Tod. Eine grundsätzlich andere Chronologie, die allerdings auch von der Spätdatierung des Todes des Arius Mitte der dreißiger Jahre ausgeht, bei Martin, Le fil d'Arius.

27 Schwartz, Von Nicaea bis zu Konstantins Tod, 377-386, wobei er an frühere Überlegungen von O. Seeck anknüpfte, vgl. Otto Seeck, Untersuchungen zur Geschichte des nicänischen Konzils, ZKG 17 (1896), 1–73.319–362. Zur neueren Diskussion vgl. Rudolf Lorenz, Das Problem der Nachsynode von Nicäa, ZKG 90 (1979), 22–40; Martin, Le fil d'Arius, 300–306; Brennecke, Nicäa I, 437.

28 Urk. 29.30 = Dok. 33.34.

Befehl des Kaisers, baten auch Euseb von Nikomedien und Theognis von Nicaea, aus der Verbannung zurückkehren zu dürfen,[29] die durch die Rehabilitierung des Arius in der Tat nun keinen Sinn mehr hatte, worauf Euseb und Theognis in ihrem Brief auch hinweisen.[30] Constantin schrieb nun an Bischof Alexander von Alexandrien und forderte ihn auf, die beiden ehemaligen alexandrinischen Presbyter Arius und Euzoios wieder in die Gemeinschaft der ägyptischen Kirche und in den Klerus der ägyptischen Metropole in ihre alten Ämter aufzunehmen,[31] was dieser – so Schwartz – kurz vor seinem Tod verweigerte.[32] Auch der neue Bischof Athanasius weigerte sich, der Bitte des Kaisers nachzukommen.[33] Als Arius wegen der Erfolglosigkeit seiner Bemühungen, wieder in den alexandrinischen Klerus aufgenommen zu werden, einige Jahre später mit der Gründung einer schismatischen Sonderkirche droht, erläßt Constantin ein scharfes Edikt gegen ihn (ca. 333).[34] Dieses Edikt, das im Anhang von »De decretis Nicaenae synodi« von Athanasius zusammen mit einem ebenfalls sehr scharfen Brief des Monarchen an Arius überliefert ist,[35] datierte Eduard Schwartz aufgrund des in der subscriptio[36] des Briefes an Arius bezeugten Paterius als Präfekt Ägyptens in das Jahr 333, wo dieser Präfekt in der Tat nur belegt ist.[37] Wegen der doch erstaunlich langen Zeitspanne zwischen der 327/328 schon erfolgten kaiserlichen und ihr folgend auch kirchlichen Rehabilitierung des in Nicaea exkommunizierten und verurteilten Arius postulierte Eduard Schwartz für das Jahr 333 eine zweite Verurteilung des Arius durch ein kaiserliches Edikt.[38] Der Brief des Kaisers enthält aber auch eine Aufforderung an Arius, an den Hof nach Constantinopel zu kommen,[39] wo Arius den Kaiser nach Auffassung von Schwartz dann erneut von seiner Orthodoxie überzeugen konnte. Die endgültige Wiederaufnahme des einstigen alexandrinischen Presbyters in die Kirche erfolgte dann wie auch Rufin (Gelasius v. Caesarea), Sokrates und Sozomenos annahmen, auf der Jerusalemer Synode 335.[40] Bevor der Kaiser aber etwas für die Aufnahme

---

29 Urk. 31 = Dok. 36.
30 Urk. 31,4 (65,16 f. Opitz): ἄτοπον δὲ, τοῦ δοκοῦντος εἶναι ὑπευθύνου ἀνακεκλημένον καὶ ἀπολογησαμένου ἐφ' οἷς διεβάλλετο, ἡμᾶς ἐπισιωπᾶν καθ' ἑαυτῶν διδόντας τὸν ἔλεγχον.
31 Urk. 32 = Dok. 37 Der Brief ist nur bei Anon.Cyz. (Gel.Cyz.), h.e. III 15,1–5 überliefert, nach Günther Christian Hansen, Anonyme Kirchengeschichte (Gelasius Cyzicenus, CPG 6034) (GCS.NF 9), Berlin 2002, 136 Anm. zu 136,14–137,3, aus Gel.Caes., fr. 27 (Winkelmann).
32 Schwartz, Von Nicaea bis zu Konstantins Tod, 385 f.
33 Dok. 38 (= Ath., apol.sec. 59 f.). Das Fragment auch bei Socr., h.e. I 27; vgl. oben Anm. 20. Opitz hat das von Athanasius hier zitierte Fragment eines Briefes Constantins an Athanasius in seine Edition der Urkunden nicht aufgenommen.
34 Urk. 33 = Dok. 28.
35 Urk. 34 = Dok. 27. Die Überlieferung beider Dokumente ist von Athanasius abhängig.
36 75,6 f. Opitz: Διὰ Συγκλητίου καὶ Γαυδεντίου μαγιστριανῶν ἐκομίσθη καὶ ταῦτα, ὅτε Πατέριος ἦν ἔπαρχος Αἰγύπτου, καὶ ἀνεγνώσθη ἐν τῷ παλατίῳ.
37 Barnes, The Exile and Recalls of Arius, 116-119.
38 Schwartz, Von Nicaea bis zu Konstantins Tod, 407-414.
39 Urk. 34,42 = Dok. 27,42.
40 Schwartz, Von Nicaea bis zu Konstantins Tod, 420 f. Barnes, The Exile and Recalls of Arius, 119–124, geht davon aus, daß Arius 336 auf einer Synode in Constantinopel, auf der Markell

des Arius in den Klerus von Alexandrien unternehmen konnte, wo durch die Entfernung des Athanasius im Moment eigentlich kein größerer Widerstand gegen die Wiedereinsetzung des Arius zu erwarten war, starb Arius wohl 336 in Constantinopel.[41]

Die These von einer zweimaligen Verurteilung und Rehabilitierung des Arius ist seither weithin Konsens der Forschung und kaum mehr in Frage gestellt worden[42]. Vor allem hatte Hans-Georg Opitz sie seiner Edition der »Urkunden zur Geschichte des arianischen Streites« im Prinzip undiskutiert zugrunde gelegt.[43] Für Schwartz, dem Opitz hier immer folgt, blieb allerdings das Problem, daß die gesamte Überlieferung über den Tod des Arius in Konstantinopel davon ausgeht, daß Arius noch während des Episkopats des Alexander von Konstantinopel dort gestorben war.[44] Schwartz hatte aber den Tod Alexanders schon bald nach 330 angenommen; auf jeden Fall scheint sein Nachfolger Paulus auf der Synode von Tyrus im Jahre 335 als Teilnehmer dabeigewesen zu sein.[45] Die These von Opitz dagegen, daß sich Athanasius eben geirrt haben müsse, als er den Tod des Arius mit Bischof Alexander von Konstantinopel verband, erscheint doch künstlich und sehr gewollt.[46] Timothy D. Barnes hat wohl sehr genau und als erster diese Schwäche der Argumentation von Schwartz und Opitz an dieser Stelle gesehen und zu zeigen versucht, daß das frühe Todesdatum des Alexander nicht so sicher zu belegen ist, wie Schwartz angenommen hatte, und konnte damit die seit Schwartz übliche grundsätzliche Chronologie gerade durch seine Kritik an Schwartzens Frühdatierung des Todes Alexanders von Byzanz stützen und auch verbessern, indem er die Auffassung vertrat, daß die Teilnahme des Paulus von Konstantinopel an der Synode von Tyros nicht unbedingt bedeuten muß, daß Paulus 335 schon Bischof war. Angesichts des hohen Alters von Alexander nimmt Barnes an, Paulus habe als Vertreter Alexanders an der Synode von Tyros teilgenommen.[47] Wie aus der Synodalgeschichte des antiken Christentums bekannt ist, hat es solche Vertreter von Bischöfen auf Synoden gelegentlich gegeben;

---

verurteilt wurde, wieder in die kirchliche Gemeinschaft aufgenommen wurde. Ich sehe dafür keinen Anhaltspunkt.

41 Schwartz, Von Nicaea bis zu Konstantins Tod, 420 f. Die propagandistische Geschichte, die Athanasius in seiner *Epistula de morte Arii* und der *Epistula ad episcopos Aegypti et Libyae* daraus gemacht hat, indem er den Tod des Arius in Konstantinopel als unmittelbare Strafe Gottes interpretierte, und die von allen spätantiken Historikern benutzt wird, ist sattsam bekannt; vgl. Leroy-Molinghen, La mort d'Arius, und Martin, Le fil d'Arius, 320–333.

42 Anders Martin, Le fil d'Arius, 320–333, die die Probleme der seit Schwartz üblichen chronologischen Rekonstruktion sehr deutlich sieht und in Aufnahme und Fortführung älterer, besonders französischer Forschungen nur eine Rehabilitierung des Arius annimmt.

43 Vgl. die Kommentare zu Urk. 33 und 34 bei Opitz, Athanasius Werke III/1–2, 66–75.

44 Ath., ep.mort.Ar.; ep.Aeg.Lib. 18 f.; Rufin., hist. X 13 f.; Socr., h.e. I 37 f.; Soz., h.e. II 29. Philostorgius und der in Fragmenten erhaltene homöische Historiker scheinen den Tod des Arius nicht berichtet zu haben.

45 Schwartz, Von Nicaea bis zu Konstantins Tod, 276 f.

46 Opitz, Athanasius Werke II/1–7, 178,1 Anm.

47 Barnes, Athanasius and Constantius, 212–217; Barnes, The Exile and Recalls of Arius, 120–122.

sie werden aber meist auch als solche bezeichnet. Auch Barnes' etwas künstliche
Annahme scheint vor allem dem Wunsch zu entstammen, die Konstruktion von
Schwartz und Opitz zu retten.

Viel problematischer aber erscheint die These von einer zweiten Verurteilung
des Arius durch Kaiser Constantin etwa im Jahr 333.

Diese These von einer zweiten Verurteilung des Arius durch Constantin
im Jahr 333 – ohne vorherige erneute synodale Verurteilung! – und dann eine
zweite kirchliche Rehabilitierung durch die Jerusalemer Enkainiensynode im
Jahre 335 scheint zwar auf den ersten Blick die mit dem Modell von Sokrates
und Sozomenos verbundenen Probleme lösen zu können und die Berichte
der Historiker und die überlieferten Dokumente zu einem schlüssigen Bild
zusammenzufügen. Aber wichtige Fragen bleiben auch bei dieser Rekonstruktion
offen.

Die Annahme einer zweiten Verurteilung des Arius durch Constantin fußt
ausschließlich auf der Datierung des bei Athanasius überlieferten scharfen Briefes an Arius und des Ediktes gegen Arius aufgrund der Subscriptio des Briefes
in das Jahr 333. Die nur aus dieser Datierung gefolgerte zweite Verurteilung
des Arius hat sonst keinerlei Spuren in der Überlieferung hinterlassen. Seit
Schwartz ist es nun üblich geworden, hier eine psychologische Erklärung für die
angebliche zweite Verurteilung des Arius durch Constantin anzunehmen.[48]

Zunächst ist kaum vorstellbar, daß Athanasius diese zweite Verurteilung des
Erzketzers durch den Kaiser zu einer Zeit, als er bereits Bischof von Alexandrien
war, in seinen apologetischen Schriften ganz übergangen hätte. Die Tatsache
einer zweiten Verurteilung hätte ihm hoch willkommen sein müssen.[49] Auf die
Art und Weise, wie er den Tod des Arius auf einer öffentlichen Toilette der
Hauptstadt Konstantinopel propagandistisch ausgeschlachtet hatte, war schon
hingewiesen worden.[50] Schwartz' These von einer zweiten Verurteilung des
Arius durch den Kaiser, nicht aber durch eine Synode, schafft im Grunde mehr
Probleme als sie löst.

1. Die früheste Überlieferung vom Tod des Arius in Konstantinopel geht
auf Athanasius zurück und ist bei ihm nicht chronologisch einzuordnen.[51] Fest
steht aber, daß Arius nach Kenntnis und Auffassung des Athanasius noch

---

48 Schwartz, Von Nicaea bis zu Konstantins Tod, 409–413: zunehmender Ärger, Verstimmung etc.
    Eine vorausgesetzte Annahme seit Schwartz ist, daß sich die subscriptio im Brief an Arius auch
    auf das Edikt bezieht, das Schwartz ebenfalls in das Jahr 333 datiert.

49 Vor allem apol.sec. 59 f., wo er ja aus der Rückschau von den Versuchen des Kaisers berichtet,
    Arius und/oder seine Anhänger wieder in Ägypten einzusetzen, hätte ein Hinweis auf eine
    zweite Verurteilung des Arius nur wenige Jahre nach diesen von ihm berichteten Versuchen des
    Kaisers seinen Widerstand noch einmal nachträglich legitimiert.

50 Vgl. oben Anm. 41.

51 Ath., ep.mort.Ar.; ep.Aeg.Lib. 18 f. Beide Texte sind von Athanasius vermutlich in der zweiten
    Hälfte der fünfziger Jahre des 4. Jahrhunderts verfaßt. Zur Datierung von »De morte Arii«
    vgl. Opitz, Athanasius Werke II/1–7, 178; zur »Epistula ad episcopos Aegypti et Libyae«, vgl.
    Karin Metzler/Dirk Uwe Hansen/Kyriakos Savvidis, Athanasius Werke. Band I/Teil 1: Die

während des Episkopats des Alexander von Konstantinopel in der Hauptstadt verstorben war. Zweifel daran halte ich nicht für möglich und vor allem für völlig unbegründet. Die Auffassung von Hans-Georg Opitz,[52] daß sich Athanasius eben geirrt haben müsse, weil der Tod des Arius noch zu Lebzeiten Alexanders von Alexandrien eben nicht in seine Rekonstruktion der Ereignisse passe, erscheint methodisch doch sehr bedenklich. Da das Todesdatum Alexanders nicht exakt zu bestimmen ist, bleiben hier Unsicherheiten. Daß Alexander 335 schon verstorben war, erscheint mir anhand der für die Synode von Tyros bezeugten Anwesenheit von Paulus allerdings wahrscheinlicher als T.D. Barnes.[53] Erst Rufin, Sokrates und Sozomenus datieren fast ein Jahrhundert später den Tod des Arius nach der Synode von Jerusalem, wobei sie aller Wahrscheinlichkeit nach von Gelasius von Caesarea abhängig sind,[54] dessen Werk allerdings nur fragmentarisch erschlossen werden kann.

2. Die von Rufin (Gelasius von Caesarea), Sokrates und Sozomenos berichtete und die Forschung bis heute bestimmende Rehabilitierung des Arius durch die Jerusalemer Enkainiensynode ist zumindest nicht so eindeutig, wie in der Forschung meist angenommen wird.

Der bei Athanasius[55] überlieferte Synodalbrief nennt Arius nicht direkt, sondern berichtet, daß der Kaiser die Synode gebeten hatte, οἱ περὶ Ἄρειον, die dann noch als οἱ πρεσβύτεροι οἱ περὶ Ἄρειον genauer definiert werden, wieder in die Kirche aufzunehmen, nachdem er ihre Rechtgläubigkeit überprüft hatte.[56] Ob die Formulierung οἱ περὶ Ἄρειον die Person des Arius einschließt ist nicht ganz klar und kann nur je aus dem Kontext erschlossen werden.[57] Auffällig ist

---

Dogmatischen Schriften. Lfg. 1 Epistula ad episcopos Aegypti et Libyae, Berlin/New York 1996, 39.

52 Opitz, Athanasius Werke II/1–7, 178.

53 Vgl. oben Anm. 47.

54 Gel.Caes., fr. 32–34 (Winkelmann). Da Gelasius die Kirchengeschichte des Euseb bis in die theodosianische Zeit fortgesetzt hat, muß die Kirchengeschichte am Ausgang des 4. Jahrhunderts abgefaßt worden sein. Zu den zu erschließenden Quellen des Gelasios, Winkelmann, Charakter und Bedeutung der Kirchengeschichte des Gelasios von Caesarea, 374–380.

55 Ath., syn. 21,2–7 (= Dok. 39); apol.sec. 84,2–4 zitiert Athanasius den Anfang des Briefes; vgl. auch Karin Metzler/Kyriakos Savvidis (Hrsg.), Athanasius Werke. Band I/Teil 1: Die Dogmatischen Schriften. Lfg. 3 Oratio III contra Arianos, Berlin/New York 2000, 129, und die Einleitung zu Dok. 39, in der die Ergebnisse unserer Sicht der chronologischen Abläufe zum Tragen kommen.

56 Dok. 39,2 (130,6 f. Brennecke/Heil/Stockhausen/Wintjes): ... ἡπλωμένη δὲ καὶ εἰρηναίᾳ ψυχῇ δέξασθαι τοὺς περὶ Ἄρειον, οὓς πρός τινα καιρὸν ὁ μισόκαλος φθόνος ἔξω γενέσθαι τῆς ἐκκλησίας εἰργάσατο ... ; vgl. 39,5 (130,30 Brennecke/Heil/Stockhausen/Wintjes): τῶν πρεσβυτέρων τῶν περὶ Ἄρειον ...

57 Werner Portmann, Athanasius, Zwei Schriften gegen die Arianer. Verteidigungsschrift gegen die Arianer / Geschichte der Arianer (BGL 65), Stuttgart 2006, übersetzt grundsätzlich inklusiv »Arius [bzw. Euseb] und seine Anhänger«; vgl. aber seine Bemerkungen zum Übersetzungsproblem mit οἱ περὶ [τίνα] ebd., 70.
Athanasius' Interpretation des Jerusalemer Synodalbriefes syn. 22,1 (248,20 f. Opitz: δεχθῆναι Ἄρειον καὶ τοὺς σὺν αὐτῷ) scheint allerdings die von der Synode beschlossene Wiederaufnahme auch des Arius vorauszusetzen, anders seine Interpretation desselben Jerusalemer Synodalbeschlusses in apol.sec. 84,1 und 85,1. Eine sichere Entscheidung scheint mir in dieser

jedenfalls, daß Arius selbst hier nicht ausdrücklich genannt ist. Angesichts eines angeblich in das Jahr 333 zu datierenden Ediktes direkt gegen Arius wäre es erstaunlich, wenn er 335 in Jerusalem gar nicht als Person extra genannt wäre.[58]

T.D. Barnes[59] nun hat unter Berufung auf Stephan Radt[60] die Auffassung vertreten, daß die Formulierung οἱ περὶ <τίνα> grundsätzlich die im Akkusativ genannte Person einschließen muß, also ausschließlich inklusiv gebraucht wird. Das ist in der Tat die These von Radt, die er vor allem an Strabon, den er ediert, aufgezeigt hat. In den genannten Arbeiten führt Radt nun eine beeindruckende Liste von Beispielen nicht nur aus Strabon, sondern aus der gesamten klassischen Gräzität vor, die seine These stützt.[61] Für Barnes steht damit fest, daß diese Formulierung immer (!) die im Akkusativ genannte Person einschließt.

Allerdings – und darauf geht Barnes mit keinem Wort ein – hat G. Gorman in derselben Zeitschrift Radt heftig widersprochen.[62] Vor allem anhand der historiographischen Literatur der klassischen Gräzität kann Gorman anhand einer Fülle von Beispielen auch den exklusiven Gebrauch der Formulierung οἱ περί <τινα> nachweisen. Rein grammatikalisch wird sich also das Problem nicht lösen lassen. Außerdem haben weder Radt noch Gorman den spätantiken Sprachgebrauch im Blick.

Gerade bei Athanasius (und den von ihm überlieferten Dokumenten vor allem der Synodalgeschichte des 4. Jahrhunderts) begegnet nun die Formulierung οἱ περί (+ Personenname im Akkusativ) sehr häufig als Bezeichnung einer theologischen bzw. kirchenpolitischen Gruppierung.[63] Vor allem die Formulierung οἱ περὶ Ἄρειον und οἱ περὶ Εὐσέβιον werden gleichsam als Parteinamen, oft inhaltlich identisch mit οἱ Ἀριανοί bzw. οἱ Εὐσεβιανοί verwendet. Ohne Zweifel

---

Frage im Moment nicht möglich zu sein (vgl. auch die einander völlig wiedersprechenden Kommentare von Opitz zu syn. 21 und apol.sec. 84 f.).

58 Vgl. die Überschrift des Briefes Urk. 34 (= Dok. 27) an Arius: Ἀρείῳ καὶ τοῖς σὺν αὐτῷ [Ἀρειανοῖς] (69,1 Opitz).

59 Barnes, The Exile and Recalls of Arius, 119–121.

60 Stephan Radt, Noch einmal Aischylos, Niobe Fr. 162 N.² (278 M.), ZPE 38 (1980), 47–58; Stephan Radt, Οἱ (αἱ etc.) περί + Acc. nominis proprii bei Strabon, ZPE 71 (1988), 35–40; Stephan Radt, Addendum, ZPE 74 (1988), 108.

61 Der ebenfalls gar nicht so selten begegnende Gebrauch, daß οἱ περὶ <τίνα> die im Akkusativ genannte Person allein meint, ist hier weithin zu vernachlässigen. Vgl. aber unten zu Dok. 43.1,14 (200,7 f. Brennecke/Heil/Stockhausen/Wintjes).

62 Robert Gorman, Οἱ περί τινα in Strabo, ZPE 136 (2001), 201–213; vgl. die Replik von Stephan Radt, Οἱ περί τινα bei Strabon, ZPE 139 (2002), 46.

63 Guido Müller, Lexicon Athanasianum, Berlin 1952, 1169 f. bietet das Material nach den damals zur Verfügung stehenden Editionen. Zur sehr wechselnden inhaltlichen Füllung vgl. vor allem Annette von Stockhausen, Athanasius von Alexandrien. Epistula ad Afros. Einleitung, Kommentar und Übersetzung (PTS 56), Berlin/New York 2002, 194–197. David M. Gwynn, Hoi peri Eusebion: The Polemic of Athanasius and the Early »Arian Controversy«, StPat 39 (2006), 53–57, zeigt nur, daß und wie alle Gegner des Athanasius in dieser Weise pauschal bezeichnet werden. In erstaunlichem Maße nimmt Gwynn in diesem in Oxford vorgetragenen Paper nicht auf Englisch verfaßte Literatur grundsätzlich nicht zur Kenntnis. Meinem Erlanger gräzistischen Kollegen Stephan Schröder danke ich hier für kollegiale Hilfe und nützliche Ratschläge.

hat Barnes mit seiner inklusiven Interpretation in der Mehrzahl der Fälle recht. Die Frage ist, ob bei Athanasius oder den von ihm zitierten Dokumenten οἱ περί (+ Person im Akkusativ) wirklich ausschließlich inklusiv gemeint sein kann.[64]

* Ath., apol.sec. 1,3 (88,4 f. Opitz): οἱ γὰρ οὕτως μεταγνόντες καὶ οὕτως γράψαντας δῆλοί εἰσι καὶ τοὺς περὶ Εὐσέβιον ἐλέγχοντες: Der Zusammenhang ist nicht ganz eindeutig. Es geht um die Synode von Serdica im Jahre 343, als Euseb schon verstorben war, aber die Formulierung τοὺς περὶ Εὐσέβιον kann hier durchaus rückschauend gemeint sein.

* Rundbrief der Synode der Occidentalen von Serdica (Ath., apol.sec. 42–47; Thdt., h.e. II 8,1–36; die lateinischen Überlieferungen bei Hil., coll.anti-ar. B II 1. Ich zitiere nach der Ausgabe Brennecke/Heil/Stockhausen/Wintjes, Athanasius Werke III/3, Dok. 43.1; zur Überlieferung vgl. dort die Einleitung):

Dok. 43.1,4 (191,2–4 Brennecke/Heil/Stockhausen/Wintjes): …, τὰ δὲ παρὰ τῶν περὶ Εὐσέβιον γενόμενα οὐδὲν ἕτερον ἢ ψευδῆ καὶ συκοφαντίας εἶναι μεστά (Hil.: quae autem ab Eusebio facta sunt, …; Cod.Veron. LX: Eusebii et eius sociorum …). Οἱ περὶ Εὐσέβιον bezieht sich hier zweifellos zunächst auf die Ereignisse im Umfeld des Juliusbriefes, also auf Ereignisse noch zu Lebzeiten Eusebs, an denen er aktiv beteiligt war. Hier ist sicher Euseb als Person noch mitgemeint; am Anfang des Paragraphen werden Euseb, Maris, Theodorus, Theognis, Ursacius, Valens Menophantes und Stephanus ausdrücklich genannt.

Οἱ περὶ Εὐσέβιον bleibt nun aber inhaltlich das Subjekt in den folgenden Paragraphen.

Dok. 43.1,5 (191,16 f. Brennecke/Heil/Stockhausen/Wintjes): ἀπαντήσαντες γὰρ εἰς τὴν Σερδῶν πόλιν, … Hier und in den folgenden Paragraphen, in denen es um die Ereignisse in Serdica geht, werden die orientalischen Bischöfe, die in Dok. 43.1,4 als οἱ περὶ Εὐσέβιον bezeichnet und eben auch definiert worden waren, immer nur noch mit dem Personalpronomen in der 3. Person Plural »sie« genannt. Ohne Zweifel aber bezieht sich dieses Personalpronom der 3. Person Plural in diesem Brief der Synode immer auf dieselbe Gruppe oder Partei der οἱ περὶ Εὐσέβιον Genannten, obwohl Euseb inzwischen verstorben war. οἱ περὶ Εὐσέβιον wird so als Bezeichnung einer Gruppe mit Εὐσεβιανοί identisch, ohne die Person des (inzwischen verstorbenen) Euseb nun noch miteinzuschließen.

---

64 Eine philologische Untersuchung dieser Frage, die alle bei Athanasius vorkommenden Belege einbezieht, gibt es m.W. bisher nicht, wäre aber sicher lohnend. Ich habe mich hier in erster Linie auf die »Apologia secunda« und die »Historia Arianorum« beschränkt und nur in Ausnahmefällen auf das übrige Schrifttum des Athanasius zurückgegriffen. Wichtig wären natürlich auch der Sprachgebrauch der Kirchenhistoriker des 5. Jahrhunderts und der der lateinischen und orientalischen Übersetzungen, was im Rahmen dieser Arbeit nicht geschehen kann. In Auseinandersetzung mit Barnes sollen hier vor allem mögliche Abweichungen von dem nach Barnes einzig möglichen Gebrauch aufgezeigt werden.

Dok. 43.1,14 (200,7 f. Brennecke/Heil/Stockhausen/Wintjes): εἰσὶ δὲ τούτων μετὰ τοὺς περὶ Εὐσέβιον νῦν ἔξαρχοι ... (Hil.: Eusevio duos (?); Cod. Veron. LX: Eusebium et eius socios): Die Formulierung bezieht sich auf die neuen Führer der orientalischen Bischöfe nach dem Tod Eusebs. τοὺς περὶ Εὐσέβιον muß sich hier mit Portmann, Athanasius, Zwei Schriften, 129, allein auf die Person des Euseb beziehen (unsere Übersetzung »Ihre Anführer sind nach Euseb und seinen Anhängern ...« wäre in diesem Sinne zu korrigieren). τούτων muß sich dann allerdings auf die unmittelbar vorher genannte Gruppe οἱ περὶ Εὐσέβιον beziehen und meint so ausdrücklich die Gruppe der Anhänger Eusebs ohne die (inzwischen verstorbene) Person Euseb.

* Ath., Ar. I 22,4 (132,12–16 Metzler/Hansen/Savvidis): ἐν τούτοις γοῦν αὐτὸν συντάττοντες οἱ περὶ Ἄρειον ἐκ διδασκαλίας Εὐσεβίου καὶ τοιοῦτον εἶναι νομίζοντες οἷα τὰ δι᾽ αὐτοῦ γενόμενά ἐστιν, ἀπεπήδησαν μὲν ἀπὸ τῆς ἀληθείας, συμφορήσαντες δὲ ἑαυτοῖς ῥημάτια πανουργίας περιήρχοντο κατὰ τὴν ἀρχήν, ὅτε τὴν αἵρεσιν ταύτην ἔπλασσον, καὶ μέχρι δὲ νῦν τινες ἐξ αὐτῶν συναντῶντες ...

Der Begriff οἱ περὶ Ἄρειον ist hier ebenfalls Gruppen- oder Parteiname, inzwischen von der Person des längst verstorbenen Arius losgelöst. Diese Gruppe gibt es auch nach dem Tod ihres Namengebers Arius weiter, und sie kann auch weiterhin als οἱ περὶ Ἄρειον bezeichnet werden.

* Ath., apol.Const. 5,2 (284,1 f. Brennecke/Heil/Stockhausen): εἰ κἂν τῶν περὶ Εὐσέβιον τῶν με λυπησάντων κακῶς ἐμνημόνευσα παρὰ σοί, εἰ διέβαλόν τινας τῶν ἀδικησάντων με.

Es geht hier um die Synode von Serdica im Jahre 343 und ihre Nachgeschichte bis zur Rückkehr des Athanasius nach Alexandrien im Jahre 346. οἱ περὶ Εὐσέβιον ist hier ebenfalls Gruppen- oder Parteiname und schließt die Person des inzwischen verstorbenen Euseb nicht mehr unmittelbar mit ein.

Die Wiederaufnahme des Arius durch die Jerusalemer Synode ist auch gegen den heftigen Protest von T.D. Barnes und gegen nahezu die gesamte bisherige Forschung aus dem Synodalbrief der Synode von Jerusalem im Jahre 335 semantisch nicht einwandfrei nachweisbar! Die Formulierung οἱ περὶ Ἄρειον muß zumindest im Werk des Athanasius sowie in den von ihm überlieferten Dokumenten nicht ausschließlich inklusiv verstanden werden und kann sogar (wenn auch eher selten) den Tod der Person voraussetzen.[65]

---

65 Dagegen strikt und apodiktisch Barnes, The Exile and Recalls of Arius, 120: »Accordingly, until a clear example to the contrary is produced, it may safely be asserted that the phrase οἱ περὶ τὸν δεῖνα never refers to the surviving followers of a person who is already dead.« Von daher erscheint es nicht unwahrscheinlich, daß es auf der Synode von Jerusalem um die Aufnahme ehemaliger Anhänger des Arius wieder in den Klerus von Alexandria ging. Mit aller Vorsicht könnte man annehmen, daß in dieser Formulierung des Synodalbriefes die Ursache für das

3. Die seit Eduard Schwartz nahezu kanonische Datierung des Briefes Kaiser Constantins an Arius[66] und des Ediktes gegen Arius[67] anhand des in der Subscriptio nur des Briefes genannten Paterius als Eparch von Ägypten in das Jahr 333 und die daraus gefolgerte zweite Verurteilung des Arius als Folge seiner Drohung, eine schismatische Sonderkirche zu bilden, erscheint ebenfalls unsicherer als meist angenommen wird. Schwartz, dem hier Opitz und seitdem die überwiegende Mehrheit der Forschung folgt, hatte behauptet, daß Paterius 333 erstmals als Eparch bezeugt ist. Das ist zwar richtig, hat aber angesichts der Tatsache, daß wir über die Eparchen vor 328 eher schlecht und nur lückenhaft informiert sind, keine wirkliche Beweiskraft. Es ist also durchaus denkbar, wenn auch nicht beweisbar, daß dieser oder ein anderer Paterius schon früher einmal Eparch war. Auf jeden Fall ist es aufgrund der nach unserem gegenwärtigen Kenntnissen lückenhaften Überlieferung der ägyptischen Eparchen der zwanziger Jahre des 4. Jahrhunderts, die allerdings angesichts der ungeheuren Anzahl bisher nicht ausgewerteter Papyri jederzeit zu Korrekturen führen kann, und in den letzten Jahrzehnten auch zu erheblichen Korrekturen geführt hat, nicht möglich, allein auf die Nennung des nach heutigem Wissen nur für die Jahre 332/4 bezeugten Eparchen Paterius in der Subscriptio des Briefes Constantins an Arius die sehr weitgehende Konstruktion einer in der gesamten Überlieferung nie erwähnten zweiten Verurteilung des Arius durch Constantin aufzubauen.

Da diese Interpretation ebenfalls auf heftigen Widerstand von T.D. Barnes[68] gestoßen ist, soll hier etwas ausführlicher darauf eingegangen werden.

Wie schon Schwartz, Opitz und seither die Mehrheit der Forscher, besonders der deutschsprachigen,[69] folgert Barnes allein aus der bei Athanasius überlieferten Subscriptio unter dem Brief des Kaisers an Arius dessen Datierung in das für den Eparchen Paterius bezeugte Jahr 333 und muß so eine zweite Verurteilung des Arius nach seiner Rehabilitierung im Jahr 327 nun durch den Kaiser allein annehmen. Ist die Folge der Eparchen Ägyptens für 324–330 wirklich so sicher, wie Barnes annimmt, daß damit eine zweite Verurteilung des Arius, die nirgends in der Überlieferung Spuren hinterlassen hat, sicher anzunehmen ist?

Bis vor einem halben Jahrhundert waren fast keine Namen von Eparchen aus den Jahren unmittelbar vor Beginn des Episkopats des Athanasius bekannt.[70]

---

seit Gelasius von Caesarea, Rufin, Sokrates und Sozomenos tradierte Mißverständnis von der Aufnahme auch des Arius in Jerusalem gesehen werden muß.

66 Urk. 34 = Dok. 27.
67 Urk. 33 = Dok. 28.
68 Barnes, The Exile and Recalls of Arius, 114–116.
69 Eine interessante Ausnahme ist Martin, Le fil d'Arius, die nicht von zwei Rehabilitierungen des Arius ausgeht.
70 Vgl. Heinz Hübner, Der Praefectus Aegypti von Diokletian bis zum Ende der römischen Herrschaft (Erlanger Beiträge zur Rechtsgeschichte: Reihe A, Beiträge zur antiken Rechtsgeschichte 1), München-Pasing 1952, 109. Mittlerweile ist unser Wissen hier durch inzwischen edierte und kommentierte Papyri etwas breiter, insofern besteht Barnes' Kritik, daß wir (Brennecke/Heil/Stockhausen/Wintjes, Athanasius Werke III/3, XXXVII) nur auf dieses Werk verwiesen haben,

Barnes hat den inzwischen erreichten Kenntnisstand durch neu erschlossene
Papyri zusammengestellt.[71]

* P. Strasbourg 560[72] nennt einen ägyptischen Eparchen Caecilius, von dessen Cognomen nur -ultius übriggeblieben ist. Die vom Herausgeber sehr
  vorsichtig erwogene Datierung in das Jahr 325 erfolgt nur wegen des in Z.
  2 genannten Ἀσκληπιάδης, dessen Identität mit einem in P. Strasbourg 138
  genannten Logistes gleichen Namens, der 325 bezeugt ist, der Herausgeber für möglich hält. Mehr nicht! Angesichts der Tatsache, daß der Name
  Ἀσκληπιάδης nicht ganz selten ist und in P. Strasbourg 560 nicht mit einem
  Titel verbunden ist, bleibt die genaue Datierung des Papyrus zumindest
  nicht eindeutig. Gerade für das für unsere Chronologie an dieser Stelle
  entscheidende Jahr 325 ist damit der ägyptische Eparch mehr als unsicher.
* Die durch PSI VI 685 bezeugte Präfektur eines Aurelius Apion läßt sich
  nur vage in den zwanziger Jahren des 4. Jahrhunderts verorten.[73]
* P. Oxy. LI 3620,23 f.[74] bezeugt für den 2. Februar 326 Tiberius Flavius
  Laetus als Eparchen.
* Am Ende der zwanziger Jahre ist durch verschiedene Zeugen der Eparch
  Septimius Zenius bezeugt.[75]

Aufgrund der drei bezeugten Eparchen zwischen Constantins Sieg über Licinius
und dem Jahr 327 besteht nach Barnes nicht die Möglichkeit, daß Paterius oder
ein anderer in dieser Phase schon einmal Eparch gewesen sein könnte. Trotz der
seit den letzten Jahrzehnten neu bekannt gewordenen Eparchen der ersten Jahre
der Herrschaft Constantins über Ägypten, ist die Liste der bezeugten Eparchen
aller Wahrscheinlichkeit nach alles andere als sicher oder gar vollständig. Vor
allem wissen wir über das Jahr der Synode von Nicaea und der Verurteilung
und Exilierung des Arius, so gut wie nichts, da eine Datierung der Praefektur

---

zurecht. Umso erstaunlicher ist allerdings, daß Schwartz und Opitz, denen die Papyri noch
nicht bekannt waren, sich hier so sicher waren, daß sie jede andere Datierungsmöglichkeit des
Briefes des Kaisers an Arius kategorisch ausschlossen.

71 Barnes, The Exile and Recalls of Arius, 114–116; vgl. auch Barnes, New Empire, 151, sowie die
    etwas älteren Zusammenstellungen bei Claude Vandersleyen, Chronologie des préfets d'Égypte
    de 284 à 395 (Collection Latomus 55), Brüssel 1962, 14 f. Jacqueline Lallemand, L'administration
    civile de l'Égypte de l'avènement de Dioclétien à la création du diocèse (284–382) : contribution
    à l'étude des rapports entre l'Égypte et l'Empire à la fin du IIIe et au IVe siècle (Mémoires de
    l'Academie royale de Belgique, Classe des Lettres 57/2), Brüssel 1964, 241 f. Pieter J. Sijpesteijn/
    Klaas A. Worp, Bittschrift an einen praepositus pagi (?), Tyche 1 (1986), 189–194.
72 Jacques Schwartz, Papyrus grecs de la Bibliothèque Nationale et Universitaire de Strasbourg. 4.
    Nos. 501 à 600, Strasbourg 1975, 82–84.
73 Vandersleyen, Chronologie des préfets d'Égypte de 284 à 395, 102 f. von Lallemand,
    L'administration civile de l'Égypte de l'avènement de Dioclétien à la création du diocèse
    (284–382) : contribution à l'étude des rapports entre l'Égypte et l'Empire à la fin du IIIe et
    au IVe siècle, 241, übernommen; vgl. auch schon Barnes, New Empire, 151; Sijpesteijn/Worp,
    Bittschrift an einen praepositus pagi (?).
74 John Rea, The Oxyrhynchus papyri LI. Nos. 3601–3646, London 1984, 52–55.
75 Barnes, The Exile and Recalls of Arius, 115; vgl. zuletzt Ludwig Koenen/Pieter J. Sijpesteijn,
    Offizielle Korrespondenz, Archiv für Papyrusforschung und verwandte Gebiete 33 (1987), 55–62:
    P. Mich. Inv. Nr. 1718.

des Caecilius -ultius eigentlich kaum möglich ist. Auch für die folgenden Jahre, bis durch die Kephaleia der Festbriefe des Athanasius die Überlieferung sicherer wird, sind trotz der Papyrusfunde der vergangenen Jahrzehnte unsere Kenntnisse eher dürftig. Es kann und soll nicht darum gehen, hier über eventuelle andere Eparchen Überlegungen anzustellen. Allerdings ist auf der unsicheren Basis der Überlieferung der ägyptischen Präfekten der ersten Jahre der Herrschaft Constantins eine Hypothese von einer zweiten Verurteilung des Arius problematisch. Athanasius teilt den Brief des Kaisers an Arius und das Edikt kommentarlos im Anhang seiner Schrift »De decretis Nicaenae synodis«[76] mit. Aus dem Zusammenhang bei Athanasius ist eine chronologische Einordnung beider Texte nicht möglich. Sokrates kennt das Edikt offenbar aus Athanasius und verortet es im Zusammenhang der Synode von Nicaea.[77] Der ausschweifende Brief des Kaisers war außerdem bei dem Anon. (Ps.-Gelasius Cyzicenos) überliefert, wie der Kapitelindex des III. Buches belegt, ist aber in der einzigen das dritte Buch überliefernden Handschrift verloren gegangen.[78]

Nach unserer Auffassung gehören beide Texte noch in den Zusammenhang des Ersten ökumenischen Konzils von Nicaea und damit noch in das Jahr 325, wo es ein Edikt gegen Arius und seine Anhänger gegeben haben muß.[79] Da für die zweite Hälfte der zwanziger Jahre die Eparchen und vor allem ihre Amtszeiten längst nicht so sicher sind, wie Barnes annimmt, spricht auch die Subscriptio nicht gegen eine Datierung auch des Briefes an Arius in den Kontext der Synode von Nicaea, also wohl noch in das Jahr 325.[80] Wenn diese Überlegungen einigermaßen plausibel sind – und mehr läßt sich aufgrund der lückenhaften Überlieferung sowieso nicht erreichen, dann entfällt die eigentlich wenig überzeugende Annahme einer sonst nirgens bezeugten zweiten Verurteilung des Arius um 333.

Anhand dieser Interpretation der tradierten Dokumente sowie der Überlieferungen bei den Kirchenhistorikern des 5. Jahrhunderts ergibt sich folgende mögliche Chronologie des Arius nach der Synode von Nicaea:

Nach Abschluß der Synode von Nicaea und der Verurteilung und Relegation des Arius und seiner engsten Weggefährten vermutlich nach Nikomedien (also

---

76 Ath., decr. 39.40.

77 Das Edikt steht bei Socr., h.e. I 9,30 im unmittelbaren Kontext von Nicaea (zur verhältnismäßig breiten Überlieferung vgl. Opitz, Athanasius Werke III/1–2, 66–68). Die Subscriptio unter dem Brief des Kaisers darf nicht automatisch auch auf das Edikt bezogen und für seine Datierung verwendet werden, wie es seit Schwartz meist üblich war.

78 Nach dem Kapitelindex als 19. Kapitel des III. Buches; vgl. Hansen, Anonyme Kirchengeschichte, 153 mit Hinweis auf Urk. 34 (= Dok. 27).

79 Für das Edikt nimmt das jetzt auch Barnes, The Exile and Recalls of Arius, 127–129, an. Heinrich Kraft, Kaiser Konstantins religiöse Entwicklung, Tübingen 1955, 230–233, hatte das Edikt gegen Arius für eine spätere Fälschung und den Brief des Kaisers an Arius für nur teilweise echt gehalten.

80 Nicht ganz deutlich ist, was die Subscriptio eigentlich besagt. In ihr geht es um die Verlesung im Palatium in Alexandrien. Folgt daraus zwingend, daß dieser an Arius adressierte Brief wirklich zur selben Zeit abgefaßt wurde?

gleichsam direkt unter kaiserliche Aufsicht) oder Illyrien waren auch Euseb von
Nikomedien und Theognis von Nicaea wegen ihrer Weigerung, die Verurteilung
des Arius zu akzeptieren, abgesetzt und in die Verbannung relegiert worden,[81]
bei Euseb kam noch seine politische Nähe zu Licinius erschwerend dazu.[82] Von
Anfang an war aber die Wiedereingliederung der Verurteilten das oberste Ziel
des Kaisers, dem es in erster Linie um die »Homonoia« in der Kirche ging, wie
er immer wieder in den Briefen an verschiedene Adressaten im Anschluß an die
Synode von Nicaea betont. Die Mission des Ossius vor den Synoden von Antiochia und Nicaea hatte diesem Ziel gedient, war aber bekanntlich gescheitert.[83]
Die Synode von Nicaea sollte die Eintracht in der Kirche wiederherstellen. Ganz
deutlich wird das bei den Bemühungen der Synode um die Wiedereingliederung der Melitianer in Ägypten.[84] Auch hinter diesen Aktivitäten darf man in
allererster Linie den Kaiser vermuten. Von daher ist es nicht erstaunlich, daß
Constantin die Wiedereingliederung des Arius wünschte und entsprechende
Schritte unternahm, um das zu ermöglichen und dann auch zu erreichen. In diesen Zusammenhang gehört der bei Sokrates überlieferte Brief an den exilierten
Arius.[85] Nachdem Arius und Euzoios ein unverdächtiges Bekenntnis vorgelegt
hatten, das die umstrittenen Probleme weithin ausklammerte, aber auch nicht
direkt als im Widerspruch zum Nicaenum stehend angesehen werden mußte und konnte,[86] stand seiner Wiederaufnahme in die Kirche eigentlich nichts
mehr im Weg. Diese scheint im November 327 erfolgt zu sein, wobei die doch
wohl auf Befehl des Kaisers zusammengetretene Synode, über deren Teilnehmer
wir nichts wissen, als eine Art Fortsetzung der Synode von Nicaea deklariert
worden zu sein scheint. In der Überlieferung ist die Synode von 327 jedenfalls
gelegentlich mit der nicaenischen von 325 zusammengezogen oder vermischt
worden,[87] hat jedenfalls in der synodalen Tradition der alten Kirche keine Spuren
als selbständige Synode hinterlassen. Nach der Aufnahme des Arius baten auch
Euseb und Theognis den Kaiser um Wiederaufnahme in die Kirche, da sie ja
ausschließlich wegen ihrer Weigerung, die Person des Arius zu verurteilen, von
ihren Sitzen relegiert worden waren.[88] Dafür bestand nun kein Anlaß mehr. 327
oder 328 schrieb dann Constantin an Alexander von Alexandrien und bat ihn um
die Wiederaufnahme von Arius und Euzoios in den alexandrinischen Klerus.[89]

---

81 Urk. 27 = Dok. 31. Aus Urk. 27,15 = Dok. 31,15 folgert Schwartz, Von Nicaea bis zu Konstantins
    Tod, 378, Nikomedien als Verbannungsort. Illyrien als Verbannungsort nach Philost., h.e. I 9
    (Nicetas).
82 Urk. 27,9–11 = Dok. 31,9–11.
83 Urk. 17 = Dok. 19.
84 Vgl. den Brief der Synode von Nicaea an die ägyptischen Bischöfe: Urk. 23 = Dok. 25, und den
    Brief Constantins an die Kirche von Alexandrien: Urk. 25 = Dok. 29.
85 Urk. 29 = Dok. 33.
86 Urk. 30 = Dok. 34.
87 Vgl. oben Anm. 27.
88 Urk. 31 = Dok. 36.
89 Urk. 32 = Dok. 37.

Offensichtlich ist diese Aufnahme von Arius und Euzoios wieder in den Klerus von Alexandria nicht erfolgt. Unklar ist, ob Alexander von Alexandrien den Brief des Kaisers überhaupt noch erhalten hat; am 17. April 328 war er verstorben und am 8. Juni 328 war – nach allerlei Auseinandersetzungen – der bisherige Diakon Athanasius ihm auf der Cathedra des Markus nachgefolgt.[90]

Mit dem Beginn des Episkopats des jungen Athanasius schweigt nun die Überlieferung zunächst ganz von Arius. Im Vordergrund stehen für Athanasius ganz und gar die komplizierten und für den neuen Bischof nicht ungefährlichen Auseinandersetzungen mit den Melitianern, die seine Wahl nicht anerkennen. In den apologetischen Schriften des Athanasius, die die Anfänge seines Episkopats thematisieren, spielt die Person des ehemaligen alexandrinischen Presbyters Arius selbst keine Rolle mehr. Wichtig ist von nun an Euseb von Nikomedien, der nach seiner Rückkehr aus dem Exil mit den Melitianern eine Koalition gegen Athanasius eingeht. Ath., apol.sec. 59–60 gilt meist als Beleg dafür, daß Athanasius in der Nachfolge seines Lehrers und Vorgängers Alexander die Wiederaufnahme des Arius und seiner in Nicaea mit ihm verurteilten Anhänger in den alexandrinischen Klerus abgelehnt hätte.[91] Athanasius berichtet hier, daß Euseb, der sich inzwischen mit den Melitianern verbunden hatte, wohl sehr bald, nachdem Athanasius Bischof geworden war, versucht hatte, die Wiederaufnahme der οἱ περὶ Ἄρειον von Athanasius zu erzwingen. Auch hier stellt sich die Frage, ob Arius selbst in diese Formulierung eingeschlossen ist oder nicht. Zwingend ist es nicht. Aufgrund der Bedeutung, die Arius nun einmal in dieser Auseinandersetzung hatte, wäre eine Nennung seiner Person an dieser Stelle zu erwarten, bei dem überwiegenden Sprachgebrauch könnte die Formulierung allerdings durchaus inklusiv gemeint sein und Arius mit einschließen. Es soll also philologisch die Möglichkeit, daß hier Arius doch noch mit gemeint ist, nicht grundsätzlich bestritten werden.

Athanasius aber weigert sich, von der Synode von Nicaea Verurteilte wieder in die Kirche oder gar seinen Klerus in Alexandrien aufzunehmen. In diesem Zusammenhang zitiert er nun ein Stück aus einem Brief des Kaisers, mit dem er belegen will, daß auch Constantin ihn gedrängt hatte, οἱ περὶ Ἄρειον aufzunehmen.[92] Das Brieffragment sagt aber nur, daß er »*ungehindert allen Zutritt gewähren soll, die nach der Kirchengemeinschaft streben*« Und in drohendem Ton fährt Constantin hier fort: »*Denn wenn ich erfahre, daß du welche von ihnen, die nach der Kirchengemeinschaft streben, daran gehindert oder es verweigert hast, sie einzulassen, werde ich sofort jemanden schicken, der dich auf meinen Befehl hin absetzen und von deinem Sitz vertreiben wird*«. Das Brieffragment gibt nicht zu erkennen, um wen es sich dabei gehandelt haben könnte. Von Anhängern des Arius oder gar Arius

---

90 Vgl. oben Anm. 5.
91 Dok. 38; vgl. den Kommentar von Portmann, Athanasius, Zwei Schriften, 145–148 z.St.
92 Ath., apol.sec. 59,6 (= Dok. 38).

selbst ist jedenfalls nicht die Rede. Fast drei Jahrzehnte nach seinem Amtsantritt als Bischof der ägyptischen Metropole[93] zitiert Athanasius dieses Fragment als Beweis dafür, daß der Kaiser ihm befohlen hatte, die »Arianer« aufzunehmen.[94]

Die Formulierung selbst läßt viel eher an die Melitianer denken, für deren Wiederaufnahme die Synode von Nicaea bekanntlich Modalitäten entwickelt hatte. Daß an der Eingliederung der Melitianer dem Kaiser besonders lag, war schon beobachtet worden. Ganz deutlich scheint zu sein, daß es sich hier eben nicht um Häretiker handelt, deren Wiederaufnahme in die Kirche einen synodalen Beschluß erfordert hätte, sondern viel eher um Schismatiker, die sich dem Bischof wieder unterwerfen wollten.[95]

Bis einschließlich der Synode von Tyrus, auf der Athanasius verurteilt wird, und in deren Folge er dann 335 den Weg in sein erstes Exil nach Trier antreten muß, spielen Arianer oder gar Arius selbst keine Rolle mehr für Athanasius, der durch die Auseinandersetzungen mit den Melitianern mehr als gefordert war, die nun in der Tat in Euseb, dem Bischof von Nikomedien, der später auch Bischof der Hauptstadt Konstantinopel werden sollte, einen kirchenpolitisch erfahrenen und mächtigen, für Athanasius nicht ungefährlichen Verbündeten hatten.

Arius selbst aber verschwindet mit seiner Rehabilitierung 327 oder 328 aus der Geschichte.

Das Schweigen des Athanasius als Bischof über Arius und dessen etwaige Versuche, wieder in den alexandrinischen Klerus aufgenommen zu werden, das so nicht überzeugende historische Konstrukt einer zweiten Verurteilung des Arius durch Constantin im Jahre 333 und der anschließenden Wiederaufnahme in die Kirche durch die Jerusalemer Enkainiensynode im Jahre 335 hat uns zu der Annahme geführt, daß vielleicht Arius schon bald nach seiner Rehabilitierung durch eine Synode, die vermutlich 327 stattgefunden hat, verstorben war. Ob Athanasius als Bischof überhaupt noch mit der Person Arius konfrontiert worden ist, läßt sich nicht sicher entscheiden. Für Athanasius jedenfalls spielt Arius als etwaiger kirchenpolitischer Gegenspieler keine Rolle mehr. Der wichtigste Gegner des Athanasius seit 328 ist ohne jeden Zweifel Euseb von Nikomedien/Konstantinopel bis zu seinem Tod im Jahr 341.

Aller Wahrscheinlichkeit nach hat eine zweite Verurteilung des Arius durch Constantin im Jahr 333 nicht stattgefunden. Ob es in Jerusalem 335 nur um Presbyter, die zum Kreis des Arius gehört hatten und nun wieder in die Kirche aufgenommen werden wollten und sollten, oder auch noch um die Person des Arius selbst gegangen war, läßt sich nicht so sicher entscheiden, wie die Forschung lange gemeint hat.

---

93   Zur Diskussion um die Datierung der »apologia secunda« und die Annahme eines Wachsens in verschiedenen Schritten vgl. zuletzt Portmann, Athanasius, Zwei Schriften, 59–62.
94   Ath., apol.sec. 59,5.
95   So ebenfalls Martin, Le fil d'Arius, 300.

Hatte vielleicht Theodoret, dem wir in chronologischen Fragen oft durchaus zu Recht mißtrauen, der auf der anderen Seite aber über immer wieder interessante Informationen verfügt, die eben Sokrates und Sozomenos nicht zur Verfügung hatten, hier vielleicht doch Recht, wenn er davon ausging, daß Arius bald nach der Synode von Nicaea verstorben war?

Literatur

Abramowski, Luise, Die dritte Arianerrede des Athanasius. Eusebianer und Arianer und das westliche Serdicense, ZKG 102 (1991), 389–413.

Barnes, Timothy D., Athanasius and Constantius. Theology and Politics in the Constantine Empire, Cambridge, Mass./London 1993.

— The Exile and Recalls of Arius, JThS 60 (2009), 109–129.

— The New Empire of Diocletian and Constantine, Cambridge (Mass.)/London 1982.

Brennecke, Hanns Christof, Nicäa I. Ökumenische Synode von 325, TRE 24 (1994), 429–441.

Brennecke, Hanns Christof, Uta Heil und Annette von Stockhausen, Athanasius Werke II 8. Die »Apologien«, Berlin/New York 2006.

Brennecke, Hanns Christof, Uta Heil, Annette von Stockhausen und Angelika Wintjes, Athanasius Werke. Band III/Teil 1: Dokumente zur Geschichte des arianischen Streites. Lfg 3: Bis zur Ekthesis Makrostichos, Berlin/New York 2007.

Gorman, Robert, Οἱ περί τινα in Strabo, ZPE 136 (2001), 201–213.

Gwynn, David M., Hoi peri Eusebion: The Polemic of Athanasius and the Early »Arian Controversy«, StPat 39 (2006), 53–57.

Hansen, Günther Christian, Anonyme Kirchengeschichte (Gelasius Cyzicenus, CPG 6034) (GCS.NF 9), Berlin 2002.

Hanson, Richard P. C., The Search for the Christian Doctrine of God. The Arian Controversy 318–381, Edinburgh 1988.

Hübner, Heinz, Der Praefectus Aegypti von Diokletian bis zum Ende der römischen Herrschaft (Erlanger Beiträge zur Rechtsgeschichte: Reihe A, Beiträge zur antiken Rechtsgeschichte 1), München-Pasing 1952.

Koenen, Ludwig und Pieter J. Sijpesteijn, Offizielle Korrespondenz, Archiv für Papyrusforschung und verwandte Gebiete 33 (1987), 55–62.

Kraft, Heinrich, Kaiser Konstantins religiöse Entwicklung, Tübingen 1955.

Lallemand, Jacqueline, L'administration civile de l'Égypte de l'avènement de Dioclétien à la création du diocèse (284–382) : contribution à l'étude des rapports entre l'Égypte et l'Empire à la fin du IIIe et au IVe siècle (Mémoires de l'Academie royale de Belgique, Classe des Lettres 57/2), Brüssel 1964.

Leroy-Molinghen, Alice, La mort d'Arius, Byz. 38 (1968), 105–111.

Loose, Uta, Zur Chronologie des arianischen Streits, ZKG 101 (1990), 88–92.

Lorenz, Rudolf, Das Problem der Nachsynode von Nicäa, ZKG 90 (1979), 22–40.

Martin, Annick (Hrsg.), Histoire «Acéphale» et index syriaque des lettres festales d'Athanase d'Alexandrie (SC 317), Paris 1985.

— Le fil d'Arius, RHE 84 (1989), 297–333.

Metzler, Karin, Dirk Uwe Hansen und Kyriakos Savvidis, Athanasius Werke. Band I/Teil 1: Die Dogmatischen Schriften. Lfg. 1 Epistula ad episcopos Aegypti et Libyae, Berlin/New York 1996.

— Athanasius Werke. Band I/Teil 1: Die Dogmatischen Schriften. Lfg. 2 Orationes I et II contra Arianos, Berlin/New York 1998.

Metzler, Karin und Kyriakos Savvidis (Hrsg.), Athanasius Werke. Band I/Teil 1: Die Dogmatischen Schriften. Lfg. 3 Oratio III contra Arianos, Berlin/New York 2000.

Müller, Guido, Lexicon Athanasianum, Berlin 1952.

Opitz, Hans-Georg, Athanasius Werke. Band II: Die Apologien. Lfg. 1–7, Berlin/Leipzig 1935–1941.

— Athanasius Werke. Band III/Teil 1: Urkunden zur Geschichte des arianischen Streites 318–328. Lfg. 1–2, Berlin/Leipzig 1934/35.

— Die Zeitfolge des arianischen Streites von den Anfängen bis zum Jahr 328, ZNW 33 (1934), 131–159.

Parmentier, Léon und Günther Christian Hansen, Theodoret Kirchengeschichte (GCS.NF 5), Berlin ³1998.

Parvis, Sara, Marcellus of Ancyra and the Lost Years of the Arian Controversy 325–345 (OECS), Oxford 2006.

Portmann, Werner, Athanasius, Zwei Schriften gegen die Arianer. Verteidigungsschrift gegen die Arianer / Geschichte der Arianer (BGL 65), Stuttgart 2006.

Radt, Stephan, Addendum, ZPE 74 (1988), 108.

— Οἱ (αἱ etc.) περὶ + Acc. nominis proprii bei Strabon, ZPE 71 (1988), 35–40.

— Οἱ περί τινα bei Strabon, ZPE 139 (2002), 46.

— Noch einmal Aischylos, Niobe Fr. 162 N.² (278 M.), ZPE 38 (1980), 47–58.

Rea, John, The Oxyrhynchus papyri LI. Nos. 3601–3646, London 1984.

Schneemelcher, Wilhelm, Urkunden zur Geschichte des arianischen Streites von der Inthronisation des Athanasius bis zum Tode Constantins [328–337]. 2 Bde. 1949.

— Zur Chronologie des arianischen Streites, ThLZ 79 (1954), 393–400.

Schwartz, Eduard, Die Dokumente des arianischen Streites bis 325, NGWG.PH 1905, 257–299, wiederabgedruckt in Schwartz, Gesammelte Schriften III, 117–168.

— Gesammelte Schriften. Dritter Band: Zur Geschichte des Athanasius, Berlin 1959.

Schwartz, Eduard, Von Nicaea bis zu Konstantins Tod, NGWG.PH 1911, 367–426, wiederabgedruckt in Schwartz, Gesammelte Schriften III, 188-264.

Schwartz, Jacques, Papyrus grecs de la Bibliothèque Nationale et Universitaire de Strasbourg. 4. Nos. 501 à 600, Strasbourg 1975.

Seeck, Otto, Untersuchungen zur Geschichte des nicänischen Konzils, ZKG 17 (1896), 1–73.319–362.

Seibt, Klaus, Die Theologie des Markell von Ankyra (AKG 59), Berlin 1994.

Sijpesteijn, Pieter J. und Klaas A. Worp, Bittschrift an einen praepositus pagi (?), Tyche 1 (1986), 189–194.

Stockhausen, Annette von, Athanasius von Alexandrien. Epistula ad Afros. Einleitung, Kommentar und Übersetzung (PTS 56), Berlin/New York 2002.

Théodoret de Cyr, Histoire Ecclésiastique. Tome I (Livres I-II), übers. v. Pierre Canivet, erläut. v. Jean Bouffartigue, Annick Martin, Luce Pietri und Françoise Thelamon, eingel. v. Annick Martin (Sources chrétiennes 501), Paris 2006.

Vandersleyen, Claude, Chronologie des préfets d'Égypte de 284 à 395 (Collection Latomus 55), Brüssel 1962.

Vinzent, Markus, Asterius von Kappadokien. Die theologischen Fragmente. Einleitung, kritischer Text, Übersetzung und Kommentar (SVigChr 20), Leiden/New York/Köln 1993.

— Eusebius von Nikomedien, RGG[4] 2 (1999), 1678.

— Markell von Ankyra. Die Fragmente. Der Brief an Julius von Rom (SVigChr 39), Leiden/New York/Köln 1997.

Williams, Rowan, Arius. Heresy and Tradition. Revised Edition, Grand Rapids (MI)/Cambridge 2002.

Winkelmann, Friedhelm, Charakter und Bedeutung der Kirchengeschichte des Gelasios von Caesarea, ByzF 1 (1966), 346–385.

Markell von Ancyra und das Romanum

Uta Heil

Eine kleine Forschungsgeschichte

Wenn jemand die Herkunft des Apostolischen Glaubensbekenntnisses erklären möchte, so könnte er es sich natürlich einfach machen und sich zum Beispiel auf die bei Rufin von Aquileia überlieferte Geschichte berufen, nach welcher die Apostel im Rahmen des Pfingstereignisses einzelne Aussagen dieses Bekenntnisses zusammentrugen, um für die bevorstehenden Missionsreisen eine feste theologische Grundlage zu haben[1]. Aber dies ist natürlich nur eine Legende, die den Begriff »apostolisch« mit Hilfe einer Erzählung ausschmückt, und sie wird gewiß heute von niemandem mehr einfach so als historischer Bericht wiederholt werden. Will man nun theologisch redlicher und auf der Basis neuester historischer Kritik eine Antwort geben, so begibt man sich regelrecht auf ein Minenfeld, denn, so kann man sagen, seit Jahrhunderten wird zwar die Geschichte des Apostolikums erforscht, aber gesicherte Ergebnisse scheinen sich immer wieder in Luft aufzulösen. Besonders in jüngster Zeit wurde wieder intensiv die Herkunft des Apostolikums untersucht und neue Einsichten brachten wichtige Eckpfeiler, auf denen die Geschichte dieses Bekenntnisses zu ruhen schien, zum Einsturz. An dieser Stelle kann keine detaillierte Forschungsgeschichte präsentiert werden, dazu sei auf die ausführliche, vor einem Jahr erschienene Monographie von Vinzent »Der Ursprung des Apostolikums im Urteil der kritischen Forschung«[2] verwiesen. Doch zum Einstieg in die Diskussion werden kurz die neuesten Ergebnisse und Anfragen zusammengefaßt.

Das Standardwerk zu den Bekenntnissen allgemein und auch zum Apostolikum war für die letzten Jahrzehnte gewiß die Monographie von John Norman

---

1   Ruf., symb. 2 (134 f. Simonetti).
2   Markus Vinzent, Der Ursprung des Apostolikums im Urteil der kritischen Forschung (FKDG 89), Göttingen 2006. Vinzent stellt die gesamte Forschung zum Apostolikum seit der Zeit des Humanismus und der Reformation bis in die Gegenwart zusammen, wobei er besonders auf die kritische Phase zwischen Humanismus und Aufklärung Wert legt und den Leser auf die Einschätzung des Apostolikums vor der Zusammenstellung der »Bibliothek der Symbole und Glaubensregel« von August Hahn (1. Auflage 1842) und Georg Ludwig Hahn (2. Auflage 1877; 3. Auflage 1897 mit einem Anhang von Adolf von Harnack [s. Anm. 4]), die in deutlich antiaufklärerischer Tradition stehe (Vinzent, Ursprung des Apostolikums, 98), hinweisen will.

Davidson Kelly »Altchristliche Glaubensbekenntnisse. Geschichte und Theologie«[3]. Ausgangspunkt auch für ihn ist die seit der großen Sammlung »Bibliothek der Symbole und Glaubensregeln« von August und Georg Ludwig Hahn[4] in den Mittelpunkt gerückte Tauffeier. Zentrales Element dieser Tauffeier seien von Beginn an die so genannten Tauffragen bzw. das interrogatorische Bekenntnis, in der Regel in trinitarischer Struktur, d.h. der Täufling wird dreimal gefragt »glaubst du ...« und antwortet »ich glaube ...«[5]. Von diesem interrogatorischen Bekenntnis zu unterscheiden sei das deklaratorische Bekenntnis, das dem Ritus der *traditio et redditio* des Bekenntnisses im Rahmen der Katechese vor der Tauffeier zugeordnet werden müsse. Die Ausweitung und Verfestigung dieses deklaratorischen Bekenntnisses finde im 2. und 3. Jahrhundert statt, beeinflußt in der trinitarischen Struktur von den Tauffragen[6], und bekam den Namen *Symbol*. Diese Entwicklung stehe im Zusammenhang mit der Reorganisation und Ausgestaltung des Unterrichtswesens aufgrund der wachsenden Zahl von Konvertiten und der zunehmenden Probleme mit Häresien. Als erste Kirche habe offenbar die römische dies unternommen, wie es die *Traditio Apostolica* des Hippolyt und das aus ihr entlehnbare *Romanum* zeige[7]: Dieses *Romanum* (R) »wurde der direkte Vorfahre aller anderen örtlichen Bekenntnisse im Westen und übte auch auf Bekenntnisse des Ostens einen deutlich bemerkbaren Einfluß aus. Das Apostolische Glaubensbekenntnis, das später zur Stellung einzigartiger Autorität als

---

3   3. Auflage Göttingen 1972. Original: Early Christian Creeds, London 1950. Maßgeblich für den deutschen Sprachraum wurde die deutsche Übersetzung der dritten Auflage, inzwischen nachgedruckt als UTB 1746 (1993).

4   Die erste Auflage war: August Hahn (Hrsg.), Bibliothek der Symbole und Glaubensregeln der Apostolisch-katholischen Kirche, Breslau 1842; bedeutend wurde besonders die dritte Auflage: August Hahn (Hrsg.), Bibliothek der Symbole und Glaubensregeln der alten Kirche. 3. vielfach veränderte und vermehrte Auflage von Georg Ludwig Hahn. Mit einem Anhang von Adolf Harnack zu »Materialien zur Geschichte und Erklärung des alten römischen Symbols aus der christlichen Litteratur der zwei ersten Jahrhunderte«, Breslau 1897. Die Unterschiede und Erweiterungen im Inhalt stellt Vinzent in einem Anhang tabellarisch zusammen (Vinzent, Ursprung des Apostolikums, 396-408). Zu erwähnen sind natürlich auch die bekannten vierzehn Symbolstudien von Hans Lietzmann, die wesentlich zur Rekonstruktion eines Ur-Romanums als Bekenntnis einer Tauffeier beitrugen, veröffentlicht in ZNW 21 (1922); 22 (1923); 24 (1925); 26 (1927); wiederabgedruckt in: Hans Lietzmann, Kleine Schriften III. Studien zur Liturgie- und Symbolgeschichte, zur Wissenschaftsgeschichte, hrsg. v. Kurt Aland (TU 74), Berlin 1962, 189-281; wiederabgedruckt in: Hans Lietzmann, Symbolstudien I–XIV (Libelli 136), Darmstadt 1966.

5   John Norman Davidson Kelly, Altkirchliche Glaubensbekenntnisse. Geschichte und Theologie, Göttingen 1972, 40–45 verweist u.a. auf das syrische Testamentum Domini; Ruf., symb. 3; Aug., conf. 8,2; Ambr., sacr. 2,7; Sacramentarium Gelasianum; Cyr. H., catech. 20,4; Bas., spir. 15,35; ferner (48–53) auf Just., 1 apol 61; Tert., coron. 3; 11; spect. 4; (Hippolyt,) trad. ap. 21; Cypr., ep. 69,7; 75,10 f. (Firmilian); Dionys von Alexandrien (Eus., h.e. VII 9).

6   In diesem Zusammenhang greift Kelly, Altkirchliche Glaubensbekenntnisse, auch den Teil der Holl-Harnack-Lietzmann-Hypothese auf, nach der hinter R ursprünglich ein rein trinitarisches Bekenntnis ohne christologischen Mittelteil stehe (mit drei x drei Gliedern); vgl. dazu unten Anm. 53. Den übrigen Teil der These, nach der der christologische Teil eine Erläuterung der beiden Titel »eingeborener Sohn« und »Herr« sei, lehnt Kelly als zu konstruiert ab (125–128).

7   Kelly, Altkirchliche Glaubensbekenntnisse, 103 f.

Taufformel Roms und des Westens überhaupt erhoben wurde, ist nur einer der vielen Abkömmmlinge von R: es ist … das alte Bekenntnis Roms, angereichert mit Stoff, der in den Provinzen volkstümlich geworden war.«[8] Zusätzlich zu dieser *Traditio apostolica* und dem schon erwähnten Rufin sei auch Markell ein Zeuge für dieses *Romanum*, da er es in seinem Brief an den römischen Bischof Julius zitiere[9]. Neben diesem Taufbekenntnis gebe es auch diverse Glaubensregeln, sogenannte *Regulae fidei*, die aber keinen direkten Bezug zur Taufe haben, halb formelhaft sind, eingliedrig, zweigliedrig oder dreigliedrig sein können. Sie haben ihre Basis in der, so Kelly, »uranfänglichen Wahrheit« bzw. im »Lehrsystem der Kirche«[10], würden bei vielfältigen Situationen verwendet (Exorzismus, Eucharistie, Katechese) und erst sekundär auch gegen Häresien eingesetzt. Es sei noch einmal ausdrücklich darauf hingewiesen, daß für Kelly gerade die *Traditio Apostolica* die Verbindung von Bekenntnis und Taufe untermauerte, da hier eine frühe *Romanum*-Form in der interrogatorischen Form auftauche.

Diesen Forschungsstand kann man auch in dem inzwischen zum Standard gewordenen Nachschlagewerk »Lexikon der antiken christlichen Literatur« in der dritten Auflage von 2002 nachlesen[11], er wurde aber schon vor längere Zeit durch wichtige kritische Einwände infrage gestellt. An erster Stelle ist hier der Gelehrte von Campenhausen zu nennen.

Hans Freiherr von Campenhausen verfaßte 1972 und 1976 zwei wichtige Aufsätze[12] zu diesem Thema. Ein Hauptanliegen ist die Kritik an der frühen Existenz von Taufbekenntnissen, diese entstünden wie auch die synodalen Bekenntnisse erst ab dem vierten Jahrhundert. Zuvor gab es wohl *Regulae fidei*,

---

8   Kelly, Altkirchliche Glaubensbekenntnisse, 104. Da R ursprünglich griechisch verfaßt war, müsse es noch in der Zeit formuliert worden sein, als Griechisch die Amtsprache der römischen Kirche war (Kelly, Altkirchliche Glaubensbekenntnisse, 115).

9   Die Identifikation des Textabschnittes aus Markells Brief mit dem *Romanum* geht auf die Forschungen von Ussher (De Romanæ Ecclesiæ symbolo apostolico) zurück.

10   Kelly, Altkirchliche Glaubensbekenntnisse, 101.

11   Peter Bruns, Symbol, Symbolerklärung, LACL ³2002, 660–662. Vgl. auch Frederick Ercolo Vokes, Apostolisches Glaubensbekenntnis I. Alte Kirche und Mittelalter, TRE 3 (1978), 528–554. Ähnlich urteilt auch Staats, auch wenn er eine weitaus größere Freiheit in den Formulierungen der lokalen Bekenntnisse vor der konstantinischen Wende zugesteht (Reinhart Staats, Das Glaubensbekenntnis von Nizäa-Konstantinopel. Historische und theologische Grundlagen, Darmstadt 1996, 143–175). Auch Staats greift auf die *Traditio apostolica* zurück: »Fest steht, daß dieser Text ins frühe dritte Jahrhundert gehört und daher im Credo auf eine noch ältere Tradition zurückgeht.« (Staats, Glaubensbekenntnis von Nizäa-Konstantinopel, 165) Staats behandelt in seiner Monographie auch das *Romanum*, da er es, neben dem Jerusalemer Bekenntnis (aus Kyrill, Taufkatechesen, zu rekonstruieren) als eine der Vorlagen ansieht, aus denen das *Nizänum* und dann auch das *Nizäno-Konstantinopolitanum* gebildet worden sei (vgl. die Graphik S. 170). Auf Kelly beruft sich zum Beispiel auch Trevor Hart, Creeds, Councils and Doctrinal Development, in: Philip Francis Esler (Hrsg.), The early Christian world I, London/New York 2000, 636–659, hier 639 f.

12   Hans Freiherr von Campenhausen, Das Bekenntnis im Urchristentum, ZNW 63 (1972), 210–253; Hans Freiherr von Campenhausen, Das Bekenntnis Eusebs von Caesarea, ZNW 67 (1976), 123–139 (Wiederabdruck der beiden Aufsätze in: Hans Freiherr von Campenhausen, Urchristliches und Altkirchliches. Vorträge und Aufsätze, Tübingen 1979, 217–272; 278–299).

aber mit ganz unterschiedlichen Sitzen im Leben und oft mit antihäretischer Zielrichtung. Campenhausen analysiert als Beispiel das Bekenntnis bei Euseb von Cäsarea in seinem Brief an seine Kirche nach seiner Unterschrift unter dem *Nizänum*. Dies darin von Euseb zitierte Bekenntnis sei nicht als das Taufbekenntnis von Cäsarea anzusehen, sondern als das von Euseb selbst formulierte Zeugnis aus dieser Zeit.[13]

Martin Tetz verfaßte 1984 einen Aufsatz »Zum altrömischen Bekenntnis. Ein Beitrag des Marcellus von Ancyra«[14]. Er kritisiert, daß sich die Forschung zu sehr auf die Frage nach dem altrömischen Bekenntnis konzentriert habe: »Die Möglichkeit, den im Schreiben an Julius gebotenen Bekenntnisteil im unmittelbaren Kontext und also im Sinne des Marcellus zu lesen, scheint verstellt und durch die weitergreifende Frage nach dem altrömischen Bekenntnis verdrängt bzw. uninteressant gemacht worden zu sein. Aber ebendarum ist Anlaß gegeben, erneut nachzufragen.«[15] Er nimmt an, daß Markell hier eine Glaubensregel (kein Taufbekenntnis), herstammend aus altrömischer Bekenntnistradition[16], in seinen Brief eingefügt habe, wenn auch zu Beginn mit »eingeboren« und »unser Herr« von Markell persönlich erweitert[17]. So löst auch er diesen Text aus dem Zusammenhang der Taufe und des Taufbekenntnisses, denn: »Die persönliche πίστις folgt – in der Auseinandersetzung mit den Gegnern – der heiligen Schrift, ist dabei aber nach Fragestellung oder Streitfrage frei formuliert und hält gleichwohl ein bestimmtes Schema ein. Sie ist die in die theologischen Streitigkeiten des vierten Jahrhunderts übernommene Glaubensregel.«[18] Er beschreibt ferner die dahinterstehende Kontroverse zwischen Markell und Asterius und die Bezüge zwischen den verschiedenen Glaubenserklärungen aus dieser Anfangsphase des arianischen Streits[19], worauf später Markus Vinzent (s. u.) aufbauen wird.

Im Jahr 1999 erschien der Sammelband »Tauffragen und Bekenntnis«, der drei Beiträge enthält, die jeweils für sich das bisherige Verständnis von der Geschichte des Apostolikums grundsätzlich in Frage stellen.[20] Der darin ent-

---

13 Vgl. dazu auch Hermann Josef Vogt, Gab es eigentlich in Caesarea in Palästina ein Glaubensbekenntnis?, AHC 38 (2006), 1–34. Siehe zu diesem Aufsatz aber auch unten Anm. 26.

14 Martin Tetz, Zum altrömischen Bekenntnis. Ein Beitrag des Marcellus von Ancyra, ZNW 75 (1984), 107–127.

15 Tetz, Zum altrömischen Bekenntnis, 113.

16 Tetz, Zum altrömischen Bekenntnis, 118.

17 Tetz, Zum altrömischen Bekenntnis, 119 f. vergleicht hier den Text mit der Version aus der *Traditio apostolica* und aus Rufinus, symb.

18 Tetz, Zum altrömischen Bekenntnis, 118.

19 Dies auch besonders in seinem Aufsatz: Martin Tetz, Die Kirchweihsynode von Antiochien (341) und Marcellus von Ankyra. Zu der Glaubenserklärung des Theophronius von Tyana und ihre Folgen, in: Oecumenica et Patristica, FS W. Schneemelcher, Chambésy/Genf 1989, 199–217, hier 199–217, bes. 209–213. Hier wählt er die Beschreibung »persönliche theologische Glaubenserklärung« (Tetz, Kirchweihsynode, 203).

20 Wolfram Kinzig/Christoph Markschies/Markus Vinzent (Hrsg.), Tauffragen und Bekenntnis. Studien zur sogenannten »Traditio Apostolica«, zu den »Interrogationes de fide« und zum »Römischen Glaubensbekenntnis« (Arbeiten zur Kirchengeschichte 74), Berlin/New York 1999.

haltene Beitrag von Christoph Markschies zur *Traditio Apostolica* führt zu einer neuen Einschätzung dieses summarischen Berichts der Riten und Ordnungen der Kirche, so daß dieser Text, besonders die Tauffragen in Kap. 21, nicht mehr als Zeugnis für die frühe Geschichte des Apostolikums herangezogen werden kann. Die *Traditio* basiert auf einer Grundschrift[21], die mehrmals erweitert und ergänzt wurde, und es ist sehr problematisch, für diesen Text Hippolyt als Autor anzunehmen. Auch die Tauffragen wurden offenbar zu einem späteren Zeitpunkt, als das *Apostolikum* schon normative Qualität erreicht hatte, nach diesem Bekenntnis überarbeitet[22].

Mit dem frühesten Zeugen für das *Romanum*, einem Brief des Markell von Ankyra an den römischen Bischof Julius aus dem Jahr 341, das Epiphanius in seinem *Panarion omnium haeresium* überliefert[23], beschäftigt sich Markus Vinzent[24]. Seiner Ansicht nach ist das darin vorkommende *Romanum* eigentlich ein *Markellum*, das heißt ein von Markell selbst zu diesem Zeitpunkt anläßlich der römischen Synode formuliertes Bekenntnis, da es sich gut einfüge in die damalige theologische Situation und ein integraler Bestandteil seiner theologischen Erklärung sei und nicht einfach herausgetrennt und isoliert betrachtet werden dürfe. Vinzent stützt seine Argumentation mit mehreren Argumenten, die einerseits auf die dünne Basis der bisherigen Erklärung der Geschichte des Apostolikums hinweisen, andererseits auf seiner neuen eigenen Einschätzung beruhen, wie generell Glaubensbekenntnisse im vierten Jahrhundert formuliert und verwendet wurden. Nachdrücklich weist Vinzent zu Recht darauf hin, daß aus den ersten drei Jahrhunderten kein Beleg eines festen Bekenntnisses überliefert ist, und folgert daraus, »daß es nicht lediglich der Verlust an Quellen ist, der den auffallend negativen Befund erklärt, sondern daß vielmehr das Genus »Bekenntnis« der Zeit der Reichskirche angehört. Während die aus den ersten drei Jahrhunderten vorhandenen, äußerst variablen *Regulae fidei* ihre Entstehung und Entwicklung der theologischen Apologetik verdanken, bezeugen keine Schriften andere mit der Taufe verbundene Bekenntnisformulierungen als die Taufformel und die Tauffragen.«[25] Nichts deute darauf hin, so Vinzent, daß Rom in der allgemeinen Bekenntnisgenese eine Ausnahme gemacht hätte. Damit steht Vinzent

---

21 So schon Richard H. Connolly, The so-called Egyptian Church Order and derived Documents (Texts and Studies 8,4), Cambridge 1916 (ND 1976); und entsprechend von Botte in Hippolyt (Tradition apostolique) rekonstruiert; daran orientiert sich auch Wilhelm Geerlings, Traditio Apostolica – Apostolische Überlieferung, übers. und mit einer Einl. vers. v. Wilhelm Geerlings, Freiburg u.a. 1991, 143–358.

22 Christoph Markschies, Wer schrieb die sogenannte Traditio apostolica? Neue Beobachtungen und Hypothesen zu einer kaum lösbaren Frage aus der altkirchlichen Literaturgeschichte, in: Kinzig/Markschies/Vinzent (Hrsg.), Tauffragen und Bekenntnis, 1–79, hier 57–74.

23 Epiph., haer. 72,2,1–3,5 (256,13–259,3 Epiphanius von Salamis). Jetzt neu ediert und übersetzt in Athanasius Werke (AW) III/1, Dok. 41.7 (152–156 Brennecke/Heil/Stockhausen/Wintjes).

24 Markus Vinzent, Die Entstehung des »Römischen Glaubensbekenntnisses«, in: Kinzig/Markschies/Vinzent (Hrsg.), Tauffragen und Bekenntnis, 185–409.

25 Vinzent, Entstehung, 195 f.

der traditionellen Einschätzung wie bei Kelly diametral entgegen und greift auf und erweitert Anfragen, die schon von von Campenhausen und Tetz gestellt wurden. Als Alternative schlägt er vor, das Bekenntnis als einen Text unter vielen anderen aus der theologischen Situation jener Zeit zu verstehen. Vinzent erklärt seine Entstehung mit Hilfe seines von ihm entworfenen antilogisch-traditionellen Baukastenmodells. Er nennt es antilogisch, da die Autoren jener Zeit, um den Gegner zu widerlegen, dessen Bekenntnis so weit wie möglich übernahmen und nur in den Kritikpunkten umformulierten. Es sei traditionell, da die Autoren z.T. unter Heranziehung traditionellen Materials aus den älteren *Regulae fidei* oder auch den Tauffragen einzelne Themen ergänzten. Die Bekenntnisse würden also wie aus einem Baukasten bruchstückweise zusammengesetzt, umgebaut oder ergänzt. Vinzent belegt seine Beobachtungen, indem er nach Themen sortiert Aussagen aus den diversen Bekenntnissen des vierten Jahrhunderts von Arius bis zu den sogenannten antiochenischen Formeln gegenüberstellt und so die gegenseitige Abhängigkeit und Beeinflussung erklärt. Das *Romanum* sei somit nicht ein altes römisches Bekenntnis, welches Markell in seinem Brief zitiert, um seine Rechtgläubigkeit zu beweisen, sondern gehöre mitten in die arianische Debatte des vierten Jahrhunderts. Die Verbindung dieses Bekenntnisses mit der Tauffeier sei eine spätere Entwicklung und dürfe nicht anachronistisch in die frühe Zeit zurückprojiziert werden.[26]

Widerspruch gegen die Neueinschätzung kam von Liuwe H. Westra, der im Jahr 2002 seine Dissertation vorlegte, betitelt mit »The Apostles' Creed. Origin, History, and some Early Commentaries«[27]. Westra arbeitet nicht nur verschiedene lokale Varianten des in den Liturgien der westlichen Städte verwendeten Glaubensbekenntnisses heraus, sondern stellt an den Beginn seiner Untersuchung eine Analyse des frühen altrömischen Bekenntnisses. In diesem Zusammenhang kritisiert er die Thesen von Vinzent und urteilt, daß Vinzent im Wesentlichen eigentlich nur von einem *argumentum ex silentio* ausgehe: Auch wenn es kein frühes Zeugnis für das *Romanum* gebe, bedeute es nicht, daß es nicht existiere, weil schon im vierten Jahrhundert eine entsprechende feste Tradition vorausgesetzt werde[28]. Vor allem verweist Westra darauf, daß es für Vinzent schwierig werde zu erklären, warum das *Romanum* später eine solche Bedeutung bekam und wie es in die westliche Liturgie gelangte, falls es eigentlich ein individuelles Theo-

---

26 Auf Vinzent beruft sich offenbar auch Hermann Josef Vogt, der in einem Aufsatz genau diese Sicht der Dinge darlegt, allerdings ohne Fußnoten mit Belegen oder Referenzen. So werden von ihm auch die beiden oben erwähnten Aufsätze von von Campenhausen (s.o. Anm. 12) zu eben diesem Thema nicht angegeben. Einzig in einem Nebensatz wird Vinzent erwähnt (aber ohne Quellenangabe): »So aber speist sich sein Bekenntnis aus einem breiten östlichen Hintergrund, den ja Markus Vinzent ausgeleuchtet hat« (Vinzent, Entstehung, 32 f.).

27 Liuwe H. Westra, The Apostles' Creed. Origin, History, and some Early Commentaries (Instrumenta Patristica et Mediaevalia 43), Turnhout 2002.

28 Westra verweist hier auf Aug., conf. VIII 2,5; Nicetas von Remesina, Libelli de symbolo; Ambrosius von Mailand, Explanatio symboli; Priscillian und Augustinus, Sermones in traditione symboli.

logenbekenntnis aus dem arianischen Streit, also ein Markellum sei[29]. Westra bleibt im Wesentlichen bei der traditionellen Sicht, daß es ein frühes Romanum gebe, welches zwischen 150 und 250 in Rom entstanden sei[30].

Vinzent selbst reagiert auf diese Anfragen[31] im letzten Kapitel seiner schon erwähnten langen Forschungsgeschichte[32]. Hier beschreibt Vinzent zunächst, wie er im Rahmen seiner Arbeit an der Dissertation und Habilitation zu dieser Neueinschätzung gelangt ist. Ferner gibt er zu bedenken, daß sich von der frühchristlichen Katechese nur soviel sagen läßt, daß hier »nicht anders als in *Regula fidei* frei formuliert wurde und – abgesehen von Tauffragen und der Schrift – kein anderer Bezugspunkt vorhanden zu sein scheint«[33], also kein feststehendes Taufsymbol oder *Romanum*. Außerdem weist Vinzent darauf hin, daß die von Westra angeführten frühen Zeugen für das Apostolikum doch allesamt erst aus dem vierten Jahrhundert, und zwar nach Markell stammen. Darüber hinaus stellt Vinzent ausführlicher den Kommentar des Rufinus zum römischen Symbol vor, den *Commentarius in Symbolum apostolorum* oder auch *Expositio symboli*[34], da Rufin hier auf den Kommentar des Photin zu ebendiesem Symbol Bezug nehme, so daß dessen Theologie auch bei Rufinus immer noch durchscheine. Diese beiden Kommentare ließen erkennen, wie es dazu gekommen sei, daß gerade dieser Teil aus der theologischen Erklärung des Markell solch eine große Wirkungsgeschichte haben wird.

Markells Brief an Julius von Rom

Im Rahmen unserer Arbeit an den Dokumenten zur Geschichte des arianischen Streits haben wir natürlich auch diesen nun schon mehrmals erwähnten Brief

---

29 Vinzent verweist im Gegenzug (Ursprung des Apostolikums, 330 f.; 384) auf das Katechumenat als Verbindungselement und auf die beiden Kommentare des Photinus und des Rufinus, die die wachsende singuläre Bedeutung des Teils aus Markells Brief, dem späteren Romanum, belegen (vgl. auch zusammenfassend Vinzent, Ursprung des Apostolikums, 386).

30 Westra, Apostles' Creed, 71 f.

31 Ebenfalls auf die Bemerkungen der Rezensenten Volker Henning Drecoll, Rezension zu Wolfram Kinzig/Christoph Markschies/Markus Vinzent (Hrsg.), Tauffragen und Bekenntnis. Studien zur sogenannten »Traditio Apostolica«, zu den »Interrogationes de fide« und zum »Römischen Glaubensbekenntnis« (Arbeiten zur Kirchengeschichte 74), Berlin/New York 1999, ThLZ 125 (2000), 772–778, und Winfried Löhr, Rezension zu Wolfram Kinzig/Christoph Markschies/Markus Vinzent (Hrsg.), Tauffragen und Bekenntnis. Studien zur sogenannten »Traditio Apostolica«, zu den »Interrogationes de fide« und zum »Römischen Glaubensbekenntnis« (Arbeiten zur Kirchengeschichte 74), Berlin/New York 1999, JEH 51 (2000), 119 f.

32 Vinzent, Ursprung des Apostolikums, 312–395: Neunter Teil: Die Infragestellung der *opinio communis* – das Romanum – ein markellisch-photinsches Produkt. Überhaupt verfaßt Vinzent die Forschungsgeschichte in erster Linie mit dem Ziel, um auch die früheste kritische Forschung zum Apostolikum aus der Zeit der Aufklärung wieder ins Blickfeld zu rücken, da zu jener Zeit hauptsächlich Argumente gegen die frühe Existenz eines Apostolikums gesammelt wurden, um die Legende von der apostolischen Verfasserschaft zu hinterfragen (vgl. Vinzent, Entstehung, 227).

33 Vinzent, Ursprung des Apostolikums, 323.

34 Vinzent, Ursprung des Apostolikums, 330–360.

des Markell aufgenommen, ediert, übersetzt und mit knappen Bemerkungen kommentiert[35]. Dabei wurde klar, wie wenige gesicherte Ergebnisse man gerade zu diesem Text bieten kann. Besonders deutlich wurde, daß die Einschätzung des *Romanum* im Vergleich zu den so zahlreichen übrigen Bekenntnissen oder theologischen Erklärungen, sei es von Einzelpersonen oder von Synoden, aus dem Rahmen fällt. Vom *Nizänum* wird zum Beispiel inzwischen allgemein akzeptiert, daß diesem Text kein regionales, feststehendes Taufbekenntnis zugrunde liegt[36], dasselbe gilt zum Beispiel von dem Bekenntnis, welches Euseb von Cäsarea in seinem Brief niederschreibt. Besonders die Aufsätze von von Campenhausen[37] haben dies gewiß verdeutlicht. So erscheint es geradezu, daß die kritische Forschung der letzten Jahrzehnte zum arianischen Streit irgendwie einen Bogen um den erratischen Block des *Romanum* gemacht hat. Es lag quasi in der Luft, die Einschätzung der übrigen theologischen Erklärungen als momentane Formulierungen, die ihren Hintergund zwar in den älteren *Regulae fidei* haben, ihre konkrete Ausformulierung aber der theologischen Diskussion des vierten Jahrhunderts verdanken, nun auch auf dieses Teilstück in dem Brief des Markell zu übertragen.

Aber, auch wenn mit Vinzent der historische Ort dieser vielen theologischen Erklärungen des vierten Jahrhunderts zu berücksichtigen ist, so kommen doch einige Zweifel bei der genauen Lektüre des Briefs des Markell auf, ob Vinzent bei diesem Text mit seiner Interpretation richtig liegt. Schon Volker Drecoll fragte in seiner Rezension[38], ob die Bekenntnisformel in Markells Schreiben ein expliziter Ausdruck markellischer Theologie sei oder ob sich dieser Text lediglich auch markellisch lesen lasse, gerade unter dem Vorzeichen seiner Bemerkungen, die diesen Bekenntnisteil umgeben. Genau diese Kritik trifft unseres Erachtens zu. Außerdem ist zu berücksichtigen, daß Markell in seinem Brief ohne Zweifel etwas zitiert, was sich nicht so nahtlos in den Rest des Briefes einfügt.

Markell beginnt seinen Brief mit einem Rückblick auf die Ereignisse, die zu seinem Aufenthalt in Rom geführt haben. Dabei übergeht er seine wiederholte Verurteilung und Absetzung vom Bischofsamt in Ankyra[39] und erwähnt nur, daß einige an den römischen Bischof geschrieben hätten, um ihm zu sagen, »daß« er »nicht richtig und nicht kirchlich dächte« (§ 2). Im Klartext dürfte damit gemeint sein, daß die Gruppe der östlichen Bischöfe unter der Führung des Euseb von Nikomedien ihn als Häretiker abgesetzt hatten und in einem Rundbrief darüber Mitteilung machten; einer dieser Briefe ging auch an den römischen Bischof

---

35 Brennecke/Heil/Stockhausen/Wintjes, Athanasius Werke III/3, Dok. 41.7.
36 Hanns Christof Brennecke, Nicäa I. Ökumenische Synode von 325, TRE 24 (1994), 429–441, hier bes. 433 f.
37 S.o. Anm. 12.
38 Drecoll, Rezension, 777.
39 Vgl. Brennecke/Heil/Stockhausen/Wintjes, Athanasius Werke III/3, Dok. 40 und 41.7 mit Einleitung.

Julius[40]. Markell erhoffte nun von Julius eine Revision des Absetzungsverfahrens und reiste deswegen nach Rom (§ 3). Bekanntlich lud tatsächlich Julius zu einer Synode nach Rom, obwohl die rechtliche Grundlage für eine Neuverhandlung eines bereits gefällten Synodalurteils alles andere als eindeutig gewesen ist. Daher weigerten sich die Orientalen auch zu erscheinen. Markell will nun nach achtzehnmonatigem Warten wieder abreisen – sein Reiseziel gibt er nicht an (§ 4) – und formuliert zuvor dieses Schreiben, um eine schriftliche Fassung seines Glaubens zu übergeben. Er bittet Julius, eine Abschrift davon seinem synodalen Rundbrief beizufügen (§ 14–15).

Im Haupttext referiert Markell zunächst die Thesen seiner Gegner (§ 5–6), die er anschließend (§ 7–13) widerlegen wird. Dabei steht im Mittelpunkt die unter anderem von Asterius vertretene Lehre vom doppelten Logos; gemeint ist damit eine Unterscheidung des göttlichen Logos vom Logos, dem Sohn, dem eine eigene Hypostase zugewiesen wird neben der Hypostase des Vaters (§ 5)[41]. Markell deutet nun an, daß die Vertreter solcher Thesen eigentlich genau wie Arius denken, da sie unter Voraussetzung der eigenen Hypostase des Sohnes auch eine zeitliche Priorität des Vaters vor dem Sohn annehmen müssen, der somit auch nicht eigentlicher bzw. wahrer Sohn Gottes ist, sondern, da er erst wurde, genau wie ein Geschöpf und Werk sei, abgetrennt vom Vater (§ 6). Markell greift hier auf die bekannten Anathematismen des *Nizänum* zurück.

In § 7 beginnt die Darlegung der in den Augen Markells rechtgläubigen Lehre, wobei er in § 7 zuerst die zuletzt genannten Irrtümer aus § 6 aufgreift und sozusagen das Feld von hinten aufräumt: Gott ist einer[42], und in diese Einheit gehört auch der eingeborene Sohn, der daher wie der Vater immer da ist, ohne Anfang, und der natürlich keineswegs als Geschöpf anzusehen ist. Nun folgt in § 8–10 eine längere Reihe von Sätzen mit Demonstrativpronomen zu Beginn, die den Sinn haben, die Lehre vom doppelten Logos zu widerlegen. Es wird also betont, daß *dieser* eingeborene Sohn *selbst* sowohl Sohn als auch Kraft, Weisheit, Wort ist, ungetrennt von Gott. Joh 1,1–3; Lk 1,2; Ps 44,2 und Joh 8,42 werden als biblische Belege herangezogen. Daneben gibt es also kein zweites Wort, und ebendieses *eine* Wort ist es auch, welches den Menschen angenommen hat.

Nun setzt Markell in § 11 neu ein (nach § 7) mit »ich glaube also«; hier folgt nun der umstrittene Passus. Dabei wird auf den ersten Blick schon deutlich, daß in ihm keine der umstrittenen Termini vorkommen oder diskutiert werden. Es handelt sich um eine Zusammenfassung wichtiger Artikel des Glaubens, die aber zu diesem Zeitpunkt gar nicht umstritten oder thematisiert waren.

---

40 Auch Julius berichtet von einem Brief der Orientalen an ihn wegen Markell (Dok. 41.8, 48–51); es könnte derselbe sein, wenn sie nicht sogar mehrmals darüber an ihn geschrieben haben.

41 Vgl. dazu Vinzent, Entstehung, 22 f.; 287–300 und Asterius von Kappadokien, fr. 64–77 aus Markus Vinzent, Asterius von Kappadokien. Die theologischen Fragmente. Einleitung, kritischer Text, Übersetzung und Kommentar (SVigChr 20), Leiden/New York/Köln 1993.

42 Vgl. diese Formulierung mit Markell in frgm. 109: νυνὶ δέ πιστεύω ταῖς θεαῖς γραφαῖς, ὅτι εἷς θεός, ...

In § 12–13 kommt Markell noch einmal auf seine erste Aussage aus § 7 zurück, daß Gott einer ist. Die Gottheit des Vaters und des Sohnes ist ungeteilt, also eine Einheit, was aber nur eingehalten werden könne, wenn man den Sohn nicht vom Vater trennt. Nach der Lehre seiner Gegner gebe es entweder »zwei Götter oder das Wort ist gar nicht Gott[43]. Joh 10,38; 10,30 und 14,9 bestätigen diese Einheit.

Markell will mit seinem Text also zweierlei erreichen: Einmal sollen die Irrtümer seiner Gegner bloßgestellt werden, andererseits soll auch seine eigene rechtgläubige Lehre deutlich werden. Dieser zweite Aspekt darf meines Erachtens nicht verharmlost werden, denn besonders der Brief des römischen Bischofs Julius selbst belegt, daß auch in Rom Markells Theologie geprüft wurde (Dok. 41.8, 14.48–51). Dies ist gewiß nicht nur eine Floskel[44].

Zum umstrittenen Mittelteil in § 11

Mehrere Beobachtungen sprechen meines Erachtens dafür, daß Markell hier in § 11 etwas zitiert:

Erstens setzt er in § 11 erneut ein mit »ich glaube also«. Seine eigenen Ausführungen beginnt er mit πιστεύω ... ὅτι (§ 7) bzw. mit ἐγὼ δὲ ἀκριβῶς μεμάθηκα ὅτι ... (§ 13); den Abschnitt in § 11 aber mit πιστεύω οὖν εἰς ....

Zweitens beginnt Markell in den übrigen Abschnitten immer mit einem zusätzlichen Verweis auf die göttlichen Schriften, aus denen er seine Informationen bezieht (§ 7: »und folge dabei den göttlichen Schriften«; § 12: »... haben wir aus den göttlichen Schriften gelernt«; § 13 wird dieses »lernen« wieder aufgegriffen). So aber nicht in § 11.

Drittens wird nach § 10 der Argumentationsgang unterbrochen durch die Wiederholung und Verdoppelung der Inkarnationsaussage (§ 10: »... ist aus der Jungfrau Maria geboren und hat den Menschen angenommen« / § 12: »... der geboren wurde aus dem heiligen Geist und der Jungfrau Maria«). Hier ist besonders zu beachten, daß die Formulierung der Inkarnation in § 10 den sonst bei Markell in seinen Fragmenten üblichen Ausdrücken gleicht[45]: So schreibt er zum Beispiel in frgm. 5: »Also vor dem Herabkommen (καθελθεῖν) und dem durch die Jungfrau Geborenwerden war er nur Logos. Denn was anderes war das ›in den letzten Tagen‹ herabgekommene und aus der Jungfrau geborene Wesen vor der Annahme (ἀναλαβεῖν) des menschlichen Fleisches? Es war nichts anderes als Logos.« Sowohl das »Herabsteigen« als auch das »Annehmen« des

---

43 Dies ist aber eigentlich nicht ein Referat asterianischer Thesen (so Vinzent, Entstehung, 225; Vinzent, Asterius von Kappadokien, frgm. 97 [86,14–16]), sondern eine Schlußfolgerung Markells selbst auf der Basis des Lehre vom doppelten Logos, was man aus dem ἀνάγκη erkennen kann.
44 Anders Vinzent, Entstehung, 230; 299 f.
45 Vgl. Markell, frgm. 5; 8 (Seibt/Vinzent).

Menschen sind typisch markellisch. Die ebenfalls zwischen Asterius und Markell diskutierten Schriftstellen Hebr 1,2 und Lk 1,35, worauf Vinzent hinweist[46], haben ihren Bezugspunkt auch noch in § 10[47].

Viertens wurde oben schon erwähnt, daß in diesem Abschnitt nichts Umstrittenes thematisiert wird. Dies sagt eigentlich auch Vinzent selbst: »Die Heilsfakten von Jesu Leben und Sterben selbst waren offenkundig kein Thema der Diskussion.« (S. 353) So reicht es meines Erachtens nicht aus, daß diese Aussagen wohl mit Markells Theologie harmonieren (S. 354), wenn man sie als markellisches Eigenprodukt ausweisen will. Ebenfalls erscheint es unwahrscheinlich, daß in den so traditionellen und oft vorkommenden Ausdrücken wie »allmächtiger Gott« und »Christus Jesus, sein eingeborener Sohn, unser Herr« Markell nur Formulierungen von Asterius aufgegriffen haben kann, wie es Vinzent vermutet.

Fünftens vermißt man gerade den für Markell so zentralen Begriff Logos für den Sohn in diesem Teil. Wie wichtig dieser Titel für Markell ist, kann man schon an dem wiederholten Gebrauch in den übrigen Abschnitten sehen. Wenn in § 11 wirklich eine von Markell persönlich verfaßte Zusammenfassung des Glaubens vorliegt, dann dürfte dieser Begriff eigentlich nicht fehlen.

Sechstens: Im Unterschied zu Vinzent muß man, glaube ich, auch davon ausgehen, daß Markell den Begriff »eingeboren« = μονογενής gewöhnlich auf den präexistenten Logos in Blick auf seine Ewigkeit bezieht und nicht auf den inkarnierten Sohn[48]. Als Inkarnierter erhält der Sohn neue Namen und Titel, so auch den Titel »erstgeborener« = πρωτότοκος, der deutlich von μονογενής zu unterscheiden ist[49]. Insbesondere gegen Asterius betont Markell sein neues Verständnis vom Begriff »erstgeborener«: Asterius versteht ihn als Beschreibung seiner Schöpfungsmittlerschaft und sieht den Sohn sozusagen als erstes, vornehmstes Geschöpf; Markell dagegen versteht den Inkarnierten in Hinsicht auf die Erlösung als Erstgeborenen der »neuen Schöpfung« und auch als »Erstgeborenen von den Toten«. Markell liefert hiermit eine ganz neue Interpretation dieses Titels aus Kol 1,15[50]. Falls also der Mittelteil in § 11 spezifisch markellisch

---

46   Vinzent, Entstehung, 321–331.

47   Entsprechend ist auch der Schluß von § 11 zu verstehen: Markell setzt in § 12 wieder neu ein mit trinitätstheologischen Überlegungen, die sich eigentlich an § 10 wieder anschließen – darauf hat Winrich Löhr in der Diskussion hingewiesen.

48   So Vinzent, Entstehung, 302 f. μονογενής sei »kein Titel für den präinkarnierten Logos, sondern für den, der Fleisch angenommen hat.« Damit werde »die einzigartige Geburt des Inkarnierten« beschrieben. Vgl. aber Klaus Seibt, Die Theologie des Markell von Ankyra (AKG 59), Berlin 1994, 272–280, bes. 278: »... dann meint er den Logos in seinem Wesen, seiner Ewigkeit und Präexistenz. ... Gerade deswegen reserviert Markell dieses Prädikat aber dem Logos und Sohn Gottes in seinem Sein und seiner Ewigkeit, wobei diese Definition und unsere Texte einschließen, daß auch der Logos während der Ökonomie nach dem Fleisch im Blick auf sein ewiges Verhältnis zum Vater weiterhin der Einziggeborene ist.«

49   Markell, frgm. 9–16 (Seibt/Vinzent).

50   Hier ist Markell ebenso außergewöhnlich wie in seiner Interpretation des Titels »Bild Gottes«: Auch dies bezieht er nicht auf den ewigen, präexistenten Logos, sondern auf den Inkarnierten,

und, wie Vinzent beschreibt, ökonomisch zu interpretieren sei, dann wäre hier gerade der Begriff πρωτότοκος zu erwarten.

Siebtens: Entgegen der seit Holl üblichen Interpretation scheint es auch wahrscheinlicher, daß der Beginn von § 11 noch trinitarisch-präexistent zu interpretieren ist;»ich glaube also (an einen allmächtigen Gott und) an Christus Jesus, seinen eingeborenen Sohn, unsern Herrn« ist noch auf den Präexistenten, und nicht schon auf den Inkarnierten zu beziehen[51]. So scheint auch Markell diese Zeilen verstanden zu haben, da er die Ausdrücke daraus aufgreift, um sein Verständnis von dem präexistenten, ewigen Sein des Logos-Sohnes im Verhältnis zu Gott-Vater zu beschreiben (vgl. § 5 »unser Herr Jesus Christus, der Sohn des allmächtigen Gottes«; § 7 »eingeborener Sohn«, § 8 und 10 »unser Herr Jesus Christus«[52]). Holl schlug bekanntlich im Jahr 1919 vor[53], die Inkarnationsaussagen aufzuteilen und »der geboren wurde aus dem heiligen Geist und der Jungfrau Maria« als Auslegung von »seinen eingeborenen Sohn« (vgl. Lk 1,35) und den Rest von »der unter Pontius Pilatus gekreuzigt« bis »um die Lebenden und Toten zu richten« als Auslegung von »unseren Herrn« (vgl. Phil 2,6–11) zu verstehen. So meinte er, in dem Bekenntnis fehlen jegliche Präexistenzaussagen. Dies übernimmt auch Vinzent und folgert, »daß das Fehlen der Präexistenzaussage zu ›Jesus Christus‹ nicht nur das Spezifikum *dieses Teils* der Pistis ist, sondern *das typische und geradezu herausstechende Merkmal markellischer Theologie und Christologie*, erst vom Zeitpunkt der Inkarnation an von Jesus Christus zu sprechen«[54]. Stimmt aber die Prämisse nicht, so ist auch die Schlußfolgerung falsch.

Achtens: Den Überlegungen von Tetz, daß das Bekenntnis des Markell mit § 11 ende, da hier futurische Eschatologie angesprochen werde (wie auch in einem Fragment einer pseudoathanasianischen *Epistula ad Liberium*, die er Markell zuschreibt[55]), ist nur bedingt zuzustimmen, da schon am Ende von § 7 die ewige Herrschaft des Sohnes thematisiert wird.

So scheint es eigentlich doch ein Widerspruch in sich zu sein, wenn Vinzent urteilt, daß einerseits der Teil in § 11 spezifisch markellisch und prägnant

---

um eine Zweipersönlichkeit oder zweite Hypostase in Gott zu vermeiden (vgl. Seibt, Markell, 337-342).

51   Vinzent schreibt, daß diese Worte strenggenommen keine Präexistenzaussagen seien (Vinzent, Entstehung, 275 Anm. 907).

52   Die Formulierung »unser Herr Jesus Christus« kommt sonst bei Markell nicht vor.

53   Karl Holl, Zur Auslegung des zweiten Artikels des sog. apostolischen Glaubensbekenntnisses, SPAW.PH 1919, 2–11, wiederabgedruckt in: Karl Holl, Gesammelte Aufsätze zur Kirchengeschichte. II. Der Osten, Tübingen ²1928, 115–128. Daraus entstand die sog. Holl-Harnack-Lietzmann-Hypothese eines neungliedrigen Ur-Romanums: Hans Lietzmann, Die Urform des apostolischen Glaubensbekenntnisses, SPAW.PH 1919, 269–274, wiederabgedruckt in: Lietzmann, Kleine Schriften III, 182–188; Adolf von Harnack, Zur Abhandlung des Hrn. Holl, SPAW.PH 1919, 112–116 (vgl. Kelly, Altkirchliche Glaubensbekenntnisse, 121–124; Vinzent, Entstehung, 320–322; Vinzent, Ursprung des Apostolikums, 229–236).

54   Vinzent, Entstehung, 362.

55   Tetz, Zum altrömischen Bekenntnis, 116.

antieusebianisch sei, dieser aber »zugleich keine solche Reizworte bot, die zu weiterer Diskussion Anlaß gaben«[56]! Wie kann Markell damit auf die Eusebianer antworten und zugleich auf »theologisch-kontroverse Fachtermini«[57] verzichten?

Ein neuer Vorschlag

Falls also doch Markell hier etwas zitiert, dann stellt sich jetzt, wenn man seit den Arbeiten von Campenhausen, Tetz, Seibt und Vinzent die Existenz eines festen Taufbekenntnisses von Rom oder ein Ur-*Romanum* für problematisch hält, die Frage noch einmal ganz neu, was Markell denn hier zitiert. Im Verlauf unserer Arbeit an der Dokumentensammlung kam uns dazu eine neue Idee, die ich Ihnen im Folgenden nun vorstellen möchte:

Markell zitiert hier ein Bekenntnis, das gerade zuvor auf der römischen Synode formuliert wurde und das er, um seine Rechtgläubigkeit unter Beweis zu stellen, akzeptiert und hier in seinen Ausführungen wieder einbaut. Damit könnte man zweierlei erklären. Erstens die spätere Tradition, es handele sich um ein römisches Bekenntnis, und zweitens das Problem, daß aus den früheren Jahren aus Rom eben kein fest formuliertes Bekenntnis oder Taufbekenntnis bekannt sind.

Damit stellen sich die Ereignisse wie folgt dar[58]: Markell flieht nach seiner erneuten Verurteilung 339 nach Rom, um seine Rehabilitierung zu erreichen, wie auch bekanntlich Athanasius und andere im Osten exilierte Bischöfe. Daraufhin lädt der römische Bischof Julius wie schon einmal ein Jahr zuvor zu einer Synode ein (vgl. Brennecke/Heil/Stockhausen/Wintjes, Athanasius Werke III/3, Dok. 41.1 mit Einleitung) und schickt einen entsprechenden Brief mit Presbytern als Gesandte nach Antiochien. Dort verweigert man sich aber diesem Ansinnen, daß ihre synodalen Urteile in Rom noch einmal revidiert werden sollen, und schickt schließlich eine Absage nach Rom zurück (vgl. Dok. 41.6). Inzwischen hat man wohl in Rom schon die Synode eröffnet, auch ohne Beteiligung der Antiochener, und beginnt mit den Verhandlungen. Gut fünfzig Bischöfe haben sich eingefunden, unter ihnen auch der Presbyter Vito, der 325 als Legat des römischen Bischofs an der Synode von Nizäa teilnahm[59]. Einerseits wurde der

---

56 Vinzent, Entstehung, 392.

57 Vinzent, Entstehung, 397; 408.

58 Vgl. Vinzent, Entstehung, 202–219; Wilhelm Schneemelcher, Die Kirchweihsynode von Antiochien 341, in: Reden und Aufsätze. Beiträge zur Kirchengeschichte und zum ökumenischen Gespräch, Tübingen 1991, 94–125, hier 94–125; Hanns Christof Brennecke, Hilarius von Poitiers und die Bischofsopposition gegen Konstantius II. Untersuchungen zur dritten Phase des arianischen Streits (337-361) (PTS 26), Berlin/New York 1984, 3–16. Vgl. zu dem Ablauf jetzt auch Sara Parvis, Marcellus of Ancyra and the Lost Years of the Arian Controversy 325–345 (OECS), Oxford 2006, 192–199.

59 Vgl. Ath., apol.sec. 20,3.

kirchenpolitisch strittige Fall des Athanasius behandelt, andererseits die theologische Position des Markell, schließlich auch noch Fälle anderer Personen.
Markell beteuerte in diesem Zusammenhang offenbar seine strikt antiarianische
Haltung in Kontinuität zu seiner Position auf der Synode von Nizäa 325 (vgl.
§ 2[60]). Sowohl Athanasius als auch Markell werden in Rom rehabilitiert und
wieder in die Kirchengemeinschaft aufgenommen. Ein Protokoll dieser Verhandlungen ist nicht überliefert, so daß man keinen näheren Einblick bekommen
kann. Die Synode verschickte gewiß auch einen Rundbrief, der aber ebenfalls
nicht erhalten ist. Außerdem verfaßte Julius eine Antwort auf die Absage der
Antiochener, in Rom zu erscheinen (Dok. 41.8). In diesem Brief blickt Julius auf
die Verhandlungen zurück und berichtet folgendes zu Markell:

> Über Markell aber, da ihr auch über ihn geschrieben habt, als ob er gottlos
> über Christus dächte, ist es mein Anliegen, euch klarzustellen, daß er, als
> er hier war, versicherte, daß die Dinge, die von euch über ihn geschrieben
> wurden, nicht der Wahrheit entsprächen; gleichwohl wurde aber, als er von
> uns gebeten wurde, über seinen Glauben zu sprechen, von ihm mit einer
> derartigen Freimütigkeit geantwortet, daß wir erkannten, daß er nichts au-
> ßerhalb der Wahrheit bekannte. Denn er bekannte, so gottesfürchtig über
> den Herrn und unseren Erlöser Jesus Christus zu denken, wie es auch die
> katholische Kirche tut. Und er bestätigte, nicht erst jetzt dieses zu denken,
> sondern schon lange; entsprechend bezeugten auch unsere Presbyter, die da-
> mals auf der Synode von Nizäa waren, seine Rechtgläubigkeit. Er bekräftigte
> nämlich, sowohl damals als auch jetzt die Häresie der Arianer zu verachten,
> weshalb es berechtigt sei, auch euch daran zu erinnern, damit niemand die
> derartige Häresie annehme, sondern sie verabscheue als einen Fremdkörper
> in der gesunden Lehre. Da er also richtig denkt und als rechtgläubig bezeugt
> worden ist, wie hätten wir ihn anders behandeln sollen denn als Bischof, wie
> wir es auch taten, und ihn nicht von der Gemeinschaft auszuschließen? Dies
> habe ich nun nicht geschrieben, um sie zu verteidigen, sondern damit ihr
> glaubt, daß wir die Männer nach Recht und Gesetz aufgenommen haben
> und daß ihr umsonst streitet; es ist aber angemessen, daß ihr euch bemüht
> und alle Hebel in Bewegung setzt, damit die ungesetzlichen Ereignisse eine
> Korrektur erfahren, die Kirchen aber Frieden haben, auf daß der Friede des
> Herrn, der uns übergeben worden ist, erhalten bleibt, die Kirchen sich nicht
> entzweien und euch nicht der Tadel verbleibt, ihr habet die Entzweiung
> verursacht. Ich bekenne euch nämlich, daß die Ereignisse keine Veranlassung
> zum Frieden, sondern zur Entzweiung bieten.[61]

---

60   Vgl. auch Dok. 41.8,14 und den zitierten Text aus dem Juliusbrief unten.
61   Dok. 41.8,48–51 (170 f. Brennecke/Heil/Stockhausen/Wintjes): Περὶ δὲ Μαρκέλλου, ἐπειδὴ
     καὶ περὶ αὐτοῦ ὡς ἀσεβοῦντος εἰς τὸν Χριστὸν ἐγράψατε, δηλῶσαι ὑμῖν ἐσπούδασα ὅτι
     ἐνταῦθα γενόμενος διεβεβαιώσατο μὲν μὴ εἶναι ἀληθῆ τὰ περὶ αὐτοῦ γραφέντα παρ' ὑμῶν,
     ὅμως δὲ ἀπαιτούμενος παρ' ἡμῶν εἰπεῖν περὶ τῆς πίστεως οὕτως μετὰ παρρησίας ἀπε-

Aus diesem Text wird ohne Zweifel deutlich, daß auf der römischen Synode über und mit Markell persönlich über dessen Theologie verhandelt wurde und er sich Fragen nach seiner Orthodoxie stellen mußte. Natürlich ist die Situation für ihn günstig, da seine Gegner nicht erschienen waren und an der Synode wohl mehrheitlich Kollegen teilnahmen, die ihm wohlgesonnen waren. Dennoch haben diese Gespräche stattgefunden, zudem man bei den übrigen Bischöfen, auch den anderen aus dem Osten angereisten Exulanten, nicht ohne weiteres davon ausgehen kann, daß es sich um »Markellianer« handelte. Betrachtet man diese Situation, so scheint sich hier doch ein passender »Sitz im Leben« für die von Markell zitierte Textpassage zu finden.

Wie ging es nun weiter? Nach seiner Rehabilitation auf der Synode reiste Markell ab und verfaßte diesen Brief, den der römische Bischof dann seinem von ihm verfaßten Rundbrief beifügen sollte und auch wohl der entsprechenden Antwort auf die antiochenische Absage. Vielleicht wollte er auch vorsorgen für die Situation, falls doch noch verspätet oder als Reaktion auf den Brief des Julius Gesandte aus Antiochien eintreffen sollten. Überdies ist Vinzent zuzustimmen, daß Markell nicht schon zuvor abgereist war, wie vielfach angenommen, und nur noch sozusagen seinen Brief hinterließ als Grundlage für die Debatten über ihn auf der Synode.[62]

Daß eine Synode der Ort ist, auf der Bekenntnisse formuliert wurden, wenn theologische Fragen auftauchten, ist im vierten Jahrhundert genügend belegt, angefangen von der antiochenischen Synode 325 über die nizänische bis zu der späteren antiochenischen Synode 341 oder der Synode von Serdica 343.

κρίνατο δι᾽ ἑαυτοῦ ὡς ἐπιγνῶναι μὲν ἡμᾶς ὅτι μηδὲν ἔξωθεν τῆς ἀληθείας ὁμολογεῖ. οὕτως γὰρ εὐσεβῶς περὶ τοῦ κυρίου καὶ σωτῆρος ἡμῶν Ἰησοῦ Χριστοῦ ὡμολόγησε φρονεῖν, ὥσπερ καὶ ἡ καθολικὴ ἐκκλησία φρονεῖ· καὶ οὐ νῦν ταῦτα πεφρονηκέναι διεβεβαιώσατο, ἀλλὰ καὶ ἔκπαλαι, ὥσπεροῦν καὶ οἱ ἡμέτεροι πρεσβύτεροι τότε ἐν τῇ κατὰ Νίκαιαν συνόδῳ γενόμενοι ἐμαρτύρησαν αὐτοῦ τῇ ὀρθοδοξίᾳ. καὶ γὰρ καὶ τότε καὶ νῦν κατὰ τῆς αἱρέσεως τῶν Ἀρειανῶν πεφρονηκέναι διισχυρίσατο, ἐφ᾽ ᾧ καὶ ὑμᾶς ὑπομνῆσαι δίκαιόν ἐστιν, ἵνα μηδεὶς τὴν τοιαύτην αἵρεσιν ἀποδέχηται, ἀλλὰ βδελύττηται ὡς ἀλλοτρίαν τῆς ὑγιαινούσης διδασκαλίας. ὀρθὰ τοίνυν αὐτὸν φρονοῦντα καὶ ἐπὶ ὀρθοδοξίᾳ μαρτυρούμενον τί πάλιν καὶ ἐπὶ τούτου ἔδει ποιεῖν ἡμᾶς ἢ ἔχειν αὐτόν, ὥσπερ καὶ εἴχομεν, ἐπίσκοπον καὶ μὴ ἀποβάλλειν τῆς κοινωνίας; ταῦτα μὲν οὖν ἐγὼ οὐχ ὡς ὑπεραπολογούμενος αὐτῶν γέγραφα, ἀλλ᾽ ἕνεκα τοῦ πιστεῦσαι ὑμᾶς ὅτι δικαίως καὶ κανονικῶς ἐδεξάμεθα τοὺς ἄνδρας, καὶ μάτην φιλονεικεῖτε, ὑμᾶς δὲ δίκαιόν ἐστι σπουδάσαι καὶ πάντα τρόπον καμεῖν, ἵνα τὰ μὲν παρὰ κανόνα γενόμενα διορθώσεως τύχῃ, αἱ δὲ ἐκκλησίαι εἰρήνην ἔχωσι πρὸς τὸ τὴν τοῦ κυρίου εἰρήνην τὴν δοθεῖσαν ἡμῖν παραμεῖναι καὶ μὴ σχίζεσθαι τὰς ἐκκλησίας μηδὲ ὑμᾶς ὡς αἰτίους σχίσματος μέμψιν ὑπομεῖναι. ὁμολογῶ γὰρ ὑμῖν τὰ γενόμενα οὐκ εἰρήνης, ἀλλὰ σχίσματος προφάσεις εἰσίν.

62 So z.B. auch Tetz in seinem Aufsatz zu Theophronius (Tetz, Kirchweihsynode): Markell habe sein Schreiben im Hinblick auf die unmittelbar bevorstehende Synode abgefaßt. Ebenfalls Parvis, Marcellus of Ancyra, 193 mit Anm. 68. Sie fragt: »Why would Julius need a statement of Marcellus' orthodoxy if the synod had already exonerated him?« Einen vergleichbaren Fall haben wir aber in der Glaubenserklärung des Theophronius (s. Dok. 41.3); Markell sollte und wollte noch einmal persönlich und in konkreter Auseinandersetzung mit den gegen ihn geäußerten Vorwürfen seine theologische Position darlegen, was dann dem Rundbrief des Julius beigefügt werden wollte. Genau dies wünscht ja Markell, wie er in § 15 selbst sagt; er wünscht nicht, daß dies der Text sei, worüber auf der Synode noch zu verhandeln wäre.

So bietet es sich eigentlich auch an, dasselbe für die römische anzunehmen, zumal die Theologie Markells verhandelt wurde. Vielleicht läßt es sich vor diesem Hintergrund auch erklären, warum in diesem Text die im Osten heftig umstrittenen Begriffe und Thesen kaum vorkommen. Basis für diesen Text aus Markells Brief scheint einerseits traditionelles Material zu sein, wie wir es auch teilweise von früheren Autoren überliefert haben (in der Form frei formulierter *Regulae fidei*) und worauf schon immer verwiesen wurde:

* Allmächtiger Gott: MartPolyc. 19,2; Iren., haer. I 10,1; Justin, dial. 139,4
* Eingeborener Sohn[63]: Justin, dial. 105; MartPolyc. 20, Diogn. 10.
* Zeugung aus hl. Geist und Jungfrau Maria[64]: u.a. Ign., Eph. 18,2; Iren., epid. 71; Tert., adv. Marc. V 17; praescr. 13,3; Hippolyt, haer. VIII 17; IX 30; Orig., Comm. in Io 13,19 (In ev. Io 32,16)
* Gekreuzigt unter Pontius Pilatus[65]: Ign., Magn. 11; Trall. 9; Smyrn. 1,1-2; Justin, 1apol. 13; 61; II 6; dial. 30; 85 u.ö.; Iren., haer. III 4,2; V 12,5; Tert., virg.vel. I; Orig., In ev. Io 32,16
* Am dritten Tag auferstanden von den Toten[66]: Tert., praescr. 13; virg.vel. I
* Aufgefahren in den Himmel[67]: Justin, 1apol. 21,1; 31,7 u.ö.; Iren., haer. I 9,3
* Sitzt zur Rechten des Vaters[68]: Tert., praescr. 13; virg.vel. I; adv. Prax. 2
* Kommt, um Lebende und Toten zu richten[69]: Iren., haer. 1,10; Tert., virg.vel. I; adv.Prax. 2

Andererseits mag auch das Bekenntnis des Alexander von Alexandrien und das der früheren antiochenischen Synode von 325 mit herangezogen worden sein, da sich hier ähnlich formulierte Passagen, besonders zur Inkarnation und auch zum dritten Artikel, finden lassen. Auf diese Bezüge hatte auch Vinzent als ein Baukasten seines antilogischen Erklärungsmodells der Entstehung von Bekenntnissen hingewiesen[70]. Zumindest aus der Anfangszeit des arianischen Streits ist überliefert, daß Alexander seinen römischen Kollegen Silvester damals über seinen Streit mit Arius und dessen Verurteilung informiert hatte (Dok. 18), so daß man davon ausgehen kann, daß entsprechendes Material des Alexander in Rom vorrätig war.

Trifft diese Einschätzung zu, dann trägt diese Passage aus Markells Brief doch zu Recht den Namen *Romanum*, da es das Bekenntnis der römischen Synode von 341 ist.

---

63   Joh 1,14.18 u.ö.
64   Vgl. Röm 1,3 f.; Mt 1,18.20; Lk 1,35. Dazu Vinzent, Entstehung, 315.
65   Vgl. 1Tim 6,13. Vgl. Kelly, Altkirchliche Glaubensbekenntnisse, 150; Vinzent, Entstehung, 356.
66   1Kor 15,4; 1Thess 4,14.
67   1Petr 3,22.
68   Ps 110,1; Hebr 1,3; Eph 1,20.
69   Vgl. Apg 10,42; 2Tim 4,1; 1Petr 4,5.
70   Vinzent, Entstehung, 353–359; 364.

Literatur

Brennecke, Hanns Christof, Hilarius von Poitiers und die Bischofsopposition gegen Konstantius II. Untersuchungen zur dritten Phase des arianischen Streits (337-361) (PTS 26), Berlin/New York 1984.

— Nicäa I. Ökumenische Synode von 325, TRE 24 (1994), 429–441.

Brennecke, Hanns Christof, Uta Heil, Annette von Stockhausen und Angelika Wintjes, Athanasius Werke. Band III/Teil 1: Dokumente zur Geschichte des arianischen Streites. Lfg 3: Bis zur Ekthesis Makrostichos, Berlin/New York 2007.

Bruns, Peter, Symbol, Symbolerklärung, LACL ³2002, 660–662.

Campenhausen, Hans Freiherr von, Das Bekenntnis Eusebs von Caesarea, ZNW 67 (1976), 123–139.

— Das Bekenntnis im Urchristentum, ZNW 63 (1972), 210–253.

— Urchristliches und Altkirchliches. Vorträge und Aufsätze, Tübingen 1979.

Connolly, Richard H., The so-called Egyptian Church Order and derived Documents (Texts and Studies 8,4), Cambridge 1916 (ND 1976).

Drecoll, Volker Henning, Rezension zu Wolfram Kinzig, Christoph Markschies und Markus Vinzent (Hrsg.), Tauffragen und Bekenntnis. Studien zur sogenannten »Traditio Apostolica«, zu den »Interrogationes de fide« und zum »Römischen Glaubensbekenntnis« (Arbeiten zur Kirchengeschichte 74), Berlin/New York 1999, ThLZ 125 (2000), 772–778.

Epiphanius von Salamis, Epiphanius. Dritter Band: Panarion haer. 65–80. De fide, hrsg. v. Karl Holl und Jürgen Dummer (GCS.NF 3), Berlin ²1985.

Hahn, August (Hrsg.), Bibliothek der Symbole und Glaubensregeln der alten Kirche. 3. vielfach veränderte und vermehrte Auflage von Georg Ludwig Hahn. Mit einem Anhang von Adolf Harnack zu »Materialien zur Geschichte und Erklärung des alten römischen Symbols aus der christlichen Litteratur der zwei ersten Jahrhunderte«, Breslau 1897.

— (Hrsg.), Bibliothek der Symbole und Glaubensregeln der Apostolisch-katholischen Kirche, Breslau 1842.

Harnack, Adolf von, Zur Abhandlung des Hrn. Holl, SPAW.PH 1919, 112–116.

Hart, Trevor, Creeds, Councils and Doctrinal Development, in: Philip Francis Esler (Hrsg.), The early Christian world I, London/New York 2000, 636–659.

Hippolyt, La tradition apostolique: d'après les anciennes versions, hrsg. v. Bernard Botte (SC 11bis), Paris ²1984.

Holl, Karl, Gesammelte Aufsätze zur Kirchengeschichte. II. Der Osten, Tübingen ²1928.

— Zur Auslegung des zweiten Artikels des sog. apostolischen Glaubensbekenntnisses, SPAW.PH 1919, 2–11.

Kelly, John Norman Davidson, Altkirchliche Glaubensbekenntnisse. Geschichte und Theologie, Göttingen 1972.

Kinzig, Wolfram, Christoph Markschies und Markus Vinzent (Hrsg.), Tauffragen und Bekenntnis. Studien zur sogenannten »Traditio Apostolica«, zu den »Interrogationes de fide« und zum »Römischen Glaubensbekenntnis« (Arbeiten zur Kirchengeschichte 74), Berlin/New York 1999.

Lietzmann, Hans, Die Urform des apostolischen Glaubensbekenntnisses, SPAW.PH 1919, 269–274.

— Kleine Schriften III. Studien zur Liturgie- und Symbolgeschichte, zur Wissenschaftsgeschichte, hrsg. v. Kurt Aland (TU 74), Berlin 1962.

— Symbolstudien I–XIV (Libelli 136), Darmstadt 1966.

Löhr, Winfried, Rezension zu Wolfram Kinzig, Christoph Markschies und Markus Vinzent (Hrsg.), Tauffragen und Bekenntnis. Studien zur sogenannten »Traditio Apostolica«, zu den »Interrogationes de fide« und zum »Römischen Glaubensbekenntnis« (Arbeiten zur Kirchengeschichte 74), Berlin/New York 1999, JEH 51 (2000), 119 f.

Markschies, Christoph, Wer schrieb die sogenannte Traditio apostolica? Neue Beobachtungen und Hypothesen zu einer kaum lösbaren Frage aus der altkirchlichen Literaturgeschichte, in: Kinzig, Markschies und Vinzent, Tauffragen und Bekenntnis, 1–79.

Parvis, Sara, Marcellus of Ancyra and the Lost Years of the Arian Controversy 325–345 (OECS), Oxford 2006.

Schneemelcher, Wilhelm, Die Kirchweihsynode von Antiochien 341, in: Reden und Aufsätze. Beiträge zur Kirchengeschichte und zum ökumenischen Gespräch, Tübingen 1991, 94–125.

Seibt, Klaus, Die Theologie des Markell von Ankyra (AKG 59), Berlin 1994.

Simonetti, Manlio, Tyrannii Rufini opera (CChr.SL 20), Turnhout 1961.

Staats, Reinhart, Das Glaubensbekenntnis von Nizäa-Konstantinopel. Historische und theologische Grundlagen, Darmstadt 1996.

Tetz, Martin, Die Kirchweihsynode von Antiochien (341) und Marcellus von Ankyra. Zu der Glaubenserklärung des Theophronius von Tyana und ihre Folgen, in: Oecumenica et Patristica, FS W. Schneemelcher, Chambésy/Genf 1989, 199–217.

— Zum altrömischen Bekenntnis. Ein Beitrag des Marcellus von Ancyra, ZNW 75 (1984), 107–127.

Traditio Apostolica – Apostolische Überlieferung, übers. und mit einer Einl. vers. v. Wilhelm Geerlings, Freiburg u.a. 1991, 143–358.

Ussher, James, Jacobi Vsserii Armachani de Romanæ Ecclesiæ symbolo apostolico vetere aliisque fidei formulis, tum ab occidentalibus tum ab orientalibus, in primâ catechesi & baptismo proponi solitis, diatriba, accesserunt, Londini 1647.

Vinzent, Markus, Asterius von Kappadokien. Die theologischen Fragmente. Einleitung, kritischer Text, Übersetzung und Kommentar (SVigChr 20), Leiden/New York/Köln 1993.

— Der Ursprung des Apostolikums im Urteil der kritischen Forschung (FKDG 89), Göttingen 2006.

— Die Entstehung des »Römischen Glaubensbekenntnisses«, in: Kinzig, Markschies und Vinzent, Tauffragen und Bekenntnis, 185–409.

Vogt, Hermann Josef, Gab es eigentlich in Caesarea in Palästina ein Glaubensbekenntnis?, AHC 38 (2006), 1–34.

Vokes, Frederick Ercolo, Apostolisches Glaubensbekenntnis I. Alte Kirche und Mittelalter, TRE 3 (1978), 528–554.

Westra, Liuwe H., The Apostles' Creed. Origin, History, and some Early Commentaries (Instrumenta Patristica et Mediaevalia 43), Turnhout 2002.

Die ursprachliche Fassung der Dokumente von Serdica

Angelika Wintjes

Bei der Edition der »Dokumente zum arianischen Streit« war es das Ziel bei miteinander verflochtenen Überlieferungen eine einzige Fassung herzustellen, die dem Original möglichst nahe kommt. Dazu war es oftmals notwendig, die Abhängigkeitsverhältnisse und die Frage der Originalsprache zu klären. Die meisten Schwierigkeiten bereiteten hier die Dokumente der Synode von Serdica 343, die daher im folgenden ausführlicher gewürdigt werden sollen als dies im Rahmen der Edition möglich war.

Die Texte der sogenannten »östlichen« Synode liegen uns in lateinischer Sprache vor, während wir für viele Schreiben der »westlichen« Synode eine bessere griechische Überlieferung erhalten haben. Für die »Theologische Erklärung« der »östlichen« Synode ist kaum anzunehmen, daß die Dokumente ursprünglich in lateinischer Sprache abgefaßt waren, denn in den drei uns erhaltenen lateinischen Fassungen: im Codex Veronensis LX, in *De synodis* des Hilarius und in dessen *Collectanea antiariana* fällt auf, daß sie häufig in Synonymen wie *ab*, *ex*, *de* oder *regnum* und *imperium* variieren.[1] Dies kann als sprachliches Indiz für eine Übersetzung aus dem Griechischen gewertet werden, da solche Abweichungen am einfachsten durch eine richtige, aber andere Übersetzung zu erklären sind. Natürlich bestünde theoretisch die Möglichkeit, daß alle diese Fassungen auf einen griechischen Archetypus zurückgehen, der die Übersetzung eines lateinischen Originals ist. Die Bischöfe im Osten dürften jedoch untereinander in griechischer Sprache kommuniziert haben, und da es sich bei der »Theologischen Erklärung« zunächst um ein innerkirchliches Dokument handelt und nicht um ein Edikt auf höchster staatlicher Verwaltungsebene, entfällt die Notwendigkeit, dies im Original lateinisch abzufassen. Gleiches gilt für den Rundbrief. Da für diesen allerdings nur die Überlieferung in den *Collectanea antiariana* vorliegt, lassen sich hier keine Vergleiche zwischen verschiedenen Überlieferungssträngen anstellen. Auch wenn hier keine eindeutigen Anzeichen einer Übersetzung

---

1   Vgl. Hanns Christof Brennecke/Uta Heil/Annette von Stockhausen/Angelika Wintjes, Athanasius Werke. Band III/Teil 1: Dokumente zur Geschichte des arianischen Streites. Lfg 3: Bis zur Ekthesis Makrostichos, Berlin/New York 2007, 272 für weitere Belege.

festgestellt werden konnten, ist zu vermuten, daß das Original wie im Fall der »Theologischen Erklärung« ebenfalls griechisch abgefaßt war.

Es bleibt aber generell zu beachten, daß die Amtssprache auch in der Osthälfte des Reiches im 4. Jh. weiterhin Latein ist. Wenn wir also an den Kaiser für die Osthälfte des Reiches gerichtete Briefe in lateinischer Sprache vorfinden, so ist dies damit nicht prinzipiell verwunderlich.[2]

Forschungsdiskussion

Im Vergleich zu den Dokumenten der »östlichen« Synode ist die Lage bei den »westlichen« Texten weitaus komplizierter und so haben sie die Forschung auch weitaus mehr bewegt. Schon hinsichtlich der Kanones, die uns in griechischer und lateinischer Version überliefert sind, haben Turner[3], Schwartz[4] und Hess[5] für ein lateinisches Original plädiert.

Was den Rundbrief der »westlichen« Synode einschließlich der Glaubenserklärung anbelangt, so haben sich Feder[6] und Gelzer[7] für ein griechischsprachiges Original, Schwartz[8] und Opitz[9] dagegen für ein lateinischsprachiges Original ausgesprochen. Barnard[10] versucht einen Kompromiß und geht davon aus, daß die Dokumente von vornherein zweisprachig abgefaßt wurden. Ulrich[11] schließt sich dem in seiner Dissertation zu den *Anfängen der abendländischen Rezeption des Nizänums* an, präzisiert diese These aber insofern, als er die griechische Version als Prätext ansieht, der vor Ort ins Lateinische übersetzt worden ist. Er begründet seine Meinung u.a. inhaltlich-theologisch: Er weist nach, daß das

---

2   Zur Rolle des Lateinischen im Osten des Reiches vgl. den Aufsatz von Schmitt (Sprachverhältnisse). Als Beispiel dafür, daß die Amtssprache auch im Osten des Reiches im 4. Jh. weiterhin Latein ist, vgl. Themistios, or. 6,71c. Je umfangreicher die Lateinkenntnisse waren, desto besser waren die Chancen auf eine erfolgreiche Karriere im öffentlichen Bereich, vgl. Raffaella Cribiore, The School of Libanius in Late Antique Antioch, Princeton 2007, 208–211. Auf regionaler Ebene nehmen auch in gebildeten Kreisen die Lateinkenntnisse im Osten allerdings ab, vgl. Karlheinz Dietz, Kaiser Julian in Phönizien, Chiron 30 (2000), 807–853, hier 810–812.

3   Vgl. Cuthbert Hamilton Turner, The Genuineness of the Sardican Canons, JThS 3 (1902), 370–397, hier 376 Anm. 2.

4   Vgl. Eduard Schwartz, Der griechische Text der Kanones von Serdika, ZNW 30 (1931), 1–35, hier 1–35.

5   Vgl. Hamilton Hess, The Early Development of Canon Law and the Council of Serdica, Oxford 2002, 117–123.

6   Vgl. Alfred Leonhard Feder, Studien zu Hilarius von Poitiers I. Die sogenannten »fragmenta historica« und der sogenannte »Liber I ad Constantium Imperatorem« nach ihrer Überlieferung, inhaltlicher Bedeutung und Entstehung (SAWW.PH 164/2), Wien 1910, 86 f.

7   Vgl. Ital Gelzer, Das Rundschreiben der Synode von Serdica, ZNW 40 (1941), 1–24.

8   Vgl. Schwartz, Griechischer Text, 5 f.

9   Vgl. Hans-Georg Opitz, Athanasius Werke. Band II: Die Apologien. Lfg. 1–7, Berlin/Leipzig 1935–1941, 119 Anm. 4.

10 Vgl. Leslie William Barnard, The Council of Sardica 343 A.D. Sofia 1983, 79.

11 Vgl. Jörg Ulrich, Die Anfänge der abendländischen Rezeption des Nizänums (PTS 39), Berlin/New York 1994, 91–96.

westliche Serdicense als »eine in allen wesentlichen Punkten mit der Lehre Markells übereinstimmende Erklärung einzustufen« ist. Damit sei dieser Text ganz von Theologen aus dem Osten bestimmt und zu vermuten, daß sich diese Theologen auch sprachlich durchsetzten. Dazu kommt für ihn das Faktum, daß nach seiner Analyse ca. 60% der auf der »westlichen« Synode anwesenden Bischöfe griechischsprachig waren.[12]

Da die inhaltlichen Argumente oftmals Interpretation sind, die eigentlich erst nach einer philologischen Textkonstituierung erfolgen kann, gilt es, nochmals die rein sprachlichen Hinweise, die Aufschluß über die Abhängigkeitsverhältnisse und die Originalsprache geben könnten, in Augenschein zu nehmen.

Der Rundbrief der »westlichen« Synode (Dok. 43.1)

Zunächst möchte ich auf den Rundbrief eingehen. Der Rundbrief der »westlichen« Synode ist uns durch vier Textzeugen erhalten: griechisch in der *Apologia secunda* des Athanasius und in der Kirchengeschichte Theodorets, lateinisch im Codex Veronensis LX und in den *Collectanea antiariana* des Hilarius. Die beiden griechischen Zeugen sind in ihrer Überlieferung relativ problemlos, wobei Theodoret wohl von Athanasius beeinflußt ist. Für den Text in den *Collectanea antiariana* dagegen können wir heute eigentlich nur noch auf den Cod. Parisinus Armamentarii lat. 483 aus dem 9. Jh. zurückgreifen, der leider viele Verschreibungen aufweist.[13] Alle anderen eigenständigen Überlieferungen sind verloren, auch wenn die Ausgabe von Feder aufgrund ihrer Siglenauswahl hier auf den ersten Blick einen anderen Anschein erweckt. Der Codex Veronensis LX aus dem 8. Jh. ist sehr gut zu lesen, doch handelt es sich hierbei, wie zu sehen sein wird, eindeutig um eine Wort für Wort Übersetzung aus dem Griechischen.[14]

Schwartz, der für den Rundbrief eine lateinische Urfassung annimmt, begründet dies damit, daß die Fassungen bei den griechischen Textzeugen einschließlich der Übersetzung im Codex Veronensis kürzer sind als die lateinische bei Hilarius. Allerdings gibt er selbst zu, daß es sich hierbei um »Ranken der lateinischen Rhetorik« handelt, die vom griechischen Übersetzer abgeschnitten wurden, um »flüssiges Griechisch«[15] zu schreiben. Die beiden Beispiele, die er zum Beleg anführt, könnten daher auch so interpretiert werden, daß der Verfasser des latei-

---

12   Vgl. dazu auch die Untersuchung in Brennecke/Heil/Stockhausen/Wintjes, Athanasius Werke III/3, 180–185, die von einer überwiegenden Mehrheit griechischsprachiger Bischöfe für die »westliche« Synode ausgeht.

13   Zur Überlieferungsproblematik und dem Aufbau der *Collectanea antiariana* vgl. Brennecke/Heil/Stockhausen/Wintjes, Athanasius Werke III/3, 187 mit den dortigen Literaturangaben.

14   Zu Entstehung und Überlieferung des Codex Veronensis LX vgl. Brennecke/Heil/Stockhausen/Wintjes, Athanasius Werke III/3, 187 f. mit den dortigen Literaturangaben.

15   Vgl. Schwartz, Griechischer Text, 6.

nischen Textes hier präzisieren will oder durch seine Wertung der Geschehnisse den Text überschwenglich aufbläst.[16]

Gelzer, der sich für ein griechisches Original ausspricht, führt dagegen eine ausführliche philologische Untersuchung durch und liegt bis auf einige Ausnahmen bei den meisten seiner Einzelentscheidungen richtig,[17] auch wenn gerade an zwei für die Bestimmung der Abhängigkeitsverhältnisse wichtigen Stellen, wie wir sehen werden, eine Korrektur vorgenommen werden muß. Die Leistung von Gelzer besteht im wesentlichen darin, nachgewiesen zu haben, daß nicht nur die Fassung des Codex Veronensis eine Rückübersetzung aus dem Griechischen ist, sondern auch der bei Hilarius überlieferte Text.[18] Somit bleibt nach den Ergebnissen von Gelzer festzuhalten, daß die uns erhaltenen griechischen Fassungen dem Original näher stehen als die lateinischen. Eine Frage, die Gelzer nicht berücksichtigt, ist, ob sich in den griechischen Überlieferungen bei Theodoret und Athanasius eventuell wieder Spuren einer Übersetzung aus dem Lateinischen finden lassen.

So geht es im folgenden noch einmal darum aufzuzeigen, daß die lateinischen Fassungen Übersetzungen aus dem Griechischen sind, darüber hinaus aber den Nachweis zu führen, daß die uns vorliegenden griechischen Fassungen wiederum Übersetzungen aus dem Lateinischen sind.

Daß der Text des Codex Veronensis eine Übersetzung aus dem Griechischen ist, wurde bislang vor allem mit dem sinnlosen *aput Asiam in concilio venire (in etwa: bei Asien zur Synode zusammenzukommen)*[19] belegt, mit dem das griechische εἰς τὴν ἁγίαν σύνοδον εἰσελθεῖν wiedergegeben wird. Die unsinnige Ortsangabe *aput Asiam* erklärt sich am besten dadurch, daß der Verfasser des Textes im Codex Veronensis beim Übersetzen aus seiner griechischen Vorlage im Adjektiv ἁγίαν das Γ zu Σ verlesen hat. Angesichts des im Griechischen zu dieser Zeit verwendeten Schrifttypus ist eine derartige Verlesung nichts Ungewöhnliches. Ein *iudicium luporum* statt *more luporum*[20] bestätigt, daß der Übersetzer das δίκην λύκων (nach Art von Wölfen) Wort für Wort ins Lateinische zu übertragen versucht und mit Vokabelgleichungen arbeitet, ohne auf den Sinn zu achten. Diese Art des Übersetzens endet einige Male in der Zerschlagung und Neuordnung der gesamten Satzstruktur oder führt zumindest zu Unverständlichkeiten. So ist das *non solum* in dem Satz *et sed vocati non venerunt, sicut diximus, sed monstrantes ex hoc calumniam suam et* non solum *insidias et factiones fecerunt clamantes per*

---

16 Vgl. Schwartz, Griechischer Text, 5 Anm. 1.
17 Für Dok. 43.1 wurde in der Mehrheit der Fälle der Text als richtig erachtet, den auch Gelzer als richtig beurteilt hat.
18 Schwartz (Griechischer Text, 5 f.) dagegen behauptete noch, daß sich im Text des Hilarius keine Spuren von Übersetzung finden lassen.
19 200,17 f. App. Brennecke/Heil/Stockhausen/Wintjes. Die Stellenangaben beziehen sich im folgenden auf Brennecke/Heil/Stockhausen/Wintjes, Athanasius Werke III/3.
20 203,4 App. Brennecke/Heil/Stockhausen/Wintjes.

excusationem[21] nur als mißlungene Übertragung des griechischen μόνον οὐχὶ verständlich, das im griechischen Text hier nicht im Sinne von »nicht nur« – was es auch bedeuten kann – sondern im Sinne von »beinahe/geradezu« gebraucht ist. Darüber hinaus werden mehrgliedrige substantivierte Infinitive auseinandergerissen und Teile davon zu anderen Verben gezogen.[22] Überhaupt erklären sich viele Merkwürdigkeiten des Lateinischen, auch wenn es sich nicht direkt um Fehler handelt, durch Übersetzung (z. B. *ubique episcopis* ohne geschlossene Wortstellung für τοῖς ἀπανταχοῦ ἐπισκόποις)[23]. Der eindeutigste Beweis für eine Übersetzung findet sich allerdings nicht im Rundbrief, sondern in der Theologischen Erklärung. Dort steht an einer Stelle, an der *verbum* stehen müßte, ein völlig sinnloses *sol*.[24] Dies kann nur daher rühren, daß der Übersetzer in seiner griechischen Vorlage das ΗΛΟΓΟΣ an dieser Stelle zu ΗΛΙΟΣ verlesen hat. Da die Glaubenserklärung nach dem Zeugnis von Theodoret und dem Codex Veronensis in Verbindung mit dem Rundbrief überliefert worden ist,[25] muß folglich angenommen werden, daß es sich bei dem Text des Rundbriefes im Codex Veronensis ebenfalls um eine Übersetzung handelt.

Wesentlich schwieriger ist es, den Nachweis zu führen, daß auch die Version bei Hilarius eine Übersetzung aus dem Griechischen ist. Feder führt hier ins Feld, daß nur ein Übersetzer den griechischen Namen Ischyras konsequent an

---

21   192,11 f. App. Brennecke/Heil/Stockhausen/Wintjes.

22   Vgl. Dok. 43.1,15 (202,22–203,10 Brennecke/Heil/Stockhausen/Wintjes). Der griechische Text bietet hier:
…ὥστε γινώσκειν ἑκάστης ἐκκλησίας τοὺς λαοὺς τοῦ ἰδίου ἐπισκόπου τὴν καθαρότητα καὶ τοῦτον μὲν ἔχειν ἐπίσκοπον καὶ *προσδοκᾶν*, τοὺς δὲ εἰς τὰς ἐκκλησίας αὐτῶν ἐπελθόντας δίκην λύκων, …, τούτους μηδὲ ἐπισκόπους *ὀνομάζειν* μηδὲ ὅλως κοινωνίαν τινὰ πρὸς αὐτοὺς ἔχειν μηδὲ *δέχεσθαί* τινα παρ' αὐτῶν γράμματα μήτε γράφειν πρὸς αὐτούς.
Demgegenüber der Codex Veronensis:
… *ut* cuiusque *cognoscant* ecclesiae populi sui episcopi sinceritatem et hunc habere episcopum <et> *expectare*, adgressos vero ecclesiarum ipsorum iudicium luporum …, nec episcopos *nominari* nec Christianos penitus *appellari* nec aliquam cum his *habere* communionem vel eorum litteras *suscipere* vel ad ipsos *scribere*.
Und Hilarius:
… *ut cognoscerent* singularum ecclesiarum plebes sacerdotis sui integritatem et *habere* se episcopum suum, illos autem, qui se eorum ecclesiis inmerserunt luporum more, …, neque nomen *habere* episcopi neque communionis omnino eorum *habere* participatum neque *suscipere* ab aliquo eorum litteras neque ad eos *scribere*.

23   188,2 f. App. Brennecke/Heil/Stockhausen/Wintjes. Für weitere Stellen vgl. Gelzer, Rundschreiben, 8 f.

24   211,26 App. Brennecke/Heil/Stockhausen/Wintjes.

25   So auch die Argumentation von Schwartz (Griechischer Text, 6). Gelzer (Rundschreiben, 2) wandte dagegen ein, daß der Rundbrief bei Theodoret künstlich mit der Glaubenserklärung verbunden ist, da dieser die Schlußformel des Briefes tilgt und statt dessen die Theologische Erklärung anfügt, und daß Athanasius selbst in *tom.* 5 bezeugt, daß die Glaubenserklärung als πιττάκιον selbständig in Umlauf war. Dieses Argument Gelzers ist jedoch nicht schlüssig, da natürlich der Rundbrief und die Glaubenserklärung an sich eigene, in sich abgeschlossene Dokumente waren, die aber doch wohl gemeinsam verschickt wurden. Daß jemand, der eine Kirchengeschichte verfaßt, von einem Dokument zum anderen überleitet, ist kein Indiz für eine getrennte Überlieferung.

jeder Stelle mit der latinisierten Form Scyras wiedergeben konnte.[26] Die weiteren Beispiele, die er erwähnt, sind nicht unbedingt zwingend. Auch Gelzer tut sich bei seinem Nachweis, daß der Hilariustext eine Übersetzung ist, nicht ganz so leicht wie beim Codex Veronensis, und dadurch, daß unser einziger wirklicher Textzeuge, der Cod. Parisinus Armamentarii lat. 483 (bei Feder Handschrift A), an einigen Stellen völlig verderbt ist,[27] wird der Nachweis zusätzlich erschwert. Viele der Belege, die Gelzer für eine Übersetzung bringt, sind nicht absolut überzeugend.[28] Überwiegend ist es die holprige Satzstruktur,[29] die auf eine Übersetzung hindeutet. Es findet sich bei Hilarius dieselbe falsche Wiedergabe von μόνον οὐχὶ mit *non solum* statt mit *tantummodo* wie im Codex Veronensis[30] und die Infinitive des ὥστε-Satzes[31] werden ähnlich wie im Codex Veronensis nicht in finite Verben umgewandelt, die von einem *ut* abhängig sind, sondern nur das erste dieser Verben wird richtig übertragen und die übrigen als Infinitive beibehalten, so daß sie diesem – inhaltlich nicht sonderlich sinnvoll – untergeordnet erscheinen.[32]

Als weiteres Beispiel sei hier eine etwas kompliziertere griechische Satzstruktur herangezogen, die den Übersetzer des Hilariustextes offenbar überfordert hat. Es muß übersetzt werden:»Und wenn sich auch vor allem dadurch, daß sie von unserem geliebten Mitdiener Julius eingeladen nicht kamen und aus dem Brief von Julius selbst deren Verleumdung deutlich gezeigt hat – sie wären nämlich gekommen, wenn sie überzeugt gewesen wären von den Maßnahmen, die sie gegen unsere Mitdiener ergriffen und durchgeführt haben – zeigte sich ihre Verleumdung dennoch nur allzu deutlich aus ihrem Verhalten auf dieser heiligen und großen Synode.«[33] Wir haben hier im ersten Satzteil im Griechischen einen substantivierten Infinitiv vorliegen, an den sich als zweites Glied ein normaler

---

26 Vgl. Feder, Studien I, 87.

27 Vgl. die bei Gelzer (Rundschreiben, 13) angegebenen Stellen.

28 Von den Belegen, die Gelzer (Rundschreiben, 14 f.) anführt, sind einige nur stilistischer Art.

29 Gelzer (Rundschreiben, 16) wies allerdings auch darauf hin, daß eine genaue Kenntnis des spätkaiserzeitlichen Prosastils notwendig ist, »um sicher zwischen rhetorischer Manier und etwaigem Unvermögen unterscheiden zu können.«

30 192,11 App. Brennecke/Heil/Stockhausen/Wintjes.

31 Vgl. oben Anm. 22.

32 Gelzer (Rundschreiben, 16) wertete diese beiden Stellen als echte Übersetzungsfehler im Hilariustext, die eine Übersetzung aus dem Griechischen belegen. Der dritte Beleg, den er anführt, ist fragwürdig. Dort, wo die griechischen Zeugen τινα τῶν θείων βιβλίων haben, steht in der Handschrift A bei Hilarius *quaedam de divinis scripturis librum* (197,20 f. App. Brennecke/Heil/Stockhausen/Wintjes). Der Brief an Julius bezeugt, daß es sich um mehrere Bücher gehandelt hat. Der Verfasser der Handschrift A schwankt zwischen Plural (*quaedam*) und Singular (*librum*), so daß nicht eindeutig ist, ob hier ein wirklicher Übersetzungsfehler oder nur ein Flüchtigkeitsfehler vorliegt.

33 Dok. 43.1,4: καὶ εἰ καὶ τὰ μάλιστα ἐκ τοῦ κληθέντας αὐτοὺς παρὰ τοῦ ἀγαπητοῦ ἡμῶν καὶ συλλειτουργοῦ Ἰουλίου μὴ ἀπαντῆσαι, καὶ ἐκ τῶν γραφέντων παρὰ τοῦ αὐτοῦ ἐπισκόπου Ἰουλίου φανερὰ τούτων ἡ συκοφαντία πέφηνεν – ἦλθον γὰρ ἂν εἴπερ ἐθάρρουν οἷς ἔπραξαν καὶ πεποιήκασι κατὰ τῶν συλλειτουργῶν ἡμῶν – ὅμως καὶ ἐξ ὧν πεποιήκασιν ἐν ταύτῃ τῇ ἁγίᾳ καὶ μεγάλῃ συνόδῳ, φανερωτέραν τὴν ἑαυτῶν συσκευὴν ἀπέδειξαν (191,4–15 Brennecke/Heil/Stockhausen/Wintjes).

Präpositionalausdruck anschließt. Diesen Wechsel der Konstruktion konnte der Übersetzer des Hilariustextes nicht nachvollziehen. Er schreibt: *nam si ex eo, quo vocati sunt a Iulio episcopo, carissimo fratre nostro, claruit noluerunt noluisse eos venire ex ipsis litter(er)is, quibus eorum mendacia detecta sunt; venissent enim, si habuissent fiduciam eorum, quae gesserunt adversus coepiscopos nostros, licet etiam ex his, quae fecerunt in isto sancto et magno concilio, manifestiora falsitatis suae commenta prodiderunt.* Man sieht deutlich, daß hier beim Übersetzen der substantivierte Infinitiv nicht erkannt worden ist und versucht wurde, den Infinitiv μὴ ἀπαντῆσαι von πέφηνεν bzw. *claruit* abhängig zu machen. Daraus ergibt sich dann die Notwendigkeit, ein Verb im Sinne von *nolle* zu dem *venire* zu ergänzen, und im folgenden gelingt es nicht mehr, den sich anschließenden Präpositionalausdruck sinnvoll in die Satzkonstruktion einzufügen. Auch die richtige Korrelation von τὰ μάλιστα und ὅμως καὶ gelingt nicht über die Parenthese hinweg und so fällt τὰ μάλιστα einfach weg.

Auch Verflachungen im Vokabular des Hilariustextes deuten auf eine Übersetzung hin. Am Ende des Briefes werden bei Hilarius die Adressaten aufgefordert, die Maßnahmen der Synode *per litteras* zu unterstützen, während bei den Griechen δι᾽ ὑπογραφῆς steht.[34] Inhaltlich geht es eindeutig um die Sammlung von Unterschriften, so daß man annehmen muß, daß hier die Vokabel beim Übersetzen verflacht worden ist, da auch hier vermutlich rein mit dem Wörterbuch gearbeitet wurde. Umgekehrt würde man *litterae* kaum mit ὑπογραφή übersetzen.

Abschließend sei noch eine Stelle angeführt, an der Gelzer aufgrund einer inhaltlichen Fehlinterpretation[35] den falschen Text für original hält, so daß ihm hier ein wichtiger Beleg dafür, daß der Hilariustext eine Übersetzung ist, entgeht. Wiederum gegen Ende des Briefes, nachdem die Verbrechen der Gegner ausführlich geschildert worden sind, heißt es bei der Mehrheit der Textzeugen zusammenfassend: »Da es also nicht möglich war, die Verleumdungen, die Verhaftungen, die Morde, ... zu verschweigen oder unkommentiert zu lassen, deshalb haben wir unsere geliebten Brüder ... für straffrei und unschuldig erklärt ... «[36] Athanasius, die meisten Handschriften bei Theodoret und sogar der Codex Veronensis haben hier ἀνεκδιηγήτους (unkommentiert). Nur Hilarius und zwei Theodorethandschriften (N und S) bezeugen »ungestraft« (ἀνεκδικήτους bzw. *inultas*). Der philologische Befund spricht hier also eindeutig für »unkommentiert«, zumal selbst der Codex Veronensis diesen Text bietet, der, wie wir sehen werden, dem Theodoret-Text so nahe steht, daß man an einigen Stellen beinahe eine direkte Übersetzung vermuten könnte. Gelzer glaubt, sich hier für »ungerächt« entscheiden zu müssen, weil bald darauf das Urteil der Synode folgt,

---

34 205,2 App. Brennecke/Heil/Stockhausen/Wintjes.
35 Vgl. Gelzer, Rundschreiben, 4.13.
36 Dok 43.1,15: Ἐπεὶ οὖν οὐκ ἔδει παρασιωπῆσαι οὐδὲ ἀνεκδιηγήτους ἐᾶσαι τὰς συκοφαντίας, τὰ δεσμά, τοὺς φόνους, ..., τούτου ἕνεκεν τοὺς μὲν ἀγαπητοὺς ἀδελφοὺς ἡμῶν ... ἀθ.ώους καὶ καθαροὺς εἶναι ἀπεφηνάμεθα ... (202,4–20 Brennecke/Heil/Stockhausen/Wintjes).

doch kann man das ἀνεκδιηγήτους auch als lectio difficilior rückbezogen auf die
Stellungnahmen zu den Vergehen der Gegner sehen. Auf jeden Fall läßt sich ein
inultas als Übersetzungsfehler erklären, indem der Übersetzer ἀνεκδιηγήτους
selbst verlesen hat oder dieses bereits in der Vorlage zu ἀνεκδικήτους geworden war, schwerlich könnte man aber annehmen, daß, wenn es ein lateinisches,
originales *inultas* gegeben hat, dieses im Griechischen zu dem komplizierteren
ἀνεκδιηγήτους geworden wäre. Damit kann Hilarius nicht die Vorlage für unsere
griechischen Textzeugen sein.[37]

Nachdem nun ausreichend belegt ist, daß die Fassungen im Codex Veronensis und bei Hilarius Übersetzungen aus dem Griechischen sind, gilt es zu prüfen,
ob die griechischen Varianten ebenfalls Spuren von Übersetzung aufweisen.

Bei Theodoret findet sich hier eine Stelle, die eindeutig für eine Übersetzung
spricht. Es heißt dort: »Es starb jedenfalls unser Mitdiener, der selige Theodul,
als er vor ihrer Beschuldigung floh.«[38]

Als Hintergrundinformation ist hier zu berücksichtigen, daß Theodul nicht
etwa durch seine Verfolger ermordet worden ist, wie man dies aus dem vorhergehenden Satz schließen könnte, sondern daß er auf natürliche Weise auf
der Flucht starb. Der Witz der Stelle liegt aber darin, daß dieser natürliche
Tod dennoch den Gegnern zur Last gelegt wird als Folge der physischen und
psychischen Strapazen der Flucht. Somit muß in der originalen Version von
»sterben« die Rede gewesen sein. Athanasius bietet ἀπέθανεν, Hilarius *decessit*,
Theodoret ἀνέστη und der Codex Veronensis *surrexit*. Damit haben Athanasius
und Hilarius inhaltlich das Richtige. Wie aber läßt sich der Fehler bei Theodoret
und im Codex Veronensis erklären? Ein ἀπέθανεν in der Vorlage wird kaum zu
ἀνέστη. Aber ein originales *decessit* kann sowohl im Sinne von »sterben« als auch
von »aufbrechen/fortgehen« (ἀνέστη) verstanden werden. Da der Verfasser der
Vorlage von Theodoret und dem Codex Veronensis offenbar wußte, daß Theodul
nicht ermordet wurde und den Witz der Stelle nicht verstand, entschied er sich
für ἀνέστη und verdoppelt damit inhaltlich das Partizip φεύγων im Satz. Somit
ist das ἀνέστη als Fehlübersetzung der theoretisch zweideutigen, lateinischen
Vorlage zu interpretieren.[39]

---

37 Gelzer (Rundschreiben, 16) kam im übrigen zu dem gleichen Ergebnis, obwohl er diese Stelle
    anders einschätzt. Schwartz (Griechischer Text, 5 f.) dagegen sieht in dem Text bei Hilarius die
    Originalfassung des Rundbriefes.
38 Dok. 43.1,6 (193,17–19 Brennecke/Heil/Stockhausen/Wintjes):
    Thdt.: ἀνέστη γοῦν ... ὁ μακαρίτης Θεόδουλος, φεύγων αὐτῶν τὴν διαβολήν
    Ath.: ἀπέθανεν οὖν ... ὁ μακαρίτης Θεόδουλος φεύγων αὐτῶν τὴν διαβολήν
    Hil.: *decessit* enim ... beatissimus Theodulus fugiens ipsorum infestationem
    Cod.Ver.: *surrexit* itaque ... beatus Theodulus eorum insimulationes.
39 Gelzer (Rundschreiben, 20 f.) schreibt zu dieser Stelle: »Θεόδουλος ist nicht in den Unter-
    schriftenlisten enthalten. Das Beiwort μακαρίτης, das nur Gestorbenen zukommt [...] zeigt,
    daß er zur Zeit, als der Brief verfaßt wurde, tot war. Dies beides spricht für ἀπέθανεν, das
    man nur nicht falsch auffassen darf. Tatsache ist, daß Θεόδουλος wie auch andere Bischöfe
    den Händen seiner Verfolger entkam: Ath., hist. Arian. 19,2, de fuga 3,4. Offenbar in der Zeit

Ein weiterer Beleg für die Übersetzung aus dem Lateinischen ist zudem der Glaubenserklärung zu entnehmen. Dort heißt es an einer Stelle bei Theodoret: μίαν εἶναι ὑπόστασιν, ἣν αὐτοὶ οἱ αἱρετικοὶ οὐσίαν προσαγορεύουσι (daß es eine Hypostase gibt, die die Häretiker selbst Usia nennen).[40] Im Codex Veronensis liest man dagegen: *unam esse substantiam, quam ipsi Graeci (u)sian appellant*. Schwartz, der von einem lateinischen Original ausging, faßte sowohl οἱ αἱρετικοὶ als auch *Graeci* als Glosse zur Interpretation eines originalen, einfachen *ipsi* auf, hinter dem die arianischen Gegner zu sehen sind.[41] Er hat damit richtig erkannt, daß der Einschub nur bei einem lateinischen Original sinnvoll ist. Erhebt man jedoch den lateinischen Text zur Grundlage, dann kann man auch davon ausgehen, daß der Codex Veronensis mit *Graeci* das Original erhalten hat, das eindeutig die Sprachverschiedenheit in den Blick nimmt, aber im Laufe der Zeit in der griechischen Übersetzung nicht mehr verständlich war und zu οἱ αἱρετικοὶ abgeändert wurde, um wieder annähernd einen sinnvollen Inhalt herzustellen. Da man annehmen kann, daß der Rundbrief ursprünglich in derselben Sprache verfaßt wurde, wie die Theologische Erklärung und gemeinsam überliefert worden ist, bestätigt diese Stelle auch für den Rundbrief, daß der Theodorettext eine Übersetzung aus dem Lateinischen ist.

Schwieriger ist der Nachweis, daß auch Athanasius eine Übersetzung aus dem Lateinischen ist. Hier ist nur auf eine Stelle zu verweisen, deren Varianten bei den verschiedenen Textzeugen sich am einfachsten mit der Annahme erklären lassen, daß auch der Athanasiustext eine Übersetzung ist. Die Übersetzung zu dieser Stelle nach der Rekonstruktion aus allen vier Varianten lautet: »Als sie dies einsahen, hatten sie keine Wahl mehr. Denn sie schämten sich zwar zuzugeben, was sie getan hatten, da sie aber keine Möglichkeit mehr hatten, diese Taten noch weiter zu verbergen, kamen sie nach Serdica, um durch ihr Eintreffen den Anschein zu erwecken, als hätten sie sich nichts zu Schulden kommen lassen, und so den Verdacht zu entschärfen.«[42]

---

seiner Verborgenheit fand er den Tod, ohne Beihilfe der Eusebianer zwar – φεύγων αὐτῶν τὴν διαβολήν –, denen dennoch mit der namentlichen Erwähnung hier halb und halb die Schuld daran zugeschoben werden soll. Thdt.s ἀνέστη ist Konjektur eines, der an ἀπέθανεν des Zusammenhangs wegen Anstoß nahm. Opitz, der es in den Text setzt, versteht ἀνέστη »er entzog sich durch die Flucht«. Die Bedeutung von »entweichen« scheint ἀνέστη mir aber nicht zu besitzen. Es heißt entweder »sich erheben« oder »aufbrechen«; von einem belagerten Heer gesagt, kann es »abrücken« bedeuten, aber auch das ist noch kein »Entweichen«. So übersetzt W [= Cod.Ver.] »surrexit« »er stand auf«, d.h. als Zeuge. A aber mit decessit gibt ἀπέθανεν wieder. Die bloße Flucht des Θεόδουλος brauchte nicht in den Vordergrund gestellt werden. Es war nichts anders, als was die übrigen auch taten.«

40 Dok. 43.2,3 (207,11–13 Brennecke/Heil/Stockhausen/Wintjes).
41 Vgl. Schwartz, Griechischer Text, 7 und Luise Abramowski, Die dritte Arianerrede des Athanasius. Eusebianer und Arianer und das westliche Serdicense, ZKG 102 (1991), 389–413, hier 400 f.
42 Dok. 43.1,7 (195,1–5 Brennecke/Heil/Stockhausen/Wintjes):
Ath.: ταῦτα τοίνυν συνορῶντες εἰς στενὸν εἶχον τὰ τῆς προαιρέσεως· ἠσχύνοντο μὲν γὰρ ὁμολογεῖν ἃ δεδράκασι, διὰ δὲ τὸ μὴ δύνασθαι λοιπὸν ταῦτα κρύπτεσθαι ἀπήντησαν εἰς τὴν

Für die Edition wurde die Entscheidung getroffen, den zweiten Satz dieser
Passage mit einem Hauptverb (ἠσχύνοντο) beginnen zu lassen und den ersten
Teil dieses Satzes als Begründung zum vorhergehenden zu sehen. Daß nämlich
gerade Athanasius zusammen mit dem Codex Veronensis, der sonst Theodoret
am nächsten steht, hier ein Hauptverb überliefert, spricht schon zugunsten des
Hauptverbs. Vor allem aber die Tatsache, daß der kausale Anschluß mit γὰρ
bzw. *enim* von drei Zeugen bestätigt wird, empfiehlt diese Entscheidung, da hier
der kausale Anschluß nur in Verbindung mit dem Hauptverb sinnvoll ist, das
eine Begründung zum vorhergehenden Satz liefert, der sonst unerklärt bleibt.[43]
Bei einer Umwandlung in ein Partizip erfolgt dagegen eine Unterordnung unter
das folgende Hauptverb, so daß eigentlich kein Raum für eine rückwärtsge-
wandte Begründung mehr bleibt. Daher schwächt Hilarius auch das γὰρ in
ein *quidem* ab. Da man im Griechischen noch mehr als im Lateinischen geneigt
ist, die Sätze durch partizipiale Unterordnungen zu strukturieren und längere
Perioden zu bilden, geschah es vermutlich beim Übersetzen, daß die relativ
kurze Aussage sie »schämten sich« in ein Partizip verwandelt wurde und dem
Hauptverb »sie kamen« des folgenden Satzes – was vom Sinn her problemlos
möglich ist – untergeordnet worden ist. Dadurch kommt es aber bei Theodoret
und Hilarius, der auf die griechische Vorlage zurückgeht, zu einer Spannung im
Text, da man erwartet, daß der Satzteil »da sie keine Möglichkeit mehr hatten,
diese Taten noch weiter zu verbergen« mit einem »aber« eingeleitet wird. Dieses
»aber« fehlte jedoch offenbar in der Vorlage, da es außer bei Athanasius nirgends
zu finden ist. Im lateinischen Original dagegen sind Sätze ohne verbindende
Partikel eher denkbar. Der Verfasser des Textes im Codex Veronensis versucht,
die Unstimmigkeit dadurch zu beheben, daß er das Partizip in ein Hauptverb zu-
rückverwandelt und zur Verknüpfung mit der folgenden Aussage ein *et* einfügt.
Auch Athanasius hat als Grieche das Bedürfnis, einen so kurzen Satz in eine
längere Periode einzufügen, und schiebt daher ein μὲν - δὲ zur Strukturierung
ein. Daß dieses nicht ursprünglich sein kann, läßt sich daran erkennen, daß es
sich nicht zum γὰρ fügt, welches vom Sinn her eben nur den ersten Teil der
Korrelation auf den vorhergehenden Satz bezieht. Für ein lateinisches Original

---

Σερδῶν πόλιν
Thdt.: ταῦτα τοίνυν συνορῶντες, εἰς στενὸν εἶχον τὰ τῆς προαιρέσεως. αἰσχυνόμενοι γὰρ ἃ
δεδράκασι, διὰ τὸ μὴ δύνασθαι ἔτι ταῦτα κρύπτεσθαι ἀπήντησαν εἰς τὴν Σαρδέων πόλιν
Hil.: Haec igitur considerantes in angusto se teneri pervidebant. *erubescentes quidem* confiteri
ea, quae conmiserunt, eo quod de cetero non possent ea diutius occultare, venerunt tandem in
Sardicensi civitate
Cod.Ver.: Haec itaque considerantes perducti sunt ad suae voluntatis interitum. *erubescebant enim*
sua confiteri delicta et, quoniam omnibus patefacta celari non poterant, Sardicam pervenerunt.

43   Natürlich gibt es die Möglichkeit, γὰρ antizipatorisch oder nach beiden Richtungen hin bezogen
     zu verwenden, vgl. Eduard Schwyzer/Albert Debrunner, Griechische Grammatik. Syntax und
     syntaktische Stilistik (HAW II 1.2), München [5]1988, 560, doch kommt dies hier nicht in Frage,
     da das Folgende inhaltlich eher einen Gegensatz zu dem »sie schämten sich zuzugeben, was sie
     getan hatten« zum Ausdruck bringt.

wäre also folgende Struktur zu rekonstruieren: »Als sie dies einsahen, hatten sie keine Wahl mehr. Sie schämten sich zuzugeben, was sie getan hatten. Da sie keine Möglichkeit mehr hatten, diese Taten noch weiter zu verbergen, kamen sie nach Serdica, um ... «

Somit bleibt als Ergebnis festzuhalten, daß unsere griechischen Textzeugen zwar dem Original näher stehen als die lateinischen, die sich eindeutig als Übersetzungen aus dem Griechischen erwiesen haben, daß sich aber in den griechischen Texten wiederum Spuren einer Übersetzung aus dem Lateinischen finden, auch wenn diese bei Athanasius sehr vage sind.

Die Abhängigkeiten der überlieferten Textzeugen läßt sich auf Grundlage dieser Ergebnisse folgendermaßen rekonstruieren:

Der Codex Veronensis folgt dem Theodorettext teilweise so wörtlich, daß man beinahe eine direkte Abhängigkeit vermuten könnte. So steht im Codex Veronensis dort, wo Theodoret διαφεύγουσιν hat, *subterfugiunt*, während sich bei Athanasius und Hilarius φεύγουσιν bzw. *fugiunt* findet.[44] Doch gibt es Stellen, die eindeutig belegen, daß der Codex Veronensis keine direkte Übersetzung aus Theodoret ist. An einigen Stellen hat er mit Athanasius und Hilarius gegen Theodoret das Richtige bewahrt. So schreibt er dort, wo sicher bereits von abgesetzten Bischöfen die Rede ist und nicht erst von angeklagten in Übereinstimmung mit Athanasius und Hilarius *depositos*, während bei Theodoret das griechische καθαιρεθέντας zu κατηγορηθέντας verdorben ist,[45] und an anderer Stelle ist ein *bonitatem* sicher nicht aus Theodorets ἀκοὴν zu erklären.[46] Man muß also festhalten, daß der Codex Veronensis enger mit Theodoret verwandt ist als mit Hilarius und Athanasius, daß er aber keine Übersetzung Theodorets ist.[47]

Schwieriger ist es, das Verhältnis zwischen Athanasius, Theodoret und Hilarius zu klären. Athanasius und Theodoret stimmen so stark überein, daß man annehmen muß, daß sie auf eine gemeinsame Vorlage zurückgehen. Wenn man berücksichtigt, daß Hilarius eine Übersetzung ist, muß man zugestehen, daß auch er noch zu viel mit Athanasius und Theodoret gemeinsam hat, als daß man für ihn eine eigene Vorlage annehmen könnte. Gelzer kommt bereits zu dem Ergebnis, daß der Hilariustext mit dem bei Athanasius in allen richtigen Lesarten übereinstimmt und nur wenige Schwächen mit ihm gemeinsam hat[48]. Mit Theodoret teilt er ebenfalls viele Vorzüge, aber auch einige Fehler, womit

---

44 192,20 f. App. Brennecke/Heil/Stockhausen/Wintjes.
45 199,23 f. App. Brennecke/Heil/Stockhausen/Wintjes.
46 188,12 f. App. Brennecke/Heil/Stockhausen/Wintjes.
47 Gelzer (Rundschreiben, 12) gelangte zu einem ähnlichen Bild. Er nahm zwar an, daß Athanasius, Theodoret und der Codex Veronensis unabhängig voneinander auf eine gemeinsame griechische Quelle zurückgehen, doch stellte er selbst fest, daß der Codex Veronensis immer dort mit Athanasius übereinstimmt, wo dieser nach seinem Urteil das Original hat, mit Theodoret dagegen auch schlechte Lesarten gemeinsam hat. Dies spricht eigentlich bereits dafür, daß der Codex Veronensis Theodoret näher steht als Athanasius.
48 Vgl. Gelzer, Rundschreiben, 13

er Theodoret offenbar nähersteht als dem Athanasiustext. So gibt es eine Stelle, an der Athanasius als einziger gegenüber allen anderen einen groben Fehler macht (ἐκοινώησαν)[49], was jedoch Zufall sein könnte. An anderer Stelle sind wir jedoch gegen Gelzer[50] zu dem Schluß gekommen, daß Athanasius als einziger das Richtige bewahrt hat. Es heißt bei ihm: »Der Herr ist es nämlich, der die Kirche leitet, der für diese und uns alle den Tod erlitten und uns allen durch sich selbst (δι' ἑαυτοῦ) den Weg zum Himmel bereitet hat.«[51]

Statt des δι' ἑαυτοῦ bieten die meisten Handschriften bei Theodoret δι' αὐτάς, Hilarius *propter eas ecclesias* und der Codex Veronensis *propterea*, das vermutlich aus *propter eas* entstanden ist. Die Aussage, daß Christus uns allen wegen der Kirchen den Weg zum Himmel bereitet hat, ist jedoch theologisch unsinnig, denn dann würde die Schaffung der Kirche Ziel des Heilshandelns Gottes sein und nicht umgekehrt das Mittel, um allen das Heil zukommen zu lassen. Da zwei Theodorethandschriften (A* und S) δ' αὐτοῦ haben und damit Athanasius relativ nahe kommen, kann man aufgrund dieser Stelle auch vermuten, daß hier eine nachträgliche Kontamination stattgefunden hat. Damit steht Hilarius also Theodoret und dem Codex Veronensis näher als Athanasius, wobei letztlich alle Textzeugen doch auf eine griechische Vorlage zurückgehen, die wiederum eine Übersetzung aus dem Lateinischen ist. Auch wenn vermutlich noch vor Ort in Serdica oder gar simultan die griechische Übersetzung angefertigt wurde, ist also von einem lateinischen Prätext auszugehen und es ergibt sich folgendes Stemma, das der Edition der Athanasius Werke III/1 für das Dokument 43.1 zugrundegelegt wurde:

Ω
(wahrscheinlich lateinisch)
|
Griechische Übersetzung

Ath.   γ   *Übers.*

α   *Übers.*   Hil.

Thdt.   Cod.Ver.

---

49   Dok. 43.1,8 (195,19 Brennecke/Heil/Stockhausen/Wintjes).
50   Vgl. Gelzer, Rundschreiben, 3.
51   Dok 43.1,3 (190,3–7 Brennecke/Heil/Stockhausen/Wintjes):
      Ath.: ἔστι γὰρ ὁ προιστάμενος τῶν ἐκκλησιῶν κύριος ὁ ὑπὲρ τούτων καὶ πάντων ἡμῶν θάνατον ὑπομείνας καὶ δι' ἑαυτοῦ τὴν εἰς οὐρανὸν ἄνοδον πᾶσιν ἡμῖν δεδωκώς.
      Thdt.: ἔστι γὰρ ὁ προϊστάμενος τῶν ἐκκλησιῶν κύριος, ὁ ὑπὲρ τούτων καὶ ὑπὲρ πάντων ἡμῶν θάνατον ὑπομείνας, καὶ δι' αὐτάς (δ' αὐτοῦ Thdt.(A*S)) τὴν εἰς οὐρανοὺς ἄνοδον πᾶσιν ἡμῖν δεδωκώς.
      Hil.: est enim gubernator ecclesiarum dominus, qui pro ecclesiis et pro omnibus nobis mortem sustinuit et *propter eas ecclesias* ascensum in caelos omnibus nobis tribuit.
      Cod.Ver.: est enim, qui praestat patrocinium ecclesiis dominus, qui pro his et nobis omnibus mortem sustinuit et *propterea* ascensum ad caelos nobis omnibus dedit.

Die Theologische Erklärung (Dok. 43.2)

Zur Theologischen Erklärung, die gemeinsam mit dem Rundbrief überliefert wurde, ist damit im wesentlichen bereits alles gesagt. Wenn sie uns nur bei Theodoret und im Codex Veronensis, aber nicht bei Athanasius und Hilarius überliefert ist, so liegt dies daran, daß Athanasius sich später von dieser Theologischen Erklärung im *Tomus ad Antiochenos* 5 distanziert hat und Hilarius das Nizänum in den Vordergrund rückte.[52] Schwartz hat für ein lateinisches Original noch ins Feld geführt, daß in der Glaubenserklärung die Sätze kaum mit Partikeln verbunden sind, was im Griechischen eigentlich unmöglich ist. Außerdem gibt er zu bedenken, daß καθολικός hier im Sinn von orthodox gebraucht wird, was typisch lateinischer Sprachgebrauch ist. Im Griechischen würde ὀρθόδοξος oder ὀρθῶς φρονῶν stehen.[53]

Die Annahme, daß der Theodorettext auf eine lateinische Vorlage zurückgeht, hat natürlich Auswirkungen auf die Textkonstitution. Einige Stellen, die zu wilden Konjekturen Anlaß gegeben haben, können durch den Übersetzungsvorgang erklärt und rekonstruiert werden.

Bereits im ersten Satz der Glaubenserklärung haben Loofs, Tetz und Ulrich[54] ausgehend vom Codex Veronensis eine falsche Interpunktion gesetzt.[55] Der Satz ist jedoch bei Theodoret, dem auch die Edition folgt, so erhalten, daß man drei Behauptungen herauslesen kann, die mit ὅτι eingeleitet und verworfen werden: »daß Christus wohl Gott sei, aber eben nicht wahrer Gott, daß er Sohn sei, aber nicht wahrer Sohn, und daß er zugleich gezeugt und geworden sei.«[56] Der Verfasser des Codex Veronensis gibt nicht alle ὅτι eindeutig faktisch mit »daß« wieder. Auch seine Interpunktion weist darauf hin, daß er das zweite und dritte ὅτι, das er mit *quia* bzw. *quod* überträgt, offenbar kausal interpretiert und als »weil« versteht. *Quia* allein wäre im Codex Veronensis kein Beleg für eine faktische Wiedergabe mit »daß«. Beachtet man die oben dargelegten Abhängigkeitsverhältnisse, so muß man davon ausgehen, daß sich in den Codex Veronensis nochmals

---

52 Vgl. dazu Hanns Christof Brennecke, Hilarius von Poitiers und die Bischofsopposition gegen Konstantius II. Untersuchungen zur dritten Phase des arianischen Streits (337-361) (PTS 26), Berlin/New York 1984, 306–309.

53 Vgl. Schwartz, Griechischer Text, 7.

54 Vgl. Friedrich Loofs, Das Glaubensbekenntnis der Homousianer von Sardica, APAW.PH 1 (1909), 3–39, wiederabgedruckt in Friedrich Loofs, Patristica. Ausgewählte Aufsätze zur Alten Kirche, hg. v. H.C. Brennecke u. J. Ulrich (AKG 71), Berlin/New York 1999, 189–223, hier 193; Martin Tetz, Ante omnia de sancta fide et de integritate veritatis. Glaubensfragen auf der Synode von Serdika (342), ZNW 76 (1985), 243–269, hier 252; Ulrich, Anfänge, 51.

55 Der Satz lautet im Codex Veronensis einschließlich der dort ersichtlichen Interpunktion: *Illos abdicamus et deportamus a catholica ecclesia, qui adfirmant quod deus quidem est Christus, sed verus deus non est quia filius est; sed et versus filius non est, quod natus est, simul et factus.*

56 Dok. 43,2,1 (206,1–6 Brennecke/Heil/Stockhausen/Wintjes): ὅτι θεός ἐστιν δηλονότι ὁ Χριστός, ἀλλὰ μὴν ἀληθινὸς θεὸς οὐκ ἔστιν, ὅτι υἱός ἐστιν, ἀλλὰ ἀληθινὸς υἱὸς οὐκ ἔστιν, ὅτι γεννητός ἐστιν ἅμα καὶ γενητός.

mehr Fehler aufgrund der Rückübersetzung ins Lateinische eingeschlichen haben, da ein Übersetzungsvorgang grundsätzlich eine große Fehlerquelle darstellt. Man muß daher mit einer Verbesserung eines unanstößigen Theodorettextes auf der Grundlage des Codex Veronensis sehr vorsichtig sein. Umgekehrt darf ein zweifelhafter Text bei Theodoret durchaus nach der wortgetreuen Übersetzung im Codex Veronensis korrigiert werden. Wenn der Originaltext bzw. ein dem Originaltext verwandter Text eindeutig falsch ist, bleibt schließlich keine andere Möglichkeit als von der Übersetzung aus die Vorlage bzw. deren Abschriften zu korrigieren. Inhaltlich sind beide Lesarten denkbar, doch bleibt zu beachten, daß bei dem zweiten Vorwurf ὅτι υἱός ἐστιν, ἀλλὰ ἀληθινὸς υἱὸς οὐκ ἔστιν in der lateinischen Version *quia filius es(t), sed et verus filius non est* das *et* nachträglich eingefügt worden ist, so daß man vermuten muß, daß der Schreiber hier den Text nachträglich an seine Interpretation angepaßt hat, denn wenn man ὅτι υἱός ἐστιν als Begründung auffaßt, wäre ein weiterer Anschluß nur mit *sed* zu abrupt.

Auch beim nächsten Satz hilft uns die holprige Wort für Wort Übersetzung im Codex Veronensis, die Probleme, die die Theodoretversion (Thdt., h.e. II 8,37: οὕτως γὰρ ἑαυτοὺς νοεῖν τὸν γεγεννημένον ὁμολογοῦσιν, ὅτι οὕτως εἶπον· τὸ γεγεννημένον γεγεννημένον ἐστίν, καὶ ὅτι, τοῦ Χριστοῦ πρὸ αἰώνων ὄντος, διδόασιν αὐτῷ ἀρχὴν καὶ τέλος, ὅπερ οὐκ ἐν καιρῷ, ἀλλὰ πρὸ παντὸς χρόνου ἔχει.) bietet, zu lösen. Der Codex Veronensis hat an dieser Stelle: *sic enim intellegere consuerunt natum qui fatentur, sicut supra dixerunt quia quod natum est factum est; et Christo, cum sit ante secula, dant initium et finem, quod non ex tempore sed ant(e) omne tempus habet.* Bereits für den Rundbrief ist zu beobachten, daß das Verb ὁμολογέω stets mit *fateri* oder *confiteri* übersetzt wird.[57] Damit können wir davon ausgehen, daß das, was wir lateinisch mit *qui fatentur* erhalten haben, eine Form des griechischen ὁμολογέω zur Vorlage gehabt hat. Die Frage ist, welche Form dieses Verbs der Übersetzer vor sich hatte. *Qui fatentur* deutet eigentlich auf ein Partizip ὁμολογοῦντες hin, das bereits Loofs vorschlägt.[58] Allerdings fehlt dann ein finites Verb im Satz. Da aber das reflexive ἑαυτοὺς ohnehin sehr merkwürdig erscheint, ist es nicht abwegig, ausgehend vom lateinischen *consuerunt* mit Hall[59] ein ἔθος αὐτοῖς zu konjizieren. Das οὕτως bezieht sich somit auf den vorhergehenden Satz und die beiden ὅτι geben die Begründung für diese Art des Denkens und Bekennens. Das *qui fatentur* dagegen zwingt, das folgende ὅτι faktisch aufzufassen. Daß der Verfasser des Codex Veronensis dies tut, zeigt sich darin, daß er das zweite ὅτι nicht wiedergibt und statt dessen einen neuen Satz beginnt, da sich dieser zweite ὅτι-Satz nicht als Behauptung in die Konstruktion des Codex Veronensis integrieren läßt. Dieser neue Satz wirkt jedoch angehängt und fügt sich nicht organisch in den Text ein. Auch

---

57   196,1–2 u. 197,21 App. Brennecke/Heil/Stockhausen/Wintjes.
58   Vgl. Loofs, Glaubensbekenntnis, 199.
59   Vgl. Stuart George Hall, The Creed of Sardica, StPatr 19 (1989), 173–184, hier 178.

inhaltlich ist es sinnvoller, die ὅτι-Sätze kausal zu verstehen. Im vorhergehenden Satz wurde behauptet, daß die Gegenpartei Christus für γεννητός ... ἅμα καὶ γενητός hält.[60] Eine derartige Aussage läßt sich vor diesem Text nicht belegen. Zuvor wurde zwischen »gezeugt« und »geschaffen«, aber nicht zwischen »gezeugt« und »geworden« unterschieden, und im Antiochenum IV wurde das Gezeugtsein des Sohnes von den östlichen Bischöfen ausdrücklich anerkannt.[61] Es könnte sich hier im übrigen um eine Differenzierung handeln, die sich erst durch die Übersetzung ins Griechische aus dem lateinischen Original ergab, da das Lateinische sowohl für »geworden« als auch für »geschaffen« *factum* verwenden würde.[62] Am theologischen Problem ändert sich durch diese leicht veränderte Begrifflichkeit nicht viel, denn einerseits machte man vielleicht aus der griechischen Philosophie herkommend ohnehin keinen so klaren Unterschied zwischen Schöpfung und Zeugung, andererseits war das »gezeugt« auch im spezifisch christlichen Kontext noch nicht zum Terminus technicus geworden, der die Wesensidentität aussagte. Ausgehend von Urkunde 6,2[63], worauf der erste ὅτι-Satz wohl anspielt, konnte man damit dem Gegner, selbst wenn er sich zu dem »gezeugt« bekannte, immer unterstellen, daß er es nicht im Sinne der Wesensidentität meinte, solange es noch theologische Hinweise darauf gab, daß diese von einer wesenhaften Unterordnung des Sohnes ausging. Der nun in der Edition rekonstruierte Hauptteil des Satzes (οὕτως γὰρ ἔθος αὐτοῖς νοεῖν τὸν γεγεννημένον ὁμολογοῦντες) bestätigt sogar, daß den Gegnern eher ein falsches Denken vorzuwerfen ist, als eine explizite Identifizierung von γεννητός und γενητός. Daher wird auch im zweiten ὅτι-Satz nicht berücksichtigt, daß der Osten in der IV antiochenischen Formel den Satz ἦν ποτε χρόνος ὅτε οὐκ ἦν verworfen hat. Man ging im Westen immer noch davon aus, daß die »Arianer« ein irgendwie geartetes διάστημα zwischen Vater und Sohn ansetzten und daß alle Zugeständnisse reines Täuschungsmanöver seien.[64] Etwas merkwürdig erscheint auf den ersten Blick, daß den Gegnern unterstellt wird, daß sie nicht nur einen Anfang vor den Zeiten annehmen, sondern auch ein Ende (καὶ ὅτι, τοῦ Χριστοῦ πρὸ αἰώνων ὄντος, διδόασιν αὐτῷ ἀρχὴν καὶ τέλος, ὅπερ οὐκ ἐν καιρῷ, ἀλλὰ πρὸ παντὸς χρόνου ἔχει), was gerade umgekehrt von diesen Markell zur Last gelegt wurde. Die Annahme eines wie auch immer gearteten

---

60 Vgl. oben Anm. 56.

61 Vgl. Dok. 42,2.

62 Vgl. Brennecke/Heil/Stockhausen/Wintjes, Athanasius Werke III/3, 206 Anm. c. Für die Gleichsetzung von »gezeugt« und »geschaffen«, die man den Gegnern unterstellt, vgl. Ath., Ar. 2,20,1 (196,1–197,6 Metzler/Hansen/Savvidis).

63 Vgl. Hans-Georg Opitz, Athanasius Werke. Band III/Teil 1: Urkunden zur Geschichte des arianischen Streites 318–328. Lfg. 1–2, Berlin/Leipzig 1934/35, 12 = Dok. 1,2 Brennecke/Heil/ Stockhausen/Wintjes, Athanasius Werke III/3, 77.

64 Vgl. Ath., Ar. 1,11–14 (120,1–124,30 Metzler/Hansen/Savvidis). Auch im Antiochenum IV wird nur ἦν ποτε χρόνος ὅτε οὐκ ἦν verworfen, nicht aber der Satz ἦν ποτε ὅτε οὐκ ἦν. Es war damit immer noch möglich, daß die »Arianer« außerhalb der Zeit ein »unzeitliches« oder »außerzeitliches« Später hinsichtlich der Existenz des Sohnes annahmen.

Anfangs müßte aber eigentlich konsequenterweise auch zur Annahme eines Endes führen, womit dieser Vorwurf auf die Ankläger Markells selbst zurückfällt, auch wenn sie dies selbst geleugnet hätten.[65] Nun bleibt noch die Schwierigkeit, daß sich bei Theodoret das οὕτως εἶπον nicht unterbringen läßt und im Codex Veronensis ein bei Theodoret fehlendes *supra* erklärt werden muß. Das *supra* in *sicut supra dixerunt quia* wird man am besten auf die Übersetzung eines griechischen ὥσπερ εἶπον zurückführen, das falsch abgetrennt wurde.[66] Das *per*, das leicht zu *pro* verlesen wird, ist dabei zu εἶπον gezogen worden. Wenn in der Vorlage ὥσπερ εἶπον stand und wir davon ausgehen, daß Theodoret und der Codex Veronensis eine gemeinsame Quelle haben, wie kommt es dann im Theodorettext zu οὕτως εἶπον? Hier wird man eine bewußte Änderung des Abschreibers annehmen, der das erste ὅτι nicht auf ἐστίν bezogen hat, sondern auf εἶπον, und dann das »wie« in »so« abändern mußte. Das Mißverständnis könnte auch dadurch entstanden sein, daß in der gemeinsamen Vorlage von Theodoret und dem Codex Veronensis nicht ὥσπερ stand, sondern ohnehin nur ὡς, weswegen es auch als »so« interpretiert und verstanden werden konnte. Die unmittelbare Vorlage des Codex Veronensis erst hatte deswegen vielleicht aus ὡς bereits zur Verdeutlichung ὥσπερ gemacht. Schließlich muß es wohl am Ende des Satzes πρὸ παντὸς χρόνου heißen und nicht πρὸ παντὸς καιροῦ, da hier um der Vereinheitlichung willen ausgehend von dem vorhergehenden ἐν καιρῷ das χρόνου durch καιροῦ ersetzt worden ist. Die lateinische Vorlage könnte etwa so gelautet haben: *quod non in momento temporis sed ante omne tempus habet. In momento temporis* wäre bei der Übertragung ins Griechische zu ἐν καιρῷ verkürzt worden, da καιρός in einem Wort den Zeitpunkt bezeichnet. So lautet der für die Edition rekonstruierte Satz schließlich οὕτως γὰρ ἔθος αὐτοῖς νοεῖν τὸν γεγεννημένον ὁμολογοῦντες, ὅτι, ὥσπερ εἶπον, «τὸ γεγεννημένον γεγενημένον ἐστίν» καὶ ὅτι τοῦ Χριστοῦ πρὸ αἰώνων ὄντος διδόασιν αὐτῷ ἀρχὴν καὶ τέλος, ὅπερ οὐκ ἐν καιρῷ, ἀλλὰ πρὸ παντὸς χρόνου ἔχει.[67]

In Dok. 43.2,2[68] bestätigt unsere Rekonstruktion der Überlieferung nun auch das ἐσταυρώθη Theodorets, da der Verfasser des Codex Veronensis hier die abgekürzte Form in seiner griechischen Vorlage falsch aufgelöst und ἐτρώθη gelesen hat, was Loofs konjiziert.[69] Es muß auch nicht verwundern, daß hier damit nicht nur von der Kreuzigung des Logos die Rede ist, sondern auch von der des Pneuma. Dies ist der Theologie Markells geschuldet, für den das Pneuma das göttliche Wesen bezeichnet.[70]

---

65 Vgl. Brennecke/Heil/Stockhausen/Wintjes, Athanasius Werke III/3, 206 Anm. d.
66 Vgl. Tetz, Ante omnia, 254.
67 Dok. 43.2,1 (206,6–12 Brennecke/Heil/Stockhausen/Wintjes).
68 Dok. 43.2,2 (206,15–207,3 Brennecke/Heil/Stockhausen/Wintjes): οἵ τινες καυχῶνται καὶ οὐκ ἀμφιβάλλουσι λέγοντες ἑαυτοὺς Χριστιανοὺς εἶναι καὶ ὅτι ὁ λόγος καὶ ὅτι τὸ πνεῦμα καὶ ἐσταυρώθη καὶ ἐσφάγη καὶ ἀπέθανεν καὶ ἀνέστη ...
69 Vgl. Loofs, Glaubensbekenntnis, 201.
70 Vgl. Brennecke/Heil/Stockhausen/Wintjes, Athanasius Werke III/3, 207 Anm. a.

Die nächste Stelle, die Anlaß zu textkritischen Spekulationen bot, ist nach der bereits behandelten Stelle in Dok. 43.2,3[71] der erste Satz in Dok. 43.2,4: καὶ εἰ ζητοῖεν, τίς τοῦ υἱοῦ ἡ ὑπόστασίς ἐστιν, ὁμολογοῦμεν, ὡς αὕτη ἦν ἡ μόνη τοῦ πατρὸς ὁμολογουμένη, μηδέ ποτε πατέρα χωρὶς υἱοῦ μηδὲ υἱὸν χωρὶς πατρὸς γεγενῆσθαι μηδὲ εἶναι δύνασθαι, ὅτι ἐστι λόγος πνεῦμα (Und wenn sie danach fragen sollten, welche die Hypostase des Sohnes ist, bekennen wir – wie diese als die eine des Vaters bekannt worden war – daß der Vater niemals ohne den Sohn und der Sohn niemals ohne den Vater gewesen ist oder sein kann, da der Logos Geist ist).[72] Bis auf eine Änderung ist dies der bei Theodoret überlieferte Text. Dieser schreibt nicht ὅτι ἐστι λόγος πνεῦμα, sondern bietet statt dessen verschiedene Varianten des Relativpronomens ὅς. Die Konjektur an dieser Stelle wurde von Tetz vorgenommen.[73] Mit der richtigen Interpunktion ist der Satz ohne Probleme zu verstehen, denn das holprige Griechisch läßt sich durch Übersetzung aus dem Lateinischen erklären. Auch die verschiedenen Formen des Relativpronomens ὅς bei Theodoret resultieren aus der falschen Übersetzung eines lateinischen, faktischen *quod*, das sich im Codex Veronensis erhalten hat bzw. durch Rückübersetzung wieder findet, und die Konjektur von Tetz ist somit zu befürworten. Inhaltlich ist die Stelle wieder von der Theologie Markells beeinflußt, der mit Pneuma das Wesen der Gottheit beschreibt.[74] Mit der Identifizierung von Logos und Pneuma soll hier also die Göttlichkeit des Logos zum Ausdruck gebracht werden. Ungewohnt klingt in diesem Satz die Passage ὡς αὕτη ἦν ἡ μόνη τοῦ πατρὸς ὁμολογουμένη (wie diese als die eine des Vaters bekannt worden war). Als lateinisches Original ist hier wohl zu vermuten: *ut haec erat sola patris confessa*, wobei der Codex Veronensis hier keinen Anhaltspunkt zur Rekonstruktion liefert, da hier der Übersetzer aus der griechischen Vorlage offenbar überfordert war und einiges ausgelassen hat. Das *ut* ist hier als kausal gefärbtes *ut* aufzufassen[75] und die gesamte Stelle als erläuternde Zwischenbemerkung zu verstehen, die auf das ὁμοούσιος von Nicäa anspielt. Daß *ut* hier mit »daß« zu übersetzen ist, ist weniger wahrscheinlich, da wir sonst einen unnötigen Konstruktionswechsel von abhängigem Aussagesatz zu AcI vorliegen hätten.

Auch im folgenden Satz lag vermutlich ein Einschub vor. Bei Theodoret ist der Satz folgendermaßen überliefert: ἀτοπώτατον γάρ ἐστι λέγειν ποτὲ πατέρα μὴ γεγενῆσθαι· πατέρα χωρὶς υἱοῦ μήτε ὀνομάζεσθαι μήτε εἶναι δύνασθαι, ἔστιν αὐτοῦ τοῦ υἱοῦ μαρτυρία· «ἐγὼ ἐν τῷ πατρὶ καὶ ὁ πατὴρ ἐν ἐμοί» καὶ

---

71 Vgl. oben S. 113.

72 Dok. 43.2,4 (207,15–20 Brennecke/Heil/Stockhausen/Wintjes).

73 Vgl. Tetz, Ante omnia, 254 f.

74 Vgl. Brennecke/Heil/Stockhausen/Wintjes, Athanasius Werke III/3, 207 Anm. c mit den angegebenen Belegstellen.

75 Vgl. Johann Baptist Hofmann/Anton Szantyr, Lateinische Grammatik. Lateinische Syntax und Stilistik. 2. Nachdr. der 1965 erschienenen, 1972 verb. Aufl. (HAW II 2.2), München 1997, 634 f. (§ 342α).

«ἐγὼ καὶ ὁ πατὴρ ἕν ἐσμεν.» (Thdt., h.e. II 8,41) In dieser Version ist unklar, ob sich ἔστιν αὐτοῦ τοῦ υἱοῦ μαρτυρία auf das Vorhergehende oder Folgende bezieht. Damit erscheint der Theodorettext fehlerhaft und die Heranziehung des Codex Veronensis zur Rekonstruktion legitim. Dieser läßt zwar das zweite πατέρα aus, schiebt aber *quoniam quod intellegitur pater* ein, was griechisch mit ὅτι, ὡς νοεῖται πατήρ wiederzugeben wäre. Vom zweiten πατέρα zu πατήρ zu springen, wäre kein unüblicher Fehler. Mit unserer Konjektur ergibt sich mit leicht geänderter Interpunktion: ἀτοπώτατον γάρ ἐστι λέγειν ποτὲ πατέρα μὴ γεγενῆσθαι πατέρα, ὅτι, ὡς νοεῖται πατὴρ χωρὶς υἱοῦ μήτε ὀνομάζεσθαι μήτε εἶναι δύνασθαι, ἔστιν αὐτοῦ τοῦ υἱοῦ μαρτυρία· «ἐγὼ ἐν τῷ πατρὶ καὶ ὁ πατὴρ ἐν ἐμοί» καὶ «ἐγὼ καὶ ὁ πατὴρ ἕν ἐσμεν» (Es ist nämlich absolut widersinnig zu sagen, daß der Vater einmal nicht Vater gewesen sei, denn – da ja klar ist, daß der Vater ohne den Sohn weder so genannt werden noch existieren kann – bezeugt der Sohn selbst: »Ich bin im Vater und der Vater ist in mir« und »Ich und der Vater sind eins«).[76]

In Dok. 43.2,5[77] lösen sich die Probleme damit, daß man der Konjektur von Opitz[78] folgt und das τισιν Theodorets zu κτίσιν verbessert. Auch hier dürfte die stark gesperrte Satzstellung (γεγεννημένον … γεγεννημένον … τεχνίτην) in der lateinischen Vorlage weniger ungewöhnlich gewirkt haben.

Der nachfolgende Satz bei Theodoret im selben Paragraphen (Thdt., h.e. II 8,42: οὐ πάντοτε γὰρ εἶναι ἠδύνατο εἰ ἀρχὴν ἔλαβεν, ὅτι ὁ πάντοτε ὢν ἀρχὴν οὐκ ἔχει λόγος, θεὸς δὲ οὐδέποτε ὑπομένει τέλος.) bedarf wiederum kaum einer Konjektur. Das ὁ πάντοτε ὢν zeigt, daß πάντοτε in diesem Satz als Adverb mit der Bedeutung »immer« zum Vollverb εἶναι gebraucht wird. Der Codex Veronensis gibt die Stelle entsprechend mit *qui semper est* wieder. Als Satzeinleitung ist im Codex Veronensis jedoch *numquam* zu finden, was der Ausgangspunkt für etliche Konjekturen war.[79] Vermutlich wurde jedoch eher vom Verfasser des Codex Veronensis das οὐ πάντοτε falsch zu *numquam* zusammengezogen. Daß πάντοτε zu εἶναι gezogen werden kann, bestätigt eben das ὁ πάντοτε ὤν. Probleme beim Lesen bereitet lediglich das δὲ nach θεὸς, das man jedoch mit dem Codex Veronensis einfach streichen oder zu τε konjizieren kann. Vermutlich wurde es bei Theodoret nur deshalb eingefügt weil λόγος θεὸς nicht als ein Ausdruck verstanden worden ist und οὐδέποτε nicht als zweites Glied zu ἀρχὴν οὐκ ἔχει. So weicht der Text in der Edition (οὐδὲ πάντοτε γὰρ

---

76 Dok. 43.2,4 (207,20–208,6 Brennecke/Heil/Stockhausen/Wintjes).
77 Dok. 43.2,5 (208,6–14 Brennecke/Heil/Stockhausen/Wintjes): οὐδεὶς ἡμῶν ἀρνεῖται γεγεννημένον, ἀλλὰ κτίσιν γεγεννημένον παντάπασιν, ἅπερ ἀόρατα καὶ ὁρατὰ προσαγορεύεται γεννηθέντα, τεχνίτην καὶ ἀρχαγγέλων καὶ ἀγγέλων καὶ κόσμου καὶ τοῦ ἀνθρωπίνου γένους, ὅτι φησίν· «ἡ πάντων τεχνῖτις ἐδίδαξέ με σοφία» καὶ «πάντα δι᾽ αὐτοῦ ἐγένετο».
78 Vgl. Cuthbert Hamilton Turner, Ecclesiae Occidentalis Monumenta Iuris Antiquissima. Canonum et conciliorum graecorum interpretationes latinae I 2, Oxford 1930, 652.
79 Vgl. Loofs, Glaubensbekenntnis, 194 u. 209 f. Tetz, Ante omnia, 256; Ulrich, Anfänge, 53.

εἶναι ἠδύνατο εἰ ἀρχὴν ἔλαβεν, ὅτι ὁ πάντοτε ὢν ἀρχὴν οὐκ ἔχει λόγος θεός, οὐδέποτε ὑπομένει τέλος.)[80] also kaum vom Theodorettext ab.

Einer Verbesserung bedarf auf jeden Fall die Stelle ἀλλ᾽ οὐχ ὥσπερ οἱ λοιποὶ υἱοὶ προσαγορεύονται τὸν υἱὸν λέγομεν, ὅτι ἐκεῖνοι ἢ διὰ τοῦτο θεοὶ εἶεν τοῦ ἀναγεννᾶσθαι χάριν ἢ διὰ τὸ καταξιωθῆναι υἱοὶ προσαγορεύονται, οὐ διὰ τὴν μίαν ὑπόστασιν in Thdt., h.e. II 8,43, da διὰ τοῦτο θεοὶ εἶεν keinen Sinn ergibt. Der Codex Veronensis hat an dieser Stelle *sed non secundum quod ceteri filii appellantur, filium dicimus, quoniam illi aut propter adoptionem vel ob nativitate(m) vel quod merentur filii vocari, non propter unam substantiam* und bietet damit eine Hilfe zur Rekonstruktion. Ausgehend von *propter adoptionem* ist hier, ähnlich wie Loofs[81] dies bereits vorgeschlagen hat, ἢ διὰ τὸ υἱοθετεῖσθαι oder ἢ διὰ τὸ υἱόθετοι εἶναι zu setzen. Der Codex Veronensis fügt dann jeweils mit *vel* zwei weitere gleichwertige Glieder an, während der Theodorettext insgesamt nur eine zweigliedrige Aufzählung hat und das erste Glied mit τοῦ ἀναγεννᾶσθαι χάριν näher spezifiziert. Mit Adoption, Geburt und Wertschätzung nennt der Verfasser des Codex Veronensis die Möglichkeiten menschlicher Sohnschaft, doch bedeutet ἀναγεννᾶσθαι nicht »geboren werden«, sondern »wiedergeboren werden«, und das χάριν findet sich im Codex Veronensis auch nicht wieder. Ausgehend von der Rekonstruktion der Abhängigkeitsverhältnisse unserer Textzeugen ist Vorsicht geboten, den Theodorettext auf der Grundlage des Codex Veronensis zu verbessern, wenn der Text keinen Anstoß bietet, wobei diese Möglichkeit hier nicht grundsätzlich ausgeschlossen werden kann. Theoretisch denkbar wäre, daß hier nicht einfach die generellen menschlichen Möglichkeiten der Sohnschaft aufgezählt werden sollten, sondern die Möglichkeiten, nach denen biblisch von Söhnen Gottes gesprochen werden kann, abgesehen von Christus als dem Sohn Gottes aufgrund der hypostatischen Einheit. Dies wäre zum einen die Annahme als Söhne durch die Wiedergeburt in der Taufe,[82] zum anderen im Alten Testament vor der Möglichkeit der Taufe die bloße Wertschätzung.[83] Nach ἢ διὰ τὸ υἱοθετεῖσθαι oder ἢ διὰ τὸ υἱόθετοι εἶναι wäre dann ohne Einfügung von ἢ mit τοῦ ἀναγεννᾶσθαι χάριτι (durch die Gnade der Wiedergeburt), womit die Taufe gemeint ist, fortzufahren. Χάριτι ist in den Handschriften N und G bei Theodoret belegt. Für die Edition wurde folgende Rekonstruktion gewählt: ἀλλ᾽ οὐχ ὥσπερ οἱ λοιποὶ υἱοὶ προσαγορεύονται τὸν υἱὸν λέγομεν, ὅτι ἐκεῖνοι ἢ διὰ τὸ υἱοθετεῖσθαι ἢ τοῦ ἀναγεννᾶσθαι χάριτι ἢ διὰ τὸ καταξιωθῆναι υἱοὶ προσαγορεύονται, οὐ διὰ τὴν μίαν ὑπόστασιν.[84]

Die folgende Passage bei Theodoret (Thdt., h.e. II 8,44: ὁμολογοῦμεν καὶ μονογενῆ καὶ πρωτότοκον· ἀλλὰ μονογενῆ τὸν λόγον, ὃς πάντοτε ἦν καὶ ἔστιν

---

80 Dok. 43.2,5 (208,14–17 Brennecke/Heil/Stockhausen/Wintjes).
81 Vgl. Loofs, Glaubensbekenntnis, 211 f.
82 Vgl. Tit 3,5; Gal 3,26 f.; Const. App. 2,26,4.
83 Vgl. Ps 82,6.
84 Dok. 43.2,6 (209,6–11 Brennecke/Heil/Stockhausen/Wintjes).

ἐν τῷ πατρί· τὸ πρωτότοκος δὲ τῷ ἀνθρώπῳ. διαφέρει δὲ τῇ κοινῇ κτίσει, ὅτι καὶ πρωτότοκος ἐκ τῶν νεκρῶν.) könnte mit Verweis auf die Eigenart des Griechischen nahezu ohne Konjektur erklärt werden. Das δὲ nach διαφέρει bezeugt, daß mit διαφέρει ein neuer Satz oder Satzabschnitt beginnt. Somit kann sich διαφέρει nicht auf das Vorhergehende beziehen. Allerdings scheint τὸ πρωτότοκος δὲ τῷ ἀνθρώπῳ dann ohne Verb dazustehen. Natürlich ist es leicht möglich, daß ein zweites διαφέρει vor dem bezeugten wegen der Verdoppelung ausgefallen ist. Aber es bleibt zu bedenken, daß auch der Codex Veronensis keinen Hinweis auf einen solchen Ausfall bietet. Es gibt jedoch im Griechischen die Möglichkeit, ὁμολογοῦμεν mit leichtem Bedeutungsunterschied sowohl mit doppeltem Akkusativ (etwas als etwas bekennen) als auch mit Dativ + Akkusativ zu konstruieren (einem etwas zugestehen). Das ὁμολογοῦμεν ist dann gedanklich auch noch für τὸ πρωτότοκος δὲ τῷ ἀνθρώπῳ zu ergänzen. Einen Reflex auf das etwas zögerliche »einem etwas zugestehen« finden wir vielleicht noch im *sane* des Codex Veronensis (*primogenitum sane ad hominem*). In der lateinischen Vorlage muß man davon ausgehen, daß das Verb gewechselt hat und vielleicht *primogenitum homini concedimus* zu lesen war, während diese Bedeutungsänderung im Griechischen allein durch den Konstruktionswechsel zum Ausdruck gebracht werden kann. Das κοινῇ allerdings muß, obwohl es gut bezeugt ist, aus inhaltlichen Gründen zu καινῇ verbessert werden. Daher ergibt sich für der Text der Edition: ὁμολογοῦμεν καὶ μονογενῆ καὶ πρωτότοκον, ἀλλὰ μονογενῆ τὸν λόγον, ὃς πάντοτε ἦν καὶ ἔστιν ἐν τῷ πατρί. τὸ πρωτότοκος δὲ τῷ ἀνθρώπῳ <διαφέρει>, διαφέρει δὲ τῇ καινῇ κτίσει, ὅτι καὶ «πρωτότοκος ἐκ τῶν νεκρῶν».[85]

Weiterhin muß das τούτου ἕνεκα in Thdt., h.e. II 8,45 nicht nach dem Codex Veronensis mit Scheidweiler zu ὅτι verbessert werden. Vielmehr bezieht sich das τούτου ἕνεκα auf οὐδέ τις ἀρνεῖταί ποτε τὸν πατέρα τοῦ υἱοῦ μείζονα womit auf Io 14,28 angespielt ist.[86]

Schwierigkeiten bereitet noch der letzte Satz der Theologischen Erklärung: ἀλλ᾽ οἱ μαθηταὶ ἐν ἑαυτοῖς σύζυγοι καὶ ἡνωμένοι ἕν εἰσι τῇ πίστει, τῇ ὁμο-λογίᾳ, καὶ ἐν τῇ χάριτι καὶ τῇ εὐσεβείᾳ τῇ τοῦ θεοῦ πατρὸς καὶ τῇ τοῦ κυρίου καὶ σωτῆρος ἡμῶν συγχωρήσει καὶ ἀγάπῃ ἓν εἶναι δυνηθῶσιν (Thdt., h.e. II 8,52). Das τῇ πίστει, τῇ ὁμολογίᾳ wird man mit Loofs zu τῇ πίστεως ὁμολογίᾳ konjizieren.[87] Die lateinische Vorlage könnte hier *fidei confessione* gelautet haben und das *fidei* bei der Übersetzung nicht als Genitiv erkannt worden sein. Die Frage ist nun, wie die beiden mit καὶ verbundenen Satzteile zueinander in Beziehung stehen. Mit εἰσι haben wir im ersten Teil einen Indikativ vorliegen, im zweiten Teil dagegen mit δυνηθῶσιν einen Konjunktiv. Dies spricht dafür, daß

---

85   Dok. 43.2,6 (209,13–16 Brennecke/Heil/Stockhausen/Wintjes).
86   Dok. 43.2,7 (210,4 Brennecke/Heil/Stockhausen/Wintjes).
87   Vgl. Loofs, Glaubensbekenntnis, 197.

die beiden Teile irgendwie miteinander in Beziehung stehen und nicht einfach parataktisch miteinander verknüpft sind. Loofs ergänzt daher in Anlehnung an den Codex Veronensis (*ut et*) vor καὶ ein ἵνα.[88] Allerdings bietet die Handschriftengruppe rzT bei Theodoret eine andere Rekonstruktionsmöglichkeit. Hier ist ein ἵνα am Satzanfang überliefert, das allerdings einen Konjunktiv erfordern würde. Wenn dieses ἵνα jedoch eine falsche Übersetzung für ein originales lateinisches *ut* im Sinne von »wie« ist, ließe sich dieses Problem jedoch durch ein ὡς umgehen. Es ist somit als Satzeinleitung ἀλλ᾿ ὡς οἱ vorzuschlagen und folgender Text herzustellen: ἀλλ᾿ ὡς οἱ μαθηταὶ ἐν ἑαυτοῖς σύζυγοι καὶ ἡνωμένοι ἕν εἰσι τῇ πίστεως ὁμολογίᾳ, καὶ ἐν τῇ χάριτι καὶ τῇ εὐσεβείᾳ τῇ τοῦ θεοῦ πατρὸς καὶ τῇ τοῦ κυρίου καὶ σωτῆρος ἡμῶν συγχωρήσει καὶ ἀγάπῃ ἓν εἶναι δυνηθῶσιν.[89]

Die übrigen Dokumente

Der Brief der »westlichen« Synode an Kaiser Constantius ist uns zusammen mit einem sich anschließenden erzählenden Text als *Liber I ad Constantium* von Hilarius überliefert (Dok. 43.4). Es war das Verdienst von Wilmart nachgewiesen zu haben, daß dieser Text ursprünglich in den *Collectanea antiariana* nach B II 11 einzureihen ist. Schon vor dem 6. Jh. sind sowohl der Brief als auch der anschließende, erzählende Text unabhängig von den *Collectanea antiariana* überliefert worden, da die älteste Handschrift unter der Bezeichnung *Liber I ad Constantium* in das 6. Jh. zu datieren ist.[90] Dieser Brief ist damit breiter überliefert als der Rundbrief und wir müssen uns nicht mit mehr oder weniger einer einzigen, sehr mangelhaften Handschrift zufrieden geben. Der Text ist bei Hilarius natürlich in lateinischer Sprache tradiert und es wäre, wie eingangs klargestellt wurde, völlig korrekt, den Brief an Constantius in Latein abzufassen. Es findet sich aber eine Stelle, die darauf schließen läßt, daß zumindest der uns vorliegende Text eine Übersetzung aus dem Griechischen ist. Es muß dort von Sinn her heißen (Dok. 43.4,7):»Sie wollen den vergifteten Saft [der Häresie] nicht eher verspritzen, als bis die Einfältigen und Unschuldigen unter dem Deckmantel des christlichen Namens geraubt und ins Netz gegangen sind, damit sie nicht allein zugrunde gehen.«[91] Ohne Konjektur lautet der Text bei Hilarius aber: *non prius venenatum virus effundant, quam simplices et innocentes sub praetextu nominis Chistiani raptos atque inretitos, ne soli pereant* (Hil., ad Const. [183,14–16]). Im Lateinischen müßte im *quam*-Satz eigentlich ein finites Verb stehen. Wenn also hier *rapti atque inretiti* stünde, was auch in der Edition konjiziert wurde, dann läßt sich gedanklich problemlos eine finite Form von *esse* ergänzen und der Satz

---

88   Vgl. Loofs, Glaubensbekenntnis, 221.
89   Dok. 43.2,10 (212,1–6 Brennecke/Heil/Stockhausen/Wintjes).
90   Vgl. Brennecke/Heil/Stockhausen/Wintjes, Athanasius Werke III/3, 219.
91   Dok. 43.4,7 (221,28–31 Brennecke/Heil/Stockhausen/Wintjes).

wird verständlich. Im Griechischen würde für *non prius … quam* οὐ πρότερον πρίν mit folgendem Infinitiv bzw. AcI stehen. *Raptos* und *inretitos* können damit als Relikte dieses AcI verstanden werden. Auch daß das finite Verb dann fehlt, verwundert nicht, da der Übersetzer vermutlich durch die infinite Form irritiert war. Wie anhand des Rundbriefes zu sehen war, besagt die Tatsache, daß die lateinische Fassung bei Hilarius eine Übersetzung aus dem Griechischen ist, noch nicht unbedingt, daß der Originaltext griechisch war. Die griechische Vorlage des Hilarius könnte wiederum eine Übersetzung aus dem Lateinischen sein.

Der Brief der »westlichen« Synode an Bischof Julius von Rom (Dok. 43.5) ist uns wieder in den *Collectanea antiariana* überliefert, darüber hinaus aber auch in verschiedenen Kanonessammlungen. Wir konnten hier keine Spuren einer Übersetzung ausmachen und es ist eigentlich auch mehr als wahrscheinlich, daß an einen lateinisch sprechenden Bischof lateinisch geschrieben wurde, insbesondere wenn Rundbrief und Glaubenserklärung auch lateinisch verfaßt waren.

Allerdings besitzen wir ein Begleitschreiben von Ossius und Protogenes an Julius, das die Abfassung einer längeren Glaubenserklärung über das Nizänum hinaus gegenüber dem Bischof von Rom rechtfertigen soll und das uns zwar ebenfalls lateinisch im Codex Veronensis LX überliefert ist, aber Spuren einer Übersetzung aus dem Griechischen aufweist. Es findet sich hier dieser ohnehin nicht ganz einfach zu verstehende Satz (Dok. 43.6,1): *sed quoniam post hoc discipuli Arrii blasphemias conmoverunt, ratio quaedam coegit, ne quis ex illis tribus argumentis circumventus renovet fidem et excludatur eorum spolium et ne fiat latior et longior, exponere priori consentientes*, der folgendermaßen übersetzt wurde: »Aber weil danach die Schüler des Arius Blasphemien aufgebracht haben, zwingt ein gewisses Maß an Vernunft dazu, daß wir diesen [Glauben] in Übereinstimmung mit dem früheren erläutern, damit nicht irgendeine Zusammenkunft infolge jener drei Streitfragen den Glauben erneuert und damit ausgeschlossen wird, daß der Glaube zur Beute jener Leute wird, und damit es nicht geschieht, daß er erweitert oder ergänzt wird«.[92] Der lateinische Text, der auch in dieser Form nur durch Konjekturen wiederhergestellt werden konnte, hat nun abgesehen davon, daß die weite Sperrung zwischen *coegit* und *exponere* für das Lateinische sehr ungewöhnlich ist, das Problem, daß der Finalsatz mit *ne* eingeleitet wird. Damit müßte sich die Negation eigentlich auch auf das folgende mit *et* angeschlossene Kolon erstrecken, was aber keinen Sinn ergibt. Wenn man aber eine griechische Vorlage annimmt, dann würde statt *ne* ἵνα μηδείς stehen. Das zweite Glied im Finalsatz hätte damit im Griechischen keine Verneinung, während diese für das dritte wieder absolut notwendig stehen müßte, weshalb in unserem lateinischen Text auch das *ne* im dritten Kolon nochmals aufgegriffen wird und *ne fiat* steht. Auch wenn dieser Befund nun ergibt, daß der uns vorliegende Text eine Übersetzung aus dem Griechischen ist, besagt dies ebensowenig wie beim

---

92 Dok. 43.6,1 (231,7–12 Brennecke/Heil/Stockhausen/Wintjes).

Brief an Constantius, daß auch der Brief von Ossius und Protogenes im Original tatsächlich griechisch verfaßt war, da wir beim Rundbrief gesehen haben, daß der Text des Codex Veronensis die Übersetzung einer griechischen Vorlage bietet, die ihrerseits wiederum eine Übersetzung aus dem Lateinischen ist.

Die restlichen Dokumente der Synode sind Briefe des Athanasius bzw. der »westlichen« Synode an die Kirchen in Ägypten und Libyen. Der Brief der »westlichen« Synode an die Kirche Alexandriens und die Bischöfe Ägyptens und Libyens ist uns bei Athanasius in der *Apologia secunda* überliefert (Dok. 43.7). Opitz hat versucht, diesen Brief als Übersetzung aus dem Lateinischen zu erweisen, doch konnten uns seine Argumente hier nicht überzeugen.[93] Auch hier gilt wieder zu berücksichtigen, daß die Adressaten griechischsprachig waren. Die übrigen drei Briefe (Dok. 43.8/43.9/43.10) sind uns lateinisch wieder im Codex Veronensis überliefert. Zwei davon sind von Athanasius selbst verfaßt, der andere von der »westlichen« Synode insgesamt. Trotz der lateinischen Überlieferung ist ein griechisches Original anzunehmen, da Athanasius selbst seine Briefe kaum in Latein verfaßt haben wird und auch die Synode an griechische Adressaten vermutlich griechisch geschrieben hat. Der Nachweis einer Übersetzung konnte hier allerdings nicht erbracht werden.

So ergeben sich im Vergleich zur vorhandenen Überlieferung überraschende Ergebnisse. Die Texte der »östlichen Synode« sind uns in lateinischer Sprache überliefert, waren aber im Original griechisch abgefaßt. Zumindest für die Theologische Erklärung (Dok. 43.12) läßt sich dies nachweisen. Für die Haupttexte der »westlichen« Synode dagegen, d.h. für den Synodalbrief (Dok. 43.1) und die Theologische Erklärung (Dok. 43.2) liegen uns die besseren Textzeugnisse in griechischer Sprache vor, doch ergibt eine genauere sprachliche Analyse, daß die Primärtexte in lateinischer Sprache abgefaßt wurden, auch wenn eine Übersetzung ins Griechische wohl noch vor Ort auf der Synode vorgenommen worden ist. Weiterhin gibt es vage Spuren, daß der Brief der »westlichen« Synode an Kaiser Constantius (Dok. 43.4) in griechischer Sprache abgefaßt war, und der Begleitbrief von Ossius und Protogenes (Dok. 43.6) an Bischof Julius weißt deutliche Anzeichen einer Übersetzung aus dem Griechischen auf. Während die Ergebnisse für die Synodalbriefe und die Theologischen Erklärungen durchaus einleuchten und man nun für die »östlichen Synode« von einem griechischen Original und für die »westliche« Synode mit Einschränkungen von einem lateinischen Original sprechen kann, ist bei Dok 43.4 und 43.6 Vorsicht geboten, von den Ergebnissen der sprachlichen Analyse auf die Originalsprache zu schließen. Hier bleibt beim Brief an Kaiser Constantius (Dok. 43.4) zu berücksichtigen, daß die offizielle Amtssprache auch im Osten zu dieser Zeit immer noch Latein war und die Indizien für eine Übersetzung aus dem Griechischen zum einen ohnehin zu gering sind, um mit Sicherheit auf eine griechische Vorlage zu schließen, zum

---

93   Vgl. Brennecke/Heil/Stockhausen/Wintjes, Athanasius Werke III/3, 232.

anderen selbst dann, wenn eine griechische Vorlage sicher nachgewiesen werden könnte, man noch den komplizierten Fall des »westlichen« Synodalbriefes und der »westlichen« Theologischen Erklärung in Erwägung ziehen müßte, daß die griechische Vorlage wiederum eine Übersetzung aus dem Lateinischen ist. Ein solcher Fall könnte durchaus bei dem Begleitbrief des Ossius und Protogenes an Bischof Julius (Dok. 43.6) vorliegen, da hier eigentlich nicht einzusehen ist, warum der Begleitbrief griechisch verfaßt gewesen sein soll, wenn der Brief selbst lateinisch geschrieben war und in ihm nichts auf einen Übersetzungsvorgang hindeutet. Hier gilt es auch den Adressaten zu berücksichtigen. Da Bischof Julius sich griechische Dokumente wohl übersetzen lassen mußte, liegt schon von daher ein Briefverkehr in lateinischer Sprache nahe. Dieses Plausibilitätsargument muß schließlich auch auf die drei von Athanasius verfaßten und uns in Latein im Codex Veronensis erhaltenen Briefe (Dok. 43.8/43.9/43.10) angewandt werden. Es ist nicht davon auszugehen, daß Athanasius an griechischsprachige Adressaten lateinisch geschrieben hat. So ist die sprachliche Untersuchung natürlich die hauptsächliche Stütze für die Frage, in welcher Sprache ein Text ursprünglich verfaßt war, doch zeigt gerade die komplizierte Lage des »westlichen« Synodalsbriefes (Dok. 43.1) daß unter Umständen ein mehrfacher Übersetzungsprozeß vorliegen kann und daher bis zu einem gewissen Grad auch mit dem gesunden Menschenverstand argumentiert werden muß.

Literatur

Abramowski, Luise, Die dritte Arianerrede des Athanasius. Eusebianer und Arianer und das westliche Serdicense, ZKG 102 (1991), 389–413.

Barnard, Leslie William, The Council of Sardica 343 A.D. Sofia 1983.

Brennecke, Hanns Christof, Hilarius von Poitiers und die Bischofsopposition gegen Konstantius II. Untersuchungen zur dritten Phase des arianischen Streits (337-361) (PTS 26), Berlin/New York 1984.

Brennecke, Hanns Christof, Uta Heil, Annette von Stockhausen und Angelika Wintjes, Athanasius Werke. Band III/Teil 1: Dokumente zur Geschichte des arianischen Streites. Lfg 3: Bis zur Ekthesis Makrostichos, Berlin/New York 2007.

Cribiore, Raffaella, The School of Libanius in Late Antique Antioch, Princeton 2007.

Dietz, Karlheinz, Kaiser Julian in Phönizien, Chiron 30 (2000), 807–853.

Feder, Alfred Leonhard (Hrsg.), S. Hilarii Episcopi Pictavensis Opera IV (CSEL 65), Wien/Leipzig 1916.

— Studien zu Hilarius von Poitiers I. Die sogenannten »fragmenta historica« und der sogenannte »Liber I ad Constantium Imperatorem« nach ihrer

Überlieferung, inhaltlicher Bedeutung und Entstehung (SAWW.PH 164/2), Wien 1910.

Gelzer, Ital, Das Rundschreiben der Synode von Serdica, ZNW 40 (1941), 1–24.

Hall, Stuart George, The Creed of Sardica, StPatr 19 (1989), 173–184.

Hess, Hamilton, The Early Development of Canon Law and the Council of Serdica, Oxford 2002.

Hofmann, Johann Baptist und Anton Szantyr, Lateinische Grammatik. Lateinische Syntax und Stilistik. 2. Nachdr. der 1965 erschienenen, 1972 verb. Aufl. (HAW II 2.2), München 1997.

Loofs, Friedrich, Das Glaubensbekenntnis der Homousianer von Sardica, APAW.PH 1 (1909), 3–39, wiederabgedruckt in Friedrich Loofs, Patristica. Ausgewählte Aufsätze zur Alten Kirche, hg. v. H.C. Brennecke u. J. Ulrich (AKG 71), Berlin/New York 1999, 189–223.

Metzler, Karin, Dirk Uwe Hansen und Kyriakos Savvidis, Athanasius Werke. Band I/Teil 1: Die Dogmatischen Schriften. Lfg. 2 Orationes I et II contra Arianos, Berlin/New York 1998.

Opitz, Hans-Georg, Athanasius Werke. Band II: Die Apologien. Lfg. 1–7, Berlin/Leipzig 1935–1941.

— Athanasius Werke. Band III/Teil 1: Urkunden zur Geschichte des arianischen Streites 318–328. Lfg. 1–2, Berlin/Leipzig 1934/35.

Schmitt, Rüdiger, Sprachverhältnisse in den östlichen Provinzen, ANRW II 29.2 (1983), 554–586.

Schwartz, Eduard, Der griechische Text der Kanones von Serdika, ZNW 30 (1931), 1–35.

Schwyzer, Eduard und Albert Debrunner, Griechische Grammatik. Syntax und syntaktische Stilistik (HAW II 1.2), München ⁵1988.

Tetz, Martin, Ante omnia de sancta fide et de integritate veritatis. Glaubensfragen auf der Synode von Serdika (342), ZNW 76 (1985), 243–269.

Turner, Cuthbert Hamilton, Ecclesiae Occidentalis Monumenta Iuris Antiquissima. Canonum et conciliorum graecorum interpretationes latinae I 2, Oxford 1930.

— The Genuineness of the Sardican Canons, JThS 3 (1902), 370–397.

Ulrich, Jörg, Die Anfänge der abendländischen Rezeption des Nizänums (PTS 39), Berlin/New York 1994.

Studien zu Pseud-Athanasiana

Die pseud-athanasianische *Disputatio contra Arium*. Eine Auseinandersetzung mit »arianischer« Theologie in Dialogform

Annette von Stockhausen

Vorbemerkung

Bereits kurz nach seinem Tod, vielleicht sogar schon in seinen letzten Lebensjahren, ist Athanasius von Alexandrien als »Säule der Orthdoxie«, als *das* Symbol nizänischer Orthodoxie gerühmt[1] und als solches im Lauf der Zeit auch vorrangig wahrgenommen worden. Es überrascht daher nicht, daß eine beträchtliche Anzahl an Texten anderer Autoren, von denen zumindest einige im Verdacht standen, häretische Ansichten zu vertreten, im *Corpus Athanasianum* Zuflucht gefunden haben. Heute, nicht zuletzt dank der *Clavis Patrum Graecorum*, wissen wir von ungefähr 130 griechisch, lateinisch, koptisch, syrisch, armenisch, georgisch, altkirchenslawisch und arabisch unter dem Namen des Athanasius überlieferten, aber wohl sämtlich nicht von ihm verfaßten Texten, die in ihrer Entstehungszeit von der Lebenszeit des Athanasius bis ins Mittelalter reichen.[2]

Viele der griechischen Texte, die heute für nicht authentisch gehalten werden, wurden bereits von Bernard de Montfaucon am Ende des 17. Jahrhunderts als Pseud-Athanasiana identifiziert. Für den größeren Teil dieser Texte sind die Edition Bernard de Montfaucons[3] (bzw. ihr 1857 publizierter Nachdruck durch Jean-Paul Migne) und seine die Texte jeweils einleitenden *Monita* sogar bis

---

1   Vgl. Greg.Naz., or. 21,26; vgl. auch Cyr., hom.pasch. 8,6 (PG 77,572A = SC 392,100): ὁ πανεύφημος ἡμῶν πατὲρ καὶ ἐπίσκοπος Ἀθανάσιος, ὁ τῆς ὀρθοδόξου πίστεως κανὼν ἀδιάστροφος.

2   Vgl. Maurice Geerard, Clavis patrum Graecorum. II Ab Athanasio ad Chrysostomum (Corpus christianorum), Turnhout 1974, Nr. 2171–2309 und die Ergänzungen in Maurice Geerard/ Jacques Noret, Clavis patrum Graecorum. VI Supplementum (Corpus christianorum), Turnhout 1998, Nr. 2163–2329.

3   Bernard de Montfaucon/Jacques Lopin, Τοῦ ἐν ἁγίοις Πατρὸς ἡμῶν Ἀθανασίου Ἀρχιεπ. Ἀλεξανδρείας τὰ εὑρισκόμενα πάντα. Sancti Patris nostri Athanasii Archiep. Alexandrini Opera omnia quae exstant vel quae ejus nomine circumferuntur, Ad mss. codices Gallicanos, Vaticanos, &c. necnon ad Commelinianas lectiones castigata, multis aucta: nova Interpretatione, Praefationibus, Notis, variis lectionibus illustrata: novà Sancti Doctoris vità, Onomastico, & copiosissimis Indicibus locupletata. Opera & studio monachorum ordinis S. Benedicti è congregatione Sancti Mauri. Tribus Tomis in folio Graece et Latine, Paris 1698.

heute Stand der Forschung. Denn das Verdikt Montfaucons, daß ein unter dem Namen des Athanasius überlieferter Text unecht ist, hat in den meisten Fällen dazu geführt, daß diese überhaupt nicht mehr herangezogen, übersetzt oder untersucht wurden,[4] weil sie ja zu unseren Kenntnissen über Athanasius, sein Leben und seine Theologie offensichtlich nichts beitragen könnten.

Nicht beachtet wird hierbei aber, daß auch pseudonyme Schriften sehr wohl unsere Kenntnisse erweitern können, und zwar über Autoren, deren Werke im Allgemeinen nur sehr schlecht überliefert oder die sonst überhaupt nicht mehr in ihren Werken greifbar sind, sowie darüber hinaus auch über die Kirchen- und Theologiegeschichte generell. Dies trifft gleichermaßen für die pseud-athanasianischen Schriften zu, die bisher noch nicht untersucht worden sind oder deren ursprünglicher Verfasser sich auch durch eine Untersuchung nicht mehr erheben läßt.

Im folgenden soll dies an einem solchen pseud-athanasianischen Text, der *Disputatio contra Arium* (CPG 2250), exemplarisch vorgeführt werden.[5]

Hinführung zum Text

Die Synode von Nizäa war nicht nur für die Zeitgenossen im Rückblick *das* Ereignis der Geschichte der Kirchen im konstantinischen Zeitalter: Sie war die erste »ökumenische« Synode[6], auf ihr wurde erstmals ein für die gesamte Kirche auf dem Gebiet des Imperium Romanum (und sogar darüber hinaus) geltendes Bekenntnis formuliert und nicht zuletzt auch die wichtige liturgische Frage der Berechnung des Osterfestes geklärt.[7]

Waren die Beschlüsse der Synode im engeren Sinn, d.h. der Brief der Synode an die Kirche von Ägypten[8], die theologische Erklärung[9], die Canones[10] und die (Unterschriften-)Liste der Teilnehmer[11], noch schriftlich festgehalten worden,[12]

---

4   Eine Ausnahme bilden hier die heute Markell oder Apolinaris (und seinen Schülern) zuge-
    schriebenen Schriften.
5   Dabei ist jedoch keine erschöpfende Interpretation des Textes beabsichtigt; vielmehr möchte ich
    den Text erst einmal nur grundsätzlich erschließen, wobei viele Fragen und Probleme nur sehr
    knapp angeschnitten werden können.
6   Vgl. Henry Chadwick, The Origin of the Title »Oecumenical Council«, JThS 23 (1972), 132–
    135; Annette von Stockhausen, Athanasius von Alexandrien. Epistula ad Afros. Einleitung,
    Kommentar und Übersetzung (PTS 56), Berlin/New York 2002, 102–105.
7   Vgl. Hanns Christof Brennecke, Nicäa I. Ökumenische Synode von 325, TRE 24 (1994), 429–441.
8   Dok. 25 = Urk. 23.
9   Dok. 26 = Urk. 24.
10 Anon.Cyz., h.e. II 32; Ruf., h.e. X 6. Vgl. auch Thdt., h.e. I 8,18.
11 Heinrich Gelzer/Heinrich Hilgenfeld/Otto Cuntz (Hrsg.), Patrum Nicaenorum nomina Latine,
    Graece, Coptice, Syriace, Arabice, Armeniace (Bibliotheca scriptorum Graecorum et Romanorum
    Teubneriana), Leipzig 1898 (Ndr. Stuttgart/Leipzig 1995).
12 Das heißt zumindest, insofern sie uns erhalten sind; es ist natürlich möglich, daß es noch
    weitere, heute verlorene Dokumente gab.

so galt das nicht für die Verhandlungen selbst.[13] In Ermangelung von Protokollen wurden daher immer wieder Berichte von an der Synode Anwesenden
bzw. Beteiligten herangezogen: Der Brief Eusebs an seine Kirche[14], der sich zwar
nicht als offizielles Dokument der Synode gibt, aber vielleicht noch am ehesten
als Bericht über den Ablauf der Verhandlungen herangezogen werden könnte,
bietet jedoch eine sehr eigenwillige Interpretation des Verhandlungsverlaufes
und ist keinesfalls als wie auch immer geartetes »Protokoll« der Verhandlungen
anzusehen, sondern ist eine Apologie Eusebs für seine Zustimmung zur theologischen Erklärung der Synode.[15] Ebenso sind die immer wieder einmal für die
Rekonstruktion des Verlaufs der Synode herangezogenen Abschnitte aus der
athanasianischen *Epistula ad Afros* zum einen auf jeden Fall um einiges, nämlich an die 40 Jahre, später anzusetzen, vor allem aber bieten sie zum anderen
überhaupt keine Schilderung der Verhandlungen auf der nizänischen Synode,
sondern verdanken sich einer nachträglichen Interpretation des Nizänums von
Seiten des Athanasius.[16]

Zusammenfassend läßt sich feststellen, daß auf der Synode von Nizäa allem
Anschein nach keine Protokolle angefertigt worden waren, an Hand derer sich
der Verlauf der Diskussionen und Verhandlungen später hätte ablesen lassen
können. Angesichts der im Laufe des 4. Jahrhunderts anwachsenden Bedeutung,
die der Synode von Nizäa zugemessen wurde,[17] verwundert es daher nicht,
daß ein Bedürfnis entstand, mehr über die Verhandlungen und Diskussionen
zwischen »Orthodoxen« und »Arianern« auf der Synode von Nizäa zu erfahren,

---

13 Evangelos Chrysos, Konzilsakten und Konzilsprotokolle vom 4. bis 7. Jahrhundert, AHC 15
(1983), 30–40 hat anhand der überlieferten Protokolle des 5.–7. Jahrhunderts gezeigt, daß die
Abfassung bzw. Nicht-Abfassung von Protokollen (im Gegensatz zu Akten) synodaler Verhandlungen in Abhängigkeit davon zu sehen ist, ob es sich um ein synodales Gerichtsverfahren
handelte. Träfe des auch schon für das 4. Jahrhundert zu, so hätten für die Synode von Nizäa
ebenfalls offizielle Protokolle angefertigt worden sein müssen, vgl. K. M. Girardet, Kaisergericht
und Bischofsgericht. Studien zu den Anfängen des Donatistenstreites (313–315) und zum Prozeß
des Athanasius von Alexandrien (328–346) (Antiquitas I 21), Bonn 1975, 43–51. Explizit von offi-
ziellen Protokollen einer Synode wissen wir aber erst in Bezug auf eine antiochenische Synode
im Jahr 327, die Asklepas von Gaza verurteilte (Dok 35.1 Brennecke/Heil/Stockhausen/Wintjes),
in Bezug auf die Synode von Tyros (bzw. auf die von ihr eingesetzte Mareotis-Kommission, vgl.
Ath., apol.sec. 5,4; 27,4; 28,4.6 f.; 31,1; 37,9; 83,4; h.Ar. 15,5; Socr., h.e. I 31,3.5; II 17,8) und in
Bezug auf die Synode von Seleukia (Socr., h.e. II 39,7 f.: δημωσίων ὑπομνημάτων, vgl. Soz., h.e.
IV 22,28).
  Zur älteren Diskussion der Frage, ob es Protokolle der Synode von Nizäa gab, vgl. Pierre
Batiffol, Les sources de l'histoire du concile de Nicée, Échos d'Orient 24 (1925), 385–402; 30
(1927), 5–17, hier 386–388 (mit einer Zusammenfassung des älteren Forschungsstandes).
14 Dok. 24 = Urk. 22.
15 Vgl. die beiden den Brief rahmenden Abschnitte Dok. 24,1.17.
16 Das habe ich in Stockhausen, Athanasius von Alexandrien. Epistula ad Afros, 219–238 gezeigt.
17 Ein Indikator für die wachsende Bedeutung der Synode ist die Neuberechnung der Zahl der auf
der Synode anwesenden Bischöfe (allen zeitgenössischen Angaben zufolge an die 300) auf die
»biblische« Zahl 318 (der in Gen 14,14 genannten 318 Diener Abrahams), die zuerst im Kontext
der Synode von Rimini/Seleukia auftaucht, vgl. Stockhausen, Athanasius von Alexandrien.
Epistula ad Afros, 106–109.

und daß daher bald Legenden über den Verlauf der Synode aufkamen und über die Disputationen, die auf ihr stattgefunden hatten.

Solche Legenden sind für uns zuerst in Rufins Fortsetzung der eusebianischen Kirchengeschichte greifbar,[18] in der Rufin im Kontext der Synode von Nizäa über den Dialog mit einem arianischen Philosophen und über dessen anschließende Bekehrung berichtet.[19]

Aufgenommen wird diese Legende dann nicht nur in den Kirchengeschichten des Sokrates und des Sozomenos,[20] sondern auch in der Kirchengeschichte des Anonymus von Kyzikos.[21] Im Gegensatz zu seinen Vorgängern in der Kirchengeschichtsschreibung bringt dieser aber nun noch zusätzlich die Niederschrift eines langen Dialoges[22] zwischen einer Gruppe »nizänischer« Bischöfe (Eustathius von Antiochia, Ossius von Cordoba, Leontius von Caesarea in Kappadokien, Eupsychios von Tyana, Euseb von Caesarea, Protogenes von Serdica und Macarius von Jerusalem) und einem arianischen Philosophen mit dem sprechenden sokratischen Namen Phaidon, die ihren Ausgangspunkt im Bibelvers Gen 1,26 nimmt.

Auch hier bekehrt sich am Ende der Philosoph Phaidon zum orthodoxen Christentum. Und dies ist eine auffällige Gemeinsamkeit, die wir im folgenden noch ein weiteres Mal antreffen werden: Am Ende bekennt sich der »arianische« Gesprächspartner immer zur »Orthodoxie«. Das ist zum einen sicherlich auch eine Folge des tief empfundenen Bedürfnisses nach ὁμόνοια und des Horrors vor innerchristlicher Zwietracht, was beides ja überhaupt erst den Anlaß der nizänischen Synode gebildet hat,[23] zum anderen verdankt es sich natürlich auch der theologischen Herkunft der jeweiligen Autoren.

Ein weiterer Protagonist solcher auf der Synode von Nizäa verankerter Dialoge ist nun der damalige Diakon und spätere Bischof Athanasius von Alexandrien, der seinen damaligen Bischof Alexander wohl auf die Synode begleitet hatte.[24]

Den Anlaß dafür, daß er diese Rolle in Dialogen immer wieder einnahm, bot Athanasius wahrscheinlich sogar selbst, wenn er in *Apologia secunda 6,2* über seine Aktivitäten auf der Synode schreibt:

18   Zur Frage, inwieweit Rufin dabei auf die sonst verlorene Kirchengeschichte des Gelasius von Caesarea zurückgreift, vgl. zusammenfassend Philip R. Amidon, The church history of Rufinus of Aquileia. Books 10 and 11, Oxford/New York 1997, XIII–XVII.

19   Ruf., h.e. X 3. Vgl. dazu M. Jugie, La dispute des philosophes paiens avec les pères de Nicée, Échos d'Orient 24 (1925), 403–410; Françoise Thelamon, Païens et chrétiens au IVe siècle. L'apport de l'« Histoire ecclésiastique » de Rufin d'Aquilée, Paris 1981, 430–435. Daß eine natürliche Affinität von Arianismus und Philosophie besteht, ist dabei natürlich polemischer Topos.

20   Vgl. Sokr., h.e. I 8; Soz., h.e. I 18.

21   Anon.Cyz., h.e. II 13.

22   Anon.Cyz., h.e. II 14–24 (50,6–82,26 Hansen).

23   Vgl. Brennecke, Nicäa I, v.a. 429 f.

24   Zur Frage der Anwesenheit des Athanasius auf der Synode von Nizäa vgl. Stockhausen, Athanasius von Alexandrien. Epistula ad Afros, 219 m. Anm. 1.

Da Alexander wegen seiner Frömmigkeit in Christu den Frevler (sc. Arius) nicht aufnahm, richteten sie (die Arianer) gegen Athanasius, der damals Diakon war, ihre Missgunst. Denn in ihrer Umtriebigkeit vernahmen sie, daß er häufig mit Alexander zusammen war und bei ihm in Ehren stand. Als sie mit ihm und seiner Frömmigkeit in Christus auf der in Nicaea versammelten Synode Bekanntschaft machten – und zwar dadurch, daß er offen gegen die Häresie der Ariomaniten auftrat –, wurde ihr Hass noch größer.[25]

Natürlich hat dann in der Folgezeit auch sein Nimbus als »Säule der Orthodoxie«[26] und als wegen seiner Konfrontationen mit Arianern aller Coleur fünfmal Verbannter[27] sein übriges dazu getan, daß Athanasius sich als Protagonist antiarianischer Dialoge geradezu anbot.

So überrascht es nicht, daß unter seinem Namen mehrere Disputationen mit Arius bzw. mit anderen Nicht-Nizänern und dann ganz allgemein im Kontext der trinitätstheologischen Streitigkeiten überliefert sind.[28] Zu nennen sind hier z.B. der lateinisch verfasste *Contra Arianos dialogus*.[29] Aber auch die unter dem Namen des Athanasius überlieferten Dialoge, die ihn jedoch nicht zugleich als Protagonisten auftreten lassen, wie die von Christoph Bizer untersuchten Dialoge *De sancta trinitate I–V*[30] und die *Dialogi contra Macedonianos I und II*[31] gehören hier dazu.[32]

---

25 Ἀλεξάνδρου δὲ διὰ τὴν εἰς Χριστὸν εὐσέβειαν μὴ δεχομένου τὸν ἀσεβῆ εἰς Ἀθανάσιον τότε διάκονον ὄντα ἐλυποῦντο, ἐπειδὴ τὰ πλεῖστα συνόντα Ἀλεξάνδρῳ τῷ ἐπισκόπῳ πολυπραγμονοῦντες αὐτὸν ἤκουον καὶ τιμώμενον παρ' αὐτοῦ. πεῖραν δὲ αὐτοῦ καὶ τῆς εὐσεβείας τῆς εἰς Χριστὸν λαβόντες ἐκ τῆς συνόδου τῆς κατὰ Νίκαιαν συγκροτηθείσης ἐν οἷς ἐπαρρησιάζετο κατὰ τῆς ἀσεβείας τῶν Ἀρειομανιτῶν, μειζόνως τὸ μῖσος ηὔξανον (92,3–8 Opitz). Übersetzung Werner Portmann, Athanasius, Zwei Schriften gegen die Arianer. Verteidigungsschrift gegen die Arianer / Geschichte der Arianer (BGL 65), Stuttgart 2006, 84. Weitere Stellen führt Annick Martin, Athanase d'Alexandrie et l'eglise d'Egypte au IVᵉ siècle (328–373), Rom 1996, 321 Anm. 1 und 2 an.

26 Vgl. Stellen wie Greg.Naz., or. 21,26 oder Paul.Em., hom. 2,6 (ACO I 1,4, 14,14 f.).

27 Zur Wahrnehmung des Athanasius als Confessor vgl. Äußerungen wie die des Cyr., apol.Thds. 29 (ACO I 1,3, 89,17–20).

28 Daß der Protagonist eines Dialogs im Laufe der Überlieferung auch zu dessen Autor wird, ist ein auch sonst zu beobachtendes Phänomen, vgl. Gerhard Ficker, Studien zu Vigilius von Thapsus, Leipzig 1897, 34.39–41 (s. auch die nachfolgende Anm.) und Christoph Bizer, Studien zu pseudathanasischen Dialogen der Orthodoxos und Aëtios, Diss., Bonn: theol., 1970, 67.

29 Der Text liegt in einer längeren Rezension vor, die Vigilius von Thapsus zum Autor hat (CPL 807 [PL 52,179–238]): »Contra Arianos, Sabellianos, Photinianos dialogus«. Außerdem ist er in einer von einem anonymen Exzerptor angefertigten kürzeren Rezension unter dem Titel »Contra Arianos Athanasio Ario et Probo judice interlocutoribus« bzw. »Disputatio Athanasii cum Ario coram Probo judice« überliefert (CPL 812 [PL 52,155–180, vgl. PG 28,1439 f.]). Beide Fassungen werden in Teilen der Überlieferung Athanasius als Autor zugeschrieben, vgl. dazu insgesamt Ficker, Studien zu Vigilius von Thapsus, 25–42.

30 CPG 2284, vgl. Bizer, Studien.

31 CPG 2285.

32 Zugleich zeugen all diese Dialoge ganz allgemein sehr eindrücklich von der Rezeption und vom neuerlichen Aufblühen der altehrwürdigen Gattung Dialog ab der zweiten Hälfte des 4. Jahrhunderts, vgl. B. R. Voss, Der Dialog in der frühchristlichen Literatur, München 1970, 338–341.347–352.

Die *Disputatio contra Arium*

Die Überlieferung des Textes

Da die *Disputatio contra Arium*[33] bisher in keiner kritischen Edition vorliegt, aber auch aus inhaltlichen Gründen, für die die Überlieferungszusammenhänge wichtig sind, soll zunächst einiges zur Überlieferung der *Disputatio contra Arium* vorangeschickt werden:

Die *Disputatio contra Arium* ist im Rahmen der sogenannten *x*-Sammlung, außerhalb des Kontextes der großen Athanasius-Sammlungen auch in einigen weiteren, meist späten (Sammel-)Handschriften[34], in einer lateinischen[35] und (allerdings nicht ganz vollständig) in einer armenischen Übersetzung[36] überliefert. Eine kurze Passage, das Bekenntnis des Athanasius in Kap. 5[37], ist außerdem noch als singuläres Stück in einem Codex der Pariser Nationalbibliothek überliefert.[38]

Über die direkte Überlieferung hinausgehend lassen sich auch geringe Spuren einer Sekundärüberlieferung der *Disputatio contra Arium* feststellen.[39]

---

33 CPG 2250; der Text ist in PG 28,440–501 abgedruckt. Eine kritische Edition liegt nicht vor. Überhaupt erwähnen den Text m.W. nur Voss, Dialog, 333 Anm. 50 und (in überlieferungsgeschichtlichem Zusammenhang) Robert Pierce Casey, Armenian Manuscripts of St. Athanasius of Alexandria, HThR 25 (1932), 43–59, hier 46 f., Charles Renoux, Athanase d'Alexandria dans le florilège arménien du Manuscrit Galata 54 (Deuxième Partie), Handes Amsorya 103 (1989), 7–27, hier 25 f. und Bizer, Studien, 41–70 (passim).

34 Bekannt sind mir bisher die Handschriften Codex Parisinus gr. 854 (s. XIII), 1327 (a. 1562) und Parisinus Suppl. gr. 168 (s. XV); Bizer, Studien, 50–53.65 f. führt außerdem die Handschriften Codex Oxoniensis Laudeanus gr. 26 (s. XVI), Codex Caroliruhensis gr. 393 (s. XV) und Codex Vaticanus gr. 402 (a. 1383) an.

35 Bekannt ist mir bisher die im Codex Londinensis Regius 5 F. ii (a. 1446) unter dem Titel »De unitate substantiae deitatis dialogus« überlieferte Übersetzung. Wahrscheinlich ist sie aber erst im Kontext des Konzils von Florenz entstanden.

36 Vgl. Casey, Armenian Manuscripts of St. Athanasius of Alexandria, Renoux, Athanase d'Alexandrie und oben S. 47 f. im Beitrag von Anahit Avagyan.

37 PG 28,441D–444A.

38 Cod. Parisinus Regius 2280, s. XIV, f. 13. Die heutige Sigle der Handschrift und damit dann auch den Überlieferungszusammenhang habe ich noch nicht herausfinden können, da der Handschriftenkatalog von Henri Omont, Inventaire sommaire des manuscrits grecs de la Bibliothèque nationale I–IV, Paris 1886/1888/1898 in die Irre führt. Zu finden ist das Stück aus dem Pariser Codex unter den *Fragmenta varia* (CPG 2165.23) in PG 26,1321D–1323A; zuerst ediert ist es in Bernard de Montfaucon, Sancti patris Nostri Athanasii Opuscula secundis curis reperta et antehac inedita (Collectio nova patrum et scriptorum graecorum, Eusebii Caesariensis, Athanasii, & Cosmae Aegyptii), Paris 1706, 106.

39 Zitate konnte ich bisher nur im Kontext der hesychastischen Kontroverse bei Gregorios Akindynos, Refutatio magna, vgl. den Stellenindex in Juan Nadal Cañellas, Gregorii Acindyni refutationes duae operis Gregorii Palamae cui titulus Dialogus inter orthodoxum et Barlaamitam (CChr.SG 31), Turnhout 1995, und Nikephoros Gregoras, Historia Romana, vgl. Immanuel Bekker, Nicephori Gregorae Byzantina historia III (CSHB), Bonnae 1855, und im Kontext des Konzils von Florenz (pneumatologische Frage), vgl. Sessio 4 (317,17–27 Gill) und Sessio 5 (335,30–336,2 Gill), ausmachen.

Bei der *x*-Sammlung[40] handelt es sich um eine eigenständige, fest umrissene Zusammenstellung von Schriften des Athanasius, deren besonderes Kennzeichen es ist, daß ihr ein Inhaltsverzeichnis und Exzerpte aus einem Brief des Photios an seinen Bruder Tarasios über die Schriften des Athanasius vorangehen[41] und daß sie außerdem in ihrer Zusammenstellung (im Gegensatz vor allem zur *y*-Sammlung, aber auch zur *b*-Tradition)[42] sehr homogen überliefert ist.

Sie enthält die folgenden 21 athanasianischen und pseud-athanasianischen[43] Schriften: *Oratio contra gentes* (CPG 2090), *Oratio de incarnatione verbi* (CPG (2091), †*Disputatio contra Arium* (CPG 2250), *Epistula ad episcopos Aegypti et Libyae* (CPG 2092), *Orationes contra Arianos I–III* (CPG 2093), †*De incarnatione et contra Arianos* (CPG 2806), *Epistula encyclica* (CPG 2124), *Epistulae ad Serapionem I–II* (CPG 2094), †*Epistula catholica* (CPG 2241), †*Refutatio hypocriseos Meletii et Eusebii* (CPG 2242), *Epistula ad Epictetum* (CPG 2095), †*Contra Apolinarem II–I* (CPG 2231), *In illud: qui dixerit verbum in filium* (CPG 2096), †*De passione et cruce domini* (CPG 2247), *Epistula ad Marcellinum* (CPG 2097), *De virginitate* (CPG 2248) und †*Testimonia e scriptura* (CPG 2240).

Wie an dieser Aufzählung ersichtlich ist, steht die *Disputatio contra Arium* zwar nicht ganz zu Beginn der Sammlung. Indem sie aber nach (den die arianische Frage nicht behandelnden) Schriften *Contra gentes* und *De incarnatione* zu stehen kommt, fungiert sie gewissermaßen als Einleitung zu den »antiarianischen« Schriften des Athanasius, die in dieser Sammlung zusammengefaßt

---

40 Die Sammlung wird von Opitz nach einem der Hauptüberlieferungsträger auch als W-Sammlung bezeichnet, vgl. Hans-Georg Opitz, Untersuchungen zur Überlieferung der Schriften des Athanasius (AKG 23), Berlin/Leipzig 1935, 181–188. Zur Sammlung sind außerdem Hanns Christof Brennecke/Uta Heil/Annette von Stockhausen, Athanasius Werke II 8. Die »Apologien«, Berlin/New York 2006, xiv f. und die entsprechenden Einträge in Karin Metzler/Dirk Uwe Hansen/Kyriakos Savvidis, Athanasius Werke. Band I/Teil 1: Die Dogmatischen Schriften. Lfg. 1 Epistula ad episcopos Aegypti et Libyae, Berlin/New York 1996, Karin Metzler/Dirk Uwe Hansen/Kyriakos Savvidis, Athanasius Werke. Band I/Teil 1: Die Dogmatischen Schriften. Lfg. 2 Orationes I et II contra Arianos, Berlin/New York 1998 und Karin Metzler/Kyriakos Savvidis (Hrsg.), Athanasius Werke. Band I/Teil 1: Die Dogmatischen Schriften. Lfg. 3 Oratio III contra Arianos, Berlin/New York 2000 zu vergleichen.

41 Der Brief ist ediert in Opitz, Untersuchungen, 213. Daß Pinax und Brief Teil der Sammlung sind, läßt sich sehr schön an Codex Athous Vatopedi 7 (W), in dem Brief und Pinax erst auf f. 99a ff., zu Beginn des zweiten Teiles der Handschrift zu stehen kommen, und an Codex Marcianus gr. Z 49 (M) erkennen, bei dem der Pinax auf f. 2a–b nur die zur *x*-Sammlung gehörenden Stücke anführt, nicht aber die Stücke aus anderen Sammlungen, die der Codex auch enthält; wie eine Autopsie der Handschrift am 12.10.2002 ergeben hat, sind die Angaben in Opitz, Untersuchungen, 21 nicht korrekt: Der Pinax auf f. 1b, der ebenfalls nur einen Teil der Schriften enthält, stammt nicht von einer älteren, sondern von einer jüngeren, wahrscheinlich dem 15. Jh. angehörenden Hand (der Codex selbst ist wohl ins späte 13. Jh. zu datieren), der Pinax auf f. 2a–b enthält nur die Titel Nr. 1–21 (= *x*-Sammlung) und nicht alle im Codex unter dem Namen des Athanasius überlieferten Schriften.

42 Zu den beiden Überlieferungszusammenhängen knapp Brennecke/Heil/Stockhausen, Athanasius Werke II 8, xv–xvii mit Literatur.

43 Markiert mit †.

sind,[44] insofern die *Disputatio contra Arianos* dadurch, daß sie eine Diskussion
zwischen Athanasius und Arius auf der Synode von Nizäa selbst wiedergibt,
die thematisch und chronologisch nach der Synode von Nizäa einzuordnenden Schriften des Athanasius an diese zurückbindet und die Hintergründe des
Streites erhellt.

Nun ist die Zusammenstellung des Schriftenkorpus der *x*-Sammlung wegen
der Inklusion des Photios-Briefes frühestens im späten 9. Jahrhundert anzusetzen.
Allerdings könnte gerade der Photios-Brief selbst eine Zeuge für eine ältere und
weniger umfangreiche Sammlung antiarianischer Schriften des Athanasius sein:

Im Brief an Tarasios und in cod. 140 der Bibliothek schreibt Photios nämlich
von einer Sammlung von Werken des Athanasius, der κατὰ Ἀρείου καὶ τῶν
αὐτου δογμάτων πεντάβιβλος.[45] Üblicherweise wird dieses »Fünfbuch gegen
Arius und seine Lehren« auf die *Epistula ad episcopos Aegypti et Libyae*, die drei
Arianerreden und die pseud-athanasianische vierte Arianerrede bezogen,[46] weil
in den Handschriften der *y*-Sammlung[47] die *Epistula ad episcopos Aegypti et Libyae*,
die drei Arianerreden und die pseud-athanasianische vierte Arianerrede als
κατὰ Ἀρειανῶν λόγος α'–ε' gezählt werden.[48] Demgegenüber werden in der *x*-
Sammlung nun gerade nur die drei echten Arianerreden durchnummeriert, nicht
aber die *Epistula ad episcopos Aegypti et Libyae* in diese Zählung einbezogen.[49]

Wäre nun die Identifikation der Pentabiblos mit der Zusammenstellung von
Epistula ad episcopos Aegypti et Libyae, den drei authentischen und der pseudony-
men Arianerrede richtig, dann würde nun allerdings der Inhalt der *x*-Sammlung
nicht zu den im Brief genannten Schriften passen, da ja die vierte Arianerrede
nie Teil dieser Sammlung war. Dies könnte natürlich auf einen Fehler dessen
zurückzuführen sein, der die *x*-Sammlung zusammen- und ihr den Brief vor-
angestellt hat.[50] Außerdem muß zumindest fraglich bleiben, ob denn Photios

---

44 Also zumindest zu den Schriften *Epistula ad episcopos Aegypti et Libyae*, den drei Arianerreden,
    De incarnatione et contra Arianos und der *Epistula encyclica*.

45 Opitz, Untersuchungen, 213,12 und Immanuel Bekker, Photii Bibliotheca I, Berlin 1824, 98a.

46 Vgl. z.B. Metzler/Hansen/Savvidis, Athanasius Werke I/2, 71 f.

47 Nur in dieser Sammlung ist die vierte Arianerrede nämlich überhaupt überliefert.

48 Vgl. Markus Vinzent, Pseudo-Athanasius, contra Arianos IV. Eine Schrift gegen Asterius von
    Kappadokien, Eusebius von Cäsarea, Markell von Ankyra und Photin von Sirmium (SVigChr
    36), Leiden [u.a.] 1996 und Anton Stegmann, Die pseudoathanasianische »IVte Rede gegen
    die Arianer« als κατὰ Ἀρειανῶν λόγος ein Apollinarisgut, Tübingen 1917, 9–43.87–91. Dazu
    werden in Teilen der Sekundärüberlieferung die *Epistula ad episcopos Aegypti et Libyae* und
    die drei Arianerreden als κατὰ Ἀρειανῶν λόγος α'–δ' gezählt; das ist zumindest daraus zu
    schließen, daß die dritte Arianerrede z.B. Florilegium Athanasium, fr. 99 (36 Schwartz) oder
    Justn., monoph. 126 (28,15 f. Schwartz) als vierte Rede gezählt wird.

49 Eine Ausnahme bilden Codex Patmiacus A 3 (U) und Codex Marcianus gr. 50 (N), die die
    Texte wie die Handschriften der *y*-Sammlung durchnummerieren; allerdings hat Karin Metzler,
    Kontamination in der Athanasius-Überlieferung, REByz 48 (1990), 213–232 gezeigt, daß diese
    beiden Handschriften von der *y*-Sammlung her kontaminiert sind.

50 Zumal im Brief über die Angaben in cod. 140 hinausgehend noch weitere Schriften genannt
    werden, die ebenfalls nie Teil der *x*-Sammlung waren, vgl. Opitz, Untersuchungen, 213,18–22
    und cod. 32 sowie cod. 139.

überhaupt die vierte Arianerrede zu den echten Athanasiana gezählt hat; in den Werken des Photios wird sie sonst wenigstens nicht erwähnt und auch in der übrigen Sekundärüberlieferung wird die Rede so gut wie nie als Athanasianum wahrgenommen.[51]

Ich möchte daher eine andere Hypothese aufstellen und vorschlagen, die κατὰ Ἀρείου καὶ τῶν αὐτοῦ δογμάτων πεντάβιβλος mit einer Sammlung der Schriften *Disputatio contra Arium, Epistula ad episcopos Aegypti et Libyae, Arianerreden I–III* zu identifizieren.[52]

Der Titel der Schrift

Der Titel der Schrift lautet in der überwiegenden Mehrzahl der Handschriften (UNWMLBFV[53]): Τοῦ αὐτοῦ διάλεκτος ἐν τῇ κατὰ Νίκαιαν συνόδῳ πρὸς Ἄρειον, also: »Desselben Gespräch mit Arius auf der Synode von Nizäa«.

Nur Codex Vatopedi 5/6 (K)[54] bietet den durch Montfaucon und dann Migne kanonisch gewordenen Titel *Disputatio contra Arium*, da er in ihr lautet: Τοῦ ἐν ἁγίοις πατρὸς ἡμῶν ἀρχιεπισκόπου Ἀλεξανδρείας Ἀθανασίου τοῦ μεγάλου διάλογος κατὰ Ἀρείου ἐν Νικαίᾳ.[55] Nur in ihm ist eine polemische, adversative Komponente enthalten, die im Text des Dialogs selbst – bei aller theologischer Kontroverse – keine rechte Basis hat.[56] Dieser Titel verdankt sich eher der allgemeinen antihäretisch ausgerichteten Rezeption der arianischen Kontroverse als einer aktuellen Lektüre des Dialoges.[57]

Noch interessanter ist jedoch die Titelvariante, die vom (freilich späten) Codex Laurentianus Riccardianus 4 (Q)[58] und von der armenischen Überset-

---

51 Vgl. dazu Vinzent, Pseudo-Athanasius, contra Arianos IV, 1 f.

52 Ich werde auf diese Hypothese am Schluß noch einmal zurückkommen, wenn die Frage der Autorschaft (auch diese in Form einer Hypothese) geklärt ist, vgl. unten S. 152.

53 Zur Auflösung der Siglen vgl. Brennecke/Heil/Stockhausen, Athanasius Werke II 8, cxxvi, Metzler/Hansen/Savvidis, Athanasius Werke I/1, 36 oder Opitz, Untersuchungen, IX.

54 Der Codex Vatopedi 5/6 ist zusätzlich dadurch auffällig, als die *Disputatio contra Arium* in ihm nicht im Kontext der *x*-Sammlung (in Codex Vatopedi 5), sondern im Kontext von Schriften, die der *y*-Sammlung angehören (die Reihenfolge der Schriften der *y*-Sammlung ist in K allerdings gestört), in Codex Vatopedi 6 überliefert ist; vgl. Opitz, Untersuchungen, 38–40. Hier kann erst eine Kollation des Textes zu weiteren Erkenntnissen führen, z.B. ob K etwa auch einen anderen Text als die übrigen Handschriften überliefert.

55 In der Refutatio magna des Gregorios Akyndinos finden sich beide Titelvarianten, vgl. Cañellas, Gregorii Acindyni refutationes duae, Index. Er und Nikephoros Gregoras zitieren den Text auch bzw. ausschließlich unter dem Titel ἐν τῇ πρὸς Ἄρειον διαλέξει (366,21 f. Bekker).

56 Aus Gründen der Praktikabilität bleibe ich dennoch bei dem eingeführten lateinischen Titel *Disputatio contra Arium*.

57 Natürlich paßt er auch gut zur κατὰ Ἀρείου καὶ τῶν αὐτοῦ δογμάτων πεντάβιβλος des Photios (s. oben).

58 Der Codex Laurentianus Riccardianus 4 (Q) ist zwar eine Abschrift des Codex Oxoniensis Holkham gr. 28 (h=74), doch leider läßt sich dem Katalog (vgl. Brennecke/Heil/Stockhausen, Athanasius Werke II 8, lviii mit allen Angaben) nicht entnehmen, wie der Titel der *Disputatio contra Arium* in ihm lautet. Der Codex Oxoniensis Holkham gr. 28 (h=74) selbst ist wiederum eine Abschrift des Codex Londinensis Burneianus gr. 46 (L), der nicht die Langform des Titels

zung[59] geboten wird: Τοῦ αὐτοῦ διάλεκτος ἐν τῇ κατὰ Νίκαιαν συνόδῳ πρὸς Ἄρειον ἐν ἔτη (sic!) τῆς θείας σαρκώσεως τι ἐν ἡμέραις τοῦ εὐσεβοῦς βασιλείας Κωνσταντίνου καὶ τοῦ μακαρίου πάπα Σιλβέστρου καὶ ἐπισκόπου Βυζαντίου Ἀλεξάνδρου »Desselben Gespräch mit Arius auf der Synode von Nizäa im Jahr der göttlichen Fleischwerdung 310, in den Tagen des frommen Kaisers Konstantin und des seligen Papstes Silvester und des Bischofs von Byzanz, Alexander«.

Auffällig ist an diesem Titel zunächst vor allem die Datierung der Synode von Nizäa in das Jahr *anno domini* 310, da hier auf den ersten Blick ein offensichtlicher Fehler vorzuliegen scheint.

Es ist jedoch anzunehmen, daß die Jahreszahl nicht fehlerhaft vom Verfasser dieses Titel angegeben worden, sondern nur fehlerhaft überliefert ist, daß also eine Korruptel vorliegt:[60] Es erscheint naheliegend, τι zu τιε zu konjizieren, da der Text nach der Jahreszahl mit ἐν fortfährt, somit also nur der Buchstabe ε ausgefallen wäre. Geht man von dieser Konjektur aus, ergibt sich eine Datierung ins Jahr 315 *anno domini*, welche gemäß der alexandrinischen Weltära,[61] die die Inkarnation ins Jahr 9 n.Chr. setzt, zur richtigen zeitlichen Einordnung der Synode von Nizäa führen würde.[62]

Die Angabe des Datums der Synode von Nizäa nach der alexandrinischen Weltära hat zur Konsequenz, daß zumindest dieser Titel, wenn nicht die gesamte *Disputatio contra Arium*, mit einiger Wahrscheinlichkeit in Alexandrien zu verorten ist.[63]

---

   hat, vgl. Opitz, Untersuchungen, 23–25 und Metzler/Hansen/Savvidis, Athanasius Werke I/1, 11 f.
   Ebenfalls eine Abschrift von h=74 ist der sog. Codex Felckckmanni 2 = Codex Genevensis gr. 29 tom. I, der die Basis für die Editio Commeliniana bildete. Vgl. Brennecke/Heil/Stockhausen, Athanasius Werke II 8, lviii f.

59   Vgl. oben Anm. 36.

60   Die armenische Übersetzung überliefert zwar ebenfalls die falsche Jahreszahl 310, vgl. Casey, Armenian Manuscripts of St. Athanasius of Alexandria, 46 f. das kann jedoch darauf zurückzuführen sein, daß die Übersetzung erst angefertigt wurde, als der griechische Text bereits fehlerhaft überliefert wurde. Leider steht nicht fest, wann die armenische Übersetzung entstanden ist.

61   Die alexandrinische Weltära ist zu Beginn des 5. Jahrhunderts unter Kyrill von Alexandriens Vorgänger Theophilos von Annianos in Alexandrien konzipiert worden, vgl. Georges Declercq, Anno Domini. The origins of the Christian era, Turnhout 2000, 29–34 und Alden A. Mosshammer, The Easter computus and the origins of the Christian era (Oxford early Christian studies), Oxford 2008, 362–368.

62   Die Zählung der Jahre der alexandrinischen Weltära verschiebt sich nämlich wegen einer Korrektur bei der Datierung des Todesjahres Jesu noch um ein Jahr, vgl. Mosshammer, Easter computus, 363.371.

63   Es bleibt natürlich eine Unsicherheit, da die alexandrinische Weltära später auch über Alexandrien hinaus Verbreitung fand und bis ins 9. Jahrhundert in der Kirche üblich war. Der erste Beleg für ihre Verwendung liegt nach Declercq, Anno Domini, 34 zwar erst bei Kyrill von Skythopolis vor, aber zumindest für Alexandrien ist davon auszugehen, daß sie schon im 5. Jahrhundert auch Verwendung fand. Wenn sich also der Text auf Grund anderer Überlegungen ins Alexandrien des 5. Jahrhunderts datieren läßt, dann könnte die Verwendung der alexandrinischen Weltära als zusätzlicher Anhaltspunkt dienen. Vgl. unten S. 150.

Stellt man nun die Langform des Titels mit ihren genauen Datums-Angaben[64] der Fassung des Titels ohne diese Datierung abwägend gegenüber, so kann man zu dem Schluß kommen, daß die Langform vielleicht sogar der ursprünglichere Titel ist: Denn zum einen war die Datierung spätestens, als die alexandrinische Weltära von der byzantinische Weltära im 9. Jahrhundert abgelöst wurde, nicht mehr richtig und wäre kaum so von einem Kopisten eingefügt worden.[65] Zum anderen stellt die Langform des Titels, zumal mit der falschen Jahresangabe, die *lectio difficilior* dar, da die Verkürzung des Titels im Laufe der Überlieferung wahrscheinlicher ist als die Hinzufügung weiterer Angaben.[66]

Der Aufbau des Dialoges

Der Dialog setzt – ganz im Stil eines sokratischen Dialogs[67] – mit einer Straßenszene ein:

Athanasius, der Ich-Erzähler, ist zusammen mit einigen seiner Kleriker auf dem Weg zu einem Treffen mit weiteren, aber ebenfalls nicht näher identifizierten Gleichgesinnten. Auch der Ort der Szene wird nicht benannt, ebenso wenig das Ziel der »Wanderung«. Die Gruppe bewegt sich langsam vorwärts – »wegen der Schwäche des Körpers«, wie Athanasius sagt[68] – und während des Gehens wird Athanasius von einem seiner Begleiter nach der Bedeutung des Verses Joh 14,28 und damit nach der Bedeutung eines der *loci classici* des arianischen Streites gefragt.[69]

Damit ist im Grunde das Thema des gesamten Dialoges nach nur wenigen Zeilen umrissen: Es geht um die biblische Begründung arianischer Theologie.

Athanasius aber möchte die mit der Frage nach der Bedeutung von Joh 14,28 angeschnittene Diskussion zunächst auf einen anderen, vermeintlich günstigeren Zeitpunkt nach ihrer Rückkehr verschieben, muß dann aber »plötzlich« an 1Tim 4,7[70] (γύμναζε σεαυτὸν πρὸς εὐσέβειαν) denken und besinnt sich eines Besseren.[71]

---

64 Zur Jahresangabe *anno domini* kommt ja noch die Datierung nach den Bischöfen von Rom (Silvester) und Byzanz (Alexander).

65 Alle Handschriften, die die *Disputatio contra Arium* überliefern, sind ja später.

66 Es bleibt natürlich Aufgabe weiterer Untersuchungen zu klären, warum zumindest die indirekte Vorlage des Codex Laurentianus Riccardianus 4 (Q), der Codex Londinensis Burneianus gr. 46 (L), nicht die Langform des Titels bietet, vgl. oben Anm. 58.

67 Vgl. Hermann Gundert, Der platonische Dialog (Bibliothek der klassischen Altertumswissenschaften. Neue Folge 2,26), Heidelberg 1968 und Hermann Gundert, Dialog und Dialektik. Zur Struktur des platonischen Dialogs (Studien zur antiken Philosophie 1), Amsterdam 1971; zu den Örtlichkeiten des sokratischen Dialogs auch Dietram Müller, Raum und Gespräch: Ortssymbolik in den Dialogen Platons, Hermes 116 (1988), 387–409.

68 Disp. 1 (PG 28,440A): διὰ τὴν τοῦ σώματος ἀσθένειαν.

69 Disp. 1 (PG 28,440A).

70 Mit dem Zitat 1Tim 4,7 ist bereits ein weiterer wichtiger Aspekt angeschnitten, der bei der Einordnung des Textes noch einmal in den Blick genommen werden muß: der Aspekt der γυμνασία, der »Übung«, vgl. unten S. 151.

71 Disp. 1 (PG 28,440B).

Offensichtlich wird das Ziel des Weges aber noch erreicht, bevor Athanasius die gestellte Frage nach der Bedeutung von Joh 14,28 beantworten könnte; zumindest hören wir erst einmal nichts mehr davon, daß Athanasius die Frage nun doch noch beantwortet hätte. Denn nach ihrer Ankunft am Ziel des Weges begrüßt sich die Gruppe der Wanderer und die derer, die sich schon vor Ort befinden, auf Herzlichste und man unterhält sich – bis plötzlich ἀπὸ τῆς ῥίζης τοῦ χριστομάχου Ἀρείου »aus der Wurzel des Christusbekämpfers Arius« ein θηρίον ἀνθρωπόμορφον ein »menschengestaltiges Tier« dazukommt und vor der versammelten Mannschaft eine Belehrung über den rechten Glauben fordert, und natürlich auch selbst seine Meinung darlegen möchte.[72] Damit kommt die zunächst aufgeschobene Diskussion doch noch in Gang.

Athanasius fordert nun Arius auf (und folgt dabei ganz den Regeln der Rhetorik), seine πρότασις vorzubringen, d.h. seine These aufzustellen,[73] womit der szenische Eingangsteil abgeschlossen wird und der dialogische Teil, die Disputation im eigentlichen Sinne, einsetzt.

Arius[74] schlägt daraufhin seinerseits vor, daß jeder der beiden Disputatenten in Kurzform (ἐν ἐπιτομῇ) darlegt, was er über »Gott, Christus und den Hl. Geist« denkt, damit dies als Grundlage der Diskussion für alle Beteiligten von vornherein klar sei.[75] Hierauf formulieren sowohl Athanasius als auch Arius ein Bekenntnis. Athanasius formuliert:

> Ich glaube an Gott, den Vater, den Allherrscher, der immer Gott Vater ist, und an den Gott Logos, den einziggeborenen Sohn Gottes, daß er mit seinem eigenen Vater zusammen existiert, und daß der Sohn aus dem Wesen des Gottes und Vaters ist, und daß der Sohn dem Vater gleich ist, und daß der Sohn Gott gleich würdig ist, und daß er zusammen mit seinem Vater überall in der Gottheit ist, und daß er alles in seinem Wesen umfasst, und daß der Sohn Gottes von niemandem umfasst wird, wie auch der Gott, sein Vater; und an den Hl. Geist; daß er vom Wesen des Vaters ist und der Hl. Geist gleichewig mit dem Vater und dem Sohn ist. Vom Logos sage ich aber, daß er im Fleisch geworden ist.[76]

Sieht man sich dieses Bekenntnis des Athanasius an, fällt auf den ersten Blick natürlich eines auf: Es handelt sich um ein Bekenntnis des »Nizäners« Athanasius, der noch dazu später nichts mehr anderes als das Nizänum gelten lassen wollte, das von ihm, dem Titel der Schrift nach, auf der Synode von Nizäa formuliert wurde – und das nichts mit dem Nizänum zu tun hat. Vor allem fällt

---

72   Disp. 3 (PG 28,441B).
73   Disp. 3 (PG 28,441C).
74   Nun, ab disp. 4 (PG 28,441C), werden die einzelnen Äußerungen der Dialogpartner auch jeweils durch Voranstellung ihres Namens gekennzeichnet.
75   Disp. 4 (PG 28,441C): ἕκαστόν τε ἡμῶν ἐκθεῖναι, ἃ φρονεῖ περὶ Θεοῦ καὶ Χριστοῦ, καὶ Πνεύματος ἁγίου, ἐν ἐπιτομῇ.
76   Disp. 5 (PG 28,441D–444A); der griechische Text folgt in der tabellarischen Übersicht unten.

auf, daß der Begriff, der für Athanasius zum Schibbolet für Orthodoxie und zum Inbegriff des Nizänums geworden ist, fehlt: ὁμοούσιος.[77]

Das Bekenntnis des Arius, das folgt, ist zwar durch typisch »arianische« Theologumena gekennzeichnet, folgt aber ebenfalls nicht ganz den arianischen Sprachmustern:

> Auch ich glaube an den einen ewigen Gott, und an seinen Sohn, den vor Ewigkeiten Gott gründete, und zum Sohn machte. Und alles, was der Sohn hat, hatte er nicht und empfing es von Gott. Und daß der Sohn nicht gleich ist und dem Vater nicht gleich würdig, sondern es fehlt ihm viel von der Würde Gottes, wie einem geschaffenen Ding fehlt es ihm an der Macht Gottes. Und an den Hl. Geist, der vom Sohn geworden ist. Siehe, auch ich denke so.[78]

Es ist ziemlich offensichtlich, daß das Bekenntnis des Arius nicht als eigenständiger Text entworfen ist, sondern von dem Bekenntnis des Athanasius ausgehend als typisch geltende »arianische« Positionen formuliert:[79]

Bekenntnis des Athanasius:	Bekenntnis des Arius:
Πιστεύω εἰς ἕνα Θεὸν Πατέρα παντοκράτορα, ἀεὶ ὄντα Θεὸν Πατέρα,	Πιστεύω κἀγὼ εἰς ἕνα Θεὸν ἀΐδιον,
καὶ εἰς τὸν Θεὸν Λόγον,	καὶ εἰς τὸν Υἱὸν αὐτοῦ,
τὸν Μονογενῆ Υἱὸν τοῦ Θεοῦ, ὅτι συνυπάρχει τῷ ἰδίῳ Πατρί, καὶ ὅτι ἐκ τῆς οὐσίας τοῦ Θεοῦ καὶ Πατρός ἐστιν ὁ Υἱός,	ὃν πρὸ τῶν αἰώνων ἔκτισεν ὁ Θεός, καὶ Υἱὸν ἐποίησε. Καὶ πάντα, ὅσα ἔχει ὁ Υἱός, μὴ ἔχων ἔλαβε παρὰ τοῦ Θεοῦ·
καὶ ὅτι *ἴσος* ὁ Υἱὸς τοῦ Πατρὸς τυγχάνει, καὶ ὅτι *ἰσότιμός* ἐστιν ὁ Υἱὸς τοῦ Θεοῦ,	καὶ ὅτι *οὐκ ἴσος* ἐστὶν ὁ Υἱός, οὐδὲ *ἰσότιμος* τῷ Πατρὶ,
καὶ ὅτι σὺν τῷ Πατρὶ αὐτοῦ πάρεστι πανταχοῦ τῇ θεότητι, καὶ ὅτι πάντα περιέχει τῇ οὐσίᾳ αὐτοῦ, καὶ ὅτι οὐ περιέχεται ὑπ' οὐδενὸς ὁ Υἱὸς τοῦ Θεοῦ, καθάπερ καὶ ὁ Θεὸς ὁ Πατὴρ αὐτοῦ·	ἀλλὰ πολὺ λείπεται τῆς τοῦ Θεοῦ δόξης, ὡς ποίημα, λείπεται τῆς τοῦ Θεοῦ δυνάμεως·
καὶ εἰς τὸ Πνεῦμα τὸ ἅγιον, ὅτι τῆς τοῦ Πατρός ἐστιν οὐσίας, καὶ συναΐδιον τῷ Πατρὶ καὶ τῷ Υἱῷ τυγχάνει τὸ ἅγιον Πνεῦμα.	καὶ εἰς τὸ Πνεῦμα τὸ ἅγιον, τὸ ὑπὸ τοῦ Υἱοῦ γεγονός.
Τὸν Λόγον φημὶ ἐν σαρκὶ γεγονέναι.	

---

77 Dies ließe sich aus der Erzähllogik des Dialogs natürlich so erklären, daß das Gespräch zwischen Arius und Athanasius vor der Verabschiedung des Nizänums stattgefunden habe. Allerdings ist der Text auch insofern nicht realitätsnah, als sich in ihm Arius ja am Schluß bekehrt (Kap. 45). Die *Disputatio contra Arium* bietet insofern eben eine phantasievolle Darstellung eines virtuellen Verlaufs der Synode von Nizäa, so daß selbst solche Texte wie ein Bekenntnis den Bedürfnissen des Dialogs folgend abgewandelt werden können.

78 Disp. 6 (PG 28,444A); der griechische Text folgt in der tabellarischen Übersicht unten.

79 Sehr deutlich läßt sich das an den beiden durch Kursivierung gekennzeichneten Stellen zeigen.

Auf der Basis dieser beiden Bekenntnisse (oder besser auf Basis des Bekenntnisses des Athanasius) setzt nun die eigentliche Diskussion ein. In ihr werden die
Standardthemen des arianischen Streites in mehreren »Runden« abgehandelt:

Arius betont, daß Gott ewig ist, daß allein er Gott ist, daß der Sohn von Gott
(βουλήσει) geschaffen und ihm daher untergeordnet und keinesfalls gleich ist,[80]
daß er der πρωτότοκος ist,[81] aber nicht ἀληθινὸς θεός.[82] – Alles in allem nichts
Überraschendes, sondern das, was von »nizänischer« Seite an theologischen
Aussagen von einem Arianer erwartet werden würde.

Hier werden auf jeden Fall keine theologischen Positionen neu ent- oder alte
weiterentwickelt. Wenn man den Dialog liest und sieht, wie in ihm die Diskussion
geführt wird, so wird sehr deutlich, daß er keine theologische Programmschrift
oder sonst ein Text ist, durch den die theologische Diskussion vorangetrieben
werden wollte oder sollte. Hier positioniert sich keiner der beiden Disputanten
in einer produktiven Diskussion.

Das zeigt sich in gleicher Weise an den von Athanasius vertretenen Positionen. Auch von ihm wird nur Altbekanntes wiederholt: Der Sohn existiert
zusammen mit dem Vater,[83] er ist zusammen mit ihm ewig,[84] er ist aus dem
Wesen des Vaters, er ist wahrhaftiger Gott.[85]

Charakteristisch für den gesamten Diskussionsverlauf ist aber, daß er ganz
und gar von der Interpretation der *loci classici* des arianischen Streites seine
Prägung erhält: Auf arianischer Seite sind das 1Kor 8,6, Joh 5,19, Joh 14,28, Prov
8,22, Apg 2,36, Joh 18,3, Joh 15,1 und Amos 4,13, auf athanasianischer Seite 1Kor
1,24, Joh 10,30, Joh 14,9, Röm 1,20, 1Joh 5,20, Joh 1,1, Hebr 2,10 und Mt 28,19.[86]

Beide Seiten berufen sich auf die Bibel, kommen aber zu einander entgegen-
gesetzten Positionen. Daher ist im Prinzip fast die gesamte Diskussion ab Kap.
10 – in Kap. 7–9 findet ein erster Austausch statt, in dem die dort diskutierten
Stellen einfach adversativ einander gegenüber gestellt werden – ein exegetischer
Durchgang, durch den erklärt werden soll, wie sich die (scheinbar) bestehenden
Widersprüche zwischen den Referenztexten auflösen lassen, d.h. wie die von
den Arianern angeführten Bibelstellen in nizänischem Sinne verstanden werden
können, nämlich so, daß die Niedrigkeitsaussagen durchgehend nicht auf den
Logos, sondern auf den Inkarnierten bezogen werden. Dabei ist das Axiom,
daß Gott sich nicht selbst widersprechen kann, ausschlaggebend und wird auch
explizit thematisiert.[87]

---

80   Disp. 7 (PG 28,444BC).
81   Disp. 15 (PG 28,453B).
82   Disp. 22 (PG 28,464C).
83   Disp. 5 (PG 28,441D).
84   Disp. 13 (PG 28,452AB).
85   Disp. 30 (PG 28,477BC). An dieser Stelle fällt dann sogar doch noch das Stichwort ὁμοούσιος.
86   Vgl. die Anm. in PG 28,440–501.
87   Disp. 9 (PG 28,448A).

Betrachtet man sich die angeführten Bibelverse und ihre Auslegung im Einzelnen sowie den Gang der Argumentation insgesamt, so fällt auf, daß sie weitestgehend dem Aufbau und der Argumentation der drei athanasianischen Arianerreden folgt.[88] Aus dieser großen Nähe zu den Arianerreden wird dann eventuell auch verständlich, warum sich in der *Disputatio contra Arium* so gut wie keine Rezeptionsspuren des Nizänums finden lassen. Denn auch in den Arianerreden wird das Nizänum nicht angeführt, wie sich Athanasius ja überhaupt erst sehr spät, nämlich Ende der 50er Jahre, direkt und explizit auf das Nizänum (bzw. seine beiden Kernbegriffe) bezieht, bzw. das Nizänum bei ihm erst sehr spät zur absoluten Norm für Orthodoxie wird.[89] So verwundert es nicht, daß auch andere spätere Entwicklungen nicht rezipiert sind; denn von einer Unterscheidung der beiden Termini ὑπόστασις und οὐσία finden sich ebenfalls keine Anzeichen.

Im Gegensatz zu den Arianerreden wird jedoch die Diskussion in der *Disputatio contra Arium* insgesamt weniger aggressiv geführt. Zwar ist die Disputation passagenweise von durchaus aggressiven und fast stakkatohaft vorgetragenen Fragen »ja oder nein?« (ναί ἢ οὔ;) geprägt,[90] mit denen Arius von Athanasius regelrecht in die Enge getrieben wird, aber der Umgang der beiden Disputanten untereinander ist grundsätzlich ein sehr kultivierter: Arius ist in der *Disputatio contra Arium* (abgesehen von der Einleitung) nicht der χριστομάχος, sondern nur der theologisch etwas Minderbemittelte, der im Übrigen so agiert, wie man es sich vom »Junior«-Disputationspartner in einem sokratischen Dialog vorstellt, d.h. der erst eine andere Meinung vertritt, sich aber dann relativ schnell überzeugen lässt und zudem die Fragen des Athanasius meist nicht beantworten kann.

Auf dem Hintergrund dieses ziemlich offensichtlich zugrunde liegenden Modells eines sokratischen Dialogs verwundert es auch nicht, daß die Redeanteile des Athanasius umso größer werden, je weiter der Dialog fortschreitet.[91]

Nachdem dann die trinitätstheologischen Bibelstellen allesamt abgehandelt und in nizänischer Weise interpretiert worden sind, wird in einem weiteren, abschließenden Teil, der die Kapitel 37–44 umfaßt, schließlich auch die Frage nach der Pneumatologie und damit verbunden die Frage nach der Trinität generell verhandelt.

---

88 Das zu zeigen ist einer weiteren Untersuchung vorbehalten, aber es ist ganz frappierend, wie sehr die *Disputatio contra Arium* gerade in den Einzelheiten von den Arianerreden abhängig ist.

89 Vgl. Stockhausen, Athanasius von Alexandrien. Epistula ad Afros.

90 Vgl. disp. 8 (PG 28,445B); 11 (PG 28,449A); 16 (PG 28,456B); 19 (PG 28,460D); 20 (PG 28,461B); 21 (PG 28,464A); 22 (PG 464D); 23 (PG 28,465D.468A); 24 (PG 28,468A); 25 (PG 28,469B); 30 (PG 28,477A.C); 31 (PG 28,480BC); 39 (PG 28,489C.492AB); 40 (PG 28,493A); oftmals findet sich im unmittelbaren Umfeld zusätzlich noch die Interjektion μὴ γένοιτο.

91 Arius ist insgesamt oft nur Stichwortgeber. Der Redeüberschuß des Athanasius wird aber besonders deutlich ab Kap. 25 generell und in besonderem Maße in Kap. 32–36.

Wie bereits im vorangehenden Diskussionsgang über die Zuordnung des Logos im Rahmen der Gottheit, greift der Verfasser der *Disputatio contra Arium* auch jetzt in seiner Darlegung wieder ganz auf athanasianisches Gut zurück, nun, da es um die Pneumatologie geht, in erster Linie auf die dritte Arianerrede.

Zur Aufnahme des Vorbildes des sokratischen Dialogs und zu dem schon vermerkten eher konzilianten Gesprächsklima passt schließlich wiederum auch, daß sich Arius am Ende der Disputation (Kap. 45–46) von seiner Häresie ab- und dem nizänischen Glauben endgültig zuwendet, nachdem er im Laufe der Diskussion schon Schritt für Schritt von seinen häretischen Meinungen Abschied genommen hatte.

Der Aufbau des Dialogs ist zusammengefaßt also folgender:

1–3	Szenische Einleitung
4–6	Bekenntnisse von Athanasius und von Arius
7–9	Biblische Texte über das Verhältnis von Vater und Sohn
10–36	Wie die Widersprüche zwischen den biblischen Texten aufgelöst werden können
37–44	Über den Hl. Geist und die Trinität
45–46	Schluß

Auffällige und unstimmige Elemente im Text

Nach diesem knappen Überblick über den Aufbau und die Inhalte der *Disputatio contra Arium* möchte ich nun noch einige auffällige und für die Interpretation des Textes interessante bzw. schwierige Passagen wenigstens kurz nennen:

Der Dialog hat – geht man nach dem handschriftlich überlieferten Titel – auf der Synode von Nizäa stattgefunden. Ich habe bereits gesagt, daß sich im Text selbst dafür keinerlei Anhaltspunkt finden lassen. Nizäa wird im Text kein einziges Mal genannt, ebenso wenig wie überhaupt auf die Situation einer Synode angespielt wird. Die einleitend dargestellte Szenerie erinnert jedenfalls eher an einen Philosophenzirkel, der umherwandelnd verschiedene Fragen diskutiert.

Zudem sagt Athanasius in der szenischen Einleitung, daß die Gruppe langsam gegangen sei »wegen der Schwäche des Körpers«.[92] Diese Aussage passt natürlich gar nicht zu dem doch noch jungen Mann Athanasius, der als Diakon seinen Bischof Alexander nach Nizäa begleitet hat.

Außerdem ist der Dialogpartner des Athanasius im Text immer als »Areios« bezeichnet. In Kapitel 3[93] heißt es aber, daß ἀπο τῆς ῥίζης τοῦ χριστομάχου Ἀρείου »aus der Wurzel des Christusbekämpfers Arius« ein θήριον

---

92   Disp. 1 (PG 28,440A).
93   Disp. 3 (PG 28,441B).

ἀνθρωπόμορφον ein »menschengestaltiges Tier« Athanasius zur Disputation auffordert, also offenbar nicht Arius selbst.

Ein weiterer interessanter Text findet sich in Kap. 22.[94] In ihm bringt Athanasius zur Verdeutlichung seiner Argumentation, daß auch der Sohn »wahrer Gott« ist und daß Joh 17,3 in diesem Sinne zu verstehen ist, ein Beispiel.

Arius wollte den Vers nämlich so verstehen, daß nur Gott »wahrhaftiger Gott« ist, der Sohn aber eben nicht, daß also καὶ ὃν ἀπέστειλας Ἰησοῦν Χριστόν nicht mehr zum Vorsatz ἵνα γινώσκωσι σε τὸν μόνον ἀληθινὸν θεόν gehört, daß also das καί kein additives καί ist. Athanasius hält daraufhin Arius entgegen, daß es sich um einen σύνδεσμος handelt, die beiden Satzteile also zusammen zu betrachten und keinesfalls voneinander zu trennen sind. Und zur Verdeutlichung seines Argumentes führt er nun folgenden Vergleich an:

»Wenn einer seinem Nächsten über Konstantin erzählt und sagt: Erkenne sicher den einzigen Augustus und Selbstherrscher der Erde und des Meeres, den Kaiser Konstantin *und* seinen Sohn Konstantius! Bekennt er dann den Sohn zusammen mit dem Vater? Ja oder nein?«[95] Woraufhin Arius antwortet: »Darin liegt keine geringe Gefahr, wenn man sagt, daß Konstantius nicht mit seinem Vater Konstantin herrscht, indem man ihn unter ihn subsummiert.«[96] Und daraufhin kontert Athanasius: »Bei Konstantin und Konstantius siehst du die größte Gefahr, bei Jesus Christus aber und seinem Vater fürchtest du dich nicht, wenn du solches äußerst. Du musst eine eben solche Verehrung dem Herrn gegenüber aufbringen, wie auch gegenüber dem genannten Konstantin. Du raubst nichts von seinem Sohn Konstantius, das heißt, daß er Augustus ist, und alles, was bezüglich seines Vaters vorher gesagt wurde, indem du nirgends anders die Einheit der Würde erkennst als durch ihn.«[97]

Bernhard Voss[98] hat überlegt, ob sich hieraus nicht ablesen ließe, daß der Dialog doch sehr früh entstanden ist und daß hier somit echtes zeitgenössisches Wissen vorliegt. Dies scheint mir unwahrscheinlich, da hier ja im Prinzip eine Situation vor Augen gestellt wird, in der von den drei Konstantin-Söhnen nur noch Konstantius übrig geblieben ist, da nur und gerade er in dem Vater-Sohn-

---

94 Disp. 22 (PG 28,464CD).

95 Disp. 22 (PG 28,464CD): Ἀραρότως δὲ παρὰ τοῖς εὐφρονοῦσιν ὡμολόγηται σύνδεσμος τὸ ἐπὶ τῆς Κυριακῆς φωνῆς. Πλὴν ἄκουε μετὰ μακροθυμίας ὅ φημι. Εἴ τις τῷ πλησίον ἐντέλλεται περὶ Κωνσταντίνου λέγων Ἀσφαλῶς γίνωσκε τὸν μόνον Αὔγουστον καὶ αὐτοκράτορα γῆς καὶ θαλάσσης βασιλέα Κωνσταντῖνον καὶ Κωνστάντιον τὸν υἱὸν αὐτοῦ, συνωμολόγησε τὸν υἱὸν τῷ πατρί, ναὶ ἢ οὔ;.

96 Disp. 22 (PG 28,464D): Οὐ μικρὸς κίνδυνος τὸ εἰπεῖν, ὅτι οὐ συμβασιλεύει Κωνστάντιος Κωνσταντίνῳ τῷ πατρὶ αὐτοῦ, ἐκ τοῦ ὑπαριθμηθῆναι αὐτῷ.

97 Disp. 22 (PG 28,464D–465A): Ἐπὶ μὲν Κωνσταντίνου καὶ Κωνσταντίου κίνδυνον μέγιστον ὁρᾷς, ἐπὶ δὲ Ἰησοῦ Χριστοῦ καὶ τοῦ Πατρὸς αὐτοῦ οὐ φοβῇ τοιαῦτα φθεγγόμενος; Δεῖ σε τοιαύτην ἔχειν εὐσέβειαν εἰς τὸν Κύριον, οἵαν καὶ εἰς Κωνσταντῖνον ῥηθέντα. Οὐκ ἀφῄρησας ἀπὸ τοῦ υἱοῦ αὐτοῦ Κωνσταντίου, τουτέστιν αὐτὸν Αὔγουστον, καὶ πάντα ὅσα εἰς τὸν πατέρα αὐτοῦ προερρήθη, οὐκ ἄλλοθεν τὴν ἑνότητα τῆς ἀξίας ἐπιγνοὺς ἢ δι᾽ αὐτοῦ.

98 Voss, Dialog.

Vergleich angeführt wird, womit dieser Vergleich frühestens nach dem Jahr 350 formuliert sein kann. Mir scheint daher eher gelehrtes Wissen vorzuliegen, das hier vom Autor angebracht wird: Daß von den Konstantin-Söhnen letztlich nur der allein überlebende Konstantius eine wichtige Rolle in der Geschichte der Kirche gespielt hat.[99] Solches gelehrtes Wissen des Verfassers läßt sich auch noch an einigen anderen Stellen beobachten: So wird in Kap. 20 ein weiterer Vergleich mit dem Kaiser angeführt, in Kap. 25 f. ein sehr detailliert ausgebauter Vergleich über den Hausbau und ebenfalls in Kap. 25 schließlich noch ein Vergleich über die Kalender-Berechnung anhand des Mondlaufes.

Autorschaft und Datierung

So bleibt zum Schluß noch die Frage, wie nun der Text eigentlich zeitlich anzusetzen ist und ob er sich dann gegebenenfalls sogar einem Autor zuschreiben läßt.

Geht man von seinem Titel aus, so ist der Dialog die Niederschrift einer Disputation zwischen Athanasius und Arius während der Synode von Nizäa. Wie wir bereits gesehen haben, spricht nichts dafür, daß diese Einordnung richtig ist. Die trinitätstheologische Diskussion des 4. Jahrhunderts ist sehr pauschal wiedergeben. Nizäa spielt keine Rolle, aber auch die weiteren großen Synoden des 4. Jahrhunderts, wie die Synode von Serdika oder die Synoden von Rimini, Seleukia und Konstantinopel, kommen ebenso wenig vor wie die durch das Aufkommen der neuarianischen oder homöischen Theologie neu zu bearbeitenden Probleme. Ein aktueller Anlaß für den Dialog lässt sich nicht einmal von Ferne erkennen. Eine zeitliche Einordnung auf diesem Wege ist daher sehr schwierig bzw. eigentlich unmöglich.

Ich möchte dennoch eine Datierung vorschlagen und es vor allem auch wagen, einen Verfasser zu vermuten:

Ein wichtiger, zwar selbstverständlicher, aber dennoch grundsätzlicher Hinweis ist natürlich der Umstand, daß die Schrift unter dem Namen des Athanasius überliefert ist. Sie gehört also auf jeden Fall, auch wenn sie sicher nicht von Athanasius selbst stammt, in den Umkreis der athanasianischen Tradition. Aus diesem Grund legen sich natürlich zuerst einmal die »üblichen Verdächtigen« nahe, d.h. Markell, Apolinaris oder die Alt-Nizäner in Antiochien, deren Schriften zum Teil unter dem Namen des Athanasius überliefert sind. Doch auch hier bliebe das Problem, daß ein aktueller Anlaß der Schrift nicht zu erkennen ist, der grundsätzlich einen der Autoren des trinitarischen Streites wahrscheinlich machen würde, und wie es auf die anderen Pseud-Athanasiana aus dieser Gruppe zutrifft.

---

99   Außerdem ist zu bedenken, daß die Arianerreden, die ja gewissermaßen dem Autor der *Disputatio contra Arium* als Vorlage dienten, zu Lebzeiten des Konstantius abgefaßt worden sind, vgl. Ar. I 10.

Man kann aber aus der deutlichen Rezeption der Arianerreden in der *Disputatio contra Arium* durchaus feststellen, daß in ihr ein athanasianisches Coleur zu erkennen ist, d.h. annehmen, daß der Text in Alexandrien verfasst wurde, wo das Erbe des Athanasius zu allen Zeit besonders wertgeschätzt und bewahrt wurde.

Dazu kommt ein anderer Aspekt: Die Disputatio lässt sich, wie wir gesehen haben, als ein Text charakterisieren, der keine neuen Gedanken in die theologische Diskussion einbringt, sondern vielmehr alte, bereits ausgeführte Gedanken und Argumentationsmuster neu formuliert. Dabei ist der Autor aber nicht jemand, der mehr schlecht als recht von Athanasius schon einmal Geschriebenes nachschreibt, sondern er ist jemand, der die Gedanken des Athanasius in eine neue literarische Form, nämlich die des (sokratischen) Dialogs, bringt und der dies durchaus mit einigem Witz tut.

Dies kann man daran erkennen, daß er sein Opus versteckt als literarisches Übungsstück kennzeichnet, wenn er zu Beginn, in der oben zitierten Stelle aus Kap. 1[100] den Vers 1Tim 4,7 an einer sehr herausgehobenen Stelle zitiert: »Übe dich selbst hin zur Frömmigkeit!«[101]

Es gibt nun einen alexandrinischen Autor (und zugleich Nachfolger des Athanasius), mit dem sich diese Charakteristika in Zusammenhang bringen lassen, und das ist Kyrill von Alexandrien. Denn dieser hat – sehr wahrscheinlich bevor er Bischof wurde – zwei in ihrer Tendenz vergleichbare Werke verfasst, die unter seinem eigenen Namen überliefert sind: Den *Thesaurus de trinitate* und die *De trinitate dialogi*.

Auf die *Disputatio contra Arium* trifft genau zu, was Thomas Graumann in seiner Habilitationsschrift »Die Kirche der Väter« über Kyrill schreibt:

> So spricht vieles dafür, daß sich Kyrill in Jugendjahren und wohl auch noch zu Anfang seines Episkopats auf den erreichten Stand der theologischen Diskussion und Lehrbildung in der Weise zu bringen versuchte, daß er wichtige Werke der Literatur des zurückliegenden Jahrhunderts studierte und gleichsam zur Übung in einer ähnlichen Weise literarisch um- und nacharbeitete, wie es auch im schulischen Unterricht in den Progymnasmata gängig war.[102]

Für Kyrill als Autor sprechen darüber hinaus auch einige sprachliche Anhaltspunkte: So z.B. die Formulierung in Kap. 23[103], daß das Adjektiv ἀγέννητος nicht οὐσία bedeute, sondern οὐσίας σημαντική, die von Kyrill genauso in seinem

---

100 Disp. 1 (PG 28,440B): γύμναζε σεαυτὸν πρὸς εὐσέβειαν.
101 Zum Übungscharakter der späteren platonisch-sokratischen Dialoge vgl. Gundert, Dialog und Dialektik. Zur Struktur des platonischen Dialogs, 99 f.
102 Thomas Graumann, Die Kirche der Väter (Beiträge zur historischen Theologie 118), Tübingen 2002, 260.
103 Disp. 23 (PG 28,465C).

Thesaurus verwendet wird.[104] Oder auf anderer, sprachlicher Ebene zeugt auch das im Dialog ziemlich häufig verwendete Adverb ἀραρότως »gewiß, bestimmt« davon, da es gewissermaßen ein kyrillisches Lieblingsadverb ist.

Daß Werke Kyrills unter dem Namen des Athanasius überliefert wurden, zeigt außerdem die »Oratio in ascensionem domini«[105]. Es ist also auch aus diesem Grund nicht völlig unwahrscheinlich, daß die pseud-athanasianische »Disputatio contra Arium« ein Werk des Kyrill von Alexandrien ist.[106]

Eine weitere Untersuchung des Textes kann hier wahrscheinlich noch weitere Belege beibringen, aber selbst wenn sich die kyrillische Verfasserschaft letztlich nicht wird erhärten lassen können, so muß es zumindest ein Autor sein, auf den die hier angeführten Charakteristika zutreffen.

Sollte aber Kyrill von Alexandrien wirklich der Autor der *Disputatio contra Arium* sein und sollte zugleich der Text einmal wirklich Teil der κατὰ Ἀρείου καὶ τῶν αὐτου δογμάτων πεντάβιβλος gewesen sein,[107] so könnte man diese wahrscheinlich erste Sammlung der antiarianischen Schriften in Alexandrien verorten und eventuell sogar noch Kyrill selbst zuschreiben.

Fazit

Texte wie der hier vorgestellte und besprochene werden in der Forschung meist vernachlässigt. Hauptgrund dafür ist natürlich, daß sie als unecht gelten und daher dann auch als uninteressant, weil sie zu unserem Bild des Athanasius von Alexandrien und seiner Theologie nichts beitragen können. Dazu und infolgedessen kommt dann noch, daß sie in keiner Übersetzung in irgendeine modernen Sprache vorliegen, und aus diesem Grund dann natürlich erst recht nicht zur Kenntnis genommen werden – jedenfalls nicht in einem Umfang, der über eine Fußnote hinausginge.

Ich hoffe, daß ich mit den hier vorgeführten rudimentären Ausführungen zeigen konnte, daß Texte wie der hier besprochene dennoch einer näheren Untersuchung wert sind, auch wenn sie selbst keinen eigenen theologischen Beitrag leisten, sondern »nur« von der Rezeption und traditionsbildenden Aneignung wichtiger Theologen wie Athanasius zeugen.

Zugleich sollte dieser Beitrag ein erster Versuch im Rahmen eines noch auszuarbeitenden Projektes sein, das die Edition der pseud-athanasianischen Schriften und Untersuchungen über diese Werke zum Inhalt hat.

---

104 Cyr., thes. 3.

105 CPG 2171=5281, vgl. C. Datema, Une homélie inédite sur l'ascension, Byzantion 44 (1974), 126–137.

106 Wenn auch im Falle der *Disputatio contra Arium* die Falschzuschreibung eher darauf zurückzuführen ist, daß der Name des Protagonisten des Dialoges auf den Autor überging, vgl. oben Anm. 28.

107 Vgl. oben S. 140 f.

Literatur

Amidon, Philip R., The church history of Rufinus of Aquileia. Books 10 and 11, Oxford/New York 1997.

Batiffol, Pierre, Les sources de l'histoire du concile de Nicée, Échos d'Orient 24 (1925), 385–402; 30 (1927), 5–17.

Bekker, Immanuel, Nicephori Gregorae Byzantina historia III (CSHB), Bonnae 1855.

— Photii Bibliotheca I, Berlin 1824.

Bizer, Christoph, Studien zu pseudathanasianischen Dialogen der Orthodoxos und Aëtios, Diss., Bonn: theol., 1970.

Brennecke, Hanns Christof, Nicäa I. Ökumenische Synode von 325, TRE 24 (1994), 429–441.

Brennecke, Hanns Christof, Uta Heil und Annette von Stockhausen, Athanasius Werke II 8. Die »Apologien«, Berlin/New York 2006.

Brennecke, Hanns Christof, Uta Heil, Annette von Stockhausen und Angelika Wintjes, Athanasius Werke. Band III/Teil 1: Dokumente zur Geschichte des arianischen Streites. Lfg 3: Bis zur Ekthesis Makrostichos, Berlin/New York 2007.

Cañellas, Juan Nadal, Gregorii Acindyni refutationes duae operis Gregorii Palamae cui titulus Dialogus inter orthodoxum et Barlaamitam (CChr.SG 31), Turnhout 1995.

Casey, Robert Pierce, Armenian Manuscripts of St. Athanasius of Alexandria, HThR 25 (1932), 43–59.

Chadwick, Henry, The Origin of the Title »Oecumenical Council«, JThS 23 (1972), 132–135.

Chrysos, Evangelos, Konzilsakten und Konzilsprotokolle vom 4. bis 7. Jahrhundert, AHC 15 (1983), 30–40.

Datema, C., Une homélie inédite sur l'ascension, Byzantion 44 (1974), 126–137.

Declercq, Georges, Anno Domini. The origins of the Christian era, Turnhout 2000.

Ficker, Gerhard, Studien zu Vigilius von Thapsus, Leipzig 1897.

Geerard, Maurice, Clavis patrum Graecorum. II Ab Athanasio ad Chrysostomum (Corpus christianorum), Turnhout 1974.

Geerard, Maurice und Jacques Noret, Clavis patrum Graecorum. VI Supplementum (Corpus christianorum), Turnhout 1998.

Gelzer, Heinrich, Heinrich Hilgenfeld und Otto Cuntz (Hrsg.), Patrum Nicaenorum nomina Latine, Graece, Coptice, Syriace, Arabice, Armeniace (Bibliotheca scriptorum Graecorum et Romanorum Teubneriana), Leipzig 1898 (Ndr. Stuttgart/Leipzig 1995).

Gill, Joseph, Quae supersunt actorum Graecorum Concilii Florentini. Pars II Res Florentiae gestae (Concilium Florentinum. Documenta et scriptores B V 2), Roma 1953.

Girardet, K. M., Kaisergericht und Bischofsgericht. Studien zu den Anfängen des Donatistenstreites (313–315) und zum Prozeß des Athanasius von Alexandrien (328–346) (Antiquitas I 21), Bonn 1975.

Graumann, Thomas, Die Kirche der Väter (Beiträge zur historischen Theologie 118), Tübingen 2002.

Gundert, Hermann, Der platonische Dialog (Bibliothek der klassischen Altertumswissenschaften. Neue Folge 2,26), Heidelberg 1968.

— Dialog und Dialektik. Zur Struktur des platonischen Dialogs (Studien zur antiken Philosophie 1), Amsterdam 1971.

Hansen, Günther Christian, Anonyme Kirchengeschichte (Gelasius Cyzicenus, CPG 6034) (GCS.NF 9), Berlin 2002.

Jugie, M., La dispute des philosophes paiens avec les pères de Nicée, Échos d'Orient 24 (1925), 403–410.

Martin, Annick, Athanase d'Alexandrie et l'eglise d'Egypte au IVe siècle (328–373), Rom 1996.

Metzler, Karin, Kontamination in der Athanasius-Überlieferung, REByz 48 (1990), 213–232.

Metzler, Karin, Dirk Uwe Hansen und Kyriakos Savvidis, Athanasius Werke. Band I/Teil 1: Die Dogmatischen Schriften. Lfg. 1 Epistula ad episcopos Aegypti et Libyae, Berlin/New York 1996.

— Athanasius Werke. Band I/Teil 1: Die Dogmatischen Schriften. Lfg. 2 Orationes I et II contra Arianos, Berlin/New York 1998.

Metzler, Karin und Kyriakos Savvidis (Hrsg.), Athanasius Werke. Band I/Teil 1: Die Dogmatischen Schriften. Lfg. 3 Oratio III contra Arianos, Berlin/New York 2000.

Montfaucon, Bernard de, Sancti patris Nostri Athanasii Opuscula secundis curis reperta et antehac inedita (Collectio nova patrum et scriptorum graecorum, Eusebii Caesariensis, Athanasii, & Cosmae Aegyptii), Paris 1706.

Montfaucon, Bernard de und Jacques Lopin, Τοῦ ἐν ἁγίοις Πατρὸς ἡμῶν Ἀθανασίου Ἀρχιεπ. Ἀλεξανδρείας τὰ εὑρισκόμενα πάντα. Sancti Patris nostri Athanasii Archiep. Alexandrini Opera omnia quae exstant vel quae ejus nomine circumferuntur, Ad mss. codices Gallicanos, Vaticanos, &c. necnon ad Commelinianas lectiones castigata, multis aucta: nova Interpretatione, Praefationibus, Notis, variis lectionibus illustrata: novà Sancti Doctoris vitâ, Onomastico, & copiosissimis Indicibus locupletata. Opera & studio monachorum ordinis S. Benedicti è congretatione Sancti Mauri. Tribus Tomis in folio Graece et Latine, Paris 1698.

Mosshammer, Alden A., The Easter computus and the origins of the Christian era (Oxford early Christian studies), Oxford 2008.

Müller, Dietram, Raum und Gespräch: Ortssymbolik in den Dialogen Platons, Hermes 116 (1988), 387–409.

Omont, Henri, Inventaire sommaire des manuscrits grecs de la Bibliothèque nationale I–IV, Paris 1886/1888/1898.

Opitz, Hans-Georg, Athanasius Werke. Band II: Die Apologien. Lfg. 1–7, Berlin/Leipzig 1935–1941.

— Untersuchungen zur Überlieferung der Schriften des Athanasius (AKG 23), Berlin/Leipzig 1935.

Portmann, Werner, Athanasius, Zwei Schriften gegen die Arianer. Verteidigungsschrift gegen die Arianer / Geschichte der Arianer (BGL 65), Stuttgart 2006.

Renoux, Charles, Athanase d'Alexandrie dans le florilège arménien du Manuscrit Galata 54 (Deuxième Partie), Handes Amsorya 103 (1989), 7–27.

Schwartz, Eduard, Der s.g. Sermo maior de fide des Athanasius (SBAW.PPH 1924/6), München 1925.

— Drei dogmatische Schriften Iustinians (ABAW.PH 18), München 1939.

Stegmann, Anton, Die pseudoathanasianische »IVte Rede gegen die Arianer« als κατὰ Ἀρειανῶν λόγος ein Apollinarisgut, Tübingen 1917.

Stockhausen, Annette von, Athanasius von Alexandrien. Epistula ad Afros. Einleitung, Kommentar und Übersetzung (PTS 56), Berlin/New York 2002.

Thelamon, Françoise, Païens et chrétiens au IVe siècle. L'apport de l'« Histoire ecclésiastique » de Rufin d'Aquilée, Paris 1981.

Vinzent, Markus, Pseudo-Athanasius, contra Arianos IV. Eine Schrift gegen Asterius von Kappadokien, Eusebius von Cäsarea, Markell von Ankyra und Photin von Sirmium (SVigChr 36), Leiden [u.a.] 1996.

Voss, B. R., Der Dialog in der frühchristlichen Literatur, München 1970.

Die pseud-athanasianische *Homilia de semente*. Einleitung, Text und Übersetzung

Annette von Stockhausen

Unter dem Namen des Athanasius von Alexandrien ist in nur zwei, noch dazu sehr jungen Handschriften eine Homilie unter dem Titel εἰς τὸν σπόρον über-liefert.[1] Diese Homilie, die im Rahmen eines Gottesdienstes an einem Samstag vorgetragen wurde,[2] behandelt, größtenteils basierend auf dem Text des Lukas-Evangeliums,[3] die beiden Perikopen über das Ährenraufen am Sabbat (Lk 6,1–5) und über die Heilung der verdorrten Hand am Sabbat (Lk 6,6–11).[4]

Auf Grund überlieferungsgeschichtlicher und stilistischer Überlegungen wurde die Homilie bereits von den Maurinern in deren Athanasius-Ausgabe[5]

---

1   CPG 2245.
2   Vgl. hom.sem. 1,1 (171,4 [Die Seiten- und Zeilenangaben hier und im folgenden beziehen sich auf die Edition unten ab S. 170.]): Ἐν ἡμέρᾳ σαββάτου συνήχθημεν. Die *Homilia de semente* ist somit ein weiteres Zeugnis für die liturgische Praxis eines Gottesdienstes mit Predigt am Samstag, vgl. Willy Rordorf, Der Sonntag. Geschichte des Ruhe- und Gottesdiensttages im ältesten Christentum (AthANT 43), Zürich 1962, 144–151; zu Predigten am Samstag ist außerdem Alexandre Olivar, La Predicación cristiana antigua (Biblioteca Herder. Sección de Teología y Filosofía 189), Barcelona 1991, 645 zu vergleichen.
3   Vgl. unten Anm. 18.
4   Die gewählten Perikopen können als Hinweis für die Verortung der Homilie im Kirchenjahr dienen: Nach hom.sem. 1,4 ist die Textauswahl durch eine schon feststehende Leseordnung (ἡ ἀνάγνωσις κατὰ ἀκολουθίαν) begründet. Dem palästinisch-syrischen Lektionar zufolge ist die Perikope Lk 6,1–10 die Lesung für den 4. Samstag nach dem Kreuz-Fest, vgl. Agnes Smith Lewis/Margaret Dunlop Gibson, The Palestinian Syriac Lectionary of the Gospels. Re-edited from two Sinai Mss. and from P. de Lagarde's Edition of the "Evangeliarum Hierosolymitanum", London 1899 (Ndr. Jerusalem 1971), 103. Zu vergleichen ist auch Juan Mateos (Hrsg.), Le Typicon de la Grande Église. Ms. Saint-Croix n° 40, Xᵉ siècle (OCA 166), Rom 1963, 158, wo Lk 6,1–10 als Lesung für den 20. Sonntag nach Pfingsten angeführt wird; zwar ist die Perikope damit nicht Lesung für einen Samstag, aber immerhin ungefähr für die gleiche Jahreszeit vorgesehen, nämlich Mitte Oktober. Zu diesem Zeitpunkt passen auch die Angaben in hom.sem. 3,4 καὶ ἴδωμεν ἐν καιροῖς σπόρων τὰ περὶ σπόρων, ἐν χειμερίοις ὥραις ..., d.h. im Herbst kurz nach dem Beginn der Regenzeit (Ende Oktober).
5   Bernard de Montfaucon/Jacques Lopin, Τοῦ ἐν ἁγίοις Πατρὸς ἡμῶν Ἀθανασίου Ἀρχιεπ. Ἀλε-ξανδρείας τὰ εὑρισκόμενα πάντα. Sancti Patris nostri Athanasii Archiep. Alexandrini Opera omnia quae exstant vel quae ejus nomine circumferuntur, Ad mss. codices Gallicanos, Vaticanos, &c. necnon ad Commelinianas lectiones castigata, multis aucta: nova Interpretatione, Praefatio-nibus, Notis, variis lectionibus illustrata: novà Sancti Doctoris vità, Onomastico, & copiosissimis Indicibus locupletata. Opera & studio monachorum ordinis S. Benedicti è congregatione Sancti Mauri. Tribus Tomis in folio Graece et Latine, Paris 1698, III 45–55 (= PG 28,144–168).

unter den Dubia eingereiht und dabei faktisch als unecht beurteilt.[6] Seither hat
der Text infolgedessen nur wenig Beachtung befunden.[7] Eine Übersetzung in
eine moderne Sprache liegt bisher ebensowenig vor wie vor allem eine kritische
Edition.

Im Zentrum der vorliegenden Untersuchung steht aus diesem Grund die
kritische Edition des Textes und eine deutsche Übersetzung; daneben wird
versucht, die klassischen Einleitungsfragen zu beantworten.

Die Überlieferung der Homilie

Der Text wird durch die beiden Handschriften D, Codex Ambrosianus D 51 sup.
(235)[8], und N, Codex Marcianus gr. Z 50 (coll. 369)[9], überliefert.

Diese beiden Handschriften enthalten den Text der Homilie jedoch nicht in
seinem vollen Umfang: Zwischen Kapitel 7 und 8 (180,26) ist mit Bernard de
Montfaucon[10] eine Lücke im Text anzunehmen, da mit hom.sem. 8,1 unvermittelt
ein neues Thema einsetzt.[11]

---

6   Vgl. die Ausführungen in der Praefatio (PG 28,13 f.) und in der Admonitio (PG 28,143 f.). Als
    Hauptgründe werden angeführt, daß die Homilie in keiner der alten Sammlungen zu finden
    sei, sondern nur im »Codex Anglicanus« (vgl. unten Anm. 9), und daß sie von stilistischen
    Eigenheiten zeuge, die nicht charakteristisch für Athanasius seien. Der Text werde aber dennoch
    angeführt, da er zum einen nicht unberedt, zum anderen dem Leser nützlich sei; als positiv
    wird dabei besonders noch der antijüdischen Unterton der Homilie angeführt. Vgl. zur Frage
    der Echtheit auch Eduard Schwartz, Der s.g. Sermo maior de fide des Athanasius (SBAW.PPH
    1924/6), München 1925, 44 und unten ab S. 166.
7   Vgl. dazu oben auf S. 134. Einzig wegen der Äußerungen des Verfassers zu Sabbat und Sonntag
    in hom.sem. 1,1 f. (171,4–5) wird auf den Text gelegentlich rekurriert, vgl. Rordorf, Sonntag,
    und Samuele Bacchiocchi, Du Sabbat au Dimanche. Une recherche historique sur les origines
    du Dimanche chrétien, Paris 1984.
8   Der Text der Homilia de semente steht auf f. 159b–177a. Die Papierhandschrift stammt aus dem
    16. Jh., in ihrem zweiten Teil (f. 241b–303b) ist sie eine Abschrift des Codex Vaticanus gr. 1431.
    Vgl. Hanns Christof Brennecke/Uta Heil/Annette von Stockhausen, Athanasius Werke II 8. Die
    »Apologien«, Berlin/New York 2006, liii.
9   Der Text der Homilia de semente steht auf f. 87a–95b. Die Handschrift besteht aus zwei, erst
    sekundär zusammengebundenen Teilen und stammt aus dem Besitz Bessarions. Der erste
    Teil (f. 1–95) ist eine Papierhandschrift des 15. Jh.s, der zweite, hier nicht relevante Teil (f.
    96–415) eine Pergamenthandschrift des ausgehenden 11. Jh.s, die ihrerseits eine Abschrift
    des Codex Patmiacus 3 ist. Eine Abschrift des Codex Marcianus gr. Z 50 liegt in Codex
    Cantabrigiensis (Trinity College B 9.7) gr. 203 (Sigle 44) vor, der bei Montfaucon als »Codex
    Angelicus« bezeichnet wird. Letzterer bildete die Grundlage der Edition Montfaucons. Vgl.
    Brennecke/Heil/Stockhausen, Athanasius Werke II 8, liii f.
10 Vgl. PG 28,152 mit n. 30: *Hic textus deficit, et, ut videtur, aliunde assuta sunt.*
11 Die Größe der Lücke und vor allem ihr Inhalt lassen sich nur annähernd bestimmen: Ein
    Rückverweis (mit Hilfe von μὲν οὖν, vgl. hom.sem. 3,3; 7,2; 9,5; 14,5.6) findet sich in hom.sem.
    9,1 (181,27) durch Ἡμεῖς μὲν οὖν τιμῶμεν, wodurch die bereits in hom.sem. 1,1–3 thematisierte
    Sabbat/Sonntag-Problematik nochmals anklingt. Das in hom.sem. 8,1–4 angesprochene Thema
    Tod/Auferstehung klang mit dem Zitat von Joh 12,24 f. vorher schon in hom.sem. 3,1 an,
    wobei der Verfasser dort auf das Sterben und Fruchtbringen nicht weiter eingegangen war,
    sondern sich zunächst in hom.sem. 3,1–4,6 dem Gleichnis vom Sämann Mt 13,3–9 und dann

Darüber hinaus bietet die Handschrift N einen lückenhaften Text. Es fehlen, meist bedingt durch Homoioteleuton, die folgenden Textpassagen:

173,6–8	τὸ – τροφή
173,11–12	ὁ – σπορίμων
179,24–24	οὐ – σπορίμων
181,30–33	οὐδὲ – ἔχετε
186,12–12	καὶ – Σαούλ
186,22–22	ἀλλ᾽ – Σαούλ
188,23	μυριάδας – τὰς
188,24–27	ἀπὸ – ἐρρύσθης
191,27–28	μὴ – σάββατον
191,30	καὶ – ἠφίετο
195,17–25	ἀσύνηθές – κράββατον
195,27–2	ἐκ – σωθῆναι
196,7–7	οὐκ – ἐργάζεσθαι
197,16–16	ὁμολογῆσαι – ἔξεστιν

Überhaupt ist der Text beider Handschriften durch eine hohe Anzahl an Schreibversehen gekennzeichnet, insbesondere solchen, die durch Itazismus bedingt sind. Zwei weitere, gemeinsame Fehler von D und N legen nahe, daß die Vorlage der beiden Handschriften eine Maiuskel-Handschrift war:

174,17	ἄτονον statt ἄγονον
174,21	τῆς statt γῆς[12]

Schließlich findet sich im dritten Teil des Athanasius-Florilegs des Codex Laurentianus IV 23[13] auf f. 120b ein Auszug aus hom.sem. 8 (181,29–182,3)[14].

Das Exzerpt im Florileg Gf3 zeigt für die *Homilia de semente* keine aussagekräftigen variae lectiones, geht aber nach den stemmatischen Untersuchungen von Tetz[15] anhand anderer Schriften des Athanasius auf denselben Text zurück,

---

in hom.sem. 4,7–6,3 dem sich im Matthäus-Evangelium bald anschließenden Gleichnis vom Unkraut unter dem Weizen Mt 13,24–30 zugewandt hatte. Vielleicht kam er in der Lücke nun noch auf diesen Aspekt des Verses Joh 12,24 f. zu sprechen und konnte damit (unter Rückgriff auf Ps 87) zugleich an die Sabbat/Sonntag-Thematik anknüpfen, die ja explizit in dem an der Stelle exegetisierten Vers Lk 6,2 angesprochen ist.

12 Eventuell ist auch der unten emendierte Fehler 179,20 παλαιῶν statt κλάδων auf einen Maiuskel-Fehler zurückzuführen.

13 *Florilegium Athanasianum* (CPG 2225); Sigle G. Die Pergamenthandschrift wurde sukzessive im 10. (f. 1–160) bzw. 11. Jh. (f. 161–262) angefertigt. Der dritte Teil des Athanasius–Florilegs (Nr. 79–103) hebt sich durch eine andere Form der Lemmata vom Vorangehenden ab; vgl. Martin Tetz, Zur Edition der dogmatischen Schriften des Athanasius von Alexandrien. Ein kritischer Beitrag, ZKG 67 (1955/56), 1–28, hier 8, und auch Schwartz, Sermo maior, 35. Dieser Teil wird von Tetz, Edition, 8 mit der Sigle Gf3 bezeichnet. Vgl. zur Handschrift auch Brennecke/Heil/Stockhausen, Athanasius Werke II 8, lxvi.

14 Der Text ist abgedruckt bei Henric Nordberg, Athanasiana. Part I: The Texts (Societas Scientarum Fennica. Commentationes Humanarum Litterarum 30,2), Helsinki 1962, 66.

15 Tetz, Edition.

vom dem auch D abgeschrieben worden ist. Wie das in D und N überlieferte Athanasius-Korpus[16] und auch die Lesarten in anderen von beiden Handschriften überlieferten Schriften zeigen, gehören beide Handschriften in den
antiochenischen Überlieferungszweig der Werke des Athanasius.[17]

Das Verhältnis der Handschriften zueinander läßt sich im nachfolgenden
Stemma darstellen:

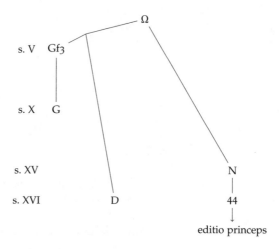

Neben den beiden Handschriften D und N sowie dem Exzerpt im Florileg
Gf3 liegt die *Homilia de semente* weder in einer Übersetzung in eine andere
Sprache vor noch wird sie bei anderen Autoren zitiert oder auch nur erwähnt.

Aufbau und Inhalt

Die Homilie folgt grundsätzlich dem Aufbau der ihr zugrunde liegenden Perikopen Lk 6,1–5 und 6,6–11,[18] indem sie diese Vers für Vers auslegt. Dabei
werden von ihrem Verfasser weitere thematisch naheliegende neutestamentliche
Texte durch Stichwortanschluß miteinbezogen und durch kurze, vor allem der
bäuerlichen Lebenswelt der Hörer entnommene Erläuterungen in den Kontext
eingebunden, wobei die Auslegung der zweiten Perikope Lk 6,6–11 sehr viel

---

16 Vgl. die tabellarische Auflistung auf der folgenden Seite, die auch die in Gf3 zitierten Schriften
    auflistet.
17 Vgl. Brennecke/Heil/Stockhausen, Athanasius Werke II 8, liii–lv.
18 Vgl. die synoptischen Parallelen Mt 12,1–14 und Mk 2,23–3,6. Der Verfasser folgt in seinen
    direkten Zitaten im großen und ganzen dem Lukas-Text, greift an einigen Stellen aber auch auf
    den Matthäus-Text zurück. Der Aufbau des Matthäus-Evangeliums scheint auch bei den Rück-
    griffen auf die weiteren neutestamentlichen Gleichnisse im Kontext des Säens im Hintergrund
    zu stehen.

D	Gf3	N
1a c.gent.		*2a c. gent.*
	Nr. 79 hom. de pass. (CPG 2247)	
	Nr. 80 Marc., serm.mai. ? (CPG 2803)	
	Nr. 81 Apol., ad Iov.(CPG 3665)	
54b de fall.diabol. (CPG 2312)		
63a inc.(k.R.)	*Nr. 82–90 inc. (k.R.)*	*29a inc.(l.R.)*
		57b ep.Drac.
125a ep.Afr.		60b ep.Afr.
132b apol.fug.		*66a apol.fug.*
		76b (apoll.) inc. (CPG 3738)
		78a Lib., ep.Ath. (CPG 2291)
		78b Marc., ep.Lib. (CPG 2805)
		79a ep.Adelph.
		82b in illud:profecti
156b ep.Max. 1–5	*Nr.91 ep.Max.*	
159b hom.sem. (CPG 2245)	Nr. 92 hom.sem. (CPG 2245)	87a hom.sem. (CPG 2245)
177b ep.Iov .		
180b fr. in cant. (CPG 2239)	Nr. 93 *fr. in cant.*(CPG 2239)	
188b ep.Serap. IV 8–23	Nr. 94 f. *ep.Serap. IV 8–23*	
	Nr. 96–98 Ar. II	
	Nr. 99–103 Ar. III	
204a de patientia (CPG 2235)		
221a Marc., c. theopasch. (CPG 2805)		
222b Eugen., expos.fid. (CPG 2810)		
229b Ephraem, in margaritam (CPG 3949)		
241b ep.Epict.		

Schriften in D, Gf3 und N

kürzer ist, da der Verfasser offensichtlich merkt, daß seine Homilie zu lang wird.[19]

Die Homilie ist folgendermaßen gegliedert:

I.	Auslegung der Perikope Lk 6,1-5
1,1–7,2	Auslegung von Lk 6,1
1,1–3	Begründung des Gottesdienstes am Sabbat
1,4	Überleitung zum Predigttext
2,1–3	Erste Annäherung an den Text: Kritik am Judentum[20]
3,1–4,6	Stichwort σπόριμος/σπόρος/σπείρων: Mt 13,3–10 (3,1–4)
	3,1–2 Allegorische Auslegung
	3,3–4 Sacherklärende Auslegung
4,7–6,3	Stichwort ζιζάνιον: Mt 13,24–30 (4,7–5,2)
5–6	Pneumatische Auslegung
7,1–2	Rückkehr zum Vers Lk 6,1
7,2–9,2	Auslegung von Lk 6,2
[7,2/8,1	Lücke][21]
8,1–9,2	Stichwort: νεκρός (Ps 87,5)
9,2–14,8	Auslegung von Lk 6,3–4
9,6–14,6	Exkurs: Nacherzählung von 1Reg 16–18 und 20,24–21,7
	11,1–2 Typologischer Vergleich zwischen David und Christus
II.	Auslegung der Perikope Lk 6,6–11[22]
15,1–17,1	Auslegung von Lk 6,6–8
15,4–6	Heilungen am Sabbat – Beispiel I: Joh 9
16,1–4	Heilungen am Sabbat – Beispiel II: Joh 5,1–18
17,2–5	Auslegung von Lk 6,9
17,6–7	Auslegung von Lk 6,10
17,7	Auslegung von Lk 6,11
18,1–3	Moralische Auslegung von Lk 6,9–10 mit Ermahnungen
	Schluß mit Aufruf zum Gebet

---

19 Vgl. hom.sem. 15,1.
20 Die Kritik ist durch eine antijudaistische Aktualisierung bei der Auslegung geprägt: Aus den Pharisäern des Evangelientextes werden »die Juden«.
21 Vgl. oben Anm. 11.
22 Die Verknüpfung der zweiten Perikope mit der ersten erfolgt über die David-Saul-Geschichte, vgl. hom.sem. 13,1 und 15,1.

Datierung

Äußere, im Ergebnis aber nur sehr ungenaue Anhaltspunkte für die Datierung lassen sich aus der handschriftlichen Überlieferung des Textes erheben. Wenig hilfreich sind hierbei die beiden Handschriften D und N, da sie beide sehr spät, nämlich im 15. (N) bzw. 16. (D) Jahrhundert entstanden sind und damit nur einen sehr weit gefaßten *terminus ante quem* ergeben. Eine engere Eingrenzung ergibt sich durch das Zitat innerhalb des Athanasius-Florilegs Gf3. Zwar ist dessen Verortung in den christologischen Auseinandersetzungen und damit die Datierung ins 5. Jahrhundert durch Eduard Schwartz[23] in jüngerer Zeit von Martin Tetz unter Bezugnahme auf eine Bemerkung und einen Brief Marcel Richards in Frage gestellt und das Florileg von Tetz nun vielmehr anti-julianistisch gedeutet und damit in das zweite oder dritte Viertel des 6. Jahrhunderts datiert worden[24], doch ist dadurch immerhin ein früherer, wenn auch nicht genau zu fassender *terminus ante quem* gegeben als durch die Abfassungszeit der beiden Handschriften D und N.

Für eine genauere zeitliche Eingrenzung der Abfassung der Homilie können daher nur textimmanente Argumente verwendet werden.

1. Nach hom.sem. 1,1 (171,4) ist die Homilie an einem Samstag gehalten worden. Nach Willy Rordorf[25] ist der Gottesdienst am Samstag mit Schriftlesung, Predigt und Eucharistie[26] ein Phänomen, das zwar nicht ausschließlich, aber doch verstärkt im 4. und 5. Jahrhundert auftritt. Trifft dies zu, hat man einen ersten Hinweis für die Datierung.

2. In hom.sem. 1,2 (171,4–5) sagt der Autor der Homilie:

μετέθηκε δὲ ὁ κύριος τὴν τοῦ σαββάτου ἡμέραν εἰς κυριακήν.

Er spricht also von einer Verschiebung des Sabbats auf den Sonntag. Gemeint ist damit wohl die Verschiebung der ruhetäglichen Funktion des Sabbats auf den Sonntag, die dabei auf Christus selbst rückprojiziert wird. Wie Willy Rordorf[27] bereits vermutete, könnte hier Konstantins Sonntagsgesetzgebung[28]

---

23 Schwartz, Sermo maior, 40.

24 Vgl. Tetz, Edition, 27 f. und Marcel Richard, Bulletin de Patrologie. Saint-Athanase, MSR 5 (1948), 123–133, hier 129 Anm. 3.

25 Rordorf, Sonntag, 144.151.

26 Die *Homilia de semente* enthält dabei jedoch keinen Hinweis, daß auf die Predigt eine Eucharistiefeier gefolgt ist.

27 Rordorf, Sonntag, 168 f.

28 CJ III 12,2(3); CTh II 8,1; Eus., v.C. IV 18; l.C. 9,11. Vgl. dazu jetzt mit einer Zusammenfassung des Forschungsstandes Klaus Martin Girardet, Vom Sonnen-Tag zum Sonntag. Der dies solis in Gesetzgebung und Politik Konstantins d. Gr. ZAC 11 (2007), 279–310, der freilich die Festlegung des Sonntags als Ruhetag bereits ins Jahr 312 setzen möchte, was hier nicht diskutiert werden kann. Ich halte mich daher an die eindeutige Datierung durch die Gesetze und durch den zeitlichen Kontext der Bemerkungen Eusebs, die beide in die 20er Jahre des 4. Jahrhunderts gehören.

im Hintergrund stehen, womit die Homilie frühestens in den 20er Jahren des 4. Jahrhunderts gehören würde.

Zusätzlich liegt eine enge, zum Teil sogar wörtliche Parallele zur Stelle in hom.sem. 1,2 im Kommentar Eusebs von Caesarea zu Ps 91(92) vor.[29] Diese Art der Auslegung, die eine Verlegung des Sabbats auf den Sonntag sehr explizit thematisiert, ist bei aller Problematik der Datierung des eusebianischen Psalmenkommentars[30] sowie von stilistischen Vergleichen generell in der *Homilia de semente* vorausgesetzt, womit man ebenfalls ungefähr zumindest in die 30er Jahre des 4. Jahrhunderts für die Abfassungszeit der Homilie käme.

3. Ein weiterer Anhaltspunkt für die Datierung ergibt sich aus hom.sem. 8,5 (182,3–5):

ἐπειδὴ δὲ πολὺς ὁ νεωστὶ συρρεύσας ἡμῖν λαὸς ὁ τὴν ἐπιπόλαιον ἀκρόασιν τῶν θείων λογίων ἔχων, τὸ δὲ βάθος τῆς νοήσεως μὴ ἐνστερνισμένος, . . .

Unter den Zuhörern der Homilie ist dieser Stelle zufolge also eine große Anzahl von Gläubigen, die sich noch nicht lange zum Christentum bekehrt haben und der Kirche zugehören.

Aus dieser Aussage lassen sich natürlich keine festen Daten gewinnen, aber sie deutet bei aller Vorsicht und bei allen geographischen Unterschieden im Grad und in der Schnelligkeit der Christianisierung doch ebenfalls wahrscheinlicher auf eine frühere als auf eine spätere Abfassungszeit der Homilie hin, d.h. mutmaßlich ebenfalls auf das 4. Jahrhundert. Dabei ist besonders das Adverb νεωστί signifikant, da man es am ehesten wohl mit der schnell ansteigenden Zahl an Christen im Gefolge der »konstantinischen« Wende in Verbindung bringen kann.

4. In hom.sem. 16,1 (194,11–14) schließlich wird vom Autor der Teich Bethesda[31] in Jerusalem erwähnt:

ἐν Ἱεροσολύμοις προβατική τις ἦν κολυμβήθρα καὶ νῦν ἐστιν· πέντε στοὰς εἶχε· νῦν γὰρ περιηρέθη τὰ πέριξ οἰκοδομήματα.

---

29 CPG 3467; Eus., comm. Ps. 91(92) (PG 23,1169C): Διὸ δὴ παρῃτημένων ἐκείνων, διὰ τῆς Καινῆς Διαθήκης Λόγος μετήγαγε καὶ μετατέθεικε τὴν τοῦ Σαββάτου ἑορτὴν ἐπὶ τὴν τοῦ φωτὸς ἀνατολήν, καὶ παρέδωκεν ἡμῖν ἀληθινῆς ἀναπαύσεως εἰκόνα, τὴν σωτηρίαν καὶ Κυριακὴν καὶ πρώτην τοῦ φωτὸς ἡμέραν,. . . . Auf die Stelle weisen in diesem Zusammenhang auch Rordorf, Sonntag, 168 f. und Martin Wallraff, Christus verus sol. Sonnenverehrung und Christentum in der Spätantike (JbAC.E 32), Münster 2001, 100 f. hin.

30 Nach 330 oder sogar erst nach 335, vgl. Marie-Josèphe Rondeau/Jean Kirchmeyer, Eusèbe de Césarée, DSp IV 2 (1961), 1687–1690, hier 1688–1690; Marie-Josèphe Rondeau, Les commentaires patristiques du Psautier. Vol. I (Orientalia christiana analecta 219), Roma 1982, 64–75, zur Datierung vor allem 66–69.

31 Vgl. dazu Klaus Bieberstein/Hanswulf Bloedhorn, Jerusalem. Grundzüge der Baugeschichte vom Chalkolithikum bis zur Frühzeit der osmanischen Herrschaft. Band 3 (BTAVO.B Nr. 100/3), Wiesbaden 1994, 162–168; John Wilkinson, Jerusalem Pilgrims before the Crusades, Warminster 2002, 346–348; Max Küchler, Jerusalem. Ein Handbuch und Studienreiseführer zur Heiligen Stadt, Göttingen 2007, 313–333.

Dem Text liegt ganz offensichtlich Joh 5,5 zugrunde,[32] wobei weniger die wörtlichen Anklänge der Homilie an das Johannes-Evangelium von Interesse sind, als die Differenzen zwischen dem Text des Johannes-Evangeliums und der Homilie. Denn hom.sem. 16,1 ist zu entnehmen, daß zur Zeit der Abfassung der Homilie die auch im Johannes-Evangelium genannten Säulenhallen[33] offensichtlich nicht mehr existierten,[34] sondern bereits zerstört sind.[35]

Davon, daß die Säulenhallen zerstört sind, zeugt auch Euseb in seinem Onomastikon.[36] Denn auch er weicht in seinem Lemma Βηζαθά vom Johannes-Text insofern ab, als er das johanneische πέντε στοὰς ἔχουσα in τὸ πάλαιον πέντε στοὰς ἔχουσα abändert.[37] Ein weiterer Zeuge für die im 4. Jahrhundert nicht mehr existenten Säulenhallen ist Kyrill von Jerusalem in seiner Homilie zu Joh 5,1–18.[38]

Damit ergibt sich für die Homilie ein *terminus post quem* vom Ende des 3.[39] oder Anfang des 4. Jahrhunderts[40]. Zugleich läßt sich aus der Formulierung der

---

32 Ἔστιν δὲ ἐν τοῖς Ἱεροσολύμοις ἐπὶ τῇ προβατικῇ κολυμβήθρα ἡ ἐπιλεγομένη Ἑβραϊστὶ Βηθζαθὰ πέντε στοὰς ἔχουσα.

33 Die Säulenhallen stammten aus herodianischer Zeit, vgl. Bieberstein/Bloedhorn, Jerusalem, 162–165 und Küchler, Jerusalem, 319; 323–325.

34 Zu beachten ist der Tempuswechsel von ἔχουσα (Joh) zu εἶχε (hom.sem.).

35 Νῦν γὰρ περιῃρέθη τὰ πέριξ οἰκοδομήματα. Mit τὰ πέριξ οἰκοδομήματα sind dabei wohl die πέντε στοαί zu identifizieren. Nach Münz- und Weihinschriftenfunden stand im Bereich der Teiche seit der Herrschaft Trajans ein Asklepios- oder wahrscheinlicher Serapis-Heiligtum, das bis in decische Zeit nachweisbar ist, vgl. Bieberstein/Bloedhorn, Jerusalem, 165–167. Es ist aber nicht wahrscheinlich, daß der Prediger mit τὰ πέριξ οἰκοδομήματα auf dieses Heiligtum Bezug nimmt.

36 Eus., onom., s.v. Βηζαθά (58,21–26 Klostermann).

37 Bestätigt wird dies auch durch die Übersetzung des Hieronymus (59,22–27 Klostermann): *haec quinque quondam porticus habuit* (Perf.!), *ostenduntur* (Praes.!) *gemini lacus* .... Hieronymus weiß also von den ehemals vorhandenen Säulenhallen, gegenwärtig gezeigt werden aber nur noch die beiden Teiche. Dem steht zwar der Bericht des Pilgers von Bordeaux entgegen (*Sunt* [Praes.!] *in hierusalem piscinae magnae duae ad latus templi, id est una ad dexteram, alia ad sinistram, quas salomon fecit, interius uero ciuitati sunt piscinae gemellares quinque porticus habentes* [Praes.!], *quae appellantur behtsaida.* [21,3–6 Geyer]), der im Präsens von den fünf Säulenhallen spricht, Euseb und Hieronymus verdienen hier aber – zumal als Einheimische (zusammen mit dem gleich anzuführenden Kyrill von Jerusalem) und durch ihre übereinstimmende Aussage, die sich nicht einfach auf literarische Abhängigkeiten zurückführen lassen kann – mehr Vertrauen als der Pilger von Bordeaux.

38 Cyr.Jer., hom. in paralyt. 2 [406 Rupp]. Bei ihm heißt es: ἐν γὰρ τοῖς Ἱεροσολύμοις ἦν (Impf.!) προβατικὴ κολυμβήθρα πέντε στοὰς ἔχουσα, τέσσαρας μὲν περιτρεχούσας, μέσην δὲ τὴν πέμπτην, ἐν ᾗ κατέκειτο πλῆθος ἀσθενούντων. Er verwendet also im Unterschied zu Joh ἦν anstelle von ἔστιν, wodurch wiederum klar markiert ist, daß dieser Zustand zur Zeit Kyrills nicht mehr besteht. Darüber hinaus erfahren wir von ihm erstmals über die Lage dieser fünf Säulenhallen, daß vier um die beiden Teiche herum und eine auf der Trennmauer zwischen den Teichen stand; von dieser Anordnung berichtet auch Orig., comm. in Io. fr. 61 (533,2 f. Preuschen), wobei angesichts der Überlieferung des Johannes-Kommentars und dabei besonders der aus der Johannes-Katene gewonnenen Fragmente (vgl. Preuschen, Origenes Werke IV. Der Johanneskommentar, LXXV f.) offen bleiben muß, ob der Text hier wirklich von Origenes stammt oder nicht vielmehr von Kyrill abhängig ist.

39 Das noch intakte Serapis-Heiligtum, vgl. oben Anm. 35.

40 Die bereits zerstörten fünf Säulenhallen.

Stelle hom.sem. 16,1 aber auch ein Hinweis erheben, der für die Bestimmung des *terminus ante quem* verwendet werden kann.

Denn in der ersten Hälfte des 5. Jahrhunderts[41] wurde auf der Trennmauer zwischen den beiden Teichen eine Kirche zum Gedenken an die Heilung des Gelähmten (bzw. in späteren Nennungen eine Marienkirche) erbaut, die dann immer mehr auch literarische Erwähnung findet.[42]

Da diese Kirche in hom.sem. 16,1 nicht erwähnt wird, vielmehr nur von den Teichen und von zerstörten Gebäuden rings um diese die Rede ist, kann man hier *e silentio* schließen, daß diese Kirche zur Zeit der Abfassung der Homilie einfach noch nicht existierte. Damit ist eine Entstehung *vor* dem Bau der Kirche, d.h. spätestens bis in die erste Häfte des 5. Jh.s, wahrscheinlich zu machen.

Die Erwähnung der Bethesda-Teiche in hom.sem. 16,1 ergibt somit als möglichen Zeitraum der Abfassung der Homilie die Zeit vom Anfang des 4. Jahrhunderts bis zur Mitte des 5. Jahrhunderts, wobei man im Blick auf die beiden Textstellen hom.sem. 1,2 und 8,5 die zweite Hälfte des 4. Jahrhunderts wahrscheinlich machen kann.

Der Autor der Homilie

Wie oben bereits erwähnt wird die Homilie seit der Edition der Mauriner vor allem aus stilistischen Gründen nicht zu den genuinen Werken des Athanasius gerechnet.[43] Damit ist die Frage aufgeworfen, wer dann statt seiner der Verfasser des Textes gewesen sein könnte.

Im vorliegenden Fall fehlt angesichts der einhelligen Nennung des Athanasius als Verfasser in den Handschriften jeglicher äußere Anhaltspunkt für eine Zuschreibung des Textes an einen anderen Autor. Um die Frage nach

---

41 Die Datierung ergibt sich Bieberstein/Bloedhorn, Jerusalem, 167 aus der Datierung von Kapitellfragmenten aus der Innenausstattung der Kirche.

42 Sie wird zuerst in Quellen aus der ersten Hälfte des 6. Jahrhunderts erwähnt, so bei Johannes Rufus, pleroph. 18 (»Kirche des Schafteiches«) bzw. v.Petr. (99,12 f. Raabe; »Kirche des Gelähmten«) und im Breviarius de Hierosolyma B 7 (*Et est ibi basilica, in tempore ubi se lauabant infirmi et sanebantur* [155,11 f. Geyer]). Eine Marienkirche nennen bereits Theodosius, De situ terrae sanctae 8 (142,5 f. Geyer) und der Pilger von Piacenza 27 (*Reuertentibus nobis in ciuitatem uenimus ad piscinam natatoria, quae quinque porticus habet; et in uno earum est basilica sanctae mariae, ubi multae fiunt uirtutes.* [208,15–17 Geyer]); vielleicht erwähnt auch der Breviarius de Hierosolyma B 7 schon diese Kirche (*Et ibi est basilica sanctae Mariae* [155,12 Geyer]), wenn der Verfasser sie hier nicht mit dem anschließend genannten Mariengrab (*et ibi est sepluchrum eius* [155,12 Geyer]) verwechselt. Zum Bau der Kirche vgl. auch Jourdain-Marie Rousée, L'Église Sainte-Marie de la Probatique. Chronologie des sanctuaires à Sainte-Anne de Jérusalem d'après les fouilles récentes, in: Atti del VI Congresso Internazionale di Archeologia Cristiana. Ravenna 23-30 Settembre 1962 (SAC XXVI), Città del Vaticano 1965, 169–176; Yoram Tsafrir, Art. Jerusalem, RBK III (1978), 525–615, hier 611 f. Marie-Joseph Pierre/Jourdain-Marie Rousée, Sainte-Marie de la Probatique, état et orientation des recherches, POC 31 (1981), 23–42; Bieberstein/Bloedhorn, Jerusalem, 167 f.; Küchler, Jerusalem, 332 f.

43 Vgl. oben S. 157.

dem Verfasser zu beantworten, müssen deshalb textimmanente Anhaltspunkte zu Hilfe genommen werden, die als Kriterium für die Zuschreibung dienen können. Geeignet sind dafür insbesondere Übereinstimmungen zwischen der Homilie und Werken des mutmaßlichen Autors im Wortschatz, in der Stilistik und in theologischen Fragen. Dadurch ist allerdings zugleich die Möglichkeit, eine positive Zuschreibung an einen Autor durchzuführen, grundsätzlich eingeschränkt, als überhaupt nur Autoren, deren Werke uns noch in nennenswertem Umfang erhalten sind, für einen solchen Vergleich in Frage kommen, zumal die zu vergleichenden Schriften aufgrund jeweils gattungsspezifischer Eigenheiten idealerweise derselben literarischen Gattung angehören sollten, um zu validen Ergebnissen kommen zu können.[44]

Als bisher einziger hat Marcel Richard es versucht, die Homilie einem Autor zuzuweisen:[45] Ihm zufolge ist Markell von Ankyra als der Verfasser anzusehen. Als Grund für diese Zuschreibung nennt er die λόγος-σάρξ-Christologie, die sich in den mit der *homelia de semente* in D und dem Florileg Gf3 zusammen überlieferten Schriften *sermo de patientia* (CPG 2235) und *homilia de passione et cruce domini* (CPG 2247) feststellen ließe. Doch leider geschieht diese Zuweisung nur mehr oder weniger in einem Nebensatz ohne nähere Erläuterungen.

Da jedoch weder sicher ist, daß die drei Homilien *de semente*, *de patientia* und *de passione et cruce domini* von einem Autor stammen, noch die im 4. Jahrhundert weit verbreitete λόγος-σάρξ-Christologie überhaupt als sonderlich starkes Argument gewertet werden kann, muß diese Zuschreibung zurückgewiesen werden. Zudem lassen sich zwischen den Werken des Markell und der *Homilia de semente* keine Parallelen im Stil[46] oder im Wortschatz feststellen, wie auch sonst in der Homilie keinerlei speziell markellische Theologumena anzutreffen sind.

Es findet sich im Text der Homilie aber auch ein inhaltliches Argument sowohl gegen Markell von Ankyra als auch gegen Athanasius als Autor. In hom. sem. 4,3 f. (177,4–5.13–16) schreibt der Verfasser der Homilie:

καί πως καί τινα τρόπον παραγίνεται πολλάκις εἰς πόλιν ἀνὴρ δυνάμενος διδάσκειν ἑλληνιστὶ . . .

ὁ δὲ πιστὸς, κἂν εὐγλώττως λέγη<ται> τὰ λεγόμενα, σπουδάζει κατακούειν, κἂν συριστί, κἂν ῥωμαϊστί, κἂν διαφόρῳ γλώττῃ.

---

44 Insofern ist es natürlich auch problematisch, Athanasius den Text aus stilistischen Gründen abzuerkennen, da für die *Homilia de semente* unter den sicher authentischen Werken des Athanasius kein adäquates Vergleichsmaterial vorliegt, da von Athanasius keine Homilien, sondern vor allem apologetisch-polemische Traktate sowie Briefe überliefert sind. Dafür, daß die Homilie nicht von Athanasius stammt, gibt es dennoch einen Hinweis, vgl. dazu auf der folgenden Seite.

45 Richard, Bulletin de Patrologie, 129.

46 Auch von Markell sind keine Homilien überliefert, die als adaequates Vergleichsmaterial heranzuziehen wären.

Aus diesen Sätzen ist zu schließen, dass die Homilie in einer Gegend gehalten wurde, in der neben griechisch[47] vor allem syrisch-aramäisch gesprochen wurde und in der gleichzeitig auch die lateinische Sprache durchaus eine Rolle spielte.[48] Dieser Hinweis auf den Ort trifft nun weder auf das zentralanatolische Ankyra noch auf Alexandrien zu. Wenn der Verfasser der Homilie diese nicht an einem anderen als seinem Heimatort gehalten hat – und dafür gibt es im Text zumindest keinen Hinweis – dann scheiden sowohl Athanasius als auch Markell von Ankyra als Autoren aus.

Aus zwei anderen Stellen läßt sich eventuell noch etwas über den Ort der Predigt erschließen: 1. In hom. sem. 11,1 (186,20) warnt der Verfasser davor, θεατρομανεῖς ... ἡδονάς zu verfallen. Diese Warnung ergibt am ehesten Sinn in einer städtischen Umgebung, wo das Theater als Institution existiert.

2. Die oben bereits angeführte Stelle hom. sem. 16,1 (194,11–14) mit der Nennung des Bethesda-Teiches wird so ohne weitere Erläuterungen zur Örtlichkeit eingeführt, daß sie eine gewisse Vertrautheit der Zuhörer mit der Topographie Jerusalems vorraussetzt, also vielleicht in Jerusalem selbst zu verorten ist.[49]

Als möglicher Verfasser der Homilie kommen somit Bischöfe (oder Presbyter) einer Stadt im syrisch-palästinischen Raum (Jerusalem?) in Frage. Unter den uns bekannten Autoren, von denen auch Schriften (und idealerweise Homilien) erhalten sind, ist m. E. jedoch kein einziger, der bei einem Vergleich für eine Identifizierung ausreichend große Übereinstimmungen aufzeigt.[50] Die Frage nach dem Autor muß daher als offen gelten.

Beobachtungen zum Stil

1. Charakteristisch für den Stil des Autors ist die breite Verwendung von anaphorisch eingesetzten Leitworten, die den Text zugleich gliedern.

---

47 Die griechische Sprache und vor allem Rhetorik wird dabei vom Verfasser trotz seiner eigenen, in der Homilie deutlich zu Tage tretenden rhetorischen Fähigkeiten an der Stelle pejorativ gebraucht.

48 Ein erhellendes Beispiel für die gleichzeitige Verwendung von Griechisch, Syrisch und Latein in Jerusalem bietet Egeria, itin. 47,3 f.

49 Der Autor nennt zwar Jerusalem mit Namen, was auffällig ist, wenn Jerusalem der Ort der Homilie ist. Die Nennung des Ortsnamens ist an der Stelle aber darin begründet, daß der Autor Joh 5,2 zitiert, wo Jerusalem ebenfalls explizit genannt ist.

50 Die größten wörtlichen Berührungen liegen mit einigen von Kyrill von Jerusalems Taufkatechesen und mit seiner *Homilia in paralyticum juxta piscinam jacentem* vor, die aber meist in denselben behandelten Bibelstellen ihre Ursache haben, auf der stilistischen Ebene finden sich am ehesten Parallelen zu Hesych von Jerusalem, allerdings nicht auf der Ebene des Wortschatzes. Wohl nicht zufällig sind beide Autoren, von denen uns fast ausschließlich Homilien und Predigten überliefert sind. Bei dem für Pseud-Athanasiana gerne verdächtigten Apolinaris von Laodicaea, von dem nun allerdings auch wieder keine Homilien erhalten sind, finden sich demgegenüber keinerlei Parallelen zur *Homilia de semente*.

So sind z.B. im Abschnitt hom.sem. 3,1–4,7 seine Ausführungen durch den Begriff σπόρος und seine Derivate geprägt, in hom.sem. 4,7–6,3 ist das leitende Stichwort ζιζάνιον, in 8,1–9,2 νέκρος, in 9,3–14,7 Δαβίδ, in 9,6 βασιλεύς und βασιλεία und in 11,1–2 χρίσις und χρίω.

2. Darüber hinaus macht der Autor die Gliederung des Textes durch die Wiederaufnahme von Formulierungen für den Zuhörer transparent.

So nimmt hom.sem. 3,1 διεπορεύετο *τοίνυν ὁ σωτὴρ διὰ τῶν σπορίμων* die Formulierung ὁ σωτὴρ ἡμῶν ἐπορεύετο διὰ τῶν σπορίμων in hom.sem. 2,1 wieder auf. Auf 3,1 wiederum verweist διήρχετο διὰ τῶν σπορίμων in hom.sem. 4,2 und τὸν διαπορευόμενον διὰ τῶν σπορίμων in hom.sem. 7,1. Des weiteren wird hom.sem. 7,2 ἴδε, τί ποιοῦσι οἱ μαθηταί σου; durch καὶ νῦν μὲν ἐξέχονται τοῦ σαββάτου καὶ τότε ἐπετίμων τῷ σωτῆρι λέγοντες· ἴδε, ... in hom.sem. 9,2 wieder aufgenommen und hom.sem. 14,1 Πάντα δὲ ταῦτα λέγομεν διὰ τὴν ἱστορίαν τοῦ εὐαγγελίου, διὰ τὸ ῥῆμα τοῦ σωτῆρος τὸ εἰρημένον «οὐκ ἀνέγνωτε ὃ ἐποίησε Δαβίδ, ... knüpft an «οὐδὲ τοῦτο ἀνέγνωτε, ὃ ἐποίησε Δαβίδ;» in hom.sem. 9,2 an, während schließlich hom.sem. 14,8 Ἐπεὶ οὖν οἱ Ἰουδαῖοι κατεμέμφοντο τῷ σωτῆρι διὰ τὸ ἐν σαββάτῳ τοὺς μαθητὰς τίλλειν στάχυας καὶ ἐσθίειν, διὰ τοῦτο εὐκαιρότατα ἐμνημόνευσε τῆς ἱστορίας τῆς ἐν σαββάτῳ γενομένης auf hom.sem. 9,2 zurückweist.

3. Der Autor der *Homilia de semente* gebraucht daneben auch anaphorische Reihungen von Fragesätzen zur Stilisierung des Textes:

* hom.sem. 2,1

    κατὰ ποῖον νόμον, ὦ Ἰουδαῖοι;
    κατὰ ποίαν Μωσέως νομοθεσίαν;
    κατὰ ποίαν προφήτου φράσιν;
    ποῦ κεκώλυται τρέφεσθαι τὸν πεινῶντα;
    ποῦ γέγραπται μὴ ἐμπλησθῆναι γαστέρα κενήν;

* hom.sem. 2,3

    τί μέμφεσθε τῷ ὑπὸ τοῦ θεοῦ δοθέντι εἰς σωτηρίαν; εἰ γὰρ ὁ
    *   θεὸς οὐ τὸ τρέφεσθαι ἀπηγόρευσεν ἐν σαββάτῳ,*
    τί σὺ τοῦτο ὀνειδίζεις, ὅπερ ὁ θεὸς οὐκ ἀπηγόρευσεν;

* hom.sem. 12,6

    τί βασκαίνεις ἀνθρώπῳ νικητῇ ἐν μιᾷ ὥρᾳ εὐφημουμένῳ ὁ
    *   ἐπὶ τεσσαράκοντα ἡμέρας κρυπτόμενος; τῶν ἐχθρῶν*
    *   ἐλυτρώθης, ἀπὸ δειλίας ἐρρύσθης,*
    τί βασκαίνεις ἀνθρώπῳ ἐπαινουμένῳ ἔργα ἄξια ἐπαίνων
    *   ἐργασαμένῳ;*

4. Der Stil des Autors ist insgesamt von kolloquialen Eigenheiten wie vielen mit καὶ verbundene Reihungen,[51] kurzen, asyndetisch angeschlossenen Sätzen[52],

---

51 Vgl. z.B. hom.sem. 4,6 f. (καὶ προστάγματι θεοῦ νεφέλαι ἐκ θαλαττίων βυθῶν .... καὶ σῖτον μὲν ἐργάζεται, ... καὶ τὸ μονοειδὲς τῶν ὑετῶν .... 7 καὶ πρῶτον μὲν ὁ σπόρος χλόα ...).

52 Vgl. z.B. hom.sem. 12,5: φόβος δὲ ἐλύθη, ὁ ἐχθρὸς ἔπεσεν, ὁ λαὸς ἐπήνθει, χορεῖαι καὶ τύμπανα καὶ ἁρμονία καὶ εὐφροσύνη τὸ προκείμενον.

Ausrufen[53] sowie immer wieder eingestreuten direkten Anreden der Zuhörer[54] gekennzeichnet.

Edition

Um den textkritischen Apparat nach Möglichkeit zu entlasten, wurden in der vorliegenden Edition Varianten nicht angeführt, sofern sie durch offensichtliche Schreibfehler, durch Itazismen, durch Wortwiederholungen, durch das Setzen oder Weglassen von ν-ephelkystikon und von ς bei οὕτως bedingt sind oder die Akzentsetzung betreffen.

Die Kapiteleinteilung folgt weitgehend der Edition Montfaucons,[55] die Einteilung in Paragraphen wurde neu eingerichtet.

Zitierte oder im Rahmen von Anspielungen referenzierte Bibelstellen werden im Text kursiv wiedergegeben, direkte Rede im Text wird durch Anführungszeichen markiert.

Im Anschluß an die Edition ist, um den Zugang zum Text zu erleichtern, zudem ein Index wichtiger griechischer Begriffe abgedruckt.

---

53 Vgl. hom.sem. 12,1 (ὢ μεγάλης ψαλμῶν δυνάμεως); 12,6 (ὢ μεγάλης ἀνοίας); 13,3 (ὢ πώρωσις βασκανίας); 15,5 (ὢ πολλῆς ἀνοίας).

54 Vgl. hom.sem. 4,1 (καὶ ἔχεις ἐν ταῖς πράξεσι τῶν ἀποστόλων); 5,1 (Ἐνόησας τὸ λεγόμενον ἐλθέ μοι); 6,3 (ἐπιλάθου καὶ σὺ τῶν πρώτων καὶ ἀνάλαβε τὰ λεγόμενα καὶ τοῦ ζιζανίου πάρες, τὸ δὲ σιτῶδες ἀνάλαβε, ἵνα δυνηθῇς ....); 8,4 (καὶ μὴ ἐμοὶ μόνον πρόσεχε, ἀλλὰ τῷ ἐμοὶ ἀρτίως ἀναγνωσθέντι ψαλμῷ. πρόσχες τὸ λεγόμενον· ἐγὼ ἀναγινώσκω, σὺ βλέπε ἐκ τῆς ἀκολουθίας τὴν ἀνάστασιν.); 11,1 (ἄκουε); 13,2 (διὰ τοῦτο ἡ γραφή σοι λέγει); 15,3 (ζήτησον τὰ ἐν τοῖς εὐαγγελίοις γεγραμμένα καὶ εὑρήσεις τὸ ἀληθὲς τῶν λόγων.); direkte Anreden verbunden mit βλέπε (μοι): hom.sem. 10,6; 13,1; 17,6.

55 Die Kapiteleinteilung Montfaucons ist jeweils am rechten Rand vermerkt.

[Τοῦ αὐτοῦ Ἀθανασίου
ἀρχιεπισκόπου Ἀλεξανδρείας
ὁμιλία εἰς τὸν σπόρον.]

[Predigt desselben Athanasios, des Erzbischofs von Alexandria, über die Aussaat]

1,1 Ἐν ἡμέρᾳ σαββάτου συνήχθημεν
οὐ νοσοῦντες Ἰουδαϊσμόν – οὐ γὰρ 5
ἐφαπτόμεθα σαββάτων ψευδῶν –,
παραγεγόναμεν δὲ ἐν σαββάτῳ τὸν
κύριον τοῦ σαββάτου Ἰησοῦν προ-
2 σκυνήσοντες. πάλαι μὲν γὰρ ἦν
ἐν τοῖς ἀρχαίοις τίμιον τὸ σάββα- 10
τον, μετέθηκε δὲ ὁ κύριος τὴν τοῦ
σαββάτου ἡμέραν εἰς κυριακήν· καὶ
οὐχ ἡμεῖς ἐσμεν οἱ ἀφ' ἑαυτῶν τοῦ
σαββάτου καταφρονήσαντες, ἀλλ' ὁ
προφήτης ἐστὶν ὁ ἀποβαλὼν καὶ εἰ- 15
πών· «τὰς νεομηνίας ὑμῶν καὶ τὰ
3 σάββατα μισεῖ ἡ ψυχή μου.» μέχρι μὲν γὰρ ὅτε ἄξια ἐπράττετο τῶν
πραγμάτων τῆς νομοθεσίας ἢ μέχρις
ὅτε μὴ ἦν παραγενόμενος ὁ διδά- 20
σκαλος, ἐνήργει τὰ τοῦ παιδαγωγοῦ,
ἐλθόντος δὲ τοῦ διδασκάλου κα-
τηργήθη ὁ παιδαγωγὸς καὶ ἡλίου ἀ-
νατείλαντος ὁ λύχνος ἐπαύσατο.

4 εὔκαιρος δὲ ἡμῖν γέγονε καὶ ἡ 25
ἀνάγνωσις κατὰ ἀκολουθίαν περὶ
σαββάτου. ἠκούομεν γὰρ ἀρτίως, ὅ-
πως ὁ Ἰησοῦς ἐπορεύετο διὰ τῶν
σπορίμων καὶ ὅπως τὴν χεῖρα τὴν
ξηρὰν ἐθεράπευε· καί μοι δοκεῖ κα- 30
λῶς ἔχειν ὀλίγα εἰς τὸ ἀνάγνωσμα
τοῦ εὐαγγελίου εἰπεῖν.

2,1 ὁ σωτὴρ ἡμῶν ἐπορεύετο διὰ
τῶν σπορίμων καὶ οἱ μαθηταὶ αὐ-

Am Tag des Sabbats haben wir uns ver- 1 M.
sammelt, kranken aber nicht am Judaismus –
denn wir haben nichts mit falschen Sabbaten zu tun –, sondern wir sind am Sabbat
zusammengekommen, um Jesus, den Herrn
des Sabbats, anzubeten. Denn einst, bei den
Alten, wurde der Sabbat in Ehren gehalten,
der Herr aber hat den Tag des Sabbats auf
den Herrentag verlegt; und nicht wir sind
es, die von uns aus den Sabbat mißachtet
haben, sondern der Prophet ist es, der ihn
verworfen und gesagt hat: »Eure Neumonde und Sabbate haßt meine Seele«. Denn
solange das getan wurde, was dem Gesetz
entsprach, bzw. solange der Lehrer (noch)
nicht gekommen war, galten die Bestimmungen des Zuchtmeisters. Als der Lehrer aber
gekommen war, ist der Zuchtmeister beseitigt worden, und als die Sonne aufgegangen
war, ist der Leuchter gelöscht worden.

Gerade zum rechten Zeitpunkt kam uns
so die Lesung nach der Ordnung über den
Sabbat. Denn wir hörten eben, daß Jesus
durch die Saatfelder ging und daß er die
gelähmte Hand heilte. Und mir scheint es
nun angezeigt, ein paar Worte zur Evangelienlesung zu sagen.

Unser Heiland ging durch die Saatfelder, und seine Jünger folgten ihm, rauf-

---

6 Am 6,3 7 f. Lk 6,5 16 f. τὰς … μου vgl. Jes 1,13 f. 22 f. Gal 3,24 27–30 ἠκούομεν …
ἐθεράπευσε vgl. Lk 6,1–10 par 33 f. Mt 12,1

DN 4 Ἐν ἡμέρᾳ σαββάτου συνήχθημεν G

2 Ἀλεξανδρείας om. D 3 ὁμιλία om. D 4 συνήχθημεν] συνήχθη Gᶜ 5 νοσοῦντες] νοσοῦντος
N 10 τίμιον τὸ ~ N 15 ἀποβαλὼν] ἀποβάλλων D 18 ἐπράττετο] ἔπραττον D 18 f. τῶν
πραγμάτων > D 30 ἐθεράπευε] ἐθεράπευσε N

τῷ ἠκολούθουν καὶ στάχυας τίλλον-
τες ἤσθιον· καὶ Ἰουδαῖοι ἐπετίμων
αὐτοῖς λέγοντες· «οὐκ ἔξεστι τοῦτο
ποιεῖν ἐν σαββάτῳ.» κατὰ ποῖον νόμον, ὦ Ἰουδαῖοι; κατὰ ποίαν Μω- 5
σέως νομοθεσίαν; κατὰ ποίαν προ-
φήτου φράσιν; ποῦ κεκώλυται τρέφεσθαι τὸν πεινῶντα; ποῦ γέγραπται μὴ ἐμπλησθῆναι γαστέρα κε-
2 νήν; οἱ δὲ τὸ τρέφεσθαι ὀνειδίζοντες 10
ἐν σαββάτῳ αὐτοὶ φόνους ἐν σαββάτῳ κατὰ τοῦ οἰκοδεσπότου εἰργάζοντο. λέγει γὰρ ἡ γραφὴ ἐν τῷ
εὐαγγελίῳ περὶ τῆς ἡμέρας ἐν ᾗ ὁ
θεὸς ἔπαθεν· ἦν δὲ ἡμέρα ἐκείνη με- 15
γάλη τοῦ σαββάτου. καὶ τὸν μὲν
νομοθέτην ἀναιροῦσιν ἐν σαββάτῳ,
τρέφεσθαι δὲ μαθητὰς ἐν σαββάτῳ
3 οὐ βούλονται. διὰ τοῦτο ὁ σωτὴρ
ἐν τοῖς ἀρτίως ἀναγνωσθεῖσιν ἠρώτα 20
αὐτούς· «τί ἔξεστιν ποιῆσαι ἐν τῷ
σαββάτῳ; ἀγαθοποιῆσαι ἢ κακοποιῆσαι; ψυχὴν σῶσαι ἢ ἀπολέσαι; τὸ τρέφεσθαι ὀνειδίζετε, τὸ δὲ
φονεῦσαι κατεργάζεσθε;» ἀεὶ γὰρ 25
οἱ Ἰουδαῖοι τὸν κώνωπα διυλίζουσι,
τὴν δὲ κάμηλον καταπίνουσιν· ἀ-
εὶ ἀκριβεῖς εἰσι περὶ τὸ ἀποδεκα-
τῶσαι τὸ πήγανον καὶ τὸ λάχανον,
τὰ δὲ βαρύτερα τοῦ νόμου οὐ τη- 30
ροῦσι. καὶ διαπορευομένων τῶν μαθητῶν ἠγανάκτουν, ὅτι στάχυας ἔ-
ψωχον ταῖς χερσὶ καὶ ἤσθιον. οὐ
σιδήρῳ ἀπέτεμνον, ἐπεὶ κατηγόρουν
ὡς ἔργου, οὐδὲ ἄλλοις τισὶν ἐργα- 35

ten Ähren aus und aßen sie; und die Juden machten ihnen Vorwürfe und sagten: »Man darf das nicht am Sabbat tun!« Nach welchem Gesetz, ihr Juden? Nach welcher Gesetzgebung des Mose? Nach welchem Prophetenwort? Wo ist verhindert, daß der Hungernde sich ernährt? Wo steht geschrieben, daß ein leerer Magen nicht gefüllt werde? Die aber tadeln, daß man am Sabbat ißt, haben selbst am Sabbat einen Mord gegen den Hausherrn ins Werk gesetzt! Denn die Schrift sagt im Evangelium über den Tag, an dem Gott litt: Es war aber jener Tag ein großer Tag des Sabbats. Den Gesetzgeber also töten sie am Sabbat, daß sich aber die Jünger am Sabbat nähren, wollen sie nicht. Deswegen fragte sie der Heiland in dem eben verlesenen Text: »Was darf man am Sabbat tun? Gutes oder Schlechtes? Leben retten oder zugrunde gehen lassen? Das Essen tadelt ihr, das Töten aber führt ihr aus?« Denn immer sieben die Juden die Mücke aus, das Kamel aber trinken sie; immer sind sie genau, wenn es um das Verzehnten der Raute und des Kohls geht, die gewichtigeren Bestimmungen des Gesetzes aber halten sie nicht. Und sie tadelten, daß die Jünger, als sie (durch die Felder) gingen, die Ähren mit ihren Händen zerrieben und aßen. Nicht mit einer Sichel haben sie sie abgeschnitten, da sie ja Anklage erhoben haben, als habe es sich um Arbeit gehandelt, und sie haben auch keine anderen Werkzeuge verwendet, damit sie nicht angeklagt würden, daß sie sich nicht nährten, sondern arbeiteten. Nun

---

1 f. Mt 12,1   3 f. Mt 12,2   11–13 φόνους … εἰργάζοντο vgl. Mt 21,33–39   15 f. Joh 19,31
21–24 Lk 6,9; Mk 3,4   26 f. Mt 23,24   28 f. Lk 11,42   30 Mt 23,23   32 f. Lk 6,1   172.33
–173.3 Οὐ … ἐργαζομένων vgl. Ex 35,2 und die daraus abgeleiteten 39 verbotenen Arbeiten am
Sabbat in mShab VII 2.

DN

5 f. Μωσέως] Μωυσέως N   15 θεὸς] σωτὴρ D   15 ἔπαθεν] ἔπασχεν D   18 ∼ ἐν σαββάτῳ
μαθητὰς D   21 τῷ > D   25 φονεῦσαι] φονεύειν D   27 τὴν] τὸν D

λείοις ἐχρήσαντο, ἵνα μὴ κατηγορή-
σωσιν ὡς μὴ τρεφομένων, ἀλλ᾿ ἐργαζομένων. νυνὶ δὲ τὸ πᾶν ἀχειρο-
ποίητον· χεῖρες ἔργον θεοῦ, στάχυας
ἔργον θεοῦ, ἄνευ ἐργαλίων ἡ τροφή. 5
τί μέμφεσθε τῷ ὑπὸ τοῦ θεοῦ δο-
θέντι εἰς σωτηρίαν; εἰ γὰρ ὁ θεὸς οὐ
τὸ τρέφεσθαι ἀπηγόρευσεν ἐν σαββάτῳ, τί σὺ τοῦτο ὀνειδίζεις, ὅπερ ὁ
θεὸς οὐκ ἀπηγόρευσεν;   10

3,1   Διεπορεύετο τοίνυν ὁ σωτὴρ διὰ
τῶν σπορίμων· ὁ κόκκος τοῦ σίτου
διὰ τῶν σπορίμων, ὁ νοητὸς κόκκος
τοῦ σίτου ὁ πεσὼν εἰς ἕνα τόπον καὶ
ἀναστὰς πολύχους εἰς τὴν οἰκουμέ- 15
νην. αὐτὸς γὰρ περὶ ἑαυτοῦ ἔλεγεν ὅτι «ἐὰν μὴ ὁ κόκκος τοῦ σίτου
πεσὼν εἰς τὴν γῆν ἀποθάνῃ, αὐτὸς
μόνος μένει· ἐὰν δὲ ἀποθάνῃ, πο-
2 λὺν καρπὸν φέρει.» εἴπωμεν αὐτὸ 20
καὶ ἄλλως· διεπορεύετο τοίνυν ὁ Ἰ-
ησοῦς διὰ τῶν σπορίμων· ὁ σπείρων
διὰ τῶν σπορίμων· αὐτὸς γὰρ ἐνί-
οτε μὲν κόκκος τοῦ σίτου καλεῖται
διὰ τὸ θρεπτικόν, ἄλλοτε δὲ σπορεὺς 25
ἐστι κατὰ τὸ εἰρημένον ἐν τοῖς εὐαγ-
γελίοις· ἰδοὺ ἐξῆλθεν ὁ σπείρων τοῦ
3 σπεῖραι. σπείρει μὲν οὖν ὁ Ἰησοῦς
δαψιλῶς, ἡ δὲ καρποφορία γίνεται
πρὸς τὸ ὑποκείμενον· ὅπου μὲν γὰρ 30
πετρώδης ἡ γῆ, εὐμαρῶς ξηραίνεται
τὸ σπέρμα οὐκ ἀδυναμίᾳ τοῦ σπόρου, ἀλλὰ τῇ καχεξίᾳ τῆς γῆς. ὁ μὲν
γὰρ σπόρος ἐνεργής, ἄγονος δὲ ἡ γῆ
βάθος μὴ κεκτημένη. οὐκ ἀντεχού- 35

aber ist das alles nicht von Hand gemacht:
die Hände sind ein Werk Gottes, die Ähren sind ein Werk Gottes, ohne Werkzeuge
ist die Nahrung (hergestellt). Warum tadelt
ihr den, dem von Gott etwas zur Rettung
gegeben wurde? Denn wenn Gott nicht verboten hat, sich am Sabbat zu nähren, warum
tadelst du das, was Gott nicht verboten hat?

Der Heiland ging also durch die Saatfel- 2 M.
der; das Getreidekorn ging durch die Saatfelder, das geistig wahrnehmbare Getreidekorn, das an eine Stelle fiel und vielfältig
auferstand in die ganze bewohnte Welt hinein. Denn er selbst sagte über sich: »Falls
das Getreidekorn nicht in die Erde fällt und
stirbt, bleibt es allein; falls es aber stirbt,
bringt es viel Frucht.« Laßt uns das noch
anders sagen: Jesus ging also durch die
Saatfelder; der Sämann durch die Saatfelder; denn er selbst wird manchmal Saatkorn
genannt wegen seiner Eignung zum Nähren, manchmal aber ist er der Säer gemäß
dem Wort in den Evangelien: Siehe, der Sämann ging hinaus, um zu säen. Jesus sät
also im Überfluß, der Ertrag aber ist abhängig vom Untergrund: Denn wo der Boden
felsig ist, vertrocknet der Same leicht, nicht
aufgrund der Schwäche des Samens, sondern aufgrund des schlechten Zustandes
des Bodens; denn der Same ist fruchtbar,
der Boden aber ist unfruchtbar, weil er nicht
tief genug ist. Wenn aber der Boden für
die Feuchtigkeit nicht ausreicht, bestrahlen

---

3 f. ἀχειροποίητον vgl. 2Kor 5,1 11 f. Lk 6,1 12 Joh 12,24 17–20 Joh 12,24 f. 21 f. Lk 6,1
23 Lk 6,1 24 Joh 12,24 27 f. Mt 13,3 30–33 ὅπου ... γῆς vgl. Mt 13,5 173.35 –174.3 οὐκ
... σπόρον vgl. Mt 13,6

DN

1 f. κατηγορήσωσιν] κατηγορήσουσιν D 3–5 τὸ ... τροφή > N 7 εἰ + καὶ N* eras. Nᶜ 7 γὰρ]
μὲν γὰρ D 22 f. ὁ ... σπορίμων > N 24 post σίτου habet lacunam N

σης δὲ τῆς γῆς πρὸς ὑγρασίαν πλεῖον αἱ ἡλιακαὶ ἀκτῖνες προσβάλλουσαι, ἀναξηραίνουσι τὸν σπόρον. καὶ γίνεται τὸ αἴτιον οὐ παρὰ τὸ ἄγονον τοῦ σπόρου, ἀλλὰ τὸ σαθρὸν τῆς γῆς. 5
4 πάλιν ὁ σπόρος σπείρεται εἰς ἀκανθώδη γῆν καὶ ὁ μὲν σπόρος ἐνεργής, πνίγεται δὲ ὑπὸ τῶν ἀκανθῶν καὶ ἡ ἔνδον ἀποκειμένη ἐνέργεια οὐ συγχωρεῖται καρποφορῆσαι διὰ τὴν ἔ- 10 ξωθεν ὄχλησιν. ἐὰν δὲ ἀπολαύσῃ γῆς ἀγαθῆς, ποιεῖ πάλιν οὐχ ὅμοιον τὸν καρπόν, ἀλλ᾽ ἐν τριάκοντα καὶ ἑξήκοντα καὶ ἑκατόν. μονοειδὴς μὲν ὁ σπόρος, διάφορος δὲ ὁ καρπός· διά- 15 φοροι δὲ αἱ γνῶμαι τῶν διδασκομένων.

4,1 Ἐξῆλθε τοίνυν ὁ σπείρων τοῦ σπεῖραι καὶ τὰ μὲν δι᾽ ἑαυτοῦ πράττων, τὰ δὲ διὰ τῶν μαθητῶν ἐνήρ- 20 γησε. καὶ ἔχεις ἐν ταῖς πράξεσι τῶν ἀποστόλων γεγραμμένον, ὅτι μετὰ τὸ λιθοβοληθῆναι τὸν Στέφανον οὕτως λέγει ἡ γραφή· οἱ μὲν οὖν διασπαρέντες, οὐ δι᾽ ἀσθενείας σκορ- 25 πισθέντες – οὐ γὰρ διῃρέθησαν τῇ πίστει – ἀλλὰ διασπαρέντες. τῇ γὰρ ἐνεργείᾳ τοῦ σπείραντος σιτοποιηθέντες εἰς ἄρτον ἐπουράνιον, κατὰ πᾶσαν διεχύθησαν τὴν οἰκουμέ- 30 νην ζωοφορίας [διδασκαλίας] κατα-
2 σπείραντες ἐνεργήματα. ὁ τοίνυν τὰ νοήματα σπείρων Ἰησοῦς ὁ μονογε-

ihn die Sonnenstrahlen stärker und trocknen den Samen aus. Und die Ursache liegt nicht in der Unfruchtbarkeit des Samens, sondern in der Schadhaftigkeit des Bodens. Ein anderes Mal wird der Same in dornigen Boden gesät, und der Same ist zwar fruchtbar, wird aber von den Dornen erstickt, und der ihm innewohnenden Fruchtbarkeit wird es nicht gestattet, Frucht zu tragen wegen der Bedrängung von außen. Falls er aber in den Genuß guten Bodens gelangt, bringt er wiederum nicht in gleichem Maße Frucht, sondern dreißig-, sechzig und hundertfach. Der Same ist eingestaltig, die Frucht aber ist davon unterschieden; unterschiedlich ist aber auch das Erkenntnisvermögen derer, die belehrt werden.

Es ging also der Sämann aus, um zu 3 M. säen, und das eine tat er durch sich selbst, das andere aber bewirkte er durch die Jünger. Du hast auch in den Akten der Apostel geschrieben, daß nach der Steinigung des Stephanus die Schrift folgendermaßen sagt: Die wurden also ausgestreut, nicht durch Schwachheit zerstreut – denn sie wurden nicht im Glauben auseinandergeteilt –, sondern ausgestreut. Denn durch die Kraft dessen, der gesät hatte, wurden sie zu himmlischem Brot gemacht und über die bewohnte Welt ausgegossen und säten so Taten der Lebensspendung aus. Jesus also, der eingeborene Sohn Gottes, der die geistige Erkenntnis aussät, ging durch die Saatfelder,

6–8 πάλιν … ἀκανθῶν vgl. Mt 13,7   11–14 ἐὰν … ἑκατόν vgl. Mt 13,8   15–17 διάφοροι … διδασκομένων vgl. Mt 13,10   18 f. Mt 13,3   24 f. Apg 8,4   27 Apg 8,4

DN

1 πλεῖον] πλείονα D   2 αἱ > D   2 ~ ἀκτῖνες ἡλιακαὶ D   4 ἄγονον vSto ἄτονον DN   7 ~ σπόρος μὲν D   11 ὄχλησιν] ἐνόχλησιν D   11 γῆς vSto τῆς DN   19 f. πράττων vSto παρών DN   25 f. δι᾽ ἀσθενείας σκορπισθέντες] διασκορπισθέντες D   26 f. τῇ πίστει] τὴν πίστιν D   30 f. διεχύθησαν τὴν οἰκουμένην] διεληλυθότες N   31 ζωοφορίας] ζωοφορᾶς susp. Lampe, Patristic Greek Lexicon, s.v.   31 διδασκαλίας del. vSto (glossa?) διδασκαλίαν N

νῆς υἱὸς τοῦ θεοῦ διήρχετο διὰ τῶν
σπορίμων, οὐ μόνον δὲ τῶν σπόρων
κατασπορεὺς, ἀλλὰ καὶ τῶν αἰσθη-
3 τῶν. πρὸς γὰρ τοῦτον ἔλεγεν ἐξ ἀρ-
χῆς ὁ πατήρ· «ἐξαγαγέτω ἡ γῆ βο- 5
τάνην χόρτου σπεῖρον σπέρμα κατὰ γένος καὶ καθ᾽ ὁμοίωσιν.» πατὴρ ἔλεγεν υἱὸς ἐπετέλει, ὁ μὲν ἐπέ-
ταττεν, ὁ δὲ εἰς πέρας ἤγαγε τὰ προ-
στατττόμενα, καὶ οὕτως ἐκ πατρὸς 10
δι᾽ υἱοῦ ἓν ἦν τελεσιούργημα μιᾶς
κοσμοποιΐας διὰ πατρὸς καὶ υἱοῦ τε-
4 λεσιουργουμένης. ὁ τοίνυν τὰ νοήματα κατασπείρων καὶ τὰ αἰσθητὰ
νεύματι πατρὸς ἐργασάμενος οὗτος 15
διέβαινε διὰ τῶν σπορίμων. πολλὴ
δέ τίς ἐστιν ἡ τῶν σπόρων θαυμα-
τουργία. καὶ ἴδωμεν ἐν καιροῖς σπόρων τὰ περὶ σπόρων, ἐν χειμερίοις
ὥραις τὰ περὶ τῆς βλάστης τῆς γῆς 20
διαλεγόμενοι, οὐχ ἵνα φυσιολογήσω-
μεν τὰ ὁρώμενα, ἀλλ᾽ ἵνα προσκυ-
5 νήσωμεν τὸν θαυματοποιόν. ἄνθρω-
ποι μὲν γὰρ τὰ ἐφ᾽ ἑαυτοῖς ἐργαζό-
μενοι, ζεύξαντες βόας ἀροτῆρας ἀ- 25
νατέμνουσι τὴν γῆν καὶ ἀπαλύνουσι
τὸ πρόσωπον αὐτῆς, ἵν᾽ ὑετοὶ μὲν
μὴ παραδράμωσι, ἀλλ᾽ ἐμβαθυνόμε-
νοι καρποφορίαν ἀποδώσωσιν, οἱ δὲ
σπόροι ἐν ἁπλότητι τῆς γῆς ῥιφέντες 30
διττὴν ἔχωσι τὴν ἀπόλαυσιν· μίαν
μὲν τοῦ βάθους καὶ τῆς ἀπαλώσεως,
δευτέραν δὲ τοῦ κρύπτεσθαι καὶ μὴ
6 ὑπὸ ὀρνέων ἀναλίσκεσθαι. ἀλλ᾽ ὁ
μὲν ἄνθρωπος ποιεῖ τὸ ἑαυτοῦ· οὐ 35
μὴν ἡ καρποφορία ὑπὸ ἀνθρώπου.

Aussäer nicht nur der Saat, sondern auch
der wahrnehmbaren Dinge. Zu ihm sagte
nämlich von Anfang an der Vater: »Die Erde soll hervorbringen eine Weide von Futter,
säenden Samen je nach Art und nach Ähnlichkeit.« Der Vater sprach, der Sohn führte
es aus, der eine ordnete es an, der andere
aber führte das Angeordnete bis zum Ende durch. Und so war es aus dem Vater
durch den Sohn ein erreichter Zweck einer
Weltschöpfung, der durch Vater und Sohn
vollendet wurde. Derjenige also, der die geistig wahrnehmbaren Dinge aussät und die
sinnlich wahrnehmbaren auf einen Wink
des Vaters hin bewirkte, der ging durch die
Saatfelder. Es ist aber groß das Wunderwerk
der Samen! Laßt uns also in der Zeit der
Aussaat das betrachten, was die Samen betrifft, indem wir in den winterlichen Zeiten
das erzählen, was das Wachstum der Erde betrifft, nicht, damit wir das Gesehene
naturkundlich untersuchen, sondern damit
wir den Wundertäter anbeten. Denn wenn
Menschen das arbeiten, was an ihnen selbst
liegt, schneiden sie, nachdem sie Pflugstiere
angespannt haben, die Erde auf und erwei-
chen ihre Oberfläche, damit die Regengüsse
nicht vorbei laufen, sondern in die Tiefe gehen und so Frucht geben, die Samen aber,
die in die Einfachheit der Erde geworfen
worden sind, doppelten Genuß haben: Zum
einen den der Tiefe und der Weichheit, zum
anderen den, daß sie verborgen sind und
nicht von Vögeln aufgepickt werden. Der
Mensch tut also das Seine; das Ertrag Bringen kommt freilich nicht vom Menschen!

1 f. Lk 6,1 5–7 Gen 1,11 15 νεύματι πατρὸς vgl. Cyr.Hier., cat. 11,22ff. 16 Lk 6,1

DN

7 ὁμοίωσιν] ὁμοιότητα D 8 ἐπετέλει] ἀπετέλει D 11 ἦν + τὸ D 18 ἴδωμεν + εἰ D 27 ἵν᾽ +
οἱ D 29 ἀποδώσωσιν] ἀποδώσουσιν DN 32 ἀπαλώσεως] ἀπολύσεως D 33 μὴ post ὀρνέων
D

ἀνθρώπου μὲν γὰρ τὸ σπεῖραι, θεοῦ
δὲ τὸ αὐξῆσαι. καὶ προστάγματι θεοῦ νεφέλαι ἐκ θαλαττίων βυθῶν τὰ
ὕδατα ἀνασπάσασαι καὶ ἐξ ἁλμυ-
ρότητος εἰς γλυκύτητα μεταβαλοῦ- 5
σαι ἐπιχέουσι μὲν ἐπὶ τὸ πρόσωπον
τῆς γῆς, μονοειδὴς δὲ ὑετὸς κατα-
βὰς πολυειδεῖς ἐργάζεται σπόρους.
καὶ σῖτον μὲν ἐργάζεται, κύαμον δὲ
καὶ κέγχρον καὶ ὄλυραν. ἓν μὲν τὸ 10
καταβὰν καὶ πολλὰ τὰ βλαστώμενα.
καὶ τὸ μονοειδὲς τῶν ὑετῶν εἰς πο-
λύχουν καρποφορίαν διασπείρεται,
ἵνα δειχθῇ, μὴ τῇ τοῦ σπείραντος εὐ-
μαρείᾳ, ἀλλὰ τῇ τοῦ θεοῦ ἐνεργείᾳ 15
7 γίνεσθαι τὸ καρποφορούμενον. καὶ
πρῶτον μὲν ὁ σπόρος χλόη τις ὥ-
σπερ ἀναβαίνει καὶ πολλάκις σίτῳ
ζιζάνιον συνέσπαρται, ἡ δὲ ὁμοιότης
τῶν φύλλων οὐ συγχωρεῖ φανῆναι, τί 20
μὲν σῖτος, τί δὲ ζιζάνιον. ὅταν δὲ ὁ
σπόρος εὐθυτενὴς γένηται καὶ εἰς ὕ-
ψος γένηται, ὁ στάχυς διακρίνει καὶ
ἡ καρποφορία δείκνυσι τὸ ὑποκείμενον, τί μὲν σῖτος, τί δὲ ζιζάνιον. 25

5,1   Ἐνόησας τὸ λεγόμενον ἐλθέ μοι
λοιπὸν ἐπὶ τὸ πνευματικώτερον. ἔ-
σπειρεν ὁ Ἰησοῦς διὰ τῶν ἀποστόλων τὸν λόγον τῆς βασιλείας τῶν οὐρανῶν κατὰ πάσης τῆς οἰκουμένης. 30
ἀκοὴ δεξαμένη τὸ κήρυγμα κατέχει
παρ' ἑαυτῇ· καὶ τέως μὲν βλάστην
φυλλάδος ἐργάζεται σπουδὴν περὶ
τὴν ἐκκλησίαν καὶ συναγόμεθα κατὰ
τὸ αὐτὸ καὶ οἱ σιτώδεις καὶ τὰ ζιζά- 35

Des Menschen ist das Säen, Gottes aber das
Wachsenlassen. Und auf Befehl Gottes ziehen Wolken aus den Meerestiefen das Wasser empor, verwandeln es aus salzigem in
süßes (Wasser) und gießen es dann auf die
Oberfläche der Erde; der Regen aber, der in
einer Gestalt herabgeht, bewirkt dann viel-
gestaltige Samen. Und er macht Getreide,
Bohnen, Hirse und Dinkel. Es ist eines, was
herabkommt und vieles, was sproßt. Und
das Eingestaltige des Regens wird zu vielfäl-
tiger Frucht ausgesät, damit gezeigt werde,
daß nicht durch die Gewandtheit des Säenden, sondern durch die Wirkkraft Gottes
das Frucht Tragen geschieht. Und zuerst
tritt der Samen wie ein Gras hervor, und
oftmals wird mit dem Getreide Lolch ausgesät, und die Gleichheit der Blätter läßt
es nicht zu, daß deutlich zu Tage tritt, was
Getreide und was Lolch ist. Wenn aber der
Sprößling sich aufrichtet und in die Höhe
wächst, läßt die Ähre eine Unterscheidung
zu und die Frucht zeigt was zugrunde liegt,
was Getreide und was Lolch ist.

Wenn du das Gesagte begriffen hast, 4 M
schreite mit mir nun noch zum geistlicheren
Sinn. Jesus säte durch die Apostel das Wort
vom Himmelreich in der gesamten bewohn-
ten Welt. Das Gehör empfängt die Botschaft
und behält sie dann bei sich; und bis zum
Sprießen eines Blattes ist es mit Eifer um die
Kirche bemüht, und wir versammeln uns
einmütig: sowohl die Getreideartigen als
auch die, die Lolch sind, (d.h.) der Gläubige

26–32 καὶ ... ζιζάνιον vgl. Mt 13,24–26 **176.34 –177.2** καὶ ... ὑποκριτής vgl. Mt 13,27-30

DN

2 προστάγματι + τοῦ D   4 ἀνασπάσασαι] ἀνασπάσασθαι N   5 f. μεταβαλοῦσαι] με-
ταβάλλουσαι D 8 πολυειδεῖς] πολυειδὴς D 8 σπόρους] πόρους D 10 καὶ om. N 12 τῶν
ὑετῶν iter. D 16 γίνεσθαι] γίνεται D 23 διακρίνει] διακρινεῖ D 27 λοιπὸν + καὶ D 28 ὁ >
D 31 ἀκοὴ + δὲ D 35 σιτώδεις] σιτοδόται N

νια, ὁ πιστὸς καὶ ὁ ὑποκριτής, ἵνα ἀ-
ληθέστερον εἴπωμεν τὸ καταγγελλό-
μενον· οἱ δὲ γεωργοὶ τῆς ἐκκλησίας
τὴν δίκελλαν τῶν λόγων τοῖς ἐσπαρ-
μένοις ἐπιβαλόντες γεωργοῦσιν μὲν 5
2 εἰς καρποφορίαν. οὔπω δὲ οἴδασι
τὸ ὑποκείμενον· ἡ γὰρ τῆς φυλλάδος
ὁμοιότης ἀπατᾷ πολλάκις καὶ τοὺς
προεστῶτας. ὅταν δὲ ἡ διδασκαλία
εἰς ἔργον προχωρήσῃ καὶ ὁ καρπὸς 10
τῶν ἔργων παχυνθῇ, τότε φαίνεται
τίς μὲν ὁ πιστός, τίς δὲ ὁ ὑποκριτής.

3 καί πως καὶ τινα τρόπον παραγίνεται πολλάκις εἰς πόλιν ἀνὴρ δυνάμενος διδάσκειν ἑλληνιστί, ὃ<ς> τὴν 15
ἀκοὴν θελγόμενος σπεύδει εἰς τὴν
ἐκκλησίαν, οὐ τὴν ἰατρείαν τῆς ψυ-
χῆς, ἀλλὰ τῶν λόγων τὸ κάλλος μόνον ἁρπάσαι. ἀνεχώρησεν ὁ εὐγλώττως λαλῶν, ἀνεχώρησε καὶ τῆς ἐκ- 20
κλησίας τὸ ζιζάνιον· οὐ γὰρ ἔχει τὸ
4 σιτῶδες, τὸ πιστόν. ὁ δὲ πιστός, κἂν
εὐγλώττως λέγη<ται> τὰ λεγόμενα,
σπουδάζει κατακούειν, κἂν συριστί,
κἂν ῥωμαϊστί, κἂν διαφόρῳ γλώττῃ. 25
οὐ γὰρ ζητεῖ λόγους, ἀλλ᾽ ἔργα· ὁ
γὰρ λόγος ἡμῶν καὶ τὸ κήρυγμα
ἡμῶν οὐκ ἐν πειθοῖς ἀνθρωπίνης
σοφίας λόγοις, ἀλλ᾽ ἐν ἀποδείξει
5 πνεύματος καὶ δυνάμεως. τί τὸ ὄ- 30
φελος, ἐὰν ἑλληνιστὶ λαλῶμεν, βαρβαρίζωμεν δὲ τῇ γνώμῃ; τί τὸ ὄ-
φελος, ἐὰν εὐσύνθετος μὲν ὁ λόγος,
κακοσύνθετος δὲ ὁ τρόπος; πολὺ
κάλλιόν ἐστι μήτε τὴν ἑλλήνων εἰ- 35
δέναι φωνὴν καὶ τὸν νόμον τοῦ θε-

und der Heuchler, damit wir das Gemein-
te richtiger benennen. Und die Bauern der
Kirche bearbeiten mit der Hacke des Wortes
die Ausgesäten und bestellen sie, damit sie
Frucht bringen. Noch kennen sie aber die
Substanz nicht; denn die Ähnlichkeit des
Blattes täuscht oft auch die Vorsteher. Wenn
aber die Lehre zum Werk schreitet und die
Frucht der Arbeit reif wird, dann wird klar,
wer der Gläubige und wer der Heuchler ist.

Und irgendwie und auf irgendeine Weise kommt oftmals ein Mann in eine Stadt,
der griechisch lehren kann, der das Gehör
bezaubert und in die Kirche eilt, nicht um
die Heilung der Seele, sondern nur um die
Schönheit der Worte zu ergreifen. Ist der,
der mit geübter Zunge redet, hinausgegan-
gen, ist auch der Lolch der Kirche hinaus-
gegangen; denn er hat nichts Getreidehaf-
tes an sich, nichts Gläubiges. Der Gläubige
aber, selbst wenn das Gesagte mit geübter
Zunge gesprochen wird, bemüht sich, genau hinzuhören, sei es syrisch, sei es lateinisch, sei es in irgendeiner anderen Sprache. Denn er sucht nicht Worte, sondern
Werke. Denn unsere Rede und unsere Botschaft liegen nicht in überzeugenden Worten menschlicher Weisheit, sondern im Auf-
weis des Geistes und der Kraft. Was ist der
Nutzen, wenn wir griechisch reden, aber in
unserer Gesinnung barbarisch sind? Was ist
der Nutzen, wenn die Rede wohlgefügt, der
Charakter aber schlecht zusammengefügt
ist? Denn viel schöner ist es, die Sprache der

26–30 1Kor 2,4

DN

4 δίκελλαν] διδασκαλίαν D   5 ἐπιβαλόντες] ἐκεῖ βάλλοντες D   5 γεωργοῦσιν μὲν] γεωρ-
γοῦμεν N   6 εἰς] ὡς D   8 καὶ > N   15 ὃ<ς> Montfaucon ὃ DN   23 λέγη<ται> vSto λέγη
DN   31 f. βαρβαρίζωμεν] βαρβαρίζομεν N

οὗ ἐν καρδίᾳ κεκτῆσθαι. εἰ μὲν γὰρ
σοφιστοῦ διδασκαλεῖον ἦν ἡ ἐκκλησία, εὐγλωττίας <ἂν> ἦν ὁ καιρός·
ἐπειδὴ δὲ τρόπων ἀγὼν καὶ καρποφορία τὸ προκείμενον καὶ προσδο- 5
κία οὐρανῶν τὸ προσδοκώμενον, μὴ
γλῶττα ζητείσθω, ἀλλ' ὁ τρόπος κα-
τορθούσθω.

6   πάλιν ἄλλοι νοσοῦσιν ἀνθρωπα-
ρέσκειαν ἀνθρώπων καὶ καιρὸν κα- 10
θυποκρίνονται· κἂν μὲν ἐπίσημον
πρόσωπον ἢ ἐκ πλατειῶν ἢ ἐξ ἀνθρώπων παραγίνηται καὶ χριστιανισμὸν ἐπαγγελλόμενον τρέχουσιν εἰς
τὴν ἐκκλησίαν, ἵνα ἀνθρώπῳ δείξωσι 15
τὸ πρόσωπον. ἐξῆλθεν ὁ ἐπίσημος,
συνεξῆλθεν ὁ ὑποκριτὴς καὶ ἀπέχει
τὸν μισθόν. δι' ἀνθρώπων ἦλθεν, ἀνθρώπῳ ἤρεσεν, παρὰ θεοῦ οὐδὲν ἔ-
λαβεν· οὐ γὰρ ἐκείνῳ ἔδειξε τὴν διά- 20
νοιαν. τοιαῦτα τῆς ἐκκλησίας τὰ ζιζάνια.

6,1   Ἀλλ' ἔχει τι θαυμάσιον ὁ γεωργὸς τῆς ἐκκλησίας λόγος· καὶ γὰρ
ζιζάνια σιτοποιεῖ, ἐὰν θέλῃ. ἐπει- 25
δὴ γὰρ αὐτοπροαίρετος ἡ τῶν ἀνθρώπων κίνησις καὶ αὐτεξούσιος ἡ
γνώμη, ἐπὶ σοὶ κεῖται τὸ πρᾶγμα· εἰ
θέλεις, ζιζάνια εἶ, ἀλόγων ζώων τρο-
φή· εἰ θέλεις, μεταβάλλῃ καὶ γίνῃ σῖ- 30
2 τος. εἰκόνα ζητεῖς τῶν λόγων; λάμ-
βανε ἀπὸ δένδρων τὸ ζητούμενον·
ἡ ἀγριέλαιος ἐπικεντρισθεῖσα καλ-
λιέλαιος γίνεται καὶ ἄμπελος ἀγρία

Griechen nicht zu kennen, das Gesetz Gottes aber im Herzen zu haben. Denn wenn
die Kirche eine Sophistenschule wäre, wäre
sie der rechte Ort für Zungenfertigkeit. Da
es aber um den Kampf um den Charakter
und um das Fruchtbringen geht und da das,
was erwartet wird, die Erwartung der Himmel ist, soll nicht Sprache gesucht, sondern
der Charakter gerade gerichtet werden.

Andere wiederum kranken an der
Sucht, anderen Menschen zu gefallen, und
deuten den rechten Zeitpunkt nicht richtig;
auch wenn ein von den Plätzen oder von
den Menschen bekanntes Gesicht kommt
und das Christentum verkündet, laufen sie
in die Kirche, damit sie einem Menschen ihr
Gesicht zeigen. Geht dann der Berühmte
hinaus, geht auch der Heuchler mit hinaus
und erhält seinen Lohn. Wegen der Menschen kam er und gefiel einem Menschen,
von Gott hat er nichts erhalten; denn jenem
zeigte er nicht seine Gesinnung. Solches ist
der Lolch der Kirche.

Doch das bäuerliche Wort der Kirche 5 M
hat etwas Wunderbares: es bringt nämlich
auch den Lolch dazu, Getreide zu bringen,
wenn es will. Denn da ja die Bewegung
der Menschen aus eigenem Willen geschieht
und die Gesinnung selbstbestimmt ist, liegt
die Sache an dir; wenn du willst, bist du
Lolch, die Nahrung unvernünftiger Tiere;
wenn du willst, verwandelst du dich und
wirst Getreide. Du suchst ein Bild für meine
Worte? Nimm das gesuchte (Bild) von den
Bäumen! Der wilde Ölbaum wird, wenn

33 f. ἡ ... γίνεται vgl. Röm 11,24

DN

3 ἂν suppl. vSto   4 f. καρποφορία] καρποφορίαν D   12 πρόσωπον + εἰ D   12 f. ἀνθρώπων]
ἀρχόντων D   13 καὶ > D   14 ἐπαγγελλόμενον] ἐπαγγελλόμενος D   16 ἐπίσημος + καὶ D   17 καὶ
> D   18 ἀνθρώπων] ἄνθρωπον DN   24 γὰρ + καὶ D   29 ζιζάνια] ζιζάνιον D   30 μεταβάλλῃ]
μεταβάλλει D   31 εἰκόνα] ἐφ' ὃν ἂν D

ἡμερωτάτης ἀμπέλου κλῆμα δεξαμένη ἐπιλανθάνεται μὲν τῶν τῆς ῥίζης παλαιοτήτων, ἀναλαμβάνει δὲ

3 τὴν καινότητα τῶν κλάδων. ἐπιλάθου καὶ σὺ τῶν πρώτων καὶ ἀνάλαβε 5 τὰ λεγόμενα καὶ τοῦ ζιζανίου πάρες, τὸ δὲ σιτῶδες ἀνάλαβε, ἵνα δυνηθῇς καὶ αὐτὸς εἴσω ἅλωνος ἐκκλησιαστικῆς γενέσθαι νοητῆς.

7,1   Ταῦτα δὲ πάντα ὑμῖν εἴρηται διὰ 10 τὸ εὐαγγελικὸν ἀνάγνωσμα τὸ περὶ σπόρων διαλεγόμενον διὰ τὸν κατασπείραντα ἐν ταῖς ψυχαῖς, τῶν ψυχῶν λυτρωτὴν Ἰησοῦν τὸν διαπορευόμενον διὰ τῶν σπορίμων. ὁ μὲν 15 οὖν διεπορεύετο ἐπίτηδες ἐν σαββάτῳ διάγων τοὺς μαθητὰς διὰ τῶν σπορίμων. οὐ γὰρ ἐξ ἀποτελεσμάτων ἐμάνθανεν τὸ προκείμενον, ἀλλ' εἰδὼς τὸ ἐσόμενον ἐπίτηδες ἐπορεύ- 20 ετο διὰ τῶν σπορίμων.

2   καὶ οἱ μαθηταὶ διερχόμενοι ἔτιλλον στάχυας καὶ ψώχοντες ταῖς χερσὶν αὐτῶν ἤσθιον καινοτέραν ἅλωνα τοῖς στάχυσι τὰς χεῖρας ἐργα- 25 ζόμενοι. οἱ δὲ Ἰουδαῖοι ἐπετίμων τοῖς μαθηταῖς τρεφομένοις καὶ πρὸς τὸν διδάσκαλον ἀγανακτοῦσιν· «ἴδε, τί ποιοῦσι οἱ μαθηταί σου;» ἑαυτοὺς ἀπαλλοτριώσαντες τῆς δικαιο- 30 σύνης οὐκ εἶπαν «οἱ κοινωνοὶ τῶν μαθητῶν ἡμῶν» – ἑαυτοὺς γὰρ τῆς μαθήσεως ἐξώρισαν –, ἀλλ' «ἴδε, τί ποιοῦσιν οἱ μαθηταί σου.» δεικνύουσι τὰ φαινόμενα. τῷ γνώστῃ τῶν 35 καρδιῶν δεικνύετε τὰ ὁρώμενα; οὐκ ἐλάβετε πολλάκις τὴν πεῖραν, ὅτι

er gepfropft wird, ein veredelter Ölbaum, und ein wilder Wein vergißt, wenn er eine Rebe eines ganz milden Weines annimmt, den alten Zustand der Wurzel und nimmt die Neuheit der Zweige an. Vergiß auch du das Frühere, nimm das Gesagte an und laß den Lolch sein, was Getreide bringt aber nimm an, damit auch du selbst in die geistige kirchliche Tenne hineinkommen kannst.

Das alles wird euch durch die Evan- 6 M. gelienlesung gesagt, die über die Samen spricht wegen dessen, der in den Seelen sät, den Erlöser der Seelen, Jesus, der durch die Saatfelder geht. Der ging also absichtlich am Sabbat durch die Saatfelder und führte die Jünger hindurch; denn nicht aus der Vollendung lernte er (im Nachhinein) den gegenwärtigen Zustand, sondern weil er die Zukunft kannte, ging er absichtlich durch die Saatfelder.

Und die Jünger gingen hindurch, rauften Ähren aus, zerrieben sie mit ihren Händen und aßen sie, indem sie ihre Hände zu einer ziemlich neuartigen Tenne für die Ähren machten. Die Juden aber tadelten die Jünger, die sich nährten, und äußerten ihren Unwillen gegenüber dem Lehrer: »Siehe, was deine Jünger tun!« Weil sie sich selbst der Gerechtigkeit entfremdet hatten, sagten sie nicht: »die Genossen unserer Jünger« – denn sich selbst haben sie aus der Jüngerschaft verbannt –, sondern »sieh, was deine Jünger tun«. Sie zeigen das Offensichtliche. Dem Kenner der Herzen zeigt ihr das Gesehene? Habt ihr nicht oftmals den Beweis erhalten, daß er auch die Gedanken der Her-

14 f. Lk 6,1 **16–18** Lk 6,1 **22–24** Lk 6,1 **28 f.** Mt 12,2 **33 f.** Mt 12,2

DN

4 κλάδων vSto παλαιῶν DN **6** καὶ + τὸ D **18–21** οὐ ... σπορίμων > N **23** ταῖς > D **24** αὐτῶν > D **29** ποιοῦσι] ποιοῦν N **36** δεικνύετε] δεικνύεται D

οἶδε καὶ τῶν καρδιῶν τὰς γνώσεις;
ὁ λέγων «τί διαλογίζεσθε ἐν ἑαυτοῖς
πονηρά», ὁ διαλογισμοὺς εἰδώς, ἀ-
σταχύων ψωχμοὺς οὐκ οἶδε;
<...>

zen kennt? Der, der sagte: »Was redet ihr
unter euch Schlechtes?«, der, der Unterre-
dungen kennt, weiß nichts vom Zerreiben
der Ähren?
5 <...>

8,1 Καινότερος νεκρὸς ἐλεύθερος ἐν
νεκροῖς. οἱ μὲν ἄλλοι νεκροὶ δε-
σμοῖς ὥσπερ περιβαλλόμενοι ἐν εἰρ-
κτῇ τῇ ὁδῷ ἀπήγοντο, Ἰησοῦς δὲ γέγονε δι' ἡμᾶς νεκρὸς καὶ κατῆλθεν 10
εἰς τὰ καταχθόνια μεταξὺ τῶν νεκρῶν καὶ ἐν νεκροῖς μὲν ἐλθὼν οὐ
μόνον ἐλεύθερος ἦν, ἀλλὰ καὶ νε-
2 κρῶν ἐλευθερωτής. καὶ ἵνα μάθῃς,
ὅτι καὶ νεκρῶν ἐλευθερωτὴς γέγο- 15
νεν, ἄκουε τῶν εὐαγγελίων λεγόν-
των· «καὶ πολλὰ σώματα τῶν κε-
κοιμημένων ἁγίων ἀνέστησεν.» ἐν
μνήματι ἐτέθη καὶ πολλὰ μνήματα
ἀνεῴχθησαν. ἦν τοίνυν ὁ ἐν νε- 20
κροῖς ἐλεύθερος, ὃν κατέλιπον καὶ
3 γνώριμοι. λέγει δὲ τὸ εὐαγγέλιον,
ὅτι πάντες οἱ μαθηταὶ ἀφέντες αὐτὸν ἔφυγον. ἔτι ζῶντα φεύγουσι καὶ
σταυρωθέντος ὑπεραποθνήσκουσιν, 25
ἐπειδὴ δὲ μηδὲν ἐναπέμεινεν ἐν τῷ
σταυρῷ, ἀλλὰ μετὰ τὸν σταυρὸν τὴν
4 ζωὴν ἀπέλαβε. καὶ μὴ ἐμοὶ μόνον
πρόσεχε, ἀλλὰ τῷ ἐμοὶ ἀρτίως ἀναγνωσθέντι ψαλμῷ. πρόσχες τὸ λε- 30
γόμενον· ἐγὼ ἀναγινώσκω, σὺ βλέπε
ἐκ τῆς ἀκολουθίας τὴν ἀνάστασιν· ἐ-
γενήθην ὡσεὶ ἄνθρωπος ἀβοήθητος
ἐν νεκροῖς ἐλεύθερος. ἔθεντό με ἐν

Ein recht außerordentlicher Toter ist frei 7 M.
unter den Toten. Die anderen Toten wurden
gleichsam mit Fesseln gefesselt auf einem
eingezäunten Weg weggeführt, Jesus aber
wurde unseretwegen ein Toter und stieg
in die Unterwelt zwischen den Toten hinab
und ging unter den Toten und war nicht nur
frei, sondern auch Befreier der Toten. Und
damit du lernst, daß er auch der Befreier
der Toten wurde, höre die Evangelien sagen:
Und viele Leiber der entschlafenen Heiligen
hat er erweckt. Er wurde in ein Grab gelegt
und viele Gräber wurden geöffnet. Er war
also der Freie unter den Toten, den auch die
Schüler verließen. Es sagt aber das Evangelium, daß alle Jünger ihn im Stich ließen
und flohen. Als er noch lebte, flohen sie,
und nachdem er gekreuzigt war, da sterben
sie für den Gekreuzigten, da ja nichts an
dem Kreuz (hängen) blieb, sondern nach
dem Kreuz das Leben empfing. Und höre
nicht nur auf mich, sondern auf den eben
von mir vorgelesenen Psalm! Achte auf das
Gesagte; ich lese es, erkenne du aus der Reihenfolge der Worte die Auferstehung: »Ich
wurde wie ein unbekannter Mensch unter
den Toten frei. Sie legten mich in die un-
terste Grube«, wie wir sagten. Und danach:
»Ich aber bin in meinem Gebet bei dir, Herr«

2 Lk 5,22 3 Lk 5,22; vgl. Ps 93,11 6 f. Ps 87,5 13 f. ἀλλὰ ... ἐλευθερωτής vgl. Cyr.Hier.,
cat. 14,1 17 f. Mt 27,52 20 f. Ps 87,5 21 f. ὃν ... γνώριμοι vgl. Mt 27,52 180.32 –181.1
Ps 87,5.7

DN

3 f. ἀσταχύων] σταχύων D 4 ψωχμοὺς] ψωγμοὺς D 5 lacunam indicavit Montfaucon 7 μὲν
+ γὰρ D 9 f. γέγονε + μὲν D 18 ἀνέστησεν] ἀνέστησαν D 20 ἀνεῴχθησαν] ἠνεῴχθησαν D
21 κατέλιπον] κατέλειπον D 21 καὶ + οἱ D 26 μηδὲν] μὴ D 28 ἀπέλαβε] ἐπανέλαβεν D
28 μόνον] μόνῳ D 29 ἐμοὶ² > D 31 ἀναγινώσκω + μόνον D 32 f. ἐγενήθην] ἐγενήθη N

λάκκῳ κατωτάτῳ, καθὼς εἰρήκαμεν.
καὶ μετὰ ταῦτα· ἐγὼ δὲ τῇ προσευ-
χῇ μου πρὸς σέ, κύριε καὶ τῷ πρωῒ
ἡ προσευχή μου προφθάσει σε. ὁ
νεκρὸς προσεύχεται, ὁ ταφεὶς προ- 5
σεύχεται· εἰ μὴ ἀνέστη, πῶς προσεύχεται; μετὰ γὰρ τὸ διηγήσασθαι τὴν
ταφὴν καὶ τὴν νεκρότητα, τότε διη-
γήσατο τὴν προσευχὴν τὴν πρὸς τὸν
πατέρα γενομένην.   10

9,1   Ἡμεῖς μὲν οὖν τιμῶμεν τὴν κυριακὴν διὰ τὴν ἀνάστασιν, Ἰουδαῖοι
δὲ ἔτι καὶ νῦν ἐξέχονται τοῦ σαββάτου καὶ μετὰ τὸ εἰπεῖν τὸν Ἡσα-
ΐαν· «καὶ τὰ σάββατα ὑμῶν μισεῖ ἡ 15
ψυχή μου.» οὐδέν μοι κοινὸν πρὸς
τὸ σάββατον, ὃ ὁ θεὸς ἐμίσησεν. οὐ
λέγω τοὺς κύκλους τῶν ἡμερῶν, ἀλλὰ τὸν νομιζόμενον Ἰουδαϊσμόν. οὐ
γὰρ τὰς ἡμέρας μισεῖ ὁ θεός, ἀλλὰ 20
τοὺς κακῶς ἐν ταῖς ἡμέραις ἐργαζο-
2 μένους. καὶ νῦν μὲν ἐξέχονται τοῦ
σαββάτου καὶ τότε ἐπετίμων τῷ σωτῆρι λέγοντες· «ἴδε, τί ποιοῦσιν οἱ
μαθηταί σου, ὃ οὐκ ἔξεστι ποιεῖν 25
ἐν σαββάτῳ.» ὁ σωτὴρ πρὸς αὐ-
τούς· «οὐδὲ τοῦτο ἀνέγνωτε; με-
λετᾶν ἐπαγγέλλεσθε, τὴν δὲ γνῶσιν
οὐκ ἔχετε; οὐδὲ τοῦτο ἀνέγνωτε, ὃ
3 ἐποίησε Δαβίδ;» ὁ ἐκ Δαβὶδ μνη- 30
μονεύει τοῦ Δαβίδ· ὁ ἐκ Δαβὶδ κατὰ
σάρκα, πρὸ δὲ Δαβὶδ κατὰ πνεῦμα·
ὁ κατὰ σάρκα μὲν τοῦ Δαβὶδ υἱός,
κατὰ πνεῦμα δὲ τοῦ Δαβὶδ δεσπό-
της· ὁ ἐκ ῥίζης Ἰεσσαὶ βλαστήσας, 35

und »dem Morgen möge mein Gebet zu dir
zuvorkommen«. Der Tote betet; der Bestat-
tete betet; wenn er nicht auferstanden ist,
wie betet er? Denn nachdem er die Bestat-
tung und den Tod berichtet hatte, dann erst
berichtet er über das Gebet zum Vater.

Wir also ehren den Herrentag wegen 8 M.
der Auferstehung, die Juden aber hängen
auch jetzt noch am Sabbat, selbst nachdem
Jesaja gesagt hat: »Und eure Sabbate haßt
meine Seele.« Ich habe nichts mit dem Sabbat gemein, den Gott haßt. Ich meine nicht
die Wochenkreisläufe, sondern den so genannten Judaismus. Denn nicht die Tage
haßt der Herr, sondern die, die an den Tagen böse handeln. Auch jetzt hängen sie am
Sabbat und damals tadelten sie den Heiland
und sagten: »Sieh, was tun deine Jünger,
was man am Sabbat nicht tun darf.« Der
Heiland zu ihnen: »Habt ihr das nicht gelesen? Ihr verkündet, euch zu sorgen, habt
aber keine Erkenntnis? Habt ihr das nicht
gelesen, was David tat?« Der Nachkomme
Davids gedenkt Davids, der, der nach David dem Fleisch nach lebte, vor David aber
dem Geist nach; der, der dem Fleisch nach
zwar Sohn Davids war, dem Geist nach aber
Herr Davids; der, der aus der Wurzel Jes-
se sproßte, der wunderbare Stab, der das
Geschlecht der Juden zerschmettert, das Geschlecht der Heiden aber wie eine Herde

---

2 f. Ps 68,14 (!); vgl. Ps 87,14: κἀγὼ πρὸς σέ, κύριε, ἐκέκραξα   **3 f.** Ps 87,14   **15 f.** καὶ … μου
vgl. Jes 1,13 f.   **24–26** Lk 6,3   **27** Lk 6,3   **29 f.** Lk 6,3

DN   **23** ἐπετίμων inc. G

5 f. ὁ ταφεὶς προσεύχεται > N   **6** πῶς > N   **14 f.** Ἡσαΐαν] Ἰσαίαν D   **22** ἐξέχονται] ἐξέρχονται
DN   **23** ἐπετίμων + φησὶν G   **26** σαββάτῳ + δὲ G   **26** ὁ + δὲ G   **27–29** οὐδὲ … ἔχετε > N
34 ∼ δὲ πνεῦμα G

ἡ ῥάβδος ἡ θαυμασία, ἡ τὸ μὲν γένος Ἰουδαίων συντρίβουσα, τῶν δὲ
ἐθνῶν τὸ γένος ὡς ποίμνιον συνάγουσα. αὐτὸς γάρ ἐστιν ὁ εἰρηκώς·
«καὶ διάξω ὑμᾶς ὑπὸ τὴν ῥάβδον 5
μου·» καὶ πολὺς ὁ περὶ τῆς ῥάβδου
4 τοῦ Ἰησοῦ λόγος. ἔλεγε τοίνυν πρὸς
τοὺς Ἰουδαίους· «οὐδὲ τοῦτο ἀνέγνωτε, ὃ ἐποίησε Δαβίδ, ὅτε ἐπείνασεν αὐτὸς καὶ οἱ μετ' αὐτοῦ, πῶς 10
εἰσῆλθεν εἰς τὸν οἶκον τοῦ θεοῦ καὶ
τοὺς ἄρτους τῆς προθέσεως ἔλαβε
καὶ ἔφαγεν, ὃ οὐκ ἔξεστιν ποιεῖν εἰ
μὴ μόνον τοῖς ἱερεῦσιν;»
5   ὁ μὲν οὖν σοφὸς ἀκροατὴς καὶ 15
συνήθης τῶν ἐκκλησιαστικῶν δογμάτων τε καὶ ἀναγνωσμάτων οἶδε τὴν
ἱστορίαν καὶ οὐ χρείαν ἔχει τῆς δι-
ηγήσεως· ἐπειδὴ δὲ πολὺς ὁ νεωστὶ
συρρεύσας ἡμῖν λαὸς ὁ τὴν ἐπιπό- 20
λαιον ἀκρόασιν τῶν θείων λογίων ἔ-
χων, τὸ δὲ βάθος τῆς νοήσεως μὴ ἐνστερνισμένος, καλῶς ἔχειν μοι δοκεῖ
ἐπιδραμεῖν καὶ δεῖξαι τὴν ἱστορίαν,
ἵνα γνῶμεν τίνος ἕνεκεν ταύτης ἐ- 25
μνημόνευσεν ὁ σωτήρ.
6   βασιλεύς τις ἦν ἐν τοῖς ἀρχαίοις,
Δαβίδ, ποιμὴν τὰ πρῶτα καὶ βασιλεὺς τὰ δεύτερα. τὴν δὲ βασιλείαν
οὐκ ἔλαβεν ἁρπάσας, ἀλλὰ τοῦ Σα- 30
οὺλ ἁμαρτήσαντος καὶ ἀποβαλομένου ἐχρίσθη Δαβὶδ ἀπὸ τοῦ Σαμου-
ήλ. χρισθεὶς δὲ εἰς τὴν βασιλείαν,
οὐχ ἅμα ἥρπασε τὸ βασίλειον, ἀλλὰ
χρόνοις πολλοῖς δουλεύσας τῷ Σα- 35

zusammenführt. Denn er selbst ist es, der
sagt: »Und ich werde euch unter meinen
Stab hinüberführen«; und zahlreich sind die
Worte Jesu über den Stab. Er sagte also zu
den Juden: »Habt ihr auch das nicht gelesen, was David tat, als er und seine Leute
Hunger hatten? Wie er in das Haus Gottes
hineinging und die Schaubrote nahm und
aß, was keiner tun darf außer die Priester
allein.«

Der weise Hörer und mit den kirchlichen Lehren und Lesungen Vertraute kennt
nun die Geschichte und bedarf der Erzählung nicht. Da aber das Volk, das uns jüngst
zugeflossen ist, groß ist, das zwar eine ober-
flächliche Kenntnis der göttlichen Worte
vom Zuhören hat, die Tiefe der Kenntnis
aber nicht verinnerlicht hat, scheint es mir
gut zu sein, die Geschichte kurz zu berühren und zu erzählen, damit wir wissen, weswegen der Heiland an sie erinnerte.

Es war einmal ein König bei den Alten,
David, zuerst war er Hirte, später König.
Seine Königsherrschaft erhielt er nicht, nachdem er sie geraubt hatte, sondern, nachdem
Saul gesündigt hatte und verworfen worden war, wurde David von Samuel gesalbt.
Nachdem er aber zur Königsherrschaft gesalbt worden war, besetzte er nicht sogleich
den Palast, sondern diente lange Zeit Saul

1 Ez 20,37   5 f. Ez 20,37   8–14 Lk 6,3 f.   182.5 –192.9 βασιλεύς ... γυναικός vgl. 1Reg
16–18.20,24–21,7

DN   3 f. συνάγουσα expl. G

5 διάξω] δὴ ἄξω N   7 τοῦ > N   9 ὅτε] ὅτι N   14 μόνον] μόνος N μόνοις
PG   22 f. ἐνστερνισμένος] ἐστερνισμένος D   23 δοκεῖ] δοκεῖν N   25 ταύτης > D
31 f. ἀποβαλομένου PG ἀποβαλλομένου DN   32 ἀπὸ] ὑπὸ DN

οὐλ ὕστερον, ὅτε θεὸς ἠθέλησεν, ἐ-
φήψατο τῆς βασιλείας. ἐπεβουλεύετο οὖν ὑπὸ τοῦ Σαοὺλ εὐεργετή-
σας τοῦτον· ἐπεβουλεύετο δὲ καὶ ὑ-
πὸ τοῦ Ἀβεσσαλὼμ τοῦ οἰκείου τέ- 5
κνου.

10,1 Ταῦτα ἀληθῶς μὲν συνέβη τῷ
Δαβίδ· οὗτος δέ τινας εἰκόνας εἶχε
τῆς τοῦ σωτῆρος παρουσίας. ἔδει
γὰρ τὸν προπάτορα καὶ εἰκόνας ἔ- 10
χειν τοῦ ἀπογόνου· βίβλος γενέσεως
Ἰησοῦ Χριστοῦ υἱοῦ Δαβίδ, τινὸς αἱ
τῶν πραγμάτων ὁμοιώσεις οὐκ ἰσό-
τιμοι. ὁμοιούσθω γὰρ ὁ δοῦλος τῷ
δεσπότῃ· οὐ μὴν ἰσότιμος γίνεται, 15
2 πλὴν ἔχει τινὰς ὁμοιότητας. ὁ Δαβὶδ ποιμὴν καὶ ποιμὴν ὁ Χριστός·
«ἐγώ εἰμι ὁ ποιμὴν ὁ καλὸς» ἔλεγεν. ἀλλ᾿ ὁ μὲν ποιμὴν θρεμμάτων, ὁ
δὲ ποιμὴν ψυχῶν· ὁμοίωσις πραγμά- 20
των, πολλὴ δὲ παραλλαγὴ τοῦ ἀξιώ-
3 ματος. ἔχρισε τὸν Δαβὶδ εἰς βασιλέα
Σαμουὴλ ὁ ἱερεύς, ἐβάπτισε καὶ τὸν
σωτῆρα ὁ Ἰωάννης, ἱερεὺς ὢν καὶ
αὐτός· ὁμοιότης μὲν τῶν πραγμά- 25
των, πολλὴ δὲ διαφορὰ τῶν ὑποκει-
4 μένων. χρισθεὶς δὲ ὁ Δαβὶδ εἰς βασιλέα οὐχ ἄμα ἥρπασε τὴν βασιλείαν,
ἀλλ᾿ ἠνείχετο πολλοῖς χρόνοις δου-
λεύων τῷ Σαούλ· καὶ ὁ σωτὴρ ἡμῶν 30
γεννηθεὶς βασιλεὺς πρὸ τῶν αἰώνων
καὶ οὐ πρόσκαιρον ἔχων τὴν βασιλείαν, ἀλλὰ πρὸ πάντων αἰώνων βασιλεὺς ἐκ βασιλέως θεοῦ γεννηθεὶς
ἠνείχετο· *οὐχ ἁρπαγμὸν ἡγήσατο τὸ* 35
εἶναι ἴσα θεῷ, ἀλλ᾿ ἑαυτὸν ἐκένωσε

und ergriff erst später die Königsherrschaft,
als Gott es wollte. Es wurde ihm also von
Saul nachgestellt, dem er Gutes getan hatte; es wurde ihm aber auch von Absalom
nachgestellt, seinem eigenen Sohn.

Das widerfuhr wirklich David; der aber 9 M.
hatte einige Bilder für das Kommen des Heilands. Denn es mußte der Vorvater auch Bilder des Nachkommen haben: Buch des Wer-
dens Jesu Christi, des Sohnes Davids. Die
sachlichen Ähnlichkeiten sind nicht gleichwertig. Denn es soll der Diener mit dem
Herrn verglichen werden; freilich ist er nicht
gleichwertig, doch er hat einige Ähnlichkeiten. David war Hirte und Hirte war Christus:»Ich bin der gute Hirte« sagte er. Doch
der eine ist Hirte von Tieren, der andere Hirte von Seelen. Eine sachliche Ähnlichkeit,
aber ein großer Unterschied in der Ehre. Es
salbte aber David zum König der Priester
Samuel, und es taufte den Heiland Johannes, auch er ein Priester; eine sachliche Ähnlichkeit, aber ein großer Unterschied in den
Substanzen. Nachdem aber David zum König gesalbt worden war, riß er nicht zugleich
die Königsherrschaft an sich, sondern wartete lange Zeit und diente Saul; und unser
Heiland wurde als König vor den Zeiten geboren und hatte die Königsherrschaft nicht
augenblicklich, sondern wartete, obwohl er
vor allen Zeiten als König vom König Gott
geboren wurde: Er hielt es nicht für einen
Raub, Gott gleich zu sein, sondern entäußer-
te sich selbst und nahm Knechtsgestalt an,
damit er die Heilsordnung vollende. Saul

11 f. Mt 1,1 **18** Joh 10,11 **183.35 –184.1** Phil 2,6 f.

DN

1 ὅτε + ὁ D **10** εἰκόνας] εἰκόνα D **12** τινὸς] τίνες D **15** ἰσότιμος] ἰσοτιμίαι D **22** βασιλέα
+ ὁ D **24** Ἰωάννης + ὡς N **26** δὲ + ἡ D **32** πρόσκαιρον] πρόσκτητον D **33** πάντων + τῶν
N

μορφὴν δούλου λαβών, ἵνα τελέσῃ
5 τὴν οἰκονομίαν. ἐδίωκε τὸν Δαβὶδ
Σαούλ, ἐδίωκε τὸν Χριστὸν Ἡρώδης.
ἀλλ’ οὔτε ὁ Σαοὺλ διώκων τὸν Δαβὶδ ἔβλαψεν οὔτε Ἡρώδης διώκων 5
τὸν Χριστὸν ἔβλαψεν. ἐπανέστη τῷ
Δαβὶδ Ἀβεσσαλὼμ υἱὸς ὤν, ἐπανέστη τῷ σωτῆρι Ἰούδας υἱὸς ὢν καὶ
αὐτὸς ἄλλως· τοὺς γὰρ μαθητὰς οἶ-
δεν ὁ σωτὴρ ὀνομάζειν υἱοὺς λέγων· 10
«ἰδοὺ ἐγὼ καὶ τὰ παιδία, ἅ μοι ἔ-
δωκεν ὁ θεός»· καὶ πάλιν πρὸς τοὺς
6 μαθητὰς ἔλεγε τεκνία. ὁ τόπος τῆς
ἀπωλείας τοῦ Ἀβεσσαλὼμ Χεὶρ Ἀ-
βεσσαλὼμ μέχρι τὴν σήμερον καλεῖ- 15
ται. καὶ βλέπε μοι τὴν ἀκρίβειαν τῆς
εἰκόνος τῶν πραγμάτων· οὐ γέγραπται Ποῦς Ἀβεσσαλώμ, ἀλλὰ Χεὶρ
Ἀβεσσαλώμ, οὐ γέγραπται Κεφαλὴ
Ἀβεσσαλὼμ καίτοιγε ἀπὸ τριχῶν κε- 20
φαλῆς ἀπώλετο, ἀλλὰ Χεὶρ Ἀβεσσαλώμ. πρώτη γὰρ ἦν ἡ τῆς κεφαλῆς
χεὶρ ἡ προδοῦσα κατὰ τῆς εἰκόνος
τῶν πραγμάτων· ἀλλ’ ὡς ἐξελθού-
σης διὰ τῆς ὀνομασίας τῶν πραγμά- 25
των τῆς χειρὸς πλαγίως ἐμήνυσε τὸ
ἐσόμενον ἡ γραφή Χεὶρ Ἀβεσσαλώμ.
καὶ πολλαὶ αἱ τῶν πραγμάτων εἰκό-
νες· ὅσας ὁμοιότητας ἔχει ὁ Δαβὶδ
πρὸς τὸν σωτῆρα. 30
11,1 Οὗτος τοίνυν ὁ Δαβὶδ χρισθεὶς
εἰς βασιλέα ὑπὸ τοῦ Σαμουὴλ ἐλαίῳ
αἰσθητῷ· ἄλλως δὲ ὁ σωτὴρ ἡμῶν ἐ-
χρίσθη. πῶς καὶ τίνα τρόπον, ἄκουε
τοῦ τεσσαρακοστοῦ τετάρτου ψαλ- 35
μοῦ λέγοντος· «ὁ θρόνος σου, ὁ θε-

verfolgte David, den Christus verfolgte Herodes. Doch weder schädigte Saul David,
als er ihn verfolgte, noch schädigte Herodes
Christus, als er ihn verfolgte. Es erhob sich
gegen David Absalom, obwohl er sein Sohn
war; es erhob sich gegen den Heiland Judas,
obwohl auch er ein Sohn war, (freilich) auf
andere Weise; denn die Jünger pflegte der
Heiland Söhne zu nennen, indem er sagte:
»Siehe, ich und die Kinder, die mir Gott gegeben hat.« Und wiederum sagte er zu den
Jüngern: »Kinder«. Der Ort, an dem Absalom zugrundeging, wird bis heute »Hand
Absaloms« genannt. Nun schau mir die Ge-
nauigkeit des Bildes für die Ereignisse an!
Es steht nicht geschrieben »Fuß Absaloms«,
sondern »Hand Absaloms«; es steht nicht
geschrieben »Haupt Absaloms«, obwohl er
an den Haaren seines Kopfes zugrundeging,
sondern »Hand Absaloms«. Denn als erstes
war es die Hand, die zum Kopf gehört, die
Verrat übte gemäß dem Abbild der Sache;
aber da ja die Hand wegen der Benennung
der Sache es vollbringen sollte, zeigte die
Schrift versteckt die Zukunft: »Hand Absaloms«. Es gibt viele Abbilder der Ereignisse;
so viele Ähnlichkeiten hat David mit dem
Heiland!

Dieser David nun wurde von Samuel 10
mit sichtbarem Öl zum König gesalbt; anders aber wurde unser Heiland gesalbt. Wie
und auf welche Art? Höre den 44. Psalm
sagen: »Dein Thron, Gott, in alle Ewigkeiten; ein Stab der Rechtschaffenheit ist der

11 f. Jes 8,18 13 Joh 13,33 14 f. 2Reg 18,18 18 f. 2Reg 18,18 21 f. 2Reg 18,18 24–27 ἀλλ’
… Ἀβεσσαλώμ vgl. Lk 22,21 27 2Reg 18,18 184.36 –185.7 Ps 44,7 f.

DN

3 ἐδίωκε + καὶ D 9 ἄλλως] ἄλλος N 10 ~ υἱοὺς ὀνομάζειν D 15 μέχρι] ἕως D 22 ἡ > D
23 κατὰ] καὶ D 26 ἐμήνυσε] ἐμήνυεν D 28 πολλαὶ αἱ > N corr. N^mg 35 τετάρτου > N

ός, εἰς τὸν αἰῶνα τοῦ αἰῶνος· ῥάβδος εὐθύτητος ἡ ῥάβδος τῆς βασιλείας σου. ἠγάπησας δικαιοσύνην
καὶ ἐμίσησας ἀνομίαν. διὰ τοῦτο ἔ-
χρισέ σε ὁ θεός, ὁ θεός σου ἔλαιον 5
ἀγαλλιάσεως παρὰ τοὺς μετόχους
σου», ἵνα μὴ τῇ ὁμοιολεξίᾳ τῆς χρί-
σεως ἰσοτιμίαν νομίσῃς εἶναι τῶν λε-
2 γομένων. ἐχρίσθη ὁ Δαβίδ, ἐχρίσθη καὶ ὁ Χριστός· ἀλλ᾽ ὁ μὲν ἐχρί- 10
σθη ὑπὸ ἀνθρώπου, ὁ δὲ ἐχρίσθη ἐκ
πατρός· καὶ ἡ χρίσις ἀνεκδιήγητος
καὶ ἀκατάληπτα τὰ πράγματα. διὰ
τοῦτο λέγει ὁ ψαλμῳδός· «ἔλαιον
ἀγαλλιάσεως παρὰ τοὺς μετόχους 15
σου.» τῆς ὁμοιότητός εἰσι μέτοχοι,
οὐ μὴν ἰσότιμον ἔχουσι τὴν χρίσιν·
πανταχοῦ γὰρ καὶ τὴν ὁμοιότητα τηρεῖ καὶ τὸ ὑπερέχον τοῦ πράγματος
φυλάττει. ὁ τοίνυν Δαβὶδ χρισθεὶς ὑ- 20
3 πὸ τοῦ Σαμουὴλ ἔμενεν ἐφ᾽ ἑαυτοῦ.
ὁ δὲ Σαοὺλ παραβὰς τὰς ἐντολὰς
τοῦ θεοῦ, πνεύματι ἀκαθάρτῳ παρε-
δόθη. ἔψαλλε δὲ ὁ Δαβὶδ καὶ κιθάραν εἶχε ποιμενικὴν καὶ ἐν ἐρήμοις 25
διάγων καὶ οὐκ ἔχων τίσιν ἀνθρώ-
ποις διαλεχθῆναι· καὶ κιθάραν πη-
ξάμενος καὶ διὰ τοῦ ἀνακρούεσθαι
τὰ μέλη δύο εἰργάζετο· παρεμυθεῖτο
γὰρ καὶ διὰ τοῦ ἤχου τὸ τῶν τόπων 30
ἔρημον, οὐ μὴν εἰς ἔκλυτα ἐξέπιπτε
μέλη, ἀλλὰ ψαλμοὺς ᾖδεν, ἵνα τέρπῃ
μὲν τὸ εὔηχον, ὠφελῇ δὲ τὸ εὐσε-
4 βές. καὶ ἔψαλλεν ἐν ταῖς ἐρήμοις λέγων ὅτι καὶ «τὰ ὕψη τῶν ὀρέων αὐ- 35
τοῦ ἐστι», ἔψαλλεν λέγων· «ἀνὰ μέσον τῶν ὀρέων διελεύσονται ὕδατα

Stab deines Königtums. Du liebst Gerechtigkeit und haßt Gesetzlosigkeit. Deswegen
salbte dich Gott, dein Gott, mit Öl der Freude vor deinen Genossen«, damit du nicht
glaubst, durch den Gleichklang der Salbung
bestünde eine Gleichwertigkeit des Gesag-
ten. Es wurde David gesalbt, es wurde auch
Christus gesalbt; doch der eine wurde von
einem Menschen gesalbt, der andere aber
wurde vom Vater gesalbt; und die Salbung
war unaussprechlich und die Sache ist nicht
fassbar. Deswegen sagt der Psalmist: Öl der
Freude vor deinen Genossen. Sie sind Genossen in der Ähnlichkeit, haben aber freilich keine gleichwertige Salbung; denn überall bewahrt sie einerseits die Ähnlichkeit
und wahrt andererseits den Unterschied in
der Sache. Nachdem David also von Samuel gesalbt worden war, blieb er an seinem
Platz. Saul aber übertrat die Gebote Gottes
und wurde daraufhin einem unreinen Geist
übergeben. David aber sang Psalmen und
hatte eine Hirtenzither, als er sich in der
Wüste aufhielt und nicht wußte, mit welchen Menschen er sich unterhalten sollte;
und er schlug die Zither und dichtete zwei
Lieder durchs Anstimmen; denn er besänf-
tigte schon durch den Klang die Ödnis des
Ortes, verfiel jedoch nicht in leichte Lieder,
sondern sang Psalmen, damit er im Blick
auf den Wohlklang erfreue, im Blick auf die
Frömmigkeit aber nutze. Und er sang Psalmen in der Wüste und sprach: »Auch die
Höhen der Berge sind sein«. Und er sang
Psalmen und sprach: »In Mitten der Berge
gehen die Wasser hindurch und tränken alle
Tiere der Wildnis. Er wird auch die Vögel

14–16 Ps 44,8 **35 f.** Ps 94,4 **185.36 –186.3** Ps 103,10

DN

4 ἀνομίαν] ἀδικίαν D **5** σου > N* corr N^sl (m.sec.?) **9** ὁ > N **11** ἐκ] ὑπὸ ἐκ D **22** τὰς > N
23 τοῦ > N **36** ἔψαλλεν λέγων] προσετίθη δὲ πάλιν N **37** διελεύσονται] διελεύσεται N

καὶ ποτιοῦσι πάντα τὰ θηρία τοῦ ἀ-
γροῦ. ἐπ' αὐτὰ τὰ πετεινὰ τοῦ οὐρανοῦ κατασκηνώσει.» ἔψαλλε τὰ
περὶ τοῦ ἀνθρώπου λέγων· «πάντα
ὑπέταξας ὑποκάτω τῶν ποδῶν αὐ- 5
τοῦ, πρόβατα καὶ βόας ἁπάσας.»
ἔτι δὲ καὶ τὰ τοῦ θεοῦ θαυματουρ-
5 γήματα ἔψαλλε. ὀδυνωμένου δὲ τοῦ
Σαοὺλ ὑπὸ τοῦ πνεύματος τοῦ ἀκα-
θάρτου γίνεταί τις μηνοτὴς τῷ Σα- 10
ούλ· καὶ τούτῳ τῷ τρόπῳ καλεῖται ὁ
Δαβὶδ καὶ εἰσέρχεται πρὸς τὸν Σαούλ. καὶ ὁσάκις ἐπετίθετο αὐτῷ τὸ
πνεῦμα τὸ πονηρὸν λαμβάνων τὴν
κιθάραν ὁ Δαβὶδ ἀνεκρούετο ψάλ- 15
λων καὶ ὕμνους λέγων τῷ θεῷ.

12,1   Μὴ γάρ μοι τῆς κιθάρας μνη-
μόνευε, ἀλλὰ τοῦ ψαλλομένου, μηδὲ ἁρπάσας τὰ ῥήματα εἰς θεατρομανεῖς ἐμπέσῃς ἡδονάς, ἀλλὰ μνη- 20
μονεύσας τῶν ψαλμῶν τῇ ἐκκλησίᾳ
παράμενε. εἰς χεῖρας τοίνυν λαμβάνων τὴν κιθάραν ὁ Δαβὶδ καὶ ψάλ-
λων τῷ θεῷ τὸν πνίγοντα δαίμονα
τὸν ἀκάθαρτον ἀπήλαυνεν. ὦ μεγά- 25
λης ψαλμῶν δυνάμεως. τὸ πνεῦμα
τὸ ἀκάθαρτον τὸ πνῖγον ἀοράτως ἐ-
πνίγετο καὶ ἀνέψυχεν ὁ Σαούλ. ἀλλ'
ὁ μὲν Δαβὶδ εὐεργέτης, βάσκανος δὲ
2 ὁ Σαούλ. ἐφθόνει δὲ τῷ Δαβὶδ διὰ 30
τοιάνδε ὑπόθεσιν· ἀλλόφυλοί ποτε
ἐπέθεντο τῷ γένει τῶν Ἑβραίων· καὶ
τις Γολιὰθ παμμεγέθης τὸ σῶμα καὶ
θρασὺς τὴν ψυχὴν καὶ φοβερὸς ὁ-
φθῆναι ἐπὶ τεσσαράκοντα ἡμέρας ὠ- 35
νείδιζε τὸν Ἰσραὴλ καὶ ᾔτει εἰς μονο-

des Himmels beschatten.« Er sang Psalmen
über den Menschen und sprach: »Alles hast
du unter seine Füße gestellt, Schafe und
alle Rinder.« Dazu sang er auch Psalmen
über die Wundertaten Gottes. Als aber Saul
Schmerzen hatte von dem unreinen Geist,
überkam ihn ein Zorn; und so wird David
gerufen und geht zu Saul hinein. Und sooft
ihm der böse Geist zusetzte, nahm David
die Zither, schlug sie und sang Gott Psalmen und Hymnen.

Gedenke mir aber nicht der Zither, son- 11 M
dern dessen, dem Psalmen gesungen werden! Und nimm nicht die Worte her und
falle in theaterverrückte Freuden, sondern
gedenke der Psalmen und bleibe in der Kirche! David nahm also die Zither in die Hände, sang Gott Psalmen und vertrieb so den
würgenden, unreinen Dämon. Oh du große
Kraft der Psalmen! Der unreine, würgende
Geist wurde unsichtbar erwürgt, und Saul
lebte auf. Doch David war ein Wohltäter, ein
Neider aber Saul. Er beneidete aber David
aus folgendem Grund: Einst griffen Fremde
das Volk der Hebräer an; und ein gewisser
Goliath, mit einem überaus großem Körper, wildem Geist und furchtbar anzusehen,
verhöhnte vierzig Tage lang Israel und forderte zum Einzelkampf heraus. Dabei hatte
er einen überaus großen Schild umgehängt,
einen Speer gezückt und furchtbare Bein-

4–6 Ps 8,8

DN

4 ἀνθρώπου] οὐρανοῦ D   8 ὀδυνωμένου] ὀδυνομένον N   10 μηνοτὴς Montfaucon μηνύτης
DN   12 f. καὶ ... Σαούλ > N   13 ἐπετίθετο] ἐπετίθητο N   16 τῷ θεῷ] τοῦ θεοῦ D
19 f. θεατρομανεῖς] θεατρομανίας D   25 τὸν ἀκάθαρτον > N   27 τὸ² > N   28–30 ἀλλ' ...
Σαούλ > N   34 f. ὀφθῆναι] ὠφθῆναι N   186.36 –187.1 μονομαχίαν] μονομάχιον D

μαχίαν ἕνα ἀσπίδα μὲν παμμεγέθη
περικείμενος, δόρυ δὲ ἐξελὼν καὶ
φοβερὰς κνημίδας· καὶ οἱ βλέποντες
3 ἔφυγον καὶ ὁ Σαοὺλ ἐδειλία. ἧκεν ἐ-
πισκεψόμενος τοὺς ἀδελφοὺς ὁ Δα- 5
βὶδ καὶ συμβάλλει εἰς μάχην, ὁ γυ-
μνὸς τῷ ἐνόπλῳ, ὁ ἀπειροπόλεμος
τῷ πολυπολέμῳ, ὁ νέος τῷ ἀνδρί·
καὶ πάντων πτηξάντων καὶ μηδενὸς
τολμῶντος ἐπεξελθεῖν Δαβὶδ ἀναδέ- 10
χεται τὸν πόλεμον. εἰδὼς δὲ ἔψαλλεν ὅτι «τοῦ θεοῦ ὁ πόλεμος» καὶ
ὅτι «ψευδὴς ἵππος εἰς σωτηρίαν, ἐν
δὲ πλήθει δυνάμεως αὐτοῦ οὐ σω-
θήσεται.» ἤδει ἃ ἔψαλλεν· εἶχεν ὅ- 15
πλον μέγιστον τὴν πίστιν καὶ περι-
κεφαλαίαν περιέθετο σωτηρίου καὶ
ἀναλαβὼν ῥάβδον καὶ σφενδόνην τὸν
λίθον περιειλήσας πλήξας τὸν ἀντί-
4 δικον συντόμως κατήνεγκε. παρα- 20
τρέχομεν γὰρ τὰ ῥήματα, ἐπειδὴ οὐ
τοῦτο νῦν ἐστι τὸ προκείμενον. ἔ-
πεσεν ὁ Γολιὰθ ὁ μέγας ὑπὸ τοῦ μι-
κροῦ καὶ ὁ ἔμπειρος ὑπὸ τοῦ ἀπεί-
ρου καὶ ἀφελεστέρου. καὶ λαβὼν 25
αὐτοῦ τὸ ξίφος ἀπέτεμεν αὐτοῦ τὴν
κεφαλήν. καὶ ἡ μὲν κεφαλὴ ἀπηνέ-
χθη ἐν Ἱεροσολύμοις, τὸ δὲ ξίφος αὐτοῦ ἐτηρεῖτο παρὰ Ἀβιμελὲχ τῷ ἱε-
5 ρεῖ. ἐλυτρώθη ὁ λαὸς ὑπὸ τοῦ ἀν- 30
τιδίκου. ἐξῆλθον εἰς ὑπάντησιν γυ-
ναῖκες χορεύουσαι· θυμηδία γὰρ ἦν
τὸ προκείμενον· φόβος δὲ ἐλύθη, ὁ
ἐχθρὸς ἔπεσεν, ὁ λαὸς ἐπήνθει, χορεῖαι καὶ τύμπανα καὶ ἁρμονία καὶ 35

schienen; und die ihn sahen, flohen, und
Saul war furchtsam. David kam, um seine
Brüder zu beobachten, und da traf in der
Schlacht der Nackte mit dem Bewaffneten
zusammen, der Unerfahrene im Krieg mit
dem erfahrenen Krieger, der Jüngling mit
dem Mann; und als alle Furcht hatten und
keiner hinauszugehen wagte, nahm David
den Krieg auf. Weil er es aber wusste, sang
er einen Psalm: »Gottes ist der Krieg« und
»Ein falsches Pferd zur Rettung, in der Menge seines Heers wird er nicht gerettet werden«. Er wußte, was er sang; er hatte als
größte Waffe den Glauben und er setzte den
Helm der Hilfe auf und, nachdem er den
Stab und die Schleuder aufgenommen hatte,
zog er den Stein auf, traf den Gegner und
schlug ihn auf einmal zu Boden. Übergehen
wir die Worte; denn das ist jetzt nicht unser
Thema. Der große Goliath fiel durch den
Kleinen und der Erfahrene durch den Uner-
fahrenen und recht Einfachen. Und er nahm
sein Schwert und trennte ihm damit den
Kopf ab. Und sein Kopf wurden nach Jerusalem weggebracht, sein Schwert aber wurde bei Abimelech, dem Priester, aufbewahrt.
Es wurde das Volk von dem Widersacher
befreit. Zur Begrüßung gingen die Frauen
tanzend hinaus; denn das Thema war Froh-
sinn; Furcht wurde gelöst, der Feind fiel,
das Volk freute sich: Tänze und Trommeln
und Einmütigkeit und Freude sind das Thema. Die Tanzenden aber sangen, indem sie
ihren Blick nicht auf das Ansehen richteten,
sondern auf das Tätig-Sein; denn sie sagten:

10 f. Δαβὶδ ... πόλεμον vgl. 1Reg 17,4–51 **12** 1Reg 17,47 **13–15** Ps 32,17 **15–17** εἶχεν ...
σωτηρίου vgl. Eph 6,16 f. **16 f.** Jes 59,17

DN

2 ἐξελὼν PG ἐξέχων DN **3** οἱ + μὲν D **18** σφενδόνην] σφενδόνη D **20 f.** παρατρέχομεν]
παρατρέχωμεν D **22 f.** ἔπεσεν] ἔπαυσεν D **26** αὐτοῦ] αὐτὸ D **28 f.** αὐτοῦ] αὐτῷ D
31 ὑπάντησιν] ὕπαντην N **33** δὲ > D **34** ἐπήνθει] ἐσώθη D

εὐφροσύνη τὸ προκείμενον. αἱ δὲ
χορεύουσαι ᾖδον οὐ πρὸς ἀξίαν ἀ-
φορῶσαι, ἀλλὰ πρὸς τὸ ἐνεργῆσαι·
ἔλεγον γάρ· «ἐπάταξεν ὁ Δαβὶδ ἐν
μυριάσιν αὐτοῦ καὶ Σαοὺλ ἐν χιλιά- 5
σιν αὐτοῦ.» καὶ τῷ νικήσαντι ἔδωκαν τὰς μυριάδας, τῷ δὲ βασιλεῖ τὰς
χιλιάδας καὶ οὐκ εἶπον, πόσαι χιλιάδες οὐδὲ πόσαι μυριάδες. δύναν-
ται δὲ καὶ μυριάδες ἀναλυθῆναι εἰς 10
χιλιάδας καὶ χιλιάδες πολυπλασια-
6   σθῆναι εἰς μυριάδας. ὁ Σαοὺλ ἀκού-
σας ἐπλήγη τὴν διάνοιαν. ὦ μεγάλης
ἀνοίας. οὐκ ἔδει κἂν τὸ παρὸν αἰδε-
σθῆναι; τί βασκαίνεις ἀνθρώπῳ νι- 15
κητῇ ἐν μιᾷ ὥρᾳ εὐφημουμένῳ ὁ ἐπὶ
τεσσαράκοντα ἡμέρας κρυπτόμενος;
τῶν ἐχθρῶν ἐλυτρώθης, ἀπὸ δειλίας
ἐρρύσθης, τί βασκαίνεις ἀνθρώπῳ ἐ-
παινουμένῳ ἔργα ἄξια ἐπαίνων ἐρ- 20
γασαμένῳ; ἀλλὰ πρὸς ἑαυτὸν ἔλε-
γεν· «ἔδωκαν τῷ Δαβὶδ τὰς μυριάδας καὶ ἐμοὶ τὰς χιλιάδας.» καὶ ἦν
ὑποβλεπόμενος τὸν Δαβίδ.

13,1   Βλέπε εἰ μὴ ἀπόγονοι αὐτοῦ ἦ- 25
σαν, οἷς σήμερον ὁ σωτὴρ ἐθεράπευσε τὴν δεξιὰν χεῖρα τὴν ξηράν.
καὶ ἐξελθόντες ἐκεῖνοι οὐχ ἵνα δο-
ξάσωσι τὸν θεόν, ἐσκέπτοντο, ἀλλὰ πῶς ἐπιβουλεύσωσι τῷ εὐεργέ- 30
τῃ. λέγει γὰρ τὸ εὐαγγέλιον, ὅτι αὐτοὶ μὲν ἐπλήσθησαν ἀνοίας καὶ ἐ-
ξελθόντες διελογίζοντο «τί ἂν ποι-
ήσωμεν τῷ Ἰησοῦ»; ἀπόγονοι τοῦ
διώκοντος καὶ ἀπόγονοι τοῦ μανιώ- 35
δους καὶ ἀπόγονοι τοῦ ἐπιβουλεύ-

»David schlug sie in ihren Zehntausenden
und Saul in ihren Tausenden.« Und dem
Sieger gaben sie die Zehntausende, dem König aber die Tausende und sagten nicht, wie
viele Tausende und wie viele Zehntausende.
Es können nämlich auch Zehntausende in
Tausende aufgelöst und Tausend in Zehntausende vervielfacht werden. Als Saul das
hörte, wurde er in seinem Sinn geschlagen.
Oh, welch große Torheit! Mußte er nicht
wenigstens das Gegenwärtige berücksichtigen? Was beneidest du, der du dich vierzig
Tage verborgen hast, einen siegreichen Menschen, der in einer Stunde gepriesen wird?
Von den Feinden wurdest du befreit, von
der Feigheit erlöst, was beneidest du einem
Menschen, der gelobt wird, weil er lobens-
werte Taten vollbracht hat? Doch zu sich
selbst sagte er: »Sie gaben dem David die
Zehntausenden und mir die Tausenden.«
Und er schaute David ständig mißgünstig
an.

Schau, ob die nicht seine Nachkommen   12 N
waren, denen heute der Heiland die rechte Hand, die verdorrte, heilte. Und auch
als jene hinausgingen, wurden sie nicht dabei beobachtet, daß sie Gott priesen, sondern wie sie dem Wohltäter nachstellten.
Denn das Evangelium sagt, daß sie mit Un-
verstand gefüllt wurden und hinausgingen
und sich unterhielten: »Was sollen wir dem
Jesus tun?« Nachkommen des Verfolgers
und Nachkommen des Wahnsinnigen und
Nachkommen dessen, der den Wohltätern

4–6   1Reg 18,7   **22 f.**   1Reg 18,8   **26 f.**   Lk 6,6   **33 f.**   Mt 12,14

DN

4 ὁ > D   **6 f.** ἔδωκαν PG δέδωκαν DN   **7** μυριάδας ... τὰς > N   **11 f.** πολυπλασιασθῆναι]
πολυπλασθῆναι N   **14** ἀνοίας] διανοίας D   **18** τῶν ἐχθρῶν] τὸν ἐχθρὸν D   **18 f.** ἀπὸ ... ἐρρύσθης
> N   **26** οἷς] οἱ D

2 οντος τοῖς εὐεργέταις. ὑπεβλέπετο
τοίνυν ὁ Σαοὺλ τὸν Δαβὶδ καὶ οὐκ
ἔτι ἔβλεπεν αὐτὸν ὀρθοῖς ὀφθαλμοῖς.
τοιοῦτοι γὰρ οἱ βάσκανοι καὶ τοιοῦτοι οἱ ὑποκριταί. διὰ τοῦτο ἡ γραφή 5
σοι λέγει· «οἱ ὀφθαλμοί σου ὀρθὰ
βλεπέτωσαν» μηδὲν πλάγιον μηδὲ
βάσκανον ἢ ἔρωτος ἢ μανίας ἢ <τι>
τοιοῦτον ἐχόμενοι. βλέπε τὸν φίλον
ὀρθῶς μηδὲν κεκρυμμένον, μηδὲν ἰ- 10
3 οβόλον. ἀλλ᾽ ὁ Σαοὺλ ὑπεβλέπετο
τὸν Δαβίδ καὶ ἔβλεπε κατασκευήν· ἰ-
δὼν αὐτὸν τιμώμενον βούλεται αὐτῷ
δοῦναι τὴν θυγατέρα ἐπιγαμβρίαν.
ὦ πώρωσις βασκανίας. ἐπιβουλεύει 15
καὶ νυμφίον αὐτὸν λαμβάνει· καὶ οὐ
φείδεται θυγατρός, ἵνα τῷ τετιμημέ-
νῳ ἐπιβουλεύσῃ. καὶ ἔπαθλον βούλεται ἑκατὸν ἀκροβυστίας ἀλλοφύ-
λων. ὑπώπτευε γάρ, ὅτι, ἐὰν εἰς πό- 20
λεμον αὐτὸν ἐμβάλῃ, οἱ ἑκατὸν συμ-
πλακέντες τῷ ἑνὶ ἀποκτενοῦσι τὸν
ἕνα καὶ οὕτως ἀπαλλαγείη. καὶ γέ-
γονεν· ἀλλ᾽ ὁ μὲν ἐχθρὸς ὡς ἐχθρός,
ὁ δὲ θεὸς ὡς θεός. ἀπέρχεται ὁ Δα- 25
βὶδ καὶ νικᾷ μόνος ἑκατόν. ὁ δὲ Σαοὺλ ἰδὼν θεὸν σύμμαχον τοῦ ἐχθροῦ
οὐδὲ οὕτως ἐδυσωπήθη· μᾶλλον δὲ
οὐ τοῦ ἐχθροῦ, ἀλλὰ τοῦ εὐεργέτου
4 ἐπέμεινεν ἐν τῇ βουλῇ. καὶ τῷ υἱῷ Ἰ- 30
ωνάθαν ἠγανάκτει διὰ τὸ ἔχειν φίλα
πρὸς τὸν Δαβὶδ καὶ ἐπεχείρησε τὸν
ἴδιον υἱὸν ἀνελεῖν τῇ βασκανίᾳ τῆς
διανοίας ἀβλεπτῶν. ἰδὼν δὲ ἑαυτὸν ἐπιβουλευόμενον ὁ Δαβίδ, κρύ- 35
βεται ἕως τῆς τρίτης· καὶ ὁ Δαβὶδ

6 f. Ps 16,2

DN

8 <τι> Montfaucon om. DN   9 ἐχόμενοι Montfaucon ἐχόμενον DN   12 ἔβλεπε vSto βλέπε DN
15 πώρωσις D πείρασις PG πείρωσις N   30 ἐπέμεινεν] ἐπέμενεν D   30 βουλῇ] ἐπιβουλῇ D
34 ἀβλεπτῶν PG ἀβλεπὼν N βλέπων D

nachstellte! Saul beneidete also David und
sah ihn nicht mehr mit rechten Augen. Denn
so sind die Neider und so sind die Heuchler.
Deswegen sagt dir die Schrift: »Deine Augen sollen recht sehen«, und nichts Schiefes,
nichts Neidisches, oder etwas von Verlangen oder Wahnsinn oder dergleichen haben.
Sieh den Freund recht an, ohne etwas zu
verbergen, nicht giftsprühend. Doch Saul
beneidete David und sah einen Ausweg: Als
er sieht, wie David geehrt wird, will er ihm
seine Tochter zur Frau geben. Oh, was für
eine heuchlerische Verstocktheit! Er stellt
ihm nach und nimmt ihn als Bräutigam auf;
und er verschont nicht die Tochter, damit
er dem Geehrten nachstelle. Und als Braut-
preis will er hundert Vorhäute von Heiden.
Denn er dachte bei sich, daß, wenn er ihn in
den Krieg treibe, die Hundert, wenn sie mit
dem einen zusammenstoßen, diesen einen
töten werden, und er so befreit werde. Und
es geschah: doch der Feind handelt wie ein
Feind, Gott aber wie Gott. David geht weg
und allein besiegt er Hundert. Als Saul aber
sah, daß Gott Bundesgenosse seines Feindes
war, da fürchtete er sich nicht einmal dann;
vielmehr stellte er in seinem Plan nicht dem
Feind, sondern dem Wohltäter nach. Und
seinem Sohn Jonathan zürnte er, weil er
Freundschaft mit David hielt, und versuch-
te, seinen eigenen Sohn zu töten, weil er ihn
in seiner neidischen Gesinnung schief ansah.
Als David sah, daß ihm nachgestellt wurde,
verbarg er sich drei Tage lang. Und David
wußte vom dritten (Tag) und da macht er
einen Vertrag mit Jonathan, und so flieht

οἶδε τὴν τρίτην καὶ συνθήκας ποιεῖ
ται πρὸς τὸν Ἰωνάθαν καὶ οὕτως
φεύγει ὁ νικητής οὐκ ἀτονῶν ἀμύ
νασθαι τὸν ἐχθρόν, ἀλλὰ μὴ βουλό
μενος κατὰ τοῦ εὐεργετηθέντος ἐπα- 5
γαγεῖν ξίφος· καὶ παραδοὺς ἅπαξ τῷ
θεῷ τὸ κριτήριον καὶ φεύγων ἔρχε
ται μετὰ τῶν οἰκετῶν πρὸς τὸν Ἀβι
μέλεχ τὸν ἱερέα.

14,1 Πάντα δὲ ταῦτα λέγομεν διὰ 10
τὴν ἱστορίαν τοῦ εὐαγγελίου, διὰ
τὸ ῥῆμα τοῦ σωτῆρος τὸ εἰρημένον
«οὐκ ἀνέγνωτε ὃ ἐποίησε Δαβὶδ,
ὅτε ἐπείνασεν, ὡς ἦλθεν εἰς τὸν οἶ
κον τοῦ θεοῦ καὶ τοὺς ἄρτους τῆς 15
2 προθέσεως ἔφαγεν;» ἔρχεται τοίνυν
ὁ Δαβὶδ πρὸς τὸν Ἀβιμέλεχ τὸν ἱερέα
μετ᾽ ὀλίγων ὁδοιπόρων. ἐξεπλάγη ὁ
Ἀβιμέλεχ καὶ «τί τοῦτο γέγονε φη
σὶν, ὅτι μόνος ὁ στρατηλάτης ὁδεύει 20
καὶ ὁ ἐπίσημος λιτοτέραν ποιεῖται
τὴν ὁδοιπορίαν;» ὁ δὲ Δαβὶδ οὐ λέ
γει τὴν ἐπιβουλήν, ἀλλὰ σιωπᾷ τὸ
πρᾶγμα καί φησιν ὅτι «τοῖς παι
δαρίοις ἐντέταλμαι ἐν τῷ τόπῳ τῷ 25
3 λεγομένῳ Θεῷ Πίστις.» σημείωσαι
καὶ τοῦτο. καὶ παρὰ τῷ Δαβὶδ ἡ πί
στις διὰ τὸν μέλλοντα ἐξ αὐτοῦ γεν
νᾶσθαι τὸν λέγοντα «κατὰ τὴν πί
στιν σου γενηθήτω σοι.» εἰκόνες 30
καὶ ἐνταῦθα πραγμάτων καὶ ὁμοιό
τητες. αἰτεῖ ἄρτους ὁ Δαβὶδ παρὰ
τοῦ Ἀβιμέλεχ. ὁ δέ φησι πρὸς αὐτόν·
«οὐκ εἰσὶν ἄρτοι ἀλλ᾽ ἢ οἱ ἀφιερω
4 μένοι ἐκ προσώπου κυρίου.» πάλιν 35
ἄλλου νόμου δεῖ ἡμᾶς μνημονεῦσαι.

der Sieger, nicht weil er zu schlaff war, um
sich gegen den Feind zu wehren, sondern
weil er nicht gegen den, von dem ihm Gutes
widerfahren war, das Schwert ziehen wollte.
Und nachdem er einmal Gott das Gericht
übergeben hatte und geflohen war, kommt
er mit seinen Knechten zum Priester Abimelech.

Das alles sagen wir wegen der Ge- 13 M
schichte des Evangeliums, wegen des Wortes des Heilandes, das lautet: »Habt ihr
nicht gelesen, was David tat, als es ihn hungerte, wie er in das Haus Gottes ging und
die Schaubrote aß?« Es kommt also David
mit wenigen Begleitern zum Priester Abimelech. Abimelech erschrak und sagt: »Was ist
da geschehen, daß der Heerführer allein
reist und der Berühmte ganz schlicht seinen Weg geht?« David aber nennt nicht die
Nachstellung, sondern verschweigt die Sache und sagt: »Ich habe die Jünglinge an den
Platz befohlen, der genannt wird ›Glaube
an Gott‹.« Auch die ist zu bemerken. Auch
bei David ist der Glaube um dessentwillen, der aus ihm geboren werden soll, der
sagt: »Nach deinem Glauben geschehe dir.«
Auch hier gibt es Vorbilder der Ereignisse
und Ähnlichkeiten. David fordert Brote von
Abimelech. Der aber sagt zu ihm: »Es gibt
keine Brote außer denen, die vom Angesicht
des Herren geheiligt sind.« Wiederum müssen wir an ein anderes Gesetz erinnern. Das
Gesetz des Mose schrieb, daß bei den Zeremonien des Gottesdienstes, die am Sabbat
abgehalten werden, zwölf warme Brote ge

13–16 Mt 12,4, vgl. 1Reg 21,6 19–22 τί … ὁδοιπορίαν vgl. 1Reg 21,2 24–26 1Reg 21,3 29 f.
Mt 9,29 34 f. 1Reg 21,7

DN

14 ἦλθεν] εἰσῆλθεν D 17 Ἀβιμέλεχ] Ἀχιμέλεχ D (so auch im folgenden) 19 καὶ > D 19 f. φησὶν
> D 21 καὶ > D 25 ἐντέταλμαι] ἐντέταλται PG 26 Θεῷ] Θεοῦ D

ὁ τοῦ Μωϋσέως νόμος ἔγραψεν ἐν
ταῖς τελεταῖς τῆς λατρείας ταῖς γι-
νομέναις κατὰ τὴν ἡμέραν τοῦ σαββάτου δώδεκα ἄρτους θερμοὺς πε-
φθέντας τεθῆναι ἐπὶ τῆς τραπέζης. 5
ὅπου δὲ θέρμη, ἐκεῖ πῦρ. λεγέτωσαν
νῦν ἡμῖν οἱ Ἰουδαῖοι, πῶς τηροῦσι τὸ
σάββατον καὶ τὸ πῦρ ἅπτειν παραι-
τοῦνται, ὅπου οἱ ἱερεῖς ἅπτουσι πῦρ
καὶ ἄρτους πέψαντες θερμοὺς παρα- 10
5 τιθέασι. μὴ ἐγὼ μόνος παραβαίνω
τὸ σάββατον; μὴ χριστιανοὶ μόνοι
παραλύομεν τὸ σάββατον; ἰδοὺ οἱ
ἱερεῖς τοὺς θερμοὺς <ἄρτους> πέ-
πτουσιν ἐν σαββάτῳ καὶ περιτομὴν 15
διδόασιν ἐν σαββάτῳ. ὅπου δὲ πε-
ριτομή, ἐκεῖ καὶ σίδηρος καὶ σπόγγοι
καὶ τὰ ἀκόλουθα. ὅπου ἀρτοποιίαι,
ἐκεῖ καὶ κλίβανοι, ἐκεῖ καὶ φρυγά-
νων συγκομιδὴ καὶ ὅλως ἔργον αὐ- 20
τοῖς τὸ τῆς ἀρτοποιίας. τῷ μὲν οὖν
λαῷ τῶν Ἰουδαίων ἀπηγορεύετο μὴ
ἐργάζεσθαι ἐν σαββάτῳ, τοῖς δὲ ἱε-
6 ρεῦσιν οὐκ ἦν ἀπηγορευμένον. διὰ
τοῦτο καὶ ἡμῖν καὶ πᾶσιν ἀφίεται τὸ 25
ἐν σαββάτῳ ἐργάζεσθαι· καὶ γὰρ καὶ
ἡμεῖς πάντες βασίλειον ἱεράτευμα.
πάλαι μὲν οὖν τοῖς ἱερεῦσιν ἠφίετο
καὶ ἡμῖν ἠφίετο, ἐπειδὴ καὶ ἡμεῖς γε-
γόναμεν βασίλειον ἱεράτευμα καὶ ἔ- 30
θνος ἅγιον. τοῦ νόμου γράψαντος
ἐν τῇ ἡμέρᾳ τοῦ σαββάτου τοὺς δώδεκα ἄρτους τίθεσθαι ἐν τραπέζῃ·

backen und dann auf den Tisch gelegt werden. Wo es aber Wärme gibt, dort ist auch
Feuer. Nun sollen uns die Juden sagen, wie
sie den Sabbat halten und dabei verbieten,
das Feuer anzuzünden, wo doch die Priester das Feuer anzünden und warme Brote
backen und auf (den Tisch) legen? Übertrete
etwa nur ich den Sabbat? Lösen etwa nur
wir Christen den Sabbat auf? Siehe, die Priester backen die warmen <Brote> am Sabbat
und führen die Beschneidung am Sabbat
durch. Wo es aber die Beschneidung gibt,
dort sind auch Messer, Schwämme und das,
was dazugehört. Wo es aber Brotbacken gibt,
da sind auch Backöfen, dort ist auch Her-
beischaffen von Reisig, und überhaupt haben sie Arbeit, nämlich die des Brotbackens.
Dem Volk der Juden wurde also verboten,
am Sabbat zu arbeiten; den Priestern aber
war es nicht verboten. Deswegen ist es auch
uns allen gestattet, am Sabbat zu arbeiten;
denn auch wir alle sind ein königliches Heiligtum. Einst wurde es also den Priestern erlaubt und so wurde es auch uns erlaubt, da
ja auch wir ein königliches Heiligtum und
ein heiliges Volk geworden sind. Weil das
Gesetz geschrieben hatte am Tag des Sabbat
die zwölf Brote auf einen Tisch zu legen, forderte nämlich David von jenen geheiligten
Broten vom Tisch die Nahrung. Abimelech
aber sagte: »Wenn die Jünglinge sich enthalten haben der Frau.« So bekräftige mir
nun – nebenbei gesagt –, Gläubiger, das Ge-

1–5 ὁ ... τραπέζης vgl. Lev 24,5–9　15 f. περιτομὴν ... σαββάτῳ vgl. Joh 7,22 f.　27　1Petr 2,9
30 f.　1Petr 2,9　32 f. ἐν ... τραπέζῃ vgl. Lev 24,5 f.

DN

4 f. πεφθέντας] πεμφθέντας N*　5 τῆς τραπέζης] τῇ τραπέζῃ D　6 θέρμῃ] θερμοί D　7 ∼
ἡμῖν νῦν D　7 οἱ > D　8 f. παραιτοῦνται] παραινοῦνται N　9 ἅπτουσι] ἅπτοντες D ἅπτον N
10 πέψαντες] πέμψαντες N*　12 f. μὴ ... σάββατον > N　14 ἄρτους add. vSto　19 καὶ² + καὶ
N　20 συγκομιδὴ] συγκομιδαὶ N　20 f. αὐτοῖς] αὐτὸ D　22 ἀπηγορεύετο + τὸ D　25 ἡμῖν]
ἐμοὶ D　25 πᾶσιν + ὑμῖν D　25 ἀφίεται] ἐφίεται D　26 καὶ² > D　29 καὶ¹ ... ἠφίετο > N
33 ἐν + τῇ D

ἄρτων γὰρ ἀφιερωμένων ἐκείνων ἐκ
τῆς τραπέζης ᾔτει ὁ Δαβὶδ τὴν τρο-
φήν. ὁ δὲ Ἀβιμέλεχ ἔλεγε· «εἰ δια-
πεφυλαγμένα τὰ παιδάρια, πλὴν ἀ-
7 πὸ γυναικός». ὧδέ μοι λοιπὸν ἐν 5
παρεκβάσει τοῦ λόγου ἀσφαλίζου τὸ
εἰρημένον, ὁ πιστός, καὶ νόει μοι τὸ
λεγόμενον καὶ τὴν ἁγνείαν ἀναλάμ-
βανε σαρκός. εἰ γὰρ ὁ Ἀβιμέλεχ τότε
ταῦτα παρήγγειλε, πῶς οὐχὶ καὶ σοι 10
παραφυλακτέον; καὶ οὕτως ἔλαβεν
ὁ Δαβὶδ καὶ ἤσθιε τοὺς ἄρτους καὶ
ἐν σαββάτῳ ἴσως ἔλαβεν.

8 Ἐπεὶ οὖν οἱ Ἰουδαῖοι κατεμέμφοντο τῷ σωτῆρι διὰ τὸ ἐν σαββάτῳ 15
τοὺς μαθητὰς τίλλειν στάχυας καὶ
ἐσθίειν, διὰ τοῦτο εὐκαιρότατα ἐ-
μνημόνευσε τῆς ἱστορίας τῆς ἐν σαββάτῳ γενομένης, ἵνα δείξῃ αὐτοῖς,
ὅτι εἰ πρὸς σωτήριον τροφὴν ἠφί- 20
ετο τῷ Δαβὶδ καὶ τοῖς μετ᾽ αὐτοῦ
ἐφάψασθαι ἄρτων ἐκ τῆς τραπέζης,
οὐκ ἦν ἀπηγορευμένον καὶ τὸ στάχυας λαμβάνοντας καὶ ψώχοντας ἐ-
σθίειν τοὺς μαθητάς. οὐδὲ τοῦτο ἀ- 25
νέγνωτε ὃ ἐποίησε Δαβίδ, ὅτε ἐπείνασεν αὐτὸς καὶ οἱ μετ᾽ αὐτοῦ, ὡς
εἰσῆλθεν εἰς τὸν οἶκον τοῦ θεοῦ καὶ
τοὺς ἄρτους τῆς προθέσεως ἔφαγεν; 30

15,1 ἔχεις ἑξῆς συνεζευγμένην καὶ τὴν
ἱστορίαν τὴν περὶ τῆς ξηρᾶς χειρός·
ὅπως ὁ σωτὴρ ἡμῶν εἰς τὴν συναγω-
γὴν εἰσελθὼν – δεῖ γὰρ ἡμᾶς παρα-
δραμεῖν τὴν ἱστορίαν διὰ τὸ μῆκος 35
τῶν λόγων, ἵνα μὴ προσκορὴς γένηται ἡ ἀκρόασις – καὶ ἰδών τινα ἔ-

sprochene und bedenke mir das Gesagte
und nimm die Enthaltsamkeit des Fleisches
auf! Denn wenn Abimelech das damals an-
ordnete, wie sollte es nicht auch von dir
eingehalten werden? Und so nahm David
und aß die Brote und nahm sie billigerweise
am Sabbat.

Da also die Juden den Heiland tadelten, 14 M
weil die Jünger am Sabbat Ähren rauften
und aßen, deswegen erinnerte er genau zur
rechten Zeit an die Geschichte, die sich am
Sabbat ereignete, damit er ihnen zeige, daß
es, wenn es dem David und denen, die mit
ihm waren, zur rettenden Speise erlaubt war,
die Brote vom Tisch zu nehmen, dann auch
nicht verboten war, daß die Jünger Ähren
nahmen, sie mahlten und aßen. Habt ihr
nicht das gelesen, was David tat, als es ihn
und die, die mit ihm waren, hungerte, daß
er in das Haus Gottes ging und die Schaubrote aß?

Du findest im Folgenden auch die Geschichte über die verdorrte Hand damit verbunden: Als unser Heiland in die Synagoge
hineinging – denn wir müssen die Geschichte wegen der Länge der Worte übergehen,
damit das Zuhören nicht lästig wird – und
einen sah, der eine verdorrte Hand hatte,

3–5 1Reg 21,4 **16 f.** Lk 6,1 **25–30** Lk 6,3 **32** vgl. Lk 6,6–11

DN

1 f. ἐκ τῆς PG ἐξ ἧς DN **10** σοι > N **14** οὖν] τοίνυν D **22** ἄρτων] ἄρτον N **24** λαμβάνοντας]
λαβόντας D **32** τὴν > N **36** μὴ > D

χοντα ξηρὰν χεῖρα καὶ γινώσκων ὅτι
ἕτοιμοί εἰσιν οἱ Ἰουδαῖοι εἰς τὸ κατηγορεῖν, λέγει πρὸς τὸν ἔχοντα τὴν
χεῖρα τὴν ξηράν· ἀνάστηθι εἰς τὸ μέ-
2 σον. ἡ ἀνάστασις τὸ ἀναστῆναι ἐκέ- 5
λευσεν· «ἀνάστηθι καὶ στῆθι εἰς τὸ
μέσον.» οὐ κομπώδη τὴν ἰατρείαν
ἐργαζόμενος· οἶδε γὰρ εὐκαίρως λέγειν «ὅρα, μηδενὶ εἴπῃς», ἀλλ᾽ ὅτε
μὲν ἔστιν εὔκαιρον, κρύβει τὸ θαυ- 10
ματούργημα, ὅτε δὲ δεῖ ἐν σαββάτῳ
θαυματουργῆσαι, τότε φανερώτατα
3 ἐργάζεται. ζήτησον τὰ ἐν τοῖς εὐαγγελίοις γεγραμμένα καὶ εὑρήσεις τὸ
ἀληθὲς τῶν λόγων. ἐτήρουν ἐν σαβ- 15
βάτῳ τὰ τῶν θαυματουργημάτων ἐ-
πιδοξότερα· πῶς καὶ τίνα τρόπον; ἐκ
τοῦ αἰῶνος οὐκ ἠκούσθη, ὅτι ἤνοιξέ
τις ὀφθαλμοὺς τυφλοῦ γεγεννημέ-
νου. τοῦτο τὸ θαῦμα οὐκ ἐποίησεν 20
ἐν ἑτέρᾳ ἡμέρᾳ, ἀλλ᾽ ἐν σαββάτῳ.
4 πηλὸν γὰρ ποιήσας διὰ τοῦ πτῦσαι
χαμαί, ἐπιχρίσας τοὺς ὀφθαλμούς, ἔ-
πεμψεν εἰς τὸν Σιλωάμ, καὶ ἦλθεν
ὁ τυφλὸς βλέπων. οἱ δὲ τὸν τυ- 25
φλὸν ἰδόντες βλέποντα οὐκ ἀνέβλε-
ψαν. κἀκείνου μὲν ἠνεῴχθησαν αἱ
αἰσθηταὶ τῶν ὀμμάτων κόραι, Ἰουδαίων δὲ οὐκ ἠνοίχθησαν οἱ ὀφθαλ-
μοί· ἀλλ᾽ ἔχοντες τοὺς ὀφθαλμοὺς ἠ- 30
νεῳγμένους, οὐκ ἔβλεπον καὶ κατέ-
κριναν τὸν κύριον λέγοντες ὅτι «οὐκ
ἔστιν οὗτος ὁ ἄνθρωπος ἐκ τοῦ θε-
5 οῦ, ὅτι τὸ σάββατον οὐ τηρεῖ.» ὢ
πολλῆς ἀνοίας. ποῖον γὰρ ἔργον γέ- 35
γονε; πτύσμα ἀπὸ χειλέων, ἀπὸ δα-

und erkannte, daß die Juden bereit zur Anklage waren, sagt er zu dem, der die verdorrte Hand hatte: »Stehe auf in die Mitte!« Die
Auferstehung befahl das Aufstehen: »Stehe auf und stelle dich in die Mitte!« Nicht,
weil er prahlerisch die Heilung vollführen
wollte, denn er wußte zum rechten Zeitpunkt zu sagen: »Siehe, sage es keinem!«,
sondern wenn es die rechte Zeit ist, verbirgt
er das Wunder, wenn er hingegen am Sabbat Wunder wirken muß, dann tut er es
ganz offensichtlich. Suche das, was in den
Evangelien geschrieben ist, und du wirst
die Wahrheit der Worte finden. Sie hielten
am Sabbat das, was wunderbarer als die
Wundertaten war; wie und auf welche Art?
Seit Ewigkeiten wurde es nicht gehört, daß
einer die Augen eines blind Geborenen öff-
nete. Dieses Wunder tat er nicht an einem
anderen Tag, sondern am Sabbat. Er machte
nämlich Schlamm, indem er auf die Erde
spuckte, salbte damit die Augen und schickte ihn dann zum Teich Siloah; und der Blinde kam und sah. Die aber, die den Blinden
sehend sahen, schauten nicht auf. Jenem
wurden die wahrnehmbaren Augäpfel geöffnet, die Augen der Juden wurden aber nicht
geöffnet; sondern obwohl sie ihre Augen
geöffnet hatten, sahen sie nicht und verurteilten den Herrn, indem sie sagten: »Dieser
Mensch ist nicht von Gott, weil er den Sabbat nicht hält.« Oh, wie viel Ignoranz! Denn
was für eine Arbeit ist geschehen? Spucken
von den Lippen, von den Fingern allein der
Schlamm, eine schlichte Salbung, nicht mit
medizinischen Werkzeugen, sondern allein

---

4 f. Lk 6,8 6 f. Lk 6,8 9 Joh 9,32 17–20 Joh 9,32 22–24 πηλὸν ... Σιλωάμ vgl. Joh 9,6~f.
32–34 Joh 9,16

DN

2 οἱ > D 2 f. ~ εἰς τὸ κατηγορεῖν Ἰουδαῖοι D 15 ἐτήρουν] ἐτήρησεν D 22 πηλὸν ... ποιήσας]
ποιήσας πηλὸν D 34 τὸ ... τηρεῖ] ταῦτα ποιεῖ ἐν σαββάτῳ D

κτύλων μόνον ὁ πηλὸς, περίχρισμα
λιτὸν οὐκ ἐργαλείοις ἰατρικοῖς, ἀλλὰ χειρὶ θεοποιήτῳ εἰργασμένον. τί
μέμφῃ τὸ πραχθέν; ἔχεις ἐν σαββάτῳ θαυματούργημα. ἀπῆλθεν ὁ τυ- 5
φλὸς καὶ ἀπῆλθεν ὁ τυφλὸς βλέπων.
καὶ ἐν σαββάτῳ ἐποίει, ἵνα ἀξιόπι-
στος γένηται ἐν σαββάτῳ διδάσκων.

16,1   Ἔχω καὶ ἄλλο θαυματούργημα.
ἐν Ἱεροσολύμοις προβατική τις ἦν 10
κολυμβήθρα καὶ νῦν ἐστιν· πέντε
στοὰς τότε εἶχε· νῦν γὰρ περιῃρέθη
τὰ πέριξ οἰκοδομήματα. παραλυτικὸς δὲ ἔκειτο ἐπὶ τριάκοντα καὶ ὀ-
κτὼ ἔτεσιν ἀσθενῶν. πολὺς γὰρ ὁ 15
χρόνος γίνεται τῆς νόσου, ἵνα κἂν
οὕτως βλέποντες δυσωπηθῶσιν <οἱ>
Ἰουδαῖοι. εἰ γὰρ ὀλιγοχρόνιος ἦν
ἡ νόσος, ἐλάνθανε τὸ θαῦμα· νυνὶ
δὲ πολλὰ ἔτη ἐμαρτύρησε τῇ νόσῳ, 20
ἵνα κἂν οὕτω βλέποντες ἀναβλέψω-
σιν. ὁ δὲ σωτὴρ παραγενόμενος καὶ
παράγων λέγει ἐκείνῳ· «θέλεις ὑ-
γιὴς γενέσθαι;» καὶ τὰ ἀκόλουθα.
2 καὶ ἐξεγερθεὶς κἀκεῖνος αἴρει τὸν 25
κράββατον καὶ περιπατεῖ. σάββατον δὲ ἦν. οἱ δὲ Ἰουδαῖοι οὐκ ἔβλεπον τὸ θαυματούργημα τὸ ἐν σαββάτῳ γενόμενον, ἀλλὰ τὸν κράββατον
βασταζόμενον, δέον αὐτοῖς λογίσα- 30
σθαι· ἰατροὶ τοιοῦτοι παρεγένοντο,
οὐδεὶς ἐθεράπευσε· πένης ἔκειτο ὁ
ἄθλιος μηδὲ τὸν ῥίπτοντα εἰς τὴν κο-
λυμβήθραν ἔχων. τοιοῦτος ὁ θαυ-
ματοποιὸς καὶ καινότερα ἐργαζόμε- 35

mit gottgeschaffener Hand ausgeführt. Was
tadelst du das Getane? Du hast am Sabbat
ein Wunder. Der Blinde ging weg und der
Blinde ging sehend weg. Und er tat es am
Sabbat, damit er glaubwürdig werde, wenn
er am Sabbat lehrte.

Ich habe noch ein anderes Wunder. In   15 M.
Jerusalem war ein Schafsteich und ist es
auch jetzt noch. Er hatte damals fünf Hallen;
denn jetzt sind die Gebäude außen herum
zerstört. Dort lag 38 Jahre lang ein Gelähmter krank da. Denn lange wurde die Dauer
seiner Krankheit, damit die Juden, wenn
sie es sehen, so besonders unwillig würden.
Denn wenn die Krankheit kurz gewesen wäre, wäre das Wunder verborgen geblieben;
nun aber legte er viele Jahre lang Zeugnis
von seiner Krankheit ab, damit sie so besonders aufschauen, wenn sie es sehen. Der
Heiland kam herzu und, als er vorbeiging,
sagte er zu jenem: »Willst du gesund werden?«, und so weiter. Und erweckt nahm jener seine Liege und ging herum. Es war aber
ein Sabbat. Die Juden aber sahen nicht das
Wunder, das am Sabbat geschehen ist, sondern die Liege, die getragen wurde, obwohl
sie hätten nachdenken müssen: So gute Ärz-
te waren da gewesen, aber keiner heilte; arm
lag der Elende da und hatte nicht einmal
einen, der ihn in den Teich warf. Solcher
Art war der Wundertäter und Unerhörtes
Schaffende, der eine solche Kraft dem Gelähmten gab, daß er nicht nur aufstehen,

---

10 f. Joh 5,2   11 f.   Joh 5,2   13–15 παραλυτικὸς ... ἀσθενῶν vgl. Joh 5,3.5   23 f. θέλεις ...
γενέσθαι Joh 5,6   25–27 καὶ ... ἦν vgl. Joh 5,9   33 f. μηδὲ ... ἔχων vgl. Joh 5,7

DN

6 ἀπῆλθεν] ἦλθεν D   12 τότε > N   17 <οἱ> Montfaucon   25 ἐξεγερθεὶς] ἐγερθεὶς D   26 f. καὶ ...
σάββατον > D   30 αὐτοῖς] αὐτοὺς D   33 f. εἰς ... ἔχων] ἔχων ἐν τῇ κολυμβήθρα D   34 τοιοῦτος]
τίς οὗτος D   35 καὶ > D

νος ὁ τοσαύτην δύναμιν τῷ παρα-
λυτικῷ δοὺς ὡς μὴ μόνον ἀναστῆναι, ἀλλὰ καὶ βαστάσαι τὸν κράβ-
3 βατον. τυφλῶν ἡ πονηρία καὶ κρί-
νουσι τὸν σωθέντα καὶ λέγουσιν αὐ- 5
τῷ· «οὐκ ἔξεστί σοι ἆραι τὸν κράββατον ἐν σαββάτῳ.» ἀπεκρίνατο
ἐκεῖνος· «ὁ ποιήσας με ὑγιῆ, ἐκεῖ-
νός μοι εἶπεν.» θεοῦ τὸ ἔργον τὸ
προσταχθέν. ἀσύνηθές ἐστι τὸ ἐν 10
σαββάτῳ βαστάζειν τὸν κράββατον.
ἀσύνηθές ἐστι καὶ τὸ παραλυτικὸν
διὰ τριάκοντα καὶ ὀκτὼ ἐτῶν θερα-
πευθῆναι. «ἐκ τοῦ αὐτοῦ στόματος
ἤκουσα τὸ σωθῆναι· ἐκ τοῦ αὐτοῦ 15
στόματος ἤκουσα τὸ βαστάσαι τὸν
κράββατον. εἰ τὸ σῶμα ὑπήκουσε
καὶ ὑγιὲς ἐγένετο, ἐγὼ ἀγνώμων ἔ-
σομαι τῷ μὴ βαστάσαι τὸν κράββα-
4 τον;» πάλιν οἱ Ἰουδαῖοι οὐκ ἐζή- 20
τουν αὐτὸν, ἵνα μάθωσι, πῶς ἐθεράπευσε, καὶ προσκυνήσωσι τὸν δόντα
τοιαῦτα, ἀλλ᾽ ἵνα αὐτῷ ἐπιβουλεύσωσι. γέγονε κἀκεῖνο τρίτον τὸ νῦν
ἀναγνωσθέν. 25

17,1 Εἰσῆλθεν εἰς τὴν συναγωγήν, πο-
νηρευομένων συναγωγή. τί γὰρ πο-
νηρότερον εὐεργετουμένων καὶ ἐπι-
βουλευόντων; ἐν τῇ συναγωγῇ τῶν
Ἰουδαίων ἄνθρωπος ἦν χεῖρα ἔχων 30
ξηράν. ὁ νοσῶν ξηρὸς ἦν τὴν χεῖρα
καὶ οἱ παρόντες ξηροὶ τὴν διάνοιαν
καὶ οὐκ ἔβλεπον τὸν τότε παρόντα
οὐδὲ ὑπώπτευον τὸ θαυματούργημα
2 τοῦ ἐργαζομένου. ὁ δὲ σωτὴρ πρὶν 35

sondern auch seine Liege tragen konnte. Es
ist die Schlechtigkeit von Blinden, und sie
urteilen über den Geretteten und sagen ihm:
»Du darfst die Liege am Sabbat nicht hoch-
heben.« Da antwortete jener: »Der, der mich
gesund gemacht hat, sagte es mir.« Gottes
ist das Werk, das befohlen wurde. Unverständlich ist es, am Sabbat die Liege zu tragen. Unverständlich ist es auch, daß ein 38
Jahre lang Gelähmter geheilt wurde. »Aus
seinem Mund hörte ich das gerettet Werden;
aus seinem Mund hörte ich das Nimm die
Liege! Wenn der Körper gehorchte und gesund wurde, werde ich da so eigensinnig
sein, die Liege nicht zu tragen?« Wiederum suchten die Juden ihn nicht, damit sie
lernten, wie er heilte und um den, der solches gab, anzubeten, sondern damit sie ihm
nachstellten. Als Drittes ereignete sich auch
jenes, was jetzt vorgelesen wurde.

Er ging in die Synagoge hinein, eine 16 M.
Versammlung von Übeltätern. Denn was ist
schlimmer als Leute, denen eine Wohltat
erwiesen wurde und die (anderen) nach-
stellen? In der Synagoge der Juden war ein
Mann, der eine verdorrte Hand hatte. Der
Kranke war an seiner Hand verdorrt und
die Anwesenden waren in ihrer Gesinnung
verdorrt und sahen nicht den, der damals
anwesend war, und sie ahnten nicht das

6 f. Joh 5,10 8 f. Joh 5,11 16 f. βαστάσαι ... κράββατον vgl. Joh 5,8 26 f. Ps 21,17 30 f.
Mt 12,10

DN

4 τυφλῶν vSto τυφλὸν DN 10 f. ἀσύνηθές ... κράββατον >N 14 f. ἐκ ... σωθῆναι >N 16 τὸ]
τοῦ N 17 ὑπήκουσε] ἐπήκουσε N 19 τῷ μὴ] τοῦ D 22 προσκυνήσωσι] προσκυνήσουσι D
24 κἀκεῖνο] κἀκείνῳ N 31 ὁ νοσῶν >N 31 ἦν + τις N 34 ὑπώπτευον] ὑπόπτευον N

ποιῆσαι τὸ ἔργον διὰ λόγων ἐγεώρ-
γει τὴν διάνοιαν. εἰδὼς γὰρ τὸ πονηρὸν τῆς διανοίας καὶ τὸ βάθος τὸ
πικρὸν πρῶτον αὐτοῖς προπαρηγό-
ρει τοῖς λόγοις καὶ τὸ ἄγριον τῆς 5
διανοίας ἡμεροῦν ἐβούλετο καί φησι
πρὸς αὐτούς· «ἔξεστιν ἀγαθοποιῆσαι ἐν σαββάτῳ ἢ κακοποιῆσαι;
ψυχὴν σῶσαι ἢ ἀπολέσαι;» † μὴ
γὰρ εἶπεν αὐτοῖς «ἔξεστιν ἐργάζε- 10
σθαι», οὐκ εἶπον σοι, ὅσοι ἀηδῶς ἤ-
κουες, ἀλλὰ μεσότητα λόγων ἔνερ-
γον ἔχον. βλέπε τοῦ σωτῆρος ἀ-
λήπτους λόγους.† εἰ γὰρ εἶπεν αὐτοῖς «ἔξεστιν ἐργάζεσθαι», εὐθέως 15
<ἂν> ἔλεγον «παρὰ τὸν νόμον λέ-
γεις». νυνὶ δὲ εἶπεν αὐτοῖς, ὃ καὶ ὁ
νόμος ἐβούλετο· ὁ γὰρ περὶ τοῦ σαββάτου νομοθετήσας προσετίθει ὅτι
πλὴν τούτου, ὃ ἐπὶ ψυχὴν ποιηθή- 20
3 σεται. αὐτίκα, ἐὰν σαββάτῳ πέσῃ
ἄνθρωπος εἰς βάθη, ἔξεστιν Ἰουδαί-
οις ἀνασπάσαι· οὐ μόνον ἄνθρωπον,
ἀλλὰ καὶ βοῦν καὶ ὄνον. οὕτω τὰ ἐπὶ
σωτηρίᾳ συνεχώρει ὁ νόμος γίνεσθαι 25
καὶ ἐτρέφοντο Ἰουδαῖοι ἐν σαββάτῳ.
ἠρώτησέ τοίνυν αὐτοὺς οὐ τὸ ἀντι-
λεγόμενον, ἀλλὰ τὸ ὁμολογούμενον·
«ἔξεστιν ἀγαθοποιῆσαι;» ἀλλ' οὐδὲ λέγουσι «ναί»· οὐ γὰρ ἦσαν ἀ- 30
γαθῆς προαιρέσεως. ὁ γὰρ ἀγα-
θὸς ἄνθρωπος ἐκ τοῦ ἀγαθοῦ θη-
σαυροῦ προφέρει τὸ ἀγαθόν. πο-
νηροὶ δὲ ὄντες Ἰουδαῖοι περὶ ἀγα-
θῶν οὐ συντίθενται καὶ οὔτε ἀγαθο- 35
ποιῆσαι ὡμολόγουν οὔτε κακοποιῆ-

Wunder dessen, der es tat. Der Heiland aber
beackerte, bevor er das Werk tat, mit Worten
die Gesinnung. Denn, weil er das Schlechte ihrer Gesinnung kannte und die bittere
Tiefe, redete er ihnen zuerst mit Worten zu
und wollte die Wildheit ihrer Gesinnung
zähmen und sagt zu ihnen: »Ist es erlaubt,
am Sabbat Gutes zu tun oder Böses? Eine
Seele zu retten oder zugrunde zu richten?«
Denn wenn er ihnen nicht gesagt hätte: »Ist
es erlaubt zu arbeiten?«, hätten sie dir nicht
Worte gesagt, die du mit Widerwillen gehört
hättest, sondern ein Mittelmaß an Worten,
das Wirkkraft hat. Sieh die unangreifbaren
Worte des Heilands! Denn wenn er ihnen
gesagt hätte »Ist es erlaubt zu arbeiten?«,
hätten sie sofort gesagt: »Du redest gegen
das Gesetz.« Jetzt aber sagte er ihnen, was
auch das Gesetz wollte; denn der, der über
den Sabbat Gesetze gab, fügte hinzu: Außer
dem, was zugunsten einer Seele gemacht
werden wird. Wenn ein Mensch am Sabbat
in die Tiefe fällt, ist es Juden erlaubt, ihn
sofort hinauszuziehen; nicht nur einen Menschen, sondern auch ein Rind und einen
Esel. So stimmt das Gesetz zu, daß etwas
zur Rettung geschieht, und so wurden die
Juden am Sabbat genährt. Er fragte sie nun
nicht nach dem Widersprochenen, sondern
nach dem Zugestandenen: »Ist es erlaubt,
Gutes zu tun?« Doch nicht einmal da sagen
sie »Ja«, denn sie waren nicht guten Vor-
satzes. Denn der gute Mensch bringt aus
dem guten Schatz das Gutes hervor. Da die
Juden aber schlecht sind, stimmen sie bezüglich des Guten nicht zu und konnten

7–9 Lk 6,9 20 f. Ex 12,16 23 f. οὐ ... ὄνον vgl. Mt 12,11; Lk 14,5 29 Lk 6,9 31–33 Mt
12,35

DN

1 ποιῆσαι] ποιήσει D 4 αὐτοῖς] αὐτοὺς D 10 f. ἐργάζεσθαι] ἐργάσασθαι N 11–15 οὐκ ...
ἐργάζεσθαι > N 16 ἂν PG > DN 22 εἰς βάθη] ἐν βάθει D 26 ～ ἐν σαββάτῳ Ἰουδαῖοι D
27 τοίνυν] τις νῦν N 35 f. ἀγαθοποιῆσαι] ἀγαθὸν ποιῆσαι D

σαι εἰπεῖν ἠδύναντο – ἀναίσχυντον
γὰρ ἦν τὸ ῥῆμα –, ἀλλὰ σιωπῶσιν.
4 ὅτε δὲ διὰ φλυαρίαν, πολλὰ φλυα-
ροῦσιν· ὅτε διὰ κατηγορίαν, μεγάλα
κραυγάζουσιν· «αἶρε, αἶρε, σταύ- 5
ρωσον, οὗτος ὁ ἄνθρωπος τάδε καὶ
τάδε ἐποίησεν.» ὅτε δεῖ ὁμολογῆσαι
τὴν ἀλήθειαν, ἐθελοκωφοῦσιν· «ἔξεστιν ἀγαθοποιῆσαι ἢ κακοποιῆσαι,
ψυχὴν σῶσαι ἢ ἀπολέσαι·» οἱ μὲν 10
σιωπῶσιν, ὁ δὲ συλλυπούμενος τῇ
καρδίᾳ ἐπὶ τῇ πωρώσει τῆς καρδίας
αὐτῶν εἶπε τῷ ἀνθρώπῳ· «οἱ βλέποντες βλεπέτωσαν, οἱ ἀνήκοοι ὡς
βούλονται πράττειν πραττέτωσαν· οἱ 15
σκληροκάρδιοι ἀπολιθούσθωσαν· ἀ-
παλυνέσθω δέ σου ἡ δεξιά. ἔγειρε
καὶ μηκέτι προσαίτει.»   τὸ γὰρ ἔ-
5 γειρε τὸ καθέζεσθαι ἐδήλου. ὁ δὲ
ξηρὰν ἔχων τὴν χεῖρα τί ἐκαθέζετο 20
ἢ πάντως εἰς τὸ προσαιτεῖν; «οὐ δί-
δωμί σοι ἀργύριον, ἵνα μὴ ἀναλώσῃς·
ὑγίαν σοι δίδωμι μηδέποτε δαπα-
νωμένην. μηδὲ διὰ τὸ ξηρὰν ἔχειν
τὴν χεῖρα προσαίτει, ἀλλ᾽ ἀπολαβὼν 25
αὐτὴν ὑγιῆ λοιπὸν καὶ σῶαν ἐργασάμενος ἔκτεινον τὴν χεῖρά σου πτωχῷ. ἔγειρε καὶ στῆθι εἰς τὸ μέσον·
γενοῦ θέατρον τοῖς βλέπουσιν. ἐν
σοὶ ὁ ἀγὼν λοιπὸν ἀγωνίζεται ὁ περὶ 30
σαββάτου. στῆθι εἰς τὸ μέσον, ἵνα
καὶ οἱ χωλεύοντες τὰς ἰγνύας στῶ-
σιν, ἐὰν ἄρα ἀκούσωσιν, ἐὰν ἄρα ἴ-
δωσι. στῆθι εἰς τὸ μέσον. καὶ λαλήσας πρὸς τοὺς Ἰουδαίους τὰ εἰ- 35

weder das Gutes zu tun einräumen noch
konnten sie sagen »Schlechtes zu tun« –
denn das Wort wäre schamlos –, sondern
sie schweigen. Wenn es aber um Geschwätz
geht, schwatzen sie viel; wenn es um eine
Anklage geht, schreien sie laut: »Hoch, hoch,
kreuzige ihn!, dieser Mensch hat das und
das getan.« Wenn es nötig ist, die Wahrheit
zuzugeben, sind sie absichtlich stumm. Ist
es erlaubt, Gutes oder Schlechtes zu tun?
Eine Seele zu retten oder zugrunde zu richten? Sie schweigen, er aber, der in seinem
Herz mitbetrübt war über die Verhärtung ihres Herzens, sagte zu dem Menschen: »Die,
die sehen, sollen sehen; die, die nicht hören,
sollen handeln, wie sie handeln wollen; die
Hartherzigen sollen gesteinigt werden; deine Rechte aber soll besänftigt werden. Stehe
auf und bettele nicht mehr.« Denn »Stehe
auf!« zeigte das (vorherige) Hinsetzen. Der,
der die verdorrte Hand hatte, wozu setzte
er sich, wenn nicht dazu, um zu betteln?
»Ich gebe dir nicht Geld, damit du es nicht
verbrauchst; ich gebe dir Gesundheit, die
niemals aufgezehrt wird. Und bettle nicht,
weil du eine verdorrte Hand hast, sondern,
nachdem du sie nun gesund erhalten und
heil gemacht bekommen hast, strecke deine
Hand dem Armen aus. Stehe auf und stelle dich in die Mitte! Werde den Sehenden
ein Schauspiel! In dir wird schließlich der
Kampf ausgefochten, der um den Sabbat.
Stehe auf in die Mitte, damit auch die Lah-
men auf ihren Kniekehlen stehen, wenn sie
nun hören, wenn sie nun sehen. Stehe auf in

5 f. Joh 19,15   9 f. Lk 6,9   28   Lk 6,8   31   Lk 6,8   34   Lk 6,8

DN

1 ἠδύναντο] ἐδύναντο N   3 ὅτε] οὔτε D   7 ὅτε] ὅτι N   7–9 ὁμολογῆσαι ... ἔξεστιν > N
10 μὲν Montfaucon δὲ DN   11 f. τῇ καρδίᾳ > D   13 εἶπε] λέγει D   17 f. ἔγειρε καὶ] ἔγειραι
N   18 f. ἔγειρε] ἔγειραι N   24 μηδὲ] μὴ D   24 τὸ Nᶜ τοῦ DN*   26 σῶαν] σὺ D   28 ἔγειρε]
ἔγειραι N   33 ἀκούσωσιν] ἀκούσουσιν D   33 f. ἴδωσι] ἐνδῶσιν D

ρημένα, ὅτι «ἔξεστι τόδε ποιῆσαι ἢ
6 οὔ;» τότε λέγει πρὸς αὐτόν· «ἔκτεινον τὴν χεῖρά σου· οὐκ ἐγὼ ἅπτο-
μαι, ἵνα μὴ Ἰουδαῖοι κατηγορήσωσιν·
ἵνα μὴ τὸ ἅψασθαι ἔργον εἶναι νομί- 5
σωσι, λόγῳ λαλῶ.» οὐκ εἶπεν δὲ ὁ
θεός· «μὴ λάλει ἐν σαββάτῳ». ἐὰν
δὲ ὁ λόγος ἔργον γένηται, θαυμαζέ-
σθω ὁ λαλήσας. «ἔκτεινον τὴν χεῖρά
σου». βλέπε μοι διαφορὰν πρᾶγμα- 10
τος· ὁ Πέτρος ἐν Ὡραίᾳ Πύλῃ παραλυτικὸν σῴζων, πιάσας δεξιᾶς χειρὸς
ἤγειρεν. ὁ δοῦλος κρατῶν ἐκτείνει, ὁ
δεσπότης κελεύων ἐκτείνει. «ἔκτεινον τὴν χεῖρά σου· σοὶ δίδωμι τὴν 15
δύναμιν καὶ τὴν ἐνέργειαν τῆς θερα-
πείας. διὰ τῶν λόγων κελεύσας ἐν-
τίθημι· ἔκτεινον τὴν χεῖρά σου.» ὁ
7 μὲν εἶπεν, ὁ δὲ ἐποίησε. καὶ ἡ μὲν
ξηρὰ χεὶρ ἀποκατεστάθη, τὸ δὲ ξη- 20
ρὸν τῆς διανοίας τῶν Ἰουδαίων οὐκ
ἐθεραπεύθη· ἀλλ᾽ ἐξελθόντες κατὰ
τὸ ἀρτίως ἀνάγνωσμα διελογίζοντο,
τί ἂν ποιήσειαν τῷ Ἰησοῦ. διαλογί-
ζῃ, τί ποιήσεις; προσκύνησον ὡς θε- 25
όν, προσκύνησον τὸν θαυματοποιόν,
προσκύνησον ἄνθρωπον τὰ ὑπὲρ ἄνθρωπον ἐργασάμενον. οὐκ ἐμπλά-
στρους προσέθηκεν, οὐκ ἐμβροχαῖς
τισιν ἡπάλυνεν, οὐ μυρία φάρμακα 30
ἰατρικὰ προσήνεγκεν. εἰς τὸ μέσον
ἦν ὁ ἑστώς, πάντες ἔβλεπετε τὸ γε-
νόμενον· μὴ γὰρ κρύφιον ἦν τὸ ἐρ-
γαζόμενον, ἵνα μή τις εἴπῃ «βοτάνην
προσήνεγκεν, ἔμπλαστρον προσέθη- 35

die Mitte!« Und nachdem er zu den Juden
das Gesagte gesprochen hatte, ob es erlaubt
ist das zu tun oder nicht, da sagt er zu ihm:
»Strecke deine Hand aus! Ich berühre sie
nicht, damit die Juden es nicht anklagen;
damit sie nicht meinen, das Anfassen sei
eine Arbeit, sage ich ein Wort. Gott sagte
nicht: Rede nicht am Sabbat! Wenn aber das
Wort Tat wird, soll der Sprechende bewun-
dert werden.« Strecke deine Hand aus! Sieh
mir den Unterschied in der Sache an: Als
Petrus am Schönen Tor einen Gelähmten ret-
tete, drückte er und weckte damit die rechte
Hand. Der Diener ergreift und streckt aus;
der Herr befiehlt und streckt aus. »Strecke
deine Hand aus! Dir gebe ich die Macht und
die Kraft des Heilens. Durch die Worte be-
fehle und gewähre ich: Strecke deine Hand
aus!« Der eine sprach, der andere aber handelte. Und die verdorrte Hand wurde wiederhergestellt. Das Verdorrte der Gesinnung
der Juden wurde aber nicht geheilt. Doch
als sie hinausgingen, unterhielten sie sich
gemäß der eben gelesenen Lesung, was sie
Jesus antun könnten. Du unterhältst dich,
was du tun wirst? Bete ihn als Gott an, bete
den Wundertäter an, bete ihn als Mensch
an, der Übermenschliches getan hat. Er hat
keine Pflaster aufgelegt, er hat nicht mit ir-
gendwelchen Tinkturen weich gemacht, er
hat nicht unzählige ärztliche Heilmittel an-
gewendet. In der Mitte war der Stehende,
alle sahen das Geschehen. Denn das Getane
war nicht verborgen, damit nicht einer sage:
Eine Pflanze hat er aufgelegt, ein Pflaster

2 f. Lk 6,10 9 f. Lk 6,10 11–13 ὁ ... ἤγειρεν vgl. Apg 3,2–8 14 f. Lk 6,10 18 Lk 6,10
20 ξηρὰ ... ἀποκατεστάθη vgl. Lk 6,10 24 Lk 6,11

DN

1 τόδε + τι D 4 κατηγορήσωσιν] κατηγορήσουσιν D 5 ∼ εἶναι ἔργον D 6 δὲ > N 13 f. ὁ
... ἐκτείνει > D 20 ἀποκατεστάθη] ἀπεκατεστάθη D 24 τί] τὸ τί D 24 ποιήσειαν] ποιῆσαι
ἐν D 32 ἔβλεπετε] ἔβλεπον PG 198.35 –199.1 προσέθηκεν] ἐπέθηκεν D

κεν.» ἔγειρε, στῆθι εἰς τὸ μέσον,
ἵνα πάντως μὴ κατηγορήσωσι τῆς ἀ-
ληθείας, ἵνα ἀσυκοφάντητον γένηται
τὸ πρᾶγμα.

18,1 Ἐξελθόντες δὲ ἐκεῖνοι διελογί- 5
ζοντο, τί ποιήσωσι τῷ Ἰησοῦ· ἴσως
καὶ ἐνταῦθα κατὰ τήνδε τὴν ὥραν ἕ-
στηκέ τις ξηρὰν ἔχων τὴν χεῖρα, ὁ μὴ
ἐκτείνων πτωχῷ ἐλεημοσύνην. οὗτος, κἂν ὑγιαίνῃ τὸ σῶμα, ξηρός ἐστι 10
τὴν διάνοιαν. ἄκουσον καὶ σὺ κατὰ
τήνδε τὴν ὥραν τῶν σωτηρίων λόγων
λεγόντων «ἔκτεινον τὴν χεῖρά σου»
καὶ ἀπὸ τοῦ σήμερον ἄρξαι ποιεῖν
ἐλεημοσύνην πτωχῷ. 15

2 καὶ ἄλλως δὲ αὐτὸ λάβωμεν.
πολλοί τινές εἰσιν ἀμελεῖς εἰς προ-
σευχὰς καὶ πᾶσαν μὲν τὴν ἡμέραν
ἀσχολοῦνται περὶ ἐργασίας ἀνθρω-
πίνας, καταφρονοῦσι δὲ τῆς θείας 20
ἐργασίας τῶν προσευχῶν. καὶ πρὸς
τοῦτον λεγέτω ὁ σωτήρ· «ἔκτεινον
τὴν χεῖρά σου», καθὼς λέγει ὁ ἀ-
πόστολος· «βούλομαι προσεύχεσθαι
τοὺς ἄνδρας ἐν παντὶ τόπῳ ἐπαί- 25
ροντας ὁσίους χεῖρας.»

3 αὐτάρκως δὲ τῶν λόγων ἡμῖν
προχωρησάντων ἀναστάντες καὶ ἡ-
μεῖς ἐκτείνωμεν τὰς χεῖρας καὶ μὴ
μόνον ἐν ἡμέρᾳ, ἀλλὰ καὶ ἐν νυκτί· 30
ἐν γὰρ ταῖς νυξὶν ἐπάρατε τὰς χεῖρας ὑμῶν εἰς τὰ ἅγια, καὶ εὐλο-
γεῖτε τὸν κύριον. καὶ διαπετάσωμεν
τὰς χεῖρας ὁσίως νιψάμενοι ἐν ἀθώ-
οις, ἵνα τὸν τῶν ὅλων θεὸν ἐπικαλού- 35
μενοι τῆς παρ' αὐτοῦ βοηθείας ἀπο-

aufgelegt. Steh auf, stelle dich in die Mitte,
damit sie ganz und gar nicht die Wahrheit
anklagen, damit die Sache ohne falsche An-
klagemöglichkeit geschieht.

Als jene hinausgingen, unterhielten sie 17 M.
sich, was sie Jesus tun sollten. Vielleicht hat
auch hier in dieser Stunde einer, der eine
verdorrte Hand hat, sie ausgestreckt, einer,
der einem Armen nicht Barmherzigkeit ent-
gegenstreckt. Dieser ist, auch wenn er am
Körper gesund ist, verdorrt in seiner Gesinnung. Höre auch du in dieser Stunde die
rettenden Worte sagen: »Strecke deine Hand
aus!«, und von heute an beginne einem Armen Barmherzigkeit widerfahren zu lassen.

Und laßt es uns noch anders begreifen:
Viele sind sorglos in den Gebeten und be-
schäftigen sich den ganzen Tag mit menschlichen Tätigkeiten und verachten die göttlichen Werke der Gebete. Auch zu diesem
soll der Heiland sagen: »Strecke deine Hand
aus!«, wie der Apostel sagt: »Ich will, daß
die Männer an jedem Ort anbeten, indem
sie heilige Hände emporheben.«

Selbständig, da unsere Rede weit fort-
geschritten ist, laßt auch uns aufstehen und
die Hände ausstrecken und nicht nur am
Tag, sondern auch in der Nacht: In den
Nächten hebt eure Hände zum Heiligen auf
und preist den Herrn. Und laßt uns die Hände fromm ausbreiten, nachdem wir sie uns
in Unschuld gewaschen haben, damit wir
den Gott des Alls anrufen und die Hilfe
von ihm genießen, die in Christus Jesus, un-

1 Lk 6,8 **5 f.** Lk 6,11 **13** Lk 6,10 **22 f.** Lk 6,10 **24–26** 1Tim 2,8 **31–33** Ps 133,2

DN

1 ἔγειρε] ἔγειραι N **2** πάντως] πάντες DN **5** δὲ > D **6** ἴσως] ὡς N **7 f.** ἔστηκέ] ἀνέστηκέ
D **11** καὶ σὺ > D **14** τοῦ] τὴν DN **16** δὲ > D **26** ὁσίους] ὁσίας D **27** ἡμῖν] ἡμῶν N **31** ἐν
γὰρ > Montfaucon **34** τὰς > N **34** ὁσίως vSto ὁσίους DN

λαύσωμεν, τῆς ἐν Χριστῷ Ἰησοῦ τῷ
κυρίῳ ἡμῶν, δι᾽ οὗ τῷ θεῷ ἡ δόξα
ἅμα τῷ ἁγίῳ πνεύματι νῦν καὶ ἀ-
εὶ καὶ εἰς τοὺς αἰῶνας τῶν αἰώνων.
ἀμήν.　　　　　　　　　　　　　　5

serem Herrn ist, durch den Gott die Ehre
zusammen mit dem Hl. Geist jetzt, immer
und in alle Ewigkeiten sei. Amen.

DN

2 δι᾽ > D　3 f. ἅμα … καὶ > D

Wortindex

α
ἀγριέλαιος   178,33
ἀκολουθία   180,32
ἅλωνος ἐκκλησιαστικῆς 179,9
ἀνάγνωσις κατὰ ἀκολουθίαν
               171,26
ἀναγνωσθεῖσιν   172,20
ἀνάγνωσμα   182,17; 198,23
    εὐαγγελικὸν   179,11
    τοῦ εὐαγγελίου   171,32
ἀνάστασις   181,12
ἀνθρωπαρέσκεια   178,10
αὐτεξούσιος   178,27
αὐτοπροαίρετος   178,26

β
βαρβαρίζω   177,32

γ
γεωργὸς   178,24

δ
διδασκαλεῖον   178,2
διδάσκαλος   171,21; 179,28
δόγματα
    ἐκκλησιαστικά   182,17

ε
εἰκών   178,31; 183,8; 183,10
    τῶν πραγμάτων   184,17;
         184,23; 184,29; 190,30
ἐκκλησία   176,34; 177,3;
         177,21; 178,3; 178,15;
         178,21; 178,24; 186,21
ἑλληνιστὶ   177,15; 177,31
ἑλλήνων   177,35
ἐνέργεια   174,9; 198,16
εὐαγγέλιον   172,14; 173,27;
         180,16; 180,22;
         188,31; 190,11; 193,14
εὐγλωττία   178,3

εὐγλώττως   177,20; 177,23

ζ
ζιζάνιον   176,19; 176,21;
         176,25; 177,1; 177,21;
         178,22; 178,25; 178,29;
         179,6

ι
Ἰουδαῖοι   172,5; 172,26;
         179,26; 181,12; 182,2;
         182,8; 191,7; 191,22;
         192,14; 193,3; 193,29;
         194,18; 194,27; 195,20;
         195,30; 196,23;
         196,26; 196,34;
         197,35; 198,4; 198,21
Ἰουδαισμός   171,5; 181,19
ἰσοτιμία   185,8
ἰσότιμος   185,17
ἱστορία   182,18; 182,24;
         190,11; 192,18; 192,32;
         192,35

κ
κυριακή   171,12; 181,12

ο
ὁμοιολεξά   185,7
ὁμοιότης   176,19; 177,8;
         183,16; 184,29;
         185,16; 185,18; 190,32
    πραγμάτων   183,25
ὁμοίωσις   175,7
    πραγμάτων   183,13;
         183,20

π
πνευματικώτερον, τὸ   176,27
προκείμενον, το   178,5; 179,21;
         187,22; 187,33; 188,1

ρ
ῥωμαιστί 177,25

σ
σάββατον 171,4
σοφιστῆς 178,2
συναγωγή 192,34; 195,26;
    195,29
συριστί 177,24

υ
ὑποκείμενον, τό 173,30;
    176,25; 177,7; 183,27

χ
Χεὶρ Ἀβεσσαλώμ 184,15
χριστιανισμὸν 178,14

ω
ὦ 186,25; 188,13; 189,15;
    193,34

Literatur

Bacchiocchi, Samuele, Du Sabbat au Dimanche. Une recherche historique sur les origines du Dimanche chrétien, Paris 1984.

Bieberstein, Klaus und Hanswulf Bloedhorn, Jerusalem. Grundzüge der Baugeschichte vom Chalkolithikum bis zur Frühzeit der osmanischen Herrschaft. Band 3 (BTAVO.B Nr. 100/3), Wiesbaden 1994.

Brennecke, Hanns Christof, Uta Heil und Annette von Stockhausen, Athanasius Werke II 8. Die »Apologien«, Berlin/New York 2006.

Geyer, Paul, Itinera Hierosolymitana saeculi IIII - VIII (CSEL 39), Prag/Wien/Leipzig 1898.

Girardet, Klaus Martin, Vom Sonnen-Tag zum Sonntag. Der dies solis in Gesetzgebung und Politik Konstantins d. Gr. ZAC 11 (2007), 279–310.

Klostermann, Erich, Eusebius. Das Onomastikon der biblischen Ortsnamen (GCS III,1), Leipzig 1904.

Küchler, Max, Jerusalem. Ein Handbuch und Studienreiseführer zur Heiligen Stadt, Göttingen 2007.

Lewis, Agnes Smith und Margaret Dunlop Gibson, The Palestinian Syriac Lectionary of the Gospels. Re-edited from two Sinai Mss. and from P. de Lagarde's Edition of the "Evangeliarum Hierosolymitanum", London 1899 (Ndr. Jerusalem 1971).

Mateos, Juan (Hrsg.), Le Typicon de la Grande Église. Ms. Saint-Croix n° 40, Xe siècle (OCA 166), Rom 1963.

Montfaucon, Bernard de und Jacques Lopin, Τοῦ ἐν ἁγίοις Πατρὸς ἡμῶν Ἀθανασίου Ἀρχιεπ. Ἀλεξανδρείας τὰ εὑρισκόμενα πάντα. Sancti Patris nostri Athanasii Archiep. Alexandrini Opera omnia quae exstant vel quae ejus nomine circumferuntur, Ad mss. codices Gallicanos, Vaticanos, &c. necnon ad Commelinianas lectiones castigata, multis aucta: nova Interpretatione,

Praefationibus, Notis, variis lectionibus illustrata: novà Sancti Doctoris vitâ, Onomastico, & copiosissimis Indicibus locupletata. Opera & studio monachorum ordinis S. Benedicti è congretatione Sancti Mauri. Tribus Tomis in folio Graece et Latine, Paris 1698.

Nordberg, Henric, Athanasiana. Part I: The Texts (Societas Scientarum Fennica. Commentationes Humanarum Litterarum 30,2), Helsinki 1962.

Olivar, Alexandre, La Predicación cristiana antigua (Biblioteca Herder. Sección de Teología y Filosofía 189), Barcelona 1991.

Pierre, Marie-Joseph und Jourdain-Marie Rousée, Sainte-Marie de la Probatique, état et orientation des recherches, POC 31 (1981), 23–42.

Preuschen, Erwin, Origenes Werke IV. Der Johanneskommentar (GCS), Leipzig 1903.

Richard, Marcel, Bulletin de Patrologie. Saint-Athanase, MSR 5 (1948), 123–133.

Rondeau, Marie-Josèphe, Les commentaires patristiques du Psautier. Vol. I (Orientalia christiana analecta 219), Roma 1982.

Rondeau, Marie-Josèphe und Jean Kirchmeyer, Eusèbe de Césarée, DSp IV 2 (1961), 1687–1690.

Rordorf, Willy, Der Sonntag. Geschichte des Ruhe- und Gottesdiensttages im ältesten Christentum (AthANT 43), Zürich 1962.

Rousée, Jourdain-Marie, L'Église Sainte-Marie de la Probatique. Chronologie des sanctuaires à Sainte-Anne de Jérusalem d'après les fouilles récentes, in: Atti del VI Congresso Internazionale di Archeologia Cristiana. Ravenna 23-30 Settembre 1962 (SAC XXVI), Città del Vaticano 1965, 169–176.

Rupp, Joseph, S. Patris nostri Cyrilli Hierosolymorum archiepiscopi opera quae supersunt omnia. Volumen II, München 1860.

Schwartz, Eduard, Der s.g. Sermo maior de fide des Athanasius (SBAW.PPH 1924/6), München 1925.

Tetz, Martin, Zur Edition der dogmatischen Schriften des Athanasius von Alexandrien. Ein kritischer Beitrag, ZKG 67 (1955/56), 1–28.

Tsafrir, Yoram, Art. Jerusalem, RBK III (1978), 525–615.

Wallraff, Martin, Christus verus sol. Sonnenverehrung und Christentum in der Spätantike (JbAC.E 32), Münster 2001.

Wilkinson, John, Jerusalem Pilgrims before the Crusades, Warminster 2002.

Geschichte der »Athanasius Werke«

Einblicke in die Geschichte der »Athanasius Werke«
Die Briefe Hans-Georg Opitz' an Eduard Schwartz

Annette von Stockhausen

Die Geschichte der »Athanasius Werke« ist in der Zeit bis zum Ende des 2. Weltkriegs ganz und gar von der Person Hans-Georg Opitz'[1] geprägt: Nachdem 1930 das Projekt der »Athanasius Werke« von der Kirchenväterkommission der Preußischen Akademie der Wissenschaften aufgenommen worden war,[2] hatte die Kirchenväterkommission[3] die Edition von Band II mit den »Apologien« und Band III mit den »Urkunden zum arianischen Streit« unter Leitung von Hans Lietzmann[4] an Lietzmanns Schüler Hans-Georg Opitz übertragen, der noch 1932 mit einer Arbeit über die »Chronologie des arianischen Streites« promoviert wurde.[5]

---

1   1.6.1905–9.7.1941. Zur Biographie Opitz' vgl. Karl W. Schwarz, »Grenzburg« und »Bollwerk«. Ein Bericht über die Wiener Evangelisch-theologische Fakultät in den Jahren 1938-1945, in: Leonore Siegele-Wenschkewitz/Carsten Nicolaisen (Hrsg.), Theologische Fakultäten im Nationalsozialismus (AKIZ.B 18), Göttingen 1993, 361–389, hier 372, und jetzt Hanns Christof Brennecke/Annette von Stockhausen, Die Edition der »Athanasius Werke«, in: Helmut Neuhaus (Hrsg.), Erlanger Editionen. Grundlagenforschung durch Quelleneditionen: Berichte und Studien (Erlanger Studien zur Geschichte 8), Erlangen/Jena 2009, 151–171, hier 160–162; zu vergleichen sind außerdem die Äußerungen von K. Aland in der Einleitung zu Kurt Aland (Hrsg.), Glanz und Niedergang der deutschen Universität. 50 Jahre dt. Wissenschaftsgeschichte in Briefen an u. von Hans Lietzmann (1892-1942), Berlin 1979, 140 f. Ein vollständiges Schriftenverzeichnis liegt bisher nicht vor.

2   Das Projekt geht auf eine Initiative von Kirsopp Lake und Robert Casey aus dem Jahr 1929 zurück, vgl. dazu Hans Lietzmann, Bericht der Kommission für die kirchen- und religionsgeschichtlichen Studien im Rahmen der römischen Kaiserzeit, SPAW.PH 1931, XCVII–XC, hier XCVII und die Vorbemerkung auf der Rückseite des Titelblattes der einzelnen Lieferungen von Hans-Georg Opitz, Athanasius Werke. Band II: Die Apologien. Lfg. 1–7, Berlin/Leipzig 1935–1941.

3   Ihr gehörte seit 1930 auch Eduard Schwartz an, vgl. Lietzmann, Bericht der Kommission für die kirchen- und religionsgeschichtlichen Studien im Rahmen der römischen Kaiserzeit, XCVII.

4   Die »Urkunden zum arianischen Streit« (bis 328) sollten ursprünglich in den Arbeiten zur Kirchengeschichte erscheinen, vgl. Hans Lietzmann, Bericht der Kommission für die kirchen- und religionsgeschichtlichen Studien im Rahmen der römischen Kaiserzeit, SPAW.PH 1932, LXXXIX–XC, hier XC, der Plan wurde dann offensichtlich schnell geändert, vgl. Hans Lietzmann, Bericht der Kirchenväterkommission, SPAW.PH 1933, XC–XCII, hier XCI f. Die Edition von Band I mit den sog. dogmatischen Schriften sollte demgegenüber von Lake und Casey durchgeführt werden. Zur Geschichte der »Athanasius Werke« allgemein vgl. Brennecke/Stockhausen, Die Edition der »Athanasius Werke«, 154–162.

5   Die Dissertation selbst wurde von Opitz nicht veröffentlicht; die Ergebnisse wurden von ihm aber in Hans-Georg Opitz, Die Zeitfolge des arianischen Streites von den Anfängen bis zum Jahr 328, ZNW 33 (1934), 131–159, vorgelegt.

Hans-Georg Opitz hatte dann zwischen 1934 und 1941 sieben Lieferungen von Band II und zwei Lieferungen von Band III zum Druck gebracht.[6] Diese Lieferungen bieten nur die Edition der jeweiligen Texte samt Quellen- und textkritischem Apparat sowie einem Apparat mit (dogmen-)historischen Anmerkungen zu einzelnen Stellen; in der einleitenden Anmerkung der jeweiligen Texte werden kurz Einleitungsfragen abgehandelt.[7] Grundsätzliche Überlegungen liegen allein in seiner Habilitationsschrift[8] vor, während Vorüberlegungen zur Praefatio sowohl des zweiten als auch des dritten Bandes soweit überhaupt nur rudimentär im Nachlaß von Opitz in der Berlin-Brandenburger Akademie der Wissenschaften vorhanden sind.[9] Die der Arbeit von Opitz zugrundeliegenden Editionsgrundsätze sind daher praktisch nur an der Edition selbst, durch Beobachtung der Präsentation des Textes und der textkritischen Entscheidungen zu erschließen.[10]

Aus diesem Grund kommt den 41 Briefen, die Hans-Georg Opitz zwischen Dezember 1932 und Januar 1940[11] an den klassischen Philologen Eduard Schwartz[12] geschrieben hat, besondere Bedeutung zu,[13] weil er in ihnen weitere Einblicke in seine Editionstätigkeit gibt. Denn ein wichtiges Thema der Briefe ist die Edition der Athanasius Werke, sowohl von Band II mit den »Apologien« als auch Band III mit den »Urkunden zum arianischen Streit«[14].

Daneben geht es aber auch um weitere Projekte, die Opitz in Angriff genommen bzw. geplant hatte, wie die Edition des Theodoros Anagnostes[15], des Codex Veronensis LX[16], die Herausgabe der Gesammelten Schriften von Eduard

---

6   Opitz, Athanasius Werke II/1–7; Hans-Georg Opitz, Athanasius Werke. Band III/Teil 1: Urkunden zur Geschichte des arianischen Streites 318–328. Lfg. 1–2, Berlin/Leipzig 1934/35.

7   Dies ist zumindest für Band II der Fall; in Band III fehlen historische Anmerkungen – von den Texten abgesehen, die auch in Band II ediert sind – fast vollständig, ebenso jegliche einleitende Anmerkung, wofür Opitz, Zeitfolge heranzuziehen ist.

8   Hans-Georg Opitz, Untersuchungen zur Überlieferung der Schriften des Athanasius (AKG 23), Berlin/Leipzig 1935.

9   BBAW Acc. 487. Der größte Teil des noch vorhandenen Nachlasses befindet sich zur Zeit als Leihgabe in der Arbeitsstelle Athanasius Werke an der Friedrich-Alexander-Universität Erlangen-Nürnberg.

10   Vgl. in diesem Sinne auch Hanns Christof Brennecke/Uta Heil/Annette von Stockhausen, Athanasius Werke II 8. Die »Apologien«, Berlin/New York 2006, 11 mit Anm. 4.

11   Der letze Brief von Hans-Georg Opitz an Eduard Schwartz ist kurz vor dessen Tod datiert.

12   22.8.1858–13.2.1940. Zu Schwartz' Biographie vgl. Wolfhart Unte, Schwartz, Eduard, NDB 23 (2007), 797–799, zu seinem wissenschaftlichem Werk Eduard Schwartz, Gesammelte Schriften. Vierter Band: Zur Geschichte der Alten Kirchen und ihres Rechts, Berlin 1960, 329–343.

13   Die Briefe entstammen dem Nachlaß Eduard Schwartz in der Bayerischen Staatsbibliothek München, Signatur Schwartziana II A.

14   Vgl. v.a. den programmatischen Brief Nr. 26.

15   Vgl. Lietzmann, Bericht der Kommission für die kirchen- und religionsgeschichtlichen Studien im Rahmen der römischen Kaiserzeit, XC und Brief Nr. 1.

16   Später geändert in die Herausgabe des nachgelassenen Manuskriptes der Faszikel Cuthbert Hamilton Turner/Eduard Schwartz, Ecclesiae Occidentalis Monumenta Iuris Antiquissima I 2,2: Supplementum Nicaeno-Gallicum, Oxford 1939 und Cuthbert Hamilton Turner/Hans-Georg

Schwartz[17], oder die Edition des Pastor Hermae für die von Gustav Krüger verantwortete »Sammlung ausgewählter kirchen- und dogmengeschichtlicher Quellenschriften«.[18]

Daneben spielen in den Briefen aber auch Reaktionen auf Veröffentlichungen von Eduard Schwartz eine große Rolle sowie Ausführungen zur Arbeit anderer Wissenschaftler seiner Zeit.[19] Schließlich läßt sich an den Briefen auch ablesen, wie Opitz ein Kind seiner Zeit ist: Er berichtet z.B. von seinem Militärdienst[20], über die NSDAP[21], läßt sich über das »Germanische« aus[22].

Die Briefe sind insgesamt von einer tiefen Verehrung für das wissenschaftliche Werk von Eduard Schwarz geprägt, wobei durchaus eine Entwicklung über die acht Jahre hinweg zu beobachten ist: Ist der erste Brief noch eine ganz scheue Kontaktaufnahme mit Übersendung eines Sonderdruckes auf Anregung Lietzmanns[23] und bringt der zweite Brief einen Hinweis über ein für eine Veröffentlichung von Schwartz' interessantes Fundstück aus dem Codex British Library or. 8606, so wird der Ton im Laufe der Zeit doch immer vertrauter, spätestens seit der gemeinsamen Herausgabe der nachgelassenen Faszikel von Cuthbert Hamilton Turners EOMIA[24].

Die Briefe sind zum größten Teil mit Schreibmaschine geschrieben, dabei allerdings von handschriftlichen Korrekturen durchsetzt, die Postkarten sind z.T. auch handschriftlich.[25]

Die Edition ist nach den folgenden Grundlagen erstellt, die nicht zuletzt die Lesbarkeit des Textes gewährleisten sollen: Offensichtliche Tippfehler (wie die zuhauf auftretenden Buchstabendreher und Buchstabenverwechslungen) sind stillschweigend korrigiert, handschriftliche Korrekturen von Opitz im Text und über der Zeile sind ebenso nicht eigens ausgewiesen. Desgleichen stillschweigend wurden die fehlenden Akzente im Griechischen und Fehler im Syrischen[26]

Opitz, Ecclesiae Occidentalis Monumenta Iuris Antiquissima I 2,4: Supplementum Nicaeno-Alexandrinum, Oxford 1939. Vgl. die Briefe Nr. 13, 16, 21, 29, 30, 31, 33, 34 und 39.

17 Vgl. die Briefe Nr. 10, 20, 25, 26 und 27.

18 Vgl. Brief Nr. 29 und das Vorwort Wihelm Schneemelchers in der 2. Auflage von Franz Xaver von Funk/Karl Bihlmeyer, Die apostolischen Väter. Heft I 1 Didache, Barnabas, Klemens I und II, Ignatius, Polykarp, Papias, Quadratus, Diognetbrief, Tübingen 1924, die 1956 erschien.

19 Harnack, Wellhausen. Zu Harnack und Wellhausen vgl. auch Hans-Georg Opitz, Die Erforschung der Geschichte der alten Kirche, Geistige Arbeit. Zeitung aus der wissenschaftlichen Welt 5.10 (Mai 1938), 9–11, hier 9.

20 Vgl. Brief Nr. 11, 13, 41 und vor allem 38.

21 Vgl. Brief Nr. 21.

22 Vgl. Brief Nr. 29.

23 Vgl. unten S. 210.

24 Turner/Schwartz, Ecclesiae Occidentalis Monumenta Iuris Antiquissima I 2,2: Supplementum Nicaeno-Gallicum; Turner/Opitz, Ecclesiae Occidentalis Monumenta Iuris Antiquissima I 2,4: Supplementum Nicaeno-Alexandrinum.

25 Für die Transkription danke ich Carolin Murrer und Hanna Bischoff.

26 Für Unterstützung dabei danke ich PD Dr. Matthias Westerhoff.

bereinigt. Grammatikalisch notwendige Ergänzungen oder Tilgungen dagegen sind in spitzen bzw. eckigen Klammern vermerkt, völlig unverständliche Stellen sind mit *sic!* markiert. Die Zeichensetzung wurde – abgesehen von einigen sinnentstellenden Stellen – beibehalten.

Im Anhang[27] ist ein Brief von Opitz an Walter Eltester vom 7.4.1941 abgedruckt, der für die Geschichte der Edition des zweiten Bandes der »Athanasius Werke« insofern erhellend ist, als Opitz in ihm kurz vor seinem Tod zum einen seine Einschätzung des Stands der Edition mitteilt sowie zum anderen skizziert, wie er sich den Fortgang der Edition vorstellte.

1 Brief vom 9. Dezember 1932

Hans-Georg Opitz   Berlin-Friedenau, den 9. Dezember 1932
Lic. theol.   Albestr. 20.

Hochgeehrter Herr Geheimrat!

In Anlage erlaube ich mir, Ihnen einen Fahnenabzug meines Artikels über Theodorus Lector für Pauly-Wissowa[28] zu übersenden. Mir ist seiner Zeit die Ausgabe des Theodorus von der Kirchenväterkommission der Preussischen Akademie der Wissenschaften übertragen worden[29] und ich lege Ihnen nunmehr die Frucht der Arbeiten des vergangenen Jahres zur Begutachtung vor. Mein Lehrer, Herr Professor Lietzmann[30], ermunterte mich dazu.

Ich habe bisher mir ein handschriftliches Exemplar der Fragmente wie ich sie in den verschiedenen Manuskripten auf Grund von Fotos fand, angelegt. Die Tripartita habe ich auf Grund der Fotos vollständig durchgearbeitet und mir einen genauen Ueberblick über ihren Inhalt verschafft. Zu meiner Ausgabe der Urkunden zum arianischen Streit[31] konnte ich bereits den Text der Tripartita verwenden und vor allen Dingen für Sokrates in Verbindung mit dem Armenier sowie dem Syrer recht wichtige Feststellungen über die Güte der Ueberlieferung machen. Ich habe für einen anderen Zweck einen Aufsatz fertig gemacht, in dem ich auf Grund der Kenntnis der wichtigsten griechischen Handschriften und vor allem der Ueberlieferung bei Theodorus und dem Armenier und dem Syrer die Annahme von zwei Auflagen der Kirchengeschichte des Sokrates ein für alle Mal widerlegen werde.[32] Der Syrer zeigt allein schon, dass die Stelle mit dem

---

27 Vgl. unten S. 294.
28 Hans-Georg Opitz, Theodoros Anagnostes, RECA V A 2 (1934), 1869–1881.
29 Vgl. Günther Christian Hansen, Theodoros Anagnostes Kirchengeschichte (GCS 54), Berlin 1971, V.
30 Vgl. Hans-Udo Rosenbaum, Lietzmann, Hans, BBKL 5 (1993), 46–54 und Aland (Hrsg.), Glanz und Niedergang, 1–155.
31 Opitz, Athanasius Werke III/1–2.
32 Der Aufsatz ist nie erschienen, das Manuskript ist m.W. ebenfalls nicht erhalten.

Synodikon des Athanasius interpoliert ist. Für Sokrates wie für Theodorus muss ja noch die Tripartita des Cassiodor herangezogen werden.

Zu der Sitzung der Kommission Ende Dezember hoffe ich auch das druckfertige Manuskript meiner Abhandlung über die Ueberlieferung der Athanasiusschriften fertig machen zu können.[33] Wir haben ja noch nicht alle Schriften kollationiert. Das ist aber wohl auch nicht nötig, um eine Uebersicht zu erhalten. In Verfolg Ihrer Methode, Herr Geheimrat, habe ich besondere Aufmerksamkeit den Zitaten bei den verschiedenen Schriftstellern gewidmet. Besonders ergiebig waren Euthymius Zigabenus und Severus von Antiochien; Herr Professor Lebon[34] hat mir Zitate aus nicht weniger als 21 Schriften des Athanasius aus dem noch nicht publizierten Teile der Rede gegen Johannes mitgeteilt.[35] Eine der interessantesten Stellen dürfte die sein, an der Severus behauptet, die sog. expositio fidei werde von den Häretikern und zwar den Nestorianern Athanasius untergeschoben.[36] Damit ist doch für Ihre These betreffs der Herkunft des sermo maior[37] ein nicht unwichiger Beitrag gegeben. Ob für einen Monophysiten die Möglichkeit bestand zwischen Eustathius und Nestorius zu scheiden? Jedenfalls finden sich noch weitere interessante literaturgeschichtliche Notizen bei Severus, nach denen z.B. die Zählung der Arianerreden wie sie in dem sog. 21 Schriftenkorpus vorliegen die richtige ist.[38] Die Glosse im Cod. Paris. Coisl. 45 (S) bezüglich der Rede des Severus und der dort überlieferten Zählung der Arianerreden ist falsch, wie ein Vergleich mit dem Text lehrt.[39] Noch nicht habe ich mich <mit> dem Anlass der Entstehung der Athanasiuskorpora beschäftigt. Mir scheint das jetzt noch nicht möglich zu sein. Die dogmengeschichtliche Entwicklung zwischen dem Tode des Athanasius und dem Ephesenum ist noch zu ungeklärt, als dass ich Schlüsse wagen möchte. Denn in dieser Zeit müssen die Korpora, allerdings nicht die Sammlung der beiden Pariser Handschriften, entstanden sein, wie mir die Textgeschichte unter Heranziehung der Zitate usw. zu lehren scheint. Das dogmatische Korpus in S zeigt eine Vermengung der Texte des 21 Schriftenkorpus und des kleinen Korpus des Cod. Vatic. 1431.[40] Also es lassen sich heute noch keine Schlüsse über den Anlass der Entstehung der Korpora ziehen. Ist doch noch nicht einmal die gesamte Ueberlieferung der Fragmente des Eusthatius so bekannt (Cavalleras Buch[41] genügt nicht), dass

---

33 Erschienen als Opitz, Untersuchungen.
34 Joseph Lebon (1879–1957), Professor an der Universität Louvain.
35 Vgl. Opitz, Untersuchungen, 164–168 und vor allem 170–179.
36 Angeführt Opitz, Untersuchungen, 178.
37 Eduard Schwartz, Der s.g. Sermo maior de fide des Athanasius (SBAW.PPH 1924/6), München 1925, 57–63; vgl. auch die Bemerkung dazu in Opitz, Untersuchungen, 178.
38 Vgl. Opitz, Untersuchungen, 165–167.
39 Vgl. Opitz, Untersuchungen, 165.
40 Zu dieser nicht zu haltenden These vgl. auch (unter Verweis auf Georg Ludwig, Athanasii epistula ad Epictetum, Jena 1911) Opitz, Untersuchungen, 161.
41 Ferdinand Cavallera, Le Schisme d'Antioche, Paris 1905.

man genau sehen kann, was aus seiner Schule in die Athanasiuskorpora überge-
gangen ist. Von den anderen unechten Stücken, die sich in den alten Korpora
finden, kann man ja noch gar nicht reden. Ich beschränke mich demgemäss erst
einmal darauf, auf Grund der Kollationen zu einigen schlichten Ergebnissen für
die Ueberlieferung der Korpora zu gelangen. Uebrigens haben die Kollationen
für die historischen Schriften nichts Neues gegenüber Montfaucon ergeben.

Ich schliesse diesen Bericht an Sie, hochverehrter Herr Geheimrat, mit der
Bitte, von dem kleinen Artikel »Theodorus Lector«[42] Kenntnis zu nehmen und
mir gelegentlich Ihre Meinung über die von mir eingeschlagene Methode der
Fragmentensammlung bekanntmachen zu wollen.

Mit dem Ausdrucke der ehrerbietigsten Empfehlungen
verbleibe ich Ihr sehr ergebener
H. G. Opitz

2   Brief vom 22. Oktober 1933

Berlin-Friedenau, den 22. Okt. 1933
Albestr. 20.

Hochgeehrter Herr Geheimrat!

Vor einigen Wochen las ich in einer Ankündigung, dass Sie die Ausgabe
der Akten zum Akakianischen Schisma vorbereiten.[43] Dazu erlaube ich mir,
Ihnen eine kleine Mitteilung zu machen. Gelegentlich einer kurzen Reise durch
englische Bibliotheken fand ich in London unter den letzthin erworbenen orientalischen Handschriften einen syrischen Kodex, den das Britische Museum
von J. Rosenthal im Jahre 1914 erworben hat.[44] Dieser Kodex, geschrieben im
Jahre 723, enthält in syrischer Uebersetzung einen Brief Papst Felix III., die
soweit ich aus Baumstarks Angaben in seiner Literaturgeschichte ersehen kann
bisher nicht bekannt war.[45] Auch die sehr unzureichende Notiz von Moss über
die Handschrift im Journal of theol. Studies 30 (1929) S. 249ff.[46] erwähnt den
Brief des Felix nicht. In Anlage teile ich Ihnen meine Notizen mit.[47] Es wird Sie,

---

42   Opitz, Theodoros Anagnostes.
43   Erschienen als Eduard Schwartz, Publizistische Sammlungen zum Acacianischen Schisma
     (ABAW.PH 10), München 1934.
44   British Library, or. 8606. Die Handschrift wurde zuerst von Moss (A Syriac Patristic Manuscript)
     beschrieben. Neben Opitz (Das syrische Corpus Athanasianum) – vgl. die Ankündigung am
     Ende des Briefes – äußerte sich im selben Jahr auch Casey (A Syriac Corpus of Athanasian
     Writings) zu der Handschrift. Vgl. zum neueren Forschungsstand Robert W. Thomson, An
     Eighth-Century Melkite Colophon From Edessa, JThS 13 (1962), 249–258 und Robert W.
     Thomson, Athanasiana syriaca II (CSCO 272/73), Leuven 1967, 3 f.
45   Vgl. Thomson, An Eighth-Century Melkite Colophon From Edessa, 250 (Nr. 21).
46   Moss, A Syriac Patristic Manuscript.
47   Vgl. dazu auch die Bemerkung von Schwartz, Publizistische Sammlungen, 290.

Herr Geheimrat, gewiss interessieren, dass die Handschrift ein kleines Corpus Athanasianum enthält, und zwar 10 Schriften! Das war bisher nicht bekannt. Und der Fund wird um so interessanter als sich herausstellt, dass die Sammlung in Ordo und Text eine Mischung von den von Ihnen namhaftgemachten beiden kleinen Korpora des Cod. Ambros. D 51 und Vatic.gr. 1431 darstellt. Ich hoffe in der Lage sein zu können, demnächst eine Mitteilung über die Athanasiana und die noch in Handschrift enthaltenen Inedita des Amphilochius, Severian von Gabala und Sophoronius v. Jerusalem zu machen.

Mit den angelegentlichsten Empfehlungen

Ehrerbietigst

H-G Opitz

Cod Mus. Brit. or 8606[48] f. 125a

ܐܝܢܐ܇ ܘܥܡܕܡܚ ܐܚܡܡܚܐ ܘܘܙܘܘܡܚܐ ܘܚܗ ܚܚܙ ܡܐܘܙܗܡܡ ([sic!] κάταρσιν) ܘܩܗܙܚܐ ܡܙܘܐ ܐܚܡܡܚܐ ܘܐܝܚܡܚܐ ܐܡܘ ܦܚ

ܘܗܡܡ ܗܐܐ ܐܠܘܡ ܚܬܢܝ ܚܐܟܟܐܡܐ ܡܩܘܡܚܐ ܣܝ ܣܟܚܐܢܐ ܡܡ ܚܐܘ ܐܚܐ ܗܣܝ ܘܐܝܝܝܚܚ ܡܡ ܚܝܙ ܠܐ ܚܡܘܚܐ ܙܘܣܐ ܩܝܣܚܐ

ܚܘܗܐܟ ܘܚܙܢܡܚܘܐܚܐ ܘܩܟܐ ܘܩܡܐ ܐܙܝܚܚܐ   inc.: ...

..... ܘܚܢܐ ܘܚܕ ܡܡܚܚܢܘܐܚܐ ܘܡܚܚܚܘ ܡܡ ܚܐܚܐ ܚܟܩܐܒܐܝ   expl. f. 127ª

ܡܚܚܡܐ ܐܝܢܐ܇ ܘܡܝܣܚܐ ܚܡܚ ܩܚܚܚܚ ܚܡܚ ܘܘܙܘܘܡܚܐ ܩܩܐ ܘܘܙܘܘܡܚܐ ܡܙܘܐ ܘܐܚܚܣܢܝܐ ([in margine:] ? prob.: o) ܡܡ ܚܥܡܐ ܩܘܣܐ ܩܘܣܐ

ܚܗܡܘܢܝܐ ܚܐܒܝ ܚܙܢܐ ܡܘܡܡܝܚܝܢܡ ܡܡܚܡܚܐ ܚܐܢܣܝ ܣܢܗ ܣܝܡ ܣܝܡ ܘܥܢܐ ܘܥܢܐ ܚܠܐܐ ܗܚܚܚܒ ܗܐܘܠܡ ܡܥܘܣܐ ܚܡܥܚܣܐ

ܘܚܘܙ ܗܣܣܠܐ ܐܚܡ܀

Ich denke, der Brief ist der bei Migne PL 58,915 abgedruckte. »Thiel«[49] ist mir leider in den Berliner Bibliotheken nicht zugänglich![50]

3 Brief vom 18. November 1933

Hans-Georg Opitz   Berlin-Friedenau, den 18. Nov. 1933
Lic. theol.   Albestr. 20

Hochgeehrter Herr Geheimrat!

Für Ihre liebenswürdigen Zeilen betreffs des Felixbriefes gestatte ich mir, Ihnen meinen ergebensten Dank zu sagen. Ich konnte noch nicht eher Ihnen eine Mitteilung machen, ob Sie Photos des Briefes sofort erhalten können. Denn ich hatte mir in London an Ort und Stelle eine Reihe ausführlicher Notizen gemacht, da ich nicht sofort die ganze Handschrift photografieren lassen konnte, obwohl

---

48 Fehler sind stillschweigend beseitigt; zum Teil sind die Fehler offenbar beim Übertrag aus dem sich im Nachlaß Opitz befindlichen Notizbuch, das Opitz in London verwendet hatte, und in dem sich die richtige Lesart befindet, entstanden.

49 A. Thiel, Epistulae Romanorum Pontificum I, Braunsberg 1868.

50 Felix III, ep. 71, vgl. Otto Guenther (Hrsg.), Collectio Avellana. Pars I: Prolegomena. Epistulae I–CIV (CSEL 35/1), Wien 1895, 162–169; der griechische Text des Briefes ist ediert bei Schwartz, Publizistische Sammlungen, Collectio Vaticana Nr. 7 (139,4–140,28), vgl. auch die Bemerkung bei Opitz, Das syrische Corpus Athanasianum, 24 und Thomson, An Eighth-Century Melkite Colophon From Edessa, 250.

sie es wohl wert wäre. Die Rücksicht auf die finanzielle Lage der Kommission[51] ist ja immer sehr bestimmend, und da musste ich erst die Entscheidung von Herrn Professor Lietzmann einholen. Wir lassen nun doch einige Stücke photographieren und haben auch eine Bestellung für das Sie interessierende Stück mitgegeben. Sie werden also in kurzer Zeit über die Kommission die gewünschten Photos erhalten.

Die syrische Übersetzung der Athanasiana ist sehr interessant. Ich bin jetzt in der Lage, auf Grund einiger nicht gedruckter Zitate bei Philoxenus von Mabbuq, die ich mir aus London mitgebracht habe, genau das Alter der Uebersetzung zu bestimmen. Philoxenus zitiert Athanasius in der gleichen Uebersetzung wie sie in dem Korpus erhalten ist.[52] Wir haben damit also ein Korpus das ausgehenden 5. Jahrhunderts vor uns.[53] Ueberdies stimmt die griechische Vorlage der Uebersetzung hinsichtlich der Uebersetzung und auch in mehr als einer Beziehung im Ordo mit dem kleinen Kopus des Vatic. gr. 1431 überein. Da mir nun ausserdem gelungen ist, auf Grund einer Notiz in dem von Ihnen entdeckten Cod. Ambros. D 51 nachzuweisen, dass diese junge Handschrift von einer Vorlage abgeschrieben ist oder doch mindestens auf eine Handschrift zurückgeht, die ein Bischof von Alexandreia am Issos der dortigen Kirche geschenkt hat,[54] so wird durch diese drei Zeugen, den Syrer und die beiden Griechen, meine These von der Existenz eines antiochenischen Korpus im 5. Jahrhundert aufs Beste gestützt.[55] Ich werde über das syrische Korpus zu Beginn des neuen Jahres einen kleinen Aufsatz erscheinen lassen.[56] Über die Ueberlieferungsgeschichte des Syrers und die damit zusammenhängenden Fragen habe ich noch einen Abschnitt in meine jetzt in den Druck gehende Ueberlieferungsgeschichte der Schriften des Athanasius einfügen können.[57] Schliesslich möchte ich Ihnen, Herr Geheimrat, noch mitteilen, dass die Einfügung des Felixbriefes in das syrische Korpus nicht so verwunderlich ist,[58] da die Handschrift eine melkitische ist. Sie enthält auch den

---

51   In Folge der Weltwirtschaftskrise und den damit verbundenen Problemen der Hermann und Elise geborene Heckmann Wentzel-Stiftung litt die Kirchenväterkommission an ständigen Finanznöten, vgl. Stefan Rebenich, Theodor Mommsen und Adolf Harnack. Wissenschaft und Politik im Berlin des ausgehenden 19. Jahrhunderts. Mit einem Anhang: Edition und Kommentierung des Briefwechsels, Berlin/New York 1997, 139 Anm. 36.310 und Adolf von Harnack, Protokollbuch der Kirchenväter-Kommission der Preußischen Akademie der Wissenschaften 1897–1928, hrsg. v. Christoph Markschies/Stefan Rebenich, Berlin/New York 2000, 159.

52   Vgl. dazu auch Opitz, Das syrische Corpus Athanasianum, 30 f. und Opitz, Untersuchungen, 200.

53   Vgl. aber die Kritik an dieser Datierung bei Thomson, An Eighth-Century Melkite Colophon From Edessa, 251.

54   Vgl. Opitz, Untersuchungen, 81–85.

55   Vgl. Opitz, Untersuchungen, 189 f.

56   Opitz, Das syrische Corpus Athanasianum.

57   Opitz, Untersuchungen, 200–203.

58   Offensichtlich war dies von Schwartz in seinem Brief angemerkt worden.

Tomos Leos in syrischer Uebersetzung. Dazu eine Predigt Severians von Gabala, eine des Johannes Chrysostomus und zwei Prokluspredigten.

Mit ehrerbietigstem Gruss
Ihr sehr ergebener
H-G Opitz

4   Brief vom 9. November 1934

Hans Georg Opitz   Berlin SW 29, den 9. November 1934
Lic. theol.   Gneisenaustr. 112

Hochgeehrter Herr Geheimrat!

Für die so gütige Uebersendung Ihres Buches über das acacianische Schisma[59] erlaube ich mir, Ihnen meinen tiefempfundenen Dank zu sagen. Sie haben, Herr Geheimrat, meinen kleinen Beitrag zu dem grossen Werk überreich belohnt. Ich freue mich sehr, das Buch immer vor Augen haben zu können, wenn ich jetzt daran gehen muss, eine Reihe Artikel über Bischöfe gerade aus der von Ihnen behandelten Zeit zu schreiben.[60]

Die zweite Athanasiuslieferung wird in kürzester Zeit, sicher vor Weihnachten noch herauskommen,[61] und die dritte Lieferung[62] soll in den nächsten Tagen zu de Gruyter gehen.

Auch das Buch über die Ueberlieferungsgeschichte der Athanasiusschriften ist beinahe fertig korrigiert, wird also auch bald ausgedruckt werden können.[63]

Indem ich Ihnen, Herr Geheimrat, nochmals herzlichst für die schöne Gabe danke, bin ich mit ehrerbietigen Grüssen

Hans-Georg Opitz

---

59   Schwartz, Publizistische Sammlungen.
60   Hans-Georg Opitz, Theodoretos von Kyros, RECA V A 2 (1934), 1791–1801; Opitz, Theodoros Anagnostes; Hans-Georg Opitz, Theodoros v. Mopsuestia, RECA V A 2 (1934), 1881–1890; Hans-Georg Opitz, Theodotos von Ankyra, RECA V A 2 (1934), 1961–1962; Hans-Georg Opitz, Theophilos von Alexandrien, RECA V A 2 (1934), 2149–2165.
61   Athanasius Werke III Lfg. 2, Berlin 1935, 41–76, mit Urk. 19–34. Das Manuskript ist im Nachlaß Opitz, BBAW Acc. 487 Nr. 43 vorhanden.
62   Athanasius Werke II Lfg. 1, Berlin 1935 mit der Schrift De decretis Nicaenae synodi.
63   Vgl. oben Anm. 33.

5   Brief vom 7. Januar 1935

Hans-Georg Opitz   Berlin SW 29, den 7. Januar 35
Lic. theol.   Gneisenaustr. 112

Hochverehrter Herr Geheimrat!

Im Auftrag von Herrn Professor Lietzmann übersende ich Ihnen heute eine Abschrift meiner Antwort auf den Brief von Prof. Casey[64] an mich,[65] den Sie wohl bereits von Herrn Lic. Eltester[66] erhalten haben. Ich hoffe, dass Sie sich aus einer Vergleichung der beiden Briefe ein Bild über die Differenzen zwischen Casey und mir machen können. Damit Sie aber auch die von mir erarbeiteten Ergebnisse bezüglich der Ueberlieferungsgeschichte der Athanasiusschriften nachprüfen können, lege ich einen Korrekturabzug meines Buches (teils Umbruch, teils noch Fahnen) bei. Ich habe in Ihrer Kopie des Briefes an Casey jeweils auf mein Buch verwiesen (Zahlen mit Bleistift), damit Sie sich für die Konferenz mit Lake[67] schnellstens ein Bild von meinen Untersuchungen machen können, sofern es Ihre Zeit erlaubt.

Mit ehrerbietigen Grüssen

Ihr ganz ergebener

H-G Opitz

P.S. Darf ich um Rückgabe der Korrekturbogen gelegentlich der Konferenz mit Hülle bitten!

Brief vom 4. Januar 1935[68]

Hans-Georg Opitz   Berlin SW 29, den 4. Januar 1935
Lic. theol.   Gneisenaustr. 112

Sehr geehrter Herr Professor![69]

Ich beeile mich, Ihnen für Ihren Brief vom 24.11. 1934 mit der ausführlichen Würdigung meines Buches über die Ueberlieferung der Athanasiusschriften[70] zu danken. Besonders freue ich mich sehr darüber, dass ich Ihre volle Zustimmung habe, wann ich

---

64   Robert Pierce Casey, Professor an der Brown University Providence, vgl. James Neville Birdsall/ Robert W. Thomson (Hrsg.), Biblical and Patristic Studies. In Memory of Robert Pierce Casey, Freiburg u.a. 1963, 9 f.

65   Siehe den nachfolgenden Brief.

66   Walter Eltester (18.4.1899–3.12.1976), wissenschaftlicher Mitarbeiter an der Preußischen Akademie der Wissenschaften, vgl. Hannelore Braun/Gertraud Grünzinger, Personenlexikon zum deutschen Protestantismus 1919-1949, Göttingen 2006, 70.

67   Kirsopp Lake, Professor an der Harvard University Cambridge, Mass., vgl. Aland (Hrsg.), Glanz und Niedergang, 1250. Zur Konferenz vgl. den Brief Eduard Schwartz' an Hans Lietzmann vom 20.12.1934, abgedruckt Aland (Hrsg.), Glanz und Niedergang, Nr. 889.

68   Von Opitz dem vorangehenden Brief als Anhang beigefügt.

69   Sc. Robert P. Casey.

70   Das Original findet sich im Nachlaß von Hans-Georg Opitz, BBAW, Acc. 487.

den Ausgang für meine Untersuchungen von den Texten der einzelnen Hss. genom-
men habe. Aber noch mehr verpflichten mich zu herzlichstem Dank Ihre ausführlichen
Besprechungen einzelner Punkte meiner Darstellung, die mir ein besonders wertvoller
Ausdruck unserer Arbeitsgemeinschaft über den grossen Teich hinweg sind. Ihre Aus-
führungen haben mich veranlasst, noch einmal die von Ihnen berührten Punkte meiner
Untersuchungen zu überprüfen.

Allerdings gestehe ich, dass ich Ihre sehr tief gehende Skepsis gegenüber der Möglichkeit, feste Daten für die Ueberlieferungsgeschichte der Athanasiusschriften zu ermitteln,
nicht zu teilen vermag. Ich bin mir bewusst, dass wir abgesehen von dem wichtigen
Zeugnis bei Severus von Antiochien keinerlei ausdrückliche Berichte über die Ueberlieferung der Athanasiusschriften haben wie sie z. B. für Aristoteles vorliegen. Aber gerade
diese Tatsache zwingt uns dazu, die Ueberlieferung der Texte so zu prüfen, dass wir doch
aus ihnen Daten für die Ueberlieferungsgeschichte entnehmen können. Denn es kann
keinem Zweifel unterliegen, dass die Athanasiusschriften eine Ueberlieferungsgeschichte
gehabt haben, wenn uns auch keine Berichte darüber vorliegen. Darum sehe ich mich
gezwungen, gewisse Hypothesen zu entwickeln, die erst die empirisch erarbeiteten Tatbe-
stände verständlichen machen. Das ist doch nicht nur methodisch erlaubt, sondern auch
geboten. Gewiss werde ich, der ich damit begonnen habe, am meisten zulernen müssen –
dazu bin ich bereit, denn ich kenne noch nicht alle Varianten der Hss. und alle Texte der
Zitate. Ich will damit beginnen, indem ich auf Ihre Bemerkungen eingehe.

28 ff. 1) Die Doxapatresausgabe. Zunächst, die Blätter mit den Doxapatresversen am
Beginn der Hs. Cod. Basil. A III 4 sind nicht blosse Schutzblätter, wie Wallis behauptet,[71]
sondern diese Blätter enthalten von der Hand des ersten Schreibers, der fast die ganze
Hs. kopierte, die fraglichen Verse, den Pinax und dann d. Photiusurteil über Athanasius.
Ein Korrektor könnte vielleicht, obgleich mir das nicht sicher ist, vor das Gedicht τοῦ
δοξαπάτρου geschrieben haben, jedoch spielt das Wort wirklich keine Rolle, da der Name
Doxapatres in dem Gedicht selbst vorkommt. Dass das Gedicht in den Deszendenten
der Doxapatresausgabe, also in Cod. Vatop. 5, Cod. Laur. S. Marco 695 und Ambros.
464 nicht begegnet, macht keinerlei Schwierigkeiten; denn alle diese Hss. verraten eine
Ueberarbeitung der Ausgabe in Text und Ordo, wie ich gezeigt habe.[72] Man ließ bei
dieser Revision auch dies Gedicht fort. Ich denke nun den Inhalt der Verse in meinem
Buch richtig wiedergegeben zu haben. Wie die Absicht des Gedichtes zu verstehen ist,
wenn man es nicht mit der Ausgabe in Verbindung bringt, weiss ich schlechterdings
nicht. Es ist doch recht merkwürdig, für eine Appellation an den Kaiser den Kirchenvater
und seine Schriften (φαίνουσι λόγοι) als Protektor zu bemühen. Nun zugegeben Ihre
Skepsis wäre berechtigt, dann bliebe doch immer noch die Tatsache, dass in B eine
Ausgabe der Schriften des Athanasius vorliegt, die deshalb so wichtig ist, weil sie das
beste Material in sich vereinigt. Im ganzen scheint mir die Arbeit des Doxapatres nur
darin bestanden zu haben, gute Hss. ausfindig zu machen und diese zu einem Korpus
möglichst aller bekannten Athanasiusschriften zu vereinigen. Ich möchte Ihnen nun noch
sagen, dass ich mir für meine These einen schlagenden Beweis habe entgehen lassen;

---

71 Frederic Wallis, On Some Mss of the Writings of St. Athanasius: Part II, JThS 3 (1902), 245–255,
    hier 246.
72 Opitz, Untersuchungen, 182.

Msgr. G. Mercati[73] hat mich ungewollt darauf aufmerksam gemacht. Er schickte mir kürzlich die Fahnen seines neuesten Buches über genuesische und messinesche Hss.,[74] weil ich ihm einige Mitteilungen über die Hs. aus dem Escurial (E)[75] gemacht habe. Mercati ist ebenso wie ich der Meinung, dass Nilus und Nicolaos Doxapatres identisch sind, dass dieser Mann die Erkärung der Gedichte des Gregor von Nazianz schrieb, die Kanonessammlung neu kopierte, und schliesslich der Verfasser der Schrift de oeconomia (Migne PG 120, 1292) ist. Und Mercati führt in seinem Buche ausführlich aus, dass D. auch der Autor der Sammlung der Athanasiusschriften in B sei.[76] Mir sind seine Ausführungen um so wertvoller als Mercati unabhängig von mir zu gleichen Resultaten gekommen ist. Was nun für uns wichtig ist, Mercati hat mit Recht die Glossen in B zum Beweise der Autorschaft des D. für die Sammlung in B herangezogen. Eine Glosse wie die, die Sie bei Migne PG 26, 547 zu ep. I ad. Serap. 6 finden, und die eine Erörterung über den Bibeltext unter Heranziehung der Vulgata enthält, kann nur ein Mann wie D., der als Süditaliener oder Sikeliot sicher zweisprachig war, geschrieben haben. Und in der Tat ich habe alle älteren Hss. also z.B. Patm. 3 nachgeschlagen und feststellen können, dass sich wohl eine Reihe Glossen bereits in dieser Hs. finden, die dann in B. wiederkehren, aber gerade dies interessante Scholion fehlt und findet sich zuerst in B. Schliesslich finden Sie in der editio Commeliniana des Athanasius[77] unter Felckmanns Noten zu p. 350 v. 40 eine Glosse, die gleichfalls nur in B vorkommt und wie die erste auf die ernste Editorentätigkeit des Doxapatres schliessen lässt. Damit ist aber meine eigentliche These, dass B eine Ausgabe des Athanasius darstellt, vollauf bestätigt. Wird es unter diesen Umständen nun nicht das Beste sein, das seltsame Gedicht, das sich in der getreusten Kopie der Ausgabe findet, auch in dem Original zu vermuten. Ich gebe zu, die von mir sogenannte Doxapatresausgabe ist im strengen Sinn eigentlich keine Ausgabe – wenn sich auch wohl hier und da eigenartige Lesearten finden – , sondern eine Vereinigung mehrerer, wie ich glaube drei, selbstständiger Korpora, also die Ausgabe ist eine Arbeit wie sie Doxapatres auch auf kanonistischem Gebiet geleistet hat. Und schliesslich wir sind uns darin einig, dass die B.-Sammlung der Komnenenzeit angehört. Ihre Vorschläge für das Verständnis der Doxapatres sind zu erwägen – ich habe mit Bedacht die vielerlei Angaben bei Lingenthal[78] nicht wiederholt, weil diese Einzelheiten wenig für die Athanasiusausgabe hergeben. Mercati hat mich jetzt belehrt, dass man diese Dinge ganz anders anfassen muss. Doch darüber wird später zu handeln sein.

---

73 Giovanni Mercati, Kardinal und Präfekt der Biblioteca Apostolica Vaticana, vgl. Aland (Hrsg.), Glanz und Niedergang, 1254.

74 Giovanni Mercati, Per la storia dei manoscritti greci di Genova, di varie badie basiliane d'Italia e di Patmo (StT 68), Città del Vaticano 1935.

75 Codex Scorialensis Ω III 15 (548), vgl. Opitz, Untersuchungen, 61–65.

76 Mercati, Per la storia dei manoscritti greci di Genova, 76 Anm. 2; vgl. auch Mercati, Per la storia dei manoscritti greci di Genova, 330 f. und den dort zitierten Brief Opitz' an Mercati vom 4.1.1935.

77 Τοῦ ἐν ἁγίοις Πατρὸς ἡμῶν Ἀθανασίου Ἀρχιεπισκόπου Ἀλεξανδρείας τὰ εὑρισκόμενα ἅπαντα. B. Athanasii Archiepiscopi Alexandrini Opera quae reperiuntur omnia, in duos tomos tributa. Graece nunc primum (ex Mss. Codd. Basil. Cantabrig. Palatt. & aliis) in lucem data, cum interpretatione Latine Petri Nannii Alcmariani, & aliorum ubi illi desiderabatur. Accesserunt Fragmenta varia: Notae variarum lectionum: Index triplex, Heidelberg 1600/1601.

78 Karl Eduard Zachariä von Lingenthal, Die Synopsis canonum. Ein Beitrag zur Geschichte der Quellen des kanonischen Rechts der griechischen Kirche, SPAW 1887, 1147–1163, hier 1159–1161.

vgl. Fahne 94 2) Die Florentiner Athanasiuskatene[79] s.g. sermo maior und Cod. D (Ambros. D 51) S. 81ff.. Die Schwierigkeiten, die die Komposition der aus zwei Teilen bestehenden Katene macht, hat doch Schwartz auch gesehen. Wie er zu einer Lösung des Problems gekommen ist, erscheint mir allerdings überzeugend. Nun ist aber für meinen Beweis bezüglich des antiochenischen Korpus gar nicht die Athanasiuskatene das Fundament, sondern die Schwartz noch nicht bekannte Tatsache, dass der Text vieler in D überlieferter Traktate durch Theodoret bezeugt ist, dazu gehört auch de incarnatione und der sogenannte sermo maior (vgl. Schwartz[80] S. 49). Ich habe ausdrücklich gesagt, dass wir in D und in den verwandten Hss. Z K W N Syr.[81] nur Reste des antiochenischen Korpus vor uns haben.[82] Das ganze antiochenische Korpus lässt sich nur annähernd rekonstruieren, wie ich es getan habe (vgl. Fahne 100).[83] Dass die Athanasiuskatene 103 Athanasiusexerpte einer Katene entnehmen konnte, finde ich nicht so erstaunlich, wenn wir, wie wir jetzt wissen und was Sie wohl meinem Buch entnommen haben vgl. Fahne 84, eine so große Fülle von Exzerpten aus 23 Schriften des Athanasius allein in einer Schrift des Severus von Antiochien überliefert haben.[84] Damit kann nicht einmal die Athanasiuskatene konkurrieren. Schliesslich möchte ich annehmen, dass sich ziemlich genau die Herkunft der Athanasiuskatene feststellen lässt. Schwartz kannte das fragliche Stück aus Severus c. Grammaticum noch nicht. Severus sagt ausdrücklich, dass er die Zitate aus dem sermo de fide einer Katene des Macedonius v. Konstantinopel entnommen habe, der Stücke aus diesem Traktat mit anderen genuinen Athanasiusschriften zusammengestellt habe. Der Bequemlichkeit halber zitiere ich nach Lebons Uebersetzung (Bd. 6 Versio S. 99, 14ff.) 28 ff.[85]:

> Iam vero hanc ipsam orationem, quam bonus iste Grammaticus »dog-
> maticam« inscriptam esse posuit, »de fide« inscripsit Macedonius, qui fuit
> antistes regiae civitatis: qui huiusmodi librum locorum corruptorum compo-
> suit, cum iis, qui eandem ac ipse impietatem sectabantur; et multa testimonia
> ex hac conficta oratione dogmatica desumpta sparsit in aliis genuinis ora-
> tionibus sancti Athanasii, eaque apposuit et ex illis genuinis orationibus ea
> esse deprompta titulis indicavit, ut censeretur tam nominatus doctor in mul-
> tis diversisque orationibus ista abominanda atque anthopolatriae faetorem
> spirantia verba protulisse.

Liegt es nun nicht sehr nahe, in/der prochalkedonischen Florentiner Athanasiuskatene, die doch Stücke aus dem sermo maior und aus den echten Schriften miteinander
verbunden enthält, wenigstens Reste der Katene des Macedonius wiederzuerkennen?

---

79 Codex Laurentianus IV 23.
80 Schwartz, Sermo maior.
81 Z: Codex Vaticanus gr. 1431, K: Codex Athous Vatopediou 5/6, W: Codex Athous Vatopediou 7,
    N: Codex Marcianus gr. 50, Syr: Codex Londinensis org. 8606.
82 Opitz, Untersuchungen, 192.
83 Opitz, Untersuchungen, 202.
84 Opitz, Untersuchungen, 170–179. Vgl. jetzt auch Chr. Lash, Saint Athanase dans les écrits de
    Sévère d'Antioche, in: Charles Kannengiesser (Hrsg.), Politique et théologie chez Athanase
    d'Alexandrie. Actes du colloque de Chantilly 23 - 25 septembre 1973 (ThH 27), Paris 1974,
    377–394.
85 Joseph Lebon, Severi Antiocheni Liber contra impium grammaticum orationis tertiae pars
    posterior (CSCO 102/103), Louvain 1933.

Fahne 73 unten 3) Das Urteil des Photius über die Schriften des Athanasius in W[86] und B[87].[88] Von Anfang an war mir der Zusammenhang des Exzerptes in W B mit den Texten der Bibliothek klar. Ich musste aber feststellen, dass in dem scheinbaren Auszug aus der Bibliothek eine Anzahl Schriften des Athanasius genannt sind, die niemals in der ganzen Bibliothek des Photius vorkommen c. gentes, de incarnatione, adv. Apollinarium, Psalterkommentar. Ferner ist cod. 32 der Bibliothek in dem Exzerpt nicht berücksichtigt. Sollte das Exzerpt nicht von Photius herrühren, dann wäre doch der Text zum mindesten in die Zeit des Photius zu datieren, wie die Ueberlieferung lehrt, denn in W aus dem Jahre 1055 steht er ja nicht zum ersten Male.

Fahne 96 4) De incarnatione und die kürzere Rezension.[89] Ich gebe zu, dass ich auf Fahne 96 nochmals ihren vorher von mir bereits zweimal zitierten Aufsatz hätte nennen sollen, ich werde das noch in den Satz eintragen. Aber was wichtiger ist: ich habe doch wohl ihre erste Meinung von 1926 richtig referiert, da Sie S. 270 schreiben:[90] Probably the Athens text (also die kürzere Rezension) is the first edition and the Vulgata the second. This is the view which we are inclined to adopt. Dass Sie nachher 1930 ihre Meinung änderten und die Vulgata vor die kürzere Rezension stellten, macht wenig für unseren Meinungsunterschied aus. Sie sind doch heute noch der mir allerdings ganz unverständlichen Meinung, eine dogmatische Ueberarbeitung liege in der kürzeren Rezension nicht vor.[91] Ich glaube zum mindesten das gezeigt zu haben, wenn ich mich auch in der Zuweisung an Diodor oder an seinen Kreis gern eines Besseren belehren lassen würde. Aber da Sie nun überdies der grundsätzlichen Ansicht sind, dass dogmatische Varianten nichts für ein früher oder später einer Ueberarbeitung hergeben, so weiss ich nicht, wie man dann überhaupt etwas beweisen will. Wir müssen doch die nicht hinwegzudeutende sachliche schwere Diskrepanz der beiden Rezensionen in c. 25 erklären. Davon sind wir durch nichts dispensiert. Die von Ihnen berufenen literarischen Varianten können doch auch von späteren Sammlern und Schreibern gemacht worden sein. Daher halte ich mich an die dogmengeschichtlichen belangvollen Varianten und muss von diesen und den Tatsachen der Ueberlieferungsgeschichte ausgehen. Ich glaube fernerhin mit dem Zitat aus Euseb, das mir besser zu passen scheint als das von Lebon angeführte, bewiesen zu haben, worauf es Athanasius in der Vulgata bezüglich der gelegentlichen Erwähnung der Trennung des Logos vom Leibe ankommt, nämlich auf die soteriologische Funktion, während die kürzere Version das Problem als ein christologisches im Sinne der Diskussionen mit den Apollinaristen anfasst. Wenn ich nun Theodorets und Leontius' Zeugnis für die kürzere Rezension herangezogen habe, so tat ich das, um Ihren und Lebons[92] Beweis für die Echtheit der kürzeren Rezension abzuschwächen. Denn vorher hatte ich gezeigt, dass Theodoret fast ausschliesslich das antiochenische Korpus benutzt, indem nun, wie ich meine, auch de incarnatione in der kürzeren Rezension vorkommt. Leontius' Zeugnis

---

86 Codex Athous Vatopediou 7.
87 Codex Basiliensis A III 4.
88 Vgl. Opitz, Untersuchungen, 145.
89 Opitz, Untersuchungen, 192–200.
90 Kirsopp Lake/Robert Pierce Casey, The Text of the De Incarnatione of Athanasius, HThR 19 (1926), 259–270.
91 Opitz, Untersuchungen, 194 Anm. 1.
92 Joseph Lebon, Pour une édition critique des oeuvres de Saint Athanase, RHE 21 (1925), 524–530, hier 524 f.

gibt überhaupt nichts her, da er ein viel zu später Zeuge ist. Wer weiss, ob er nicht gerade das Zitat aus de incarnatione einer monophysitischen oder nestorianischen Katene entnommen hat? Daher, es gibt kein Zeugnis für de incarnatione in der kürzeren Fassung, das nicht sofort als von dem antiochenischen Korpus abhängig erwiesen werden könnte, wenn man nicht de incarnatione von der Ueberlieferung der übrigen Schriften trennt. De incarnatione wird im 5. Jahrhundert immer da in der kürzeren Fassung bezeugt, wo auch die übrigen Athanasiusschriften sich als von dem antiochenischen Korpus abhängig erweisen. Das ist das Schwerwiegendste in dem Beweis, den ich geliefert habe. Ich weiss nicht, wie Sie ihre Auffassungen damit vereinigen können.

Schliesslich, was Sie über den angeblich von mir konstatierten Zusammenhang des monophysitischen Florilegs in Cod. Vatic. gr. 1431, das Schwartz in seiner bekannten Abhandlung herausgegeben hat,[93] mit dem von mir besprochenen syrischen Korpus sagen, beruht wohl auf einem Irrtum. Ich habe in meinem Buch wie auch in meinem Aufsatz (Zeitschr. f. neutest. Wiss. 1934 S. 18ff.)[94], den ich Ihnen doch geschickt habe, stets den Syrer mit dem kleinen Athanasiuskorpus im Vatic. gr. 1431 zusammengestellt, und das ist doch richtig. Ihre Gegenüberstellung auf S. 7 erübrigt sich deshalb wohl. Wie Sie wohl wissen, ist es mir gelungen, exakt die syrische Uebersetzung zu datieren.

Soviel über Ihre Bemerkungen. Bei mir hat sich in den letzten Monaten mancherlei Material für die Überlieferungsgeschichte des Athanasius angesammelt, das ich auch nicht mehr in einem Vorwort als Nachtrag zu meinem Athanasiusbuche unterbringen kann. Ich will deshalb in Zeitschriftenaufsätzen, dies Material vorlegen. Vor allem will ich nunmehr den Text der Zitate bei Severus untersuchen, da jetzt Lebons vollständiger Text vorliegt. Ich will damit selbst eine Nachprüfung meiner Ergebnisse vornehmen. Und dann scheint es mir doch sehr verlockend, noch die Scholien zu untersuchen, was ich bisher unterlassen habe. Ihnen, Herr Professor, möchte ich den Vorschlag machen, Ihrerseits meine Untersuchungen zu überprüfen, indem Sie die Ueberlieferungsgeschichte des armenischen Korpus untersuchen, das mir leider bisher eine terra incognita ist. Sie werden damit sicher über meine Ergebnisse herauskommen, wenigstens aber viele Ergänzungen liefern können. Ganz besonders gespannt bin ich auf Ihre Ausgabe des sermo maior.[95] Mir scheint, als ob auf dem hier vorgeschlagenen Wege in der bewährten Zusammenarbeit zwischen uns, doch der Block der Athanasiusüberlieferung ein gutes Stück weiterbewegt werden könnte. Mir liegt nun sehr daran ständig die Ergebnisse meines Buches einer neuerlichen Prüfung zu unterwerfen und dadurch zu einem Ziele zu gelangen.

Sie erhielten wohl kürzlich von mir, meinen Aufsatz zur Chronologie der Urkunden.[96] Auch werden Sie gleichzeitig die gewünschten Photos aus B bekommen. Den Cod. Laur. IV 23 haben wir vollständig in einem Film, Sie haben die Güte mir zu schreiben, was Sie aus der Hs. haben wollen, damit ich die Abzüge herstellen lassen kann.

---

93   Eduard Schwartz, Codex Vaticanus gr. 1431 eine antichalkedonische Sammlung aus der Zeit Kaiser Zenos (ABAW.PH XXXII 6), München 1927.
94   Siehe oben Anm. 33.
95   Robert Pierce Casey, The Armenian Version of the Pseudo-Athanasian Letter to the Antiochenes and of the Expositio Fidei. With Some Fragments of the Apocryphal Ezekiel (StD 15), London u.a. 1947.
96   Opitz, Zeitfolge.

Mit den besten Wünschen für Ihre neue Tätigkeit an der Brown University[97], die
Sie doch in die Ihnen sympathischere Gegend als Cincinnati[98] geführt hat, und in der
Hoffnung Sie recht bald einmal wieder in Europa zu sehen , bin ich mit den besten
Grüssen

Ihr sehr ergebener

O.

6   Brief vom 10. April 1935

Berlin SW 29, den 10.4.35
Gneisenaustr. 112

Hochverehrter Herr Geheimrat!

Heute sind die Fahnen Ihrer Rezension der zweiten Lieferung der Athanasiusausgabe[99] an Sie abgegangen. Herr Dr. Wentzlaff[100] von der DLZ hatte
mich gebeten, die Fahnen auf Grund Ihres Manuskriptes zu korrigieren, da sich
gerade in den griechischen Wörtern recht viele Fehler eingestellt hatten. Ich
habe diese Arbeit getan, indem ich Ihr Einverständnis voraussetzen zu dürfen
glaubte. Ich möchte Ihnen, hochverehrter Herr Geheimrat, bei dieser Gelegenheit
sehr herzlich dafür danken, dass Sie so schnell und so gründlich meine Arbeit
besprochen haben. Gerade aus der vorliegenden Rezension habe ich in den
mannigfachen Bemerkungen, die Sie meinem Aufsatz gewidmet haben, viel für
die noch vor mir liegende Arbeit sachlich wie methodisch gelernt.

Ich erlaube mir nur zu zwei Bemerkungen von Ihnen etwas zu sagen. Sie
haben in der Rezension der ersten Lieferung wie auch jetzt jedesmal einen
Druckfehler festgestellt. Zu S. 6,3 (Urk. 4a) sagten Sie, αὐτοῖς sei wohl ein
Druckfehler. Das trifft nicht zu. Vielmehr αὐτοῖς liest die gesamte Ueberlieferung.
Ich habe das übersehen, und Ihre Besserung nunmehr als von Ihnen stammend
in den Abdruck der Urkunde in dem Anhang zu de decretis eingetragen.[101]
Das Gleiche gilt für S, 60,3 πανώλου; diese anomale Form steht in der gesamten
Ueberlieferung. Ich glaubte, diese Form doch stehen lassen zu müssen.

Nun habe ich noch ein weiteres Anliegen. Herr Pf. Rucker aus Oxenbronn[102]
hatte sich als einziger nach vergeblichen Anfr bei anderen Herren bereit erklärt,

---

97 Casey war seit 1934 Professor und Head of the Department of Biblical Literature and History of
    Religion an der Brown University; vgl. Birdsall/Thomson (Hrsg.), Biblical and Patristic Studies,
    9.
98 Casey war zuvor in verschiedenen Funktionen von 1924 bis 1933 an der Universität in Cincinatti
    tätig; vgl. Birdsall/Thomson (Hrsg.), Biblical and Patristic Studies, 9.
99 Eduard Schwartz, Rez. H.-G. Opitz, Athanasius Werke III Lfg. 2, Berlin 1935, 41–76, DLZ 56
    (1935), 715–720.
100 Friedrich Wilhelm Wentzlaff-Eggebert, seit 1934 Herausgeber der Deutschen Literaturzeitung.
101 Opitz, Athanasius Werke II/1–7, 31,22.
102 Ignaz Rucker (1879–1957), katholischer Pfarrer von Oxenbronn bei Günzburg, vgl. Hubert
    Kaufhold, Oriens Christianus. Hefte für die Kunde des christlichen Orients. Gesamtregister für
    die Bände 1 (1901) bis 70 (1986), Wiesbaden 1989, 18 f.

den Nestoriusartikel für Pauly-Wissowa zu schreiben.[103] Er hat nun tatsächlich nach 8 Wochen ein grande opus abgeliefert – 150 Quartseiten eng beschrieben. Dieses Manuskript kann natürlich nicht in Pauly-Wissowa aufgenommen werden. Ich habe die Sache so redigiert, dass ein kurzer Abriss der Geschichte des N. gedruckt wird. Das übrige ist aber recht beachtlich. Rucker hat eine ganze Ueberlieferungsgeschichte für die Fragmente des N. geschrieben. Ich habe nun mit Herrn Professor Lietzmann gesprochen und ihm gesagt, dass mir diese Arbeit recht beachtlich zu sein scheint. Herr Professor Lietzmann hat mir nun geraten, Ihnen von diesem Manuskript zu schreiben und Sie zu fragen, ob Sie bei der Münchener Akademie diese Arbeit unterbringen können. Gewiss liessen sich an dem Manuskript einige Glättungen vornehmen und im Aufbau etwas strengere und klarere Linien durchführen, aber diese Arbeit leistet kaum so schnell und vollständig irgend ein anderer der deutschen Patristiker. Mir scheint, dass es geboten wäre, dass Rucker auch noch den Text der Fragmente durchgehend bearbeitet. Was dann vorläge, wäre wohl eine sehr respektable Anwendung Ihrer Arbeit an den Konzilsakten. Und die hat noch niemand zu einer Arbeit benutzt. Man könnte also an der Ruckerschen Arbeit auch sehen, zu welchen Möglichkeiten die Konzilsakten die Wege geöffnet haben. Ich bitte Sie, Herr Geheimrat, mir Ihre Meinung zu schreiben, damit ich Rucker etwas schreiben kann. Vorläufig habe ich ihm mitgeteilt, dass seine Arbeit viel zu lang ist, als dass sie bei PW erscheinen könnte. Es wäre aber schade, wenn seine Gelehrsamkeit nicht zum Nutzen anderer verwendet werden könnte. Ich lege Ihnen die Disposition der Arbeit bei, woraus Sie die Einzelheiten vorläufig ersehen mögen. Auf Wunsch schicke ich Ihnen sofort das Manuskript, das ich aber heute nicht beilege, weil ich weiss, welche Umstände die ganze Sache wohl Ihnen machen wird. Ich habe mehrere Briefe an Rucker geschrieben und ihm den Plan des Artikels, wie ich ihn mir dachte, genau dargelegt. Dass das Resultat allen Beteiligten Mühe macht, ist Ruckers Schuld und seiner Beschränkung auf Nestorius zu Gut zu schreiben.

Wir drucken und korrigieren schon an/der dritten Lieferung des Athanasius, das Manuskript für die vierte ist beinah fertig. Vielleicht wird es Sie interessieren zu hören, dass ich festgestellt habe, dass Ps. Dionysius Tellmahre die uns nur fragmentarisch bekannte syrische Uebersetzung des Sokrates benutzt und auf weite Strecken hin wörtlich überliefert. Damit ist eine sehr wichtige Vervollständigung der wichtigen syrischen Ueberlieferung ermöglicht.

Ich hoffe, dass ich mit der Ruckerschen Sache nicht zu sehr Ihre Zeit in Anspruch nehme.

Mit den besten Empfehlungen
bin ich Ihr sehr ergebener H. G. Opitz

---

103 Den Artikel über Nestorius sollte zunächst Eduard Schwartz schreiben; dieser bat dann jedoch Hans Lietzmann darum, unter seinen Schülern einen Ersatz zu finden, vgl. den bei Aland (Hrsg.), Glanz und Niedergang, 792 f. unter Nr. 889 abgedruckten Brief von Eduard Schwartz an Hans Lietzmann vom 20.12.1934.

7 Brief vom 20. Oktober 1935

Berlin den 20. Oktober 1935
Gneisenaustr. 112

Hochverehrter Herr Geheimrat!

Mein Freund Eltester[104] gab mir vorgestern die Korrekturbogen Ihres grossen Aufsatzes über das 4. Jahrhundert[105] zu lesen. Ich habe mich sofort an das Studium der Arbeit gemacht, da sie ja für mich von höchstem Interesse ist. Der Zufall wollte es auch, dass ich seit den letzten Wochen mich mit den Festbriefen und vor allem den verschiedenen Osterdatierungen befasst hatte. Nur eins fiel mir auf – Sie schreiben auf Fahne 2 zu ï: »mit der zweiten Hälfte des Briefes sind die Ansagen des Ostersonntages und der Fasten verloren gegangen«. Auf Fahne 5 wiederholen Sie das zu nr. 10. Tatsächlich ist nun die Angabe des Festes und der Fasten in dem Brief erhalten. Allerdings kann man sich in dem von Cureton so wenig bequem gemachten Abdruck des Syrers leicht in der Zuteilung der einzelnen Stücke der Handschrift irren. Der von Ihnen vermisste Teil des Briefes mit den Daten steht bei Cureton[106] auf S. (52), 5ff. Diese Daten sind für Ihren Beweisgang um so wichtiger, als aus ihnen hervorgeht, dass man nun klar zeigen kann wann Athanasius die Quadragesimalfasten eingeführt <hat>, zwischen Nov. 337 und Febr. 338. Das ist der späteste Termin, wenn es noch Leute geben sollte, die sich Ihrem Beweisgang mit dem Serapionbrief nicht anschliessen wollen, wegen der Subskription: aus Rom. Der Beweis auf Fahne 3 lässt sich also durch den 10. Brief noch genauer machen. Uebrigens muss ja in dem Text des 11. Briefes etwas nicht stimmen. Denn das Fasten der Osterwoche wird für den 14.–17. Pharmuthi angegeben und Ostern auf den 20. Pharmuthi angesetzt. Ich meine die ersten Zahlen sind nach der Osterzahl zu korrigieren. Schliesslich fällt mir im Zusammenhang mit ihren Darlegungen über den Uebergang von dem Fasten der Karwoche zu dem Quadragessimalfasten auf, dass in den Briefen für 338 und die folgenden Jahre immer noch das Karwochefasten neben der Quadragesima notiert wird. Bei dieser Gelegenheit möchte ich Sie, Herr Geheimrat, noch darauf hinweisen, dass tatsächlich die Ausgabe von Cureton zu wünschen übrig lässt. In der englischen Uebersetzung, die in der library of fathers unter dem Protektorat von Newman und seinen Gesinnungsgenossen herausgekommen ist,[107] hat Cureton noch ein paar Stücke aus der Handschrift

---

104 Vgl. oben Anm. 66.
105 Eduard Schwartz, Zur Kirchengeschichte des 4. Jahrhunderts, ZNW 34 (1935), 129–213, wieder-abgedruckt in Schwartz, Gesammelte Schriften IV, 1-110.
106 William Cureton, The Festal Letters of Athanasius Discovered in an Ancient Syriac Version, London 1848.
107 The Festal Epistles of S. Athanasius, übers. v. Henry Burgess, eingel. v. H. G. Williams, Oxford 1854.

nachträglich zur Publikation freigegeben,[108] es handelt sich um solche Stücke, die Sie schon Gött. Nachr. 1911, 472[109] vermisst haben. Die englische Uebersetzung steht unvergleichlich über Larsow[110], es sind hier ganz ausgezeichnete sachliche Bemerkungen beigesteuert. Allerdings in den chronologischen Dingen kann man von einer Arbeit aus dem Jahre 1854 nicht viel verlangen, um so besser sind die aufgewiesenen Parallen zu den übrigen Schriften des Athanasius und zu den Osterbriefen Cyrills. Ich nehme die Gelegenheit wahr, um Ihnen zu sagen, wie wichtig mir eine systematische Suche nach den koptischen Fragmenten zu sein scheint. Die Entdeckung von Schmidt vor 38 Jahren[111] ist doch bedeutungsvoll genug. Ich bitte Sie, Herr Geheimrat, bei der nächsten Sitzung in dieser Sache darauf zu dringen. Leicht wird es ja nicht sein, alle die vielen koptischen Fetzen, die in Europa verstreut sind, durchzumustern.

Schliesslich verbinde ich damit noch eine Anfrage. Haben Sie eine Photokopie des Veronensis 60? Lietzmann besitzt eine sehr kleine Kopie der wichtigsten Teile, also historia Athanasii und die Serdikaurkunden usw. Wir wären durchaus mit den nötigen und interessanten Stücken versehen. Aber wie gesagt, die Kopie ist sehr schlecht. Und manchmal kann man sehr im Zweifel über die richtige Lesung sein. Darum wäre mir eine bessere Kopie sehr erwünscht. Ich hörte einmal davon, dass Turner[112] noch den Veronensis hat setzen lassen, aber der Verlag hätte den Druck nicht fertig gestellt.[113] Vielleicht kann man von dort das Material bekommen.

Indem ich Ihnen, Herr Geheimrat, aufrichtigst für die neuen vielen Anregungen durch Ihren Aufsatz danke,

bin ich mit den besten Empfehlungen

Ihr ganz ergebener

Hans-Georg Opitz

---

108 The Festal Epistles of S. Athanasius, 141–146.

109 Eduard Schwartz, Zur Geschichte des Athanasius IX, NGWG.PH 1911, 469–522, wiederabgedruckt in Eduard Schwartz, Gesammelte Schriften. Dritter Band: Zur Geschichte des Athanasius, Berlin 1959, 265-334.

110 Ferdinand Larsow, Die Fest-Briefe des heiligen Athanasius Bischofs von Alexandria. Nebst drei Karten, Aegypten mit seinen Bisthümern und Alexandria mit seinen Kirchen darstellend, Leipzig 1852.

111 Carl Schmidt, Der Osterfestbrief des Athanasius vom Jahre 367, Nachrichten der Gesellschaft der Wissenschaften in Göttingen. Philologisch-Historische Klasse 1898/2 (1898), 167–203.

112 Cuthbert Hamilton Turner (7.7.1860–10.10.1930), Neutestamentler und Patristiker in Oxford.

113 Der Band wurde dann von Opitz fertiggestellt, vgl. Turner/Opitz, Ecclesiae Occidentalis Monumenta Iuris Antiquissima I 2,4: Supplementum Nicaeno-Alexandrinum und unten die Briefe Nr. 13, 16, 21, 29, 30, 31, 33, 34 und 39.

8   Brief vom 9. November 1935

Berlin SW 29, den 9. November 1935
Gneisenaustr. 112

Hochverehrter Herr Geheimrat!

Da ich gerade in den Vorbereitungen meines Kollegs für dieses Semester
steckte, konnte ich nicht sofort auf Ihre gütige Anregung betreffs der Zusammenstellung der Festbriefe des Athanasius antworten. Der feste bisher einzig
bekannte Terminus ante ist die Schrift des Timotheus Ailuros, wo ja die Festbriefe nach Nummern zitiert werden. Solche Florilegien werden ja aber immer schon
vorhanden gewesen sein und nicht erst ad hoc in jedem einzelnen Gliede zusammengestellt. Deshalb erreicht man wohl durch Timotheus schon sicher einen
Termin vor 450. Natürlich ist der Rückschluss aus der Tatsache der Ostertafel
des Theophilus ebenso wichtig wie die Zeugnisse in den Excerpta Ephesena,
und die Wahrscheinlichkeit dass zu dessen Zeit schon die Athanasiusbriefe
gesammelt vorlagen wird um so grösser als ja diese Indizien mit Hieronymus
zusammentreffen. Allerdings wäre es ja sehr schön, wenn man aus der Berechnung des Theophilus irgendwelche Uebereinstimmungen mit Anweisungen und
Berechnungen der Sammlung der athanasianischen Briefe finden könnte. Das ist
ja soweit ich sehen kann, leider nicht der Fall. Meine Ueberlegungen gehen auch
in Richtung auf die Sammlung des Theodosius diaconus. Mich besticht immer
wieder die Interpretation von Turner, die dieser in einem kirchlichen Blatte The
Guardian 1895 gegeben hat.[114] Danach soll sie auf Verlangen der Afrikaner von
Cyrill in ihrem Hauptbestand geschickt worden sein. Damit hätte man auch
einigen Anhalt für die alexandrinischen Ephemeriden und ihre Benutzung. Ich
weiss nicht, ob Sie, Herr Geheimrat, den Aufsatz in seinem Wortlaut kennen,
denn die Zeitschrift ist in Deutschland nicht vorhanden. Ich kann Ihnen eine
Kopie zur Verfügung stellen und Ihnen überlassen.

Leider habe ich die syrische Handschrift der Festbriefe[115] nicht zur Hand,
um sie nun nochmal zu untersuchen. Jüngeren Datums ist die Handschrift
sicher nicht, wie ich mich durch Augenschein in London überzeugen konnte. Im
Ganzen wird man sich für die Entstehung der Sammlung an Ihr Raisonnement
halten müssen.

Ich erlaube mir mit diesen Zeilen einige Bitten zu verbinden. Wäre es wohl
möglich, dass Sie mir den Syrer des Timotheus Ailurus für einige Zeit überlassen.
Ich bin nämlich dabei, eine Nachlese für mein Athanasiusbuch zu halten und
dazu brauche ich die Zitate des Timotheus sehr nötig. Ich würde mir unter
Umständen hier eine Kopie anfertigen lassen, und so könnten Sie sofort die

---

114 In der Ausgabe vom 11.12.1895.
115 British Library Add. 14569, vgl. William Wright, Catalogue of Syriac manuscripts in the British
     Museum, acquired since the year 1838. Part II, London 1871, 406.

Photos zurückerhalten. Im gleichen Zusammenhange brauchte ich noch Leontius und Justinian. Ich erinnere mich, dass Sie einmal davon sprachen eine der Leontiushandschriften in einer Kopie zu besitzen. Könnte ich wohl diese auch einmal einsehen? Herr Lebon hat in der letzten Nummer eine grosse Abhandlung über die beiden Versionen des Epiktetbriefes des Athanasius geschrieben[116] und auf jeden Fall den Wert der syrischen Uebersetzung mit Recht erkannt. Aber er will damit gegen die von Ihnen vorgetragene Meinung, Cyrill habe in Bezug auf die beiden Versionen eine Geschichte erfunden, operieren. Allerdings beweist er nur, dass die syrische Uebersetzung und ihre griechische Vorlage von den aegyptischen Apollinaristen um Vitalis korrumpiert worden sei. Das passt nun nicht, wie ich ihm auch geschrieben habe, zu der These von den beiden Versionen, da ja Cyrill und Theodoret den gleichen Text des Briefes haben. Die Quesneliana will er nicht gelten lassen! Nun wäre alles sehr schön, wenn Cyrill den Text oder die Version des Syrers bezeugte. Denn es wäre durchaus plausibel, dass er wie die anderen (apollinaristischen) Pseudepigrapha des Athanasius von den kirchlich gewordenen Apollinaristen so auch den Epiktetbrief von diesen bekommen hätte. Aber das kann Lebon nicht beweisen. Er glaubt auch an die Interpolationen in den Athanasiusschriften, aber sie seien nicht, wie ich es für de incarnatione meine, von den Antiochenern gemacht worden, sondern von der Gegenseite, von Apollinaristen. Ich habe mir ernstlich die Dinge durch den Kopf gehen lassen, aber ich kann nicht von meiner Meinung wenigstens für de incarnatione abgehen. Zudem ist das Zeugnis der Ueberlieferung fast eindeutig.

Ich will und muss ja noch zu all den Dingen Stellung nehmen, und dazu wäre mir nun der Timotheus besonders wichtig.

Schliesslich habe ich noch ein Anliegen, das ich mir erlaube noch vorzubringen. Sie hatten seinerzeit die grosse Güte, mir Ihre beiden Aufsätze über die Clementinen und die serdicenischen Kanones aus der Zeitschrift f. neutestamentliche Wissenschaft zu schicken.[117] Darf ich Sie, Herr Geheimrat, wohl bitten, mir noch die Aufsätze über das Nicaeno- Constantinopolitanum und das Decretum Gelasianum aus der gleichen Zeitschrift zu senden,[118] wenn Sie noch ein Exemplar für mich übrig haben. Sollten Sie noch einen Sonderdruck Ihres »Konstantin« in den Meistern der Politik[119] haben, dann bin ich Ihnen sehr dankbar für diesen. Hier in Berlin sind alle Schätze auf der Bibliothek, aber man bekommt sie oft nicht leicht. So habe ich seit Jahren die Meister der Politik nicht erhalten.

---

116 Joseph Lebon, Altération doctrinale de la « Lettre à Épictète » de saint Athanase, RHE 31 (1935), 713–761.

117 Eduard Schwartz, Unzeitgemäße Beobachtungen zu den Clementinen, ZNW 31 (1932), 151–199 und Eduard Schwartz, Der griechische Text der Kanones von Serdika, ZNW 30 (1931), 1–35.

118 Eduard Schwartz, Das Nicaenum und das Constantinopolitanum auf der Synode von Chalkedon, ZNW 25 (1926), 38–88 und Eduard Schwartz, Zum Decretum Gelasianum, ZNW 29 (1930), 161–168.

119 Eduard Schwartz, Constantin, in: Erich Marcks (Hrsg.), Meister der Politik I, 1922, 277–324.

In meiner Vorlesung musste ich den Studenten sagen, dass Ihr Konstantin vergriffen ist. Das soll schon seit Jahren der Fall sein. Im Antiquariatshandel bekommt man ihn äusserst selten. Das Buch sollte man auch nicht erst durch den Althändler erstehen, zumal Hohl in der Einleitung zu der Krönerschen Ausgabe von Burckhardts Konstantins auf Ihr Werk hinweist mit dem Bemerken, der Leser möge sich von Ihnen sagen lassen, wie man jetzt Konstantin auffasse.[120] Das kann der Leser nun nicht tun. Wäre es nicht möglich, dass Ihre Schriften in neuer Auflage erscheinen?[121]

Ich bitte Sie, Herr Geheimrat, mir meine Anliegen nicht verargen zu wollen. Entnehmen Sie aus Ihnen, dass ich tief in der Arbeit stecke. Zu Weihnachten sollen zwei Lieferungen Athanasius im Manuskript fertig sein.

Mit dem Gefühl herzlichen Dankes, bin ich

Ihr stets ergebener

H. G. Opitz

9   Brief vom 21. November 1935

Berlin SW 29, den 21. November 1935
Gneisenaustr. 112

Hochverehrter Herr Geheimrat!

Ich danke Ihnen herzlichst für die schnelle Uebersendung der Photos für Timotheus und Leontius. Als Gegengabe erlaube ich mir, die Photokopie des Turnerschen Aufsatzes beizulegen. Ihre reichen Mitteilungen haben mich zu den verschiedensten Gedanken angeregt, die ich Ihnen auch gleich mitteilen möchte. Zunächst, Herr Lebon scheint betr. Philoxenus auf die von ihm im: Le Muséon 43 S. 17ff. 149ff. herausgegebenen Briefe[122] anzuspielen. Es ist ja ganz unverständlich, warum er das nicht genau sagt. Mir hat bisher Herr Lebon seine Arbeiten geschickt, wenn ich ihn darum gebeten habe. Was den Epiktetbrief anlangt und die Untersuchung von Lebon über die Textgeschichte, so werde ich den Verdacht nicht los, dass er apologetische Nebenabsichten hat.

Am meisten hat mich gefreut, von Ihnen, Herr Geheimrat, zu hören, dass Sie eine Neuauflage des Konstantin beabsichtigen. Hoffentlich hat Teubner die Notwendigkeit eines Neudruckes bald eingesehen.[123] Ihr Buch ist doch von grösserer

---

120 Jacob Burckhardt, Die Zeit Constantins des Grossen, hrsg. v. Ernst Hohl, Stuttgart [4]1924.
121 Vgl. unten die Briefe 10, 20, 23, 25, 26 und 27.
122 Joseph Lebon, Textes inédits de Philoxène de Mabboug, Muséon 43 (1930), 17–84.149–220.
123 Eduard Schwartz, Kaiser Constantin und die christliche Kirche. Fünf Vorträge, Leipzig/Berlin [2]1936. Vgl. auch den Brief Hans Lietzmanns an Eduard Schwartz vom 8.1.1936, Aland (Hrsg.), Glanz und Niedergang, Nr. 944 (Anm. 1 zu diesem Brief, Aland (Hrsg.), Glanz und Niedergang, 1162, die 2. Auflage sei bei de Gruyter erschienen, ist nicht korrekt), und das Antwortschreiben von Schwartz vom 10.1.1936, Aland (Hrsg.), Glanz und Niedergang, Nr. 945.

Bedeutung als dass es bloss die Geschichte Konstantins darstellt. Gegenüber
der sonst, ich denke vor allem an Harnacks Arbeiten, rein ideengeschichtlichen
Darstellung der Geschichte des Christentums, haben Sie doch grundsätzlich
neue Wege eingeschlagen, und das Ganze der Entwicklung des Christentums an
einem entscheidenden Punkte in Verbindung mit der allgemeinen Geschichte
einmal dargestellt. Mir scheint deshalb Ihr Buch eine Programmschrift zu sein,
und darum würde ich einen Ausbau gerade der Abschnitte, in denen das 2. und
3. Jahrhundert behandelt wird, sehr begrüssen. Sie haben doch einen bis dahin
unbekannten Aufriss der Geschichte des Christentums gegeben und der sollte
nun nach dreissig Jahren neu bearbeitet endlich herauskommen. Vielleicht darf
ich die Gelegenheit Ihres Aufenthaltes in Berlin zu Weihnachten wahrnehmen
und Ihnen noch ein paar Einzelvorschläge machen, da diese brieflich sich nicht
so darstellen lassen. Z.B denke ich, dass die von Ihnen und anderen geteilte
Ansicht, das Hofzeremoniell bei Diokletian und seinen Nachfolgern stamme
aus dem Perserreich, nach Alföldis reichhaltiger Arbeit in den Römischen Mitteilungen vol. 49, 1934 S. 1ff.[124] nicht mehr aufrechtzuerhalten ist. Ich sprach
kürzlich mit Schaeder[125] über diese Dinge, er ist von seiner Anschauung über
die Verhältnisse in dem Parthischen Reich usw. immer sehr skeptisch gegenüber solchen Verbindungen. Ueberrascht hat es mich, dass Sie wohl M. Gelzers
Interpretation des Laktanz[126] nicht teilen. Ich bin in meinem Verdacht gegen
die Schrift de mortibus durch G. bestärkt worden. Laktanz will doch keine
Geschichte erzählen und wie die übrigen Schriftsteller seiner Zeit operiert er
mit biblischen Vorbildern bei seiner Beurteilung der geschichtlichen Ereignisse
seiner Zeit.

Nun aber Ihre dogmengeschichtliche Frage über μία οὐσία = φύσις und
τρεῖς ὑποστάσεις. Dass die Formel erst spät aufkommt, ist ja Tatsache. Ich kann
sie vor 362 nicht finden. Dass sie doch vorher schon eine Rolle gespielt hat, ist
unverkennbar. Bei Athanasius begegnet sie ja in einem Traktat, den ich doch
für früh, wegen c. 1 Anfang vielleicht auch schon um 340 – das ist natürlich
nicht ganz zwingend – ansehen möchte, nämlich in: in illud : omnia mihi tradita
sunt[127]. c. c6. p. 108 C Montf. Und Eustathius v. Ant. lehnt die τρεῖς ὑποστάσεις
in Ps. Athan. expositio[128] c. 2 p. 100 b/c ab. Eins ist ja bekannt, dass die ganze
Theorie von Origenes stammt und von ihm ausdrücklich vertreten wird. Und in
dieser Richtung findet man auch im 4. Jahrhundert die Ursprünge der Formel.
Dass Athanasius alle Formeln zuwider sind, nimmt nicht Wunder. Er will sich

---

124 Andreas Alföldi, Die Ausgestaltung des monarchischen Zeremoniells am römischen Kaiserhofe,
    MDAI.R 49 (1934), 1–118.
125 Hans Heinrich Schaeder (31.1.1896–13.3.1957), von 1931 an Professor in Berlin, Orientalist.
126 Matthias Gelzer, Der Urheber der Christenverfolgung von 303, in: Vom Wesen und Wandel der
    Kirche. Zum siebzigsten Geburtstag von Eberhard Vischer herausgegeben von der Theologischen
    Fakultät der Universität Basel, Basel 1935, 35–44.
127 CPG 2099.
128 CPG 2804.

nicht festlegen. Er beschränkt sich souverän darauf die Arianer durch die Bibel, die Logik und die Väter als die Dummen, als die Juden hinzustellen. Er hat ja in seinen ganzen Schriften, die doch alle erst in die Zeit nach der Trierer Verbannung fallen, erst sehr spät in den dogmatischen Streit eingegriffen, m. E. erst zur Zeit als die Verhandlungen mit den Orientalen und Konstantius begannen, d.h. in der Zeit nach Serdika. Nun kann man aber nicht verkennen, dass er in den Arianerreden wie auch später es an gelegentlichen Seitenhieben auf die Sabellianer, sprich Marcell und Photin, nicht fehlen lässt. Ueberhaupt sind wir ja durch Ihren neuen Aufsatz[129] wesentlich weiter gekommen; denn Athanasius hat Marcell brüsk fallen gelassen und damit ist eine entscheidende Wendung auch in der Diskussion der dogmatischen Frage gegeben. War vorher Arius der Prügelknabe, man meinte aber die Politik des Euseb, so ist es jetzt Photin. Schon zur Zeit des Alexander sind die Fronten nicht so sehr entfernt, wenigstens in ihren dogmatischen Ansichten, wie die Ueberlieferung es wahr haben will. Das geht klar aus dem grossen Brief des Alexander[130] hervor. Mir scheint es eines der bedeutendsten Zeichen für diese Tatsache zu sein, dass Athanasius nach 350 sich stark für Origenes und was doch dasselbe ist, für Dionys einsetzt. Die Arianer, d.h. doch die Orientalen haben Dionys für sich mit Recht in Anspruch genommen. Athanasius setzt sich für ihn mit gleicher Entschiedenheit ein, um nicht wieder mit Marcell zusammenzutreffen. Die antimarcellischen oder besser antiphotinischen Spitzen in de sententia sind nicht zu verkennen. Athanasius macht keine theoretischen theologischen Diskussionen. Ich muss das etwas breiter sagen, weil dadurch die Situation klarer wird. Der Schlüssel für die ganze Entwicklung bis hin zu Ancyra 358, wo doch in dem Synodalschreiben ganz klare Anleihen aus Athanasius stehen, gibt Hilarius. Seine Schrift de synodis ist doch ein einziger Angriff gegen Photin und eine Verteidigung der antiochenischen Formeln. Aber in de trinitate finde ich schon die entscheidenden neuen Gedanken: V 35 (153 B/C Migne): ....ut individuus atque inseparabilis non ex persona, sed ex natura subsistens ex patre unigenitus intellegitur, et per id unus deus sit, quia ex natura dei deus sit. Noch deutlicher drückt sich Hilarius doch vor 358 (!) in de synodis aus: c.32 und 33. Hier verteidigt er mit klaren Worten den Satz aus der 2. antiochenischen Formel: ὡς εἶναι τῇ μὲν ὑποστάσει τρία, τῇ δὲ συμφωνίᾳ ἕν; gegen diese Gedanken wehrt sich mit aller Schärfe die abendländische Formel von Serdika. Dazu sagt Hilarius c. 32 col. 504C: idcirco tres substantias esse dixerunt (sc. die Orientalen), subsistentium personas per substantias edocentes, non substantiam patris et filii diversitate dissimilis essentiae separantes. Und c. 33 wird das gemeinsame des Vaters und des Sohnes als natura bezeichnet. Die Gleichsetzung von οὐσία = φύσις liegt in den Worten zu Grunde col. 506 A: Non enim in eo nascente

---

129 Schwartz, Zur Kirchengeschichte des 4. Jahrhunderts, 141–148.
130 Urk. 14 (19–29 Opitz).

ea, de qua natus est, demutata natura est; sed indemutabilem essentiam natus obtinuit ex indemutabilis auctoritate naturae. Aber alle diese Formeln entstehen wie Sie selbst schon andeuteten aus dem Widerspruch gegen photinianische Gedanken. Hilarius will durch seine Darlegungen einmal Photin als Haeretiker hinstellen und dann die Formeln der Orientalen den Abendländern schmackhaft machen. Im 4. und 5. Jahrzehnt geht der Kampf vielmehr um Marcell–Photin, als etwa um Arius. Die Extremen Arianer, Aetius usw. kommen ja erst später auf. Und dann ist <die> Frontstellung wieder eine andere. Also die Herkunft der Formel ist deutlich. Hilarius hat sie in seinem Exil von den Orientalen gelernt. Und implicite liegt sie bei Acacius bei Ephiph. 72,7,9 (III 262,15)[131] und in der langen Formel von Antiochien nr. IX[132] schon vor. Damit kommen wir aber auf den eigentlichen Urheber. Das ist Euseb von Caesarea. Seine beiden antimarcellischen Schriften sind wichtiger für das Verständnis des arianischen Streites und seine dogmatischen Probleme als die langatmigen Ausführungen des Athanasius in den Arianerreden. Euseb hat alle die Formeln schon, die dann wenig verändert und auf Grund der Erfahrungen präzisiert übernommen werden, ja eben aus dem gleichen/origenistischen Erbe und mit einer unverkennbaren Beigabe aus dem reichen Schatz der alexandrinischen asketischen Religiosität des Athanasius. Euseb ist mir immer mehr der entscheidende Wendepunkt in der Geschichte der christlichen Theologie, er ist der eigentliche Vorläufer der orthodoxen kappadokischen Theologie.[133] Euseb wirft Marcell vor p. 7,33 Klostermann[134], er bezeichne den Sohn als ἀνυπόστατος, und Marcell ärgert sich nach Eusebs Worten über Origenes, dass τῷ υἱῷ δέδωκεν ὑπόστασιν. Vgl. auch p. 40,43. Für Euseb ist allerdings noch ἀνυπόστατος und ἀνούσιος dasselbe vgl. p. 56,22; 83,10. Aber wenn Euseb seine Meinung sagt, dann findet er die Formel für den Sohn p.57,9 ἐν ὑποστάσει εἶναι τοῦ πατρὸς κεχωρισμένος und ebenda drückt er die Gegensätze so aus: εἴποι ἂν ἴσως ἐνεργείαι μόνηι, οὐχὶ δὲ οὐσίας ὑποστάσει καὶ ἐν τῷ σώματι γεγονέναι.

Vgl. p. 63,5. Vor allem aber II 23, wo ja nun die auch bei Hilarius gebräuchliche EIKON-theorie vorkommt, mit der der eigentliche Bruch mit Origenes vollzogen ist und zu den neuen Formeln übergeleitet wird. Für Euseb scheint mir οὐσία gleich φύσις zu sein vgl. p. 71,10 und p. 131,21 = 72,20.

Also die klassische Formel hat einen klaren origenistischen Ursprung, der sich bei Euseb am deutlichsten aufzeigen lässt. Die antiochenischen Formeln der 40ziger Jahre sind ohne Euseb undenkbar. Athanasius wird nichts gegen den

---

131 Epiphanius von Salamis, Epiphanius. Dritter Band: Panarion haer. 65–80. De fide, hrsg. v. Karl Holl/Jürgen Dummer (GCS.NF 3), Berlin ²1985.

132 Dok. 44,14 (286,16–28 Brennecke/Heil/Stockhausen/Wintjes).

133 Vgl. Hans-Georg Opitz, Euseb von Caesarea als Theologe, ZNW 34 (1935), 1–19.

134 Erich Klostermann, Eusebius Werke IV. Gegen Marcell. Über die kirchliche Theologie. Die Fragmente Marcells (GCS 14), Leipzig 1906; überarbeitete Edition Erich Klostermann/Günther Christian Hansen, Eusebius Werke IV. Gegen Marcell. Über die kirchliche Theologie. Die Fragmente Marcells (GCS 14), Berlin ²1972.

Origenismus gehabt haben, als er von Männern vertreten wurde, die sich auch nicht wie er mit der Gewaltpolitik des Konstantius zufrieden geben wollten. Die Theologen von Ancyra 358 konnten auch keine Gegner des Athanasius sein, sie waren theologisch geschickt, aber politisch nicht von dem Format des Euseb von Nikomedien. Die Fronten wurden ja neu vor allem durch die Tatsache, dass die Gewaltpolitik des Konstantius mit extremem Arianismus zusammenfiel. Athanasius hat für sich und für das Abendland auch der Einigung dadurch vorgearbeitet, dass er rechtzeitig in decretis und de sententia Origenes und Dionys, die beiden Alexandriner !!, als die Väter des Glaubens kreierte. Für die Art wie man sich die Formeln auch der Orientalen zurechtlegte, ist Hilarius der beste Zeuge. Seine Schriften sind ja in engster Fühlung mit den Orientalen entstanden und er war Zeuge der entscheidenden Verhandlungen.

Ich hoffe, dass meine Darlegung nicht zu lang ausgefallen ist. Aber ich freue mich, die Gelegenheit zu haben, Ihnen eine Rechenschaft über die wichtigste Phase des theologischen Streites geben zu können. Ich füge noch hinzu, dass es auf das homoiusios und das homousios m. E. nicht so entscheidend [darauf] ankommt. Wichtiger als die Formeln, die doch kein Mensch versteht, <ist> die Fäden der Entwicklung aufzudecken. Mir leistet bei solchen Arbeiten immer Loofs[135] doch eine gediegene Hilfe, auch sind aus seiner Schule ein paar tüchtige Arbeiten hervorgegangen. Die sagen oft mehr als die ideengeschichtlichen Ausführungen Harnacks.[136]

Hoffentlich habe ich eine klare und eindeutige Antwort auf das von Ihnen aufgeworfene Problem gegeben.

Ich danke Ihnen, Herr Geheimrat, für die Anregung und spreche nochmals die Hoffnung aus, dass ich bei Ihnen zu Weihnachten vorsprechen kann. Ich will es auf jeden Fall so einrichten, dass ich im nächsten Jahre einmal nach München kommen kann.

Der Athanasius schreitet schön fort. Ich bin jetzt dabei die kommentierenden Noten zu de sententia und de fuga zu schreiben. Ein dringendes Desideratum ist es doch, dass einmal einer die Reste der Schriftsteller nach Origenes bis Konstantin herausgibt, und dann vor allem die kleinen Schriften Eusebs. Leider fehlt es an Mitarbeitern. Ich habe die Hoffnung, dass der Sohn von Holl[137] an den Hilarius gehen kann.[138] Wenigstens will sich Lietzmann dafür einsetzen. Das wäre schon eine wesentliche Hilfe.

---

135 Friedrich Loofs (19.6.1858–13.1.1928), vgl. Braun/Grünzinger, Personenlexikon zum deutschen Protestantismus 1919-1949, 160.
136 Adolf von Harnack (7.5.1851–10.6.1930), vgl. Braun/Grünzinger, Personenlexikon zum deutschen Protestantismus 1919-1949, 99 f.
137 Karl Holl (10.3.1910–24.7.1941), Mitarbeiter an der Kommission für spätantike Religionsgeschichte, vgl. Aland (Hrsg.), Glanz und Niedergang, 1244.
138 Vgl. Hans Lietzmann, Jahresbericht 1938. Kommission für spätantike Religionsgeschichte, in: Jahrbuch der Preußischen Akademie der Wissenschaften Jahrgang 1939, Berlin 1940, 74–76, hier 75 und Hans Lietzmann, Jahresbericht 1939. Kommission für spätantike Religionsgeschichte, in:

Mit ergebenstem Gruss
Ihr
Hans-Georg Opitz

10   Brief vom 29. März 1936

Hans-Georg Opitz   Berlin SW 29, den 29. März 1936
                                        Gneisenaustr. 112

Hochverehrter Herr Geheimrat!

Für die Zusendung Ihrer Arbeit aus der Zeitschrift für neutestamentliche Wiss.[139] erlaube ich mir Ihnen meinen ergebensten Dank zu sagen. Ich habe aus dem Artikel schon während des Winters fort und fort gelernt, und ich freue mich deshalb, nun das Stück im Reindruck zu besitzen. Vor allem freue ich mich darüber, dass ich nun für die Arbeit an den Urkunden für die Zeit nach Serdika eine genaue Richtschnur in Ihrem Artikel habe. Nicht ohne Sorge habe ich immer daran gedacht, dass ich mich nach Serdika nicht Ihrer Führung erfreuen darf. Nun ist das behoben. Mit ebenso grosser Spannung erwarte ich nun den mir doch nur durch Ihre Erzählung in grossen Umrissen bekannten Aufsatz in der Savignizeitschrift[140]. Bei Gelegenheit der Beschäftigung mit einer burgundischen Handschrift aus der Brüsselerbibliothek[141], in der um die Dionysio-Hadriana, wie man diese Sammlung so nennt, eine Fülle von interessanten Stücken steht, die meist später erst hinzugetan worden sind, so u.a. die viel verhandelten Akten der Kölnersynode von 346, habe ich gesehen, wie wenig man durch Massen in den eigentlichen historischen Fragen weiterkommt. Ich weiss nun, dass Sie mich darin belehren werden.

Im Zusammenhang mit unserem Gespräch zu Weihnachten[142], wobei wir über die Herausgabe Ihrer gesammelten Schriften[143] sprachen, habe ich mir eine Liste der mir bekannten Arbeiten von Ihnen angelegt, und fast alles noch einmal durchgelesen. Wenn Sie gestatteten, möchte ich Ihnen meine Ansicht doch heute schon sagen. Sie waren damals skeptisch im Hinblick eines Neudruckes

---

Jahrbuch der Preußischen Akademie der Wissenschaften Jahrgang 1940, Berlin 1941, 72 f., hier 72. Holl verfaßte seine Habilitationsschrift zu »Untersuchungen zur Überlieferungsgeschichte des Hilarius von Poitiers (De synodis, contra Constantium, contra Auxentium)« (1939; infolge seines Todes ist sie dann nie veröffentlicht worden).

139 Schwartz, Zur Kirchengeschichte des 4. Jahrhunderts.
140 Eduard Schwartz, Die Kanonessammlungen der alten Reichskirche, ZSRG.K 25 (1936), 1–114, wiederabgedruck in Schwartz, Gesammelte Schriften IV, 159–275.
141 Codex Bruxellensis 495–505 (Kat. 2494).
142 Vgl. oben S. 232.
143 Vgl. im Folgenden die Briefe Nr. 20, 23, 25, 26 und 27. Der erste Band erschien 1938 als Eduard Schwartz, Gesammelte Schriften. Erster Band: Vergangene Gegenwärtigkeiten, Berlin 1938.

Ihrer Studien zum Johannesevangelium[144]. Unter Berücksichtigung dessen was Sie neulich sagten, habe ich die Arbeiten noch einmal durchgesehen. Und mir scheint doch, dass bis auf wenige weniger wichtiger Partien die ganze Erforschung der johanneischen Schriften auf diesen Arbeiten ruht. Das wurde mir bei einem flüchtigen Blick in die neuste Arbeit von Emanuel Hirsch[145] klar, der ausdrücklich sagt, dass Wellhausens[146] und Ihr Mut ihn zu seiner Analyse des Evangelium bestärkt hat.[147] Und nun stehen in den Aporien soviel wichtige Dinge über Gnosis u.a. drin, dass man eine genauere Lektüre sich selbst und allen anderen sehr wünscht. Vielleicht wird man das Evangelium nicht so spät mehr datieren. Aber die neusten Funde, der Papyrus aus Manchester[148] und das apokryphe Evangelium aus London[149], erlauben dennoch die Zusammenhänge anzunehmen, die Ihnen damals wichtig erschienen, also die antignostische Haltung der johanneischen Schriften. Wenn ich offen meine Ansicht sagen darf, so sollte die grosse Abhandlung über den Tod der Söhne Zebedaei mit den Korrekturen, die Sie selbst noch gemacht haben, von neuem erscheinen.[150] Und die Aporien wären doch wohl leicht so wie es Ihnen jetzt gut scheint zu redressieren. Ich mag nicht missen, was Sie zur Geschichte des Evangeliums, über die Gnosis und die werdende katholische Kirche geschrieben haben.

Dann hat mich noch eine Äusserung von Ihnen sehr beschäftigt; Sie behaupteten, dass es eine Spruchsammlung an sich nicht gegeben hätte, diese Quelle sei natürlich auch ein Evangelium mit einer Passion gewesen, die Passion habe Marcus übernommen. Ich glaube doch so Sie recht verstanden zu haben. Die communis opinio überall will doch in Q eine Sammlung à la Pirke aboth sehen. Werden Sie sich einmal darüber äussern? Bitte verargen Sie, Herr Geheimrat, nicht, dass ich stets diesen Wunsch nach der Zusammenfassung Ihrer Arbeiten vorbringe. Mögen Sie daraus entnehmen, wie ich mich mit diesen Fragen beschäftige. Mit grösster Freude hörte ich, dass Teubner endlich auf eine Neuauflage des Konstantin eingegangen ist.[151]

---

144 Eduard Schwartz, Aporien im vierten Evangelium I, NGWG 1907, 342–372 und Eduard Schwartz, Aporien im vierten Evangelium II–IV, NGWG 1908, 115–148.149–188.497–560.

145 Emanuel Hirsch, Studien zum vierten Evangelium (Text, Literarkritik, Entstehungsgeschichte) (BHTh 11), Tübingen 1936.

146 Julius Wellhausen (17.5.1844–7.1.1918).

147 Hirsch, Studien zum vierten Evangelium (Text, Literarkritik, Entstehungsgeschichte), IV.

148 P52, vgl. Colin H. Roberts, An Unpublished Fragment of the Fourth Gospel, Manchester 1935, wiederabgedruckt in BJRL 20 (1936), 45–55.

149 Papyrus Egerton 2 (P. Lond. Christ. 1), vgl. Harold Idris Bell/Theodore C. Skeat, Fragments of an Unknown Gospel and Other Early Christian Papyri, London 1935.

150 Eduard Schwartz, Über den Tod der Söhne Zebedaei. Ein Beitrag zur Geschichte des Johannesevangeliums (AGWG VII 5), Göttingen 1904, wiederabgedruckt in Eduard Schwartz, Gesammelte Schriften. Fünfter Band: Zum Neuen Testament und zum frühen Christentum. Mit einem Gesamtregister zu Band I–V, Berlin 1963, 48-123.

151 Vgl. oben Anm. 123 und den Brief von Hans Lietzmann an Eduard Schwartz vom 25.1.1936, Aland (Hrsg.), Glanz und Niedergang, Nr. 947.

Meine Hoffnung ist es immer noch, im Spätsommer nach München reisen zu können, vielleicht kann ich dann eine Fahrt nach Verona damit verbinden. Einstweilen muss ich für Mai und Juni zur zweiten militärischen Uebung. Aber inzwischen ist die 4. Lieferung des Athanasius doch schon abgesetzt, und die Korrektur beschäftigt mich so, dass ich hoffe bis Ende April damit fertig zu sein. Wenn ich nicht fürchten müsste, Ihre Zeit zu sehr in Anspruch zu nehmen, so hätte ich Ihnen gern die Bogen zur Durchsicht geschickt.[152] Mit nochmaligem aufrichtigstem Danke und ergebenstem Gruss

bin ich Ihr

H.-G. Opitz

11   Brief vom 01. April 1936

Berlin SW 29, den 1.4.36
Gneisenaustr. 112

Hochverehrter Herr Geheimrat!

Mit herzlichem Dank für Ihre gütigen Zeilen schicke ich Ihnen gleich die Athanasiusbogen.[153] Soweit ich bisher die Bogen durchkorrigiert habe kann ich in ihnen kaum falsche Zahlenangaben entdecken. Sie werden also gewiss ohne Beschwerden sich durchfinden. Meine helle Freude hat Ihre Entdeckung einer, doch wohl vollständigen Kopie des Veronensis LX erregt. Ich hätte den Wunsch, doch bei einem Aufenthalt in München einmal Ihre Schätze mir anzusehen, und mir zu merken, welche Hss. sie dort vorrätig haben. Wenn der Veronensis so vorliegt, dann kann man doch wohl an eine Ausgabe denken. Ich habe in dieser Hinsicht überhaupt noch Pläne,[154] die ich aber Ihnen lieber mündlich auseinandersetzen will, und für die ich noch festere Linien aus Ihrem Aufsatz i. der Savignyzeitschr.[155] entnehmen möchte. Mir war schon neulich das aergerliche Versehen die Stelle in dem antiochenischen Synodalschreiben nicht nach Ihrem späteren Vorschlag verbessert zu haben aufgefallen.[156] Nun soll das noch in eine sowie<so> nötige Nachtragsliste hineinkommen. In dem Kommentar zu den beiden Athanasiusschriften liegt mir besonders an der Datierung des ἔλεγχος s. S. 55 und von de fuga S. 68[157]. Ich muss darüber noch ausführlicher etwas schreiben. Mir tut es sehr leid, dass ich diese Arbeit nicht gleichzeitig mit Erscheinen der

---

152 Vgl. den nachfolgenden Brief.
153 Die vierte Lieferung (s. oben am Ende des vorangehenden Briefes), erschienen 1936 als 2. Lieferung des 2. Bandes der Athanasius Werke, enthält die Schriften *De sententia Dionysii* und *Apologia de fuga sua* 1–18.
154 Vgl. dazu unten Brief Nr. 13.
155 S. oben Anm. 140.
156 Vgl. Schwartz, Rez. H.-G. Opitz, Athanasius Werke III Lfg. 2, Berlin 1935, 41–76.
157 Opitz, Athanasius Werke II/1–7.

Lieferung vorlegen kann. Schuld daran sind die lästigen Verpflichtungen, die das Militär u.a.m. mit sich bringt.

Mit herzlichen Dank und ergebenstem Gruss

Ihr

H-G Opitz

P.S. Eltester[158] habe ich benachrichtigt. Er wird Ihnen wohl selbst geschrieben haben, dass er den Abdruck sehr begrüsst.

12   Brief vom 21. Juni 1936

Berlin SW 29, den 21. Juni 1936
Gneisenaustr. 112

Hochverehrter Herr Geheimrat!

Da ich noch zur Zeit meine militärische Uebung ableiste, komme ich erst heute während einiger Urlaubsstunden dazu, Ihnen herzlichst für den grossen Artikel über die Geschichte der Kanonessammlungen[159] zu danken. Als ich ihn bekam, nahm ich ihn mir in die Kaserne mit, und las ihn dort in einigen freien Stunden. Aber dennoch freue ich mich darauf, in 14 Tagen zu Hause ihn noch weiter recht durchstudieren zu können. Jetzt sieht man ja die Grundlinien der Geschichte der Kanonessammlungen ganz klar. Bei der Lektüre wurde ich zu einer Reihe von Folgerungen genötigt, die ich Ihnen aber lieber persönlich erklären möchte. Ich bitte Sie, dass ich heute nur meinen tiefen Dank ausdrücken darf für das grosse Geschenk der Belehrung über diese verwickelte und bisher ganz unübersichtliche Sache. Zugleich möchte ich an Sie, Herr Geheimrat, die Anfrage richten, ob ich Sie etwa um den 1. September herum in München antreffen werde. In den ersten Julitagen bin ich wieder zu Hause, möchte dann noch einige Sachen erledigen und dann nach dem Trubel um die Olympiade[160] nach München fahren. Bitte geben Sie mir an, zu welcher Zeit ich Sie sicher in München antreffen werde. Ich kann ja immer meine Reise nach Ihren Dispositionen einrichten. Mit aufrichtigem Dank

bin ich Ihr stets ergebener

H.-G. Opitz

---

158 Vgl. oben Anm. 66.
159 Schwartz, Die Kanonessammlungen der alten Reichskirche.
160 Die olympische Spiele 1936 in Berlin fanden vom 1.–16.8. statt.

13   Brief vom 25. Juli 1936

Berlin SW 29, den 25. Juli 1936
Gneisenaustr. 112

Hochverehrter Herr Geheimrat!

Es ist mir eine grosse Freude, Ihnen schon wieder für die gütige Uebersendung einer Arbeit von Ihnen danken zu dürfen. Ich möchte mich zu denen rechnen, die durchaus das Ergebnis Ihrer »Zwei Predigten Hippolyts«[161] als sensationell empfinden. Zunächst haben wir nun endlich einen ordentlichen Text, dann aber ist der Dampf um das Syntagma weggelassen. Ich gestehe, dass ich mich wieder etwas befreit fühle, wenn Sie zeigen, dass die ganze Frage der Quellen der ketzerbestreitenden Werke in späterer Zeit viel einfacher liegt, als wenn man solche doch im einzelnen uns nicht fassbaren Quellen wie Hippolyts Syntagma in Rechnung stellen muss. Und nun vor allem, lerne ich aus Ihrer Darlegung, wie man gerade auch diese vornicaenischen Texte interpretieren muss. Die Sache mit Ps. Tertullian liegt ja nun klar zu Tage, auch ist mir die These von der Bearbeitung im antiorigenistischen Sinne durchaus einleuchtend. Abgesehen von diesem Hauptanliegen Ihrer Arbeit habe ich wieder so viel aus den gelegentlichen Bemerkungen z.B. über Sabellius und diese Theologen seines Schlages, die in der Ketzerpolemik eine Rolle spielen, über die Absichten der Ketzerpolemik überhaupt gelernt. Man muss die Dinge so untheologisch sehen lernen, um ihre wirklichen Hintergründe, die ja nicht der Religion zu widersprechen brauchen, gewiss einem theologischen Schema, dann verstehen zu können. Ich will Ihnen auch gleich berichten, dass die Lektüre Ihrer Hippolytarbeit bei mir zu einer kleinen Entdeckung in Sachen der literarischen Hinterlassenschaften geführt hat. Ihre Ausführungen über die Anonymität einiger Schriften des H. und die Tatsache dass eine ganze Reihe unter falschem Namen überliefert werden, rief mir ins Gedächtniss, dass der gelehrte Severus von Antiochien sich mit seinem Gegner herumzankt um ein angebliches Irenaeusfragment, das der Grammaticus dem grossen Werk Irenaeus zuweist, tatsächlich wie auch Severus weiss, nicht darin steht; Severus ist in der Lage wie so oft, die Fälschung nachzuweisen, und das Stück einer Exegese des Irenaeus über Helkana und Samuel, deren Anfang er genau angiebt, wiederzugeben.[162] Nun diese Exegese ist nichts anderes als Hippolyts Werk, das wir aus Theodoret kennen.[163] Wichtig wird die Sache aber nun dadurch noch, dass der Leontius die fragliche Irenaeusstelle nicht nach der Berichtigung des Severus zitiert, sondern nach Grammaticus. Wieder ein Beweis für Mangel an Orginalität bei Leontius. Dies die kleine Frucht der Lektüre Ihres Hippolyt.

---

161 Eduard Schwartz, Zwei Predigten Hippolyts (SBAW.PH 3), München 1936.
162 Sev.Ant., c.imp.gramm. III 40.
163 Thdt., eran. 1, flor. 1,23–25. 2, flor. 2,11.

Ich gestatte mir nun noch, die Gelegenheit eines Briefes an Sie wahrzunehmen und Sie in folgender Sache um Ihren Rat zu bitten. Ich bin seit meiner
Rückkunft von den Soldaten wieder energisch an die Ausarbeitung des Druck-
manuskriptes von der Apologia secunda[164], so heisst die apologia contra Arianos
in allen Handschriften, gegangen. Mir schwebt vor, dass ich zugleich den Ak-
tenband für die Zeit bis Serdika fertig mache, dann ist eine gute und gewiss
erwünschte Ergänzung zwischen der wichtigsten Schrift des Athanasius und
den übrigen Urkunden geschaffen. Dazu brauche ich aber den ganzen Serdika-
komplex aus dem Theodosius diaconus. Ich habe Lietzmanns Photo mit der
Ausgabe der Ballerini verglichen, aber an einigen Stellen verlässt das Photo ganz.
Ich muss dazu ein besseres haben. Nach Ihrem Aufsatz über den Veronensis
lege ich mir die Frage vor, ob nicht der ganze von Ihnen als eine Publikation des
Athanasius oder seines Büros entdeckte Komplex eben als eine Athanasiusschrift
in dem zweiten Teile des 2. Bandes unserer Ausgabe, in dem die Festbriefe, die
Korrespondenz mit Lucifer und alles das was nicht in den Korpora vorkommt,
gedruckt werden soll, herauszugeben ist. Oder sollte man nicht einfach nun
endlich den Veronensis nach einem noch zu verabredenden Plan, d.h. also in
Berücksichtigung von Turners Druck, herausgeben?[165] Ich halte das nicht für so
schwer, und mühevoll. Wenn der alexandrinische Komplex d.h. die Stücke aus
der Publikation des Athanasius in dem zweiten Bande unserer Ausgabe gedruckt
werden, so wird wieder ein Stück der ganzen Sammlung herausgerissen, und die
Uebersicht erschwert. Gewiss brauchte ich dann nicht in dem Urkundenbande
die den arianischen Streit betreffenden Stücke zu wiederholen, aber die nun
einmal notwendige Uebersicht über das Ganze fehlte doch. Auch ist schwer
die von Ihnen so hervorgekehrte Bemerkung über die Einberufung der Synode
von Serdika[166] unterzubringen. Alles das lässt mir es erwünscht erscheinen,
dass der Theodosius diaconus ganz herausgegeben wird. Ich meine, das könnte in
den TU[167] oder Lietzmanns Arbeiten[168] oder in den Abhandlungen der Berliner
Akademie geschehen, die ja einmal für Athanasius in Anspruch genommen
werden können. Ich möchte nun, mit Herrn Professor Lietzmann nach seiner
Rückkehr von der Sommererholung alles besprechen und ihm vor allem im
Hinblick auf die nötigen Photos aus dem Veronensis einen positiven Vorschlag
machen können. Dazu bitte ich Sie, Herr Geheimrat, mir gütigst mitzuteilen,
welche Photos aus dem Veronensis tatsächlich in Ihren Händen sind; wenn irgend möglich möchte ich eine Reise nach Verona vermeiden. Wenn Sie allerdings
nötig ist, dann will ich sie mit der Fahrt nach München verbinden. Ferner bitte

---

164 Erschienen in Athanasius Werke II, Lfg. 3,4 und 5, Berlin 1938/1940.
165 Vgl. oben Anm. 113.
166 Eduard Schwartz, Von Konstantins Tod bis Sardika 342, NGWG.PH 1911, 469–522, wiederabge-
    druckt in Schwartz, Gesammelte Schriften III, 265–334, hier 325–327.
167 Texte und Untersuchungen zur Geschichte der altchristlichen Literatur.
168 Arbeiten zur Kirchengeschichte

ich um Ihre Meinung wegen einer Ausgabe des Veronensis, damit ich dann auch schon die Dispositionen wegen des Athanasius mit Herrn Professor Lietzmann verabreden kann. Ich bitte, Sie, Herr Geheimrat, mir nicht zu verargen, dass ich jetzt mit diesen praezisen Fragen komme. Aber sie scheinen mir vor meinem Zusammentreffen mit Ihnen einer Beantwortung zu bedürfen, damit ich Ihnen dann genaue Vorschläge vorlegen kann, und vor allem meinen Reiseplan vorher schon einrichten kann. Im Ganzen sind meine Gedanken auf den Aufenthalt in München gerichtet. Ich hoffe etwa um den 25. August in München zu sein. Mit meiner Frau zusammen will ich ein paar Spätsommertage in München, das ich bis jetzt noch nicht kenne, verleben, in der Bibliothek nach einer Handschrift für das Kölnerkonzil nachfragen, die mir seit einem Jahr nicht geschickt worden ist, mir im übrigen die Schätze der Münchener Bibliothek ich denke z. B. an die Freisinger Handschrift der Kanones[169], Ihre Photosammlung und die der Bibliothek ansehen. Aber vor allem freue ich mich darauf, mit Ihnen Herr Geheimrat, zusammentreffen zu dürfen. Im Hinblick darauf bitte ich Sie um die Beantwortung meiner heutigen Fragen in Sachen des Veronensis.

Mit tiefempfundenem Dank für Ihre Güte bin ich
mit ergebenstem Gruss
Hans-Georg Opitz

14 Brief vom 7. September 1936

Berlin SW 29, den 7.9.36
Gneisenaustr. 112

Hochverehrter Herr Geheimrat!

Nun haben Sie mir schon zum zweiten Male die Freude gemacht, mir eine Arbeit von Ihnen zu schicken: Ihren Konstantin und den Aufsatz über den Veronensis 60.[170] Ich hoffte doch schon in diesen Tagen bei Ihnen gewesen zu sein,[171] und Ihnen persönlich meinen Dank vor allem für den Konstantin sagen zu können. Aber die Devisenstelle vertröstete mich in der letzten Woche von einem Tage zum anderen. Jetzt habe ich die Hoffnung wenigstens zum Ende der Woche die Genehmigung zu haben. Ich habe den Konstantin hin und her durchgelesen und dabei doch an den entscheidenden Stellen die Umarbeitung festgestellt. Bei Ihrer jetzigen Darstellung wird doch die sog. Kreuzesvision und die Wendung zum Christentum erst verständlich. Dass Sie das Manichaeeredikt gegen Ihre frühere Auffassung und die Mommsens von der Christenverfolgung

---

169 Codex Monacensis 6243.
170 Schwartz, Kaiser Constantin und die christliche Kirche. Fünf Vorträge, und Eduard Schwartz, Über die Sammlung des Codex Veronensis LX, ZNW 35 (1936), 1–23.
171 Vgl. oben S. 239.

abrücken und in Zusammenhang mit dem Perserfeldzug bringen, ist einleuchtender. Und so findet man eine schöne Stelle nach der anderen, entdeckt sie gewissermassen für sich selbst von Neuem. Und bei der Lektüre macht man sich immer wieder klar, dass Sie in ihrem Konstantin ein vollkommen geschlossenes Bild der Geschichte der alten Kirche vorgelegt haben. Ich persönlich sehe mich dann immer wie bei der Lektüre Ihrer anderen Schriften zu der Feststellung genötigt, dass mit Ihrer Arbeit auf dem Gebiete der alten Kirche eben doch der entscheidende Schritt über Harnack hinaus vollzogen worden ist. In diesem Jahre hat mich das Buch der Tochter über Harnack[172] sehr beschäftigt gerade im Hinblick auf die Einordnung seines Werkes, die von ihm gestellten Aufgaben, die uns den Enkeln übrig geblieben sind. Mir scheinen sie recht erheblich zu sein. Und Ihre »philologische« Methode hat den Damm gebrochen, in dessen Bezirk sich fraglos noch Harnacks Arbeit abspielt: die dogmengeschichtliche, bloss theologische Fragestellung – ja man darf in den vor 1900 entstandenen Schriften Harnacks also vor allem der Dogmengeschichte und seinen literargeschichtlichen Arbeiten nicht das apologetische Moment übersehen. Ihr Konstantin ist mir die Zusammenfassung, ja schon das Geschichtbild, der alten Kirche, das es bis in alle Einzelheiten zu verfolgen gilt, für das es die ursprünglichen Farben wiederherauszufinden gilt. Und das geht nur, so wie Sie es gezeigt haben mit der Philologie die der Historie dient. Entschuldigen Sie bitte, Herr Geheimrat, diesen Digressus in das weite Feld der allgemeinen historischen Ueberlegungen, aber als Angehöriger des ordo theologicus muss man ja solche Reflexionen anstellen. Man wird immer wieder zu dem Schluss kommen, dass man sich an die Wirklichkeit, an das Geschehen selbst zu halten hat. Das lerne ich immer wieder von Ihnen. Sie gestatten mir bitte, dass ich dies auch in einem Brief schreibe kurz bevor ich bei Ihnen sein darf. Vielleicht darf ich dann noch manches andere sagen, das sich deshalb so schwer brieflich ausdrücken lässt, weil es nur sich im Verfolg echter historischer Arbeit an den Dokumenten selbst bewähren kann.

Ueber den Veronensis, die Ausgabe und die Konsequenzen, die sich dafür aus Ihrem Aufsatz ergeben, sprechen wir sicher am besten auch mündlich.

Uebrigens eins darf ich nicht unterdrücken, was mir bei der Lektüre des Konstantin aufgefallen ist. Sie haben auf S. 156 meine Urkunden 33 und 34 in die Zeit von Tyrus und Jerusalem 335 gesetzt.[173] Die Gründe gestehe ich noch nicht zu sehen, zumal doch die eindeutige, mich bisher allerdings in rechte Schwierigkeiten versetzende Datierung vorliegt. Aber ich darf Sie bitten, mir das dann bald mündlich zu sagen.

Ich danke Ihnen herzlichst für die grosse schöne Gabe des Konstantin und grüsse Sie

als Ihr ergebener H. G. Opitz

---

172 Agnes von Zahn-Harnack, Adolf von Harnack, Berlin 1936.
173 Schwartz, Kaiser Constantin und die christliche Kirche. Fünf Vorträge, 156.

15   Postkarte vom 23. September 1936

Verona d. 23/9.36

Hochverehrter Herr Geheimrat!

Nach drei ganz herrlichen Tagen hier in Verona habe ich mein Pensum verkleinert, bleibe aber noch hier – denn die Stadt lässt uns nicht so schnell los. Der Prefetto der Bibliothek ist ein ausserordentlich liebenswürdiger Professor Don Guiseppe Tuzzini. Wäre es Ihnen wohl möglich, dass Sie ihm für die Bibliothek (Biblioteca capitolare. Piazza del Duomo) einen Separatdruck Ihres Aufsatzes über den Veronensis 60[174] schicken. Es ist wohl selten ein Bibliothecar von solcher Zuvorkommenheit, Güte, Liebenswürdigkeit anzutreffen wie Tuzzini. Ich habe tun und lassen dürfen was ich wollte. Tuzzini zeigte mir alle kostbaren Hss. die übrigens ganz ausgezeichnet in Rom restauriert sind. Ich hoffe Sie in etwa 10–12 Tagen in München noch anzutreffen, und wünsche Ihnen rechtes Wohlergehen. Mit einer Empfehlung an Ihre hochverehrte Frau Gemahlin grüssen Sie
Ihre ergebenen
H.-G. Opitz & Frau

16   Brief vom 26. Oktober 1936

Berlin SW 29, den 26.10.1936
Gneisenaustr. 112

Hochverehrter Herr Geheimrat!

Obwohl es mir heute noch nicht möglich ist, Ihnen wie ich beabsichtigte, eine genauere Liste der Handschriften für die Ausgabe des Büchleins des Gennadius[175] zu schicken, so möchte ich doch Ihnen nochmals meinen herzlichen Dank für die Stunden bei Ihnen in München sagen. Sie sind mir eine Wegzehrung für den Winter.

Gewiss wird es Sie vor allem zunächst interessieren wie die Göttinger Sache[176] steht. Nachdem etwa Mitte September alles in schönster Ordnung war, wurde plötzlich an die Göttinger Fakultät das Ansinnen gestellt, anstatt meiner

---

174 Schwartz, Sammlung.
175 Vgl. unten Brief Nr. 21.
176 Sc. die Berufung nach Göttingen, vgl. Aland (Hrsg.), Glanz und Niedergang, Nr. 956 (E. Hirsch an H. Lietzmann am 3.8.1936); nr. 964 (E. Hirsch an H. Lietzmann am 4.10.1936); daneben auch Volker Herrmann, Diakoniewissenschaft im Nationalsozialismus und der Diakoniehistoriker Martin Gerhardt in Göttingen (1937-1939), in: Hans Otte/Thomas Scharf-Wrede (Hrsg.), Caritas und Diakonie in der NS-Zeit : Beispiele aus Niedersachsen (Landschaftsverband Hildesheim: Veröffentlichungen des Landschaftsverbandes Hildesheim e.V. 12), Hildesheim u.a. 2001, 63–106, hier 78–82.85 f.

einen Seebergschüler, sicher nicht den besten, zu nehmen. Inzwischen stellte sich heraus, dass das Ministerium sich auf Bestellung oder nicht – ich nehme das Letzte an – ein Gutachten hat machen lassen, in dem meine wissenschaftliche Qualifikation gründlichst in Frage gestellt wird. Die Göttinger haben sich mit dem Seebergschüler nicht abgefunden. Das Gutachten stammt wie alle Anzeichen verraten von E. Seeberg[177]. Dies würde recht pikant sein, da mir Seeberg am 7.9. bereits für den Wechsel nach Göttingen seine Glückwünsche aussprach. Unser Dekan hat sich sehr bemüht und festgestellt, dass nicht wie zuerst angenommen wurde, politische Zweifel gegen mich erhoben worden sind. Hirsch[178] ist sehr unglücklich wie aus den Briefen an Lietzmann[179], die dieser mir zeigte, hervorgeht. Inzwischen ist nun, wie Sie vielleicht aus der Zeitung entnommen haben ein tertius gaudens aufgetreten in der Gestalt des Dozenten Wagenmann[180] aus Heidelberg. Der hat die Vertretung für Hirsch übernommen. Nun ist dieser keineswegs derjenige, den die Göttinger haben wollen, sie haben ihn ausdrücklich gegen mich zurückgestellt. Aber ich für mich fürchte, dass er doch am Ende der tertius gaudens ist. Nicht nur Lietzmann, vor allem Hirsch und der Göttinger Rektor sind aufgebracht, unser Dekan hat auch interveniert, aber vor der Hand wird sich nichts machen lassen. Ich bin nicht unzufrieden darüber, dass ich den Winter noch hier bleibe. Bei Schaeder[181] mache in kursorische Lektüre des Syrischen und Armenischen mit. Und dann lese ich Kirchengeschichte I vierstündig, kann also meine Erfahrungen auf pädagogischen Gebiet machen.[182] Und schliesslich, kann ich vor allem die Ausgabe des Veronensis vorantreiben. Ich hoffe bis Weihnachten soweit zu sein, dass ich die Handschrift vollständig transkribiert habe. Herr Holl[183] wird wohl erst im Februar oder März nach Paris gehen. Aber dessen Reise ist für unsere Zwecke wichtig. Denn die Ausgabe des Gennadius ebensowie des Breviarium Hipponense[184] ist reizvoll genug, darauf möchte ich nicht verzichten. Ich werde nun in den nächsten Wochen einmal eine Liste zusammen stellen für diejenigen Handschriften, die unbedingt erforderlich sind. Gleichzeitig werde ich Ihnen die Ausgabe von Turner zuschicken, ich habe sie inzwischen photographieren

177 Erich Seeberg (8.10.1888–26.2.1945), Professor für Kirchengeschichte in Berlin, vgl. Braun/ Grünzinger, Personenlexikon zum deutschen Protestantismus 1919-1949, 234 f.
178 Emanuel Hirsch (14.6.1888–17.7.1972), seit 1921 Professor für Kirchengeschichte in Göttingen, ab 1933 Dekan der Theologischen Fakultät, 1936 Wechsel auf die Professur für Systematische Theologie, vgl. Braun/Grünzinger, Personenlexikon zum deutschen Protestantismus 1919-1949, 113 f.
179 Vgl. Anm. 176.
180 Julius Wagenmann (15.2.1901–11.10.1944), Privatdozent für Kirchengeschichte Heidelberg 1925, 1936/37 Lehrstuhlvertretung in Göttingen, vgl. Braun/Grünzinger, Personenlexikon zum deutschen Protestantismus 1919-1949, 267 und Aland (Hrsg.), Glanz und Niedergang, 1274.
181 Vgl. oben Anm. 125.
182 Vgl. Friedrich-Wilhelms-Universität zu Berlin, Vorlesungsverzeichnis Wintersemester 1936/37. Sommersemester 1937, S. 17)
183 Vgl. oben Anm. 137.
184 Vgl. unten Brief Nr. 21.

lassen. Beim Breviarium habe ich festgestellt, dass die Angaben von Maassen[185] nicht vollständig sind, er hat z. B. die Sammlung der Hs. von Albi[186] ausgelassen. Ich muss daher das Ganze noch einmal durcharbeiten. Das konnte ich bisher nicht tun, weil ich mir zunächst einmal genügend Vorrat für die Vorlesung niederschreiben wollte. In diesem Zusammenhange habe ich begonnen, alle Ihre Arbeiten zur alten Kirchengeschichte durchzuarbeiten. Mir tut das sehr gut. Mit Begeisterung las ich Ihre Chronologie des Paulus,[187] die ja vor der Publikation der Gallioinschrift geschrieben ist. Eigentlich brauchte nur der Abschnitt über Felix revidiert zu werden. Aber die Analyse zur Apostelgeschichte, zur Verfassung der Urgemeinde werde ich jetzt in der Vorlesung in Zusammenfassung der Ergebnisse vortragen. Nur eins bedrückt mich immer noch. Ist wirklich das syrische Martyrologium ein Zeugnis dafür, dass die beiden Zebedaiden zusammen das Martyrium erlitten haben?[188] Die Komposition des Martyrolog ist doch sehr verdächtig 1. Stephanus, 2. Johannes und Jacobus. Zieht man noch den Kalender der karthagischen Kirche heran, so wird es erst recht schwierig, denn in ihm ist die Konfusion da: VIII kal. iul. Johannis baptistae und Vi kal. ian. s. Johannis baptistae et Iacobi apostoli quem Herodes occidit. Ich komme über die Zweifel nicht hinweg, dass diese Kalender das Kirchenjahr mit den ersten Blutzeugen der Kirche beginnen. Am klarsten ist das noch im syrischen Martyrolog. Dann würde man sich darauf beschränken müssen, die Papiasstelle bei Philippus Sidetes als das wichtigste Zeugnis dafür zu nehmen, dass beide das Martyrium erlitten haben. Wann der Tag des Johannes gewesen ist, entzieht sich unserer Kenntnis. Natürlich vor 70. Es bestehen doch auch einige Schwierigkeiten dafür, anzunehmen, dass absichtlich der Name des Johannes in der Apostelgeschichte ausgelassen ist. Die beiden Bände der Konzilsakten habe ich mit grösstem Genuss gelesen. Die Prolegomena enthalten ja wieder ein so grosses Stück Geschichte, dass ich sie wie einen Roman lese. Ich wünsche Ihnen für die kommende Winterszeit alles Gute, hier ist sehr unangenehmes Wetter verbunden mit einer aegyptischen Finsternis. Indem ich Sie bitte, mich Ihrer verehrten Frau Gemahlin zu empfehlen, grüsse ich Sie

als Ihr ergebener

H. G. Opitz

---

185 Friedrich Maassen, Geschichte der Quellen und der Literatur des canonischen Rechts im Abendlande bis zum Ausgange des Mittelalters 1, Gratz 1870, 154 f.

186 Codex Albigensis 2 (147).

187 Eduard Schwartz, Zur Chronologie des Paulus, NGWG.PH 1907, 262–299.

188 Vgl. Schwartz, Über den Tod der Söhne Zebedaei. Ein Beitrag zur Geschichte des Johannesevangeliums.

17   Postkarte vom 13. November 1936[189]

Lic. H.G. Opitz   BERLIN SW 29
                                                                 Gneisenaustr. 112

Hochverehrter Herr Geheimrat!

Für Ihre liebenswürdigen Zeilen anlässlich meiner Rezension Ihrer hippoly-
tischen Predigten[190] möchte ich Ihnen meinen Dank sagen. Ich hatte ein wenig
ein schlechtes Gewissen, als mir der Redaktor der Deutschen Lit Ztg. die Besprechung aufnötigte. Mir ist es Ihnen gegenüber peinlich ein Buch von Ihnen
anzuzeigen; es genügt mir dann, dass das Publikum weiss, dass ich mich als
Ihr Schüler weiss. Aber das interessiert vielleicht die Leute nicht so. Mir liegt
noch eine Anzeige Ihres Akakianischen Schismas[191] auf. Daran trag ich schon
lange herum, obwohl ich's schon hinundher gelesen habe. – Auf Ihre Besprechung von Lietzmanns Buch[192] bin ich sehr gespannt. Jetzt wo ich das Kolleg für
Kirchengeschichte I ausarbeiten muss, las ich nochmals Ihre und Wellhausens[193]
Arbeiten. Seine Kommentare sind doch das Beste was es gibt; und ich kann
nicht in ihnen ein zu Viel an Kritik finden. Nur wenn man es so wie er macht,
dann werden doch die schwierigen Fragen etwas lebendig und rücken in das
geschichtliche Blickfeld. Ich hörte übrigens kürzlich dass man sich mit dem
Gedanken beschäftigt, <sich> endlich Wellhausen gegenüber auf seine Pflicht
zu besinnen, und seine gesammelten Schriften herauszugeben. Das meiste ist ja
nicht mehr erhältlich. Hoffentlich wird es etwas.

Mit ergebenstem Gruss und besten Empfehlungen an Ihre verehrte Frau
Gemahlin
Ihr
H.-G. Opitz

18   Brief vom 6. Dezember 1936

                                                                 den 6.12.1936

Hochverehrter Herr Geheimrat!

Das vierstündige Kolleg in diesem Semester, dazu noch vier Stunden Uebungen[194] lassen mich fast kaum zur Besinnung kommen. Das ist allein der

---

189 Poststempel.
190 Hans-Georg Opitz, Rez. Eduard Schwartz, Zwei Predigten Hippolyts, DLZ 57 (1936), 1899–1902.
191 Schwartz, Publizistische Sammlungen.
192 Eduard Schwartz, Rez. H. Lietzmann, Geschichte der alten Kirche II, DLZ 57 (1936), 2071–2080.
193 Vgl. oben Anm. 146.
194 Vgl. Friedrich-Wilhelms-Universität zu Berlin, Vorlesungsverzeichnis Wintersemester 1936/37.
     Sommersemester 1937, 17: Vorlesung Kirchengeschichte I (vierstündig); Augustins Enchiridion
     (zweistündig), Augustin, de civitate dei (zweistündig).

Grund dafür, dass ich Ihnen noch nicht für die letzte gütige Postkarte gedankt habe, die gleichzeitig mit der Uebersendung des Peeters'schen Artikel über Ihr Akakianisches Schisma[195] hier anlangte. Bei aller Malice der Bollandisten und auch der Löwener lese ich diese Dinge doch immer mit einigem Vergnügen. Sie sind doch die einzigen, die über das Wissen verfügen, um Ihre Arbeiten zu verstehen. Dass Ihre Arbeit ihnen auf die Nerven fällt, oder dass sie ein wenig neiderfüllt darauf blicken, ist ja zu verstehen. Ihr historischer Betrieb ist nur darauf angelegt zu verdunkeln; sie müssen immer die Aufdeckung eines historischen Zusammenhanges bezweifeln, um die überhistorischen Dogmen in ihrer Reinheit nicht zu verletzen. Ich weiss nicht, ob Sie, Herr Geheimrat, die beiden anliegenden Arbeiten von Lebon[196] schon kennen. Sollte das nicht der Fall sein, so erlaube ich mir Sie Ihnen zur Kenntnisnahme vorzulegen. Gerade aus dem was Lebon will, geht mir eine gewisse Methode hervor, die man diesen Leuten fast zu Gute halten muss. Sie sind Skeptiker jeder historischen Aufhellung gegenüber. Ich selbst habe das bei aller sehr intensiven Anteilnahme an den Athanasiusarbeiten auch erfahren. Ich glaube ja kaum, dass es notwendig ist, immer darauf einzugeh. Doch lese ich die Sachen, um die Skepsis bis ins non plus ultra mir anzuhören.

Nun kam gestern Ihre Besprechung von Lietzmanns Kirchengeschichte[197] heraus. Für den, der Ihre Arbeiten kennt, steckt ja wieder ein ganzer Gegenentwurf zur Kirchengeschichte des 2. und 3. Jahrhunderts drin. Ich bin in meinem Kolleg mitten dabei, die Entstehung der katholischen Kirche darzustellen. Und bei einiger Besinnung habe ich mir die wesentlichen Momente zweifellos im Weiterdenken dessen, was Sie so oft an einem versteckten Ort ausgeführt haben, ganz so zurechtgelegt wie Sie es jetzt wieder dartun. 1. Das 1. und 2. Jahrhundert darf nicht als eine Epoche des Verfalls der politischen Formen und Bildung angesehen werden. Die grossartige Litteratur <ist> der beste Gegenbeweis. Und 2. Die Philosophie ist nicht so erweicht wie es seit einigen Jahrzehnten üblich geworden ist, sie als eine orientalische Religion darzustellen. Uebrigens ist es doch eine solche Verkennung von echter Religion, wenn man diese elenden Mythen, und die barbarischen Unterweltskulte als Religion ausgibt. Das Echte der Philosophie erkennt man doch am besten beim Kaiser Marcus. An solche Männer muss man sich halten, wenn man das Produktive der Zeit begreifen will. Und macht man sich die geistige Welt dieser Zeit klar, so wird man gerade die Bildung der Kirche nicht nur aus dem Kampf gegen die Gnosis begreifen können, sondern als den Prozess der inneren Angleichung, der ständigen Beeinflussung durch den öffentlichen durch (sic!) sittlich bestimmten Geist der Zeit. Mir sind der Klemensbrief oder die Didache ja selbst Justin und Klemens die

---

195 Paul Peeters, Sur une contribution récente a l'Histoire du Monophysitisme, AnBoll 54 (1936), 143–159.
196 Joseph Lebon, S. Athanase a-t-il employé l'expression Ὁ κυριακὸς ἄνθρωπος?, RHE 31 (1935), 307–329 und Lebon, Altération doctrinale de la « Lettre à Épictète » de saint Athanase?
197 Schwartz, Rez. H. Lietzmann, Geschichte der alten Kirche II.

wichtigeren Zeugen als die angebliche so wichtige Produktion von Mythen bei
den Gnostikern, die wir nur aus den minderwertigsten Quellen kennen, von
Menschen, die oft moralisch und geistig zu impotent waren, um das Einfachste
zu begreifen. Das was die altkatholische Kirche formiert, ist die Ausbildung
einer Gesellschaft, die in dem als Weltreich zerfliessenden Imperium sich nicht
bilden konnte. Und die Kirche vermag es nun, aus der Religion Gesellschaft zu
bilden. Das vollzieht sich in der Sittlichkeit, die in ständiger Auseinandersetzung
mit dem Besten der heidnischen sich formt. Stellt man sich klar das Bedeutsame
der politischen und geistigen Entwicklung im 1. und 2. Jahrhundert innerhalb
des Imperiums vor Augen, so wird man vielleicht doch noch mehr als bisher
die Entwicklung und Ausbildung der altkatholischen Kirchen in den Rahmen
der allgemeinen Geschichte einspannen, und wird sich gezwungen sehen, der
Ueberlieferung mehr Beachtung zu schenken, die die Institutionen darstellt. Das
ist ja schon geschehen und an sich nichts Neues. Aber diese Betrachtung für
das Ganze durchgeführt, ermöglicht doch erst das Verständnis der Reichskirche,
und alles weiteren. Was Sie also letzthin in der Rezension geschrieben, lasse
ich mir als Mahnung dienen auch die Litteratur des 1. und 2. Jahrhunderts im
Zusammenhang der paganen zu studieren. Man kann die christliche Ueberlieferung nur dann verstehen, wenn man sie neben die übrige hält. Aber das ist ja
an sich billige Weisheit, von der man so oft Gefahr läuft abzuweichen. Nun gibt
es ja in der Besprechung noch so <Einiges> an Einzelheiten. Ich habe neulich
im Kolleg auch gesagt, dass man sich die Juristen vornehmen muss, um zu
verstehen, was das Imperium noch leisten kann, als es in seinen Spitzen sittlich
verwahrlost ist. Ein paar Sätze dieses Lateins, da hat man wieder Boden unter
den Füssen. Erstaunt bin ich über Ihr hartes ja vernichtendes Urteil zu Polybius.
Wir lesen ihn jetzt in der Graeca. Dass die Geschichtsschreibung der Griechen
nicht mit den Juden höchstens mit der der alten Israeliten zusammenzubringen
ist, ist mir gewiss. Aber der arme Polybius! Es erfrischt doch an ihm, dass er
von all dem rhetorischen Spuk wie Tyche in der Geschichte u.a.m. nichts wissen
will, sondern Machtgeschichte schreiben will. Und dass er kein prinzipieller
Welthistoriker sein will, sondern dass sich ihm der Stoff eben als das Geschehen,
das die damals bekannte Welt zusammenführt, darstellt, das weiss er doch selbst.
Aber ich will gerne hören und von Ihnen lernen, was Sie zu diesem harten
Urteil veranlasst. Und hat er nicht wenigstens für sich etwas von dem τερνον
der geschichtlichen Betrachtung gewonnen, vgl. I 4, ii ? Da ist er doch mehr als
einer, der die Brosamen von den Tischen der grossen Herrn in Rom aufsammelt.

   Doch nun gestatte ich mir noch eine Bitte vorzutragen, die mich schon lange
beschäftigt. Ich habe diesem Brief ein Verzeichnis Ihrer mir bekannten Arbeiten
beigelegt. Da fehlen alle Bücher, die sich ja leicht feststellen lassen. Aber es
sind mir nicht alle Pauly-Wissowa-Artikel bekannt, von den Rezensionen zu
schweigen. Ich habe mir selbst dies Verzeichnis angelegt, um so wenigstens alles

wichtige ständig bereit halten zu können. Ich weiss nicht ob Ihre Zeit es erlaubt, mir diese Liste dahin zu ergänzen, dass Sie noch diejenigen Arbeiten eintragen, von denen Sie wünschen, dass ich sie kennen lerne. Ich habe z.B. erst vor wenigen Wochen durch einen Zufall, den herrlichen Aufsatz über die antike Ethik und den über die Geschichtsschreibung der Griechen[198] zu Gesicht bekommen. Ich fürchte, dass mir von den Arbeiten über Nicht-Christliche Themata vieles noch fehlt. Die Aufsätze im Hermes und im Rheinischen Museum findet man leicht durch die Indices. Aber was nun noch bleibt! Ich richte an Sie diese Bitte ja in einer gewissen Ahnungslosigkeit. Denn ich weiss nicht, ob es nicht sehr vieles ist, was in meiner Liste fehlt. Das würde bedeuten, dass Sie viel Arbeit davon hätten, die Sachen einzutragen. Dazu möchte ich auf keinen Fall der Anlass sein. Also ich bitte mir gelegentlich, wenn es Ihre Zeit erlaubt, ein paar Hinweise zu geben.

Leider bin ich seit Mitte Oktober gar nicht recht zum Athanasius gekommen. Und doch fehlt nur noch so wenig. Ich will etwas längere Weihnachtsferien machen und das Versäumte nachholen. Ebenso steht es mit dem schon begonnenen Veronensis.[199] Ich schaffe das alles einfach nicht mehr. Dazu habe ich noch eine Neuigkeit zu melden. Bisher hab ich mich um die lateinische Ueberlieferung der Athanasiana noch gar nicht bekümmert, nur festgestellt, dass der Berolinensis (vgl. Acta Ephese. V)[200] den Epiktetbrief und auch die epistula ad Afros enthält.

Nun hatte Herr Holl[201] neulich die lateinischen Kataloge nochmals im Zusammenhang mit dem Hilarius durchmustert, und ein paar Handschriften des 15. Jahrhunderts festgestellt, die einige Athanasiana enthalten. Ich hatte das bei Seite gelassen, weil ich dahinter Humanistenübersetzungen vermutete. Zur Sicherheit liess ich doch ein Exemplar der Sammlung aus Dresden[202] kommen und siehe da die Sache stellt sich als höchst wichtig heraus. Ein gewisser Johann von Arezzo – ich habe noch nichts Näheres über ihn herausbringen können – hat für Papst Eugen IV. eine Sammlung von Athanasiana hergestellt, um diesen über sein Ungemach im Zusammenhang mit dem Basler Konzil zu trösten.[203] Der gute Mann hat bei seinem Unternehmen nichts anders gemacht, als die

---

198 Eduard Schwartz, Probleme der antiken Ethik, Jahrbuch des freien deutschen Hochstiftes zu Frankfurt am Main 1906, 53–87, wiederabgedruckt in Schwartz, Gesammelte Schriften I, 9–46, und Eduard Schwartz, Geschichtsschreibung und Geschichte bei den Hellenen, Antike 4 (1928), 14–30, wiederabgedruckt in Eduard Schwartz, Gesammelte Schriften. Zweiter Band: Zur Geschichte und Literatur der Hellenen und Römer, Berlin 1956, 67-87.
199 Vgl. oben Brief Nr. 16.
200 Codex Berolinensis Phill. 1671.
201 Vgl. oben Anm. 137.
202 Codex Dresdensis A 692; die Handschrift wurde im 2. Weltkrieg weitgehend zerstört. Eine Abschrift der Epistula ad Afros durch Opitz liegt im Nachlaß von Hans-Georg Opitz (BBAW, Acc. 487) vor.
203 Codex Dresdensis A 692, f. 1ab; vgl. Benoît Gain, Traductions latines de Pères grecs. La collection du manuscrit Laurentianus San Marco 584. Édition des lettres de Basile de Césarée (EHS XV 64), Bern u.a. 1994, 229.

Ps. Athanasiana aus Ps. Isidor zusammengestellt und im Übrigen die beiden adv. Apollinaris, ad Adelphium ad. Maximum. ad. Epiktetum (in der Version der Quesneliana), de incarnatione et c. Arianos, ad Afros, die apollinaristische Schrift de incarnatione (Migne 28,26) und eine recht eigenartige Fassung von dem Dialogus IV. de trinitate (28,1250–1264) gesammelt. Mein Verdacht, dass wir hier Zeugen für das antiochenische Korpus haben, bestätigte sich bei den Probekollationen vollauf.[204] Nach unseren bisherigen ziemlich vollständigen Forschungen in den Katalogen gibt es nur diese lateinische Sammlung lateinischer Athanasiana,[205] von den vielen unechten sehe ich natürlich ab. Es ist ja sehr eigentümlich, dass der gute Johann von Arezzo gerade diese Schriften herausgesucht hat, um am Beispiel des Athanasius der soviel von seinen Feinden zu leiden hatte und oft vor ihnen fliehen musste, den Papst Eugen aufzurichten. Er kannte die besser geeigneten Apologien offenbar nicht, obwohl der Baslerkodex zu dieser Zeit schon in Basel war. Auf jeden Fall sind wir also nunmehr auch mit der lateinischen Uebersetzung belastet. Es fällt in der Uebersetzung auf, dass viele griechische Worte bes. Termini unübersetzt gelassen und nachgemalt sind. Das ist doch ein Zeichen von hohem Alter. Tatsächlich sind ja der Epiktetbrief und der Afrikanerbrief in sehr alter Ueberlieferung lateinisch auch sonst bezeugt. Die Version des Afrikanerbriefes ist die Gleiche wie in dem Berol.[206] Nun geht es auf die Suche nach Zitaten bei den Lateinern. Dass diese Reste in den 4 oder 5 Handschriften auf das antiochenische Korpus zurückgehen, leidet keinen Zweifel. Es wird ja nun zu überlegen sein, wie diese Sachen herauszugeben sind. Meine Nachträge zu Athanasius[207] sind recht angeschwollen. Jetzt lohnt es beinahe schon ein neues Buch zu schreiben. Die Venedigerhandschrift die ich neulich fand,[208] lohnt sich auch der Mühe. Hoffentlich bin ich bald soweit, den Armenier zu meistern, denn da steckt erst recht das antiochenische Gut.[209] Und auch der Syrer ist fällig.[210] Und von dem Predigerkommentar des Theodor von Mopsueste sprach ich wohl schon.[211]

Doch ich sehe, dass mein Brief über die Gebühr angewachsen ist. Ich schliesse mit dem Wunsch, Sie, Herr Geheimrat, zu Weihnachten, hier sehen zu können. Dass Sie wohl auf sind, berichtete man uns hier. Mit den besten Empfehlungen an Ihre hochverehrte Frau Gemahlin und den besten Grüssen auch von meiner Frau

---

204 Vgl. jetzt Brennecke/Heil/Stockhausen, Athanasius Werke II 8, lxx.
205 Vgl. den Aufsatz von Christian Müller oben ab S. 3.
206 S. oben Anm. 200.
207 Davon ist im Nachlaß nichts erhalten.
208 Codex Marcianus gr. 502, vgl. Bericht der Kirchenväterkommission für 1936 im Jahresbericht der Wentzel-Stiftung.
209 Vgl. den Aufsatz von Anahit Avagyan oben ab S. 43.
210 Ediert von Robert W. Thomson, Athanasiana syriaca I-IV (CSCO 257/58, 272/73, 324/25, 386/87), Leuven 1965-1977.
211 Vgl. oben in Brief Nr. 29.

bin ich Ihr ergebener
H.-G.Opitz
Soeben kommt der Sonderdruck Ihrer Anzeige[212], für den ich herzlichst danke.

19   Brief vom 27. Dezember 1936

Berlin den 27. 12. 1936

Hochverehrter Herr Geheimrat!

Gestatten Sie mir bitte, dass ich Ihnen zum Jahreswechsel meine besten Wünsche für das kommende neue Jahr ausspreche. Es ist ja seit einigen Jahren das erste Mal, dass ich Sie hier in Berlin nicht sehen durfte und Ihnen persönlich meine Wünsche sagen konnte. Ich lasse mir im Geiste die Arbeiten die Sie in diesem Jahre uns geschenkt haben vorüberziehen. Es tut gut; denn so reich sie in den vergangenen Zeiten dem der es aufnehmen wollte, gespendet haben, mir scheint, dass Sie in keinem Jahre so viel uns gegeben haben.

Voran die Geschichte der kirchlichen Rechtssammlungen.[213] Ich werde nicht vergessen, wie mir Stutz[214] sagte, jetzt erst habe er begriffen wie die Geschichte des kirchlichen Rechts zu verstehen sei. Und dann die kleine Kostbarkeit, der Hippolyt.[215]

Wenn man es bis dahin noch nicht wusste, so zwingen Sie einem auf, die Geschichte steht und fällt mit der geschichtlichen Darstellung der Quelle. Und man kann nur so Geschichtsforschung treiben, wenn man Philologe ist. Und dann der Konstantin in der neuen Gestalt! Man hat mich jetzt genötigt, für die Gnomon eine Anzeige zu schreiben.[216] Ich hab mich in dem Gedanken dazu bequemt, dass ich einmal zeigen will wie man Seite für Seite von dem Verständnis der Quellen, von der Einzelinterpretation her, von dem rücksichtslosen Einsatz für die Erarbeitung der geschichtlichen Wahrheit durchmeditieren muss. Immer wieder zieht es mich dazu. Und in dem letzten Jahr bin ich in dieser Betätigung von Ihnen nur zu Wellhausen[217] gewechselt. Vertieft man sich in die Einzelheiten Ihres Konstantin, so findet man die Urkunden, die Umstände des produktiven Lebens der politischen Verbände, den Machtanspruch des Einzelnen oder ei-

---

212 Schwartz, Rez. H. Lietzmann, Geschichte der alten Kirche II.
213 Schwartz, Die Kanonessammlungen der alten Reichskirche.
214 Georg Ulrich Stutz (5.5.1868–6.7.1938), Rechtshistoriker und Kirchenrechtler in Berlin und Mitherausgeber der »Zeitschrift der Savigny-Stiftung für Rechtsgeschichte«, vgl. Braun/Grünzinger, Personenlexikon zum deutschen Protestantismus 1919-1949, 252 f.
215 Schwartz, Zwei Predigten Hippolyts.
216 Eine solche Rezension ist zumindest im Gnomon nicht erschienen.
217 Vgl. oben S. 244.

ner Institution. Im Ganzen man findet das Leben selbst wie es fördernd oder hemmend die Summe der Vergangenheit zieht oder neue Formen gestaltet. Und diese zeigen Sie uns an den Quellen, Ihre Philologie macht die Quellen redend. Und so zwingen Sie die widerstreitenden so sehr vom Augenblick bedingten Quellen dazu, uns selbst das Bild des geschichtlichen Ablaufs einer Epoche zu zeigen. Wegen seines philologischen Kerns nötigt mich der Konstantin immer wieder ihn zu meditieren. Und das gaben Sie uns jetzt wieder neu. Und bei wiederholtem Lesen finde ich wie Sie so vieles und Entscheidendes ganz neu gemacht haben. Sie wissen, Herr Geheimrat, dass mit dieser Aufzählung noch nicht das Ganze gesagt ist. Die Konzilsakten! Jetzt erst seit diesem Jahre kennen wir die Collectio Sangermanensis und damit den Liberatus wirklich.[218] Jetzt erst kennen wir die Geschichte der Kanones von Chalcedon soweit sie aus der abendländischen Ueberlieferung uns vorgelegt ist, erst deutlich. Und das haben Sie alles in diesem Jahre uns geschenkt. Erlauben Sie mir, dass ich dessen Ihnen gegenüber am Jahresende gedenke. Und ich vergegenwärtige mir dies um so lieber, als ich meine dankbaren Gefühle Ihnen gegenüber nicht anders ausdrücken kann. Man ist nur durch eifriges Mitarbeiten an einem kleinen Teile dazu in der Lage sich langsam den Sinn dieses Ganzen zu erschliessen. Mögen Sie uns Herr Geheimrat noch recht lange erhalten bleiben, damit wir schrittweise davon lernen können, wie Sie arbeiten und was Sie aus dem geschichtlichen Prozess der Antike und der Spätantike uns verdeutlichen. Am meisten würde es Sie sicher erfreuen wenn ich von der Arbeit Ihnen berichte, die Sie zutiefst inspiriert haben.

Ich schreibe Ihnen nur, dass der lateinische Athanasius schon bei Facundus vorkommt. Aber diese Zeilen sollen Sie, Herr Geheimrat erreichen, um Ihnen meine besten Wünsche für Ihr Wohlergehen, eine frohe Schaffenskraft im kommenden Jahre zu übermitteln. Möge auch Ihre hochverehrte Frau Gemahlin bald wiederhergestellt sein. Mein Gedanken richten sich schon zum Februar, wann Sie wieder hierherkommen wollen. Dann denke ich Ihnen schon die ersten Bogen der Ausgabe der Apologia contra Arianos vorlegen zu können.[219] Und das Manuskript des Veronensis[220] wird dann gewiss etwas weitergediehen sein als es bisher mir möglich war. Das Semester ist mit der vierstündigen Vorlesung doch ein harter Brocken, dazu noch 4 Stunden Uebungen.[221] In diesen treibe ich Einzelinterpretation an Augustin. Ich komme nicht mehr mit den billigen Auskünften aus, dass Augustin neuplatonisch beeinflusst sei. Woher hat er die

---

218 Eduard Schwartz, Acta conciliorum oecumenicorum. Tom II: Concilium Universale Chalcedonense. Vol V: Collectio Sangermanensis, Berlin 1936.
219 Die dritte Lieferung von Athanasius Werke II mit dem Ende von apol.fug. und apol.sec. 1–43 erschien 1938.
220 Vgl. oben S. 242.
221 Vgl. oben Anm. 194.

platonische Bildung? Theiler[222] hat sehr wichtige Hinweise auf Porphyrius gegeben, die das einzig Belangvolle in dem Wust der Litteratur sind. Aber eine Frage
hat er nicht gestellt – die ich auch noch nicht habe lösen können – woher hat
er den lateinischen Neuplatonismus, denn Augustin trägt seinen Platonismus
in Porphyrischer Form vor. Daran ist kein Zweifel – Aber woher hat er den
lateinischen Porphyr? Eine ganz unleidliche Sache ist ja bei all diesem Bemühen,
dass das nützliche Buch von Bidez[223] da ist, aber eine Fragmentensammlung
fehlt. Bei solchen Gelegenheiten hadere ich dann mit den Philologen, die das
nicht bereit gestellt haben genau so wie keinen kritischen Text der Tragiker mit
Ausnahme des Aeschylos. Es ist nicht besser als bei den Theologen. Und doch
wie steht es jetzt bei den christlichen Schriftstellern, wenn man nur von Ihnen
lernen wollte. So gehen dann meine Reflexionen. Sie nehmen es mir bitte nicht
übel, dass ich so offen bin. Man muss sich eben hinsetzen und mit dem Porphyr
anfangen, das ist für die Theologie des 4. Jahrhunderts vorab für Euseb sehr
heilsam.

Ich schliesse mit den besten Grüssen zum neuen Jahre und versichere Sie,
Herr Geheimrat, meines herzlichsten Dankes für Ihre reichen Gaben in dem
verflossenen Jahr

Ihr ergebener

H.-G. Opitz

Meine Frau schliesst sich meinen Grüssen an. Ich muss doch noch eine
Neujahrsbitte sagen: schenken Sie uns doch ein Büchlein, das zum Verständnis
& Genuss Homers anleitet.

20 Postkarte vom 28. Januar 1937

d. 28. 1 1937

Hochverehrter Herr Geheimrat!

Haben Sie herzlichsten Dank für Ihren ausführlichen Brief. Die Bestellungen
der fraglichen Fotos habe ich inzwischen aufgegeben. Ich hoffe, dass diese
Bagatellen nicht zu lange auf sich warten lassen und keine Komplikationen im
Gefolge haben.

Wie mir de Gruyter schon vor einer Woche mitteilte, soll der Satz des I.
Bandes Ihrer opuscula sofort beginnen,[224] ich erwarte jeden Tag die Korrekturen.

---

222 Willy Theiler, Porphyrios und Augustin (SKG.G 10,1), Halle 1933.
223 Joseph Bidez, Vie de Porphyre, le philosophe néo-platonicien (Recueil de travaux 43), Gand
1913.
224 Vgl. Brief Nr. 10.

Ihre Absichten betreffs der Pauly-Wissowa Artikel und der Johannea[225] begreife ich vollkommen, wenn wir alle unterbringen können, dann geht es ja so auch sehr schön. Wir werden ja vorerst einmal abwarten müssen, wie die Subskriptionsaufforderung ausfällt, dann kann es ja u.U. noch einen weiteren Band geben. Mit herzlichstem Gruss Ihr ergebener

H.-G. Opitz

Übrigens: Berwe[226] & Schadewalt[227] bei denen wir wegen Beteiligung bzw. Unterstützung d. Subskription anfragten, sehen in der Aufnahme der PW-Artikel eine contitio sine qua non.

21   Brief vom 6. März 1937

Berlin-Friedenau, den 6. März 1937
Bismarckstr. 22, Tel. 83 33 09

Hochverehrter Herr Geheimrat!

Da Sie mir schon neulich zusagten, wieder die Korrekturen der neuen Athanasiuslieferung mitzulesen, erlaube ich mir, Ihnen mit gleicher Post die bis jetzt ausgesetzten Bogen zu schicken. Die ganze Schrift[228] wird ja sicher 2 Lieferungen umfassen,[229] und daher muss erst alles ausgesetzt werden, ehe wir an die Ausgabe der Lieferungen gehen können. Mir machte besonders viel Arbeit die grosse Liste[230] die auf Seite 123 nun folgt. Feder[231] hat der Liste nur ein paar nichtssagende Bemerkungen gewidmet. Ich glaube doch im Ganzen etwas herausbekommen zu haben. Ganz fertig bin ich noch nicht. Ich will aber das Manuskript vor allen Dingen weiterführen, und lasse eher die Korrekturen anstehen. Bei dieser Gelegenheit hat sich mir wieder gezeigt, wie grosse Schwierigkeiten sich aus dem Fehlen einer vernünftigen Ausgabe der afrikanischen Synoden [sich] ergeben. Herr Holl[232] ist inzwischen aus Paris zurückgekommen, reich beladen etwa 3500 Aufnahmen. Er ist auch in Albi gewesen und hat dort das Breviarium Hipponense[233] und den Gennadius[234] photographiert. Leider hat er sich durch meine Angaben verleiten lassen, in

---

225 Vgl. die Bibliographie in Schwartz, Gesammelte Schriften IV, 329–343.
226 Sic! Helmut Berve (22.1.1896–6.4.1979), Althistoriker und Professor in Leipzig, von 1933 an Dekan der Philosophischen Fakultät, von 1940–1943 Rektor der Universität.
227 Sic! Wolfgang Schadewaldt (15.3.1900–10.11.1974), Altphilologe und Professor in Leipzig.
228 Sc. apol.sec.
229 Die apol.sec. wurde letztlich auf Lieferung 3–5 von Athanasius Werke II verteilt.
230 Opitz, Athanasius Werke II/1–7, 123,29–132,3.
231 Alfred Leonhard Feder, Studien zu Hilarius von Poitiers I. Die sogenannten »fragmenta historica« und der sogenannte »Liber I ad Constantium Imperatorem« nach ihrer Überlieferung, inhaltlicher Bedeutung und Entstehung (SAWW.PH 164/2), Wien 1910, 58–60.
232 Vgl. oben Anm. 137.
233 Codex Albigensis 2 (147), vgl. oben S. 243.
234 Codex Albigensis 39.

Paris alles von Joh. Damascenus und alle Hss. der Briefe des Basilius eher aufzunehmen, als seinen Aufenthalt in Albi so lange auszudehnen, dass er gleich alles von dort mitgebracht hat. Aber für die Ausgabe des Ueronensis[235] habe ich doch nun fast alles zusammen; Frau Heinemann[236] wird jetzt noch aus Rom einiges mitbringen, wenn das aber nicht klappt, dann bringe ich es selbst gegen Ende des Jahres mit. Zum Zwecke der Ausgabe des Ueronensis lege ich Ihnen nun zu den Bogen eine Photographie der Turnerschen Arbeit zu Gennadius bei.[237]. Auch füge ich ein Blatt hinzu, aus dem Sie ersehen mögen welche Hss. ich aus den vielen von Turner genannten heranziehen will. Ich bitte Sie diese Liste zu begutachten, und gegebenenfalls einige Ergänzungen beizugeben. Ich fühle mich in dieser Materie deshalb noch etwas unsicher, weil ich den Mausen (sic!) nach Turner und nach Ihren Ausgaben noch nicht ganz up to date gebracht habe, sowie Sie ihr Handexemplar mit Verbesserungen in den Angaben über die Handschriften versehen haben; Etwas kann einem ja auch v. Dobschütz' Liste in seiner Ausgabe des gelasianischen Dekrets helfen.[238] Aber bislang bin ich zu dieser Arbeit noch nicht gekommen. Ich denke aber dass ich sie in den nächsten Wochen erledigen kann. Denn vorher kann ich nicht anfangen einigermassen das Material zu sichten und das Allernotwendigste für mich herauszusuchen.

Der Umzug hat mich auch fast 10–14 Tage in Rückstand gebracht, aber jetzt leben wir hier in einer idyllischen Wohnung, unberührt von dem Grosstadtlärm. Da wird es jetzt besser gehen als im vergangenen Winter wo ich meine Zeit um des lieben Mammons willen mit Feilschen mit Hauswirten und Nachfolgern in der Praxis meiner Frau zubringen musste und dabei hatte ich immer noch ein neues Kolleg von 4 Stunden.

Aber ich habe mich doch schon an eine Durcharbeitung Ihrer Aufsätze machen können. Was Ihre Pauluschronologie betrifft und die Chronologie Ihrer Johannea[239] anlangt, so lassen mich Ihre Argumente nicht in Ruhe. Ich sprach mit Lietzmann unlängst über den Paulus und das Todesdatum der Zebedaiden. Er glaubt nicht an einen gleichzeitigen Tod. In den Martyrologien seien auch Petrus und Paulus auf einen Tag gesetzt worden. Sie haben damals schon zurückgefragt, wann dann, wenn also nicht unter Agrippa Johannes das Martyrium erlitten habe, sein Tod anzusetzen sei? Und ich finde, das Argument ist doch sehr gewichtig, dass Sie darauf hinweisen, dass zu keiner eindeutigen Zeit die Juden <haben> ihn haben hinrichten können. Und dann Gal. 2: Petrus. Da liegt doch der Hase im Pfeffer; und ich kann nur voll und ganz anerkennen, wenn Sie

---

235 Vgl. oben S. 242.
236 Margret Heinemann (29.5.1883–13.3.1968), Altphilologin.
237 Cuthbert Hamilton Turner, The Liber Ecclesiasticorum Dogmatum Attributed to Gennadius, JThS 7 (1905), 78–99.
238 Ernst von Dobschütz, Das Decretum Gelasianum de libris recipiendis et non recipiendis (TU 38,4), Leipzig 1912.
239 Schwartz, Zur Chronologie des Paulus, und Schwartz, Aporien im vierten Evangelium I; Schwartz, Aporien im vierten Evangelium II–IV.

sagen, wo steht etwas in den Acta, dass Petrus in Jerusalem gewesen sei, als Paulus dorthin kam. Und von diesem sicheren Datum des Galaterbriefes würde ich ausgehen mit Ihnen, um die kritische Sonde an die Acta zu legen. Vielleicht habe ich die Ruhe um das nach Ihnen nochmal zu tun, dann kann man die ganze Sache doch noch mal zur Diskussion stellen: Ich finde immer wieder, dass man Wellhausen so sehr ignoriert; man hat die Strafe davon, dass man sich jetzt in einem allgemeinen Agnostizismus hüllt.

Schon aus dem Grunde, dass diesen Schwächlingen etwas der Atem verschlägt, würde ich dafür sein, dass Sie Ihre Johannesstudien hier und da zurechtgezimmert von Neuem erscheinen lassen.[240] Bei dieser Neuausgabe brauchten doch nur die Korrekturen berücksichtigt werden, die Sie selbst damals in der ZNW gegeben haben.[241]

Zum Schluss möchte ich Ihnen noch sagen, dass meine viel erörterte Berufung nach Göttingen endgültig zu Grabe getragen ist.[242] Das Rennen hat schliesslich ein von Seeberg äusserst geschickt manövrierter Outsider gemacht: Lic. M. Gerhardt[243]. Dieser Mann kommt eigentlich aus Holls Schule, hat dann in Erlangen orthodoxe Kirchengeschichte eine Zeitlang betrieben. Hielt es dann aber für besser sich auf den ruhigen Gefilden der Inneren Mission anzubauen, indem er Bibliothekar und Archivar des Rauhen Hauses in Hamburg wurde. Von dort hat er sehr viel Publikationen über Wichern (Briefwechsel und Lebensbeschreibung) ausgehen lassen. Nun muss sich Göttingen nur aus dem Grunde, weil der Mann Parteigenosse ist, diesen Nachfolger für Hirsch gefallen lassen. Ich stand mit Gerhardt zur engeren Wahl, und die Entscheidung konnte nicht zweifelhaft sein, als ein Mann mit dieser Dekoration auftrat.[244] Der Lärm

---

240   Vgl. dazu schon oben S. 234.

241   Eduard Schwartz, Johannes und Kerinthos, ZNW 15 (1914), 210–219.

242   Vgl. oben Brief Nr. 16 und Aland (Hrsg.), Glanz und Niedergang, nr. 993.

243   Martin Gerhardt (1.12.1894–27.5.1952), vgl. Braun/Grünzinger, Personenlexikon zum deutschen Protestantismus 1919-1949, 86 und Herrmann, Diakoniewissenschaft im Nationalsozialismus und der Diakoniehistoriker Martin Gerhardt in Göttingen (1937-1939).

244   Opitz trat am 1.5.1937 zusammen mit den Berliner Kollegen Fritz Fischer, Johannes Behm, Werner Gruehn und Peter Meinhold selbst in die NSDAP ein (und fungierte dort auch als Blockleiter der Ortsgruppe Berlin-Friedenau und als Fakultätsvertreter im NS-Dozentenbund), vgl. Hartmut Ludwig, Die Berliner Theologische Fakultät von 1933 bis 1945, in: Rüdiger vom Bruch (Hrsg.), Die Berliner Universität in der NS-Zeit. Band II: Fachbereiche und Fakultäten, Stuttgart 2005, 93–122, hier 96 Anm. 25, und Schwarz, »Grenzburg« und »Bollwerk«. Ein Bericht über die Wiener Evangelisch-theologische Fakultät in den Jahren 1938-1945, 372, allerdings wohl nicht aus reinem Opportunismus, wie es Hans Lietzmann in einem Brief an Hans von Soden vom 27.1.1939, Aland (Hrsg.), Glanz und Niedergang, Brief Nr. 1081, und Aland (Hrsg.), Glanz und Niedergang, 140 f. darstellen, da er außerdem noch den Thüringer Deutschen Christen beitrat (vgl. den Brief Lietzmanns an von Soden) und später auch als Mitarbeiter und Unterstützer des »Instituts zur Erforschung des jüdischen Einflusses auf das deutsche kirchliche Leben« von Walter Grundmann auftrat, vgl. die in Hans Prolingheuer, Wir sind in die Irre gegangen. Die Schuld der Kirche unterm Hakenkreuz, nach dem Bekenntnis des »Darmstädter Wortes« von 1947 (Kleine Bibliothek 451), Köln 1987, 151 abgedruckte Liste aus den Mitteilungen des Institutes, 39.

um diese Göttinger Professur ist aber so gross gewesen, dass der Referent im Ministerium mich hat kommen lassen, um mich kennen zu lernen, mich seines Wohlwollens trotz des Scheiterns der Göttinger Sache versicherte. Heute sagte mir das unser Dekan nochmals im ausdrücklichen Auftrage des Referenten. Dieses Pflästerchen brauche ich nicht, da ich mich nicht verdriessen lasse, und abwarten kann. Ich zweifle ob diese Treibhausblüten der nationalsozialistischen Weltanschauung sich halten werden. Mir will es nicht aus dem Kopf, dass die geschichtliche Arbeit, sowie ich sie gelernt habe, doch das letzte Wort behalten wird. Denn wir wollen ja nichts als die Wahrheit und die Wirklichkeit.

Mit besten Wünschen für Ihr Wohlergehen und herzlichen Dank für die Hilfe bei der Korrektur,

Ihr ergebener
H.-G. Opitz

22   Brief vom 20. März 1937

Hans-Georg Opitz   Bln.-Friedenau, den 20.3.37.
Lic. theol.   Bismarckstr. 22, Tel. 83 33 09

Hochverehrter Herr Geheimrat!

Sie haben wieder so sehr schnell die Durchsicht der Athanasiusbogen erledigt, und mich durch die Bemerkungen belehrt. Ich gestatte mir, Ihnen meinen besten Dank dafür zu sagen. Vor allem habe ich eingesehen, dass meine Interpretation der Marginalien in R wie ich sie in meinen Untersuchungen S. 104 gegeben über das Ziel, nämlich die Unrichtigkeit der Montfauconschen Erklärung zu erweisen, hinausgeschossen ist.[245] Was in R steht wird schon richtig sein, so wie Sie es mir erklären. Aber ein Anderes haben Sie noch angemerkt, das mir schwere Kopfzerbrechen verursacht hat; die Stelle in dem serdicenischen Synodalschreiben über Theodul von Traianopolis[246], ich zitiere nach Feder[247] S. 110,9 und par.

Sie verstehen anders als ich ›decessit – fugiens‹: er starb auf der Flucht ... Das scheint ja auch Athanasius durch ἀπέθανεν nachzulegen und Feder hat die Stelle auch so interpretiert. Doch Valois und Tillemont haben zwar mit nicht stichhaltigen Gründen, da sie die sprachliche Schwierigkeit nicht sehen konnten, sich so entschieden wie ich es jetzt nochmals tat. Zwar steht Theodul nicht unter den uns bekannten Namen der Teilnehmer von Serdika, aber Athanasius selbst sagt an zwei Stellen, wo er ausdrücklich von Todesfällen spricht nicht, dass

---

245 Opitz, Untersuchungen, 104.
246 Opitz, Athanasius Werke II/1–7, 120,22–24 mit Anm. zu Z. 22.
247 Alfred Leonhard Feder (Hrsg.), S. Hilarii Episcopi Pictavensis Opera IV (CSEL 65), Wien/Leipzig 1916.

Theodul infolge der Nachstellungen der Bischöfe gestorben sei. Es handelt sich um hist. arian. 19, dazu als Parallele de fuga 3,4 S. 70,7.[248] Schon aus hist.arian. geht klar hervor, dass die Nachstellungen gegen Theodul doch wohl erst im Zusammenhang mit der orientalischen Sezession in Serdika inszeniert worden sind, vielleicht sogar nach Serdika. Doch das verbietet nun die Stelle in dem Synodalbrief, die man wohl zu hist. arian. 18 stellen muss. Aber dort wird, wie gesagt, nichts von einem Mord gesagt, und auch nicht an unserer Stelle. Die Synodalen schreiben: die Arianer hätten sich so wahnsinnig gebärdet, dass sie die Bischöfe getötet hätten, wenn diese sich nicht aus dem Staube gemacht hätten. decessit enim ... Theodulus fugiens ipsorum infestationem..... Decedere heisst doch zunächst sich von einem Orte wegbegeben, ja absolut auch sein Amt verlassen, was hier auch in Verbindung mit fugiens passen würde. Dass Athanasius daraus ἀπέθανεν machte wird man seinen Sprachkenntnissen zu Gute halten.[249] Was hätte er aus einem Mord an Theodul gemacht, wo er die anderen Fälle breit erzählt, vgl. Paul von Constantinopel, aber auch Lucius von Adrianopel. Ich kann mich gerade auf Grund des lateinischen Orginals nicht dazu entschliessen, dass Athanasius decessit richtig mit ἀπέθ. wiedergibt. Das nehme ich an, dass ›decessit‹ nicht wie ich schrieb mit ἀνέστη richtig wiedergegeben ist, einem genauen Wortverständnis von ἀνέστη entsprechend. Doch wenn Cassiodor für ἀνέστη setzte uenit, dann muss doch das Wort ἀνέστη damals so verstanden sein, und nicht bloss von der Vertreibung von Völkern gebraucht worden sein.

Ich erlaube mir diese Sache etwas breiter Ihnen nochmals vorzutragen.

Letzten Endes hängt auch diese Frage mit meiner, mich recht peinigenden Arbeit an den Namen der Bischöfe von Serdika zusammen.[250] Ich bedaure sehr, dass ich noch nicht Ihre neuerliche Untersuchung die ja aber bald erscheinen wird[251] benutzen kann. Gestatten Sie mir, dass ich Ihnen eine Frage vorlege. Wie verhält es sich eigentlich mit der Provinz Arabia? Genauer: gehört Petra zur Provinz Arabia mit der Hauptstadt Bostra oder gehört es nicht zu Palästina. Diese Antwort scheint auf den ersten Blick einfacher als es aussieht. Folgender Tatbestand der Ueberlieferung: Bei Athanasius hist. arian. 18 kommt eine Arius von Petra in Palästina vor, der sich von den Orientalen in Serdika trennt, (vgl. hist. arian 15), das Gleiche in dem Synodalschreiben Feder S. 121,1[252] (Arius des Lat. ist richtig, Macarius beim Griech. falsch; hingegen ist Stefanus bei Lat. falsch und Asterius richtig). In den serdicenischen Unterschriften bei Feder S.

---

248 Opitz, Athanasius Werke II/1–7.
249 Vgl. dazu jetzt auch Brennecke/Heil/Stockhausen/Wintjes, Athanasius Werke III/3, 193,17–19 und zu dieser Stelle oben S. 112 wie generell der Beitrag von Angelika Wintjes, oben ab S. 105.
250 Opitz, Athanasius Werke II/1–7, 123,29–132,3.
251 Eduard Schwartz, Über die Bischofslisten der Synoden von Chalkedon, Nicaea und Konstantinopel (ABAW.PH NF 13), München 1937.
252 Feder (Hrsg.), Hilarii Opera.

137, 5[253] heisst er Arius a Palaestina. Auf der Jerusalemer Synode ca. 346 apol sec. 57 begegnet er ebenso wie auf der palaestinensischen Liste apol. II 50 sub fine. Also Petra gehört zu Palaestina. Nun aber das Gegenteil: der schon genannten Asterius an den oben bezeichneten Stellen, der immer mit dem Arius zusammen begegnet, heisst stets Ast. aus Arabia. so auch serdicenische Unterschriften Feder S. 137,6[254]. Aber Athanasius tom ad Antiochenos 10 (I 776B/E und 776 E)[255] unterschreibt er: Ἀστέριος Πέτρων τῆς Ἀραβίας. Wenn diese letzte Notiz, die aber durch alle Hss. gesichert ist nicht wäre, müsste man das Zeugnis aus Athan. hist. arian. zu den übrigen stellen, dass die Provinz Arabia im 4. Jahrhundert die von Bostra ist. Mommsen hat das Ges. Schriften[256] V 373 betont. Wie heisst aber der Bezirk um Petra? Ich glaube Palaestina. Tatsächlich gehört Aila in dem Syrer von Chalcedon zu Palaest. III, doch so schon in Nicaea Gelzer V 39 auch zu Palaestina. Auch in der Notitia hat der Dux Palaestinae seine Abteilungen in Aila, die Stadt steht unter den Bildern der palaestinensischen Garnisonen (also Mommsen irrt da), und der Dux Arabiae hat nur Garnisonen in dem Haurangebiet d.h. also der Provinz um Bostra.

Von einer Umbenennung des Gebietes von Petra scheint mir aus Procopo de aedif. 5,8 nichts hervorzugehen, wie Mommsen annimmt. Das ist eine antiquarische Notiz; Arabia ein allgemeiner geograph. Begriff. Doch scheint allerdings aus dem Veronenser Verzeichnis hervorzugehen, dass hier noch die Gegend von Petra als Arabia bezeichnet wird. Doch wie gesagt in Nicaea wird Aila zu Palaestina gerechnet. Frage: was ergeben die Ihnen zugänglichen Listen für die Frage? Ich möchte annehmen dass tom ad. Antioch. 10 Asterius v. Petra (Der Name des A. passt schon nicht zu Petra.) fälschlich der Arabia zugewiesen wird. Es stehen zu viel Zeugnisse dagegen. Es muss schon im Laufe des 4. Jahrhunderts die drei Palaestina gegeben haben. Darf ich vielleicht eine ganz kurz Aeusserung von Ihnen erbitten? Turner will Monumenta I 555 nr. 41[257] die Stelle in hist. arian. 18 umstellen, doch das geht wohl nicht. Er hat die Stelle im Synodalschreiben übersehen.

Für die Adversaria zu Feder[258] danke ich Ihnen bestens. Mir sind schon längst Zweifel an der Brauchbarkeit der Ausgabe gekommen. Deshalb bedaure ich es sehr, dass Holl[259] jetzt nicht den ganzen Komplex nochmal photographiert hat. Der Apparat ist mit Nichtigkeiten derartig überladen, dass man das Wichtige, nämlich die Lesarten von A, kaum herausfindet. Haben Sie irgendwelche

---

253 Feder (Hrsg.), Hilarii Opera.
254 Feder (Hrsg.), Hilarii Opera.
255 Jetzt Brennecke/Heil/Stockhausen, Athanasius Werke II 8, 349,16 f.
256 Theodor Mommsen, Gesammelte Schriften V. Historische Schriften 2, Berlin 1905, ND Zürich 1994.
257 Cuthbert Hamilton Turner, Ecclesiae Occidentalis Monumenta Iuris Antiquissima. Canonum et conciliorum graecorum interpretationes latinae I 2, Oxford 1930.
258 Feder (Hrsg.), Hilarii Opera.
259 Vgl. oben Anm. 137.

Beobachtungen gemacht, ob seine Kollationen zuverlässig sind, gerade auch in dem Stücke aus den Kanoneshandschriften?

Ich bin sehr energisch bei der Bearbeitung des Ueron. LX. Und nun ist mir doch der Gedanke gekommen, dass die Kanones von Laodicea und Konstantinopel in der isidorischen Version doch richtig herausgegeben werden müssen. Ich habe mir eine Zusammenstellung gemacht, die ich beilege. Erbitte ich zurück. Danach kann es wirklich nicht allzuschwierig sein, die nötigen Hss. einzusehen. Natürlich will ich nicht alle Versionen d.h. die Prisca usw. heranziehen, sondern nur den Text des Veronensis kritisch für die Isidoriana edieren, mit anderen Worten ich will die Ausgabe der Ballerini III 434ff.[260] vervollständigen und erneuern. Bei dieser Gelegenheit stellt sich die Frage, ob wir uns nicht an die Clarendon Press wenden sollten, um eine endgültige Auskunft über das Schicksal der von Turner nachgelassenen Bogen zu erhalten. Liegt es in Ihrer Absicht, diese Anfrage selbst an die Clarendon Press zu richten?[261] Schliesslich muss ich Sie bitten, mir die Photos von Turners Aufsatz über Gennadius[262] wiederzurückzugeben, da das Exemplar das einzige in meinem Besitz ist. Ich will Ihnen gerne noch einen Abzug machen lassen, wenn Sie einen haben wollen. Ich bitte entschuldigen zu wollen, dass ich nicht gleich mich klar ausgedrückt habe und nun nachträglich die Photos zurückerbitten muss.

Mein Athanasiusprogramm ist jetzt so: ich will vordringlich Manuskript fertig machen, die Bogen können lieber etwas stehen. Eine ungeheure Arbeit haben mir die Namen von Serdika gemacht. Ich bin auf das Höchste gespannt was Sie im Einzelnen in Ihrer Abhandlung zu den Listen von Chalcedon gesagt haben.[263] Vielleicht würde mir im Zusammenhang mit Ihren Listen manche Identifikation eher gelungen sein. Die Namen sind bei den Lateinern barbarisch verhunzt. Schon Turner hat Verdacht geschöpft, dass so viele aus Griechenland aus allen Provinzen hergekommen sind.[264] Was Feder geschrieben hat,[265] ist vielfach Phantasie. Wenn ich das Manuskript druckfertig habe, werde ich nochmals überlegen, ob ich Ihnen nicht erst dieses noch schicke. Aber ich mache mir schon Skrupel, ob ich Ihre kostbare Zeit nicht mit diesen Quisquilien in Anspruch nehme mehr als erlaubt ist. Aber hier in Berlin weiss keiner über

---

260 Pietro Ballerini/Girolamo Ballerini (Hrsg.), Appendix Ad Sancti Leonis Magni Opera, Seu Vetustissimus Codex Canonum Ecclesiasticorum, & Constitutorum Sanctae Sedis Apostolicae : ...cui alia subiiciuntur rarissima, vel inedita antiquissimi Iuris Canonici documenta, & quinque Dissertationes Quesnelli in eundem Canonum Codicem ad criticen revocatae. Praemittitur Tractatus de antiquis tum editis, tum ineditis Collectionibus & Collectoribus Canonum ad Gratianum usque, Venetiis 1757.

261 Vgl. unten Brief Nr. 29.

262 Vgl. oben S. 253.

263 Schwartz, Über die Bischofslisten der Synoden von Chalkedon, Nicaea und Konstantinopel.

264 Turner, EOMIA I 2, 545–560.

265 Alfred Leonhard Feder, Studien zu Hilarius von Poitiers II. Bischofsnamen und Bischofssitze bei Hilarius. Kritische Untersuchungen zur kirchlichen Prosopographie und Topographie des 4. Jahrhunderts (SAWW.PH 166/5), Wien 1911.

solche Sachen Bescheid. Der Jülichersche Index[266] ist doch sehr unvollkommen und lässt mich im Stich. Ich habe mir alle Prosopa selber notiert. Damit komme ich am weitesten. Für die Aegypter unter den Namen bei Athanasius habe ich wirklich eine Menge herausbekommen.

Doch nun will ich sie nicht länger aufhalten, sehr verehrter Herr Geheimrat. Ich wünsche Ihnen recht gute Ostertage und rechtes Wohlergehen.

Mit ergebenstem Gruss

H.-G. Opitz

P.S. Darf ich mir erlauben, Sie, Herr Geheimrat, zu bitten, mir wenn vorhanden die letzten Korrekturbogen zur Acta concil. zu reservieren. Hier ist es nicht möglich, die Acta zu entleihen. Daher sind mir der Bogen in jeder Form schon willkommen und für eine Überlassung der Aushängebogen bin ich sehr dankbar.

O.

23   Brief vom 6. April 1937

den 6.4.37.

Hochverehrter Herr Geheimrat!

Daraus dass ich erst nach einer Woche Ihnen schreibe und für die grosse Abhandlung über die Bischofslisten[267] danke, mögen Sie bitte ersehen, dass ich in der Zwischenzeit auf das Eifrigste diese durchstudiert habe und für die Zwecke der leidigen 300 Bischöfe bei Athanasius apol. secunda 49[268] benutzt habe. Hoffentlich ist das Ergebnis meiner Arbeit entsprechend den Erwartungen, die man von nun an <an> solche Untersuchungen zu stellen berechtigt <ist>, da Sie gezeigt haben, wie man mit diesen Listen umzugehen hat. Ich habe mich besonders an der kostbaren Erzählung ergötzt, dann mich sehr mit der Analyse der nicaenischen und antiochenischen Liste beschäftigt. Ich war sehr auf die von Ihnen schon angekündigte Verwertung der koptischen Liste von Nicaea[269] gespannt. Wie wichtig sie ist, weiss man nun. Nur eins kann ich ihr nicht glauben, dass der Secundus von Ptolemais der aus der Pentapolis ist.[270] Ein von einer Synode exkommunizierter Ketzer kann nicht ihre Kanones oder gar das Symbol unterschreiben, das gegen ihn gerichtet ist. Ihre früher geäusserte Meinung NGG

---

266 Sc. für das Akademie-Projekt der Prosopographia imperii Romani saec. IV–VI.
267 Schwartz, Über die Bischofslisten der Synoden von Chalkedon, Nicaea und Konstantinopel.
268 Die Liste steht in apol.sec. 48–50,3, Opitz, Athanasius Werke II/1–7, 123,29–132,3; vgl. zu den Problemen schon oben die Briefe Nr. 21 und 22.
269 Vgl. Heinrich Gelzer/Heinrich Hilgenfeld/Otto Cuntz (Hrsg.), Patrum Nicaenorum nomina Latine, Graece, Coptice, Syriace, Arabice, Armeniace (BSGRT), Stuttgart 1898, ND 1995, 78–93.
270 Gelzer/Hilgenfeld/Cuntz (Hrsg.), Patrum Nicaenorum nomina, 80/81 Nr. 22.

1905 S. 181 A. 2[271] scheint doch die richtige zu sein. Aber der Kopte dürfte doch
recht interessant sein. Leider liegt er ja nicht in einer brauchbaren Edition vor,
die Publikation von Felix Haase mit einer Uebersetzung der »koptischen Quellen
zum Konzil von Nicäa«[272] und recht geschwätzigen Untersuchungen hätte eine
Qualifikation Ihrerseits verdient. Der Kopte muss Reste eines griechischen corpus
canonum bewahren, das vielleicht noch ins 5. Jahrhundert zu datieren ist. Ich
kann kein Koptisch, deshalb wage ich mich nicht an die Sache heran. Aber es
fällt doch auf, dass Reste der Kanones von Ancyra darin erhalten sind; und
schliesslich muss ja auch einmal Gelasius abschliessend behandelt werden. Das
wird nicht ohne Rücksicht auf den Kopten zu machen sein. Aber ganz besonders
habe ich die kritische Behandlung des Veroneser Verzeichnisses gelesen. Es ist
ja unverständlich, dass nach Mommsen[273] niemand sich mit den Fragen der
Provinzeneinteilung im Grossen abgegeben hat. Besonders scheint Mommsens
Mahnung einen Kommentar zu der Notitia dign. zu schreiben ungehört verhallt
zu sein. Man arbeitet unter grossen Umständen in dieser Materie und muss
sich alles selbst zusammentragen. Mir hilft bei diesen Fragen immer nur der
alte Godefroy[274]. Bei der Bestimmung von geographischen Namen, und ihrer
Zuteilung zu den Provinzen aber auch bei der Beamtentitulatur muss man sich
mühsam selbst helfen. Aber ich will darüber nicht ein Klagelied anstimmen, das
dem abgeschmackten über die iniquitas temporum gleichkäme – Sie haben mich
gelehrt die Dinge anzufassen.

Inzwischen ist die neue Lieferung des Athanasius mit dem zweiten Teil
des apologia secunda fertig geworden.[275] Sie geht in die Druckerei, und wenn
alles ausgesetzt ist, dann erlaube ich mir die Bogen Ihnen wieder vorzulegen.
Allerdings werde ich das nicht selber tun können. Denn in acht Tagen muss
ich zur Ableistung von zwei Reserveübungen nach Tübingen bis zum 15.6.
Danach hoffe ich das Programm für die Ausgabe des Ueronensis abschliessen
zu können. Auf jeden Fall werde ich die Nähe von Stuttgart ausnutzen und die
Weingartnerhs.[276] studieren. Ich habe den Wunsch auch gleich nach München
zu gehen, um den Frisigensis[277] u.a. aufzunehmen. Doch vielleicht verbinde
ich das mit der Reise nach Italien, die für August auf dem Programm steht,
besonders seitdem Sie die Desiderata für Beneschewitsch angemeldet haben.[278]

271 Eduard Schwartz, Die Quellen über den melitianischen Streit, NGWG.PH 1905, 164–187, wie-
      derabgedruckt in Schwartz, Gesammelte Schriften III, 87-116, hier 108 Anm. 1.
272 Felix Haase, Die koptischen Quellen zum Konzil von Nicäa (SGKA 10,4), Paderborn 1920.
273 Theodor Mommsen (Hrsg.), Verzeichniss der römischen Provinzen aufgesetzt um 297, Berlin
      1863, wiederabgedruckt in Mommsen, Gesammelte Schriften V. Historische Schriften 2, 561-588.
274 Jacques Godefroy, Codex Theodosianus cum perpetuis commentariis, Lyon 1665.
275 Athanasius Werke II, Lfg. 4 mit apol.sec. 43–80, erschienen Berlin 1938.
276 Codex Stuttgartensis HB VI 113 (Weingartensis C 3).
277 Vgl. oben Brief Nr. 13.
278 Vgl. den Brief von Eduard Schwartz und Hans Lietzmann vom 1.4.1937, Aland (Hrsg.), Glanz
      und Niedergang, Nr. 994.

Mercati schrieb, dass der lateinische Athanasiuskodex in der Laurentiana in
dem Fond von S. Marco liegt.[279] Aber in Rom will ich sehen, was sich aus den
ausradierten Namen von Serdica in dem Veron. LX[280] machen lässt. Mercati hat
schon interveniert, das Kapitel ist einverstanden, dass die Hs. in Rom untersucht
wird. Dabei soll dann noch einiges für andere Arbeiten, vor allem die zerstreuten
lateinischen Athanasiusbriefe (Lucifer v. Cal.) und die Kanones und Dekreta
abfallen. Hoffentlich klappt alles.

Inzwischen habe ich auch eine sehr verbesserte Bibliographie Ihrer Schriften
zusammengestellt. Mir fehlen wohl nur noch die Rezensionen. Ich habe festgestellt, dass Sie ja 159 Pauly-Wissowa-Artikel geschrieben haben. Ich schäme
mich jetzt jedes Murrens über einen Artikel, wozu ich mich habe hinreissen
lassen. Herr Kram von de Gruyter steht dem Plane einer Ausgabe der kleinen
Schriften[281] einstweilen sehr sympathisch gegenüber. Da ich nun fortgehe, hat
Lietzmann die Sache in die Hand genommen. Für den Fall dass man sich bereit
findet, einen Teil zu drucken, habe ich eine Auswahl getroffen von Aufsätzen
und Reden, die nicht in erster Linie gelehrte Untersuchungen sind, z.B. die antike
Ethik[282], die beiden Aufsätze über die Geschichtsschreibung der Griechen[283], die
Wellhausen-, Mommsen-, Usenerreden,[284] ueber den Begriff der antiken Tapfer-

Wladimir Nikolajewitsch Beneschewitsch (9.8.1874–27.1.1938), Byzantinist, Palaeograph
und Kanonist, wurde in Folge der Veröffentlichung von Wladimir Nikolajewitsch Beneschewitsch, Ioannis Scholastici Synagoga L Titulorum ceteraque eiusdem opera iuridica (ABAW.PH
14), München 1937 vom NKWD wegen Kolloboration mit Nazi-Deutschland verhaftet und
hingerichtet, vgl. Igor P. Medvedev, В. Н. Бенешевиц: судьба уценого, судьба архива,
in: ders. (Hrsg.), Архивы Русских Византинистов в Санкт-Петербурге, Sankt-Peterburg
1995, 339–381; L. A. Gerd/Jaroslav N. Schtschapow, Бенешевиц, Владимир Николаевиц,
Православная Энциклопедия 4 (2002), 619–621.

279 Codex Laurentianus San Marco 584. Vgl. Giovanni Mercati, Codici latini Pico Grimani Pio e di
altra biblioteca ignota del secolo XVI esistenti nell'Ottoboniana e i codici greci Pio di Modena
(StT 75), Città del Vaticano 1938, 186–191 und Lietzmann, Jahresbericht 1938. Kommission für
spätantike Religionsgeschichte, 76.

280 Codex Veronensis, f. 94b–99a, vgl. William Telfer, The Codex Verona LX(58), HThR 36 (1943),
169–246, hier 182.

281 Ein erster Band der »Gesammelten Schriften« ist 1938 dann erschienen: Schwartz, Gesammelte
Schriften I. Vgl. auch die Briefe Nr. 10, 20, 25, 26 und 27.

282 Schwartz, Probleme der antiken Ethik.

283 Eduard Schwartz, Über das Verhältnis der Hellenen zur Geschichte, Logos 9 (1920), 171–187,
wiederabgedruckt in Schwartz, Gesammelte Schriften I, 47-66; Schwartz, Geschichtsschreibung
und Geschichte bei den Hellenen.

284 Eduard Schwartz, Julius Wellhausen, Nachrichten von der Kgl. Gesellschaft der Wissenschaften
zu Göttingen. Geschäftliche Mitteilungen 1918, 43–70, wiederabgedruckt in Schwartz, Gesammelte Schriften I, 326-361; Eduard Schwartz, Rede auf Theodor Mommsen, Nachrichten von
der Kgl. Gesellschaft der Wissenschaften zu Göttingen. Geschäftliche Mitteilungen 1904, 75–88,
wiederabgedruckt in Schwartz, Gesammelte Schriften I, 281-297 und Eduard Schwartz, Rede
auf Hermann Usener, Nachrichten von der Kgl. Gesellschaft der Wissenschaften zu Göttingen.
Geschäftliche Mitteilungen 1906, 1–14, wiederabgedruckt in Schwartz, Gesammelte Schriften I,
301-315.

keit[285], Weltreich und Weltfriede[286], die drei Vorträge über die Konzilien[287], den
erzählenden Teil aus dem Prozess des Eutyches[288], die Osterbetrachtungen[289],
kurz jedesmal ein Stück aus allen den von Ihnen bestimmten Gebieten. Doch
was ich Ihnen heute schreibe, ist noch kein abschliessendes Programm. Ich habe
die Absicht einem solchen Auswahlbande, oder besser Reden- und Aufsätze-
bande eine vollständige Bibliographie beizugeben. Aber unser aller Wunsch ist
doch wenn irgend möglich die Gesammelten Schriften durchzusetzen. Vielleicht
könnte man einen solchen Auswahlband in der beschriebenen Art als Vorläufer
ausgehen lassen, ähnlich wie bei Mommsen[290] geschehen ist[291] und wie ihn
Wilamowitz[292] selbst besorgt hat.[293] Ich schreibe Ihnen, Herr Geheimrat, dieses
zur vorläufigen Information. Das Endgültige bzw. einen ausgeführten Plan wird
man Ihnen noch später vorlegen, und Ihre Meinung dann einholen.

Ich darf schliessen mit den besten Wünschen für Ihr Ergehen – für mich selbst
hoffe ich in nicht allzuferner Zeit wieder bei Ihnen in München vorsprechen zu
dürfen.

Mit ergebenstem Gruss

Ihr

Hans-Georg Opitz

---

285 Eduard Schwartz, Über den hellenischen Begriff der Tapferkeit, in: Das Stiftungsfest der
Kaiser-Wilhelms-Universität Straßburg am 1. Mai 1915, Straßburg 81–100, wiederabgedruckt in
Schwartz, Gesammelte Schriften I, 221-238.

286 Eduard Schwartz, Weltreich und Weltfriede. Vortrag zum Besten des Gustav-Adolf-Vereins in
Freiburg am 11. Oktober 1916, Straßburg 1916, wiederabgedruckt in Schwartz, Gesammelte
Schriften I, 172-194.

287 Eduard Schwartz, Die Konzilien des 4. und 5. Jahrhunderts, HZ 104 (1910), 1–37, Eduard
Schwartz, Konzilstudien I (1. Cassian und Nestorius. 2. Über echte und unechte Schriften
des Bischofs Proklos von Konstantinopel (Schriften der Wissenschaftlichen Gesellschaft in
Straßburg 20), Straßburg 1914, und Eduard Schwartz, Über die Reichskonzilien von Theodosius
bis Justinian, ZSRG.K 11 (1921), 208–253, wiederabgedruckt in Schwartz, Gesammelte Schriften
IV, 111-158.

288 Eduard Schwartz, Der Prozeß des Eutyches (SBAW.PH 5), München 1929.

289 Eduard Schwartz, Osterbetrachtungen, ZNW 7 (1906), 1–33, wiederabgedruckt in Schwartz,
Gesammelte Schriften I, 1-41.

290 Theodor Mommsen (30.11.1817–1.11.1903).

291 Vgl. Theodor Mommsen, Reden und Aufsätze, Berlin 1905.

292 Ulrich von Wilamowitz-Moellendorff (22.12.1848–25.9.1931).

293 Vgl. Ulrich von Wilamowitz-Moellendorff, Reden und Vorträge, Berlin 1901, 9.

24 Brief vom 11. Juli 1937

Berlin-Friedenau, den 11.7. 1937
Bismarckstr. 22

Hochverehrter Herr Geheimrat!

Ich erlaube mir, Ihnen hierdurch mitzuteilen, dass ich wieder in Berlin bin. Die Uebung war recht nett, wenngleich ich gegen den Schluss mich sehr als Bummelanten empfand. Mit um so grösserer Energie habe ich mich an die Arbeit begeben, und stecke jetzt tief in der Ausgabe des Ueronensis. Und das gibt mir den Anlass, mich an Sie mit der Bitte um Rat zu wenden. Die wichtigsten Hss. habe ich zusammen, teils in Photos aus zurückliegender Zeit, teils im Original auf der Staatsbibliothek. Doch bei einigen Hss. scheinen sich rechte Hindernisse in den Weg zu stellen. Vor allem schickt man mir die Handschrift aus dem Haag (Cod. Mus. Westr. 9)[294] nicht hierher, scheinbar, weil man den Wert erkannt hat; das Gleiche gilt für die Burgundische Hss. aus Brüssel[295] und den Vind. 2147[296] der Quesneliana. Nach Köln muss [ich] in einer der nächsten Wochen ohnehin reisen, da man die Codd. 212 und 85[297] nicht schickt, scheinbar grundsätzlich nicht. Ich kann diese Reise mit einem Abstecher nach Bonn verbinden, da Prof. Junker[298] den Vind. 411 der Hispana[299] in einer Photographie besitzt, diese aber uns nicht schicken will. Ich habe nun wenig Lust nach Den Haag und Brüssel zu reisen, weil ich im September eine längere Exkursion nach Italien unternehmen muss. Darf ich nun fragen, ob Sie jemand kennen, der uns die Haager Hss vermittelt. Ich erinnere mich, dass Sie, Herr Geheimrat, mir erzählten, dass Sie seinerzeit die Hs. ausgeliehen bekommen haben. Die Hs. umfasst ja nur 173 Bl., wäre also schnell zu photographieren. Allerdings möchte ich eben die Schwierigkeiten mit den Devisen etc. vermeiden. Man muss ja heute als Universitätsangehöriger stets eine Reisegenehmigung haben; alles das macht um einer Hss willen zu viel Umstände. Daher empfinde ich die Ablehnung aus Den Haag als ein rechtes Missgeschick. Vielleicht wissen Sie aber Rat.

Dass ich mit der harmlosen Bemerkung Herrn Geheimrat Stutz[300] (in der DLZ Besprechung Ihrer Bischofslisten[301]) gekränkt habe, bedaure ich aufrichtig. Leider musste ich mehrmals die Erfahrung machen, dass Leute, die sich durchaus für diese Dinge interessieren, nichts von Ihrer Arbeit wussten, weil sie auch wie

---

294 Codex Musei Meermanno-Westreenianum 9.
295 Vgl. oben Anm. 141.
296 Codex Vindobonensis 2147.
297 Codex Coloniensis 85 und 212.
298 Josef Juncker (geb. 9.9.1889), Professor für Römisches Recht in Greifswald, nach seiner Versetzung in den Ruhestand als »Nichtarier« (1935) Selbstmord am 18.10.1938 in Bonn.
299 Codex Vindobonensis 411.
300 Vgl. oben Anm. 214.
301 Hans-Georg Opitz, Rez. Eduard Schwartz, Über die Bischofslisten der Synoden von Chalkedon, Nicäa und Konstantinopel, DLZ 58 (1937), 1075–1079, hier 1076.

ich nicht regelmässig die Savignyzeitschrift lesen. Es trifft sich doch gerade oft, dass Zeitschriftaufsätze übersehen werden. Das war allein mit dem Wörtchen »versteckt« gemeint.

Wenn ich um den 1.9. mich nach dem Süden begebe, will ich in München Aufenthalt machen, und würde mich sehr freuen, wenn ich bei Ihnen vorsprechen dürfte. Bisher habe ich auch nicht die Münchnerhss. bestellt, sollte man mir die Freisinger nicht schicken so wäre ich genötigt diese dort aufzunehmen. Inzwischen hoffe ich dann doch ein Ende in der Ausgabe des Ueronensis zu sehen, und vor allem werde ich mir erlauben, den Schluss der Apologia secunda in den Fahnen zu schicken. Drei Bogen sind schon fertig.

Mit ergebenstem Gruss
Ihr
H.-G. Opitz

25   Brief vom 01. August 1937

Berlin - Friedenau, den 1.8.37

Hochverehrter Herr Geheimrat!

Ehe ich für etwa 8 Tage nach Köln gehe, beeile <ich> mich Ihren gütigen Brief vom 23.7. zu beantworten. Ich habe mir Ihre Vorschläge mehrmals durch den Kopf gehen lassen. Insbesondere aber freue ich mich sehr über diesen ungehemmten Fortgang der Konzilienausgabe. Es wäre mir eine grosse Freude hier und da mithelfen zu können. Meine Reise nach Rom usw. die ich für den September plane[302] gilt vor allem der Beschaffung von Photos für den lateinischen Athanasius und der kleinen verstreuten lateinischen Athanasiusbriefe, für die ich gerade das Material in Rom und Mailand nicht kenne. Ausserdem will ich noch alles das aufnehmen, was für die Ausgabe des Veronensis von Nöten ist. Dabei kann ich selbstverständlich Ihre Wünsche miterledigen. Ausserdem will ich auch für Beneschewitsch'[303] die nötigen Photos machen.[304] Doch da beginnen offengestanden für mich die Schwierigkeiten. Denn ich kann auf keinen Fall länger als 4 Wochen bleiben. Der Kommiss hat mir zu viel Zeit genommen und im kommenden Semester will ich Kirchengeschichte III lesen und ein Luther-Seminar halten.[305] Dazu ist noch viel zu tun. Und ich kann schon aus Prestigegründen diesen Exkurs auf ein anderes Gebiet der Kirchengeschichte nicht absagen. Mir scheint aber, dass sich leicht ein Ausweg finden liesse, zumal Sie schreiben, dass

---

302 Vgl. oben Brief Nr. 23.
303 Vgl. oben Anm. 278.
304 Vgl. oben Brief Nr. 23.
305 Vgl. Friedrich-Wilhelms-Universität zu Berlin, Personal- und Vorlesungsverzeichnis Wintersemester 1937/38, 126.

Sie Geld zu Verfügung stellen könnten. Ich habe zwar meinen Plan mit Herrn Professor Lietzmann noch nicht besprochen, glaube aber dass er einverstanden sein wird. Wenn Sie Herr Geheimrat dazu in der Lage sind, für einen zweiten das Reisegeld nach Rom und einen Zuschuss für dessen Lebensunterhalt zu zahlen, so möchte ich mir den Senior von Lietzmanns Seminar[306] mitnehmen, der ein sympathischer Mensch ist und mit den Photos gut umzugehen versteht. Ich glaube kaum dass er länger als 14 Tage mitzugehen braucht, d.h. er soll mir in Florenz und Rom beim Photographieren helfen. Dazu wären etwa 200–250 Rm nötig. Die Devisen werden wir schon bekommen.

Schwieriger gestaltet sich eine Reise nach Paris zu arrangieren. Offengestanden mich lockt es sehr selbst diese Reise auszuführen, zumal ich noch andere Absichten damit verbinde. Aber ich weiss einfach nicht, wie ich die Zeit zu einer solchen Reise in diesem Jahre finden kann. Ob es im Frühjahr möglich ist, weiss ich jetzt auch noch nicht. Und doch drängt es mich, Ihnen sofort Ja-sagen zu können. Ich weiss also nicht, ob Sie noch mit den Pariser Sachen Zeit hätten. Dann würde sich eine Reise dorthin leicht einrichten lassen. Also für den Fall, dass Sie sofort die Sachen haben wollen kann ich kein unbedingtes Ja sagen. U.U. müssten wir einen unserer Herrn noch einmal hinsenden.

Ich möchte mit diesem noch einige Bemerkungen verbinden, die sich auf die Ausgabe des Veronensis[307] beziehen. Die eigentliche materies Alexandrina erledigt sich leicht, schwieriger und ausserordentlich reizvoll zugleich lässt sich [die] Ausgabe der Kanones von Laodicea und Konstantinopel, der afrikanischen Synoden und des Gennadius an. Für diesen habe ich das Material im Ganzen zusammen. Aber für die Synoden stellen sich noch Probleme, die ich doch nicht mit so einfachen Mitteln lösen kann wie ich es zuerst gedacht habe. Ich kann es nicht unterlassen, die Dionysiana für die Kanones und auch für das Breviarium Hipp. auszunutzen. Besonders zeigt es sich, dass der Veronensis keineswegs leicht in die andere Textueberlieferung einzuordnen ist. Um die Sammlung des Veronensis wirklich beurteilen zu können – und das ist doch für eine Ausgabe der Sammlung des Veronensis erforderlich – muss ich feststellen, wie sich die im Veron. gebotenen Texte der sog. Isidoriana zu den übrigen Zeugen und vor allem zu etwaigen Versuchen verhalten, diese Version mit Text aus den anderen Versionen, der Prisca und Dionysiana, zu durchsetzen. Beim Brev. Hipp. stellt es sich heraus, dass die Ueberlieferung kreuz und quer durcheinander geht, ich habe bestimmte Anzeichen dass für dieses Durcheinander die Dionysiana verantwortlich ist. Ich habe lange geschwankt ob ich nicht im Interesse meiner anderen Arbeiten von einer Ausgabe der ganzen Sammlung absehen soll, und nur die materies Alexandrina zu bieten besser wäre. Es wäre für mich das ja

---

306 Wilhelm Schneemelcher (21.8.1914–6.8.2003) war seit Oktober 1936 wissenschaftlicher Hilfsarbeiter bei der Kommission für spätantike Religionsgeschichte, vgl. Knut Schäferdiek, Schneemelcher, Wilhelm, BBKL 27 (2007), 1258–1269.

307 Vgl. oben die Briefe Nr. 7, 13, 16, 19, 21 und 22.

viel bequemer und leichter zu bewältigen, besonders da ich dann diesen ganzen Komplex der Handschrift in den 2. Teil des 2. Bandes der Athanasiusausgabe als eine Publikation des Athanasius einfügen könnte. Aber ich meine, damit in die Unbequemlichkeiten und Unübersichtlichkeit der Turnerschen Methode zu verfallen, wenn ich diesen Komplex aus der ganzen Ueberlieferung herauslöse. Wenn es auch so bequemer wäre und ich schneller mit der Arbeit fertig würde, so kann ich doch nicht mich zu diesem Verfahren entschliessen. Ich habe den ganzen erweiterten Plan einmal überschlagen und glaube doch im Ganzen besonders wenn ich nach Frankreich reisen kann, gut auszukommen.

Eins ist und bleibt ja eine Krux bei aller Arbeit an einer Ausgabe der lateinischen Kanones, nämlich dass man zur Zeit nicht an die guten Handschriften der Hispana[308] herankommt. Doch ich glaube auch das zu überwinden. Also ich denke mir jetzt die Sache so. Ich gebe eine vollständige Ausgabe der Isidoriana für Laodicea und Konstantinopel. Als Appendix füge ich die Prisca von Konstantinopel bei. Und für die beiden Dionysiana, II. incl. Dion. aucta und Har., mache ich eine Neuausgabe, die in einem von dem Veronensis getrennten Druck erscheint. Natürlich gabe ich Dekretalen der Dion II mit, und die Ausgabe von Strewe[309] für Dion I ergänze ich durch Mitteilung der Kollationen aus der Kasselerhs.[310] u.a. Diese Ausgabe der Dionysiana stelle ich zurück d.h. mache mir für die Zwecke der Ausgabe des Veronensis zunächst mal eine Rezension der Ueberlieferung, die ich hier und da für die Beurteilung des Veron. verwende. Gleichzeitig mit der Ausgabe der Dionysiana bearbeite ich die afrikanischen Synoden und Kanones. Dazu fehlt ja einstweilen die Hispana. Aber der Abschluss eilt ja nicht. Zur Herstellung einer Rezension zum Zwecke der Beurteilung des Veron. kann ich diesen Zweig der Ueberlieferung ja entbehren. Die afrikanischen Kanones gebe ich da so heraus wie Sie es bei Chalcedon gemacht haben,[311] d.h. ich muss diese Kanones natürlich aus den Sammlungen herauslösen. Ich werde es mir aber angelegen sein lassen über Turner hinaus genaue Details über die berühmtesten Hss. zu geben.

Ich hoffe nur, dass nach Ihrer Ansicht dieser Plan nicht ohne Rücksicht auf die Höhe des auszuführenden Turmes ausgedacht ist. Es sind für mich persönlich einige allgemeine historische Ueberlegungen die mir den Anlass geben auch diese Arbeit in Angriff zu nehmen. Doch damit will ich diesen Brief nicht noch länger machen als er ohnehin schon ist.

---

308 Vgl. oben Brief Nr. 24.
309 Adolf Strewe, Die Canonessammlung des Dionysius Exiguus in der ersten Redaktion (AKG 16), Berlin 1931.
310 Codex Casselensis theol. quart. 1.
311 D.h. getrennt nach den einzelnen Sammlungen Eduard Schwartz, Acta conciliorum oecumenicorum. Tom. II: Concilium Universale Chalcedonense. Vol. II: Versiones particulares. 2 Rerum Chalcedonensium collectio Vaticana. Canones et symbolum, Berlin 1936, 29–109.

Schliesslich möchte ich Ihnen noch mitteilen, dass ich mich soweit es ging, um die Justinianschriften und ihre Ueberlieferung gekümmert habe.[312] Ich weiss nicht wieweit sie diese für die Konzilien brauchen. Jedenfalls haben wir hier im Film: Paris. gr. 418 Justinian adv. Origenem.[313] Ich will mir aus Rom auch das dort Vorhandene mitbringen. Denn ich finde für viele wichtige Fragen ist eine Bearbeitung der Justiniana und Leontiana nötig. Zunächst hoffe ich bald jemanden zu finden, der Facundus herausgibt. Das ist gar nicht schwer. Ich werde mich danach in Rom auch danach umsehen.

Ueber Ihren Aufsatz zu dem Kroymannschen Buch[314] habe ich <mich> sehr gefreut. Ueber die Einzelheiten hinaus war es mir ein Genuss Ihre Entlarvung hellenistischer Romantik zu lesen, der anheimgefallen zu sein der ehemaligen Berliner Orthodoxie eines archaischen Griechentums sehr peinlich sein muss. Ein jüngerer Philologe, der sich davon emanzipiert hat, gab seiner Genugtuung über Ihre Zurechtweisung Ausdruck.

Ueber die Ausgabe der kleinen Schriften kann ich heute noch nichts mitteilen, da ich erst in den nächsten Tagen mit de Gruyter verhandele.

Das Ende der Münchener Philologie[315] hat uns hier ebenfalls schmerzlich berührt. Wir haben hier auch diese traurige Sache in ihrem ganzen Ausmass erlebt, als wir das Avancement von Dr. Till[316] mitangesehen haben. Es sieht so aus, als ob man darüber sein Haupt zu verhüllen allen Anlass hat. Till war auch in unserer Graeca, die unter Schaeders[317] Aegide tagt.

Diesen langen Bericht mögen Sie bitte als vorläufigen bis zu meinem Besuch in München hinnehmen. Nur wegen des Geldes für Italien und über Ihre Meinung zu der Pariserreise erbitte ich Ihren Bescheid. Ueber den Veronensis und was damit zusammen hängt werde ich mir erlauben dann persönlich genauer zu berichten.

Mit ergebenstem Gruss
Ihr H.-G. Opitz

---

312 Eingeflossen in Eduard Schwartz, Drei dogmatische Schriften Iustinians (ABAW.PH 18), München 1939.

313 Parisinus gr. 418.

314 Eduard Schwartz, Die messenische Geschichte bei Pausanius, Ph. 92 (1037), 19–46, wiederabgedruckt in Schwartz, Gesammelte Schriften II, 207-239; Jürgen Kroymann, Sparta und Messenien. Untersuchungen zur Überlieferung der messenischen Kriege (Neue philologische Untersuchungen 11), Berlin 1937.

315 Sc. die Ereignisse um die Entlassung des Schwartz-Schülers und Nachfolgers Rudolf Pfeiffers und die Versetzung von Albert Rehm in den Ruhestand sowie die Berufungen von Rudolf Till als Nachfolger von Johannes Stroux auf den Lehrstuhl für lateinische Philologie und von Franz Dirlmeier als Nachfolger Pfeiffers, vgl. Maximilian Schreiber, Altertumswissenschaften im Nationalsozialismus. Die Klassische Philologie an der Ludwigs-Maximilians-Universität, in: Elisabeth Kraus (Hrsg.), Die Universität München im Dritten Reich. Aufsätze. Teil I (Beiträge zur Geschichte der Ludwig-Maximilians-Universität München 1), München 2006, 181–248.

316 Rudolf Till (8.4.1911–6.6.1979), vgl. Schreiber, Altertumswissenschaften im Nationalsozialismus, 215–220.

317 Vgl. oben Anm. 125.

26   Brief vom 29. Dezember 1937

Berlin-Friedenau, den 29.12.1937
Jänischallee 5

Hochverehrter Herr Geheimrat!

Sie werden wohl inzwischen erfahren haben, dass das Manuskript für den ersten Band Ihrer kleinen Schriften beim Verleger eingegangen ist.[318] Ich hoffe, dass dort die letzte Berechnung bald erledigt wird, sodass der Satz beginnen kann. Darf ich in diesem Zusammenhang daran erinnern, dass Sie doch wenn möglich bald die Liste für die vier anderen Bände aufstellen und mir zurückschicken, damit ich dann eine Ueberschlagsrechnung anstellen kann. Ich finde, es würde sich sehr empfehlen, wenn in der Aufforderung zu der Subskription schon der Inhalt der weiteren Bände genannt werden kann. Auch für die Kalkulation des ganzen Unternehmens wäre doch ein vorheriger Ueberschlag des Ganzen recht erwünscht. Die Liste Ihrer Schriften, die ich zusammenstellte, wird Ihnen gewiss als Grundlage dienen können.

Anbei schicke ich Ihnen einen schon etwas zurückliegenden Aufsatz in der Festschrift für K. Lake.[319] Leider ist er durch eine grössere Zahl von Druckfehlern entstellt. Ich habe den Umbruch nicht gesehen. Jetzt bedaure ich auch, nicht ausführlicher die ganze Sache behandelt zu haben. Aber man bekam nur einen geringen Raum zudiktiert. Mir scheint immer noch eine ordentliche Monographie für Dionys ein dringendes Erfordernis zu sein. Die Texte bei Feltoe[320] sind auch sehr antiquiert und ergänzungsbedürftig.

Bei der weiteren Arbeit an dem Veronensis LX habe ich mich doch entschlossen, den Traktat des Gennadius,[321] der am Schluss steht, nicht mit in die Ausgabe aufzunehmen,– so wie Sie es zuerst auch vorgeschlagen haben. Ich habe zwar ein überreiches Material für die Textherstellung zusammengetragen, aber ich kann diese Ausgabe nicht so machen, dass ich die Handschriften möglichst vollständig heranziehe, und keinen ausführlichen Kommentar, ja eine Abhandlung dazu schreibe. Der Gennadius verlangt eine Arbeit, die einfach den Rahmen der Edition des Veronensis sprengen würde. Im Zuge meiner Arbeit an den Kanonessammlungen bin ich auf die sog. Statuta ecclesiae antiqua gestossen, habe auch manches kollationiert. Die liegen ja in zwei Fassungen vor, die eine steht in der Hispana. Ich möchte doch schon wegen der Uebereinstimmungen mit dem Gennadiustraktat glauben, dass die Statuta aus Gallien stammen. Dann aber will und muss ich diese mit dem Gennadius behandeln. Und damit ergibt sich ein

---

318 Vgl. oben Brief Nr. 23 und 25.
319 Hans-Georg Opitz, Dionys von Alexandrien und die Libyer, in: Robert Pierce Casey (Hrsg.), Quantulacumque. Studies presented to Kirsopp Lake by pupils, colleagues, friends, London u.a. 1937, 41–53.
320 Charles Lett Feltoe, The letters and other remains of Dionysius of Alexandria (Cambridge patristic texts), Cambridge 1904.
321 Codex Veronensis LX, f. 116a–126b.

wichtiger und weitreichender Vorstoss in die Geschichte der gallischen Kirche im 5. Jahrhundert. Ich kann nun einmal die Sache des Gennadius nicht aus dem Spiel der gegeneinanderstrebenden Wirkungen des sog. Augustinismus und Semipelagianismus herauslösen. Aber das ist ein eigenes Gebiet, das äusserst interessant ist, und mir eine sehr willkommene Vorarbeit für die Geschichte der Disziplin in der gallischen oder besser der Völkerwanderungskirchen in Gallien ist. Die neue grosse Ausgabe des Caesarius von Arles, die Morin hat ausgehen lassen,[322] gibt ja viel Material an die Hand. Hinsichtlich des Veronensis ist es ja schwieriger, die Ausgabe des Breviarium Hipponense richtig einzurichten. Doch das muss berücksichtigt werden; ich denke auch damit durchzukommen, wenngleich ich noch dazu mancherlei aus Dionysius Exiguus und anderes zu kollationieren habe.

Bei der Korrektur der Apologia secunda des Athanasius war ich genötigt, die endgültigen Zahlen für die Urkunden in der Zeit zwischen 328 und 342 festzusetzen. Es galt auch sich darüber schlüssig zu werden, ob die Kanones von Antiochien und die von Serdika mitaufgenommen werden sollen. Ich habe mich dazu entschlossen. Es wäre gewiss verfehlt, eine Ausgabe im strengen Sinne zu veranstalten, aber eine Recension wird sich mit Hilfe des Johannes Scholastikos, des Syrers und der Lateiner doch veranstalten lassen. Bei Serdika werde ich Ihrem Beispiel folgen. Ich habe den Eindruck, dass dieser 3. Band des Athanasiusunternehmens in dem alten überholten Sinne gemacht würde, wenn ich mich präzise an den »arianischen Streit« halte. Die Sammlung der sog. Urkunden soll doch eine Sammlung zur Geschichte des 4. Jahrhunderts mindestens soweit sie Geschichte des Athanasius ist darstellen. Ich werde dabei natürlich auf die anderen zwar nicht edierten Sammlungen wie die Basiliusbriefe oder Ambrosiusbriefe verzichten. Aber doch die Materialien aus diesen im Regest vorlegen. Auch die Kirchenhistoriker werde ich soweit sie urkundliches Material benutzt haben (Sabinus!) ausschöpfen. Vielleicht wird man dann zum Schluss den Titel doch in: Urkunden zur Geschichte des Athanasius abändern. Die Chronologie der Zeit von 328 bis 342 steht mir fest. Doch will ich , bevor ich sie nochmals auseinandersetze, den 2. Band fertig machen. Mir wächst jetzt alles wie von selbst zu. Und ich wünschte daher, dass ich 2 Monate einmal ganz für diese Sachen frei wäre. Aber das wird kaum möglich sein.

Bidez[323] schrieb vor einigen Tagen an Lietzmann,[324] dass er beabsichtige seinen Sozomenus drucken zu lassen, wenn ich ihm dabei helfe und Herr Jacob[325]

---

322   Germain Morin, Sancti Caesarii Arelatensis Opera omnia. Vol. 1 Sermones, Maredsous 1937, wiederabgedruckt in CChr.SL 103 f., Turnhout 1953.
323   Joseph Bidez (9.4.1867–20.9.1945), Professor für Klassische Philologe an der Universität Gent.
324   Der Brief ist nicht erhalten. Die Edition erschien erst posthum: Joseph Bidez/Günther Christian Hansen, Sozomenus Kirchengeschichte (GCS 50), Berlin 1960.
325   Walter Jacob (16.2.1910–1.2.1942), klassischer Philologe und Mitarbeiter der Kommission für spätantike Religionsgeschichte seit 1933.

den Cassiodor dazusteuert[326]. Das soll nun auch geschehen. Das Wichtigste ist ja, dass der Sozomenus erscheint. Meine Mitarbeit wird mich auch dazu zwingen, manches durchzuarbeiten, was ohnehin für meine Sachen nötig ist.

Ich schliesse meinen Brief mit den besten Wünschen zum Jahreswechsel. Mögen Sie vor allem gesundheitlich weiter in der gewohnten Frische sein und die tiefe Befriedigung an der Arbeit finden. Nach allen Andeutungen, die Sie neulich uns machten, dürfen wir ja auf ein ganz besonders fruchtbares Jahr Ihres Schaffens hoffen. Mit den besten Grüssen

Ihr ergebener

H.-G. Opitz

27   Brief vom 11. Januar 1938

Berlin- Friedenau, den 11.1.1938
Jänischallee 5

Hochverehrter Herr Geheimrat!

Haben Sie für Ihren ausführlichen Brief vom 5. d.M. herzlichsten Dank. Dass die Ueberlieferung der Mönchsviten zu diesem interessanten textgeschichtlichen Problem sich gestaltet, macht mich auf die vollendete Ausgabe sehr begierig.[327] Darf ich gleich in dieser Sache antworten! Die Pariser hagiographischen Handschriften sind anscheinend von Omont[328] ganz sorgfältig katalogisiert.

Dem entnehme ich folgendes:

1. Cod. Coisl. gr. 303 s. X. enthält nur fol. 204-206 die Vita des Theogios, sonst nichts von Cyrill.
2. Cod. Paris. gr. 502 s. XII. membr. enthält neben anderen Mönchsregeln:
   f. 188-245 Sabasvita
   f. 245-275 Euthymiusvita.
3. Cod. Paris. gr. 1609 s. XII enthält auf 163 Bl. die Sabasvita. Diese Hs. ist ein Palimpsest. Was unter der Vita steht, weiss ich zur Stunde noch nicht; doch lässt sich das feststellen, da jemand darüber etwas geschrieben hat, das ich aber in der Bibliothek noch nicht bekommen habe.

Ich bitte Sie nunmehr mitzuteilen, was Sie von diesen Sachen zu haben wünschen. Auf den Katalog der Bollandisten ist sicher Verlass, aber ich will durch A. Dain[329],

---

326 Vgl. Aland (Hrsg.), Glanz und Niedergang, 1129 (Brief vom 3.1.1940). Der Band ist ebenfalls erst nach dem Krieg in CSEL erschienen: Walter Jacob, Cassiodori Epiphanii Historia ecclesiastica tripartita. Historiae ecclesiasticae ex Socrate Sozomeno et Theodorito in unum collectae et nuper de Graeco in Latinum translatae libri numero duodecim, hrsg. v. Rudolf Hanslik (CSEL 71), Wien 1952.

327 Eduard Schwartz, Kyrillos von Skythopolis (TU 49/2), Leipzig 1939.

328 Henri Omont (Hrsg.), Catalogus codicum hagiographicorum Graecorum Bibliothecae Nationalis Parisiensis (SHG 5), Brüssel 1896.

329 Alphonse Dain (1896–10.7.1964), Professor für Klassische Philologie in Paris.

einen Philologen an der Sorbonne, der uns vielfach einen Gefallen getan hat, feststellen lassen, ob diese Angaben richtig sind. In diesem Falle möchte ich doch vorschlagen, dass wir gar keine Reise nach Paris unternehmen. Mir scheint, dass die Spesen sich viel zu hoch belaufen würden. Madame Gambiez macht das schon richtig, besonders wenn ich Herrn Dain um Ueberwachung ihrer Arbeit bitte. Herr Dain tut uns den Gefallen gern; er hat sich über die Behandlung, die ihm die Kommission hat zu Teil werden lassen, nicht zu beklagen. Ich hoffe, dass mein Vorschlag mit Ihren Absichten uebereinstimmt. Ich selbst würde gern nach Paris fahren; einstweilen muss ich aber alle solche Pläne zurückstellen, um mit dem allernötigsten fertig zu werden. Vielleicht gehe ich zum Spätsommer einmal nach dem Haag, Leiden, Brüssel und Loewen. Das sind für dies Jahr meine Pläne. Die Kosten für die Pariser Fotos werden nicht so hoch sein. Doch kann ich Ihnen einen Voranschlag noch zukommen lassen, wenn ich genau die Summe der zu kopierenden Seiten weiss. Ich habe noch den Katalog der Jerusalemer Bibliotheken von Papadopulos[330] durchgesehen, weil sich dort Reste aus der Bibliothek des Sabasklosters befinden. Das Ergebnis war gleich Null – was ja erfreulich ist. Nur eins: In dem Londoner Kodex Curzon 79, 14[331] befinden sich zwei Blätter aus dem 11. Jahrhundert mit einem Fragment aus der Sabasvita, die aus dem Sabaskloster stammen. Doch weiss man ja leider nicht, ob diese Stücke nicht gerade aus einem Menologium herrühren. Doch könnten wir den Uebersetzer von Lietzmanns Kirchengeschichte Herrn Lee Woolff[332] befragen, der schon öfter gelegentlich solche Gefälligkeiten für uns erledigt hat.

Nun die Liste für die 4 Bände Ihrer Schriften. Ihre Liste kam gerade rechtzeitig; denn de Gruyter hatte Lietzmann das Ergebnis seiner Berechnung und den Vertragsentwurf zur Begutachtung vorgelegt. Danach stellt sich der erste Band, von dem schon eine Druckprobe beilag, auf 24 Bogen – also weit mehr als ich glaubte ausgerechnet zu haben. Dadurch wird auch der Preis um 1. Mark erhöht. Ich habe noch nicht feststellen können, wie es zu diesem höheren Umfang gekommen ist. Sie werden ja selbst nun in den nächsten Tagen etwas hören über den Vertrag. Ich selbst habe Ihre Liste gleich übertragen, und nun finde ich, dass es den Anschein hat – Berechnungen habe ich noch nicht angestellt – , dass doch wohl der Umfang von 100 Bogen durch das von Ihnen aufgestellte Programm überschritten wird. Darf ich mir erlauben, schon jetzt für diesen Fall ein paar Bemerkungen zu machen, die ich eigentlich schon neulich an Sie schreiben wollte. Die jüngeren Herren unter den hiesigen Philologen, auf deren Urteil ich

---

330 Athanasios Papadopulos-Kerameus, Ἱεροσολυμιτικὴ βιβλιοθήκη ἤτοι κατάλογος τῶν ἐν ταῖς Βιβλιοθήκαις τοῦ ἁγιωτάτου ἀποστολικοῦ τε καὶ καθολικοῦ ὀρθοδόξου πατριαρχικοῦ θρόνου τῶν Ἱεροσαλύμων καὶ πάσης Παλαιστίνης ἀποκειμένων ἑλληνικῶν κοδίκων I–V, St. Petersburg 1891-1915.

331 Heute British Library, Add. 39.598.

332 Bertram Lee Woolf (1884–23.1.1956), Professor am New College, London; Hans Lietzmann, The beginnings of the Christian Church. A history of the early church. Vol. I, übers. v. Bertram Lee Woolf, London 1937.

mich zu verlassen zu können glaube, sind der Meinung, dass besonders Ihre grossen Artikel über die Historiker[333] aufgenommen werden müssen. Denn alle Arbeit an diesen Schriftstellern muss auf Ihre Artikel Bezug nehmen. Ich selbst möchte das auf das Nachdrücklichste für den Eusebartikel und das Chronikon Paschale unterstreichen.[334] Alle Jüngeren, und für die sind die Bände doch allein da, haben den Pauly-Wissowa nicht und werden ihn sich kaum anschaffen. Also diese Sachen müssen aufgenommen werden und dürfen niemals zu Gunsten anderer weggelassen werden. Ich glaube auch dafür auf Ihr Einverständnis rechnen zu dürfen. Nun erhebt sich aber überhaupt die Frage, ob diese Artikel aus Pauly-Wissowa so wie sie jetzt dort stehen gedruckt werden sollen. Ich bin doch dafür, dass sie etwas lesbarer gemacht werden, indem man den grössten Teil der in Klammern gesetzten Anmerkungen an den unteren Rand der Seite stellt. Es ist keineswegs erforderlich, dass Sie selbst diese Arbeit machen – Sollte ich selbst nicht dazu in der Lage sein, so hilft mir ein verständiger Philologe dabei. Damit sind wir auf die Frage der drucktechnischen Aenderungen überhaupt gekommen. Es fragt sich weiter, ob nicht hier und dort ein paar redaktionelle Eingriffe zu empfehlen sind. Ich denke vor allem an die Athanasiana. Sie haben ja das 4. Stück überhaupt athettiert.[335] Ich würde das auch für das 2.[336] vorschlagen, da es ja am besten die Abhandlung über den Veron. LX in die Ausgabe hineingebracht würde. Das liesse sich unschwer mit dem letzten Aufsatz verbinden. Und weiter möchte ich doch in Vorschlag bringen, dass Ihre Korrektur in der Anordnung der Festbriefe aus der ZNW teils hineingearbeitet, teils zu dem ersten Stück geschlagen würde. Hier und da sind ja auch ein paar Datierungen zu aendern – ich denke nicht an 323, sondern an die Einfügung z.B. des Serapionbriefes u.a.m. Ich meine doch, dass mein Vorschlag nicht der Anlass ist, uferlos zu aendern und zu redigieren. Aber man würde doch manchen Raum sparen, und die Sache selbst gewönne durch die Geschlossenheit. Ich selbst besitze ja alle diese Arbeiten und freue mich immer wieder den Fortschritt und die Ausfeilung verfolgen zu können; für den der selbst mitzuarbeiten versucht, ist es ja der höchste Genuss, den Forscher selbst an der Arbeit zu sehen. Aber ich empfinde das als ein sehr privates Vergnügen – ich werde es mir auch nach Erscheinen der Bände nicht nehmen lassen –, aber wer nun erst einmal im Ganzen Ihre Arbeit vornimmt, der würde es begrüssen wenn es ihm ein wenig erleichtert

---

333 Sc. aus Paulys Realencyclopädie der classischen Altertumswissenschaft. Die Artikel sind erst später gesondert erschienen, vgl. Eduard Schwartz, Griechische Geschichtsschreiber, Leipzig 1957.
334 Die ursprünglichen Pläne für die Aufnahme von RE-Artikeln lassen sich noch am Schriftenverzeichnis in Schwartz, Gesammelte Schriften IV, 330–334 erkennen, wo die ursprünglichen Seitenverweise gegen die spätere Edition der Gesammelten Schriften offensichtlich stehen geblieben sind.
335 Vgl. Schwartz, Gesammelte Schriften IV, 86.
336 Eduard Schwartz, Die Sammlung des Theodosius Diaconus, NGWG.PH 1904, 333–356, wiederabgedruckt in Schwartz, Gesammelte Schriften III, 30–72.

wird. Irgendwie wird doch der 3. und 4. Band ein Lehrbuch für die Arbeit auf dem Gebiet der spätrömischen Geschichte und Kirchengeschichte. Und diesen Effekt der Bände sollte man doch auch ein wenig Beachtung schenken. Sie haben die Masse aufgestellt, wie man die Geschichte dieser Epochen bearbeiten soll. Und da wäre es gut, wenn eben die kleinen Unebenheiten beseitigt würden, schliesslich auch um Raum zu sparen. Dafür dass z.B. in den Abhandlungen, die Texte aus den Konzilsakten behandeln, die Verweise nach Ihrer Ausgabe[337] gemacht werden, oder dass der Theodoret nach Parmentier[338] u.ä. zitiert wird, darf ich doch Ihr Einverständnis voraussetzen. Doch ich bitte noch ein wenig länger Geduld zu haben und das schwierigste Anliegen noch anzuhören, das ich doch nicht unterdrücken möchte. Wieder bei der Abschätzung des Umfanges ist mir der Wunsch gekommen, dass die Arbeiten zum Johannesevangelium[339] gesondert erscheinen möchten. Ich fürchte, dass gerade diese Sachen den 3. und 4. Band sprengen werden. Aber das sachliche Anliegen ist da für mich noch wichtiger. Ich sehe es vollkommen ein, dass Sie jetzt keinerlei Verlangen und Lust haben, selbst eine Redaktion der Zebedaeussöhne[340] vorzunehmen. Aber ich freute mich ausserordentlich darüber, dass Sie überhaupt diese Abhandlung abgedruckt wissen wollten, und nicht zu den gesondert erschienenen Stücken bzw. Büchern gestellt haben. Nun sind ja vor allem die drei Aufsätze in der ZNW[341] Ergänzungen zu den Zebedaeussöhnen. Ob man nicht doch daran denken sollte, diese durch eine Redaktion in die Abhandlung zu bringen, und dann diese mit den Aporien[342] – diese unverändert – als ein Buch herauszubringen. Ich weiss, dass viele sich daran stossen werden, aber es handelt sich doch nur um Kleinigkeiten, die im Hinblick auf die Grundposition, die Sie mit Wellhausen vertreten haben, abzuaendern wären.[343] Lietzmann ist ja immer skeptisch gegen Ihre Auffassung von dem Doppelmartyrium der Zebedaiden – er vergleicht es mit der Verkopplung des Petrus mit Paulus. Doch auch solche Bedenken, die sich mir immer mehr als gegenstandslos ergeben, wenn man die Apostelgeschichte so anfasst wie Wellhausen und Sie es getan haben, sollten nicht gegen eine Sonderveröffentlichung stehen. Schliesslich werden Sie vielleicht einwenden, Sie sähen sich doch dann genötigt, auf die neueren Forschungen – es ist die 1. Lieferung von Bultmanns Kommentar zum 4. Evangelium erschienen![344] – z.B. auch auf Hirsch[345] einzugehen. Ob das wirklich nötig ist? Darf ich also darum

---

337 ACO.

338 Léon Parmentier, Theodoret Kirchengeschichte (GCS 19), Leipzig 1911.

339 Vgl. oben Brief Nr. 10, 21 und 20.

340 Schwartz, Über den Tod der Söhne Zebedaei. Ein Beitrag zur Geschichte des Johannesevangeliums.

341 Schwartz, Osterbetrachtungen, Eduard Schwartz, Noch einmal der Tod der Söhne Zebedaei, ZNW 11 (1910), 89–104, und Schwartz, Johannes und Kerinthos.

342 Schwartz, Aporien im vierten Evangelium I; Schwartz, Aporien im vierten Evangelium II–IV.

343 Vgl. oben S. 244.

344 Rudolf Bultmann, Das Evangelium des Johannes (KEK 2), Göttingen 1941.

345 Emanuel Hirsch, Das vierte Evangelium in seiner ursprünglichen Gestalt, Tübingen 1936.

bitten, dass Sie dieser Frage einen kurzen Gedanken noch zuwenden. Vielleicht ergibt sich Ihnen eine andere Lösung. Alle die Johannesstücke stellen einen so geschlossenen Entwurf zu einer wirklichen Geschichte eines neutestamentlichen Buches dar, dass man schon um dieses einzigen Beispieles willen wünschte, dass die Welt gezwungen wäre, von dieser Tatsache Kenntnis zu nehmen.

Doch ich muss jetzt enden, um Ihre Geduld nicht zu sehr anzuspannen. Gerade Ihre chronologischen Aufsätze zu apostolischen Zeit haben mich letzthin wieder beschäftigt, weil ich im Sommersemester den Galaterbrief interpretieren werde.[346] Vielleicht gelingt es mir, in diesem Zusammenhange an dem von Ihnen in der Chronologie des Paulus verlassenen Punkt von Neuem einzusetzen. Also die unmittelbare Arbeit in der Lehre von Wellhausen und Ihnen veranlasst mich meine Wünsche für die Neupublikation der Johannea nicht zu unterdrücken.

Ich schliesse mit der Bitte, meinen langen Brief mir nicht zu verargen. Nun bitte ich um Nachricht wegen der Pariserhss.

Mit herzlichem Gruss
Ihr ergebener
H.-G.Opitz

28   Brief vom 09. März 1938

Berlin Friedenau, den 9.3.38.
Jänischallee 5

Hochverehrter Herr Geheimrat!

Eben von meinem kurzen Urlaub zurückgekommen schicke ich Ihnen die gestern eingetroffenen letzten Vorlagen für Ihre Vorträge. Ich habe auf Ihren Bogen noch die Seiten für den »Krieg als nationales Erlebnis«[347] eintragen können. Ich bitte Sie mir nicht verargen zu wollen, dass ich Ihnen erst heute die Vorlagen zugehen lasse. – Meine Urlaubstage waren von sehr schönem und bestem Wetter begünstigt. Ich habe auch Göttingen zum ersten Male in meinem Leben einen Besuch abgestattet. Nun geht es an die kommende Semesterarbeit.[348]

Aus Rom erhalte ich folgende Mitteilung über den Cod. Ottob. gr. 373 fol 57b.[349] Ein Titel etwa βιος του αγιου Ευθυμιου ist nicht vorhanden, vielleicht stand er am Kopf von fol 58a und ging beim Beschneiden verloren. Unter diesen

---

346 Nach Friedrich-Wilhelms-Universität zu Berlin, Personal- und Vorlesungsverzeichnis Sommersemester 1938, 128 hielt Opitz im SS 1938 folgende Lehrveranstaltungen: Kirchengeschichte IV; Seminar für Kirchengeschichte, Abt. A, Unterstufe: I. Klemensbrief; Kirchengeschichtliche Übungen: Luther als Prediger.
347 Eduard Schwartz, Der Krieg als nationales Erlebnis. Rede gehalten im Saal der Aubette zu Straßburg, am 24. Okt. 1914, Straßburg 1914, wiederabgedruckt in Schwartz, Gesammelte Schriften I, 139-153.
348 Vgl. Anm. 346.
349 Codex Ottobonianus gr. 373.

Umständen werden Sie ja das Erforderliche aus der Photographie entnehmen können. Schliesslich: was sagen Sie, Herr Geheimrat, zu Rheinhardts Schriftchen über das Parisurteil.[350] Die These von der Priotrität des Götterschwankes vor der Menis ist doch höchst aufregend. Leider fühle ich mich nicht in der Lage die ganze Frage selbstständig zu beurteilen.

Mit herzlichem Gruss
Ihr ergebener
H.-G. Opitz

29   Brief vom 17. Juni 1938

Berlin-Friedenau, den 17. Juni 1938
Jänischallee 5

Sehr verehrter Herr Geheimrat!

Beiliegend möchte ich Ihnen einen Briefwechsel mit dem Verwalter des Nachlasses von Turner zur Kenntnisnahme vorlegen.[351] Es scheint so dass wir mit der Aufklärung der näheren Umstände vor allem hinsichtlich der Monumenta etwas weiter gekommen sind. Ich denke Rev. Bate[352] in seinem letzten Briefe richtig zu verstehen, wenn ich annehme, dass sich niemand in England bereit findet oder besser in der Lage ist, den Band von Turner herauszugeben, bzw. die noch vorhandenen proofs der weiteren in Aussicht genommenen Bände der Monumenta herauszugeben. Man würde so scheint es mir nicht ungern sehen wenn die damned Germans da einspringen. Würden Sie dazu raten? Mir liegt eigentlich nur daran, den Nachlass auszubeuten, wenn man mich in so liberaler Weise heranlässt. Am besten wäre es ja, wenn ich sofort nach England fahre – wenn man hier die Devisen dafür bekommt. Doch liegen augenblicklich eine ganze Reihe Verhinderungen meinerseits vor. Vor allem habe ich um Juli und August zu tun, um meinen Vortrag für den Orientalisten Kongress im September vorzubereiten (Theodor v. Mopsueste Kommentar zum Prediger)[353]. Aber vor allen Dingen: sind Sie Herr Geheimrat der Meinung dass man das Anerbieten annehmen soll? Es hätte ja zur Folge, dass wir irgendwie auch dann uns entschliessen, wirklich aktiv den Plan einer Wiederaufnahme des Turnerschen Werkes ins Auge zu fassen. So sehr mich das reizt, und so sehr mein Wunsch es ist, noch einmal die Dionysiana, die Dekretalen herauszugeben, so wenig mache ich mir Illusionen darüber, dass ich zur Zeit mich mit solchen Plänen nicht abgeben sollte, um erst einmal den Athanasius fertig zu machen,

---

350 Karl Reinhardt, Das Parisurteil (WuG 11), Frankfurt am Main 1938.
351 Diese Anlagen sind im Nachlaß von Eduard Schwartz nicht mehr vorhanden.
352 Herbert Newell Bate (1871–18.5.1941), seit 1932 Dean of York.
353 Actes du XXe Congrès International des Orientalistes (Bruxelles, 5 - 10 septembre 1938), Louvain 1940, 371; der Vortrag ist nicht in den Akten.

und andere Aufgaben zu erledigen. Ich sehe auch keine Möglichkeit, Geld und Personen für ein solches Unternehmen zu finden. Man könnte ja erwägen, ob ich einen Plan einmal fixiere, ihn der Kommission[354] oder auch den Monumenta Germaniae[355] vorlege, damit wir uns die, allerdings wohl von keinem anderen beanspruchte Priorität sichern. Sehe ich recht, so stellen sich diese Fragen, wenn wir uns entschliessen, dem englischen Anerbieten, Turners Material ausnutzen zu dürfen, Folge zu leisten. Ich bitte Sie, Herr Geheimrat, mir Ihren Rat zu geben.

Zur kurzen Aufklärung über den in den Briefen verhandelten lateinischen Hermas. Gustav Krüger[356] hatte den Wunsch geäussert, dass er es noch erleben möchte, dass die Apostolischen Väter in seiner Sammlung, in der Bihlmeyer die Funksche Ausgabe erneuert hatte,[357] doch endlich zu Ende geführt würden. Mich reizte die Aufgabe und jetzt bin ich schon mitten darin; mache mir ein riesiges Vergnügen diese hochinteressante völlig darniederliegende Aufgabe durchzuführen.[358] Die Ueberlieferung ist unerhört reizvoll: ein Papyrus von einem Drittel des Inhalts aus der Zeit der Chester Beatty Papyri des NT; eine sehr grosse Zahl kleiner Papyri aus dem 3. und 4. Jahrhundert, der Sinaiticus, und ein junger Athous. Dann eine lateinische Uebersetzung, die sicher vor Ps. Cyprian adv. aleatores ja vielleicht vortertullianisch ist, und dann eine aethopische Uebersetzung. Der lateinische Hermas gehört sicher zur altlateinischen Bibel. Und dann die zahllosen Zitate. Da muss man doch etwas Erfahrung für die Arbeit am Bibeltext bekommen.

Dann schliesslich erlaube ich mir noch eine Bemerkung zu meinem kleinen Aufsatz in der Geistigen Arbeit[359], zu dem Sie mir eine so gütige Karte schickten. Ich gestehe, dass ich mich etwas ungeschickt, ja nicht präzise zu der Frage der Gestaltung der Kirche in den germanischen Reichen ausgedrückt habe. In der Tat ist es sehr gefährlich das »Germanische« in diesen Nachfolgestaaten zu übertreiben. Je länger je mehr komme ich zu der Ueberzeugung, dass vor der Zeit Karls d.Gr. eine wirkliche germanische Lebensform, die doch vor allem im Staat zum Ausdruck kommt, nicht sichtbar ist. Recht und Kirche sind römisch. Und die Hervorbringungen des germanischen, ich sage immer lieber und genauer des Deutschen Geistes gehören doch erst dem 11. und 12. Jahrhundert an. Allerdings dann schon in einem so oft überraschenden Gegensatz zu dem spätantik-christlichen Erbe. Mir lag an meinen Bemerkungen, dass es auch eine Ansicht der Geschichte der alten Kirche geben kann von dem

---

354 Sc. der Kommission für spätantike Religionsgeschichte.
355 Sc. den Monumenta Germaniae Historica.
356 Gustav Krüger (29.6.1862–13.3.1940), Professor für Kirchengeschichte in Gießen, vgl. Braun/ Grünzinger, Personenlexikon zum deutschen Protestantismus 1919-1949, 145 f.
357 Erschienen Funk/Bihlmeyer, Die apostolischen Väter I 1.
358 Vgl. dazu auch Aland (Hrsg.), Glanz und Niedergang, Nr. 1124 vom 3.11.1939.
359 Opitz, Die Erforschung der Geschichte der alten Kirche.

Stand des Abendländers im Deutschen Reich. Das unbeirrbare Festhalten daran, dass nicht ein Wunsch die geschichtliche Arbeit zur einer gespreizten Apologetik verfälschen darf, sichert mich davor, in einen Infantilismus zu verfallen, der das unmündige Kindesalter unseres Volkes zu Gunsten der männlichen Schöpfung zu verherrlichen – ganz abgesehen davon, dass ein solches Verfahren sehr darnach riecht, dass Emporkömmlinge durchaus eine Ahnenreihe haben müssen, um ihre gebrechliche Gegenwart durch den Altersbeweis zu stützen. Das haben wir m.E. nicht nötig.

Doch ich breche ab und begrüsse Sie als
Ihr stets ergebener
H.-G. Opitz
Die Anlagen erbitte ich zurück.

30 Brief vom 28. Dezember 1938

Hans - Georg Opitz   Berlin - Friedenau, den 28.12.1938
Lic. theol.   Jänischallee 5

Hochverehrter Herr Geheimrat!

Obwohl ich doch hoffen darf, Sie bald hier in Berlin zu sehen, wenn Sie auch zur Zeit von dem Unfall und seinen Folgen behindert werden, möchte ich doch das alte Jahr nicht vorübergehen lassen, ohne Ihnen geschrieben zu haben. Vorerst wünsche ich nur, dass sich die Verletzung am Knie schnell verzieht. Zu meiner Freude bemerke ich, dass Sie doch von dem Uebel nicht so behindert werden, dass Sie nicht einen so ausführlichen und liebenswürdigen Brief an mich schreiben können. Haben Sie dafür herzlichsten Dank. Am meisten hat mich gefreut zu hören, dass die Vollstreckung von Turners Testament schon weit abgeschlossen ist. Zunächst möchte ich nur sagen, dass ich mich zu Kollationen die sich etwa für T. I. fasc. II pars II[360] als notwendig erweisen gerne zur Verfügung halte, um so mehr als mir zur Zeit der junge Gelzer[361] etwas zur Hand geht. Und sollten Sie nicht doch einige Bemerkungen zur Restitution der Liste von Arles I[362] schreiben? Was den Veronensis LX anlangt, so bin ich damit einverstanden, dass die Engländer das von Turner Hinterlassene drucken, wenn ich auch noch nicht die vorhandenen Scheden gesehen habe. Wir können, so möchte ich vorschlagen, vielleicht dies und das noch verkürzen, und dann

---

360 Turner/Schwartz, Ecclesiae Occidentalis Monumenta Iuris Antiquissima I 2,2: Supplementum Nicaeno-Gallicum.
361 Ital Gelzer (23.1.1914–25.6.1941), klassischer Philologe und Mitarbeiter an der Athanasius-Edition im Rahmen der Kommission für spätantike Religionsgeschichte, vgl. Wolfgang Schadewaldt, Ital Gelzer, Gnomon 18 (Feb. 1942), 61–63.
362 Vgl. Turner/Schwartz, Ecclesiae Occidentalis Monumenta Iuris Antiquissima I 2,2: Supplementum Nicaeno-Gallicum, 396–414.

vor allem einen lateinischen-griechischen Index bringen, der erst die griechische
Vorlage recht ins Licht rückt. Ferner kann dann ja doch, auch gewissermassen
in Ergänzung zu Turner anfänglichen Plänen, der Gennadius mitaufgenommen
werden. Ich hatte inzwischen mich schon dazu entschlossen, das Büchlein fort-
zulassen,[363] da es zugestandenermassen nicht zum Veronensis gehört. Doch
wollte es ja Turner auch zu der Materies Nicaena stellen. Und wenn wir es jetzt
doch mitherausgeben, machen wir unsere Ausgabe noch wertvoller. Das scheint
mir auch leicht einzurichten zu sein, da wir ja nun noch Zeit gewinnen, die ich
allerdings zur vollen Ausschöpfung der handschriftlichen Ueberlieferung für
den Gennadius brauche. Auch den Index habe ich zwar angefangen, aber noch
in dem letzten halben Jahre beiseitegelegt, da mir der 2. Band des Athanasius
vorging. Inzwischen bin ich auch damit fertig geworden; diese letzten Tage
widme <ich> mich der letzten Politur. Dann mag das Manuskript von 50 Seiten
in die Druckerei gehen und ich habe nach 10 Jahren, zu welcher Zeit ich die
ersten schüchternen Versuche am Athanasius machte, indem ich Teile des Cod.
Basiliensis[364] kollationierte, nun doch einen schönen Teil fertig gestellt.[365] Das
andere wird noch schneller gehen, da ich mir inzwischen doch auf Grund der
Ausgabe einen Ueberblick über die geschichtlichen Zusammenhänge verschafft
habe.

Was nun Rehm[366] anlangt, so leuchten mir Ihre allgemeinen Hinweise wohl
ein, nur kann ich eben das Zitat in der Philokalie nicht für ein Zitat des Origenes
halten, denn dann müssten die Zitate aus der Praeparatio Eusebs, die neben dem
Klemenszitat stehen, auch aus Origenes stammen! Der letzte Herausgeber der
Philokalie hat den Tatbestand ganz klar auseinandergesetzt: das Zitat aus den
Recognitionen stammt von den Kappadokiern, ebenso wie die Methodiuszita-
te.[367] Dann bleibt also nur das Zitat in dem Matthaeuskommentar des Origenes,
und das führt nun in die uns unerforschlichen Gefilde der ältesten Fassung des
Romans, über die wir so wenig sagen können. Und weiter, kann ich bei einfacher
schlichter Interpretation der von Rehm behandelten Stellen nicht umhin, Euseb
den Vorzug zu geben. Die Spanne zwischen dem ueberlieferten Bardesanes und
den Klementinen ist grösser als die zwischen Euseb und Klementinen – das zeigt
doch einfach der Augenschein. Es überzeugt, nicht dass Rehm sich verleiten
liess über die Aufstellung von Aporien zum Problem der Klementinen nun an
diesem einen Punkte sichern Boden für die älteren Schichten des Romans zu

---

363 Vgl. oben Brief Nr. 26.
364 Codex Basiliensis A III 4 (B).
365 Das letzte, schon ausgesetzte Faszikel Athanasius Werke II Lfg. 8 (apol.Const. 3,4–pett.Arr., auf
     den Seiten 281–336) ist jedoch nicht mehr erschienen.
366 Bernhard Rehm (19.2.1909–14.7.1942), Generalredaktor des Thesaurus Linguae Latinae, Habili-
     tationsschrift über »Zur Entstehung der pseudo-clementinischen Schriften«, vgl. Aland (Hrsg.),
     Glanz und Niedergang, Nr. 987 von Eduard Schwartz an Hans Lietzmann vom 4.3.1937.
367 Joseph Armitage Robinson, The Philocalia of Origen. The Text revised with a Critical Introducti-
     on and Indices, Cambridge 1893, l.

erreichen. Die wesentlichen Teile seiner grossen Arbeit sind viel überzeugender. Doch kann ich mich im Augenblick in meinem Urteil über die grosse Arbeit noch nicht binden, da ich sie nur einmal durchgelesen habe, um von dem Inhalt Kenntnis zu nehmen. Mir fehlen zum Teil einfach die Texte.

Ich habe Lietzmann von Ihrem Unfall Mitteilung gemacht. Doch da die Sitzung[368] erst für den 7.1. angesetzt ist, hoffen wir doch noch Sie hier zu sehen. Ueberdies besteht kein Grund, die Sitzung nicht auch zu verlegen. Also hoffen wir, dass Sie doch noch nach Berlin kommen können. Ich wünschte das auch sehr, da ich in Ihrer Gegenwart einige Sachen vortragen möchte und vor allem Ihren Rat zur Weiterführung des Athanasius hören möchte. Mit Schaeder[369] bin ich doch übereingekommen und finde Lietzmanns Billigung die syrische Uebersetzung des Athanasius drucken zu lassen, ausgestattet mit einem Index, ohne griechischen Paralleltext.[370] Aber ich möchte gern Ihr Urteil hören; ich habe den Wunsch diese wertvollste Textquelle – ich habe sie in den letzten beiden Stücken tom. ad. Antiochenos und ad Afros verwenden müssen – schon zur Vorbereitung der Retroversion der Festbriefe verwerten zu können. Dazu ist aber eine Publikation doch recht zu empfehlen, die einen Index verborum mich zwingt aufzustellen. Und warum soll ich diese Arbeit, die ich doch ohnehin machen muss, ungedruckt sein lassen? Schliesslich kann ich Ihnen noch von einem grossen Plan berichten. Nach langen Verhandlungen den ganzen Sommer hindurch habe ich mich mit ebensoviel Bedenken doch dazu entschlossen die alte Harnacksche Theologische Litteratur Zeitung zum 1.4.39 zu übernehmen. Das Blatt ist arg verlottert unter Bauer[371] – er trägt daran nicht alle Schuld – und so muss ich versuchen von Neuem anzufangen. Ob mir das gelingen wird, hängt zum guten Teile davon ab, ob es noch genug Mitarbeiter von einiger Qualität geben wird. Der Verleger hat die Krise herbeigeführt, da er nicht mehr dieses völlig dahintreibende Blatt halten wollte. Mich wundert immer wieder, dass er es überhaupt nicht eingehen liess. Aber ich muss daran auch wie an den Tatsachen erkennen, dass der jetzige Inhaber von Hinrichs[372], Herr Klotz[373], ein verantwortungsbewusster Verleger ist. Ich habe nur die Aufgabe da mit allen meinen Kräften einzuschlagen. Ich werde mich bemühen, die historischen Abteilungen etwas frischer u. aktueller (d.h. im Hinblick auf die Probleme) zu gestalten, und die Rosinen aus der Litteratur der übrigen Sparten

---

368 Sc. der Kommission für spätantike Religionsgeschichte.

369 Vgl. oben Anm. 125.

370 Die syrische Übersetzung der Athanasius-Schriften in Codex British Library or. 8606 ist erst durch Robert Thomson publiziert worden, vgl. Thomson, Athanasiana syriaca I-IV.

371 Walter Bauer (8.8.1877–17.11.1960), Professor für Neues Testament an der Universität Göttingen und Herausgeber der ThLZ von 1930–1939, vgl. Braun/Grünzinger, Personenlexikon zum deutschen Protestantismus 1919-1949, 29.

372 Verlag J.C. Hinrichs'sche Buchhandlung.

373 Leopold Klotz (5.12.1878–25.1.1956), Verleger, vgl. Braun/Grünzinger, Personenlexikon zum deutschen Protestantismus 1919-1949, 138.

herauszusuchen. Ich verspreche mir vor allem davon, dass ich noch allerlei dabei lernen kann.

Doch ich schliesse nun wirklich und wünsche Ihnen und Ihrer verehrten Frau Gemahlin ein gutes Neues Jahr, das Ihnen fernerhin die so im Alter beglückende Frische zur Arbeit schenken möge.

Stets Ihr treu ergebener

H.-G. Opitz

31   Brief vom 2. Januar 1939

Hans-Georg Opitz   Berlin - Friedenau, den 2. Januar 1939
Jänischallee 5

Sehr verehrter Herr Geheimrat!

Ihre Sendung mit den Bogen von Turners Ausgabe des Veron. LX. hat mich in den letzten Tagen beschäftigt. Ich hatte nicht angenommen, dass der grösste Teil der Sammlung schon soweit von Turner seinerzeit vorbereitet worden ist. Unter diesen Umständen ist es ja fast selbstverständlich, dass der Band mit den anderen auch herausgegeben wird. Dass das Prinzip der Anordnung nicht unseren Auffassungen entspricht, erleichtert ja unsererseits die Zustimmung diese Ausgabe ruhig erscheinen zu lassen. So wie mir die Ausgabe des Veron. LX vorschwebt und so wie ich sie vorbereitet habe nach den Grundsätzen die ich aus Ihren Ausgaben des cyclus paschalis und des antiochenischen – römischen Komplexes[374] gelernt habe, würde unsere Ausgabe ein ganz anderes Gesicht als die Turners bekommen und vor allem die griechischen Vorlagen viel deutlicher erkennen lassen. Immerhin hat Turner eine tiefgreifende Vorarbeit bei der Herstellung des Textes geleistet; die sollte doch vorgelegt werden. Es wäre schade, wenn diese gelehrte Arbeit in einer Kiste des Nachlasses begraben würde. Also ich stelle mich Ihnen zur Verfügung, die vorhandenen Bogen mit meinem Manuskript des Veronensis zu vergleichen, zu korrigieren und ein paar sachliche Nachträge in dem Apparat zu liefern, die Turner sicher auch beigegeben hätte; also z.B. Hinweise auf Feders Drucke in CSEL 65[375], Ihre Ausgabe des cyclus und des antiochenischen Komplexes, Kettlers Ausgabe der melitianischen Briefe[376] u.ä. Aus der Bemerkung des Herrn Cross[377] zu den Fahnen, die die historia Athanasii enthalten und die restlichen Stücke wie die beiden Konstantinbriefe und die Melitianerurkunden, ersehe ich nicht recht, ob dafür schon Korrekturbogen also proofs vorhanden sind, die nur in Oxford

---

374 Schwartz, Sammlung.
375 Feder (Hrsg.), Hilarii Opera.
376 Franz Heinrich Kettler, Der melitianische Streit in Ägypten, ZNW 35 (1936), 155–193.
377 Frank Leslie Cross (1900–1968), Custodian of Pusey House in Oxford.

einstweilen zurückgehalten wurden. Wenn ja, dann müsste man doch noch überlegen, ob die historia Athanasii in der Weise wie sie von Turner vorbereitet ist herausgegeben werden kann. Ich möchte dafür plädieren, dass man uns die Konzession macht, die historia auszulassen. Sehe ich recht so hat Turner dafür sogut wie gar nichts getan.[378] Lohnt es sich wirklich den Text lediglich abzudrucken, mit einigen Emendationen der Hs.? Also ich bin dafür, dass Sie von den Engländern verlangen, dass dies noch nicht genügend von Turner vorbereitete Stück ausgelassen wird. Alles andere will ich gerne zum Druck fertig machen. Ich schlage vor, dass ich die Bogen alle revidiere (d.h. mit meinem Manuskript bzw. mit meinem Photo der Hs. vergleiche) und korrigiere und meine Einträge mache, Sie erhalten dann die Bogen und wollen dann bitte das Ganze Ihrerseits superrevidieren. Ist es Ihnen aber lieber oder halten Sie für richtiger dass ich voll und ganz in Erscheinung trete, auch den Engländern gegenüber, so übernehme ich die volle Verantwortung für die Fertigstellung des Bandes, und wir verabreden miteinander, wie Einzelnes vor allem die Anordnung solcher Stücke wie hist. Athan. zu machen ist. Vielleicht geben Sie mir durch ein paar Zeilen Ihre Meinung zu meinem Vorschlag kund. Wenn Sie meinen die ganze Sache hat Zeit so werden wir ja sicher in einiger Zeit mündlich über den ganzen Fragenkomplex verhandeln können.

Mit ergebenstem Gruss

Ihr

H.-G. Opitz

32   Postkarte vom 8. Januar 1939

Hochverehrter Herr Geheimrat! Ihre beiden Sendungen habe ich erhalten. Ich hoffe Ihnen bis Mitte <der> Woche die Korrekturen für Arles II liefern zu können. Ital Gelzer[379] unterstützt mich dabei. Die Korr. des Veron. LX beschleunige ich gleichfalls. – Recht aergerlich ist für mich, Sie mit dem nicht garen Brei um Palladius belästigt zu haben. Denn mir war inzwischen auch klar geworden, dass Palladius als 6–7 Jähriger nicht Presbyter oder Asket gewesen sein kann.[380] Man soll solche Dinge nicht aus dem Gedächtnis machen! Aber mir ist doch ein erheblicher Zweifel an der Echtheit des Athanasiusbriefes an Palladius presb. gekommen, wegen Basilius ep. 258.259.[381] Es ist doch recht eigentümlich, dass

---

378 Der Text wurde dann doch abgedruckt, vgl. unten Brief Nr. 34 und Turner/Opitz, Ecclesiae Occidentalis Monumenta Iuris Antiquissima I 2,4: Supplementum Nicaeno-Alexandrinum, 663–671.

379 Vgl. oben Anm. 361.

380 Vgl. Ath., ep.Pall.; Opitz gibt in der Edition eine längere Anmerkung, Athanasius Werke II, 302 (Stehsatz).

381 Vgl. dazu Opitz, Athanasius Werke II, 302 (Stehsatz); dazu aber Uta Heil, Athanasius und Basilius, ZAC 10 (2006), 103–120, hier 104–108.

sich ausgerechnet nicht lange hintereinander zwei Palladii bei dem Asketen Innozenz aufgehalten haben. Ich möchte ja in dem Palladius Basil. ep. 258.259 den Verf. der Hist. Laus. sehen. Dann wird aber der athanasianische Basilius im Jahre 371 doch recht suspekt. – Das Foto aus den Anal. Boll. werde ich schnellstens besorgen.

Mit ergebenstem Gruss Ihr
H.G.Opitz
8/1.1939

33   Brief vom 10. Januar 1939

den 10.1.1939

Hochverehrter Herr Geheimrat!

Ich freue mich Ihnen heute schon die Bogen von Arles II[382] zurückgeben zu können. Ital Gelzer[383] hat schnell gearbeitet und bisher hat er auch immer zuverlässige Arbeit geliefert. Hoffentlich diesmal auch. Mit meinem Pensum für Theodosius diaconus bin ich beinahe fertig.[384] Ich denke, dass ich Ihnen zum Ende der Woche vielleicht schon die Bogen schicken kann. Ich bin recht dankbar dafür, dass ich in dieser Weise die Texte noch einmal durcharbeiten kann. Turner hat eine Reihe ganz glänzender Emendationen geliefert, aber doch behandelt er den Text auf eine Weise, die mir wenigstens im Prinzip nicht ganz einleuchten will. Vor allem würde ich doch eine Recensio vornehmen, da die Texte nicht zum ersten Male in der Hs. niedergeschrieben sind. Und dann dürfte man doch noch einschneidendere Besserungen vornehmen. Ziel muss doch sein den alexandrinischen griechischen Text vollkommen sichtbar werden zu lassen.

Für dies alles freue ich mich schon auf Ihren Besuch hier in Berlin. Lietzmann sprach mir gestern von manchen Plänen, die er mit Ihnen erörtern will.

Sehr gespannt bin ich auf den ganzen Cyrill,[385] von dem ich ab und an ein paar Bogen bei Eltester[386] einsehen konnte.

Mit den herzlichsten Grüssen – aus Ihrer bewundernswürdigen Arbeit in den letzten Wochen entnehme ich, dass es Ihnen doch nach Ihrem Unfall besser geht, auf jeden Fall meine besten Wünsche für Ihr Wohlergehen.

Ihr
H.-G.Opitz

---

382 Vgl. oben S. 281.
383 Vgl. oben Anm. 361.
384 Sc. die Fertigstellung des Faszikels Turner/Opitz, Ecclesiae Occidentalis Monumenta Iuris Antiquissima I 2,4: Supplementum Nicaeno-Alexandrinum.
385 Schwartz, Kyrillos von Skythopolis.
386 Vgl. oben Anm. 66.

34 Postkarte vom 14. Februar 1939[387]

Sehr verehrter Herr Geheimrat!

Ich möchte Ihnen nur mitteilen, dass Herr Cross vom Pusey House in Oxford[388] mir die Fahnen für die Historia Athanasii geschickt hat. Aus diesen Fahnen geht hervor, dass Turner schon 1905 die ganze Historia mit Apparat und den üblichen sprachlichen Noten fertig ausgesetzt hatte. Leider fehlen die allernotwendigsten sachlichen Erklärungen. Doch würde ich dafür sein, dass die historia ruhig mitgedruckt wird.[389] Das was ich einmal zu bieten habe, sieht doch ganz anders aus. Nun sollte man eben doch die Vollständigkeit herstellen, und auch diese Partie in Turners Publikation aufnehmen. Ich werde alsbald die korrigierten Fahnen an Mr. Cross wieder zurückschicken. – Schliesslich darf ich darum bitten, dass Sie mir einen Separatabdruck Ihrer Palladiana[390] schicken?, damit ich meine Sammlung vervollständigen kann. Mit ergebenstem Gruss
Ihr
H.-G. Opitz

35 Brief vom 15. März 1939

Berlin-Friedenau, den 15.3.1939
Jänischallee 5

Hochverehrter Herr Geheimrat!

Ich möchte Ihnen doch heute schreiben, dass inzwischen mir der Auftrag erteilt worden ist, ab Sommersemester 1939 in Wien die Vertretung der vakanten kirchengeschichtlichen Professur wahrzunehmen.[391] Ich darf hoffen, dass damit eine endgültige Ernennung für Wien in Aussicht steht. Nach einer eingehenden Besprechung mit dem Wiener Dekan[392] darf ich hoffen, dass sich die Verhältnisse nicht unangenehm gestalten werden. Aufgaben und nicht leichte Verantwortung gibt es dort genug. Leider werde ich aus meinem Arbeitszimmer herausgerissen, muss allerlei liegen lassen und wieder wie ein Student mit ein paar Büchern bei

---

387 Poststempel.
388 Vgl. oben Brief Nr. 31 mit Anm. 377.
389 Vgl. dagegen den ersten Plan oben a.˙O.
390 Eduard Schwartz, Palladiana, ZNW 36 (1937), 161–204.
391 Vgl. Schwarz, »Grenzburg« und »Bollwerk«. Ein Bericht über die Wiener Evangelisch-theologische Fakultät in den Jahren 1938-1945, 372.
392 Der praktische Theologe (und Nationalsozialist) Gustav Entz (14.9.1884–15.10.1957), vgl. Schwarz, »Grenzburg« und »Bollwerk«. Ein Bericht über die Wiener Evangelisch-theologische Fakultät in den Jahren 1938-1945, 380–387.

einer Zimmervermieterin hausen. So beginnt ja aber heute die Laufbahn eines Professors!

Ich habe die Absicht auf der Hinreise nach Wien über München zu fahren – das ist zwar ein Umweg, damit ich Sie doch sehen kann. Ich habe den Wunsch Ihre Ratschläge zu hören, da Ihnen doch Wien und die dortige Atmosphäre einigermassen bekannt ist.

Vor einiger Zeit war ich darauf aufmerksam geworden, dass sich in Harnacks Nachlass[393] Briefe von Wellhausen an Harnack finden. Seit einigen Tagen konnte ich nun in der Staatsbibliothek die Briefe einsehen und fand unter ihnen 54 Stück von 1890 bis 1906, die sich als ganz einzigartige Zeugnisse für den wissenschaftlichen Austausch zwischen W. und H. erweisen. W. gibt Harnack gegenüber viel mehr Raesonnements als ich es je von ihm erwartet hätte. Und gerade diese Stellen, meist Repliken auf Harnacks Bücher und Schriften, bewahren nun eine Fülle von ganz kostbaren Aeusserungen über die Geschichte des Urchristentums, Allgemeines zur Wissenschaft zur Politik u.a.m. Ich mache mir z.Zt. ausführliche Exzerpte, die ich Ihnen vielleicht vorzulegen hoffe. Es liesse sich aus diesen Briefen ein gutes Stück über die grosse geschichtliche Arbeit der Wissenschaft um die Jahrhundertwende rekonstruieren.

Mit den besten Wünschen für Ihr Wohlergehen begrüsse ich Sie
als Ihr getreuchlichst ergebener
H.-G. Opitz

36   Postkarte vom 20.3.1939?[394]

Hans-Georg Opitz   Bln.-Friedenau
Lic. theol.   Jänisch-Allee 5

Sehr verehrter Herr Geheimrat! Für Ihre gütigen Zeilen danke ich Ihnen herzlichst. Da ich in diesen Tagen endlich so viel Bogen des Athanasius bekommen habe, dass durch den Schluss von de synodis ein einigermassen geschlossenes Bild vorliegt, gestatte ich mir mit gleicher Post Ihnen das bisher Ausgesetzte zur Einsicht vorzulegen. Ich wage Sie nicht zu bitten, die Bogen einer Prüfung zu unterziehen, da Sie so viele wichtige Arbeit unter den Händen haben. Aber vielleicht können Sie bei sich gebender Gelegenheit hier und da einen Blick in die Bogen werfen. Es hat keine sonderliche Eile, obwohl ich die ersten 5 Bogen bald fertig machen will. Wie Sie wissen, ist das ganze Manuskript in der Druckerei und wohl bald zu erwarten. Recht wichtig ist für meine Auffassung die apologia

---

393 In der Staatsbibliothek zu Berlin. Preußischer Kulturbesitz.
394 Poststempel.

ad Const.[395] Mit herzlichen Dank für Ihr gütiges Interesse und ergebenstem Gruss Ihr

 H.-G. Opitz

37 Postkarte vom 9. April 1939

Wien 117, d. 29.4.39

Weimarerstr. io2

Hochverehrter Herr Geheimrat!

Nachdem ich mich hier ein wenig eingelebt habe, möchte ich Ihnen einen Gruss senden. Die Verhältnisse sind recht schwierig, die Studenten gewiss dankbarer als in Berlin. Nur gibt es an der Fakultät kein wissenschaftliches Leben. Der Frühling in Wien ist herrlich, und so hoffe ich viel für die Zukunft. Einstweilen fehlen mir meine Bücher sehr. Was sagen Sie zu den Wellhausen-Briefen?[396]

 Ihr ergebener H.-G.Opitz

38 Brief vom 08. Oktober 1939

Wien 117, den 8.10.1939

Weimarerstr. 102

Sehr verehrter Herr Geheimrat!

Ich hätte Ihnen schon längst ein Lebenszeichen geben sollen, aus dem Sie wenigstens entnehmen konnten, dass ich meiner gewohnten Tätigkeit in diesen schweren Zeiten noch nachgehen kann. Doch liegen recht unruhige Wochen hinter mir. Am 23. August wurde ich noch von der Truppe entlassen, übrigens mit der Offiziersqualifikation, nachdem wir 5 Wochen in den Befestigungen des Westwalls gelegen hatten. Dann stellte sich offenbar als Folge irgend einer Ueberanstrengung für 14 Tage eine recht unangenehme Geschichte an meinen Füssen ein. Dann kam urplötzlich die Aufforderung vor der üblichen Zeit den Dienst in Wien anzutreten. Wir waren alle recht skeptisch hinsichtlich der Möglichkeiten unter den gegenwärtigen Verhältnissen einen geordneten Universitätsbetrieb durchzuführen. Ich muss aber sagen, wir sind angenehm enttäuscht. Es sind doch längst nicht so viele Studenten eingezogen. Jedenfalls hier in Wien haben wir mehr Studenten als im Sommer. Und es hat sich schon

---

395 Der größere Teil der Apologia ad Constantium ist in zwar ausgesetzten, aber dann nicht mehr veröffentlichten achten Lieferung von Athanasius Werke II (S. 279–300) ediert.

396 Vgl. oben Brief Nr. 35.

anderen Orts als notwendig erwiesen, weitere Universitäten zu eröffnen, um der
Zusammenballung der Massen zu steuern.

Meine erste Absicht war es, den Weg nach Wien über München zu nehmen,[397] um Ihnen von meinen letzten Erlebnissen beim Heer zu berichten, da
ich weiss, dass Sie mehr als irgend ein anderer die Gewalttätigkeit der Ereignisse
und neuen Umschwünge der europäischen Lage leidend mitempfinden. Ohne
meinen Willen musste ich davon Abstand nehmen und den Weg über Breslau
nehmen. Und doch möchte ich Ihnen sagen, wie meine Reflexionen über das
Ungeheuerliche das über uns hereingebrochen ist, immer wieder bei Ihnen sich
fanden. Mir ist das Ereignis des Weltkrieges einzig bei Ihnen und durch Sie
als Wende der Zeiten, die die Menschen verwandelt oder sie in ihrem Besten
bestärkt, entgegengetreten. In meiner Familie nahm niemand damals am Kriege
teil. Ich hätte mir gerne bei Ihnen Rat geholt, der Sie nun dieses Furchtbare –
Krieg – noch einmal erleben müssen. Irre ich nicht, als ein ganz Anderes stellt
sich jetzt der Krieg dar. Die Stimmung der Menschen ist anders. Ich habe noch
keinen Ausdruck idealistischen Ueberschwanges vernommen – uns tut das wohl,
da man die sittlichen Ideale in dieser Welt nicht gesichert weiss, also soll man
wenigstens öffentlich nicht davon reden. Aber zu weiterer Vergleichen will ich
mich nicht bequemen, weil ich den Krieg als Sextaner erlebte und weil wir nun
allein mit dem allen fertig werden müssen. Aber bei mir, und ich höre es auch
von vielen anderen, ist alles das was sich abspielt die logische Fortsetzung der
durch Versailles abgebrochenen Entscheidung. Es ist eigenartig wie selbst der
kleine Mann das weiss und dem Ausdruck gibt. Dieses Gefühl höhere Not-
wendigkeiten vollstrecken zu müssen, gibt dieser von niemand gewünschten
Krise und dem von niemand hier doch angestrebten Kriege einen Sinn. Deshalb
so wenige Fahnen so wenig Hurras, so wenig Erörterungen über das was den
Einzelnen betrifft. Unheimlich wenig findet man Rücksicht auf das Schicksal des
Einzelnen. Ja, man erschwert dem Einzelnen nur seinen Weg, wenn man das
ihm Zufallende als etwas Individuelles bewusst macht. Und gerade in dieser
Hinsicht empfinde ich den ganzen Wandel der Zeit. Man lebt so zwischen diesen
Generationen. Im Kriege 1914 war es doch das Erhebende, dass der Einzelne
durch das Geschehen über sich hinauswuchs. Heute wird jedes Bewusstsein von
Individualität als Störung empfunden. Irgendwie ist ja Alteuropa dahin. Und
unsereiner ist so merkwürdig gespalten zwischen dem Bewusstsein von dem
Vergangenen, das mir so hell erscheint, und der Notwendigkeit und Unabding-
barkeit des Gegenwärtigen. Das hat etwas geradezu Gespenstiges an sich, macht
aber wohl die Tiefe geschichtlicher Erfahrung aus. Gerade in diesen Tagen las
ich die schönen Sätze von Meinecke in seinem neusten Büchlein: Vom geschichtlichen Sinn und von Sinn der Geschichte.[398] Er erinnert wohltuend an Goethes

---

397 Zum Plan eines Besuchs vgl. schon oben Brief Nr. 35.
398 Friedrich Meinecke, Vom geschichtlichen Sinn und vom Sinn der Geschichte, Leipzig 1939.

Worte von Vergangenheit und Gegenwart in eins, ein Erlebnis das in allem zu tiefst beglückt. In diesem Punkte stimme ich wie ein primitiver Gläubiger in das Bekenntnis Jacob Burckhardts[399] an Ende seiner weltgeschichtlichen Betrachtungen ein: wir sind doch näher an dem roten Faden der Ereignisse, und geniessen etwas was über Sterbliches hinaus geht, eben Vergangenheit und Gegenwart in eins. Man hat dann die Freiheit das Schicksal des Einzelnen, ja von sich selbst, durchzukosten, und ganz ernst zu nehmen, und sich wieder aufzuschwingen zur Objektivation im Erkennen. – Verargen Sie mir diesen Ausflug in die Gefilde der Reflexion nicht. Inzwischen haben wir uns bei unserer Arbeit gefunden. Darüber muss ich allerdings klagen. Immer noch nicht habe ich die Möglichkeit kontinuierlich zu arbeiten, weil ich in einem möblierten Zimmer mit meiner Frau hause[400] – ich muss es schon so sagen. Wir suchen uns beide einigermassen die halbe Tätigkeit schmackhaft zu machen. Aber eine Befriedigung hat man doch nicht. Die Kollegs machen viel Arbeit, vor allem empfinde ich immer mehr wie man bei den gegenwärtigen Theologen die im Allgmeinen recht ungebildet sind ins Leere arbeitet. Dann ist immer die Arbeit in den vier Wänden trostreicher. Recht begierig wäre ich zu hören, wie es Ihnen geht, ob Ihre grossen Arbeiten Ihnen voranschreiten. Dabei hätte ich beinahe vergessen, Ihnen für die Noten zu Cassidor und Prokop[401] zu danken, die ich <in> Berlin vorfand. Ich lasse mir Ihre Ausführungen gesagt sein, wenn ich Prokop und Cassiodor lese.[402] Ich weiss aber dass diese Arbeit nur ein Steinchen zu dem grösseren Gebäude ist, das Sie jetzt aufzuführen im Begriffe sind. Und darauf warte ich mit grösster Spannung. Lassen Sie mich bitte bald davon wissen.

Sie haben wohl schon gehört, dass nur Eltester[403] als später Krieger aus unserem Kreise bisher eingezogen wurde. So geht die Arbeit einigermassen fort, wenn die Druckerei nur schneller arbeitete. Herr Dr. Holl[404] und Herr Jacob[405] sind auch draussen.[406] Wir Soldaten sitzen hier herum.

Ist Herr Rehm[407] erfasst worden?

Ich wünsche Ihnen und Ihrer verehrten Gattin alles nur mögliche Gute. Möge es Ihnen wohlergehen, entschuldigen Sie meine Expectorationen. Aber in dieser Zeit überkommt es einen zuweilen.

Mit herzlichen Grüssen

Ihr stets ergebener H.-G. Opitz

---

399 Jacob Burckhardt, Weltgeschichtliche Betrachtungen, Berlin u.a. 1905.
400 Vgl. auch den Brief Lietzmanns an Opitz vom 13.10.1939, Aland (Hrsg.), Glanz und Niedergang, Nr. 1121.
401 Eduard Schwartz, Zu Cassiodor und Prokop (SBAW.PH 2), München 1939.
402 Vgl. Schwartz, Zu Cassiodor und Prokop.
403 Vgl. oben Anm. 66.
404 Vgl. oben Anm. 137.
405 Walter Jacob, vgl. oben Brief Nr. 26.
406 Vgl. die beiden Briefe Lietzmanns an Schwartz vom 22.9. und 3.10.1939, Aland (Hrsg.), Glanz und Niedergang, Nr. 1119 f.
407 Bernhard Rehm, vgl. oben Brief Nr. 30.

39   Postkarte vom 21. November 1939[408]

Hans-Georg Opitz   Berlin.-Friedenau, den 21.11.1939
Lic. theol.   Jänisch-Allee 5

Sehr verehrter Herr Geheimrat!

Mit gleicher Post kann ich Ihnen die korrigierten Bogen von Turners Monumenta zusenden.[409] Ich stelle es Ihrem Gutdünken anheim, von den Noten
die ich neuhinzugesetzt habe, nach Belieben zu streichen. Ein paar kleine Unebenheiten können wohl bei der Revision beseitigt werden – es handelt sich um
Verweise von Turner selbst. Aus der Bemerkung des Herrn Clark möchte ich
entnehmen, dass die hist. Athanasii doch noch in Bogen ausgesetzt ist. Ehe wir
uns entscheiden sollte man doch diese proofs einsehen. – Im Uebrigen kann ich
ja Ende nächster Woche Ihren Entscheid hören.

Mit ergebendstem Gruss
Ihr
H.-G.Opitz

40   Brief vom 19. Dezember 1939

Wien XIX/117, den 19.12.1939
Weimarerstr. 102

Lieber Herr Geheimrat!

Das Kriegsgetöse verdoppelt sich hier in Wien für mich, obwohl man hier so
weit vom Schuss sitzt. Denn das Einleben, die gehäuften Probleme des Aufbaus
nehmen einen so in Anspruch, dass fast alles Persönliche dabei zu kurz kommt.
Ich hause immer noch – wie ich meine Frau tröste – wie in einem Bunker,
in einem möblierten Zimmer, in dem alles erledigt werden muss. Wenn also
auch zur Zeit noch nicht eingezogen, so befinde ich mich durchaus in einer
Kriegsexistenz. Wir haben die Hoffnung, dass in 4–6 Wochen vielleicht eine
Wohnung für uns frei ist, sodass wir unsere Sachen, die wir sehr entbehren,
zusammen haben.

Unter all diesen Umständen habe ich einfach weder für Ihren gütigen Brief
noch vor allem für das Buch über Kyrill[410] gedankt. Von dem Brief mag ich
jetzt nicht mehr reden – ich will auf jeden Fall gelegentlich meines Umzuges
über München fahren und Sie aufsuchen, um Ihnen für die grosse Güte danken
die Sie mir gerade in dieser Zeit erweisen. Ihr Buch aber habe ich in vollen
Zügen genossen – ich muss schon sagen, so empfand ich bei der Lektüre. Vor

408 Poststempel.
409 Vgl. oben.
410 Schwartz, Kyrillos von Skythopolis.

allem war es ein aesthetischer Genuss, der den happy few immer durch Ihre Feder und Arbeitskraft beschieden ist. Ich war überrascht, eine so ausführliche Abhandlung über Mönchtum zu finden. Und dann der gute Kyrill selbst, das ist wie ein Zauberland was er alles auszubreiten hat. Seien Sie bitte, Herr Geheimrat, nicht ungehalten darüber, dass ich zunächst in den Kostbarkeiten fast unwissenschaftlich geschwelgt habe. Aber das ganze Buch erschliesst dem der ein wenig wissend ist zunächst diese reizvolle Seite, die aesthetische, Ihrer Arbeit. Ich habe das Ganze mehr wie ich offen gestehe überflogen, als dass ich mich in das Einzelne vertieft hätte. Das soll nun in den kurzen Weihnachtsferien kommen, in denen ich zum Severus usw. etwas schreiben muss.[411] In den vergangenen Wochen lag sehr viel auf mir. Zunächst muss ich hier wahrscheinlich immer 12 Stunden in der Woche lesen; denn es ist einfach nötig, zwei grosse Kollegs zu halten, und dann die beiden Stufen des Seminars alleine zu betreuen. Daneben habe ich es übernommen die ziemlich reichhaltige, aber gänzlich verluderte und willkürlich zusammengetragene Bibliothek einigermassen zu ordnen. Und schliesslich bewegt uns täglich die Frage der Besetzung unseres neutestamentlichen Lehrstuhls.[412] Ich habe bei dieser Gelegenheit den ganzen Jammer der Theologie kennengelernt. Unsere Berliner Verhältnisse sind Gold gegen das was mir jetzt so allmählich aus den Gefilden der anderen Fakultäten entgegenkommt. Ich meine, Sie würden nach Ihren Erlebnissen aus der Zeit vor dem Weltkriege Ihren Augen nicht trauen. Diese Zeit der grossen historischen Arbeit am Neuen Testament ist hin. Lietzmann, Bauer[413], Dibelius[414] sind die letzten die mir etwas sagen können, die anderen singen ein theologisch garstiges Lied. Wir haben uns unter den erreichbaren Gerhard Kittel[415], den Herausgeber des sog. Theologischen Wörterbuchs[416], eine Aufwärmung des Cremerschen, geholt. Er ist in Tübingen der Nachfolger von Schlatter[417] und Heitmüller[418] gewesen. Ob er aber wirklich kommt, steht noch dahin, da man in der bodenlosesten Weise hier knauserig ist, und ihm nicht die beiden Assistenten bewilligen will, die er bisher in Tübingen hatte. Da Kittel ein guter Kenner des Judentum ist – das ist ein zweifelloser Vorzug bei ihm bei aller Fragwürdigkeit seiner

---

411 Vgl. unten Brief Nr. 41.
412 Vgl. Schwarz, »Grenzburg« und »Bollwerk«. Ein Bericht über die Wiener Evangelisch-theologische Fakultät in den Jahren 1938-1945, 374–377.
413 Vgl. oben Anm. 371.
414 Martin Dibelius (14.9.1883–11.11.1947), Professor für Neues Testament in Heidelberg, vgl. Braun/Grünzinger, Personenlexikon zum deutschen Protestantismus 1919-1949, 58.
415 Gerhard Kittel (23.9.1888–11.7.1948), seit 1926 Professor für Neues Testament in Tübingen, vgl. Braun/Grünzinger, Personenlexikon zum deutschen Protestantismus 1919-1949, 134.
416 Gerhard Kittel (Hrsg.), Theologisches Wörterbuch zum Neuen Testament. Vol. 1 Alpha–Gamma, Stuttgart u.a. 1933.
417 Adolf Schlatter (16.8.1852–19.5.1938), seit 1898 Professor für Neues Testament in Tübingen, vgl. Braun/Grünzinger, Personenlexikon zum deutschen Protestantismus 1919-1949, 217.
418 Wilhelm Heitmüller (3.8.1869–29.1.1926), seit 1924 Professor für Neues Testament in Tübingen, vgl. Braun/Grünzinger, Personenlexikon zum deutschen Protestantismus 1919-1949, 106.

neutestamentlichen Wissenschaft – habe ich die philosophische Fakultät dafür
interessiert, ihm einen Lehrauftrag für Judentum zu geben, den Kittel auch gerne
haben wollte. Vielleicht gelingt es uns auf diesem Wege Kittel zu halten. Herrn
v. Srbik[419], Herrn Hirsch[420], und Christian[421], die Ihnen vielleicht bekannt sind,
habe ich die Sache klarzumachen gewusst, und ich darf sagen dass die Herren
sehr entgegenkommend waren und mich auf das liebenswürdigste behandelten.
Um gleich weiter zu berichten, darf ich besonders Radermacher[422] für seine
überaus liebenswürdige Aufnahme dankbar sein. Von der Jugend aber von den
gleichaltrigen Kollegen habe ich nichts gesehen – was da existiert weiss ich
nicht. Das ist sehr schade, denn man vereinsamt dabei. Und theologisch ist hier
überhaupt nichts zu holen. Kittel[423] ist ein sehr vornehmer Mann, für den ich
ein junger Mann bin. Und bei einem wissenschaftlichen Gespräch würden sich
bloss Differenzen ergeben, die ich erst gar nicht betonen möchte. Also man ist
zum Schweigen verurteilt, was zu meinem Temperament gar nicht passt. Nur
hatte ich in den letzten Wochen eine sehr nette Abwechslung. Hier wird eine
Sammelvorlesung gehalten über: Das Deutsche Wesen. In dieser Reihe sprechen alle Hochmögenden der Universität über grosse Deutsche Persönlichkeiten.
Mir als Theologen – es ist geradezu erstaunlich – hatte man den Vortrag über
Meister Eckhart aufgegeben. Es hat mich viel Arbeit gekostet nun einmal in
dieses Labyrinth hineinzukriechen. Aber ich hatte dann doch eine grosse Freude
daran. Denn was da gemeinhin gesagt wird, ist Unsinn. Dieser Mann ist so
interessant weil er allem scholastischen Wesen völlig fremd ist, zu einer Zeit wo
die Hochblüte der Scholastik ist. Ich habe nun einmal das uns gänzlich Fremde
in sehr unmissverständlichen Ausdrücken herausgearbeitet. Die Theologen die
anwesend waren waren ungehalten weil ich kalt konstatierte, dass dieser Mann
die Kirche nicht zu seinem Seelenheil braucht, und die Pagani verloren den Atem
über die schwindelerregenden Gedanken dieses ersten deutschen Philosophen;
als solchen wird man ihn bezeichnen dürfen. Nun habe ich im Januar noch
über Luther zu sprechen. Dabei juckt es mir in allen Fingern, einmal die ganze
Dämonie dieses Mannes herauszuarbeiten, die von den Neueren vielleicht am
besten Gerhard Ritter[424] – Freiburg (Sie kennen Ihn wohl) – gesehen hat.[425] Ich
kann wohl begreifen, dass das Unheimliche des deutschen Wesens den anderen
Völkern am besten an Luther sich darstellt – keiner hat sich ausserhalb der
deutschen Grenzen wirklich mit Luther befasst. Man ignoriert ihn, wie man
uns auch politisch ignorieren will. Das sind so einige Seitensprünge, die sich

419 Heinrich Ritter von Srbik (10.11.1878–16.2.1951), Neuzeit-Historiker.
420 Hans Hirsch (27.12.1878–20.8.1940), Mittelalter-Historiker.
421 Viktor Christian (30.3.1885–28.5.1963), Altorientalist.
422 Ludwig Radermacher (31.12.1867–28.6.1952), klassischer Philologe.
423 Vgl. oben Anm. 415.
424 Gerhard Ritter (6.4.1888–1.7.1967), Historiker, vgl. Braun/Grünzinger, Personenlexikon zum
     deutschen Protestantismus 1919-1949, 208.
425 Vgl. Gerhard Ritter, Luther. Gestalt und Symbol, München 1925.

aus dem Officium eines Kirchenhistorikers ergeben. Aber diese Exkurse machen mir Spass – vielleicht ist man etwas leichtsinnig, aber man kann doch dann etwas riskieren. Im Uebrigen bin ich der Sklave der Kollegs und Seminare und schliesslich der Theolog. Lit. Zeitung.[426] Ich warte nur auf eine Gelegenheit, wo ich Ihnen eine Anzeige antragen kann. Hat Ihnen der Verlag Hinrichs das bei ihm erschienene Konstantinbuch[427] zugeschickt? Haben Sie es gelesen? Das Buch ist eine ordentliche Zusammenfassung der Forschung, gar nicht extravagant, klar und nüchtern, nicht zu anspruchsvoll. Das Einzige was ich auszusetzen hätte, ist, dass Konstantin ein wenig die Zähne ausgebrochen sind. Der Verfasser, Hönn[428], hat sich offenbar durch Aeusserungen bei Eutrop, den Panegyrikern und durch eine mich überraschenden weil mir unbekannte Berliner Konstantin-Büste[429] verführen lassen, die dem Kaiser ein Alexandergesicht gibt wie ja auch viele Münzen. Also Konstantin ist hier als der strahlende Geniale gesehen. Ich finde es nicht schlecht, dass man das einmal versucht hat. Vielleicht kommt dabei bisher zurückgedrängtes einmal heraus. Doch im Grunde ist eine solche Darstellung ein mir unsymphatisches Fraternisieren mit den Grossen der Geschichte. Selbst Alexander ist ja von den dunklen Seiten nicht frei, ebensowenig die Hohen-staufen. Es ist nur ein Stück der Geschichte, wie sie wirklich gewesen ist, wenn man so das Ideale der Grossen herausarbeitet – also ich finde dabei ein etwas plebejisches Fraternisieren mit der Gewalttätigkeit solcher Erscheinungen das dem Historiker nicht ansteht. Aber immerhin das Buch ist gut und lesenswert. Ich wünsche nun zum Schluss Ihnen ein gutes den Verhältnissen entsprechend erträgliches Fest. Vor allem aber gute Gesundheit, und einige Befriedigung durch die Arbeit. In Dankbarkeit und Verehrung

  stehts Ihr

  Opitz

  Darf ich wohl darum bitten, dass Sie mir einen Abzug Ihres Cassian-Artikel[430] senden. Ich möchte doch dies Stück für meine Sammlung haben. Gleichzeitig sende ich endlich das Separatum von Nock[431] Ihnen wieder zurück.

---

426 Vgl. oben Brief Nr. 30.
427 Karl Hönn, Konstantin der Grosse. Leben einer Zeitenwende, Leipzig 1940.
428 Karl Hönn (25.8.1883–1.4.1956), Althistoriker.
429 Hönn, Konstantin der Grosse. Leben einer Zeitenwende, Tafel XIII.
430 Eduard Schwartz, Lebensdaten Cassians, ZNW 38 (1939), 1–11.
431 Arthur Darby Nock (21.2.1902–11.1.1963), klassischer Philologe und Religionshistoriker, Harvard University Cambridge (USA).

41   Brief vom 15. Januar 1940

Wien XIX/117, den 15.1.1940
Weimarerstr. 102

Lieber Herr Geheimrat!

Ich stehe zwar unter den Fahnen,[432] eine besondere Zulage zu meinem wunderlichen Dasein in Oesterreich, kann Ihnen aber doch noch in aller Ruhe für die wunderschöne Neujahrsgabe, die Ausgabe der Justinianschriften[433] danken. Nun haben wir ja endlich was wir schon lange wollten! Es ist schon richtig: eine editio princeps. Gerade in diesen Tagen habe ich den Severus von Lebon[434] durchgearbeitet und ein kleines Referat geschrieben.[435] Nun sieht man einmal wieder, wie man solche Dinge machen muss. Ich habe Lebon freundlich und respektvoll beurteilt aber doch mir nicht versagen können einmal am Schluss zu sagen, dass diese üblichen Löwener dogmatischen Gesichtspunkte für die Arbeit einfach nicht genügen. Dass philologisch und editorisch doch Manches daneben gegangen ist, wird der Kundige nicht nur zwischen den Zeilen zu lesen brauchen. Wie man es machen muss, haben Sie nun wieder gelehrt. Recht sehr wünsche ich aber, dass die Ausgabe der Stücke des Leontius nun noch folgt. Aber noch schmerzlicher ist für mich Ihr Verzicht auf eine Schilderung Justinians. Ich begreife Ihre Hindernisse wohl; Sie wollten gewiss auch schnell abschliessen. Aber wäre es nicht sehr lohnend die Darstellung in Ihrem Acacianischen Schisma[436] noch weiterfortzuführen? Mit wirklichem Behagen las ich die Untersuchung in Ihrem Kyrill;[437] aber man kommt erst beim Lesen auf den Appetit und verlangt nach dem ganzen Justinian. Vorerst aber delektiere ich mich an diesem Theologasterkaiser, und mache mir so meine wenig respektvollen Gedanken. Ich muss einmal es aussprechen, wie sehr ich es als eine Labsal empfinde <mir> Ihre Untersuchung immer wieder vorzunehmen. Ueber die Belehrung und die Förderung wissenschaftlicher Leidenschaften hinaus, sind mir Ihre Sachen wie eine Heilanstalt und Labsal nach dem ewigen Theologisieren der Heutigen. Ich bin seit ich hier amtlich auf dem Katheder stehe[438], immer mehr diesem öden Betrieb ausgesetzt. Die Studenten wollen nichts anders hören als diese milden einschläfernden Dinge. Sie verlangen nach »theologischen« Perspektiven und Urteilen. Ich bin nachsichtig genug, zu begreifen, dass Sie danach verlangen

---

432 Opitz wurde am 8.1.1940 eingezogen, vgl. unten und Schwarz, »Grenzburg« und »Bollwerk«. Ein Bericht über die Wiener Evangelisch-theologische Fakultät in den Jahren 1938-1945, 372.
433 Schwartz, Drei dogmatische Schriften Iustinians.
434 Lebon, Severi Antiocheni Liber contra impium grammaticum orationis tertiae pars posterior.
435 Hans-Georg Opitz, Rez. Severus Antiochenus: Liber contra impium Grammaticum ed. Joseph Lebon, ThLZ 65 (1940), 130–136.
436 Schwartz, Publizistische Sammlungen.
437 Vgl. oben Anm. 410.
438 6.1.1940, vgl. Schwarz, »Grenzburg« und »Bollwerk«. Ein Bericht über die Wiener Evangelisch-theologische Fakultät in den Jahren 1938-1945, 372 mit Angabe des Ernennungsaktes.

müssen; und so zwinge ich mich dazu. Aber es ist eine Qual, umsomehr als ich doch irgendetwas von soviel theologischer Besinnung in mir habe, dass ich Gründe kenne, die diese theologische Theologasterei als den Ruin unserer gegenwärtigen Menschenwürde beweisen. Aber ich mag mich nicht der Rabies theologorum aussetzen. So etwas gibt es nämlich auch heute noch. Jedenfalls verdanke ich der Lektüre Ihrer Bücher den Genuss eines reinigenden Bades. Und dafür danke ich Ihnen.

Ich bin seit 8 Tagen bei einem Wiener Ersatzregiment eingezogen und erlebe nun auch diese Seite des höchst possierlichen Lebens in den hiesigen Gefilden. Ich darf sagen, dass ich immer mit einiger Begeisterung Soldat gewesen bin. Aber hier wird noch ein besonderes Mass von dieser nicht einpökelbaren Ware gefordert. Man lernt erst recht bei den Soldaten wie sehr dieses schöne Stück deutschen Landes innerlich heruntergekommen ist. Für einen selbst ist es eine gute Schule sich zurückzuhalten und wirklich fürderliche Arbeit zu leiten. Sonst sitzt ja einem so eingefleischten Preussen wie mir die Kritik sehr leicht auf der Zunge. Was aus mir wird, weiss ich ich nicht recht. Sicher werde ich nicht lange hier bleiben. Es werden viele Ausbilder für andere Truppenteile gebraucht. Ob wir an die Front kommen, steht auch noch dahin. Einstweilen warte ich auf meine angekündigte Ernennung zum Offizier. Die Spezies von Reserveoffizieren die hier herumläuft ist auch eine besondere. Ein erfahrener älterer Offizier aus dem Altreich sagte mir unlängst, diese Herren sind Offizier damit das Leben keine Strapaze ist. Ich freue mich deshalb sehr hier zu Hause wohnen zu können. Meine Frau ist noch hier und so kann man etwas sich von dem durch seine Fruchtlosigkeit mehr als durch seinen körperlichen Anstrengungen langweiligen und anstrengenden Dienst abends erholen.

Leider ist ja der 2. Band des Athanasius nicht mehr fertig geworden. Recht wesentlich ist daran meine Übersiedlung nach Wien schuld. Ich hatte einfach die simpelsten Mittel nicht zur Verfügung, um die Korrektur durchzuführen. Zwar ist alles abgesetzt aber nicht fertig durchkorrigiert. Auch fehlt noch der Appendix mit den Ps. Athanasiana. Ich habe das Manuskript wohl vorbereitet bei mir liegen[439], aber die letzte Feile fehlt nun. Trotz energischer Bemühungen konnte ich den letzten Wochen um Weihnachten nicht zu einer ratio über die Herkunft des monophystischen Ps. athanasianischen Briefes an Jovian kommen. Der Text ist auch recht zerstört. Ich denke aber daran, dass Cyrill der Verfertiger dieses Stückes (vgl. das Wort παρθενομήτως) ist. Gerade bei der Lektüre des Severus ist mir doch immer mehr der Gedanke gekommen, dass die apollinaristischen Fälschungen alle aus dieser Ecke kommen. Aber nun ist der Krieg gekommen und nicht zuletzt die Professur in Wien, die alles verhindert haben hier nun zu untersuchen. Hoffentlich kommt man in nicht zu ferner Zeit wieder zur Arbeit. Aber wie mag dann die Welt aussehen? Dazu fehlt mir die Phantasie, das

---

439 Im Nachlaß ist dieses Manuskript nicht erhalten.

zu ergrübeln. Ich wünsche Ihnen, Herr Geheimrat, rechte Gesundheit und alle Frische selbst in diesen Zeiten, von deren der Justinian und der Cyrill Zeugnis ablegen. Recht dankbar wäre ich für eine kurze Nachricht, die doch ein Zeichen aus dem wirklichen Leben für mich in der rauhen militia wäre.

Mit den herzlichsten Grüssen

stets Ihr getreulichst ergebener

H.-G. Opitz

Anhang: Brief an Walter Eltester vom 7.5.1941[440]

Am 7.5.41

Lieber Eltester.

Anliegend schicke ich Dir die Athan. Bogen 36–38 mit Verbesserungen in den Noten. Die Bogen sind die von Schwartz durchgesehenen. Ich selbst habe sie ganz durchgelesen. Die grösseren Eingriffe in den Text auf S. 296 habe ich nach Lietzmanns Vorschlag vorgenommen. Seine Karte lege ich bei.[441]

Du wirst nun die Bogen noch bes. korrigieren lassen. Dabei wären dann meine Beiträge sowie Korrekturen einzutragen. Selbstverständlich müssen noch alle Noten durchgesehen werden, vor allem sind die Zitate zu vergleichen.

Ich schick demnächst die 2 letzten Bogen dieser Lieferung. Es bleibt dabei dass Bogen 41+42 bis auf die Zeit nach dem Kriege liegen bleiben. Bogen 43ff. soll noch die Spuria (Ps. Athan.: ad Jovianum (Ltz. Apolinaris S. 251); ad Jovianum (monophys. Fälschung) sowie den Lateiner von ep. ad Afros und as Jovianum enthalten. Ausserdem waren die Prolegomena zu t. II zu schreiben, sowie die Indices beizufügen, wenn diese nicht für den 2. Teil aufgespart bleiben sollen. Dies mein Plan. da der Krieg einstweilen dauern wird – ich rechne noch mit Jahren – kann man allerdings daran denken, doch Bogen 41.42 gleich mitauszugeben, da auf diese Weise ein gewisser Abschluss erreicht wäre. Ich kann ja für die Vollendung des Athanasius keine absolute Garantie übernehmen, da wie

---

440 Dieser handschriftlich abgefaßte Brief befindet sich im Nachlaß Opitz BBAW Acc. 487.

441 Die handschriftlich abgefaßte Karte mit Poststempel vom 8.3.1941 ist ebenfalls im Nachlaß Opitz erhalten, fehlt jedoch bei Aland (Hrsg.), Glanz und Niedergang. Ich gebe sie daher hier wieder: »Lieber Opitz! Schönen Dank für Ihren Brief. Über die ThBl. haben wir neulich mit Klotz sehr deutlich gesprochen: ich denke, es wird helfen. Zu Athan. p. 296 habe ich mir nun auch meine Gedanken gemacht: Z. 9 ist zu lesen <εὐ>κοσμίαν, damit ist alles in Ordnung: ›Wie es Sache der σωφροσύνη ist, gute Ordnung freiwillig (ἑαυτῷ! cf. Schwartz!) allewege zu bewahren, so ist es Sache der Krone, das Ringen (mit Verlaub zu sagen) einer ἀρετή vor allem freudig zu begrüßen‹. Ich lese τῆς ἀρετῆς ... τῆς ὑμετέρας <τὸν ἀγῶνα>... Z. 24 ist statt ὑφελέσθαι ein Wort mit dem Sinne ›zu befürchten‹ oder so was zu setzen. Ich habe an ὑπονοεῖσθαι gedacht. Man muß für die Bearb. den Argwohn hegen, daß Ath. sie verführt. Überlegen Sie das mal! Im Übrigen sind wir vergnügt und warten der Dinge, die da kommen sollen. Schönste Grüße von uns allen! Treulich Ihr H. L.«

gesagt Ernst des Krieges, meine Gesundheit, Arbeitskraft mir bis zum heutigen Tag zu meiner Verfügung steht. Über die Zukunft darf ich nicht disponieren.

Ich weiss im Augenblick nicht, wer die orientalischen Texte auf Bogen 39.40 abkorrigieren soll. Aber das werdet Ihr ja besser wissen. – Aus der Sache Bidez ist wohl nichts geworden?

Schönste Grüsse

Deine HG Opitz

Bogen 36 hat mein Hund gelesen, daher die Löcher!

Literatur

Actes du XXe Congrès International des Orientalistes (Bruxelles, 5 - 10 septembre 1938), Louvain 1940.

Aland, Kurt (Hrsg.), Glanz und Niedergang der deutschen Universität. 50 Jahre dt. Wissenschaftsgeschichte in Briefen an u. von Hans Lietzmann (1892-1942), Berlin 1979.

Alföldi, Andreas, Die Ausgestaltung des monarchischen Zeremoniells am römischen Kaiserhofe, MDAI.R 49 (1934), 1–118.

Τοῦ ἐν ἁγίοις Πατρὸς ἡμῶν Ἀθανασίου Ἀρχιεπισκόπου Ἀλεξανδρείας τὰ εὑρισκόμενα ἅπαντα. B. Athanasii Archiepiscopi Alexandrini Opera quae reperiuntur omnia, in duos tomos tributa. Graece nunc primum (ex Mss. Codd. Basil. Cantabrig. Palatt. & aliis) in lucem data, cum interpretatione Latine Petri Nannii Alcmariani, & aliorum ubi illi desiderabatur. Accesserunt Fragmenta varia: Notae variarum lectionum: Index triplex, Heidelberg 1600/1601.

Ballerini, Pietro und Girolamo Ballerini (Hrsg.), Appendix Ad Sancti Leonis Magni Opera, Seu Vetustissimus Codex Canonum Ecclesiasticorum, & Constitutorum Sanctae Sedis Apostolicae : ... cui alia subiiciuntur rarissima, vel inedita antiquissimi Iuris Canonici documenta, & quinque Dissertationes Quesnelli in eundem Canonum Codicem ad criticen revocatae. Praemittitur Tractatus de antiquis tum editis, tum ineditis Collectionibus & Collectoribus Canonum ad Gratianum usque, Venetiis 1757.

Bell, Harold Idris und Theodore C. Skeat, Fragments of an Unknown Gospel and Other Early Christian Papyri, London 1935.

Beneschewitsch, Wladimir Nikolajewitsch, Ioannis Scholastici Synagoga L Titulorum ceteraque eiusdem opera iuridica (ABAW.PH 14), München 1937.

Bidez, Joseph, Vie de Porphyre, le philosophe néo-platonicien (Recueil de travaux 43), Gand 1913.

Bidez, Joseph und Günther Christian Hansen, Sozomenus Kirchengeschichte (GCS 50), Berlin 1960.

Birdsall, James Neville und Robert W. Thomson (Hrsg.), Biblical and Patristic Studies. In Memory of Robert Pierce Casey, Freiburg u.a. 1963.

Braun, Hannelore und Gertraud Grünzinger, Personenlexikon zum deutschen Protestantismus 1919-1949, Göttingen 2006.

Brennecke, Hanns Christof, Uta Heil und Annette von Stockhausen, Athanasius Werke II 8. Die »Apologien«, Berlin/New York 2006.

Brennecke, Hanns Christof, Uta Heil, Annette von Stockhausen und Angelika Wintjes, Athanasius Werke. Band III/Teil 1: Dokumente zur Geschichte des arianischen Streites. Lfg 3: Bis zur Ekthesis Makrostichos, Berlin/New York 2007.

Brennecke, Hanns Christof und Annette von Stockhausen, Die Edition der »Athanasius Werke«, in: Helmut Neuhaus (Hrsg.), Erlanger Editionen. Grundlagenforschung durch Quelleneditionen: Berichte und Studien (Erlanger Studien zur Geschichte 8), Erlangen/Jena 2009, 151–171.

Bultmann, Rudolf, Das Evangelium des Johannes (KEK 2), Göttingen 1941.

Burckhardt, Jacob, Die Zeit Constantins des Grossen, hrsg. v. Ernst Hohl, Stuttgart [4]1924.

— Weltgeschichtliche Betrachtungen, Berlin u.a. 1905.

Casey, Robert Pierce, A Syriac Corpus of Athanasian Writings, JThS 35 (1934), 66–67.

— The Armenian Version of the Pseudo-Athanasian Letter to the Antiochenes and of the Expositio Fidei. With Some Fragments of the Apocryphal Ezekiel (StD 15), London u.a. 1947.

Cavallera, Ferdinand, Le Schisme d'Antioche, Paris 1905.

Cureton, William, The Festal Letters of Athanasius Discovered in an Ancient Syriac Version, London 1848.

Dobschütz, Ernst von, Das Decretum Gelasianum de libris recipiendis et non recipiendis (TU 38,4), Leipzig 1912.

Epiphanius von Salamis, Epiphanius. Dritter Band: Panarion haer. 65–80. De fide, hrsg. v. Karl Holl und Jürgen Dummer (GCS.NF 3), Berlin [2]1985.

Feder, Alfred Leonhard (Hrsg.), S. Hilarii Episcopi Pictavensis Opera IV (CSEL 65), Wien/Leipzig 1916.

— Studien zu Hilarius von Poitiers I. Die sogenannten »fragmenta historica« und der sogenannte »Liber I ad Constantium Imperatorem« nach ihrer Überlieferung, inhaltlicher Bedeutung und Entstehung (SAWW.PH 164/2), Wien 1910.

— Studien zu Hilarius von Poitiers II. Bischofsnamen und Bischofssitze bei Hilarius. Kritische Untersuchungen zur kirchlichen Prosopographie und Topographie des 4. Jahrhunderts (SAWW.PH 166/5), Wien 1911.

Feltoe, Charles Lett, The letters and other remains of Dionysius of Alexandria (Cambridge patristic texts), Cambridge 1904.

Funk, Franz Xaver von und Karl Bihlmeyer, Die apostolischen Väter. Heft I 1 Didache, Barnabas, Klemens I und II, Ignatius, Polykarp, Papias, Quadratus, Diognetbrief, Tübingen 1924.

Gain, Benoît, Traductions latines de Pères grecs. La collection du manuscrit Laurentianus San Marco 584. Édition des lettres de Basile de Césarée (EHS XV 64), Bern u.a. 1994.

Gelzer, Heinrich, Heinrich Hilgenfeld und Otto Cuntz (Hrsg.), Patrum Nicaenorum nomina Latine, Graece, Coptice, Syriace, Arabice, Armeniace (BSGRT), Stuttgart 1898, ND 1995.

Gelzer, Matthias, Der Urheber der Christenverfolgung von 303, in: Vom Wesen und Wandel der Kirche. Zum siebzigsten Geburtstag von Eberhard Vischer herausgegeben von der Theologischen Fakultät der Universität Basel, Basel 1935, 35–44.

Gerd, L. A. und Jaroslav N. Schtschapow, Бенешевиц, Владимир Николаевиц, Православная Энциклопедия 4 (2002), 619–621.

Godefroy, Jacques, Codex Theodosianus cum perpetuis commentariis, Lyon 1665.

Guenther, Otto (Hrsg.), Collectio Avellana. Pars I: Prolegomena. Epistulae I–CIV (CSEL 35/1), Wien 1895.

Haase, Felix, Die koptischen Quellen zum Konzil von Nicäa (SGKA 10,4), Paderborn 1920.

Hansen, Günther Christian, Theodoros Anagnostes Kirchengeschichte (GCS 54), Berlin 1971.

Harnack, Adolf von, Protokollbuch der Kirchenväter-Kommission der Preußischen Akademie der Wissenschaften 1897–1928, hrsg. v. Christoph Markschies und Stefan Rebenich, Berlin/New York 2000.

Heil, Uta, Athanasius und Basilius, ZAC 10 (2006), 103–120.

Herrmann, Volker, Diakoniewissenschaft im Nationalsozialismus und der Diakoniehistoriker Martin Gerhardt in Göttingen (1937-1939), in: Hans Otte und Thomas Scharf-Wrede (Hrsg.), Caritas und Diakonie in der NS-Zeit : Beispiele aus Niedersachsen (Landschaftsverband Hildesheim: Veröffentlichungen des Landschaftsverbandes Hildesheim e.V. 12), Hildesheim u.a. 2001, 63–106.

Hirsch, Emanuel, Das vierte Evangelium in seiner ursprünglichen Gestalt, Tübingen 1936.

— Studien zum vierten Evangelium (Text, Literarkritik, Entstehungsgeschichte) (BHTh 11), Tübingen 1936.

Hönn, Karl, Konstantin der Grosse. Leben einer Zeitenwende, Leipzig 1940.

Jacob, Walter, Cassiodori Epiphanii Historia ecclesiastica tripartita. Historiae ecclesiasticae ex Socrate Sozomeno et Theodorito in unum collectae et nuper de Graeco in Latinum translatae libri numero duodecim, hrsg. v. Rudolf Hanslik (CSEL 71), Wien 1952.

Kaufhold, Hubert, Oriens Christianus. Hefte für die Kunde des christlichen Orients. Gesamtregister für die Bände 1 (1901) bis 70 (1986), Wiesbaden 1989.

Kettler, Franz Heinrich, Der melitianische Streit in Ägypten, ZNW 35 (1936), 155–193.

Kittel, Gerhard (Hrsg.), Theologisches Wörterbuch zum Neuen Testament. Vol. 1 Alpha–Gamma, Stuttgart u.a. 1933.

Klostermann, Erich, Eusebius Werke IV. Gegen Marcell. Über die kirchliche Theologie. Die Fragmente Marcells (GCS 14), Leipzig 1906.

Klostermann, Erich und Günther Christian Hansen, Eusebius Werke IV. Gegen Marcell. Über die kirchliche Theologie. Die Fragmente Marcells (GCS 14), Berlin ²1972.

Kroymann, Jürgen, Sparta und Messenien. Untersuchungen zur Überlieferung der messenischen Kriege (Neue philologische Untersuchungen 11), Berlin 1937.

Lake, Kirsopp und Robert Pierce Casey, The Text of the De Incarnatione of Athanasius, HThR 19 (1926), 259–270.

Larsow, Ferdinand, Die Fest-Briefe des heiligen Athanasius Bischofs von Alexandria. Nebst drei Karten, Aegypten mit seinen Bisthümern und Alexandria mit seinen Kirchen darstellend, Leipzig 1852.

Lash, Chr., Saint Athanase dans les écrits de Sévère d'Antioche, in: Charles Kannengiesser (Hrsg.), Politique et théologie chez Athanase d'Alexandrie. Actes du colloque de Chantilly 23 - 25 septembre 1973 (ThH 27), Paris 1974, 377–394.

Lebon, Joseph, Altération doctrinale de la « Lettre à Épictète » de saint Athanase, RHE 31 (1935), 713–761.

— Pour une édition critique des oeuvres de Saint Athanase, RHE 21 (1925), 524–530.

— S. Athanase a-t-il employé l'expression Ὁ κυριακὸς ἄνθρωπος?, RHE 31 (1935), 307–329.

— Severi Antiocheni Liber contra impium grammaticum orationis tertiae pars posterior (CSCO 102/103), Louvain 1933.

— Textes inédits de Philoxène de Mabboug, Muséon 43 (1930), 17–84.149–220.

Lietzmann, Hans, Bericht der Kirchenväterkommission, SPAW.PH 1933, XC–XCII.

— Bericht der Kommission für die kirchen- und religionsgeschichtlichen Studien im Rahmen der römischen Kaiserzeit, SPAW.PH 1931, XCVII–XC.

— Bericht der Kommission für die kirchen- und religionsgeschichtlichen Studien im Rahmen der römischen Kaiserzeit, SPAW.PH 1932, LXXXIX–XC.

— Jahresbericht 1938. Kommission für spätantike Religionsgeschichte, in: Jahrbuch der Preußischen Akademie der Wissenschaften Jahrgang 1939, Berlin 1940, 74–76.

Lietzmann, Hans, Jahresbericht 1939. Kommission für spätantike Religionsgeschichte, in: Jahrbuch der Preußischen Akademie der Wissenschaften Jahrgang 1940, Berlin 1941, 72 f.,

— The beginnings of the Christian Church. A history of the early church. Vol. I, übers. v. Bertram Lee Woolf, London 1937.

Lingenthal, Karl Eduard Zachariä von, Die Synopsis canonum. Ein Beitrag zur Geschichte der Quellen des kanonischen Rechts der griechischen Kirche, SPAW 1887, 1147–1163.

Ludwig, Georg, Athanasii epistula ad Epictetum, Jena 1911.

Ludwig, Hartmut, Die Berliner Theologische Fakultät von 1933 bis 1945, in: Rüdiger vom Bruch (Hrsg.), Die Berliner Universität in der NS-Zeit. Band II: Fachbereiche und Fakultäten, Stuttgart 2005, 93–122.

Maassen, Friedrich, Geschichte der Quellen und der Literatur des canonischen Rechts im Abendlande bis zum Ausgange des Mittelalters 1, Gratz 1870.

Medvedev, Igor P., В. Н. Бенешевиц: судьба уценого, судьба архива, in: ders. (Hrsg.), Архивы Русских Бизантинистов в Санкт-Петербурге, Sankt-Peterburg 1995, 339–381.

Meinecke, Friedrich, Vom geschichtlichen Sinn und vom Sinn der Geschichte, Leipzig 1939.

Mercati, Giovanni, Codici latini Pico Grimani Pio e di altra biblioteca ignota del secolo XVI esistenti nell'Ottoboniana e i codici greci Pio di Modena (StT 75), Città del Vaticano 1938.

— Per la storia dei manoscritti greci di Genova, di varie badie basiliane d'Italia e di Patmo (StT 68), Città del Vaticano 1935.

Mommsen, Theodor, Gesammelte Schriften V. Historische Schriften 2, Berlin 1905, ND Zürich 1994.

— Reden und Aufsätze, Berlin 1905.

— (Hrsg.), Verzeichniss der römischen Provinzen aufgesetzt um 297, Berlin 1863, wiederabgedruckt in Mommsen, Gesammelte Schriften V. Historische Schriften 2, 561-588.

Morin, Germain, Sancti Caesarii Arelatensis Opera omnia. Vol. 1 Sermones, Maredsous 1937, wiederabgedruckt in CChr.SL 103 f., Turnhout 1953.

Moss, Cyril, A Syriac Patristic Manuscript, JThS 30 (1929), 249–254.

Omont, Henri (Hrsg.), Catalogus codicum hagiographicorum Graecorum Bibliothecae Nationalis Parisiensis (SHG 5), Brüssel 1896.

Opitz, Hans-Georg, Athanasius Werke. Band II: Die Apologien. Lfg. 1–7, Berlin/Leipzig 1935–1941.

— Athanasius Werke. Band III/Teil 1: Urkunden zur Geschichte des arianischen Streites 318–328. Lfg. 1–2, Berlin/Leipzig 1934/35.

— Das syrische Corpus Athanasianum, ZNW 33 (1934), 18–31.

Opitz, Hans-Georg, Die Erforschung der Geschichte der alten Kirche, Geistige Arbeit. Zeitung aus der wissenschaftlichen Welt 5.10 (Mai 1938), 9–11.

— Die Zeitfolge des arianischen Streites von den Anfängen bis zum Jahr 328, ZNW 33 (1934), 131–159.

— Dionys von Alexandrien und die Libyer, in: Robert Pierce Casey (Hrsg.), Quantulacumque. Studies presented to Kirsopp Lake by pupils, colleagues, friends, London u.a. 1937, 41–53.

— Euseb von Caesarea als Theologe, ZNW 34 (1935), 1–19.

— Rez. Eduard Schwartz, Über die Bischofslisten der Synoden von Chalkedon, Nicäa und Konstantinopel, DLZ 58 (1937), 1075–1079.

— Rez. Eduard Schwartz, Zwei Predigten Hippolyts, DLZ 57 (1936), 1899–1902.

— Rez. Severus Antiochenus: Liber contra impium Grammaticum ed. Joseph Lebon, ThLZ 65 (1940), 130–136.

— Theodoretos von Kyros, RECA V A 2 (1934), 1791–1801.

— Theodoros Anagnostes, RECA V A 2 (1934), 1869–1881.

— Theodoros v. Mopsuestia, RECA V A 2 (1934), 1881–1890.

— Theodotos von Ankyra, RECA V A 2 (1934), 1961–1962.

— Theophilos von Alexandrien, RECA V A 2 (1934), 2149–2165.

— Untersuchungen zur Überlieferung der Schriften des Athanasius (AKG 23), Berlin/Leipzig 1935.

Papadopulos-Kerameus, Athanasios, Ἱεροσολυμιτικὴ βιβλιοθήκη ἤτοι κατάλογος τῶν ἐν ταῖς Βιβλιοθήκαις τοῦ ἁγιωτάτου ἀποστολικοῦ τε καὶ καθολικοῦ ὀρθοδόξου πατριαρχικοῦ θρόνου τῶν Ἱεροσαλύμων καὶ πάσης Παλαιστίνης ἀποκειμένων ἑλληνικῶν κοδίκων I–V, St. Petersburg 1891-1915.

Parmentier, Léon, Theodoret Kirchengeschichte (GCS 19), Leipzig 1911.

Peeters, Paul, Sur une contribution récente a l'Histoire du Monophysitisme, AnBoll 54 (1936), 143–159.

Prolingheuer, Hans, Wir sind in die Irre gegangen. Die Schuld der Kirche unterm Hakenkreuz, nach dem Bekenntnis des »Darmstädter Wortes« von 1947 (Kleine Bibliothek 451), Köln 1987.

Rebenich, Stefan, Theodor Mommsen und Adolf Harnack. Wissenschaft und Politik im Berlin des ausgehenden 19. Jahrhunderts. Mit einem Anhang: Edition und Kommentierung des Briefwechsels, Berlin/New York 1997.

Reinhardt, Karl, Das Parisurteil (WuG 11), Frankfurt am Main 1938.

Ritter, Gerhard, Luther. Gestalt und Symbol, München 1925.

Roberts, Colin H., An Unpublished Fragment of the Fourth Gospel, Manchester 1935, wiederabgedruckt in BJRL 20 (1936), 45–55.

Robinson, Joseph Armitage, The Philocalia of Origen. The Text revised with a Critical Introduction and Indices, Cambridge 1893.

Rosenbaum, Hans-Udo, Lietzmann, Hans, BBKL 5 (1993), 46–54.

Schadewaldt, Wolfgang, Ital Gelzer, Gnomon 18 (Feb. 1942), 61–63.

Schäferdiek, Knut, Schneemelcher, Wilhelm, BBKL 27 (2007), 1258–1269.

Schmidt, Carl, Der Osterfestbrief des Athanasius vom Jahre 367, Nachrichten der Gesellschaft der Wissenschaften in Göttingen. Philologisch-Historische Klasse 1898/2 (1898), 167–203.

Schreiber, Maximilian, Altertumswissenschaften im Nationalsozialismus. Die Klassische Philologie an der Ludwigs-Maximilians-Universität, in: Elisabeth Kraus (Hrsg.), Die Universität München im Dritten Reich. Aufsätze. Teil I (Beiträge zur Geschichte der Ludwig-Maximilians-Universität München 1), München 2006, 181–248.

Schwartz, Eduard, Acta conciliorum oecumenicorum. Tom. II: Concilium Universale Chalcedonense. Vol. II: Versiones particulares. 2 Rerum Chalcedonensium collectio Vaticana. Canones et symbolum, Berlin 1936.

— Acta conciliorum oecumenicorum. Tom II: Concilium Universale Chalcedonense. Vol V: Collectio Sangermanensis, Berlin 1936.

— Aporien im vierten Evangelium I, NGWG 1907, 342–372.

— Aporien im vierten Evangelium II–IV, NGWG 1908, 115–148.149–188.497–560.

— Codex Vaticanus gr. 1431 eine antichalkedonische Sammlung aus der Zeit Kaiser Zenos (ABAW.PH XXXII 6), München 1927.

— Constantin, in: Erich Marcks (Hrsg.), Meister der Politik I, 1922, 277–324.

— Das Nicaenum und das Constantinopolitanum auf der Synode von Chalkedon, ZNW 25 (1926), 38–88.

— Der griechische Text der Kanones von Serdika, ZNW 30 (1931), 1–35.

— Der Krieg als nationales Erlebnis. Rede gehalten im Saal der Aubette zu Straßburg, am 24. Okt. 1914, Straßburg 1914, wiederabgedruckt in Schwartz, Gesammelte Schriften I, 139-153.

— Der Prozeß des Eutyches (SBAW.PH 5), München 1929.

— Der s.g. Sermo maior de fide des Athanasius (SBAW.PPH 1924/6), München 1925.

— Die Kanonessammlungen der alten Reichskirche, ZSRG.K 25 (1936), 1–114, wiederabgedruck in Schwartz, Gesammelte Schriften IV, 159–275.

— Die Konzilien des 4. und 5. Jahrhunderts, HZ 104 (1910), 1–37.

— Die messenische Geschichte bei Pausanius, Ph. 92 (1037), 19–46, wiederabgedruckt in Schwartz, Gesammelte Schriften II, 207-239.

— Die Quellen über den melitianischen Streit, NGWG.PH 1905, 164–187, wiederabgedruckt in Schwartz, Gesammelte Schriften III, 87-116.

— Die Sammlung des Theodosius Diaconus, NGWG.PH 1904, 333–356, wiederabgedruckt in Schwartz, Gesammelte Schriften III, 30-72.

— Drei dogmatische Schriften Iustinians (ABAW.PH 18), München 1939.

— Gesammelte Schriften. Dritter Band: Zur Geschichte des Athanasius, Berlin 1959.

Schwartz, Eduard, Gesammelte Schriften. Erster Band: Vergangene Gegenwär-
tigkeiten, Berlin 1938.
— Gesammelte Schriften. Fünfter Band: Zum Neuen Testament und zum frühen
Christentum. Mit einem Gesamtregister zu Band I–V, Berlin 1963.
— Gesammelte Schriften. Vierter Band: Zur Geschichte der Alten Kirchen und
ihres Rechts, Berlin 1960.
— Gesammelte Schriften. Zweiter Band: Zur Geschichte und Literatur der
Hellenen und Römer, Berlin 1956.
— Geschichtsschreibung und Geschichte bei den Hellenen, Antike 4 (1928),
14–30, wiederabgedruckt in Schwartz, Gesammelte Schriften II, 67-87.
— Griechische Geschichtsschreiber, Leipzig 1957.
— Johannes und Kerinthos, ZNW 15 (1914), 210–219.
— Julius Wellhausen, Nachrichten von der Kgl. Gesellschaft der Wissenschaften
zu Göttingen. Geschäftliche Mitteilungen 1918, 43–70, wiederabgedruckt in
Schwartz, Gesammelte Schriften I, 326-361.
— Kaiser Constantin und die christliche Kirche. Fünf Vorträge, Leipzig/Berlin
²1936.
— Konzilstudien I (1. Cassian und Nestorius. 2. Über echte und unechte Schrif-
ten des Bischofs Proklos von Konstantinopel (Schriften der Wissenschaftli-
chen Gesellschaft in Straßburg 20), Straßburg 1914.
— Kyrillos von Skythopolis (TU 49/2), Leipzig 1939.
— Lebensdaten Cassians, ZNW 38 (1939), 1–11.
— Noch einmal der Tod der Söhne Zebedaei, ZNW 11 (1910), 89–104.
— Osterbetrachtungen, ZNW 7 (1906), 1–33, wiederabgedruckt in Schwartz,
Gesammelte Schriften I, 1-41.
— Palladiana, ZNW 36 (1937), 161–204.
— Probleme der antiken Ethik, Jahrbuch des freien deutschen Hochstiftes zu
Frankfurt am Main 1906, 53–87, wiederabgedruckt in Schwartz, Gesammelte
Schriften I, 9-46.
— Publizistische Sammlungen zum Acacianischen Schisma (ABAW.PH 10),
München 1934.
— Rede auf Hermann Usener, Nachrichten von der Kgl. Gesellschaft der Wis-
senschaften zu Göttingen. Geschäftliche Mitteilungen 1906, 1–14, wiederab-
gedruckt in Schwartz, Gesammelte Schriften I, 301-315.
— Rede auf Theodor Mommsen, Nachrichten von der Kgl. Gesellschaft der
Wissenschaften zu Göttingen. Geschäftliche Mitteilungen 1904, 75–88, wie-
derabgedruckt in Schwartz, Gesammelte Schriften I, 281-297.
— Rez. H.-G. Opitz, Athanasius Werke III Lfg. 2, Berlin 1935, 41–76, DLZ 56
(1935), 715–720.
— Rez. H. Lietzmann, Geschichte der alten Kirche II, DLZ 57 (1936), 2071–2080.

Schwartz, Eduard, Über das Verhältnis der Hellenen zur Geschichte, Logos 9 (1920), 171–187, wiederabgedruckt in Schwartz, Gesammelte Schriften I, 47-66.

— Über den hellenischen Begriff der Tapferkeit, in: Das Stiftungsfest der Kaiser-Wilhelms-Universität Straßburg am 1. Mai 1915, Straßburg 81–100, wiederabgedruckt in Schwartz, Gesammelte Schriften I, 221-238.

— Über den Tod der Söhne Zebedaei. Ein Beitrag zur Geschichte des Johannesevangeliums (AGWG VII 5), Göttingen 1904, wiederabgedruckt in Schwartz, Gesammelte Schriften V, 48-123.

— Über die Bischofslisten der Synoden von Chalkedon, Nicaea und Konstantinopel (ABAW.PH NF 13), München 1937.

— Über die Reichskonzilien von Theodosius bis Justinian, ZSRG.K 11 (1921), 208–253, wiederabgedruckt in Schwartz, Gesammelte Schriften IV, 111-158.

— Über die Sammlung des Codex Veronensis LX, ZNW 35 (1936), 1–23.

— Unzeitgemäße Beobachtungen zu den Clementinen, ZNW 31 (1932), 151–199.

— Von Konstantins Tod bis Sardika 342, NGWG.PH 1911, 469–522, wiederabgedruckt in Schwartz, Gesammelte Schriften III, 265-334.

— Weltreich und Weltfriede. Vortrag zum Besten des Gustav-Adolf-Vereins in Freiburg am 11. Oktober 1916, Straßburg 1916, wiederabgedruckt in Schwartz, Gesammelte Schriften I, 172-194.

— Zu Cassiodor und Prokop (SBAW.PH 2), München 1939.

— Zum Decretum Gelasianum, ZNW 29 (1930), 161–168.

— Zur Chronologie des Paulus, NGWG.PH 1907, 262–299.

— Zur Geschichte des Athanasius IX, NGWG.PH 1911, 469–522, wiederabgedruckt in Schwartz, Gesammelte Schriften III, 265-334.

— Zur Kirchengeschichte des 4. Jahrhunderts, ZNW 34 (1935), 129–213, wiederabgedruckt in Schwartz, Gesammelte Schriften IV, 1-110.

— Zwei Predigten Hippolyts (SBAW.PH 3), München 1936.

Schwarz, Karl W., »Grenzburg« und »Bollwerk«. Ein Bericht über die Wiener Evangelisch-theologische Fakultät in den Jahren 1938-1945, in: Leonore Siegele-Wenschkewitz und Carsten Nicolaisen (Hrsg.), Theologische Fakultäten im Nationalsozialismus (AKIZ.B 18), Göttingen 1993, 361–389.

Strewe, Adolf, Die Canonessammlung des Dionysius Exiguus in der ersten Redaktion (AKG 16), Berlin 1931.

Telfer, William, The Codex Verona LX(58), HThR 36 (1943), 169–246.

The Festal Epistles of S. Athanasius, übers. v. Henry Burgess, eingel. v. H. G. Williams, Oxford 1854.

Theiler, Willy, Porphyrios und Augustin (SKG.G 10,1), Halle 1933.

Thiel, A., Epistulae Romanorum Pontificum I, Braunsberg 1868.

Thomson, Robert W., An Eighth-Century Melkite Colophon From Edessa, JThS 13 (1962), 249–258.

Thomson, Robert W., Athanasiana syriaca I-IV (CSCO 257/58, 272/73, 324/25, 386/87), Leuven 1965-1977.

— Athanasiana syriaca II (CSCO 272/73), Leuven 1967.

Turner, Cuthbert Hamilton, Ecclesiae Occidentalis Monumenta Iuris Antiquissima. Canonum et conciliorum graecorum interpretationes latinae I 2, Oxford 1930.

— The Liber Ecclesiasticorum Dogmatum Attributed to Gennadius, JThS 7 (1905), 78–99.

Turner, Cuthbert Hamilton und Hans-Georg Opitz, Ecclesiae Occidentalis Monumenta Iuris Antiquissima I 2,4: Supplementum Nicaeno-Alexandrinum, Oxford 1939.

Turner, Cuthbert Hamilton und Eduard Schwartz, Ecclesiae Occidentalis Monumenta Iuris Antiquissima I 2,2: Supplementum Nicaeno-Gallicum, Oxford 1939.

Unte, Wolfhart, Schwartz, Eduard, NDB 23 (2007), 797–799.

Wallis, Frederic, On Some Mss of the Writings of St. Athanasius: Part II, JThS 3 (1902), 245–255.

Wilamowitz-Moellendorff, Ulrich von, Reden und Vorträge, Berlin 1901.

Wright, William, Catalogue of Syriac manuscripts in the British Museum, acquired since the year 1838. Part II, London 1871.

Zahn-Harnack, Agnes von, Adolf von Harnack, Berlin 1936.

Register

Bibel

Genesis

1,11	175,5–7
1,26	136

Exodus

12,16	196,20 f.
35,2	172,33–173,3

Leviticus

24,5 f	191,32 f.
24,5–9	191,1–5

1. Könige

16–18	162
17,4–51	187,10 f.
17,47	187,12
18,7	188,4–6
18,8	188,22 f.
20,24–21,7	162
21,2	190,19–22
21,3	190,24–26
21,4	192,3–5
21,7	190,34 f.

2. Könige

18,18	184,14 f.; 184,18 f.; 184,21 f.; 184,27

Psalmen

8,8	186,4–6
16,2	189,6 f.
21,17	195,26 f.
32,17	187,13–15
44,7 f.	184,36–185,7
44,8	185,14–16
68,14	181,2 f.
87	159
87,5	162; 180,6 f.; 180,20 f.; 181,1
87,7	181,1
87,14	181,3 f.
94,4	185,35 f.
103,10	185,36–186,3
133,2	199,31–33

Jesaja

1,13 f.	171,16 f.; 181,15 f.
8,18	184,11 f.
59,17	187,16 f.

Ezechiel

20,37	182,1; 182,5 f.

Amos

6,3	171,6

Matthäus

1,1	183,11 f.
9,29	190,29 f.
12,1	171,33 f.; 172,1 f.
12,1–14	160
12,2	172,3 f.; 179,28 f.; 179,33 f.
12,4	190,13–16
12,10	195,30 f.
12,11	196,23 f.
12,14	188,33 f.
12,35	196,31–33
13,3	173,27 f.; 174
13,3–9	158
13,3–10	162
13,5	173
13,6	174
13,7	174
13,8	174,11–14
13,10	174
13,24–26	176,16–25
13,24–30	159; 162
21,33–39	172,11–13
23,23	172,30
23,24	172,26 f.
27,52	180,17 f.; 180,21 f.

Markus

2,23–3,6	160
3,4	172,21–24

Lukas

5,22	180,2; 180,3
6,1	162; 172,32 f.; 173,11 f.; 173,21 f.; 173,23; 175,1 f.; 175,16; 179,14 f.; 179,16–18; 179,22–24; 192,16 f.
6,1–5	157; 160
6,1–10	157
6,2	159; 162

6,3	181,24–30; 192,25–30
6,3 f.	162; 182,8–14
6,5	171,7 f.
6,6	188,26 f.
6,6–8	162
6,6–11	157; 160; 162; 192,32
6,8	193,4 f.; 193,6 f.; 197,28; 197,31; 197,34; 199,1
6,9	162; 172,21–24; 196,7–9; 196,29; 197,9 f.
6,9 f.	162
6,10	162; 198,2 f.; 198,9 f.; 198,14 f.; 198,18; 198,20; 199,13; 199,22 f.
6,11	162; 198,24; 199,5 f.
11,42	172,28 f.
14,5	196,23 f.
22,21	184,24–27

Johannes

5,1–18	162
5,2	194,10 f.; 194,11 f.
5,3.5	194,13–15
5,5	165
5,6	194,23 f.
5,7	194,33 f.
5,8	195,16 f.
5,9	194,25–27
5,10	195,6 f.
5,11	195,8 f.
7,22 f.	191,15 f.
9	162
9,6 f.	193,22–24
9,16	193,32–34
9,32	193,9; 193,17–20
10,11	183,18
12,24	173,12; 173,24
12,24 f.	158; 173,17–20
13,33	184,13
14,28	143; 144
17,3	149

19,15	197,5 f.		Galater	
19,31	172,15 f.		3,24	171,22 f.
Apostelgeschichte			Epheser	
3,2–8	198,11–13		6,16 f.	187,15–17
8,4	174,24 f.; 174,27			
			Philipper	
Römer			2,6 f.	183,35–184,1
11,24	178,33 f.			
			1. Timotheus	
1. Korinther			2,8	199,24–26
2,4	177,26–30		4,7	143; 151
2. Korinther			1. Petrus	
5,1	173,3 f.		2,9	191,27; 191,30 f.

Antike Autoren

Anonymus Cyzicenus			apol.Const.	
h.e.			23	8
II 13	136		apol.sec.	
II 14–24	136		1,3	73
II 32	134		6,2	136
III 13,1	66		59 f.	68; 70
III 15,1–5	68		59,5	80
			59,6	79
Apolinaris			59–87	64
ep.Jov.	50		84,1	71
quod un.Chr.	50		84,2–4	71
			85,1	71
Athanasius			decr.	
Ar. 1	147		39 f.	77
11–14	119		ep.Adelph.	46
22,4	74		ep.Aeg.Lib	
Ar. 2	147		18 f.	65; 69 f.
20,1	119		ep.Afr.	22–24; 34
Ar. 3	147 f.		ep.Amun.	54

ep.Epict.	45
Übersetzung 1	22 f.
Übersetzung 2	22
ep.Marcell.	45
ep.Ruf.	54
ep.Serap. I	45
ep.Serap. II	45
ep.Serap. III	45
ep.Serap. IV	45
ep.fest.	47
39	54
ep.mon.	18 f.
h.Ar.	
24	8
mort.Ar.	69 f.
syn.	
21,2–7	71
22,1	71
tom.	
5	117
v.Anton.	15; 17; 31; 34 f.; 46
Anon. Übersetzung	16 f.
Evagrius-Übersetzung	
16–18; 33	

Athanasius (Ps.-)

Apoll. 2	47
De pascha	26
De ratione paschae	25 f.
Epistulae ad Luciferum	18 f.
Exhortatio ad monachos	29;
34	
Exhortatio ad sponsam Christi	
24; 29; 34	
Jov.	48
Maced. dial.	137
Melch.	48
Trin.	19–21; 33
I–V	137
I–VII	21; 23
X	27
X–XII	23

XI	27
Vita Philippi	31
Zacch.	50
ad Arium (Arm.)	51
can.	50
comm.epp.cath. (Arm.)	52
contra eos (Arm.)	51; 53
cruc. (Arm.)	51
deipar. I (Arm.)	51
deipar. II (Arm.)	51
didasc.	50
disp.	47
1	143; 148; 151
3	144; 148
4	144
5	138; 144; 146
6	145
7	146
7–9	146
8	147
9	146
10	146
11	147
13	146
15	146
16	147
19	147
20	147; 150
21	147
22	146 f.; 149
23	147; 151
24	147
25	147; 150
25 f.	150
30	146 f.
31	147
32–36	147
37–44	147
39	147
40	147
44–46	148

45	145	8,1	158
doct.Ant.	26	8,1–4	158
enc. in Steph. (Arm.)	52	8,1–9,2	162; 169
ennaratio de symbolo	21	8,4	170
ep.Ant. (Arm.)	52	8,5	164; 166
ep.Iust. (Arm.)	51	9,1	158
exp.fid.	50	9,2	169
haer.	48	9,2–14,8	162
hom. in Ioh. 12,27	47	9,3–14,7	169
hom.sem.		9,5	158
1,1	157	9,6	169
1,1 f.	158	9,6–14,6	162
1,1–3	158; 162	10,6	170
1,1–7,2	162	11,1	168; 170
1,2	166	11,1 f.	162
1,4	157; 162	11,1–2	169
2,1	169	12,1	170
2,1–3	162	12,5	169
2,3	169	12,6	169 f.
3,1	169	13,1	162; 170
3,1 f.	162	13,2	170
3,1–4	162	13,3	170
3,1–4,6	158; 162	14,1	169
3,1–4,7	169	14,5	158
3,3	158	14,6	158
3,3 f.	162	14,8	169
3,4	157	15,1	162
4,1	170	15,1–17,1	162
4,2	169	15,3	170
4,3 f.	167	15,4–6	162
4,6 f.	169	15,5	170
4,7–5,2	162	16,1	164–166; 168
4,7–6,3	159; 162; 169	16,1–4	162
5,1	170	17,2–5	162
5–6	162	17,6	170
6,3	170	17,6–7	162
7,1	169	17,7	162
7,1 f.	162	18,1–3	162
7,2	158; 169	imag.Beryt.	29; 34; 49
7,2–9,2	162	inc. et c.Ar.	50
8	159	nat.Chr. (Arm.)	51

or. in ascens.   47
pass.   47
pass. Min. (Arm.)   52
qu. Ant.   48
serm.fid.   50
serm.virg.   50; 53
symb.   26–29; 34; 49
theopasch.   50
trin. (Arm.)   51
v.Cyr. (Arm.)   52
vis.Ath. (Arm.)   51

Codex Justinianus
III 12,2(3)   163

Codex Theodosianus
II 8,1   163

Cyrill von Alexandrien
apol.Thds.
    29   137
thes.
    3   152

Cyrill von Jerusalem
hom.pasch.
    8,6   133
in paral.
    2   165

Dokumente
1
    2   119
19   78
24   135
25   78; 134
26   134
27   68; 72; 75; 77
    42   68
28   68; 75
29   78
31   78
    9–11   78

    15   78
33   67; 78
34   67; 78
35.1   135
36   66; 68; 78
36,4   68
37   68; 78
38   68; 79
39   71
    2   71
    5   71
40   92
41.1   97
41.6   97
41.7   92
    2   92; 98
    3   93
    4   93
    5   93; 96
    5–6   93
    6   93
    7   93 f.; 96
    7–13   93
    8   96
    8–10   93
    10   94–96
    11   93–96
    12   94
    12–13   94
    13   94
    14–15   93
41.8   98
    14   94
    48–51   93 f.; 98
42
    2   119
43.1   73; 107 f.; 127 f.
    3   116
    4   73; 110
    5   73
    6   112

7	113	34	66
8	116		
14	72; 74	*Gregor von Nazianz*	
15	109; 111	or.	
43.2	117; 127	21,26	133; 137
1	117; 120		
2	120	*Hieronymus*	
3	113; 121	ep.	
4	121 f.	57,6	18
5	122 f.	107,9	4
6	123 f.	107,12	4
7	124	127,5	34
10	125		
43.4	125; 127	*Hilarius*	
7	125	coll.antiar.	
43.5	126	B II 11	125
43.6	127 f.		
1	126	*Historia Athanasii*	23 f.
43.7	127		
43.8	23; 127 f.	*Leo*	
43.9	127 f.	ep. ad Julianum	22
43.10	23; 127 f.		
43.12	127	*Marcellinus und Faustinus*	
		lib.prec.	18
Egeria			
itin.		*Markell*	
47,3 f.	168	frgm.	
		5	94
Euseb von Caesarea		8	94
comm. Ps.		9–16	95
91(92)	164	109	93
l.C.			
9,11	163	*Origenes*	
onom.		comm. in Io.	
s.v. Βηζαθά	165	fr. 61	165
v.C.			
IV 18	163	*Paulus von Emesa*	
		hom.	
Gelasius von Caesarea		2,6	137
fr.			
27	68	*Philostorgius*	
32–34	67; 71	h.e.	
		I 9	78

Photius
cod.

32	140
139	140
140	140
ep. ad Tarasium	140

Rufin
h.e.

X 3	136
X 6	134
X 12	66
X 12 f.	67
X 13 f.	69

Socrates
h.e.

I 8	136
I 9,30	77
I 14	66
I 14,2	66
I 14–38	66
I 23	66
I 25,1–4	66
I 25,7	64
I 25–27	66
I 26	65
I 27	66; 68
I 33	66

I 37 f.	66; 69
II 39,7 f.	135

Sozomenus
h.e.

I 18	136
I 21–II 30	66
II 16	66
II 16,3	66
II 18	66
II 18,1–2	66
II 18,22	66
II 27	66
II 27–29	66
II 29	69
II 34,2	66
IV 22,28	135

Theodoret
h.e.

I 8,18	134
I 14	65
II 8,37	118
II 8,41	122
II 8,42	122
II 8,43	123
II 8,44	123
II 8,45	124
II 8,52	124

Codices und Papyri

Ambrosianus
D 51 sup.   158

Athos
Vatopedi

5	141
6	141
7	139

Berolinensis
78   23

Cantabrigiensis
gr.

203	158

Caroliruhensis		601	48
gr.		641	48
393	138	682	49
		685	54
Laurentianus		687	54
Faesulanus		706	48
44	13	727	48
IV 23	159	789	54
Riccardianus		793	54
4	141; 143	866	51
San Marco		941	48 f.; 51
584	5; 24	944	48; 51
		948	51
Londinensis		991	51
Burneianus gr.		992	46; 51 f.
46	143	993	46; 51 f.
Regius		996	46; 51
5 F. ii	138	1113	49
		1244	50
Marcianus		1254	48
gr.		1398	45
Z 49	139	1408	52 f.
Z 50	158	1428	51
		1476	48; 50
Maschtoz-Matenadaran		1495	48; 50
20	48	1521	48 f.
40	49	1522	46; 54
41	49	1523	46; 49; 51
84	50	1524	46
101	49; 55	1525	45 f.; 51
108	48	1653	49
115	45	1654	48
179	45	1679	45; 50; 54
186	45	1720	48
205	45	1731	48
462	49	1770	45
502	48; 50	1784	48
518	45	1798	45
557	48; 51	1919	50
571	48; 50	1984	55
576	49	2108	48
577	51		

2111	51	4407	45
2141	48	4618	48; 51
2196	52	4669	49
2197	48	4670	46; 49
2234	51	4676	46; 51
2236	48	4682	46; 49
2273	52	4709	46
2335	46	4717	48; 51
2368	49	4724	49
2487	46	4726	49; 51
2650	48	4733	49
2679	44; 48; 50	4749	49; 51
2783	51	4756	49; 51
2786	51	4757	49
2890	48; 51	4802	46; 49; 51
2939	48; 51	4869	49; 51
3062	51	4879	49
3074	48	4880	49; 51
3076	47	4950	51
3077	48	5093	49; 54
3107	48	5128	46
3124	48	5197	46
3206	49	5324	54
3262	48	5373	46
3324	48	5406	46
3329	48; 50 f.	5486	55
3380	48	5500	51
3398	48	5607	50
3410	48	5809	49
3495	45; 54 f.	6009	50
3506	48; 50	6031	48
3520	48	6036	49
3527	49	6078	49
3771	52	6106	49
3791	46; 54	6196	52; 54
3900	45	6228	48; 50
3964	49	6302	51
4113	46	6577	50
4150	52 f.	6617	55
4188	45; 48; 50	6686	49
4289	48	6708	54

6712	49; 51
6724	49
6762	49
6909	54
6957	54
6987	49
7211	49
7324	49
7441	46; 51
7443	51
7489	51
7525	49
7567	46
7729[1]	46; 51
7729[2]	52
8076	49
8172	49
8258	46
8309	49
8383	49
8389	48; 50
8419	54
8420	52
8482	49; 54
8689	51
8704	49
8727	49
8756	49
8808	51
9100	49
9170	49
9307	46
9360	49
9512	49
9598	49
9613	51
9622	46
10062	49
10236	49; 51

Oxoniensis
Laud. gr.

26	138

P.Mich.
Inv. Nr. 1718   76

P.Oxy.
LI

3620,23 f.	76

P.Strasbourg

138	76
560	76

PSI
VI

685	76

Parisinus
Armamentarii lat. 483   107; 110
Regius

2280	138

Suppl. gr.

168	138

gr.

854	138
1327	138

Vaticanus
gr.

402	138
1431	25

Venetianus

5	52
17	52
31	45
41	49
44	45
57	49 f.
75	54
213	51

239	46; 52	1260	49
245	46	1286	51
247	51	1297	49
295	49	1380	55
299	52	1447	49
334	54	1465	55
346	49	1533	49
352	50	1554	51
375	49	1592	51
425	49; 51	1638	46
448	45	1655	52
455	52	1661	54
456	52	1663	54
463	46; 51	1687	49
467	51	1949	49
477	50	2089	52
512	51	2239	49
526	49	2393	46
536	49; 54	2523	51
594	54	2846	49
605	49	2859	49
629	54		
648	54	*Veronensis*	
653	46; 51	LX	23 f.; 107
657	46; 48 f.; 51		
680	48	*Vindobonensis*	
731	51	1	47; 51
739	48; 50	7	47–49; 52
791	47	10	47 f.; 52; 54
806	46	47	46
818	44 f.; 47 f.; 50	48	52 f.
838	49	58	50
848	49	66	54
985	49	109	49
986	49	120	54
996	46	146	49
1014	49; 52	159	46
1150	46	219	47–49; 51
1166	50	224	47
1244	49	228	47 f.; 52
1252	51	260	49
		305	46

324	55	781	54
357	46	791	49; 52
364	49	808	51
437	47 f.; 52	810	50
579	50	817	49
581	50	867	52
629	44–48; 50; 52	988	49
648	44–48; 50; 52	1035	47 f.; 52; 54
677	49	1036	47 f.; 52; 54
695	47 f.; 52	1037	47 f.; 52; 54
696	47 f.	1048	47; 49; 52; 54
701	47 f.	1062	50
705	47; 49; 52	1118	50
731	52	1289	49

Personen

Asterius 88; 93; 95

Augustin 20; 26–28

Barnes, Timothy D. 72–77

Bate, Herbert Newell 275

Bauer, Walter 279; 289

Beneschewitsch, Wladimir
    Nikolajewitsch 260;
    264

Berve, Helmut 252

Bidez, Joseph 269

Casey, Robert Pierce 216

Cross, Frank Leslie 280; 283

Dain, Alphonse 270

Dibelius, Martin 289

Eltester, Walter 216; 224; 236;
    282; 287

Entz, Gustav 283

Eusebius v. Vercelli 17; 20 f.

Evagrius v. Antiochia 16–18;
    21; 33

Gelzer, Ital 277; 281 f.

Gerhardt, Martin 254

Harnack, Adolf von 232

Heinemann, Margret 253

Heitmüller, Wilhelm 289

Hirsch, Emanuel 234; 242; 254

Hirsch, Hans 290

Holl, Karl 232; 242; 247; 252;
    257; 287

Hönn, Karl 291

Jacob, Walter 269; 287

Julius v. Rom 87; 89; 93 f.; 97–99

Juncker, Josef 263

Kittel, Gerhard 289 f.

Klotz, Leopold 279

Krüger, Gustav 276

Lake, Kirsopp 216

Lebon, Joseph 211

Lietzmann, Hans 210; 214; 216; 223; 225; 232; 238 f.; 242; 244; 253; 261; 265; 269; 271; 273; 279; 282; 289

Loofs, Friedrich 232

Markell v. Ankyra 89–100; 167

Mercati, Giovanni 218; 261

Mommsen, Theodor 262

Nock, Arthur Darby 291

Opitz, Hans-Georg 63 f.; 69 f.; 75

Radermacher, Ludwig 290

Rehm, Bernhard 278; 287

Richard, Marcell 167

Rucker, Ignaz 222

Schadewaldt, Wolfgang 252

Schlatter, Adolf 289

Schneemelcher, Wilhelm 265

Schwartz, Eduard 67–70; 75; 219

Seeberg, Erich 242; 254

Srbik, Heinrich Ritter von 290

Stutz, Georg Ulrich 249; 263

Till, Rudolf 267

Turner, Cuthbert Hamilton 225 f.; 228; 238; 242; 258; 266; 275; 280

Tuzzini, Guiseppe 241

Wellhausen, Julius 234; 244; 254; 273

Wilamowitz-Moellendorff, Ulrich von 262

Woolf, Bertram Lee 271